무역 실무

貿易實務

이태열 이제홍 박도준

비앤엠북스

머리말

전 세계는 2008년 발생한 미국발 글로벌 금융위기가 확산되면서 금융위기를 넘어 실물경제의 침체로 이어지는 과정을 겪고 있다. 물론 현재도 국가간 공조를 통해 그것을 극복하려 노력하고 있다. 아울러 그 과정에서 여러 새로운 경제문제들이 발생하고 있으며 이러한 급변하는 경제환경에 능동적으로 대처하기 많은 나라들이 힘쓰고 있다.

급변하는 국내외 경제환경 변화는, 특히 세계화와 개방화의 영향은 각종 재화와 서비스, 자본, 지적재산권, 기술, 인적자원 등 유·무형 재화의 자유로운 교환을 더욱 활성화할 뿐만 아니라 국제적 거래환경을 새롭게 주도하는 전자무역의 등장을 주목하게 한다.

또한 최근 다시금 많이 나타나고 있는 보호무역주의 경향과 자유무역협정 등은 급변하는 국내외 경제환경과 경제질서 변화 속에서 자국의 경제적 이익을 모색하는 각 국가들의 노력의 일환으로 보인다. 우리 역시 이러한 세계화와 보호무역주의가 혼재되어 나타나고 있는 새로운 경제흐름 속에서 어떻게 적응해나갈 것이며, 어떻게 준비해나가야 할 것인지 더욱 집중해야 할 것이다.

특히 우리나라와 같이 부존자원이 부족하고 교역이 전체경제에서 차지하는 비중이 매우 높은 경우 무역은 곧 국가 및 기업의 성장에 필수불가결한 부분이라고 할 수 있다. 이에 무역 전반에 걸친 효율적이고 실질적인 업무에 대한 교육의 중요성은 날로 증가하고 있다고 하겠다.

본서는 이상의 쟁점에 초점을 맞추고 그 실천적 노력의 일환으로서 집필되었다. 구체적으로 수출입 거래 전체과정을 서술하여 일반인 및 대학생이 바로 현장에서 활용할 수 있도록 하는 데 목적을 두었다. 특히 무역의 시작부터 수출입 각 절차별 주요사항 및 실무적 활용도에 맞추었다.

무역하려는 사업자가 어떠한 과정을 거쳐 무역업을 시작하고, 무역계약을 체결하며, 무역대금결제와 보험 및 운송 등은 어떠한 과정을 거쳐 업무를 실현시키며 이와 아울러 수출업자는 어떠한 과정을 거쳐 대금을 영수하며, 또한 수입업자는 어떻게 물품을 인수하고 대금을 지불하는지 등에 관한 일련의 수출입과정을 수출입절차에 입각하여 체계적으로 서술하였다. 또한 이를 위하여 변화된 제도 및 시스템을 적극 수용하여 각 수출입단계별로 활용 가능하도록 구성하였다. 무엇보다 필자들의 의도는 본서를 통하여 누구든지 쉽고 효율적으로 무역실무에 접근할 수 있기를, 다시 말해 본서가 무역실무의 지침서가 될 수 있기를 바랐음을 밝힌다.

가능한 최신 무역규범과 관습을 거래 절차에 맞게 쉽게 정리하려 노력하였으나 본래의 취지에 맞지 않는 부족한 부분도 많을 것이다. 이에 필자들은 출간 이후에도 급변하는 무역환경과 제도 변화에 맞추어 부족한 부분들을 지속적으로 수정 보완해나갈 것을 약속하며, 독자들의 너그러운 양해를 구한다.

앞으로 무역을 공부하는 모든 분들과 일선 무역업계에서 종사하는 분들에게 본서가 미력하나마 도움이 될 수 있기를 기원한다.

본서를 집필하는 데 많은 분들의 도움을 받았다. 특히, 공동필자인 조선대학교 이제홍 교수님의 기존 저서를 모태로 집필이 진행되었음과 집필과정에서 무역연구원 전창원 원장님, 중부대학교 전순환 교수님, 충남대학교 구종순 교수님의 저서를 많은 부분 인용하였음을 밝히며 감사의 마음을 전한다.

아울러 출간까지 물심양면으로 도와준 정광식 사장님과 고영훈 부장님 그리고 본서가 체계적으로 깔끔하게 나올 수 있도록 힘써준 비앤엠북스 가족 여러분에게 감사의 마음을 전한다.

2012년 8월

필자 일동

孔子三計圖云,

一生之計는 在於幼하고 一年之計는 在於春하고 一日之計는 在於寅이니

幼而不學이면 老無所知요, 春若不耕이면 秋無所望이요, 寅若不起면 日無所辦이니라.

-明心寶鑑 立教編

목차

제5장 신용장개설 및 대금결제방법…143

제6장 수출물품확보…207

제7장 수출통관절차…237

제9장 운송 및 물품선적···387

제13장 물품보세구역 반입 및 수입통관, 신고···553

제14장 클레임과 중재···581

제15장 전자무역의 이해···597

제1장 무역의 기초

제1절
무역의 의의

1. 무역의 중요성

한 나라의 국민경제는 다른 나라의 국민경제와 관련을 맺지 않고는 존립할 수 없으며, 특히 무역의존도가 높은 우리나라의 국민경제처럼 무역의 건전한 발전여부는 그 나라 국민경제의 중요한 요인으로 작용한다. 즉, 무역을 통한 경제개발전략은 국가에 따라 정도의 차이가 있지만, 수출이 신장되고 필요한 원자재 등의 수입이 증가되면 이에 따라 국민경제가 성장하기 마련이다.

먼저, 수출상품의 생산이 증가하면 비교우위상품을 생산하기 위하여 산업구조가 재정비되어 고용이 증대된다. 뿐만 아니라 대량생산에 의한 비용의 절감과 국제경쟁력의 강화로 산업합리화가 촉진되며, 수출의 증대로 국제수지의 개선을 도모할 수 있다. 따라서 무역은 한 나라의 경제발전을 촉진시키는 기본적인 전략이 되는 동시에 국민경제의 발전에 지대한 영향을 미친다.

(1) 무역의존도

① 무역의존도의 개념

오늘날 세계 대부분의 국가들은 규모 또는 비중의 차이는 있지만 무역에 의존하는 국민경제생활을 영위하고 있다. 이때 국민경제생활에서 무역이 차지하는 비중을 무역의존도(dependence on foreign trade)라고 한다. 즉, 한 나라의 국민경제가 어느 정도 무역에 의존하고 있는가를 표시하는 지표를 무역의존도라 하는데, 이는 일반적으로 국민소득 또는 국민총생산에 대한 수출입 총액의 비율로써 계산된다. 수출입 총액을 수출액과 수입액으로 구분하여 각각을 국민소

무역의존도

$$\text{무역의존도} = \frac{\text{1년간 수출총액} + \text{1년간 수입총액}}{\text{1년간 국민총생산액}} \times 100$$

$$\text{수출의존도} = \frac{\text{1년간 수출총액}}{\text{1년간 국민총생산액}} \times 100$$

$$\text{수입의존도} = \frac{\text{1년간 수입총액}}{\text{1년간 국민총생산액}} \times 100$$

득 또는 국민총생산과 대비하여 수출의존도와 수입의존도를 각각 계산할 수도 있다.

② 무역의존도의 중요성

무역의존도는 해당 국가에서 무역의 중요성의 정도를 나타내는 지표이다. 따라서 이 지표는 무역이 그 나라의 국민경제에서 어떠한 역할을 하며, 얼마나 영향력을 지니고 있는가를 보여준다.

일반적으로 국토가 광대하고 천연자원이 풍부한 국가는 국내분업에 의한 자급자족도가 높아서 무역의존도가 낮으며, 국내시장이 협소하면서도 소득수준이 높은 국가는 무역의존도가 높다. 무역의존도가 높다는 것은 그 나라 경제가 외국경제와 밀접한 관계를 맺고 외국경제에 의존하는 정도가 크다는 의미이다. 또한 무역은 외국의 경기변동 및 기타 경제사정에 따라서 좌우될 수 있으므로 무역의존도가 높다는 것은 그 나라 경제가 그만큼 불안하다는 의미이다.

한편, 무역의존도는 정부의 경제정책 및 관련 국가들의 경제전략에도 크게 영향을 받는다.

(2) 수출과 국민경제

수출은 한 국가의 국민경제 유지·발전에 필요한 외화획득 수단이며, 국제수지의 안정적 균형을 달성하기 위한 효과적인 방안이다. 뿐만 아니라 수출은 어떤 재화의 생산에서 선적에 이르기까지 관련산업 전반에 걸쳐 광범위한 파급효과를 유발하고 이를 통하여 경제성장에 이바지함은 물론 생산증대 그리고 고용기회의 창출과 신기술의 도입으로 인한 국제경쟁력 향상에 크게 도움을 준다.

① 외화공급의 원천

국민경제에서 수출은 경제력의 확대에 필요한 원자재 및 기계시설 등의 수입을 위한 외화를 획득함으로써 경제성장을 측면에서 지원하는 역할을 하고 있다. 일반적으로 경제성장은 생산증가로 인한 노동투입량의 증가나 유휴설비의 가동화 등에 의해 진행되기도 하지만, 장기적으로는 시설투자의 공급능력의 확대를 통해서 이루어진다. 시설투자는 생산증가로 이어지며 한편으로 자본투입의 증가로 소득증가를 의미하며, 공급 측면에서는 경제성장을 가능케 하는 동시에 다른 한편으로는 유효수요의 일부를 구성하여 수요 측면에서 성장을 지탱하는 것이다. 이 때문에 활발한 투자는 그 수요효과를 통해 투자를 유발하고 수요·공급효과를 결합하여 경제를 누적적으로 확대해 나가는 것이다. 이와 같이 수출은 경제발전의 원동력이 되는 시설투자에 필요한 외화를 공급해 주는 외화공급의 원천으로서의 역할을 하고 있다.

② 산업구조의 고도화

수출은 외화공급원으로서의 역할뿐만 아니라 생산활동 및 소득을 증대시키고 나아가 대량생산에 의한 규모의 경제를 실현가능하게 하는 방대한 해외시장을 공급함으로써 산업구조의 고도화에 기여한다. 즉 수출증대는 '생산증대→규모의 경제 실현→경쟁력강화→수출증대'라는 선순환과, 대량생산에 의한 경쟁력의 강화효과를 유발한다.

따라서 수출이라고 하는 해외수요에 의해 산업구조의 중화학공업화가 추진되는데, 수출확대는 성장산업인 중화학공업 부분에서의 대량생산과 합리화를 가능하게 하여 경쟁력을 강화함으로써 경제성장이 가속되는 누적적인 발전효과를 가져온다.

③ 경기조절기능

수출규모의 확대에 따라 국민경제에서 차지하는 수출비중이 점차 증대됨으로써 유효수요의 중요한 구성요소가 된다. 따라서 수출은 내수 감퇴기에는 위축된 국내시장을 보완하여 대폭적인 생산수주의 저하와 실업의 증가를 방지하는 안정장치로서의 기능을 한다. 특히 극단적인 경우에는 내수와 수출이 경합관계에 놓이기 때문에 이와 같은 수출의 경기조절기능이 가능하다. 즉, 내수가 급격히 증가할 경우에는 수출이 어느 정도 둔화되고, 내수가 매우 부진할 경우에는 수출이 상대적으로 활발해져 이를 상계(상쇄)하는 것이다.

④ 생산유발효과

수출은 당해 수출산업의 수출품 생산을 유발하고, 이는 다시 동 수출품 생산과 관련되는 모든 산업의 생산을 연쇄적으로 유발함으로써 전 산업에 걸쳐 생산을 증대시킨다.

예를 들어 수출의 생산유발과정은 일정액의 선박을 수출하는 경우, 이는 직접적으로 동액의 선박생산을 가져오는 동시에 간접적으로는 선박생산에 필요한 각종 기기 · 강판 · 페인트 등 중간재의 생산을 유발시키며(1차 후방파급효과), 이는 다시 강괴 · 철강석 등 관련산업의 생산을 불러일으켜(2 · 3차 후방파급효과) 총체적으로는 처음 수출액의 몇 배에 달하는 생산을 유발하게 된다.

⑤ 고용유발효과

일반적으로 수출의 증가는 관련산업의 생산활동을 직접 · 간접으로 증대시켜 고용을 창출한다. 그러나 이러한 고용창출의 효과는 노동이나 자본의존도 등과 같은 그 나라 산업의 성격에 따라 크게 다르다. 즉, 일국의 산업구조가 고도화되어 노동생산성이 향상되면 1단위 수출상품을 생산하는 데 필요한 노동의 비율 즉 노동계수가 낮아져 고용창출의 효과는 감소하고 그 반대의 경우는 증가하게 된다.

⑥ 수입유발효과

수입유발효과란 수출상품의 생산과 직간접으로 관련된 원자재나 기자재 등의 수입유발액이 어느 정도인가를 나타내는 것을 말한다. 여기서 수입유발액은 총수출에서 수출에 의한 소득유발액을 공제함으로써 얻을 수 있다. 그리고 수출의 소득유발효과는 수출에 의해 각 산업에서 창출된 부가가치의 합계 즉 외화가득률로 계산된다. 수출의 수입유발효과와 소득유발효과의 합은 곧 수출총액이 된다.

또한, 소득유발효과와 수입유발효과는 서로 상반된 성질을 가지고 있으므로 수출산업의 수입의존도가 높으면 높을수록 수출산업과 관련된 부품이나 소재산업을 적극적으로 육성해서 원자재의 국산화를 촉진시키고 또 수입대체산업을 발전시켜 수입유발도는 낮추어야 한다.

한편, 시설재나 기자재의 수입은 그 자체가 미래의 생산을 위해 계속 사용될 것이기 때문에 수입유발도의 증가에 따른 소득유발효과의 감소보다는 신규투자에 의한 소득증대효과가 더 클 수 있다. 그러므로 장기적인 면에서는 국민경제발전에 긍정적인 영향을 미칠 수 있다.

⑦ 소득유발효과

수출은 한 상품의 생산활동과 관련된 여러 산업의 생산을 유발시켜 여기에 투입된 노동 · 자본 · 토지 등의 생산요소에 대해 소득을 실현시킨다. 따라서 수출의 소득유발액은 수출산업은 물론이고 수출과 관련된 관련산업들의 생산과정에서 발생한 부가가치의 합계로 산출된다. 다시 말해서 일국의 수출이 유발하는 소득액은 각 수출산업별 생산유발액에 각 산업별 부가가치율을 곱해서 구할 수 있다. 이는 또한 수출품생산에 따른 직간접의 수입유발액을 공제해서 산출한 외화가득액으로 대신할 수 있다.

(3) 수입과 국민경제

일반적으로 수출은 유효수요의 확대를 통하여 소득과 고용창출효과를 가져오므로 승수요인, 수입은 유효수요의 감소, 소득과 고용의 축소적 효과를 가져오므로 누출요인이라고 생각할 수 있다. 그러나 수입품이 국산품과 경쟁재가 아니고 국내에서 생산할 수 없는 비경쟁적인 원료・자재・자본시설재 등이라면 국내생산을 직접적으로 조장한다고 할 수 있다. 즉, 수입의 경제성장 및 국민소득증대의 효과를 무시할 수 없는 것이다.

① 비경쟁원자재의 공급원

한 나라가 경제발전을 도모하기 위해서는 공업화과정을 거치는데, 공업화를 추진하는 대부분의 국가는 수입을 선별적으로 억제하는 경향이 있다. 특히 완제품수입을 제한함으로써 수출과 내수를 중심으로 하는 국내산업의 공업화를 진행하고 있다. 이러한 과정에서 수입은 공업화에 필수불가결하고 국내에서 생산이 불가능한 원자재의 공급원으로서 중요한 역할을 하고 있다.

예컨대, 비경쟁자본재가 수입되면 선진국의 국내투자가 증대되어 경제성장을 촉진하고, 비경쟁원료의 수입은 국내원료의 투입기회를 창출하는 등 국내원료와 보완적으로 결합되어 생산설비의 가동을 촉진시킨다. 더욱이 그 생산품이 여타산업의 중간재로 사용될 경우 투입・산출관계에 의한 연쇄적인 생산 및 고용이 일어나는 수입승수(import multiplier)효과가 있다.

② 시설확대 및 합리화 추진

경제의 공급력 확충을 위해서는 시설확대・기술혁신・생산근대화를 위한 합리화투자가 활발하게 진행되어야 하는데, 이러한 과정에서 시설재에 대한 수요가 왕성해진다. 이때 수요는 선진자본재의 수입으로 충당될 수밖에 없는데, 선진자본재의 수입에 의한 시설의 확대와 합리화는 국제환경변화에 대응해 나갈 수 있도록 산업의 체질을 강화시켜 경쟁력을 제고하는 한편 내재적 성장잠재력을 증대시켜 지속적이고 안정적인 경제성장을 유도한다.

③ 경제능률과 소비자후생의 증대

수입을 억제하는 보호정책은 소비자의 희생으로 생산자를 보호하는 결과를 가져온다. 특히 독과점품목들의 경우는 더욱 그러하다. 그러나 수입이 이루어짐으로써 단기적으로는 국내시장의 가격구조가 국제화되어 물품의 가격인하효과를 얻을 수 있고, 장기적으로는 국내산업의 체질이 강화되고 기술수준이 제고되어 우수한 제품을 생산할 수 있다. 즉, 수입은 국내생산자로 하여금 외국기업과의 경쟁을 유도하고 기술개발을 통한 품질의 고급화, 생산성 향상을 통한 원가절감 등 기업경영의 합리화를 도모하게 하여 경제능률을 증대시킨다.

한편, 소비자 입장에서는 수입이 개방됨으로써 보다 싼 외국제품의 사용은 물론 국내상품의 품질 및 가격조건이 개선되는 소비자후생의 증대효과를 기대할 수 있다.

2. 무역의 특성 및 대상

(1) 무역의 의의

① 무역의 개념

경제적 개념에서 경제주체들은 재화(goods)와 용역(service)의 생산과 소비, 그리고 매매와 교환활동을 통하여 경제생활을 영위한다. 재화는 상품 등과 같은 유형물(visible goods)과 자본과 같은 무형물(invisible goods)을 말하며, 기술・노동・운임・보험 등과 같은 용역도 무형물(invisible services)에 속한다. 이러한 경제활동의 범위를 국제적으로 확대시킨 것이 무역이다.

다시 말해서 무역이라는 용어는 외국과의 사이에 이루어지는 대외거래를 의미한다고 하여 '외국무역(foreign trade)' 또는 '대외무역(overseas trade)'이라고도 부르며, 세계의 국가가 국제상거래에 참여한다는 의미에서 '국제무역(international trade)' 또는 '세계무역(world trade)'으로 혼용하여 표현되고 있다.

② 무역의 정의

대외무역법상[1] 수입은 매매, 교환, 증여, 사용대차, 임대차의 목적으로 물품을 외국에서 들

---

1) 2010개정 대외무역법 제1장 총칙
제2조(정의) 이 법에서 사용하는 용어의 뜻은 다음과 같다.
1. "무역"이란 다음 각 목의 어느 하나에 해당하는 것(이하 "물품등"이라 한다)의 수출과 수입을 말한다.

여오는 행위나 유상으로 외국에서 외국으로 물품의 이동이 일어나는 경우 모두를 포괄한다. 그리고 수출은 수입과 반대로 국내에서 외국으로, 외국에서 외국으로 물품의 이동이 일어날 경우를 일컫는다.

관세법상 무역은 수입과 수출로 이루어져 있는데, 간단하게 외국물품이 내국물품화되는 것이 수입이고 내국물품이 외국물품화되는 것이 수출이다. 수입은 보세구역에서 수입통관절차를 밟고 정상적인 유통경로를 거칠 경우를 말하고, 수출은 수출통관절차를 밟은 이후에 외국으로 나가는 경우에 한정하고 있다.[2)]

(2) 무역의 특성

① 거래교섭의 복잡과 위험 발생

무역거래는 언어, 법률, 제도 및 제반환경이 상이한 당사자간에 이루어지기 때문에 장기간 원거리 운송에 의한 물품손상의 위험, 상대방에 대한 신용상태의 불확실로 인한 수출대금 회수불능의 위험, 수입업자가 수출업자에 대해 가지는 정확한 계약물품 수취의 위험, 국제시장에서의 가격변동이나 통화의 환율변동으로 인한 위험 등이 따른다.

이를 무역거래에서는 각각 운송위험(transportation risks), 신용위험(credit risks), 상업위험(mercantile risks), 환위험(exchange risks), 비상위험(contingency risks)으로 표현하고 있다.

② 정형화된 상관습의 적용

무역거래는 언어가 서로 상이하고, 공간적으로 원격성이 존재할 뿐 아니라 상이한 주권국가에 속하는 국가간에 일어나는 현상이다. 국가마다 자국의 상관습을 중시하는 경향이 있으므로

가. 물품
나. 대통령령으로 정하는 용역
다. 대통령령으로 정하는 전자적 형태의 무체물(無體物)

2. "물품"이란 다음 각 목의 것을 제외한 동산(動産)을 말한다.
가. 「외국환거래법」에서 정하는 지급수단
나. 「외국환거래법」에서 정하는 증권
다. 「외국환거래법」에서 정하는 채권을 화체(化體)한 서류

3. "무역거래자"란 수출 또는 수입을 하는 자, 외국의 수입자 또는 수출자에게서 위임을 받은 자 및 수출과 수입을 위임하는 자 등 물품등의 수출행위와 수입행위의 전부 또는 일부를 위임하거나 행하는 자를 말한다.

2) 협의의 무역은 물품의 국가간 이동을, 광의의 무역은 물품을 포함하여 서비스, 전자적 형태의 무체물, 자본, 노동, 기술 등의 국제적 이동을 대상으로 본다.

분쟁이 발생되었을 때 준거법의 적용문제가 발생한다. 따라서 각국은 명시계약을 보완하기 위하여 상관습을 정형화한 정형거래조건을 사용하고 있다.

이러한 상관습은 국제상업회의소(ICC)나 국제법협회(international law association)와 같은 권위 있는 국제단체에 의하여 다년간 조사・연구되고 국제규칙(international rules)으로 발전함으로써 국제관습법으로 정착되었다.

③ 화물의 해상운송이 주종

무역거래는 공간적으로 격지(隔地)성이 존재하는 국가간의 거래이므로 국내거래와는 달리 계약내용의 이행에 있어 물품운송이 특히 중요하다. 그런데 무역거래는 예로부터 주로 재래선 중심의 해상운송을 매개로 하여 발전되었기 때문에 섬나라든 대륙국가든 무역의 해상의존도가 매우 높게 나타나고 있다.

④ 다수복합계약의 체결

무역거래의 성립에는 우선 목적물에 대한 품질, 수량, 가격이 중심적인 조건이 되며, 그 다음에 물품인도를 위한 선적, 보험, 대금결제 등이 부수적인 조건이 된다. 또한 무역거래의 이행에는 수출입업자, 제조업자, 금융업자, 보험업자 등 여러 관련자가 필연적으로 개재하므로, 무역거래는 매매계약을 주계약으로 하고 운송계약, 보험계약, 신용장계약, 환계약 등을 종속계약으로 하는 다수복합계약의 양상을 띤다.

⑤ 산업연관효과의 발생

무역거래는 단순히 국가간의 물품이동만을 수반하지 않는다. 국제분업을 통하여 국가간에 무역거래가 이루어지면 국제적 공급 및 수요를 충족시킬 뿐만 아니라 당사국의 국내산업이 육성・발전되어 국민경제의 수준을 향상시킨다.

즉, 무역거래의 증대는 국제분업의 발달을 촉진시켜 값싸고 좋은 물품의 국제적 공급과 유통을 원활히 하고, 국내주요산업에 필요한 원료를 자원이 풍부한 세계 각국으로부터 수입・공급하며, 국내에서 생산된 상품의 수출로 외화를 획득하여 수익을 증대시키고, 대량생산과 고용수준의 향상을 통하여 무역거래에 참여하는 각국의 국민경제를 발전시킨다.

(3) 무역의 대상

① 상품거래

오늘날 무역거래의 대부분은 물자의 교류, 즉 상품거래(transaction of goods)를 중심으로 이루어지고 있다. 원료(raw materials), 공업제품(manufactured goods) 및 식료품(food stuffs) 등의 거래가 이에 속하며, 이러한 거래를 '눈에 보이는 무역' 또는 '유형무역(visible trade)'이라고도 한다.

② 기술거래

무역거래의 대상은 유형물인 상품 이외에도 외국과 기술원조 및 기술제휴 계약을 체결로 양도되는 특허권(patent licence), 실용신안권(utility model licence), 상표권(brand licence), 의장권(design license) 등과 같은 공업소유권(industrial property rights) 및 노하우(know-how)가 있다.

③ 용역거래

용역(service)이란 유체물인 상품이 아닌 노무 등의 유상제공이나 유상거래를 말하는데, 용역거래는 상품을 외국에 운송하는 수송서비스, 운송 중의 화물에 보험을 부보하는 보험서비스의 제공에 대한 대가로 지급과 수취되는 운임(freight)·보험료(insurance premium) 및 수수료(commission) 등을 의미한다. 이러한 용역거래는 눈에 보이지 않는 무역으로서 '무형무역(invisible trade)' 또는 '무역외거래'라고도 한다.

④ 자본거래

자본거래는 단기자본 또는 장기자본이 국제적으로 이동하는 것을 말한다. 즉, 서비스의 제공이나 상품의 판매와는 직접적인 관계없이 외국에 자본을 대여하거나 투자를 한 후에 이자·배당금 등을 받는 행위 또는 상품대금을 대여하는 신용공여 등의 자본거래도 주요 무역거래대상으로 등장하고 있다.

⑤ 전자적 무체물 거래

인터넷에 의해 주도되고 있는 디지털 혁명은 국제무역거래에 물리적 재화의 디지털화를 이루어 냈으며 또한 디지털 재화를 창조하기에 이르렀다. 이에 무체물로서 ① 소프트웨어 ② 부호 · 문자 · 음향 · 이미지 · 영상 등을 디지털 방식으로 제작하거나 처리한 자료 또는 정보 등이 무역거래의 디지털화한 재화로 등장하게 되었다. 또한 법적 · 제도적 문제를 파생시켰으며, 국제무역규칙 내에서 수용되고 있다.

법령상 무역의 대상

<table>
<tr><td rowspan="3">대외무역법령상 무역의 대상</td><td rowspan="3">물품 등</td><td>물품(goods)</td><td>외국환거래법에서 정하는 지급수단, 증권 및 채권을 화체한 서류 외의 동산</td></tr>
<tr><td>용역(service)</td><td>경영상담업, 법무 관련 서비스업, 회계 및 세무 관련 서비스업, 엔지니어링 서비스업, 디자인, 컴퓨터 시스템 설계 및 자문업, 문화산업 관련 업종, 지식 기반 관련 수출유망산업 등의 업종을 영위하는 자가 제공하는 용역
국내의 법령 또는 조약에 의하여 보호되는 지적재산권의 양도 등</td></tr>
<tr><td>전자적 형태의 무체물</td><td>소프트웨어
디지털방식으로 제작되거나 처리된 자료 또는 정보로, 전자서적, 음향·음성물
위 2가지의 집합체 또는 이와 유사한 것</td></tr>
<tr><td>기타 무역의 대상</td><td>자본</td><td colspan="2">단기자본 또는 장기자본의 국제적 이동
외국에 자본을 대여하거나 투자한 후 이자, 배당금 등을 받는 행위</td></tr>
</table>

제2절

무역절차의 개요

1. 수출절차

① 매매계약의 체결

수입업자가 해외시장조사를 통해 선정된 거래상대방에게 거래제의장(circular letter)을 보내고, 수출업자는 제품에 대한 조회(inquiry)의 답신으로 오퍼(offer)를 보내게 된다. 수출업자의 오퍼에 대하여 수입업자가 승낙(acceptance)을 하게 되면 매매계약이 체결된다.

② 신용장의 내도

신용장(Letter of Credit: L/C)이란 수입업자의 거래은행이 수출업자에게 대금지급을 보장해주는 서류로, 수출업자는 신용장을 수취하면 신용장조건대로 이행하는 경우에는 틀림없이 수출대금을 회수할 수 있다는 보장이 되므로 안심하고 제품제작에 들어갈 수 있다.

수출업자는 신용장을 수취할 때 신용장의 내용과 계약서의 내용과 일치하는가를 확인하여야 하고, 도착한 신용장이 취소불능신용장인지 그리고 신용장의 개설은행의 신용상태는 어떤지를 확인하여야 한다. 또한 신용장상에 수출업자가 지키기 어려운 특수한 조건이 기재되어 있지는 않은지 그리고 오・탈자의 여부 및 계약 당시의 제품가격과 차이가 없는지 등을 확인하여야 한다.

③ 수출승인

수출업자가 수출하고자 하는 제품이 수출입공고와 별도공고에 의해 수출이 제한되는 품목이 아닌지를 확인한다. 자동승인품목의 경우에는 수출승인이 변제되고, 제한승인품목의 경우에는 승인을 얻어야 한다.

④ 수출물품의 확보

수출업자가 수출하고자 하는 제품을 확보하는 방법에는 크게 세 가지가 있는데, 원자재수입, 원자재구매, 그리고 완제품구매가 그것이다. 먼저 국내시장에서 완제품을 구입하여 수출하는 방법이 있고, 또 하나는 직접 제품을 생산하는 방법이 있다. 제품을 직접 생산하는 경우에는 원자재를 조달하는 방법에 따라 두 가지로 나뉘는데, 하나는 원자재를 국내에서 구매하여 제품을 만드는 방법이고 또 다른 하나는 원자재를 수입하여 제품을 만드는 방법이다.

⑤ 수출통관

수출품이 완성이 되면 수출품에 대하여 검사를 받고 수출검사가 완료가 되면 수출물품을 보세구역에 반입하여 수출신고를 하게 된다. 세관장은 수출업자가 수출신고(Export Declaration: E/D)한 물품에 대하여 확인한 후 수출면장(Export Permit: E/P)을 교부한다. 수출면장을 받은 수출품은 내국물품에서 외국물품으로 바뀌고 보세구역에서 반출하여 선적하게 된다.

⑥ 물품의 선적과 해상보험

수출통관이 완료된 제품은 계약체결시 정해진 선적일자와 운송에 관련된 계약의 내용에 따라 확보된 선박에 선적된다. 이때 가격조건이 CIF조건이나 CIP조건인 경우에는 해상보험에 부보하게 된다.

⑦ 수출대금의 회수

수출물품의 선적을 완료하면 수출업자는 신용장상에서 요구하는 선적서류를 준비하여 대금회수를 하여야 한다. 신용장을 조건으로 하여 환어음을 발행하고 신용장상에 특별한 규정이 없는 한 수출업자의 거래은행을 통하여 대금회수를 하게 된다.

⑧ 관세환급 및 사후관리

수출대금의 회수가 끝나면 수출업자는 수출용 제품을 만들기 위하여 원자재를 수입할 때 납부한 관세를 돌려받는데 이를 관세환급이라고 한다. 관세환급제도는 수출업자의 가격경쟁력을 높이기 위하여 수출물품의 생산에 사용되는 원자재의 수입시 납부한 관세를 돌려주는 제도이다.

수출입절차 도해

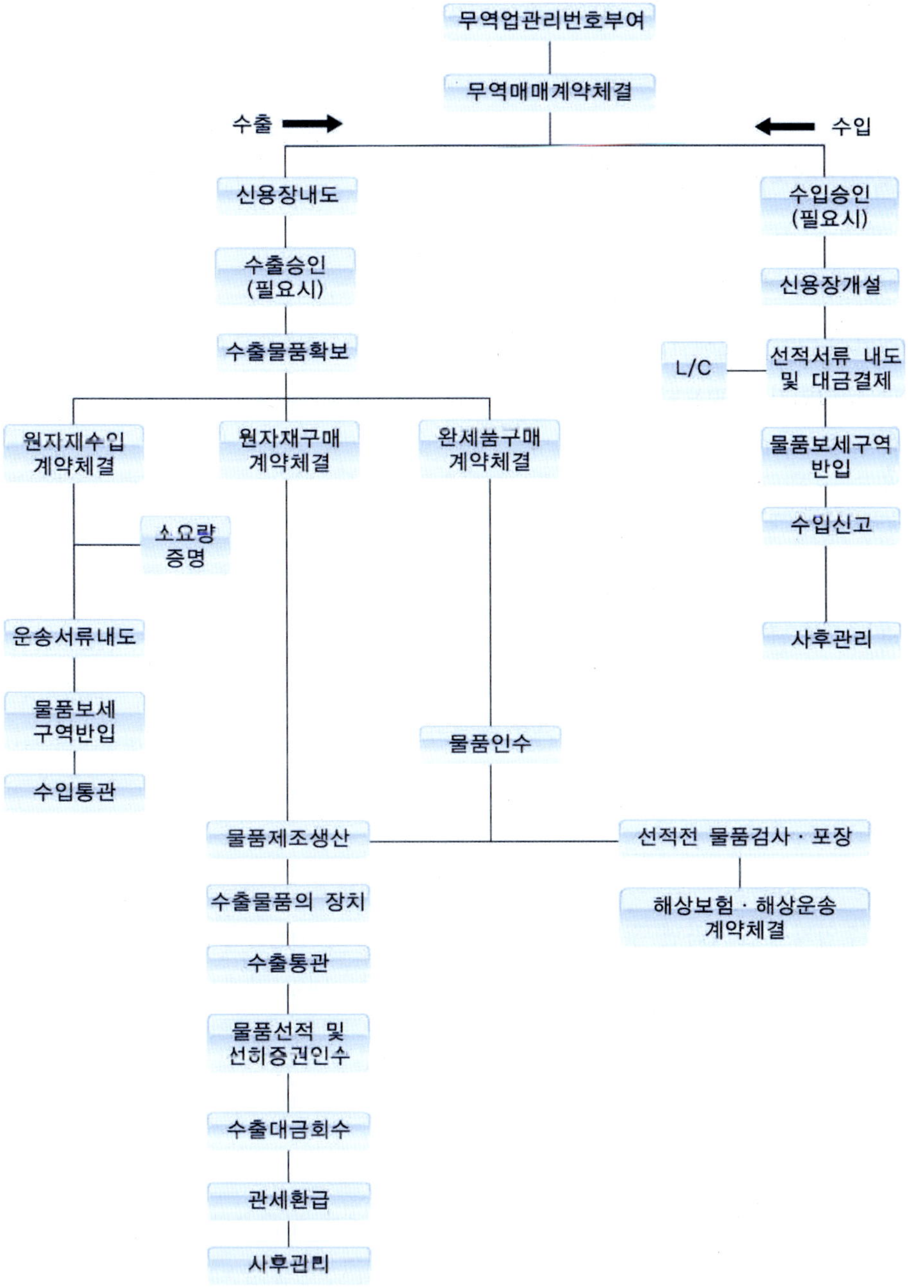
무역업관리번호부여
무역매매계약체결
수출
수입
신용장내도
수출승인
(필요시)
수출물품확보
원자제수입
계약체결
원자재구매
계약체결
완세품구매
계약체결
소요량
증명
운송서류내도
물품보세
구역반입
수입통관
물품인수
물품제조생산
선적전 물품검사 · 포장
해상보험 · 해상운송
계약체결
수출물품의 장치
수출통관
물품선적 및
선하증권인수
수출대금회수
관세환급
사후관리
수입승인
(필요시)
신용장개설
L/C
선적서류 내도
및 대금결제
물품보세구역
반입
수입신고
사후관리

수출절차의 가장 마지막 단계로 사후관리가 있는데, 사후관리란 수출업자가 수출승인을 받은 내용대로 수출물품을 선적하고 수출대금을 회수하였는가에 대하여 최종 확인하는 절차이다.

2. 수입절차

① 수입계약의 체결과 수입승인 및 신용장개설

수출업자의 거래제의에 대한 수입업자의 승낙에 의해 매매계약은 성립하게 된다. 계약이 성립되면 수입업자는 필요한 경우에 수입승인을 획득하고 자신의 거래은행에 신용장개설을 의뢰하여 수출업자에게 신용장을 보낸다.

② 선적서류의 도착 및 대금결제

수입업자는 신용장을 개설하여 수출업자에게 보내고 제품이 도착할 때까지 기다리게 된다. 신용장의 수익자인 수출업자는 대금회수를 위하여 신용장의 조건대로 이행하고, 수입업자에게 대금회수를 위한 선적서류와 환어음을 보낸다. 이때 수입업자는 도착한 서류와 신용장의 내용을 확인한 후 대금을 지급하고 물건을 대표한 서류인 선하증권(Bill of lading: B/L)을 인도받는다.

③ 수입통관

물품이 수입지에 도착하면 수입업자는 수입신고를 하고 수입물품에 대하여 필요한 경우는 검사를 받아야 한다. 수입물품의 검사가 끝나면 수입품에 대한 관세가 부과된다. 수입품에 부과된 관세 및 내국세가 지불된 수입물품은 보세구역에서 반출가능하고 수입업자가 자유롭게 처리할 수 있는 상태가 된다.

④ 사후관리

수입절차의 가장 마지막 단계로 수입업자는 사후관리를 하여야 하는데, 사후관리란 처음 수입승인을 받은 내용대로 제품이 수입되었는지 그리고 수입품에 대한 대금지급이 정확하게 이루어져 있는지를 확인하는 작업이다.

3. 무역거래의 유형

(1) 물품의 이동방향성에 따른 구분

① 수출무역(Export Trade)

수출무역이란 일반적으로 수출업자가 물품을 국내에서 국외로 판매하는 경우를 말하며, 이를 단순히 수출(export)이라고도 한다. 다시 말해 수출무역은 재화와 서비스 그리고 전자적 무체물이 외국으로 판매되는 경우의 무역을 말한다.

② 수입무역(Import Trade)

수입무역이란 수출무역의 경우와 반대로 물품이 국외에서 국내로 반입되는 경우를 말하며, 이를 단순히 수입(import)이라고도 한다. 다시 말해 수입무역은 타국으로부터 자국으로 재화와 서비스 그리고 전자적 무체물을 구매하는 경우를 말한다.

(2) 무역 주체성에 따른 구분

① 민간무역(Private Trade)

민간무역은 무역 주체가 민간인이므로 사무역이라고도 한다. 이는 양국의 무역회사간에 직접무역계약을 체결하고 거래하는 것을 말한다. 민간무역은 오늘날 가장 일반적으로 행하여지는 무역 형태이며, 국내거래와 마찬가지로 영리를 목적으로 한다.

② 공공무역(Public Corporation Trade)

공공무역은 무역 주체가 공공인이 되는 무역이다. 이는 공공기관이 출자하거나 직접 무역공사를 설립하여 무역경영의 주체가 되는 것을 말한다. 이를 공공기관무역 혹은 공공무역이라고도 한다. 공공무역은 다시 무역거래의 주체에 따라 국영무역(State Trade)과 정부무역(Government Trade)으로 구분된다.

(3) 국가 간섭여부에 따른 구분

① 자유무역(Free Trade)

자유무역은 국가가 무역업자의 수출입 행위에 대하여 일체의 간섭을 하지 않고 무역업자의 자유에 맡겨 두는 무역정책 기조의 무역을 말한다. 그러나 현재 완전한 형태의 자유무역정책을 취하는 나라는 없고 어떠한 형태로든 간섭 내지 통제하고 있다.

② 보호무역(Protective Trade)

보호무역은 자유무역과 달리 국가가 자국의 유치산업과 성숙산업의 보호, 덤핑 방지, 국제수지의 개선이나 군사 및 외교상의 이유로 관세 등의 수단으로 외국물품의 수입에 제한을 가함으로써 무역행위를 국가가 보호하는 무역을 말한다.

과거에는 국가가 산업 등을 보호하는 방법으로 주로 관세부과에 의존하였으나 최근에는 주로 수입할당, 환율조정, 통상법 발동 등을 비관세 수단으로 채택하고 있다.

③ 관리무역(Controlled Trade)

관리무역은 국가가 무역의 전체 또는 일부에 대하여 그 총액, 내용, 품목, 상대국, 결제시기나 방법 등을 규제하고, 민간무역업자의 자유거래를 허가하지 않고 국가 또는 그 대행기관의 관리하에 두는 것을 말한다. 관리무역은 비관세장벽의 형태로 수출입허가제, 수입할당제, 결제방식의 지정 등 물량과 결제 방법에 제한을 두는 형태이다.

④ 협정무역(Trade by Agreement)

협정무역은 두 나라 또는 다수국 상호간에 무역증진과 무역균형을 유지하기 위하여 무역협정을 체결하고 이 협정에 따라 거래하는 방식을 말한다.

이러한 협정의 방식에는 ❶ 수출입 물품의 수량이나 종류를 협정하는 무역협정(Trade Agreement), ❷ 수출입 결제 방식을 협정하는 지급협정(Payment Agreement), ❸ 상호간에 관세율의 혜택을 주는 상호통상협정(Reciprocal Trade agreement), ❹ 주요 국제적 상품의 공급과 수요에 있어서 국가 상호간의 관계를 원활히 하기 위한 국제상품협정(International Commodity Agreement) 등이 있다.

(4) 물품형태에 따른 구분

① 유형무역(Visible Trade)

유형무역은 거래물품이 눈으로 볼 수 있고 상품의 형태를 취하기 때문에 수출입 시에는 반드시 통관절차를 거치고, 경상수지라는 형태로 무역통계에 표시되는 수출입을 말한다. 또한 유형무역은 유형수출(Visible Export)과 유형수입(Visible Import)으로 구분된다.

② 무형무역(Invisible Trade)

무형무역은 생산요소(자본 · 노동)나 용역(service) 등을 수출입하는 경우이다. 이러한 물품은 상품으로서의 형태가 없고 육안으로 볼 수도 없기 때문에 세관에서의 수출입 통관절차를 거치지 않고 수출입할 수 있다는 점이 특징이다. 일반적으로 화물의 운임 · 보험 · 여행이나 투자수익 그리고 기타 용역(각종 수수료, 광고선전비 및 특허권 사용료 등) 등이 해당한다.

(5) 물품매매의 직간접에 따른 구분

① 직접무역(Direct or Bilateral Trade)

직접무역이란 수출국과 수입국의 거래당사자가 제3자, 즉 제3국의 상인을 통하지 않고 자사생산 물품을 자사가 직접 매매계약을 통해 이루어지게 하는 무역을 말한다. 이는 직접수출(Direct Export) 및 직접수입(Direct Import)으로 구분된다.

② 간접무역(Indirect Trade)

간접무역이란 직접무역의 경우와 달리 양국이 거래당사자간의 직접 매매계약에 의하여 무역이 이루어지지 않고 제3자 또는 제3국의 상인을 통하여 무역거래가 이루어지는 경우를 말한다. 간접무역에는 다음과 같은 유형이 있다.

통과무역(Passing or Transit Trade)

통과무역은 수출물품이 수출국에서 수입국에 직접 송부되지 않고 제3국을 통과하여 수입국에 송부되는 경우에 제3국의 입장에서 본 무역거래 형태이다. 통과무역은 형식적으로 중계무역과 유사하지만 제3국(B국)에 있는 업자는 동거래에 자발적인 개입이 없다는 점에서 중계무역과는 상이하다.

중개무역(Merchandising Trade)

중개무역은 양국 사이에 제3국이 개재하여 대금결제는 수출상이 수입상으로부터 직접 회수하고, 제3국 상사는 통상수입상으로부터 Merchandising Commission을 취득하는 방식이다. 중개무역에서는 중개업자에게 상품의 소유권이 이전되는 것이 아니라 중개업자는 다만 중개수수료를 목적으로 개입하기도 한다.

중계무역(Intermediate Trade)

중계무역은 화물을 제3국에 양륙한 후 원형 그대로 또는 약간의 가공만을 거쳐 수입국에 재수출함으로써 소유권을 이전시키는 방식을 말한다. 이는 수입액(지급액)과 수출액(수취액)의 차이, 즉 일정한 중계수수료를 수취하는 거래이다.

스위치무역(Switch Trade)

스위치무역은 3개국이 연쇄적인 편무역관계를 이용하여 매매예약은 수출상과 수입상 사이에 체결되고 화물도 수출국에서 수입국으로 직행하지만, 다만 대금결제에만 제3국의 업자가 개입하거나 제3국의 결제통화나 계정을 이용하는 방법을 말한다. 이 거래는 외환관리상의 편의나 금융수단의 채용을 필요로 하는 경우에 주로 이용되며, 이때 제3국에서 결제를 위하여 개입된 자를 스위치(Switch)라고 하며 그의 수수료를 스위치 커미션(Switch Commission)이라고 한다.

(6) 국가별 균형에 따른 구분

① 구상무역(Compensation Trade)

구상무역은 수출입에 따른 물품대금을 그에 상응하는 수입 또는 수출로 상계하는 무역 형태이다. 즉, 두 나라 사이의 수출입 균형을 유지하기 위해 많이 이용되는 거래방식이다.

이는 물물교환 형태의 바터무역(Batter Trade)인 무환구상무역과 Back-to-Back L/C, Tomas L/C, Escrow L/C 등과 같은 유환무상무역이 있다. 전자는 대금결제가 필요없는 무역거래방식이며, 후자는 대금결제가 이루어지되 차액이 발생하지 않는 무역이다.

② 삼각무역(Triangular Trade)

삼각무역이란 두 나라 사이에 수출 또는 수입이 불균형을 이루어 편무역이 되었을 경우에 반대관계나 또는 특수관계에 있는 제3국을 개입시켜 3국간의 협정에 의하여 이루어지는 무역

형태이다. 즉 3국간의 국제수지균형을 도모하는 무역 형태이다. 예를 들면, A국과 B국이 편무역 상태에 있을 때 C국을 개입시켜 A국은 B국에 수출하고 B국은 C국에, C국은 A국에 동액을 각각 수출하면 무역불균형이 해소된다.

(7) 생산단계에 따른 구분

① 수평무역(Horizontal Trade)

수평무역이란 국가간의 생산단계가 같거나 유사한 상품간의 무역을 말한다. 예컨대 공산품 상호간의 무역 또는 1차상품 상호간의 무역 형태로, 오늘날 수평무역이라 하면 주로 선진국 상호간의 무역거래를 말하며, 이를 경쟁적 무역 또는 수평적 국제분업이라고도 한다.

② 수직무역(Vertical Trade)

수직무역이란 원래 생산단계가 서로 상이한 상품, 즉 공산품과 1차상품간의 무역 형태를 말하였으나 오늘날은 공산품과 1차상품간만을 국한하지 않고 경제발전 단계상 산업구조 차이에서 발생한 국가간의 무역거래 형태는 모두 포괄적으로 수직무역이라고 한다. 따라서 이를 가리켜 보완적 무역, 수직적 국제분업이라고도 한다.

(8) 운송방법에 따른 구분

① 육상무역(Overland Trade)

육상무역은 철도 및 자동차를 수송수단으로 하여 운송되는 무역 형태로, 수출입 지점이 육상으로 연결된 내륙국가간에 주로 이루어지는데 유럽제국이 대표적인 육상무역국가이다. 육상무역은 최근에 와서 해상 및 항공 운송과 연계되어 일괄운송제도인 국제복합운송으로 발전하고 있다.

② 해양무역(Ocean Trade, Maritime Trade)

해양무역은 선박을 수송수단으로 하여 운송되는 무역 형태로, 역사적으로 가장 오래전부터 존재하였다. 또한 동시에 대량으로 수송할 수 있다는 장점으로 인하여 육상 및 항공 운송의 급격한 발달에도 불구하고 오늘날에도 그 중요성이 여전히 높다. 해양무역의 발달은 해상운송 분야 및 해상보험 분야와 밀접한 관련을 가지고 있다.

③ 항공무역(Airport Trade)

항공무역은 비행기에 의하여 무역품이 운송되는 경우의 무역을 말하는데, 항공운송 단일수단만으로 이루어지는 무역거래는 거의 존재하지 않고 일반적으로 육상이나 해상과 병행된다.

(9) 수위탁 판매방식에 따른 구분

① 위탁판매수출(Consignment Sale Trade)

위탁판매수출은 물품을 무환으로 외국에 있는 거래상대방에게 수출하여 당해 물품이 판매된 범위 안에서 일정의 판매수수료를 지급하고 물품대금을 결제받는 수출을 말한다. 즉, 위탁자(consignor)가 물품을 무환으로 수출하여 당해 물품이 판매된 범위내에서 수탁자(consignee)가 대금을 결제하고 판매 잔량을 수출국으로 송부하는 방식의 수출이다.

② 수탁판매수입(Import on Consignment)

수탁판매수입은 수탁자가 해외에서 위탁자로부터 위탁을 받아 그 위탁자가 비용과 위험하에 물품을 무환으로 수입하여 자국내에서 판매하고 그 대금을 결제하는 형태이다. 이 거래방식은 위탁자로부터 일정의 수수료를 수취하는 것이 목적이다.

(10) 수위탁 가공무역방식에 따른 구분

① 위탁가공수출

위탁가공수출은 가공임을 지급하는 조건으로 외국에서 가공(제조·조립·재상·개조를 포함)할 원자재의 전부 또는 일부를 거래상대방에게 수출하거나 외국에서 조달하여 이를 가공한 후 가공물품을 다시 수입하는 방식을 말한다.

② 수탁가공수입

수탁가공수입은 가득액을 영수하기 위하여 원자재의 전부 또는 일부를 거래상대방의 위탁에 의하여 수입한 후 이를 가공하여 위탁자 또는 그가 지정하는 제3자에게 가공물품을 수출하는 방식을 말한다.

(11) 임대차방식에 따른 구분

① 임대방식수출

임대방식수출은 임대(사용임대를 포함)계약에 의하여 물품을 수출하여 일정 기간 후 다시 수입하거나 그 기간의 만료 전 또는 만료 후 당해 물품의 소유권을 이전하는 수출을 말한다.

② 임차방식수입

임차방식수입은 임차(사용임차를 포함)계약에 의하여 물품을 수입하여 일정 기간 후 다시 수출하거나 그 기간의 만료 전 또는 만료 후 당해 물품의 소유권을 이전하는 수입을 말한다.

(12) 기타

관광무역이란 외국에서 관광객을 유치하여 외화를 획득하는 것을 말하며 관광수출(Tourist Income)이라고도 한다. 관광수출국은 무역에 의한 수출과 동등하게 취급되므로 무형수출이라고도 하며, 공해가 수반되지 않는다고 하여 '굴뚝없는 공장'이라고도 한다. 이는 외화획득률이 매우 높기 때문에 우리나라뿐만 아니라 세계 각국에서 적극적으로 장려하고 있다.

제2장 무역업자

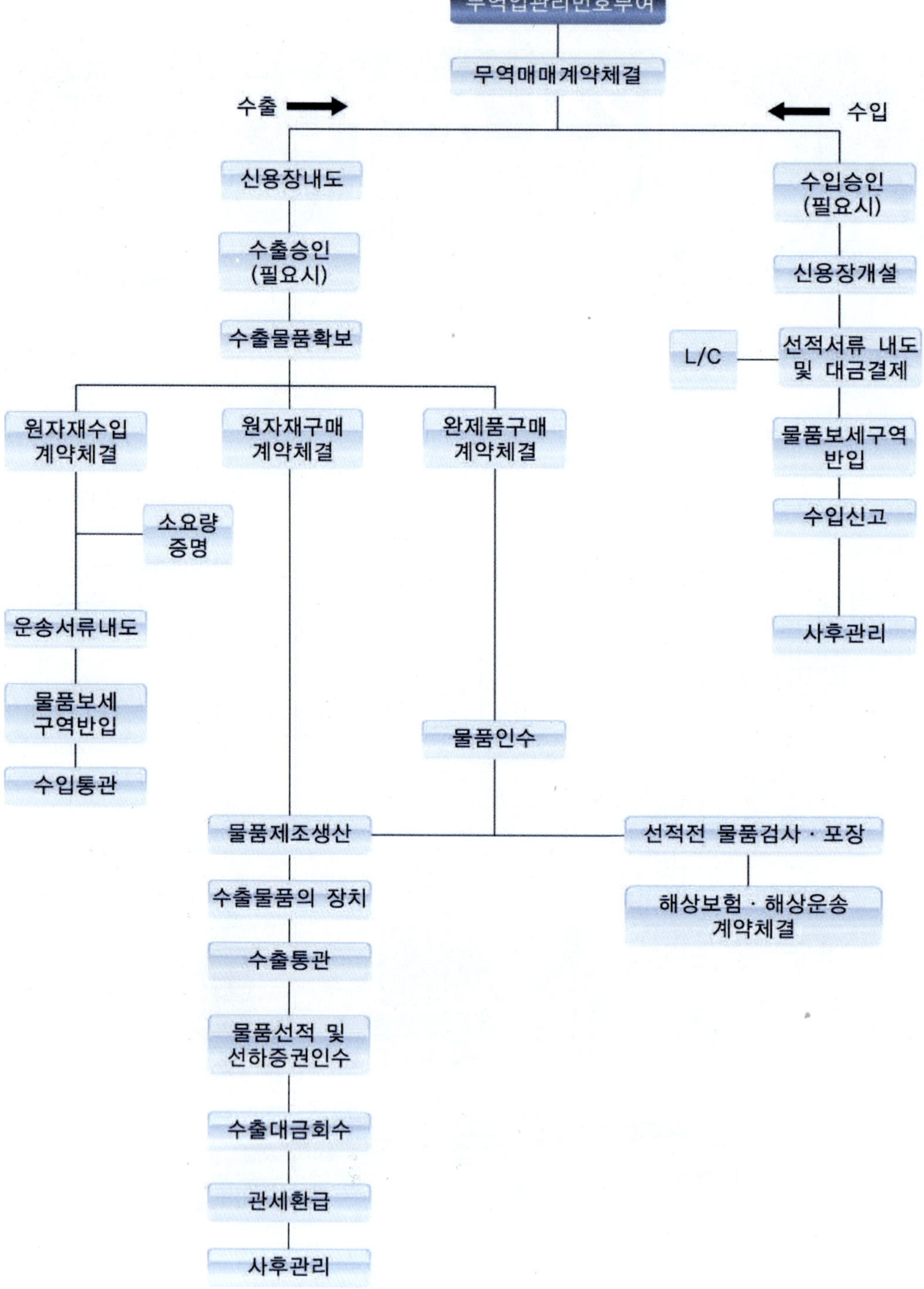
무역업관리번호부여
무역매매계약체결
수출
수입
신용장내도
수출승인
(필요시)
수출물품확보
원자재수입
계약체결
원자재구매
계약체결
완제품구매
계약체결
소요량
증명
운송서류내도
물품보세
구역반입
수입통관
물품인수
물품제조생산
선적전 물품검사 · 포장
해상보험 · 해상운송
계약체결
수출물품의 장치
수출통관
물품선적 및
선하증권인수
수출대금회수
관세환급
사후관리
수입승인
(필요시)
신용장개설
L/C
선적서류 내도
및 대금결제
물품보세구역
반입
수입신고
사후관리

제1절
무역업자

1. 무역거래자

대외무역법 제2조 제3호에서는 "무역거래자라 함은 수출 또는 수입을 하는 자, 외국의 수입자 또는 수출자의 위임을 받은 자 및 수출·수입을 위임하는 자 등 물품 등의 수출·수입 행위의 전부 또는 일부를 위임하거나 행하는 자를 말한다"고 규정하고 있다.

여기에서 수출 또는 수입을 하는 자란 무역업자를 말하고, 외국의 수입자 또는 수출자의 위임을 받은 자란 무역대리업자(무역대리점)를 말한다.

(1) 무역업자

수출 또는 수입을 하는 자를 말한다. 즉, 영리를 목적으로 수출과 수입 행위를 계속적으로 반복하여 행하며 자기 명의로 자기 책임하에 수출입업무를 영위하는 자를 말한다.

(2) 무역대리업자

대외무역법령에서 '무역대리업'이란 함은 외국의 수출업자 또는 수입업자의 위임을 받은 자(외국의 수출업자 또는 수입업자의 지사 또는 대리점을 포함한다)가 국내에서 수출물품을 구매하거나 수입물품을 수입함에 있어서 그 계약의 체결과 이에 부대되는 행위를 업으로 영위하는 것을 말한다. 일반 무역대리업, 즉 무역대리점은 구매대리점(Buying Agent)과 판매대리점(Selling Agent)으로 구분된다

① 구매대리점

해외의 수입업자의 위임을 받아 해외의 수입업자의 명의와 계산으로 구매계약(국내의 입장에서는 수출계약)을 체결한 후 국내에서 물품을 구매하는 자를 말한다.

② 판매대리점

해외의 수출업자의 위임을 받아 해외의 수출업자의 명의와 계산으로 판매계약(국내의 입장에서는 수입계약)을 체결하는 자를 말한다.

(3) 무역대행업자

무역업자가 대행위탁자와의 '대행계약'에 따라 일정한 수수료를 받고서 자기명의로 거래하는 것을 말한다. 무역대행업자는 자기명의로 거래한다는 점에서 무역대리업자와 구별된다. 따라서 무역대행업자는 대외무역법 및 금융(은행거래)상 무역업자로서의 책임을 부담한다.

무역거래 관련 당자자 분류

<table>
<tr><th>구분</th><th colspan="2">내용</th></tr>
<tr><td>무역업자</td><td colspan="2">• 자기명의로 자기책임하에 물품의 수출과 수입을 업으로 영위하는 것을 말한다.
• 상품의 소유권 이전을 전제로 한다는 의미에서 무역대리업과 구분된다.
• 대행수출, 대행수입의 위탁자는 무역업의 범주에 포함되지 않는다.</td></tr>
<tr><td rowspan="3">무역대리업자
(무역대리점)</td><td>판매대리점</td><td>외국의 수출업자의 위임을 받은 자가 국내에서 수입계약의 체결과 이들에 부대되는 행위를 업으로 영위하는 것으로서 계약대리권만 행사한다.</td></tr>
<tr><td>구매대리점</td><td>외국의 수입업자의 위임을 받은 자가 국내에서 수출품의 구매와 이들에 부대되는 행위를 업으로 영위하는 것으로서 계약대리권만 행사한다.</td></tr>
<tr><td colspan="2">• 자기명의로 소유권 이전을 전제로 한 수출입을 할 수 없다는 점에서 '무역업'과 구분된다.
• 물품매도확약서발행 및 수출품의 구매알선, 시장조사 등으로 영업 범위가 한정된다는 점에서 무역중개업과 구분된다.</td></tr>
<tr><td rowspan="2">무역대행업자</td><td>무역대행의 위탁자</td><td>무역업자에게 그 무역업자의 명의로 수출입을 대행하여 줄 것을 위임 또는 위탁하는 자를 말한다.</td></tr>
<tr><td>무역대행업자</td><td>무역대행위탁자와의 대행계약에 따라 일정한 수수료를 받고서 자기명의로 거래하는 무역업자를 말한다.</td></tr>
</table>

자료: 전순환, 「무역실무」, 한올출판사, 2007, p.36

(4) 수출입 위임 또는 위탁한 자

대외무역법상 무역거래자에 포함되어 ❶ 특허권 등을 침해하거나, ❷ 원산지를 허위로 표시하거나, ❸ 품질을 허위로 표시하거나, ❹ 고의로 클레임을 야기하는 등 수출입질서를 저해한 경우 과징금을 부과하는 등의 조치를 취할 수 있다.

(5) 기타 무역관계업자

국가간의 거래에는 관습, 법령, 문화 등의 차이로 인해 무역과 관련된 업무를 독자적으로 수행하는 업자들이 활동하고 있다.

① 중개인

수출업자와 수입업자간의 무역계약체결을 주선하는 자로, 무역계약을 직접 체결하지 않기 때문에 대리인과는 구별된다.

② 지급보증대리인(Factor, Del Credere Agent)

물품의 판매알선과 함께 수출업자에게 대금지급을 보증하는 중개업자를 말한다. 수입업자가 수입대금을 지급하지 않으면 지급보증대리인이 수출업자에게 보상하게 되는데, 이탈리아에서 발달한 무역업자이며 오늘날에는 주로 금융 업무를 취급하고 있다.

③ 컨퍼밍하우스(Confirming House)

수입업자를 대리하여 직접 주문을 하거나 수입업자의 주문을 확인해 주는 업자이다. 미국에서 발달한 일종의 무역보조자를 말하는데 수출업자에 대해서 대금지급의무를 가진다.

④ 연합수출 간사회사(combined export manager firm: CEM)

회사 내 수출업무를 전담할 수 있는 독립부서가 없을 경우 여러 제조업자들이 공동으로 활용할 수 있는 수출 전담부서를 만들 수 있는데, 이 경우 수출전담부서를 만드는 업무를 수행하는 회사이다.

2. 무역업고유번호제도

2000년 1월 1일부터 규제완화의 차원에서 무역업 및 무역대리업 신고제를 폐지하고 무역업 신고제에서 신청제로 바뀌었다. 따라서 무역업을 영위하고자 하는 자는 한국무역협회에 무역업고유번호의 부여를 신청함으로써 고유번호를 부여받게 된다.

(1) 무역업고유번호 부여 이유

무역업신고제가 폐지되는 경우에 발생될 수 있는 문제로 ❶ 지금까지 무역업 신고번호를 기초로 한 각종 무역통계의 작성이 사실상 곤란하여 기존 통계와의 연속성이 사라진다는 점, ❷ 쿼터관리, 수출실적 확인 등과 같은 업체별 통계관리 및 서비스 제공이 불가능하게 된다는 점, ❸ 업종별 · 산업별 무역통계의 작성 곤란으로 산업피해조사, 통상마찰대응 등 무역 및 산업정책의 수립에 애로가 발생한다는 점 등을 고려하여 무역통계 작성을 목적으로 무역업고유번호를 부여하도록 하고 있다.

(2) 무역업의 신고요건 항목 세부내용

수출입 행위의 범위, 수출 · 수입 취급품목의 범위가 제한되어 있지 않다. 수출 · 수입의 대행도 가능하다(단, 약사법, 마약법 등에서 별도로 정하고 있는 경우에는 별도의 허가 · 등록신고 등을 취득해야 함).

(3) 신고기준

① 법인: 법인이면 무조건 가능

② 개인: 사업자등록을 한 개인이거나 농업 · 임업 · 축산업 및 어업을 영위하는 개인해외거주교민이 사업자등록을 하고자 하는 경우에는 관할세무서에 주민등록증 대신에 주재국의 한국영사관에서 발급하는 재외거주국민등록등본을 제출하여야 한다.

③ 자격유지: 신고필증 유효기간 만료연도 10월부터 12월까지 한국무역협회에서 신고확인을 필하여야 한다.

④ 신고수리권자: 한국무역협회장
⑤ 유효기간: 신고한 연도의 다음 2개년
⑥ 신고확인: 한국무역협회 본・지부

(4) 구비서류(개인의 경우)

① 무역업고유번호부여(신청)서 1부(소정양식)
② 사업자등록증 사본 1부 또는 농・임・축산업 및 어업을 영위함을 증명하는 서류 1부

(5) 무역업고유번호 신청방법

무역업고유번호를 부여받기 위해서는 한국무역협회에 직접방문하거나 인터넷을 이용하여 신청접수한다.

인터넷에 의한 접수방법은, 먼저 한국무역협회 웹시이트(http://www.kita.net)를 접속한 후 초기화면에서 회원가입(무역업고유번호신청 포함)을 클릭하면 신청서가 화면에 나타난다. 이 양식에 필요한 사항을 기재하고 관할 세무서에서 발행한 사업자등록증과 함께 전자메일 또는 팩스로 한국무역협회에 보내면 무역업고유번호가 부여된다.

무역업고유번호신청서

무역업고유번호신청서

APPLICATION OF TRADE BUSINESS CODE

처리기간 (Handling Time)
즉 시(Immediate)

❶ 상 호 (Name of Firm)		❷ 무역업고유번호 (Trade Business Code)		
❸ 주 소 (Address)			❹ 업 종 (Business Type)	
❺ 전화번호 (Phone Number)		❻ 이메일주소 (Email Address)		
❺ 팩스번호 (Fax Number)		❼ 사업자등록번호 (Business Restry Number)		
❽ 대표자 성명 (Name of Rep.)		❾ 주민등록번호 (Passport Number)		

대외무역법 제18조 및 동법 시행령 제30조 및 제31조, 대외무역관리규정 제3-5-1조의 규정에 의하여 무역업고유번호를 위와 같이 신청합니다.

I hereby apply for the above-mentioned trade business code in accordance with Article 3-5-1 of the Foreign Trade Management Regulation.

신청일: 년 월 일

Date of Application Year Month Day

신청인: (서명)

Applicant Signature

사단법인 **한국무역협회장**

Chairman of Korea International Trade Association

제2절
수출입대행

1. 의의

수출입대행은 무역업자가 위탁자(무역업 자격이 없는 자)와의 수출 또는 수입의 '대행계약'에 따라 일정한 수수료를 받고 자기명의로 수출입을 수행하는 것이다. 대행자는 자기명의로 거래함에 따른 책임(수출입승인, 사후관리 등)을 지며, 대행자와 위탁자의 관계는 '대행계약'에 의하여 정해진다.

2. 수출대행

(1) 유형

① 단순수출대행

대행위탁자가 양도가능 수출신용장을 자기명의로 받아 대행계약에 따라 수취한 신용장을 대행자에게 양도한다. 수출물품은 선적으로 대행위탁자의 책임하에 조달 또는 제조·가공되며, 대행위탁자가 신용장의 양수인인 대행자의 명의로 수출이행을 한다.

② 내국신용장(또는 구매승인서)개설방식의 수출대행

대행위탁자가 수취한 위탁자 명의로 양도가능 수출신용장을 받는다. 대행계약에 따라 내행자에게 신용장을 양도하여 대행자가 대행위탁자를 수혜인으로 완제품내국신용장을 개설하여나, 구매승인서 발급한다. 동 내국신용장 등에 의하여 수출물품을 제조·가공하여 대행자에게 공급한다. 대행자가 수출을 이행한다.

③ 신용장 직접수취방식의 수출대행

대행계약을 체결하여 대행위탁자의 해외 거래상대방이 직접 대행자 앞으로 신용장을 개설한다. 대행위탁자가 수출물품으로 조달 또는 제조·가공 후 물품을 공급한다. 대행자가 수출을 이행한다.

수출절차도해

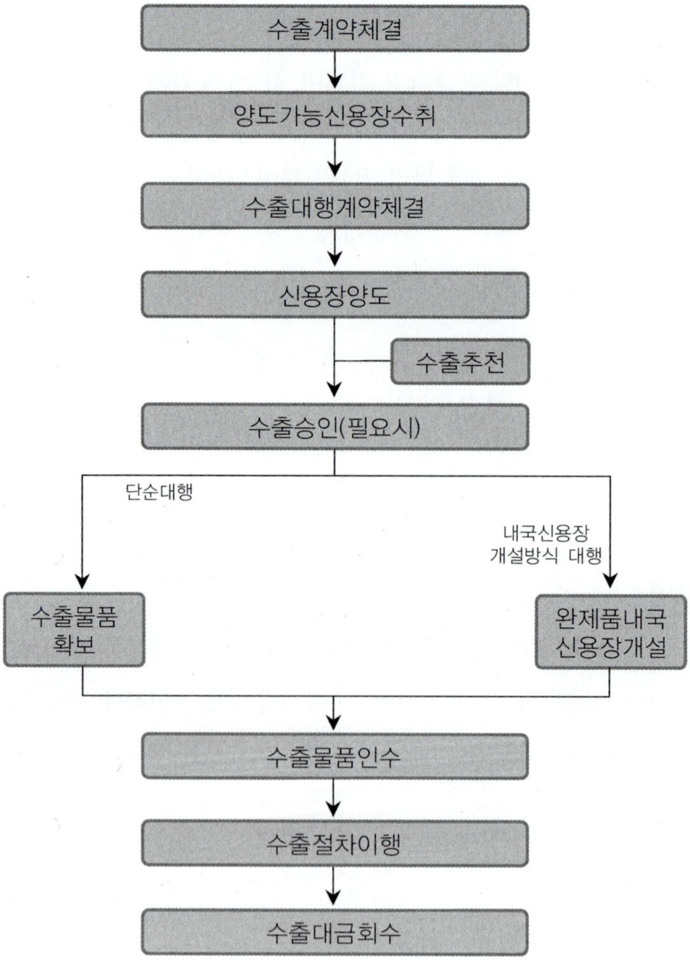

수출대행계약서

수 출 대 행 계 약 서

갑(수출대행자) 서울시 중구 필동3가 26번지 (주)동국무역 이동국
을(대행위탁자) 서울시 중구 회현동 20000-111번지 (주)한국무역 홍길동

상기 갑, 을 양자간에 다음과 같이 수출대행계약을 체결한다.

다음

File No.
L/C No.

제1조 수출대행물품의 규격, 수량 및 금액은 다음과 같다.

품 명	규 격	수 량	단 가	금 액	비 고

제2조 갑은 을 또는 제3자의 명의로 내도된 신용장을 양도받거나 을이 갑명의로 개설받은 신용장에 의하여 제1조의 물품을 단순 수출대행하며 을은 대행수수료조로 신용장 네고금액의 $당 원을 갑에게 지불한다.

제3조 을의 요청에 의하여 갑 명의로 원자재 내국신용장이 발급되는 경우에는 을과 원자재 공급자간에 세금계산서를 교부하고 이에 대한 대금결제는 제1조의 수출물품이 선적되어 매입된 자금으로 결제키로 하고 별도 합의 각서를 제출하여야 한다.

제4조 을이 갑을 통하여 확보한 수출용 원자재는 본 수출품 제조외에 타에 전용할 수 없으며 신용장상의 선적기일내에 충분히 선적할 수 있도록 을의 책임하에 선박수배, 검사, 통관 등의 제반 조치를 취하여야 한다.

제5조 을은 신용장상에 명시된 제조건 및 을과 수입자간에 수출계약조건에 따라 충실하게 물품을 제조, 선적하여야 하며, 본 수출로 인하여 발생되는 제공과금 및 각종 경비와 수수료를 부담한다.

제6조 갑은 수출완료후 수입상으로부터 제기되는 여하한 Claim(대금결제거절, 인도지연 및 수출 불이행등 모든 청구를 포함) 및 기타 본 수출로부터 야기되는 상상치 못한 사태에 대하여도 일절 책임을 부하지 않으며 모든 책임을 을의 부담으로 한다.
또한 본 건 수출에서 편의상 갑의 명의로 관공서 및 은행 등에 제출되는 각서, 기타 증빙서류에 대한 책임의 이행도 일체 을이 부담한다.

제7조 갑은 수출대전을 추심하는 대로 전 각조에 명시된 을이 부담할 금액과 수출용 원자재 대금을 공제한 차액을 을에게 지불하여야 한다.
단 예기치 않은 Claim 발생 등 사태에 대비하여 일정기간 동안 갑이 을에게 지불한 금액상당 이상의 어음을 예치시키거나 을에 지불할 금액 중 일부를 갑에게 예치시키거나 기설정된 담보물을 갑에게 유치시켜야 한다.

제8조 본 수출로 인한 수출실적에 따르는 정부의 제반 특혜는 갑이 취득함을 원칙으로 한다.

제9조 갑, 을 공히 본 계약을 위약하였을 경우 위약당사자는 그 손해를 배상하여야 한다.

제10조 본 계약조문상의 해석에 갑, 을간 이견이 있을 시는 갑의 해석이 우선한다.

제11조 본 계약에 관한 분쟁발생시는 갑의 주소지를 관할하는 법원을 합의 관할로 한다.

제12조 이상 제조항에서 명시되지 않은 사항은 상호 협의하여 정하되 상관습에 따르며 후일에 증하기 위하여 본 계약서 2부를 작성하여 각자 서명날인 한 후 1부씩 보관키로 한다.

2005년 월 일

갑 서울시 중구 필동3가 26번지 ㈜동국무역
이 동 국 (인)

을 서울시 중구 회현동 20000 111번지 (주)한국무역
홍 길 동 (인)

④ 금융지원방식의 수출대행

대행위탁자가 위탁자 명의로 양도가능 수출신용장을 받아 대행계약에 따라 대행자에게 신용장을 양도한다. 대행자가 직접 무역금융 등을 받아 대행위탁자에게 제공하여 대행위탁자는 수출물품을 제조·가공하여 대행자에게 공급한다. 대행자가 수출을 이행한다.

(2) 대행가능 신용장

신용장방식의 거래인 경우 반드시 양도가능신용장(Transferable Credit)을 수취해야 한다.

3. 수입대행

(1) 유형

① 수출용 원자재 수입대행

내국신용장을 받았으나 무역업신고를 하지 않은 경우에 주로 이용되나, 무역업신고자라도 해외 물품공급자와의 특정 거래관계(독점계약 등)에 따라 이용되기도 한다. 수출입공고 등 적용배제, 관세환급, 무역금융 등 수출용 원자재 수입에 따른 여러 가지 혜택은 대행위탁자도 수혜할 수 있다.

수입절차도해

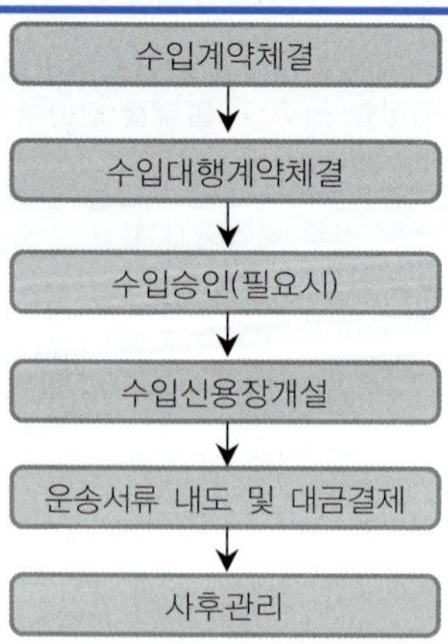

수입대행계약서

수입대행계약서

수입대행자(갑) 서울시 중구 필동3가 26번지 (주)동국무역 이동국
수입위탁자(을) 서울시 중구 회현동 20000-111번지 (주)한국무역 홍길동

상기 당사자간에 다음 조항에 의거 수입대행계약을 체결함에 있어 편의상 수탁자를 갑이라 칭하고 위탁자를 을이라 칭한다.

다 음

제1조 갑은 을의 요청에 의하여 다음 상품을 수입대행한다.

품 명	규 격	수 량	단 가	금 액($)	원 산 지	비 고

제2조 을은 본 계약 체결과 동시에 위 수입품에 대한 확정오퍼 금액의 ( )%에 해당하는 일금 ( )원을 계약보증금(선적서류 인수보증금)으로 갑에게 예치한다.

제3조 확정오퍼는 을의 부담으로 하고 본건 대행수수료 $당 일금( )원씩 총액( )원정을 을은 갑에게 지불키로 한다.
부득이한 사정으로 개설된 신용장이 취소될시 을은 상기 대행수수료를 반환 청구할 수 없다.

제4조 을은 선적서류 인수자금(제비용 포함)을 B/L 도착 후 3일 이내에 부담하여야 하며 이를 지체하여 갑의 대불시에는 을은 대행료를 $당 ( )원씩 추가 지불하고, 완제일까지 년( )%의 해당 금액을 지체가산금조로 갑에게 지급하여야 하며, 20일 이상 연체시에는 을이 갑에게 예치한 계약보증금은 갑에게 귀속되고 갑은 일방적으로 물품을 판매 처분할 수 있다.
단 갑의 임의 처분시 발생하는 손해금이 있을시는 을은 갑에게 변상하여야 한다.

제5조 을이 제시한 확정오퍼로 인하여 발생하는 사고 및 제법규에의 저촉, 편의상 갑의 명의로 관공서에 제출되는 각서, 기타 증빙서류에 대한 책임 및 천재지변 등 불가항력으로 발생하는 손해에 대해서는 을이 부담하고 갑는 이에 대한 책임을 지지 아니한다.

제6조 을은 수입신용장 개설 및 통관시 소요되는 제세공과금과 부대비용 일체를 부담한다.

제7조 을은 수입허가 유효기일 이전에 수입 통관을 완료하기 위한 조치를 취하여야 하며, 이의 불이행으로 인하여 발생하는 과태료 및 행정상의 제반책임은 을이 부담하여야 한다.

제8조 본 계약상 갑・을간에 이의가 있을시는 일반 상관례에 의한다.
후일에 증하기 위하여 본 계약서 2부를 작성하고 각자 이에 서명 날인하여 1부씩 보관키로 한다.

2005년 월 일

수입대행자(갑) 서울시 중구 필동 3-26번지 (주)동국무역 이동국 (인)
수입위탁자(을) 서울시 중구 회현동 10-1번지 (주)한국무역 홍길동 (인)

② 내수용물품의 수입대행

대행위탁자의 수입목적에 따라 자가수요용, 단순판매용으로 구분되며, 관세 등 수입통관시 제세의 납세의무자가 누구인가에 따라 대행위탁자가 납세의무자인 단순대행과 대행자가 납세의무자인 실수대행(직수입대행)이 있는데, 납세의무자가 누구인가에 따라 수입대행수수료가 결정된다.

(2) 수입대행 유사거래

① Offer Sale

외국의 물품공급자로부터 독점적인 계약대리권을 부여받은 자가 국내의 수입자에게 Offer를 발행한 대가로 일정한 수수료를 영수하는 거래이다. 즉, 갑류무역대리업자의 Offer발행 행위이다.

② Stock Sale

자기명의·자기책임하에 물품을 수입한 후 실수요자와 국내거래로 원상태의 수입물품을 매각하는 거래이다.

제3장 무역계약체결

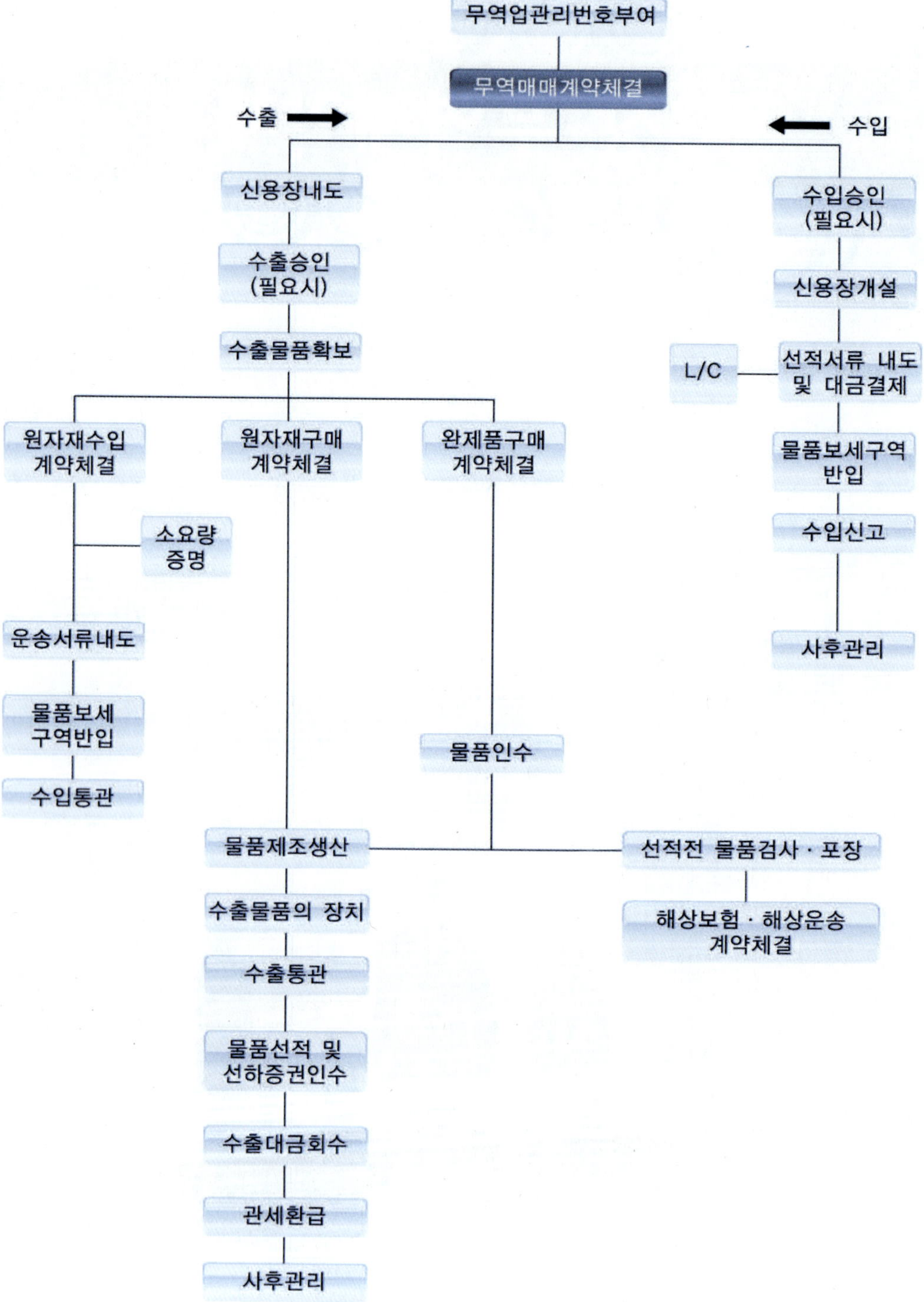
무역업관리번호부여
무역매매계약체결
수출
수입
신용장내도
수출승인 (필요시)
수출물품확보
원자재수입 계약체결
원자재구매 계약체결
완제품구매 계약체결
소요량 증명
운송서류내도
물품보세 구역반입
수입통관
물품인수
물품제조생산
선적전 물품검사 · 포장
해상보험 · 해상운송 계약체결
수출물품의 장치
수출통관
물품선적 및 선하증권인수
수출대금회수
관세환급
사후관리
수입승인 (필요시)
신용장개설
L/C
선적서류 내도 및 대금결제
물품보세구역 반입
수입신고
사후관리

제1절

무역계약의 기초

1. 무역계약의 의의

무역계약은 유상(금전적 대가를 지급), 쌍무(서로 상대방에게 일정한 의무를 부담), 낙성(청약에 대한 승낙→의사의 합치), 불요식(특정한 형식이 필요치 않음) 계약이라는 점에서 본질적으로 국내매매계약과 동일하나, 국제상관습이 적용되고, 격지자간의 거래계약이며, 국가별 무역관리에 수반되는 내용상 절차상의 제약이 가해지는 점에서 국내매매계약과 구별된다. 무역거래시에는 최초거래시 장래 여러 가지 거래를 전개하기 위한 포괄적 준칙으로서, 즉 거래방법의 예측가능한 일관성 유지, 장래 발생할지도 모르는 무역분쟁(Claim)의 예방과 해결을 위하여 General Agreement(General Terms and Conditions, Master Contract)를 맺는 것이 좋다. 매건별로는 수출자의 청약(Offer)에 대한 수입자의 승낙(Acceptance)에 의하거나, 수입자의 주문(Order, Purchase Order: P/O)에 대한 수출자의 주문승낙(Acknowledgement)으로 무역계약이 체결된다. 아울러 Offer에 대한 Acceptance가 이루어지면 계약은 성립된 것으로 간주되므로 불이행시에는 Claim이 제기될 수 있음을 유의하여야 한다.

2. 무역계약의 특징

(1) 합의계약

합의계약(合議(諾成)契約: Consensual Contract)은 낙성계약이라고 하며, 청약자(offeree)의 청약(offer)에 대해서 피청약자(Offeree)가 승낙(Acceptance)함으로써 무역계약이 성립하는 것을 말한다. 즉 합의계약은 일방의 청약(offer)에 대하여 상대방이 승낙(acceptance)함으로써 성립한다.

(2) 쌍무계약

쌍무계약(雙務契約: Bilateral Contract)은 매매당사자들 사이에 계약이 성립되면 양측 모두 상대방에 대해서 일정한 의무를 부담하는 것을 말한다. 매도인(Seller)은 계약물품을 인도해야 할 의무, 매수인(Buyer)은 계약물품에 대한 대금지급을 해야 할 의무, 즉 쌍무의 성격을 갖는다. 따라서 쌍무계약은 매도인의 상품인도의무와 매수인의 대금지급의무를 의미한다.

(3) 유상계약

유상계약(有償契約: Remunerative Contract)은 계약당사자들이 각각 대가적 채무를 부담하는 계약을 말한다. 무역계약이 인도와 대금지급을 그 본질로 하므로 대금지급과 인도는 동시에 발생해야 할 조건들이다. 즉, 매도인이 계약물품을 인도하는 행위에 대해서 매수인은 대금을 지급하는 급부행위가 동시에 발생해야 하는 것이 무역계약의 본질이다.

(4) 불요식계약

불요식계약(不要式契約: Informal Contract)은 단순계약(Simple Contract)이라고도 하며, 계약체결의 특별한 형식에 구애받지 않고 서면 또는 구두에 의한 명시계약이나 행동에 의한 묵시계약에 의해서 무역계약이 성립된다는 것이다. 현실적으로 보면 묵시계약은 무역계약에서 특별한 경우를 제외하고는 실현성이 희박하다고 볼 수 있다. 무역계약의 내용이나 형식이 자유롭기 때문에 불요식계약이라 한다.

제2절

무역계약의 체결절차

1. 해외시장조사

(1) 해외시장조사 의의

외국과 무역거래를 함에 있어 비용과 위험을 최소화하고 이익을 극대화하기 위해서는 사전에 신속·정확한 해외시장조사가 필수적으로 이루어져야 한다. 그 방법에 있어, 우선 대상시장의 전반적 개황(정치, 경제, 사회, 풍토, 기후, 언어 등)을 조사한 다음 취급상품에 대한 세부적인 내용(무역관리제도, 시장특성, 수요와 공급, 유통구조, 경쟁상대, 거래처 등)을 조사하는 일련의 단계를 거치게 된다.

(2) 해외시장조사의 내용

- 일반사항: 해당국의 정치, 경제, 사회, 문화, 종교, 인구, 언어 등
- 경제동향: 경제성장, 국민소득, 물가, 임금, 고용, 국제수지 등
- 산업동향: 산업구조 특히 제조업 등
- 무역동향: 대외무역구조, 특히 품목별·지역별 경쟁국 진출동향 등
- 무역관리제도: 통화정책, 수입관리제도, 수입규제, 기타 관세율 및 외환관리제도 등
- 시장특성 및 유통구조: 일반적인 시장특성 외에 소비자계층, 상관습 및 구매시기, 유통구조의 형태, 주요 수입상 명단 등
- 시장접근방법: 중개상, 전문 수입상, 도매상 등
- 교역현황: 우리나라와의 전체 교역량 및 해당 품목에 대한 수입규모
- 기타사항: 해당국의 항만사정, 통신시설, 여행시 유의사항, 국민성, 상관습, 소비자분석 등

무역계약의 체결절차

절차	참고사항
해외시장조사 (Market Research)	상식적인 판단 및 문헌을 통하여 자기회사 제품이 팔릴 수 있는 기후, 문화, 시장 여건 등을 파악하여 판매지역 선정 관련기관: KOTRA, 한국무역협회
거래선 명단 입수	무역육환기관에 비치된 거래선명부(Directory)를 조사하여 신뢰가 되는 거래선의 명단 및 주소 입수 관련기관: 한국무역협회, 대한상공회의소, KOTRA
자기소개서 발송 (Circular Letter)	거래상대방에게 자신을 알리는 편지(Circular Letter) 발송
물품에 대한 문의·답신 (Inquiry)	자기소개서를 받고 답장을 보낸 거래선을 상대로 거래하고자 하는 품목에 관한 상세한 정보를 전달하여 거래의욕 고취
신용조사 (Credit Inquiry)	계약으로 연결될 가능성이 있다고 판단되는 거래선의 신용을 신용조사 전문기관에 의뢰하여 조사함 관련기관 : 한국무역보험공사, KOTRA, 한국신용정보, Dun & Bradstreet Korea, SPC, 신용보증기금
거래제의 (Business Proposal)	신용조사 결과 거래가능업체로 판정된 상대방에게 구체적인 사항을 제시하여 거래제의
청약 및 주문 (Offer and Order)	수출상이 수입상에게 판매조건을 서면으로 작성하여 제시(Selling Offer)하거나, 수입상이 수출상에게 구매조건을 서면으로 작성하여 제시(Buying Offer)
반대청약을 위한 합의 (Counter Offer)	청약을 받은 자가 청약제의자에게 청약사항을 일부 수정하여 다시 제의하는 것으로, 청약과 반대청약이 여러 번 되풀이되면서 거래조건에 대한 최종합의에 이르게 됨
계약체결 (Conclusion of a Contract)	거래조건에 대한 최종합의가 이루어진 당사자 일방이 이를 서면으로 작성하여 당사자가 서명함

(3) 해외시장조사의 방법

- 국별자료 이용: UN 무역통계연보(Yearbook of International Statistics) IMF 발간연보(International Financial Statistics) 등의 국별 수출입통계자료
- 국내외 경제단체 및 유관기관 이용: KOTRA, 한국무역협회 등
- 주한 외국공관의 이용
- 국내외 광고회사의 이용
- 자체 시장조사방법: 현지를 직접 방문하여 조사

2. 거래처의 발굴

사전에 실시한 시장조사에 의하여 자사상품의 시장성이 있는 대상시장을 선정한 후 잠재력 있는 유능한 거래처를 발굴하는데, 거래처 발굴에는 보다 신중하고 효과적인 방법이 동원되어야 한다.

(1) 자체 홍보물의 이용

① 거래처 발굴을 위한 홍보물 제작

해외배포용 카탈로그 등은 세심하게 계획하여 제작하되 전문가에게 의뢰하는 것이 바람직하며, 홍보물의 내용은 상품의 설명에 주안점을 둔다.

② 홍보물의 배포

홍보물을 배포할 적절한 바이어의 명단은 KOTRA, 한국무역협회, 대한상공회의소 등 경제단체 및 유관기관이나 이들이 발간하는 잡지, 주한 외국대사관 상무관실 등을 통해서 입수할 수 있다. 또한 인터넷을 통하여 명단을 제공하거나 무역거래를 알선하는 웹사이트에서도 입수할 수 있다.

그 밖에도 국내외에서 개최되는 전시회나 박람회 참가시 배포하는 것도 효과적이다.

(2) 해외광고의 이용

- 국내에서 발간되는 해외배포용 매체로는 Korea Export, Korea Trading Post, Korea Trade, Buyers Guide 등이 있는데, 매체의 성격, 배포부수, 배포지역, 구독층 등을 신중히 분석하여 적절한 매체를 선정하는 것이 효과적이다.
- 해외발간 매체광고를 이용한다.
- 해외 공공기관의 이용, 각국의 상공회의소 또는 WTC(World Trade Center), WTCA (World Trade Centers Association) 등 무역 관련기관에 거래의 알선이나 관련업자의 소개를 의뢰한다.
- 각종 사절단 및 전시회 참가 무역 관련기관에서 구성, 파견하는 각종 투자 및 무역사절단, 박람회, 전시회에 참가한다.

3. 신용조회

(1) 신용조회의 의의

무역거래에서 거래대상업체에 대한 신용상태를 확인하는 것은 향후 거래가능성을 진단하고 위험요소를 사전에 예방한다는 측면에서 매우 중요하다. 국제무역이 신용을 바탕으로 이루어지고 있는 현 상황에서 신용조회는 그 어느 때보다 중요성이 강조되고 있다.

(2) 신용조회의 내용

신용조회(credit inquiry)에 있어 필수적으로 조사해야 할 내용에는 character, capital, capacity 등 3C가 있다.

① Character

상대방의 성실성(integrity), 영업태도(attitude toward business), 업계의 평판(reputation), 계약이행에 대한 열의(willingness to meet obligations)나 인격 등에 관한 내용이다.

② Capital

상대방의 재정상태(financial status), 즉 수권자본(authorized capital)과 납입자본(paid-up capital), 자기자본과 타인자본의 비율, 기타 자산현황 등 지급능력에 관한 내용이다.

③ Capacity

상대방의 영업형태, 연간매출액 및 생산능력, 연혁 또는 경력 등 영업능력(business ability)에 관한 내용이다.

그 밖에 country와 currency, 즉 상대국의 정치·경제적 상황과 통화상태를 추가하여 5C라고도 한다. 또한 거래조건(Condition), 담보능력(Collateral)을 포함하여 7C라고 한다. 무역거래에서는 무엇보다 신용이 중시되므로 위와 같은 신용조회의 내용 중 가장 중요한 것은 character라고 할 수 있다.

(3) 신용조회의 의뢰

신용조회는 일반적으로 거래은행을 통하는데, 상대국의 거래처나 상공회의소 등을 활용하기도 한다. 조회처가 은행인 경우 은행조회(bank reference)라 하고, 은행이 아닌 경우 동업자조회(trade reference)라 한다. 거래의 중요성이 인정되거나 앞으로 D/A거래까지도 예상될 경우 한국무역보험공사(K-Sure)나 신용보증기금을 통한 신용조사가 바람직하다. 이들 기관은 세계의 유수한 상업흥신소와 제휴관계를 가지고 있어 효과적이다.

4. 거래제의

(1) 거래제의

거래처를 발굴한 후 다음 요령에 따라 거래제의 서신을 보낸다.

① 작성항목

• 상대방을 알게 된 경위

- 거래제의업체의 업종, 취급상품, 거래국가 등
- 거래제의업체의 자국내에서의 지위, 경험, 생산규모 등
- 거래조건(특히 결제 및 가격조건 등)
- 신용조회처(주로 거래은행명 및 주소)
- 정중한 결문

② 작성시 유의점

- 간단명료한 문장으로, 매 문장은 30자 이내로 하며 전체가 5~6문단으로 구성되게 한다.
- 해당 시장은 처음이므로 상대회사를 통하여 개척하고자 한다는 점을 강조한다.
- 한국에서 제일 큰 회사라는 말 등 과장된 회사소개는 삼가한다.
- 회사규모는 생산량이나 연간매출액 등으로 표현한다.
- 품질의 우수성과 경쟁적인 가격을 제시할 수 있는 회사라고 언급한다.
- 처음부터 오퍼나 견본을 보내지 않으며, 상대방이 관심을 표명해 오면 즉시 송부한다.
- 거래관계가 성립되면 상호이익을 바탕으로 하고자 한다는 점도 명시한다.

③ 송부방법

일반적으로 서신으로 하지만, 전자우편, 팩스, 텔렉스 등을 이용할 수 있다. 거래제의시 한 지역에 시차를 두고 2~3개 회사로 국한하여 보내는 것이 좋다.

(2) 조회

① 내용검토

수입업자로부터 조회(inquiry)서신을 받으면 그 내용을 검토하여 즉시 회신할 수 있는 사항은 지체없이 하고, 시간을 요하는 사항은 언제까지 조치하겠다고 통보한다.

② 작성시 유의점

- 조회에 대한 감사의 표시를 하고, 조회내용의 골자를 기술함으로써 상대방의 기억을 새롭게 한다.
- 자기상품의 설명 또는 특징을 기술할 때에는 지나친 과장을 삼가하고 간결하게 표현한다.
- 조속한 주문이 유리하다면 그 점을 강조한다.

- 카탈로그나 가격표를 보낼 경우 필요한 사항이 있으면 서신으로 보완한다.
- 견본수배가 안 될 때에는 별봉으로 곧 송부한다고 언급한다.
- 조속한 시일 내에 주문이 있기를 바란다고 언급하고, 가까운 시일 내에 직접 만나서 상담하기를 희망한다고 언급한다.

③ 회신방법

상대방의 조회서신에 대해 전자메일, 팩스, 텔렉스 등으로 바로 회신한다. 그러나 일반적으로 가격표나 견본을 보고 구매결정을 한다고 할 경우에는 서신으로 회신한다.

5. 청약

(1) 청약의 의미

청약(offer)이란 청약자(offerer)가 피청약자(offeree)와 일정한 조건으로 계약을 체결하고 싶다는 의사표시로, 청약자가 승낙과 결합하여 특정한 내용을 가지는 계약을 성립시키려는 것을 목적으로 하는 일방적이고 확정적인 의사표시를 말한다. 청약은 원칙적으로 별도의 형식을 필요로 하지 않으므로 서면뿐만 아니라 구두로도 행할 수 있는데, 다만 요식계약의 경우에는 청약도 보통 형식을 필요로 한다.

(2) 청약의 종류

① 청약의 주체기준

판매청약(selling offer)
매도인이 매수인에게 거래를 하고 싶다는 판매의사표시를 말한다. 무역거래에서 오퍼라고 하면 판매청약을 말한다.

배입청약(buying offer)
매수인이 매도인에게 거래를 하고 싶다는 매입의사표시를 말한다. 일종의 조회와 비슷하며 매입주문서(purchase order) 등의 형식으로 이루어진다.

② 청약의 발행지 기준

국내발행 오퍼

거래상대국의 물품공급업자 및 본사를 대리하여 이들과 대리점계약(agency agreement)을 체결한 국내의 물품매도확약업자가 발행한 오퍼이다.

국외발행 오퍼

거래상대국의 물품공급업자나 제3자가 외국에서 발행한 오퍼를 말한다. 현재 우리나라는 외국상품의 수입시 발행되는 오퍼로 외화획득용 원료·기계수입, 미화 만달러 상당액 미만의 물품 수입시, 방위산업체가 방위산업용으로 수입 등은 인정해 주고 있다.

③ 청약의 확정력 기준

확정오퍼(firm offer)

청약자가 청약내용에 대하여 승낙(acceptance)회답의 유효기간(validity of offer)을 지정하고 그 기간내에 승낙하면 계약이 성립되는 오퍼이다. 즉 확정오퍼의 유효기간내에 상대방이 승낙을 하면 당사자 쌍방을 법률적으로 구속하는 매매계약이 성립된다. 유효기간을 정하지 아니한 경우라도 확정적(firm) 또는 취소불능(irrevocable)이라는 표시가 있거나, 승낙·회답의 유효기간과 확정적 또는 취소불능이라는 표시가 동시에 있는 청약도 확정청약에 포함된다.

자유오퍼(free offer)

회답의 유효기간이 정해져 있지 않은 오퍼이다. 보통 거래제의 서신과 함께 보내며, 피청약자가 승낙을 하여도 청약자의 재확인이 필요하다. 또한 청약자의 자유의사에 따라 언제든지 오퍼내용을 변경하거나 취소가 가능하다. 이를 불확정 오퍼 또는 조건부청약(conditional offer)이라고도 한다.

- 무확약 청약(offer without engagement)
  청약에 제시된 가격이 미확정적이어서 시세변동(market fluctuation)에 따라 변경될 수 있다는 조건을 붙인 청약(offer subject to market fluctuation)이다.
- 재고잔류 조건부청약(offer subject to being unsold: 선착순판매조건오퍼)
  청약에 대한 승낙의 의사가 피청약자로부터 청약자에게 도달했다 하더라도 바로 계약이 성립되는 것이 아니라 그 시점에서 당해 물품의 재고가 남아 있는 경우에 한하여 계약이 성립되는 오퍼(재고가 남아 있는 경우나 먼저 승낙해 온 피청약자에게만 판매한다는 오퍼, 재고품을 조속히 처분하려고 할 경우 여러 곳에 동시에 청약을 하게 되는 오퍼)이다.

선착순매매 조건부청약(offer subject to prior sale, offer subject to being unsold, offer subject to prior sale)이라고도 한다.

- 점검매매 조건부청약(offer on approval)

  청약과 함께 물품을 송부하여 피청약자가 물품을 점검하고 구매의사가 있으면 그 대금을 지급하고 그렇지 않으면 반품해도 좋다는 조건의 청약이다.

- 반품허용 조건부청약(offer on sale or return)

  청약과 함께 물품을 대량으로 송부하여 피청약자가 이를 판매하고 팔리지 않은 잔품은 반납하도록 하는 조건의 청약으로서 잡화류 등의 위탁판매에 주로 사용된다.

- 확인조건부청약(sub-con offer)

  청약자가 청약을 할 때 단서로서 계약의 성립에는 청약자의 확인을 필요로 한다는 내용(offer subject to our final confirmation)이 명시된 조건부청약이다. 형식적으로는 청약이지만, 상대방에 대한 청약의 유인(invitation to offer)에 지나지 않는다. 따라서 법적인 입장에서 볼 때 sub-con offer에 대한 acceptance가 offer의 성질을 지니며, 청약자의 최종확인이 acceptance가 된다.

  당해 상품의 시세변동폭이 크거나 환시세의 변동이 심할 경우 오퍼의 유효기간에 "Validity of offer: This offer is subject to our final confirmation"이라고 명시함으로써 피청약자의 승낙만으로는 계약이 성립되지 않고 다시 청약자의 최종확인이 있어야만 계약이 성립한다.

반대청약(counter offer)

피청약자가 청약에 대해서 그 조건을 변경하거나 혹은 새로운 조항을 추가한 청약을 청약자에게 한 것을 말한다. 반대청약은 원청약의 거절임과 동시에 피청약자가 청약자에게 행하는 새로운 청약으로 보아야 한다. 따라서 반대청약은 승낙이 아니기 때문에 계약을 성립시킬 수 없다.

(3) 청약의 효력 발생시기와 유효기간

청약이 효력을 발생하기 위해서는 청약의 내용이 상대방에 전달되어야 한다. 따라서 청약의 내용이 피청약자에게 도달하기 이전에 철회되면 그 청약은 무효가 된다. 또한 청약의 조건으로 승낙기간을 정하고 있는 경우에는 그 기간 내에 승낙이 있어야만 효력이 발생한다. 승낙기간을 정하지 않았을 경우에는 상당한 기간(reasonable period of time)내에 승낙하면 계약이 성립될 수 있다.

다만 피청약자가 승낙의 의사표시를 발신하기 전에 청약내용의 철회 또는 조건변경의 통지가 피청약자에게 도달한다면 철회 또는 조건변경을 인정한다.

(4) 청약의 효력상실

① 승낙

청약은 승낙에 의하여 합의가 성립하기 때문에 그 효력을 상실한다.

② 청약의 거절 또는 반대청약(rejection of offer or counter offer)

피청약자가 청약을 거절하면 청약의 효력은 소멸하며 그 후에는 그 청약을 승낙하여도 계약을 성립시킬 수 없다. 한편 청약의 내용에 조건을 붙여 그 일부만을 승낙하는 부분적 승낙(partial acceptance)은 반대청약이 되어 최초의 청약에 대하여 거절하는 효과를 가지므로 최초의 청약의 효력은 상실된다. 그러나 피청약자가 청약자에 대하여 청약의 내용을 바꾸어 주기를 바라거나 문의하는 정도인 의뢰부 승낙(acceptance accompanied by request)은 반대청약이 아니기 때문에 청약의 효력에 영향을 미치지 않는다.

③ 청약의 철회(revocation of offer)

청약의 철회는 청약의 효력을 소멸시키는 의사표시이다. 이것은 반드시 상대방에게 통지되어야 하고, 그 통지는 상대방이 청약을 승낙하기 전에 상대방에게 도달해야 한다.

④ 당사자의 사망(death of parties)

청약이나 반대청약의 승낙 이전에 피청약자나 청약자의 어느 일방이 사망했을 경우 청약이나 반대청약은 그 효력을 상실한다.

⑤ 시간의 경과(lapse of time)

청약의 내용에 승낙기간이 정해져 있을 경우에는 그 기간이 경과하면, 그와 같은 기간이 정해져 있지 않을 경우에는 상당한 기간(reasonable time)이 경과하면 효력이 소멸한다.

6. 승낙

(1) 승낙의 의의

승낙(acceptance)이란 피청약자가 청약자의 청약에 대하여 그 청약의 내용 또는 조건을 모두 수락하고 계약을 성립시키겠다는 의사표시를 말한다.

계약을 유효하게 성립시키기 위해서는

① 승낙은 청약의 유효기간내에 행해져야 하며,

② 청약의 모든 내용에 대해 무조건 승낙(unconditional acceptance)하는 완전한 승낙 (complete acceptance)

이어야 한다.

(2) 승낙의 방법

승낙의 방법이 지정되어 있는 경우에는 지정된 통신수단을 이용하여 승낙하여야 한다. 이 때 다른 통신수단을 이용하면 청약자의 승인이 없어서 그 계약은 무효가 된다. 이와 달리 지정통신수단이 없는 경우에는 합리적인 방법으로 승낙하면 된다.

(3) 승낙의 효력발생 시기

승낙의 효력발생 시기에 관하여 다음의 세 가지 이론이 있다.

발신주의(post-mail rule)

피청약자가 승낙의 의사표시를 발신했을 때 계약이 성립한다고 보는 입법주의이다.

도달주의(receipt rule)

피청약자의 승낙의 의사표시가 청약자에게 도달한 때에 계약이 성립한다고 보는 입법주의이다.

요지주의

단순히 물리적으로 승낙의 의사표시가 도달될 뿐만 아니라 현실적으로 청약자가 그 내용을 인지한 때에 계약이 성립한다고 보는 입법주의이다.

우리 민법, 일본 및 영미법은 대면 · 전화 · 텔렉스 · 팩시밀리 및 EDI와 같이 거의 동시상황으로 이루어지는 대화자간에는 도달주의를 채택하고, 우편 · 전보와 같이 시차가 있는 통신수단으로 이루어지는 격지자간에는 발신주의를 채택하고 있다. 그러나 국제물품 매매계약에 관한 UN협약은 도달주의를 채택하고 있다.

발신주의는 보통 피청약자에게 유리한 반면, 청약자에게는 불리하므로 무역실무상 오퍼를 할 때 발신주의를 도달주의로 변경하는 것이 일반적이다.

통신수단별 승낙의 효력발생

준거법규 / 통신수단			한국법	일본법	영미법	독일법	UNCCIS (비엔나협약)	ULFCIS
의사표시에 관한 일반원칙			도달주의	도달주의	도달주의	도달주의	도달주의	도달주의
승낙의 의사 표시	대화 자간	대면	도달주의	도달주의	도달주의	도달주의	도달주의	도달주의
		전화	도달주의	도달주의	도달주의	도달주의	도달주의	도달주의
		텔렉스	도달주의	도달주의	도달주의	도달주의	도달주의	도달주의
	격지 자간	우편	발신주의	발신주의	발신주의	도달주의	도달주의	도달주의
		전 보	발신주의	발신주의	발신주의	도달주의	도달주의	도달주의

청약과 승낙에 의한 계약성립

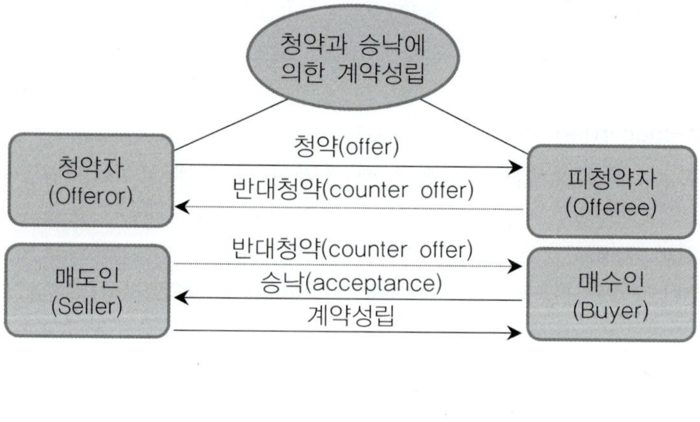

Offer Sheet

DAESUNG INDUSTRIAL CO., LTD

C.P.O.BOX: 7917 SEOUL
CABLE: FONECA SEOUL
TELEX: DESCO K24416

① *Manufacturers, Expoters & Importers*
#146-1, SOOSONG-DONG, CHONGRO-KU,
SEOUL, KOREA

TEL 735/5671
732/1985
733/8194

OFFER SHEET

② Messrs. OKAMOTO INDUSTRIES INC.

③ Offer No. DS01227
④ Date. DEC. 27, 2007

Gentleman:
⑤ We are pleased to offer you the following
⑥ Origin: REPUBLIC OF KOREA
⑦ Shipment: WITHIN 45 DAYS AFTR RECEIPT OF YOUR L/C.
⑧ Shipping Port: BUSAN, KOREA
⑨ Payment Terms: BY AN IRREVOCABLE AT SIGHT L/C TO BE OPENED IN OUR FAVOR.
⑩ Validity of Offer: BY JAN. 31. 2008

Item	⑪ Commodity & Description	⑫ Quantity	⑬ Unit Price	⑭ Total Amount
		⑮ CIF YOKOHAMA, JAPN/PC		
	AUTOMOBILE TUBES			
	SIZE VALVE			
	550-13 TR13	2,100 PCS	@US$ 1.80	US$ 3,780.00
	600-14 TR13	3,900 PCS	1.90	7,410.00
	TOTAL :	6,000 PCS		US$ 11,190.00
	******************************	**********	************	************

Very truly yours,

⑯ Accepted by : ____________

Date of acceptance ________

⑰ DAESUNG INDUSTRIAL CO., LTD

____

PURCHASE ORDER

① OKAMOTO INDUSTRIES, INC.

3-27-12, HONGO. BUNKYO-KU. TOKYO, JAPAN
TEL. 817-4261, 4266, 4271 FAX. 814-0894

PURCHASE ORDER

② Messrs.
DAESUNG INDUSTRIAL CO., LTD.
10th Floor, Leema Bldg.,
146-1 Susong-Dong,
Chongro-Ku, Seoul, Korea.

③ Your Ref ....
④ Our Ref ..........D.I.C.-.07009...............................
⑤ Date & Place ..December.27, 2007..................

⑥ Dear Sirs.
We OKAMOTO INDUSTRIES, INC., as Buyer, hereby confirm our purchase of the following goods in accordance with the terms and conditions given below.

⑦ DESCRIPTION AUTOMOBILE TUBES
500-13 TR13 2,100 PCS.
600-14 TR13 3,900 PCS.

⑧ QUALITY AS PER PREVIOUS SHIPMENT.

⑨ PACKING EACH 20 PCS. TO BE PACKED INTO AN EXPORTABLE CARTON BOX.
EXPORT STANDARD PACKING

⑩ QUANTITY 6,000 PCS. ONLY.

⑪ PRICE CIF YOKOHAMA, JAPAN IN U.S. DOLLARS.
550-13 TR13 @U$1.80/PCE
600-14 TR13 @U$1.90/PCE

⑫ AMOUNT TOTAL : US$11,190.00

⑬ INSURANCE INSURANCE POLICY/CRETIFICATE BLANK ENDORSED FOR 110% OF C.I.F VALUE WITH
CLAIMS PAYABLE IN JAPAN IN THE CURRENCY OF THE DRAFT INSURANCE TO INCLUDE
I.C.C.(A) WITH INSTITUTE WAR CLAUSES, S.R.C.C CLAUSES.

⑭ PAYMENT BY L/C AT SIGHT IN YOUR FAVOUR BY FULL CABLE.
ADVISING THROUGH KOREA EXCHANGE BANK, SEOUL, KOREA FROM
THE FUJI BANK LTD., TOKYO. (INTEREST IS FOR SELLER'sS ACCOUNT.)

⑮ SHIPMENT SHIPMENT SHOULD BE EFFECTED DIRECTLY FROM BUSAN, KOREA TO YOKOHAMA, JAPAN BY DIRECT CONTATNER VESSEL AS FOLLOWS:
BY EARLY FEB/2008

⑯ MARKS & NO TO BE MARKED ON BOTH SIDES OF EACH CARTON BOX AS FOLLOWS:
C/NO. 1-1/UP
ITEM: AUTO TUBE
SIZE: _______
Q'TY: _______

⑰ REMARKS ONE ORIGINAL CRETIFICATE OF ORIGIN FORM "A" & TWO COPIES OF NON-NEGOTIABLE B/L, INVOICE, PACKING LIST, INSURANCE POLTCY SHOULD BE GIVEN BY YOU UNDER A CAPTAIN's CARE FOR DELIVERY TO US.

Confirmed & accepted by: OKAMOTO INDUSTRIES, INC.

7. 무역계약의 체결방법

(1) 계약의 유형별 체결방법

① 개별계약방법(Case by case contract)

개별계약방법은 매거래건별로 먼저 간단한 오퍼나 오더를 확정한 후 수출입 본계약을 확정하는 방법으로, 통상 거래 상대방과 최초 거래시나 초기 거래시에 활용된다. 개별계약방식에 의한 수출입 계약서는 표면과 이면 양면으로 구성되어 있다.

무역계약서의 표면약정에 포함되는 사항은 거래건별로 확정하여야 하는 개별약정사항으로, 당해 거래시 물품의 품질수준, 수량 및 가격 등 거래상품에 관한 사항과 선적일자, 결제방법 및 보험조건 등이 여기에 포함된다.

무역계약서의 이면약정사항은 무역에 관한 일반약정(General Terms and Conditions)이다. 무역계약에 대리인이 개입되지 않고, 계약상 권리와 의무의 당사자인 본인 대 본인계약(Principal to Principal Basis Contract)이라는 사항과 계약서 표면약정사항인 품질, 수량, 가격 및 선적조건 등을 정하는 기준 등 개별약정사항을 해석하는 기준과 계약불이행과 관련한 조항으로, 불가항력조항, 클레임조항, 중재조항 및 준거법조항 등 수출입거래시 일반적으로 적용되는 공통사항이 여기에 포함된다.

개별계약방법으로 수출입계약을 체결할 경우 계약당사자는 청약(Offer)과 수차례의 반대청약(Counter Offer)을 교환하는 방법으로 사전에 계약내용을 협의한 후 이를 확정하여 어느 일방이 통상 2부의 계약서를 작성하여 서명한 후 이를 다른 일방에게 송부하면 상대방은 이에 서명한 후 1부를 송부하여 각각 1부씩 보관한다.

② 포괄계약방법(Master contract)

포괄계약방법은 통상 동일한 거래상대방과 계속적으로 거래가 이루어지는 경우에 채택하는 방법으로, 매거래시 건별로 수출입본계약을 체결함에 따른 번거로움을 피하는 데 적합한 방법이다. 수출입거래당사자는 당사자간이 향후 수출입 거래준칙에 해당하는 일반거래조건협정(Agreement of Memorandum on General Terms and Conditions of Business)을 약정한다. 여기에는 개별 계약체결시 무역계약서 이면약정사항에 포함되는 무역거래 일반약정

(General Terms and Conditions) 사항과 함께 거래건별로 오퍼나 오더를 확정하는 방법을 정한다. 이후 건별거래시에는 포괄계약에서 정한 방법에 따라 간단한 Offer나 Order를 교환함으로써 무역계약을 확정한다.

<참고> 계약의 유형과 당사자 관계

□ 총괄계약시

① 무역거래 일반약정(General Terms and Conditions)을 체결한다.

② 매도인 발행 Offer(청약)에 매수인이 Acceptance(승낙) 서명(혹은 매수인 발행 Order에 매도인이 Acknowledgement 서명)한 후 각기 1통을 보관한다.

③ 매도인의 확정오퍼에 대해 수락의 표시를 전신이나 서신으로 발송한다.

□ 개별계약시

① 계약서를 2통 작성하여 서명 후 상대방에게 송부하고 상대방은 이를 검토, 서명한 후 1통을 발송한다.

② 매도인측 작성: Sales Note, Sales Contract, Confirmation of Order

③ 매수인측 작성: Purchase Note, Purchase Contract, Order

□ 계약당사자

① 본인(Principal)이란 거래로부터 발생하는 권리의무의 주체로, 자기의 계산과 위험(for account and risk)으로 거래하는 자를 말한다.

② 대리인(Agent)이란 거래의 권리의무의 주체가 타인이며, 타인의 계산과 위험으로 거래하는 자이다. 즉 거래로부터 발생하는 손익은 본인에 귀속되며, 대리인은 본인을 위해 제공된 서비스에 대한 보수로 수수료를 받는다.

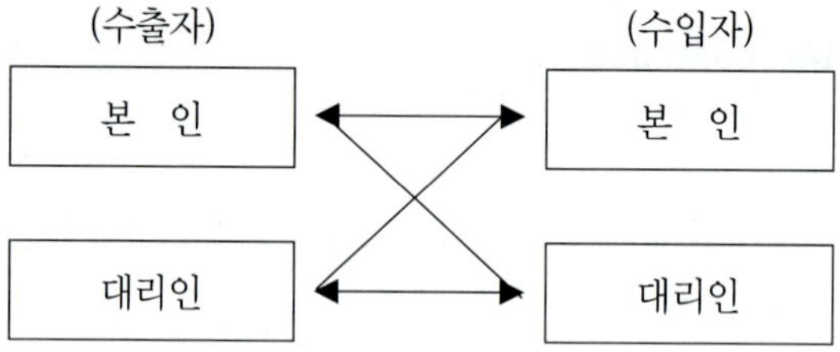

(2) 무역계약서의 작성

무역계약은 청약과 승낙을 통한 당사자간의 합의에 의하여 성립하므로 계약서의 작성이 반드시 필요하지는 않다. 그러나 무역계약은 일반적으로 상품계약을 목적으로 하는 국제매매 계약이기 때문에 후일에 분쟁이 야기될 소지가 상당히 많다. 그러므로 매매당사자간에 이러한 분쟁을 방지하기 위해서 무역계약의 조건을 명백히 할 필요가 있으며, 또한 이를 문서화하여 서명한 매매계약서(Sales Contract)를 상호교환하여 보관하는 것이 필요하다.

(3) 무역계약서의 조항

매매계약서의 기재내용은 거래상대방, 상품의 내용, 상품의 목적지 등에 따라 달라지지만, 결국 매매당사자간에 합의된 사항을 빠짐없이 정확히 기재해야 한다. 매매계약서에 기재될 사항은 일반적으로 매거래시 결정하여야 할 사항, 즉 품명, 품질, 규격, 수량, 가격, 선적 등에 관한 사항과 일반적으로 모든 거래에 공통되는 사항, 즉 불가항력, 무역조건, 권리침해, 클레임조항, 중재, 준거법 등에 관한 사항으로 나눌 수 있다.

(4) 계약체결시의 주의사항

- 일반적으로 우리나라 사람들은 상대방의 권리, 의무를 명확하게 해 두는 것에 익숙하지 못하고, 상대방을 일방적으로 신뢰하여 사후에 분쟁이 발생하는 경우가 많으며, 특히 신용장조건의 불비에 따른 지급거절 사례가 자주 발생한다.
- 계약체결은 가급적 정식계약(Case by Case Contract 또는 Master Contract)으로 체결하는 것이 바람직하며 정당한 권리자(본인 대 본인: Principal to principal)와 체결해야 한다.
- 국제간 거래는 계약의 체결, 이행, 종료의 과정에서 계약의 불이행, 해석상의 의견불일치 등으로 항상 분쟁발생 가능성을 내포하고 있다.
- 청약조건을 충분히 검토하여 승낙여부를 결정하여야 하며, 가격표 등에도 청약으로 착각하기 쉬운 문언이 없도록 주의하여야 한다.
- 계약성립시기에 대한 문제와 관련하여 영미법이나 대륙법계의 영미법이나 대륙법계의 입법주의는 모두 도달주의를 채택하고 있으며 우리나라도 이에 따르고 있다. 그러나 우리

나라 민법 제531조에서 격지자간 계약에 있어서 승낙에 대한 의사표시는 발신주의를 채택하고 있음에 유의해야 한다.

- 모든 계약을 체결할 때에는 반드시 구두가 아닌 서면으로 작성하고, 계약체결 전에 법률지식이 풍부한 전문인의 법률자문을 얻어 계약내용상 불리한 내용이 없도록 하여야 한다.
- 계약당사자는 클레임 제기시 대한상사중재원 또는 기타 특정 기관의 중재판정에 따른다는 조항을 넣어두면 분쟁을 신속, 편리하게 처리할 수 있다.

개별계약과 포괄계약

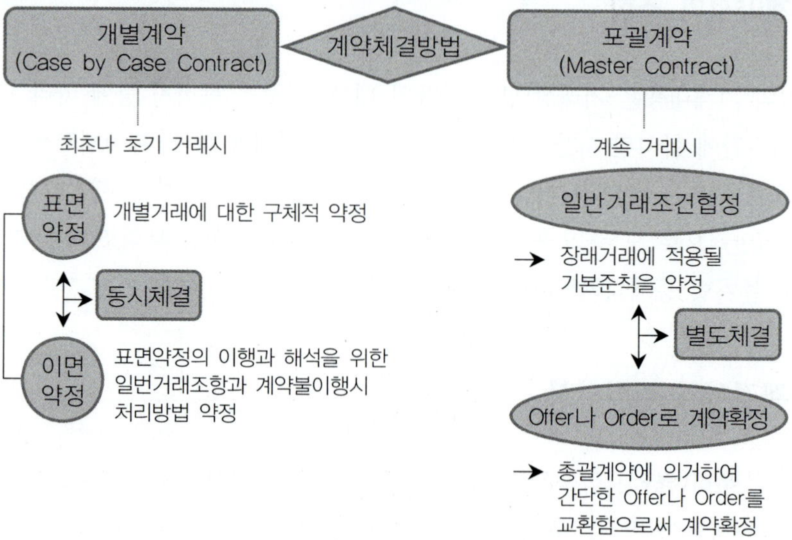

개별계약: SALES CONTRACT

ABC CO., LTD

Address

Tel:
Fax:
E-mail:

SALES CONTRACT

ABC CO., LTD., as seller, hereby confirms having concluded the sales contract with you (your company), as Buyer, to sell following goods on the date and on the terms and conditions herein-after set forth. The Buyer is hereby requested to sign and return the original attached.

MESSRS	CONTRACT DATE		CONTRACT NO.
COMMODITY DESCRIPTION	QUANTITY	UNIT PRICE	AMOUNT

Time of Shipment:
Port of Shipment:
Port of Destination:
Payment:
Insurance:
Packing:
Special Terms & Conditions:

Marking

Subject to the general terms and conditions set forth on back hereof:

Accepted by
(Buyer)

(Signature)

(Name & Title)

Date

ABC CO., LTD.
(Seller)

(Signature)

(Name & Title)

Date

GENERAL TERMS AND CONDITIONS

GENERAL TERMS AND CONDITIONS

All business hereunder shall be transacted between Buyer and Seller on a principal to principal basis and both parties agree to the following terms and conditions:

(1) Quantity: Quantity shall be subject to a variation of ( )% plus or minus at seller's option.

(2) Shipment: Date of bill of lading shall be accepted as conclusive of the date of shipment.
Partial shipment and/or transhipment shall be permitted.
If shipment is prevented or delayed in whole or in party, by reason of Acts of God, or the consequence of, affecting Seller or any supplier to Seller of the goods sold hereunder or any manufacturer of the goods sold hereunder or any supplier to such manufacturer, such Acts of God to include but not limited to fire, flood, typhoon, earthquake, or by reason of riots, wars, hostilities, governmental restrictions, trade embargoes, strikes, lockouts, labour disputes boycotting of Korean goods, unavailability of transportation or any other causes of a nature beyond Seller's control, then, Seller may, at its option perform the contract of the unfulfilled portion here of within a reasonable time from the removal of the cause preventing or delaying performance, or rescind unconditionally and without liability this contract or the unfulfilled portion here of.

(3) Payment: Irrevocable and confirmed letters of credit negotiable at sight draft shall be established through a prime bank satisfactory to Seller immediately after conclusion of contract with validity of at least 15 days after the last day of the month of shipment for negotiation of the relative draft. The amount of such letter of credit shall be sufficient to cover the contract amount and additional charges and/or expenses to be borne by the Buyer. If Buyer fails to provide such letter of credit, Seller shall have the option of reselling the contracted goods for Buyer's account, holding the goods for Buyer's account and risk, and/or cancelling the contract and claiming for damages caused by Buyer's default.

(4) Inspection:	The inspection of quantity shall be done according to the export regulation of the Republic of Korea and/or by the manufacturers which shall be considered as final. Should any specific inspector be designated by the Buyer, all additional charges thereby incurred shall be borne by the Buyer and shall be added to the invoice amount, for which the letter of credit stipulates accordingly.
(5) Packing:	Packing shall be at the Seller's option. In case special instructions are necessary the same should be intimated to the Seller in time so as to enable the Seller to comply with it.
(6) Insurance:	In case of CIF or CIP basis, 110% of the invoice amount, will be insured unless otherwise agreed. Any additional premium for insurance coverage over 110% of the invoice amount, if so required, shall be borne by Buyer and shall be added to the invoice amount for which the letter of credit shall stipulate accordingly.
(7) Increased Costs:	If Seller's costs of performance are increased after the date of this agreement by reason of increased freight rates, taxes or other governmental charges and insurance rates including war risk, or if any variation in rates of exchange increases Seller's costs or reduces Seller's return, Buyer agrees to compensate Seller of such increased cost or loss of income.
(8) Price:	The price stated in the contract is subject to change and the actual price to be paid will be that of Seller's current price list ruling at the time of dispatch of the goods. Seller shall notify Buyer in writing or by telex, cable or telegram of any revised price which shall be applied to goods still to be shipped, unless Buyer cancels in writing or by cable or telex the undelivered balance within 15 days from such notification.
(9) Any Claim:	Dispute, or complaint by Buyer of whatever nature arising under this contract, shall be made in cable within 10 days after arrival of the cargo in the destination port. Full particulars of such claim shall be made in writing and forwarded by airmail so as to reach Seller within 20 days after cabling. Buyer must submit with such particulars as Public Surveyor's report when the quality and quantity of merchandise is in dispute. A claim made after the said 30-day period shall have no effect and Seller shall not be obligated to honor it. Seller shall not

under any circumstance be liable for indirect or consequential damages.

(10) Trade Terms:	The trade terms used herein such as CIF, CIP and FOB shall be in accordance with Incoterms 2000. In all other respects, this Contract shall be governed by and construed in accordance with the laws of Korea.
(11) Arbitration:	All disputes, controversies, or differences which may arise between the parties out of or in relation to or in connection with this contract or for the breach thereof, shall be finally settled by arbitration in Seoul, Korea in accordance with the Commercial Arbitration Rules of the Korean Commercial Arbitration Board and under the Laws of Korea. The award rendered by arbitrator(s) shall be final and binding upon both parties concerned.
(12) Deduction:	Buyer may not deduct any amount from the price without Seller's advance written authorization.
(13) Patents, Trade marks, Designs, etc.:	Buyer is to hold Seller harmless from liability for any infringement with regard to patent, trademark, copyright, design, pattern, construction, stamp, etc., originated or chosen by Buyer.
(14) Force Majeure:	Seller shall not be responsible for nondelivery or delay in delivery resulting from causes beyond its control. In the event of such an occurrence, Seller may at its option either postpone delivery until removal of the causes, or cancel the balance of the order in the Contract.

IN WITNESS WHEREOF, the parties have caused this Agreement to be executed by their duly authorized representatives as of the date first above written:

For and on behalf of,	For and on behalf of,
By:	By:
Typed Name:	Typed Name:
Title:	Title:

포괄계약(Master Contract)

GENERAL AGREEMENT

between: Pfister & Vogel Inc., the buyer,
and Hawoo Corporation, the seller.

1. Business: Both parties shall act as principals, and not as agents.
2. Offers: All firm offers shall be made by cable, unless otherwise stipulated, shall remain in force for four days including the day cabled. Sundays and national holidays shall not be counted as days.
3. Acceptance: Acceptance must be made by cable within the time specified.
4. Order: An order by cable must be confirmed by cable on receipt; subsequently a separate contract note or order sheet shall be sent by following mail. Orders thus confirmed can not be cancelled unless by mutual consent.
5. Price: Unless otherwise stated in letter or cable, prices shall be in U.S. Currency on CFR Los Angeles basis.
6. Quality: (a) Goods sold on sample shall be guaranteed by the seller to confirm exactly to sample upon arrival at destination. (b) Goods sold without sample shall be guaranteed by the seller to be equal to the fair average of the season's crop.
7. Quantity: Weight and quantity determined by the seller, as set forth in shipping documents, shall be final.
8. Marking: All shipments shall be marked

P&V
LOS ANGELES
MADE IN KOREA
and given running numbers.

9. Terms: Banker's Irrevocable Letter of Credit is to be opened at the time each contract is concluded. Draft is to be drawn at sight, under the Credit for the full invoice amount with full set of Shipping Documents attached, namely, Bills of Lading. Insurance Policies or Certificates, Commercial Invoices, Consular Invoices and other documents which particular contracts require.
10. Shipment: Shipment shall be made within the time specified in the contract of sale. In case of force majeure one month's delay is allowed. The date of the Bill of Lading shall be full and sufficient evidence of the date of shipment.

11. Destination: Los Angeles unless expressly specified by cables or letters. The port of discharge, however, shall be at the buyer's option in accordance with the special agreement when each contract is made.
12. Insurance: Insurance shall be effected by the seller on W.A., including risks of Theft, Pilferage and Non-Delivery for the invoice amount plus ten percent. War Risk or any other additional insurance, if required, shall be covered for account of the buyer. Policies or Certificates are to be made out in U.S. Currency, and claims payable in Los Angeles.
13. Claims: Claims, if any, shall be filed by cable within fourteen days from the date of final discharge at destination. Certificates by recognized surveyors shall be sent by airmail without delay.
14. Arbitration: Claims and disputes, unless amicably adjusted between seller and buyer, are to be submitted to two arbitrators appointed by respective parties, whose decision both parties should accept and abide by.

This agreement shall be valid from the date of May 1, 2007

(Buyers) PFITER & VOGEL INC., LOS ANGELES

(Sellers) HAWOO CORPORATION. SEOUL

제3절 무역계약조건

상관습이 서로 다른 국가간에 이루어지는 무역거래에서는 매매당사자간에 거래내용에 따른 상세한 사전합의가 다시금 필요하고 후일 야기될지 모르는 분쟁(Claim)에 대비하여 법적 구제조항 등을 망라하여 무역계약서를 작성해 두어야 한다.

물품매매에서 일반적이고 기본적인 거래조건의 내용을 협정하여 문서로 교환하는 「일반무

무역계약의 8대 기본조건

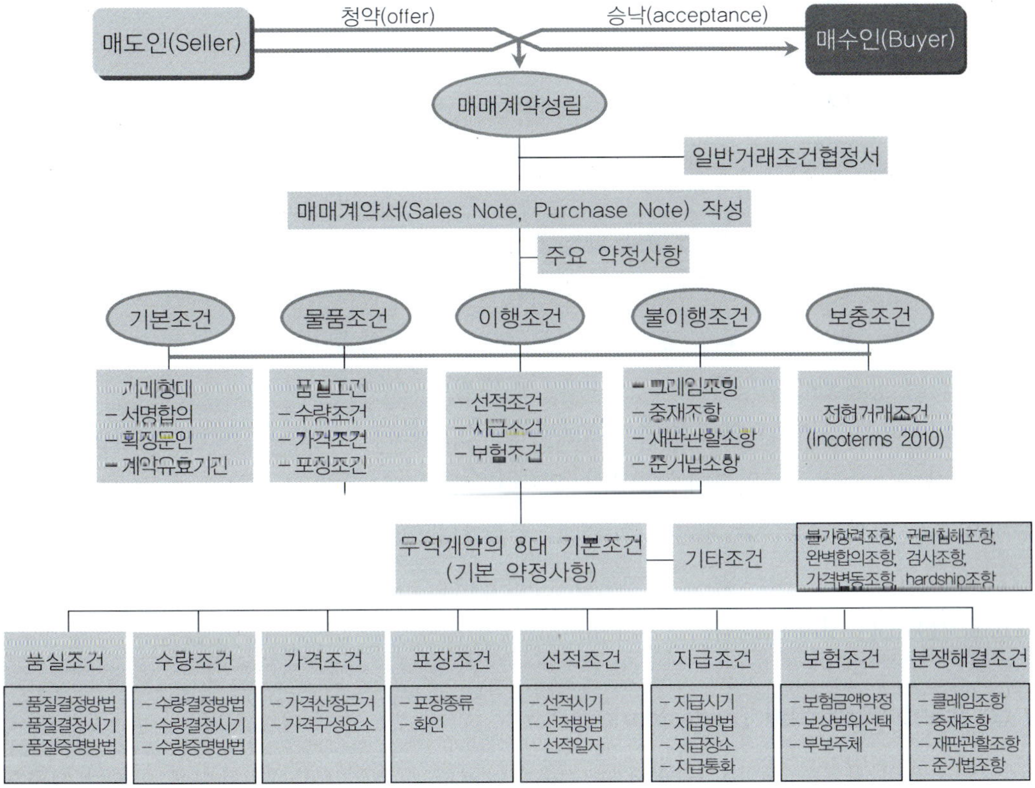

역조건협정서(Agreement on General Terms and Conditions of Business; Memorandum of Agreement)」를 계약기준으로 한다.

일반무역조건협정서의 내용은 계약의 본질, 즉 거래형태에 대한 조건, 청약과 승낙에 의해 계약이 성립되는 조건, 품질・수량・선적・지급・보험・포장 등 계약물품에 대한 조건 그리고 분쟁의 해결 및 법적 구제조건 등을 담고 있다. 실무적으로는 매매당사자간에 표준화 내지 정형화된 매매계약서를 이용하고 있다. 무역매매계약의 8대 기본조건이 있으며, 어느 한 조건에 대하여 상이한 점이 있으면 거래당사자 사이에 분쟁이 야기되어 원활한 거래가 이루어질 수 없다. 다음은 품질조건(Terms of Quality), 수량조건(Terms of Quantity), 가격조건(Terms of Price), 결제조건(Payment Terms), 선적조건(Shipment terms), 보험조건(Terms of Insurance), 포장 및 화인(Packing and Mark), 기타 무역조건과 클레임 및 중재(Claim and Arbitration)에 대하여 살펴본다.

1. 품질조건

(1) 품질결정방법

① 견본매매(Sales by Samples)

공산품거래시 가장 일반적으로 사용되는 품질약정 조건이다. 견본에 의해 인도할 계약물품의 품질을 결정하는 방법으로, 외국의 매수인이 수입할 물품의 전부에 대하여 품질, 형태 등을 검사한다는 것은 불가능하므로 매도인으로 하여금 수출품을 대표하는 일부 현품, 즉 견본을 제시하는 방법으로 결정한다.

견본용어(Sample Terms) 사용시 관습적으로 "Same as sample~", "Up to sample~", "Fully equal to sample" 등의 표현을 사용하나, 이 경우는 물품이 견본과 조금만 달라도 인수거절 또는 무역 클레임이 제기될 수 있다. 수출자의 입장에서는 규격품이나 정밀제품이 아닌 경우 "Similar to sample~", "As Per sample~", "About equal to sample~" 등의 표현을 사용하는 것이 유리하다.

② 상표매매(Sales by Trade Mark)

특정 상품의 상표나 품명이 세계적으로 널리 알려진 경우 그 상표나 품명에 의하여 상품의 품질을 결정하고 매매가 성립되는 방법으로, 세계일류 유명상표의 경우에 적용된다(예: Coca Cola 등).

③ 명세서매매(Sales by Specification)

선박이나 중대형 기계류 등 견본제시가 불가능할 경우에 적용된다. 즉, 기계, 선박 및 의료기구와 같은 상품은 그 상품의 재료나 구조, 성능 등의 명세서를 작성하고 경우에 따라서는 이에 사진, 청사진, 카탈로그 등을 첨부하여 품질을 결정하는 방법이다. '설명서 매매(Sales by Description)'라고도 하며, 규격서 또는 사양서로 거래목적물을 표시한다.

④ 규격매매(Sales by Type or Grade)

규격이 국제적으로 지정되어 있거나 수출국의 공적규정(예: KS, JIS, ISO)에 의해서 정해져 있는 경우 당해 물품의 품질을 결정하고 매매가 이루어지는 것을 말한다.

⑤ 점검매매(Sales by Inspection)

매도인이 매수인 앞으로 보낸 상품을 실제 점검한 다음 품질을 결정하여 매매가 이루어지는 거래로서 신규상품의 시장개척시에 이용되는 경우가 많다.

⑥ 표준품매매(Sales by Standard, Sales by Type)

주로 농림수산물이나 광산물과 같은 1차상품거래시 사용되며, 대표적으로 FAQ와 GMQ가 있다.

FAQ(Fair Average Quality)
'평균중등품질조건'으로서 당해 연도 당해 지역에서 생산되는 동종물품 가운데 중급수준 품질의 것을 인도하기로 약정하는 방법이다. 주로 곡물과 천연과실 등의 농산물에 사용되는 품질조건으로, 인도상품의 표준품질은 선적의 시기 및 장소에 따라 그 계절 출하품의 평균중등품질이어야 한다는 조건이다.

GMQ(Good Merchantable Quality)
'판매적격품질조건'으로서 물품을 인도할 당시의 품질이 당해 물품의 성질이나 상관습상 판매하기에 적합한 수준이기만 하면 된다. 주로 원목, 냉동어류, 광석류 등과 같이 견본의 이용이 곤란한 거래에 이용되는 품질조건으로, 인도상품은 거래상 적절하다고 인정되는 품질인 것을 보증하는 조건이다. 따라서 당초의 숨은 하자(잠재하자; Hidden Defects)가 인도 후에 나타난 경우에도 수입자는 수출자에게 클레임을 제기할 수 있다.

USQ(Usual Standard Quality)

'보통품질조건'으로서 공인검사기관 또는 공인표준의 기준에 의해서 보통품질을 표준품의 품질로 결정하는 조건이다. 주로 미국의 원면 거래 등에서 이용된다.

(2) 품질결정시기

① 선적품질조건(Shipped Quality Terms)

공산품인 경우 선적시에 공인검사기관의 품질확인을 받았다면 운송도중에 변질되어 도착지에서 하자를 발견했더라도 수출상은 이에 대한 책임을 지지 않는다.

② 양륙품질조건(Landed Quality Terms)

운송도중에 품질이 변질될 수 있는 곡물, 피혁, 어류 등과 같은 1차상품의 경우에는 양륙지에서 품질검사를 한 것이 계약조건과 일치하여야 수출상이 면책을 주장할 수 있다.

③ 곡물거래시 조건

영국 런던의 곡물시장을 중심으로 정립된다.

TQ(Tale Quale)

수송 중 변동에 대해서는 매도인이 책임을 지지 않는 조건으로, 즉 "as it, just as they come"이다. 선적품질조건(shipped quality terms)을 적용한다.

RT(Ryle Terms)

호밀(Rye)거래에 사용되었다고 하여 RT라고 한다. 수송도중의 변질에 대해서는 매도인이 책임을 지는 조건으로, 대개 곡식은 이 조건으로 거래된다. 양륙품질조건(Landed Quality Terms)이 적용되며 광물 같은 것도 양륙해서 분석한 결과에 따라 정확한 품위가 결정되어야 가격이 확실해지는 것이다.

SD(Sea Demaged)

조유(潮濡)에 의한 손해를 매도인이 부담하는 조건이다.

(3) 품질증명방법

계약상품의 품질결정의 증명방법에 관해서는 협정서에 명시할 필요가 있다. 계약상품의 선적시 혹은 도착시에 계약상의 품질과 동일하다는 것을 입증하기 위해 받아야 한다. 선적품질조건에서는 매도인은 그 사증기관으로부터 선적지에서의 품질증명을 받은 후 비로소 면책된다. 양륙품질조건에서는 매수인이 착하지에서 외형 및 품질의 결함을 발견하면 그 사증기관에 의뢰하여 이것을 감정, 증명하게 한 후, 그 보고서를 근거로 하여 상대방에게 매상을 청구할 수 있다.

2. 수량조건

상품의 성질과 형상에 의하여 중량(Weight), 용적(Measurement), 개수(Piece), 길이(Length) 등의 단위에 의해 거래된다. 포장된 상품을 매매하는 경우에는 포장재료의 중량을 포함한 총중량(gross weight)인지, 포장재료의 중량을 포함하지 않은 순중량(net weight)인지를 명기할 필요가 있다.

수량에 관해서도 품질의 경우와 같이 FOB, CIF 등의 선적지조건으로 매매하는 경우에는 원칙적으로 선적지수량조건(shipped quantity terms)이지만, 특약에 의해 양륙지수량조건(landed quantity terms)으로 할 수도 있다.

생산, 포장 등 기타의 사정으로 계약수량을 인도하기가 곤란할 것으로 예상되는 경우에는 약간의 과부족을 용인하는 조항(More or Less Clause)을 두어야 할 것이다.

총중량 조건

포장된 그대로의 중량을 매매의 중량으로 하는 조건이며, 포장용기 및 함유잡물이 일정한 면화, 소맥, 가루 등에 한해 사용된다.

순중량 조건

총중량에서 포장물의 중량을 뺀 중량을 매매조건으로 하며, 이 중량에서 다시 포장용기 및 함유잡물의 중량을 공제한 중량을 매매의 조건으로 하는 것이 정미순중량조건이다.

(1) 수량의 단위

상품의 성질에 따라 중량(Weight), 길이(Length), 용적(Measurement), 포장개수(Piece) 등으로 구분하고 있다.

① 부피(Measurement)

목재나 액체류의 거래에 쓰인다.

- 1ton = $40ft^3$: 전 세계에 쓰임
- 1ton = $1m^3$: 북유럽, 우리나라, 일본
- 1BM(Board Measure) = 1,000Board Feet

② 무게(Weight)

원재료에 많이 쓰인다.

- 영국계: L/T(Long Ton, English Ton, Gross Ton) = 2,240lbs = 1,016.05kgs = 270.946관
- 미국계: S/T(Short Ton, American Ton, Net Ton) = 2,000lbs = 907.18kgs = 241.916관
- 프랑스계: M/T(Metric Ton, French Ton, Kilo Ton) = 2,204lbs = 1,000kgs = 266.677관

③ 개수

잡화나 기계, 완구 등의 거래에 쓰인다.

- Piece – 개
- Dozen – 12pcs
- Gross – 12×12pcs

상품에 따른 용적과 개수의 단위

- 목재 등: cubic meter(M3; CBM)
  cubic feet(Cft)
  super feet(square feet × 1 inch)
- 석유 등 액체: 영국의 1 gallon(imperial gallon) = 4,546 liters
  미국의 1 gallon(wine gallon) = 3,787.3 liters
- 일반개체물품: 1 gross(12 X 12 = 144)
  1 small gross(12 X 10 = 120)
  1 great gross(12 X 12 X 12 = 1,728)

④ 포장(Package)

일정 수량을 내용으로 한 포장을 거래의 단위로 하며, 원면이나 시멘트 등의 거래에 쓰인다.

⑤ 길이(Length)

직물, 전선 등의 거래에 쓰인다.

⑥ 면적(Square)

타일, 합판 등의 거래에 쓰인다.

(2) 벌크화물의 수량약정: 수량의 과부족 인용조건

① 과부족 허용조항(Allowance Clause)

유류와 같이 휘발성이 있거나 석탄, 광물, 곡물 등과 같은 벌크화물(Bulk Products)은 수량이 자연적으로 소모나 손실이 불가피한 상품(bulk cargo)으로서 대량으로 수송하는 경우 화물의 성질상 정확하게 인도한다는 것은 불가능하다. 따라서 이 경우 일정비율만큼의 과부족에 대하여는 매수인이 용인하고 과부족량에 대해서는 클레임을 제기하지 않는다는 약정을 사전에 하는데 이것을 과부족 용인조건(more or less clause: M/L Clause)이라고 한다.

통상 계약서상에 "5% more or less on contract quantity at seller's option and the difference to be settled at the contract price"라고 명시함으로써 차액분에 대해서는 계약가격에 의해서 사후에 대금을 정산하게 된다. 실무상 유의해야 할 사항은 신용거래방식에서는 특약이 없는 한 5%의 과부족을 허용하는 것으로 간주하나, 신용장거래방식 이외의 대금결제방식에서는 필히 계약서상에 M/L Clause를 명기하여야만 과부족이 인정된다.

② 손해면책조항(Franchise Clause)

물품이 물리적, 화학적 성질상 필연적으로 감량을 발생시키는 경우에 일정률의 감량을 면제한다는 특수조항 조건부 수량조건이다.

③ 공제조항(Deduction Clause)

약정품의 계약수량에 관하여 미리 일정률의 감량을 예상하여 평균상당률의 수량을 공제하는 것을 특약하는 조건을 말한다.

(3) 수량제한

생산과 운용 사정에 따라 단위 주문당 수량의 제한을 둘 수 있는데, 최소주문수량(Minimum Order Quantity)와 최대주문수량(Maximum Order Quantity)으로 구분한다.

단번에 대량생산이 불가능할 경우의 수량을 상대방이 요구할 경우는 최대인수가능수량(maximum quantity acceptance)을 약정해야 한다. 그리고 그 반대인 경우에는 최소인수가능 수량(minimum quantity acceptable)조건, 즉 "An order shall be accepted so long as the quantity exceeds 1,000 dozen" 등과 같이 약정해야 한다.

1회당 주문수량이 적은 경우에는 생산비가 비싸지고 또한 해상 및 육상운임도 최저운임이 적용되어 비싼 운임을 지급하게 되어 매도인으로서는 예기하지 않은 손실을 입는 수 있다. 1회당 주문 수량의 최소한을 최소인수가능수량으로서 사전에 약정해야 한다.

특정 시기 또는 특정 상품에 있어서는 계절에 따라 수요 및 공급의 변동이 심해 대량의 수량을 한 번에 공급하기가 어려운 경우도 있다. 그 밖에도 공장설비나 생산능력의 한계, 또는 자원고갈 등의 경우에는 주문에 응할 수 없는 경우도 생기므로 인수할 수 있는 최대인수가능수량에 대해서 약정할 필요가 있다. 특히 대량생산이 불가능한 수공예품 등의 경우에는 최대인수가능수량을 명시하여 그 범위내에서 거래하도록 해야 한다.

3. 가격조건

(1) 가격조건의 내용

국제무역에서 가격의 구성원리는 국내거래와 상이하다. 즉 무역에서의 가격은 국내거래에서 발생하지 않는 부대비용(운송비, 보험료, 행정비용, 관세…)을 필연적으로 수반하는데, 부대비용의 부담자를 수출상, 수입상 중 누구로 할 것이냐는 매매당사자가 계약에서 채택하는 INCOTERMS상의 정형거래조건에 따라 달라진다. 즉, 가격조건을 무엇으로 결정했느냐에 따라 비용의 부담자, 위험의 이전시기, 소유권의 귀속여부가 모두 달라지기 때문에 이것을 알아야 가격협상 및 상담이 가능한 것이다.

(2) 수출입물품 가격결정요소

가격결정요소 = 물품의 제조(생산)원가+이윤(희망이익)+요소비용(부대비용)

① 요소비용(부대비용)

- 포장비
- 검사비
- 수출국내에서의 내륙운송비(Inland Freight)
- 부두비용: 선적항에서의 창고료(Storage,Go-Down Rent), 부두사용료(Wharfage Charge), 항구세(Port Duties) 등
- 행정비용: 수출국에서의 수출추천 및 수출승인(E/L) 비용 등 수입국에서의 수입추천 및 수입승인(I/L)비용 등
- 신직비용: 수출통관비용(Cost of Export Clearance), 수출관세, 선적비(Shipping Charges), 적화비(Loading Charges), 적입비(Stowing Charges)
- 운임(Freight)
- 보험료(Insurance Premium)
- 목적항에서의 양하비(Unloading Charges)
- 목적항에서의 부두비용: 목적항에서의 부두사용료(Wharfage Charge), 항구세(Port Duties), 창고료(Storage, Go-Down Rent) 등
- 수입관세(Import Duties)
- 수입통관비용(Cost of Import Clearance)
- 수입국 내에서의 내륙운송비와 보험료
- 각종 수수료(Commission)와 이자 또는 외환비용(Cost of Exchange)
- 기타

② 영업비용과 잡비(Petties)

(3) 무역가격의 설정

실무역거래에서는 국제적으로 무역거래관습상 형성된 정형화된 거래조건으로서 매매당사자간의 법률관계(권리·의무)를 정해 놓았는데, 이것을 정형거래조건(trade terms)이라 한다.

(4) 선내하역비용의 명시

선내하역업자(Stevedore)에 의해 행해지며, 소량화물이나 개품화물인 경우 정기선(liner)에 의해 운송되어 선박회사가 운임에 포함하여 선내하역비를 부담한다. 벌크화물의 선내하역비 조건이 FI, FO, FIO 등일 경우에는 화주가 선내하역비의 일부 또는 전부를 부담해야 한다.

- Liner Term(Berth Term): 선적비 및 양육비 선사부담 조건으로 사실상 운임에 포함되어 FOB조건은 수입자가 부담하고 CIF조건은 수출자가 부담한다.
- FIO(free in and out): 선적비 및 양륙비 선사부담이 아님
- FI(free in): 선사가 양륙비용만 운임에 부과
- FO(free out): 선사가 선적비용만 운임에 부과 = free discharge

하역비 부담조건

하역비 부담조건

Berth terms (Liner terms) 정기선조건	FO(Free Out) 양륙비용 선주무책	FI(Free In) 적재비용 선주무책	FIO(Free In & Out) 적양비용 선주무책
정기선/부정기선	부정기선	부정기선	부정기선
적재비용: 선주 부담 양륙비용: 선주 부담	적재비용: 선주 부담 양륙비용: 용선자 부담	적재비용: 용선자 부담 양륙비용: 선주 부담	적재비용: 용선자 부담 양륙비용: 용선자 부담
적재 및 양륙비용이 운임에 포함되어 있음	적재비용이 운임에 포함되어 있음	양륙비용이 운임에 포함되어 있음	적재 및 양륙비용이 운임에 포함되지 않음

출처: 전순환, 무역실무, 한올출판사, 2007

4. 결제조건

무역거래는 매매당사자가 거리적으로 멀리 떨어져 있는 특수성으로 인하여 일반적으로 무역계약의 체결시 대금의 결제방법, 결제시기 그리고 결제통화 등에 대하여 상세하게 약정하여야 한다.

특히 무역 매매계약에서는 보통 결제조건으로 화환어음(documentary bill of exchange)을 이용한다. 즉 선적서류가 첨부된 환어음을 매수인이 결제하게 된다. 또한 매수인의 대금지급을 보다 확실히 하기 위해 취소불능신용장(irrevocable L/C)의 개설이 전제조건이 되기도 한다.

(1) 무역대금의 결제방법

무역대금의 결제방법으로는 송금방식(remittance basis)에 의한 결제, 추심방식(collection basis)에 의한 결제 그리고 신용장방식(L/C basis)에 의한 결제 등으로 대별할 수 있다.

① 송금방식에 의한 결제

수입상이 물품을 받기 전 또는 받은 후에 송금하여 주는 방식으로, 사전송금방식과 사후송금방식이 있다.

사전송금방식(payment in advance)

사전송금방식은 수출상의 입장에서 무역대금의 회수불능 등과 같은 위험부담은 없어 유리한 조건이라 할 수 있으나 수입상은 대금만 먼저 지급하고 그 후에 물품을 받지 못하는 위험을 부담하게 된다.

사후송금방식(sales on consignment)

사후송금방식은 물품을 받은 후 대금을 지급하는 수입상은 안전하나 수출상은 대금 비회수의 위험을 부담하게 된다.

② 추심방식에 의한 결제

추심방법에는 어음지급운송서류인도조건(document against payment: D/P)과 어음인수운송서류인도조건(document against acceptance: D/A)이 있다.

- D/P조건일 경우에는 환어음을 일람불어음(at sight bill of exchange)으로 발행하여 수입상에게 제시하여 그 어음금액을 추심을 통해 결제받는 방법이다.
- D/A조건일 경우에는 기한부어음(usance bill of exchange)을 발행하여 수입상에게 제시하면 수입상은 일람불조건식으로 결제하는 것이 아니라 환어음의 결제유예기간(at 30 days after sight) 등을 확인(인수)만 함으로써 운송서류를 인도받은 후 약정기간(만기일)에 대금을 추심에 의해 결제하는 방법이다.

추심에 의해서 대금결제가 이루어지는 D/P, D/A조건은 관련은행의 지급확약이 없이 오직 매매당사자의 책임하게 거래가 이루어지고, 거래전에 상대방의 신용조사가 선결되어야 하며, D/A, D/P 계약서에는 신용장에 준해서 일반적으로 수입상이 작성하게 되는데, 특히 D/A조건일 경우에는 가격산정시 유예기간에 대한 원금의 이율을 어떻게 포함할 것인가를 약정해야 한다.

한편 운송서류의 발송처는 상대방의 거래은행의 지점명까지 분명하게 기재하여야 하는데 이를 기재하지 않으면 거래은행의 본점으로 운송서류가 송부되는 경우가 빈번하여 운송서류의 행방추적에 따른 시간을 낭비할 수 있다.

③ 신용장의 결제

신용장이란 수출상(applicant)의 요청에 의하여 신용장개설은행(issuing bank)이 신용장조건에 일치하는 운송서류와 상환으로 수출상(beneficiary) 또는 그 지시인에게 무조건 대금을 지급하거나 만기일에 가서 인수한 어음에 대한 대금지급을 약정하는 증서를 말한다.

신용장에 의한 무역대금의 결제는 송금방식이나 추심방식의 단점을 해결한 결제방식으로 금융기능과 지급보증의 기능을 갖고 있기 때문에 무역대금 결제방식 중 가장 많이 이용된다.

(2) 결제시기

무역대금의 결제시기는 환어음의 지급(payment by bill of exchange), 선지급(payment in advance), 동시지급(concurrent payment), 후지급(deferred payment) 그리고 선지급, 후지급, 동시지급 중 2가지 이상을 혼합한 혼합지급시기가 있다.

① 환어음의 지급

무역거래에서 환어음(draft)에 의해 결제가 이루어지는 방식은 신용장과 추심방식에 의한 결제가 대표적이다.

일람지급어음(sight draft, sight bill of exchange, demand bill)

수출상이 발행한 어음이 지급인(drawee)에게 제시되면 즉시(한국은 7일, 미국은 3일 내) 어음금액을 지급하는 어음을 말한다.

신용장에 의해 발행되는 환어음은 수출상(beneficiary)의 거래은행에 어음매입(Negotiation)과 동시에 신용장과 운송서류가 일치하면 즉시 무역대금을 지급하게 되는데, 실무상 수출상의 입장에서는 이를 일람출금(at sight)이라고 본다. 반면에 매입은행은 어음의 지급인에게 매입채권을 상환받기 위해서 어음과 운송서류 발송의 우편처리기간만큼의 환가료를 수출상에게 미리 받고 우편처리기간에 어음의 지급인으로부터 대금결제를 받는 것을 일람출금(at sight)으로 볼 수 있다.

기한부어음(usance bill, term bill, time bill)

수출상이 발행한 어음이 어음지급인에게 제시되면 지급인이 그 어음을 인수(acceptance)하여 일정기간 지급유예를 확인받고 일정기간이 지나 만기일에 지급하는 환어음을 말한다.

- 일람후 정기출급(at xxxdays after sight)
  어음지급인에 의해 인수된 날로부터 기산하여 어음에 기재된 일정기간 이내 지급한다.
- 일부후 정기출급(at xxxdays after data)
  어음의 발행일로부터 기산하여 어음에 기재된 일정기간 이내에 지급한다.
- 확정일출급(at xxxdays after(or from) B/L data or fixed data)
  정해진 날(fixed data)로부터 기산하여 어음에 기재된 일정기간 이내에 지급한다.

한편 기한부어음에 의한 대금결제시에는 계약서상에 일정 유예기간 동안의 이자부담에 관한 약정을 사전에 체결하여야 하는데, 예컨대 "Usance interest(or Discount charges) are for the account of buyer"와 같이 이자부담에 관한 분명한 약정을 하여야 한다.

② 선지급(payment in advance)

수출대금을 선적 또는 인도하기 이전에 미리(in advance) 결제하는 조건이다.

- 주문과 함께 매수인이 은행수표(bank check), 우편송금, 전신환송금 등으로 송금하는 사전송금방식(remittance basis)이다.
- 주문과 동시에 송금하여 현금결제가 이루어지는 주문불(cash with order: CWO)방식이다.

- 수출상이 신용장 수취와 함께 상품선적 전에 미리 대금의 일부가 결제되는 전대신용장(red clause L/C, packing L/C)에 의한 방식이다.

③ 후지급(deferred payment)

수출대금의 결제가 상품의 선적이나 인도 또는 환어음의 일람 후 일정기일 내에(at xxxdays after sight) 이루어지는 외상거래방식의 연지급 조건이다.

일반적으로 기한부신용장(usance L/C)이나 D/A거래와 같이 1년 이내에 대금이 지급되는 것을 단기, 그리고 1년 이상의 거래를 중장기연지급이라고 한다.

④ 동시지급(concurrent payment)

현물 또는 현물과 동일시되는 선적서류를 인도받음으로써 동시에 대금지급이 이루어지는 방식이다.

- 운송증권을 포함한 수입상이 요구하는 운송서류를 수출지에 상주하는 수입상의 지점이나 대리인에게 넘겨줌과 동시에 대금결제가 이루어지는 서류상환인도(cash against document: CAD)이다.
- 수출상이 자기의 비용과 위험부담으로 수입지에 상주하는 수출상의 지점이나 대리인에게 현품을 인도하고 현지에서 수입상의 검품을 통하여 현물을 인도함과 동시에 대금결제가 이루어지는 현물인도방식(cash on delivery: COD)이다.

⑤ 혼합방식

누진불(progressive payment) 또는 할부지급(instalment payment)이 대표적인 방식인데, 수입상이 현품을 주문과 동시에 대금의 일부를 지급하고 선적시 또는 현품이 도착 후 수년에 걸쳐 일부씩 누진적으로 지급하는 것으로 플랜트 등 대형거래에서 많이 이용되는 조건이다.

(3) 결제통화

환위험(Exchange Risk), 즉 환시세의 변동이 심하지 않은 안정된 통화로서 국제통용성 및 공신력이 높은 통화를 채택해야 한다.

• 안정성(Stability)
• 교환성(Convertability)
• 유통성(Circulativeness)

5. 선적조건

무역거래계약에서는 보통 화물선적 월을 결정한다. 예를 들어 10월 선적(shipment in October)인 경우 매도인은 10월 1일부터 10월 말일까지의 사이에 선적하면 된다. 10/11월 선적(Shipment in October/November)인 경우 매도인은 10월 1일부터 11월 말일까지의 사이에 선적하면 된다.

(1) 선적시기의 약정

수입상은 구매한 물품이 언제 도착하느냐, 즉 선적시기(Shipping Data: S/D)에 따라 이익과 손실이 변한다. 수입승인기관과 신용장 개설을 위한 담보, 현금예치기관의 관점에서 가능한 빠른 도착을 원한다.

단월조건(單月條件)
"March shipment", "During March" 등

연월조건(延月條件)
"Shipment to be made from March to May, 1994" 등

특정 일지조건
"Shipment to be made within 45 days after receipt of L/C"
"Shipment to be effected within 3 months after(from) data of this contract" 등

신용장상의 시기와 관련된 용어
• to, from, till(until): 해당일 포함
• After: 해당일 제외(다음날)
• 특정월의 first half(1~15), second half(16~말일)

- 특정월의 beginning(1~10일), middle(11~20일), end(21~말일)
- on or about xxx일: xxx일 전후 5일씩

실무상 유의할 선적일에 대한 해석기준으로는 '즉시' 선적조건에 대하여 확실하게 약정할 필요가 있다. 즉 "prompt shipment", "immediate shipment", "as soon as shipment" 등은 막연하고 그 해석기준이 국가마다 상이하여 매매당사자 사이에 분쟁이 야기되기 쉽기 때문에 선적일로 절대 사용해서는 안 되는 표현이다.

(2) 분할선적

분할선적(Partial Shipment)은 할부선적(Shipment by Instalments, Instalment Shipment)이라고도 하는데, 엄밀한 의미에서 할부선적은 분할횟수, 수량, 각 분할분의 선적시기 등을 구체적으로 정한 경우를 말한다. 무역계약 약정시 분할선적을 허용하는 표현은 "partial shipments are allowed", 그 반대는 "prohibited"라고 약정하면 된다. 이러한 표현이 없을 경우에는 분할선적을 허용하는 것으로 본다. 분할선적시 유의사항은 다음과 같다.

- 신용장거래인 경우 어느 분할분의 선적이 약정대로 이루어지지 않았다면, 당해분에 대한 unpaid와 잔여계약분에 대한 취소권을 개설은행측이 가지게 된다.
- 계약이나 신용장상에 분할선적에 관한 약정이 없을 경우 분할선적을 금지하는 조항만 없다면 분할선적은 허용하는 것으로 해석한다.

우편이나 택배에 의한 선적은 우편소포 수취증, 우송증명서, 택배수취증 또는 발송장이 신용장에 규정된 물품의 발송장소 및 동일한 일자에 스템프되거나 서명되거나 또는 인증된 것으로 표시된 경우에는 이를 분할선적으로 간주하지 않는다고 규정하고 있다(UCP 40조 C항).

(3) 환적

환적(Transhipment)은 이적이라고도 하며, 복합운송(Combined Transport, Multimodal Transport)에서는 환적이 일반적이다. 직항선적 약정시(Direct Shipment by Customary Route 등)에는 환적이 금지된다고 보나, 직항선적의 약정이 있더라도 해난에 조우하여 피난항(Port of Refuge)에 기항하거나 선용품 조달을 위한 일시적인 기항은 인정된다.

단일운송증권에 의한 복합운송이나 신용장상에 환적금지에 대한 명시가 없는 한 운송인이

환적할 권리를 갖는 것으로 규정되어 있다. 그러나 실무상 환적금지의 명시가 없어도 수출상 자신의 안전과 환적으로 인한 분쟁의 소지를 예방하기 위해서 약정품의 특성을 고려하여 환적이 금지된다고 보는 직항선(direct vessel by customary route)으로 약정하는 것이 바람직하다.

(4) 선적일의 입증

① 선적선하증권(Shipped B/L)

B/L 발급일이 신용장상의 선적일보다 빠르면 된다.

② 수취선하증권(Received for Shipment B/L)

B/L상의 본선적재일(On Board Notation)이 신용장의 선적일보다 빨라야 한다.

③ 신용장의 유효기간(Expiry Date)과 선적일(Shipping Date)

- L/C상 유효기간은 정해져 있으나 선적일이 정해져 있지 않으면 E/D를 Latest Shipping Date(S/D)로 본다.
- 국경일, 일요일, 은행의 휴무일일 때 E/D는 다음 영업일까지 자동연장되나, Latest Shipping Date(S/D)는 연장되지 아니한다. 따라서 수출상은 S/D가 공휴일인 경우 당일 또는 전일까지 선적을 완료해야 한다.

6. 보험조건

무역상품을 운송하는 과정에서 좌초(stranding) 등과 해상고유의 위험이나 전쟁 등과 같은 인위적 위험을 커버하기 위하여는 적하보험(cargo insurance)에 부보하여야 한다. 적하보험은 무역조건상 CIF나 CIP로 무역계약이 체결될 경우에는 수출상이 자기의 부담으로 부보를 하여야 하나 FOB, FCA 및 CFR일 경우에는 수입상이 적하보험계약을 체결하여야 한다

(1) 보험금액의 결정

보험금액(insured amount)이란 보험사고 또는 소정의 손해가 발생한 경우 보험자(insurer, assurer)가 지급해야 하는 금액 또는 그 최고한도의 금액으로 보험자와 피보험자(insured, assured)간에 상호협의하여 정하도록 되어 있다.

그러나 실무적으로는 상업송장 금액에 희망이익(expected profit)을 가산한 금액을 보험금액으로 정하고 있다. 즉 수출상과 수입상이 무역계약을 체결시 보험조건상에 "the amount of invoice plus 10%" 또는 "110% of invoice value"와 같이 송장금액에 10%를 가산한 금액으로 또는 그 이상으로 할 것인지 희망이익에 대해 약정해야 한다.

(2) 보험조건의 선택

적하보험에서의 보상범위는 계약에서 명시한 보험조건에 따라서 발생한 멸실이나 손상에 한정되어 있기 때문에 보험에 부보하고자 하는 화물의 성질, 포장상태, 운송방법 등을 충분히 고려한 후 가장 경제적이면서도 화물의 안전운송에 효과적으로 대체할 수 있는 최상의 보험조건을 선택하여야 한다.

해상적하보험의 경우에는 구약관인 「협회적하약관(institute cargo clause: ICC)」에 따라 기본약관인 전위험담보조건(all risk: A/R)인 ICC(A/R), 분손담보조건(with average: WA)인 ICC(WA), 단독해손부담보조건(free from particular average: FPA)인 ICC(FPA) 등이 있고, 신약관에 따라 ICC(A), ICC(B) 그리고 ICC(C) 등 구약관과 별차이가 없으며, 현재까지 세계적으로 구약관과 신약관을 병행해서 이용하고 있다. 협회적하보험약관(Institute Cargo Clause)에는 ICC(A): ICC(A/R), ICC(B): ICC(WA), ICC(C): ICC(FPA) 등이 있으며, 필요에 따라 전쟁위험이나 동맹파업위험에 대비한 IWC나 ISC로 부보하거나, 내륙운송확장담보(ITE)도 고려한다.

매도인이나 매수인이 자신을 위하여 보험에 부보해야 할 무역거래조건의 경우에는 보험계약에 관한 명시적인 규정이 필요없지만, CIF 또는 CIP 계약과 같이 매도인이 매수인을 위해 화물을 보험에 부보하는 경우에는 보험조건을 명확히 결정해 둘 필요가 있다.

한편 기본조건 중 물품의 성질과 운송의 사정에 따라 추가로 부보해야 할 부가위험을 부보하기 위해서는 부가위험(extraneous risks)을 추가해야 하며, 기본조건과 부가조건 이외에 특약을 해야만 담보가 되는 ICC(wars/strikes, riots and civil commotions: 전쟁 및 파업 · 폭동 · 소요) 등도 있다.

(3) FCA, CPT, CIP에서의 부보범위

운송인에게 물품을 인도하는 시점부터 본선적재시까지 보험구간의 공백이 발생하는데, 동 구간에 대하여는 매도인이 위험부담을 짐에 따라 피보험이익의 양도여부의 문제가 대두된다.

7. 포장 및 화인

(1) 포장조건

포장(packing)은 내용물을 보호하는 견고성과 포장비용 자체의 절감 그리고 운임절감을 고려한 경제성을 감안하여 결정하는데, 수출상은 적합한 포장을 해야 할 의무를 진다. 만일, 운송도중 물품에 사고가 발생했는데 그 사고의 원인이 포장불량 때문인 것으로 판명되면 이에 대한 책임은 선적으로 수출상에게 돌아가므로 보험회사나 선박회사에게 책임을 물을 수 없는 경우가 발생하게 된다.

또한 포장(parking)은 제품의 보호나 판매촉진의 의미를 갖는다. 한편 포장의 불완전으로 인한 약정품의 손상은 적하보험약관상 보험자의 면책조항에 적용되므로 세심하게 포장을 수행하여야 하며, 화인에 있어서도 기호와 번호가 불완전하게 표시된 포장으로 인한 사고는 수출상이 책임을 져야 됨에 유의해야 한다. 다음은 포장의 종류이다.

① 개장(Unitary Packing)

개장은 소매의 단위가 되는 최소의 묶음을 개별적으로 행하는 포장방법이다. 개장에는 상표 또는 제조업체의 이름이 기재되고 보기 좋게 디자인된 포장지가 사용된다.

② 내장(Interior Packing)

내장은 개장물품을 수송 또는 취급하기 편리하도록 보통 몇몇이 개장을 합하여 행하는 포장방법이다. 내장은 외장보다 튼튼한 포장재가 사용되어 내용물이 수분이나 습기 또는 광선이나 진동 등에 의해 손상되지 않도록 유의한다.

③ 외장(Outer Packing)

물품의 성질, 운송수단 및 거리 등을 고려하여 골판지, 송판, 철강재, 방수재, 충격방지재 등 적합한 포장재가 사용되어야 하므로 어떠한 소재를 선택할 것인가를 계약시에 정해 두어야 한다. 물품의 성질, 운송수단과 거리, 환적여부, 포장비와 운임, 기후조건, 당사국의 포장규정이나 상관습 등을 감안하여 포장재와 포장단위를 약정하되, 과대포장(Over Packing)이 되지 않도록 유의하여야 한다.

(2) 화인

① 화인의 개요

화인(shipping mark)은 화물의 분류를 원활히 수행하고 화물의 운송 및 보관시 필요한 화물 취급상의 지시, 주의사항을 포장에 표시하기 위하여 매수인이 매도인에게 요구하는 경우가 많다.

화인

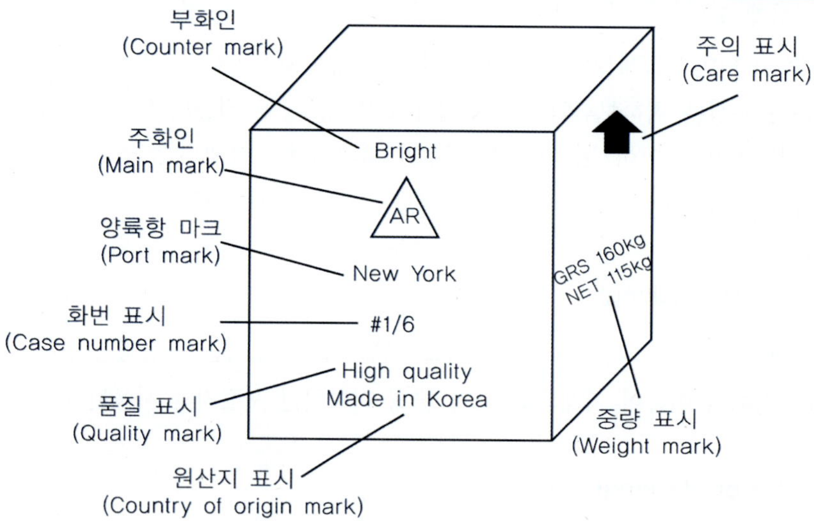

주화인(Main Mark)

특정한 기호(Symbol)를 표시하고 그 안에 수입자의 상호 등의 약자를 표시한다.

부화인(Counter Mark)

주화인(Main Mark)만으로 다른 화물과의 구별이 어려울 때, 주화인 아래에 생산자 또는 공급자의 약자를 표시한다.

위험물 표시: 액체 위험품의 외포장된 결합용기의 표시 표찰 방법

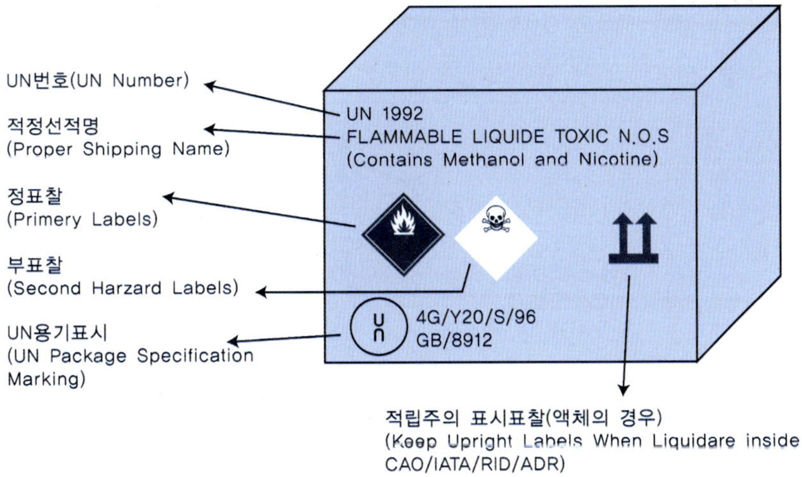

상자번호(Case Number)

송장(Invoice), 적하목록(Manifest: MF) 기타 운송서류와 대조하여 식별, 확인하기 위하여 상자 겉면에 일련번호 등으로 기재한다.

도착항표시(Port Mark)

화물이 다른 곳으로 잘못 운송되는 것을 막기 위한 필수적인 화인으로서 복수항로의 경우 "New York via Seattle" 등으로 표시한다.

중량표시(Weight Mark)

운임계산, 통관, 하역작업 등이 용이하도록 순중량(Net Weight)과 총중량(Gross Weight)을 표시한다.

원산지표시(Origin Mark)

생산국을 외장의 맨 아래에 표시한다.

주의표시(Care Mark, Side Mark, Caution Mark)

화물취급상 특히 주의할 점(This Side Up, Fragile, Keep Dry 등)을 통상 외장의 측면에 표시한다.

포장외관에 Shipping mark(화인: marking)

※ 수출포장시 목재상자 전후와 좌우 면에 아래와 같이 표기함

(1) shipping main mark: 흙색 유성잉크로 전후면 인쇄

HAN-IL

DEST: ~지역명
GROSS WEIGHT: 1500KG
MEASUREMENT: 230×180×160cm
CASE/NO: 1-1
MADE IN KOREA

(2) shipping care mark: 양 측면에 적색 유성잉크로 인쇄하되 화주의 요구에 따라 적절히 한다.

1. THIS SIDE UP
2. FRAGILE
3. SLING HERE
4. KEEP DRY
5. CENTER OF BALANCE
6. DO NOT DROP
7. USE NO HOOK
8. HEAVY WEIGHT THIS END
9. REQURING WAREHOUSING
10. DANGER OF IGNITION

기타 표시

수입자의 요청에 따라 주문표시(Order No.), 지시표시(Attention Mark), 물품의 등급(Grade) 또는 품질표시(Quality Mark) 등이 기재되어야 한다.

② 반드시 표시해야 하는 화인

• 위에서 열거한 화인을 모두 표시해야 하는 것은 아니지만, 주화인(Main Mark), 도착항표시(Port Mark), 상자번호(Case Number), 원산지표시(Origin Mark) 등은 필수적으로 표시해야 한다.

• 특히, 도착항표시(Port Mark)와 상자번호(Case Number)가 없는 화물을 무화인화물(No Mark Cargo: NM)이라 하는데, 무화인화물의 경우 불착(Non Delivery) 등으로 화주에게 커다란 손해를 주는 경우가 허다하다.

• 화인의 내용이나 형태는 통상 매약서(Sales Note)나 구매발주서(Purchase Order(Note))에 표시되어 있다.

8. 기타 무역조건과 클레임 및 중재

(1) 불가항력

일반적으로 불가항력(Force Majeure)에 의한 손해는 면책되지만, 손해를 입은 측에서는 여러 가지 명목으로 클레임을 제기할 가능성이 있다. 특히 수출상의 공급불능이 있을 경우 그 원인이 당사국의 수출규제, 천재지변, 전쟁, 내란 등에 의한 것일 때는 면책된다는 조항을 두는 것이 좋다.

그 밖에 환율이 크게 평가절하되거나 절상되는 경우에도 환차손을 둘러싸고 분쟁이 발생할 수 있으므로 환율적용에 대하여 별도로 약정하여 두는 것이 좋다.

(2) 권리침해

공업소유권 등에 관한 권리침해(infringement)에 대해서는 면책문언을 넣어두는 것이 좋다.

[예문] Buyer shall hold Seller harmless from liability for the infringement with regard to patent, trade mark, design and/or copyright originated or chosen by Buyer.

(3) 클레임 제기기한

실무상 클레임의 제기기한을 설정해 둘 필요가 많다.

[예문] Any claim or complaint by Buyer of whatever arising under this contract, shall be made in cable within one week after arrival of cargo in destination port. Full particulars of such claim shall be made in writing and forward by airmail to seller within 15 days after cabling. Buyer must submit with such particulars as [Sworn Public Surveyor's] report, when the quality and/or quantity of merchandise is in dispute.

(4) 중재

무역매매계약과 관련하여 발생하는 분쟁은 소송에 의하여 해결하기보다는 중재(arbitration)에 의하여 해결하는 편이 현실적으로 유리하다고 하겠다.

[표준 중재조항] All disputes, controversies or differences which may arise between the parties out of or in relation to or in connection with this contract or for the breach thereof, shall be settled by arbitration in Seoul, Korea in accordance with the Commercial Arbitration Rules of the Korean Commercial Arbitration Board and under the Laws of Korea. The award rendered by arbitrator(s) shall be final and bind upon both parties concerned.

(5) 준거법

계약의 해석에 있어서 어느 국가의 법률을 적용하느냐의 문제는 미리 결정하여 계약서에 밝혀두는 것이 좋다.

[예문] This contract shall be governed in all respects by the laws of Korea.

앞서 살펴본 모든 무역계약 거래조건에 대하여 계약체결시 당사자가 일일이 합의하면서 결정하는 일은 극히 드물며 일반적으로 중요한 사항에 대해서만 합의하여 결정하며 나머지 사항은 계약서 작성시 이면조항에 일방적으로 삽입하는 경우가 많다. 따라서 계약서를 우리측이 작성하는 경우에는 상대방과 합의한 중요 내용과 승낙을 얻을 수 있는 범위내의 추가조항을 기재한 계약서를 2부 작성하여 본인이 서명을 한 후 2부를 모두 상대방에게 송부하고 그중 상대방이 서명한 1부를 돌려받아야 한다.

제4절

정형무역거래조건

1. Incoterms의 개관

(1) Incoterms의 개관

Incoterms는 International Commercial Terms의 약자로 정식명칭은 International Rules for the Interpretation of Trade Terms(무역조건의 해석에 관한 국제규칙)이다. 이는 무역거래 계약에 있어서 화물거래의 일시 및 장소, 위험의 이전, 소유권의 이전, 운송계약 및 운임의 지급, 보험계약 및 보험료지급, 통관절차 및 관세지급 및 기타의 경비부담에 대하여 매도인 및 매수인이 어떻게 부담하는가를 국제적으로 통일한 규칙이다.

즉, 수출입상품의 소유권의 이전(인도시점), 비용부담의 범위를 표시한 것으로서 상품의 수도지점은 어딘가, 어느 지점에서 상품은 수출자로부터 수입자에게 인도되는가, 매도인과 매수인에 대한 책임은 어디까지인가, 운임이나 보험료 등의 비용은 누가 어느 지점에서 어느 지점까지 부담하는가를 약정하고 있다.

따라서 무역거래조건은 크게 출하지인도조건과 도착지인도조건으로 구분된다.

(2) Incoterms 2000의 구성

거래조건은 4개의 기본유형으로 분류된다. 즉 매도인이 자신의 영업소에서 물품을 매수인에게 제공하는 조건("E"조건, Ex Works)으로 시작하고, 다음으로 매도인이 매수인에 의해서 지명된 운송인에게 물품을 인도하는 것을 요구하는 두 번째 그룹("F"조건: FCA, FAS 및 FOB)이 뒤따르고, 그리고 매도인이 운송계약을 체결해야 하지만 선적 및 발송 후 발생하는 사건에 기인하는 물품의 멸실 또는 손상의 위험 또는 추가되는 비용에 대해 책임을 지지 않는

Incoterms 2000의 구성

Group별	약호	무역조건	운송수단
Group E 출하조건	EXW	Ex Works(공장인도)	M
Group F 주요운임 매수인부담조건	FCA FAS FOB	Free Carrier(운송인도) Free Alsongside(선측인도) Free On Board(본선인도)	M,A,R S S
Group C 주요운임 포함조건	CFR CIF CPT CIP	Cost and Freight(운임포함) Cost, Insurance and Freight(운임보험료 포함) Carriage Paid to(수송비 포함) Carriage and Insurance Paid to(소송비·보험료 포함)	S S S M
Group D 도착조건	DAF DES DEQ DDU DDP	Delivered At Frontier(국경인도) Delivered Ex Ship(착선인도) Delivered Quay(부두인도) Delivered Duty Unpaid[목적지인도(관세불지급)] Delivered Duty Paid[목적지인도(관세지급)]	M S S M M

M: 복합운송을 포함한 모든 운송수단에 적합함
R: 철도운송에 적합함
A: 항공운송에 적합함
S: 배상 및 내륙수로운송에 적합함

Incoterms 2000 의무

A. The Seller Must(매도인의 의무)		B. The Buyer Must(매수인의 의무)	
A1	provision of goods in conformity with the contract(계약에 합치하는 물품의 제공)	B1	payment of the price(대금의 지급)
A2	licences, authorization and formalities(승인서, 인허가 및 절차)	B2	licences, authorizations and formalities(승인서, 인허가 및 절차)
A3	contract of carriage and insurance(운송계약 및 보험)	B3	contract of carriage(운송계약)
A4	delivery(물품의 인도)	B4	taking delivery(인도의 수리)
A5	transfer of risks(위험의 이전)	B5	transfer of risks(위험의 이전)
A6	division of costs(비용부담의 한계)	B6	division of costs(비용부담의 한계)
A7	notice to the buyer(매수인에 대한 통지)	B7	notice to the seller(매도인에 대한 통지)
A8	proof of delivery, transport document or equivalent electronic message(인도의 증거, 운송증권 또는 이것과 동등한 전자메시지)	B8	proof of delivery, transport document or equivalent electronic message(인도의 증거, 운송증권 또는 이것과 동등한 전자메시지)
A9	checking-pacing-marking(검사, 포장, 하인)	B9	inspection of goods(물품의 선적전 검사)
A10	other obligations(기타 의무)	B10	other obligations(기타 의무)

C조건이 계속되며, 마지막으로 D조건은 매도인이 물품을 목적지까지 운송하는 데 필요한 모든 비용과 위험을 부담하여야 하는 조건(DAF, DES, DEQ, DDU 및 DDP)이다.

또한 모든 거래조건하에서 Incoterms 1990에서와 마찬가지로, 당사자 각각의 의무는 10개 항목의 표제로 분류되어 있는데, 매도인 측의 각 표제는 동일한 사항에 대해서 매수인의 입장을 "거울처럼 비추고 있다".

Incoterms 2000의 13개 조건

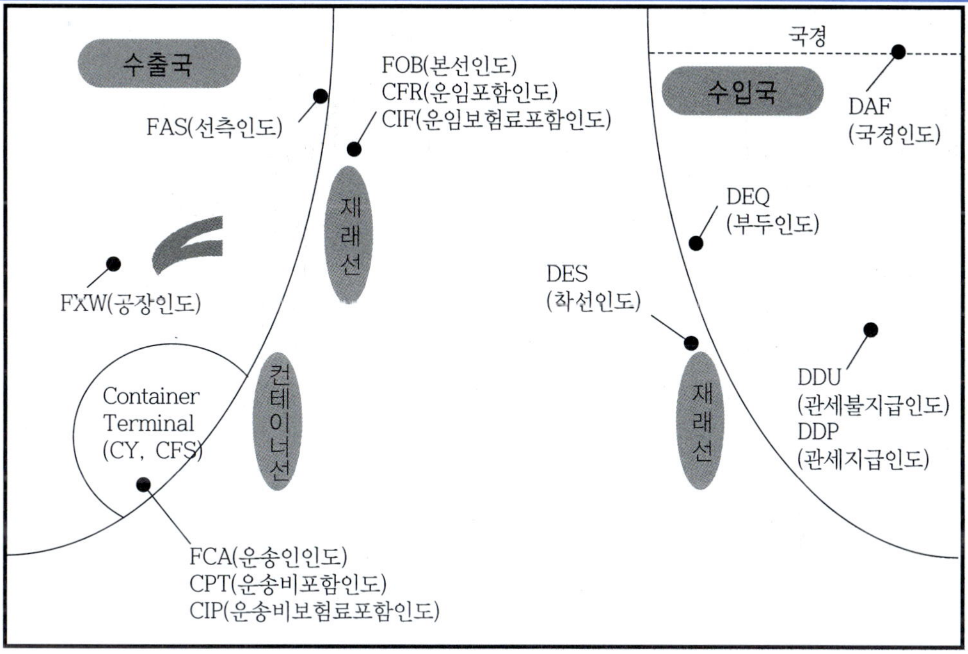

Incoterms 2000 요약

구분 / 거래조건	위험이전	비용이전	비고
EXW(Ex Works) 지정장소(공장인도조건)	매도인이 작업장 구내에서 매수인이 임의처분할 수 있도록 물품을 인도하였을 때	매도인이 위험 이전끼지의 제비용 부담	수출입허가 매수인의무
FCA(Free Carrier) 지정장소(운송인인도조건)	매도인은 매수인이 지정한 운송인에게 수출통관된 물품을 인도하였을 때	〃	수출허가 매도인 의무, 수입허가 매수인의무
FAS(Free Alongside ship) 지정선적항(선측인도조건)	물품이 지정선적항의 부두에 혹은 부선으로 선측에 인도되었을 때	〃	수출입허가 매도인의무

거래조건 \ 구분	위험이전	비용이전	비고
FOB(Free On Board) 지정선적항 (본선인도조건)	물품이 지정선적항에서 본선의 난간을 통과할 때	〃	수출허가 매도인의무, 수입허가 매수인의무
CFR(Cost and Freight) 지정목적항 (운임포함인도조건)	물품이 지정선적항에서 본선의 난간을 통과할 때	매도인은 적재시까지의 제비용+목적항까지의 운임+정기선의 경우 양하비 부담	〃
CIF(Cost, Insurance and Freight) 지정목적항 (운임보험료포함인도조건)	〃	매도인은 적재시까지의 제비용+목적항까지의 운임 및 보험료+정기선의 경우 양하비 부담	〃
CPT (Carriage Paid To) 지정최종장소 (운임지급인도조건)	물품이 약정된 일자 또는 기간내에 지정목적지까지 운송할 운송인의 보관하에 또는 후속운송인이 있을 경우 최초의 운송인에게 물품인도시	매도인은 CFR조건+지정된 목적지까지의 물품운송비(복합운송개념에서 운송비)	〃
CIP (Carriage and Insurance Paid to) 지정최종장소 (운임보험료지급인도조건)	〃	매도인은 CPT조건+지정된 목적지까지의 적하보험료 부담	〃
DAF(Delivered At Frontier) 지정장소(국경인도조건)	접경지인도장소에서 수입통관직전의 상태로 매수인의 임의처분하에 인도할 때	매도인은 위험 이전까지의 제비용 부담	〃
DES(Delivered ex Ship) 지정목적항(착선인도조건)	목적항 선상에서 매수인에게 물품을 인도할 때	〃	수출입허가 매도인의무
DEQ(Delivered Ex Quay) 지정목적항(부두인도조건)	목적항 부두상에서 매수인의 임의처분하에 물품을 인도할 때	〃	수출허가 매도인의무, 수입허가 매도인의무
DDU(Delivered Duty Unpaid)지정최종장소 (관세미지급반입인도조건)	약정된 일자 또는 기간내에 매도인이 지정된 수입국내의 목적지점에 약정물품을 반입하여 매수인의 임의 처분하에 인도할 때	〃 (단, 관세 미포함)	수출허가 매도인의무, 수입허가 매수인의무
DDP(Delivered Duty Paid) 지정최종장소 (관세지급반입인도조건)	〃	〃 (단, 관세포함)	수출입허가 매도인의무

2. Incoterms® 2010

2010년 Incoterms는 관세가 없는 무역권의 계속적인 확장, 상거래에 있어서의 전자통신의 사용 증대, 물품의 이동에 있어서 안전에 대한 관심의 고조 및 운송실무에 있어서 변화 등의 환경변화에 대응하여 내용을 개정하였다.

(1) Incoterms® 2010의 특징

종래 Incoterms에는 "ICC Official Rules for the Interpretation of Trade Terms(정형거래조건의 해석에 관한 ICC규칙)"라고 하는 부제를 달고 있었으나, 2010년 Incoterms에는 그 부제를 "ICC Rules for the Use of Domestic and International Trade Terms(국내 및 국제거래조건의 사용에 관한 ICC 규칙)"로 바꾸었다. 종래는 3자 약어로 표시한 거래조건(Terms)의 해석이 주안이었으므로 각각을 '조건'이라고 호칭하였으나 2010년 Incoterms에서는 '거래조건을 사용하기 위한 규칙'이라고 하는 취지에서 각기 '규칙'이라고 부르고 있다. 따라서 종래의 Incoterms에서는 각 조건을 설명할 때 예컨대, "FOB조건", "CIF조건"과 같이 표현했지만, 2010년 Incoterms에서는 각 조건을 설명할 때 "FOB규칙", "CIF규칙"이라고 한다. 그러나 오랫동안 Incoterms를 설명할 때 '....조건'이라는 표현을 사용해 왔기 때문에 이 책에서는 2010년 Incoterms의 설명에서도 '....규칙'이라는 표현 대신 '....조건'이라는 표현을 사용하기로 한다.

① 정형거래조건의 축소

컨테이너하의 진전 및 지점간(point-to-point) 인도방식의 확대 등과 같은 운송실무에 있어서 변화를 반영하여 2000년 Incoterms에 있던 조건 중 DAF(delivered at frontier: 국경인도), DES(delivered ex ship: 착선인도), DEQ(delivered ex quay: 부두인도) 및 DDU (delivered duty unpaid: 관세미지급인도)의 네 가지 조건을 삭제하고 그 대신 DAT 및 DAP의 두 가지 조건을 새로 도입하였다. 따라서 2000년 Incoterms에는 13가지 조건이 있었으나 2010년 Incoterms에는 다음과 같은 11가지 조건이 있다.

- EXW(ex works: 공장인도)
- FCA(free carrier: 운송인 인도)
- CPT(carriage paid to: 운송비지급)
- CIP(carriage and insurance paid to: 운송비 · 보험료지급)
- DAT(delivered at terminal: 터미널인도)
- DAP(delivered at place: 목적지인도)
- DDP(delivered duty paid: 관세지급인도)
- FAS(free alngside ship: 선측인도)
- FOB(free on board: 본선인도)
- CFR(cost and freight: 운임 포함)
- CIF(cost insurance and freight: 운임 · 보험료 포함)

Incoterms 2010 개관

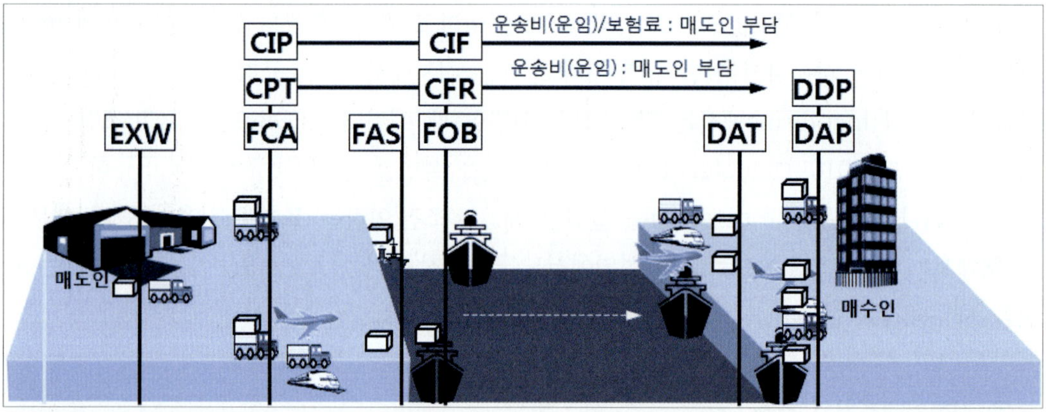

출처: (사)한국무역연구원 2010 무역세미나 발표자료

DAT는 2000년 Incoterms상의 DEQ, 그리고 DAP는 2000년 Incoterms상의 DAF, DES, DDU를 대체하는 것이지만, 새로 도입된 DAT와 DAP는 운송방식에 관계없이 사용할 수 있다. 그리고 DAT에서는 종래의 DEQ조건에서와 마찬가지로 도착된 차량으로부터 양하하여 매수인의 처분에 맡긴 때에, 그리고 DAP에서는 종래의 DAF, DES 및 DDU조건과 마찬가지로 양하준비가 되어 있는 상태 즉 양하하지 않은 상태에서 매수인의 처분에 맡긴 때에 인도가 이루어진다.

이들 새로운 규칙은 2000년 Incoterms의 DES와 DEQ를 필요 없게 만든다. DAT에서의 지정터미널은 항구에 있을 수 있다. 따라서 DAT는 종래 2000년 Incoterms의 DEQ가 사용되던 케이스에 안전하게 사용할 수 있다. 마찬가지로 DAP하에서의 도착 '차량'은 선박일 수 있고, 지정목적지는 항구가 될 수 있다. 따라서 DAP는 종래 2000년 Incoterms의 DES가 사용되던 케이스에 안전하게 사용할 수 있다.

② 정형거래조건의 구분 변경

2000년 Incoterms는 전체 13가지 거래조건을 E그룹, F그룹, C그룹 및 D그룹의 네 가지 그룹으로 분류하고 있었으나, 2010년 Incoterms는 현대의 상거래 현실을 반영하여 전체 11개 거래조건을 아래에서 보는 바와 같이 운송수단에 따라 ❶ 모든 단수 또는 복수의 운송수단에 적합한 규칙(rules for any mode or modes of transport, 즉 복합운송조건)과 ❷ 해상 및 내수로 운송을 위한 규칙(rules for sea and inland waterway transport, 즉 해상운송조건)으로 구분하고 있다.

정형거래조건의 구분

2000년 Incoterms		2010년 Incoterms	
E그룹(출하지인도)	EXW	복합운송조건	EXW, FCA, CPT, CIP, DAT, DAP, DDP
F그룹(주운송비 미지급인도)	FCA, FAS, FOB		
C그룹(주운송비 지급인도)	CFR, CIF, CPT, CIP	해상운송조건	FAS, FOB, CFR, CIF
D그룹(도착지인도)	DAF, DES, DEQ, DDU, DDP		

❶에 속하는 것은 선택된 운송수단에 관계없고, 또 하나 또는 그 이상의 운송수단이 이용되느냐의 여부에 관계없이 사용할 수 있는 조건으로 EXW, FCA, CIP, DAT, DAP 및 DDP의 7가지가 이에 속한다. 이들 조건은 해상운송이 전혀 포함되지 않은 경우에도 사용될 수 있고, 또 운송의 일부구간에 선박이 이용되는 경우에도 사용될 수 있다.

❷에 속하는 것은 인도시점과 물품이 매수인에게 운송되는 장소가 모두 항구가 되는 조건들로서 FAS, FOB, CFR 및 CIF가 이에 속한다.

그런데 이러한 새로운 분류체계는 2000년 Incoterms 서문(introduction) 제17항(mode of transport and the appropriate Incoterms 2000; 운송방식과 이에 적합한 2000년

Incoterms 2010 분류기준 변경

Incoterms® 2010 rules

모든 운송방식을 위한 규칙(RULES FOR ANY MODE OF MODES OF TRANSPORT)

EXW	EWWORK (insert named place of delivery)	공장인도 (지정인도장소 삽입)
FCA	FREE CARRIER (insert named place of delivery)	운송인인도 (지정인도장소 삽입)
CPT	CARRIGE PAID TO (insert named place of destination)	운송비지급 (지정목적지 삽입)
CIP	CARRIAGE AND INSURANCE PAID TO (insert named place of destination)	운송비보험료 지급 (지정목적지 삽입)
DAT	DELIVERED AT TERMINAL (insert named terminal at port or place of destination)	터미널인도 (지정목적항 또는 장소의 터미널 삽입)
DAP	DELIVERED AT PLACE (insert named terminal at port or place of destination)	목적지인도 (지정목적지 삽입)
DDP	DELIVERED DUTY PAID (insert named place of destination)	관세지급인도 (지정목적지 삽입)

해상 및 내륙수로운송을 위한 규칙(RULES FOR SEA AMD OM;AMD WATERWAU TRANSPORT)

FAS	FREE ALONGSIDE SHIP (insert named port of shipment)	선측인도 (지정선적항 삽입)
FOB	FREE ON BOARD (insert named port of shipment)	본선인도 (지정선적항 삽입)
CFR	COST AND FREIGHT (insert named port of destination)	운임포함 (지정선적항 삽입)
CIF	COST INSURANCE AND FREIGHT (insert named port of destination)	운임보험료 포함 (지정목적항 삽입)

출처: (사)한국무역연구원 2010 무역세미나 발표자료

Incoterms)에서 이미 ❶ 「모든 운송방식」(any mode of transport)과 ❷ 「해상 및 내수로 운송에만」(maritime and inland waterway transport only)적합한 조건으로 구분하고 있었고, 또 국제상업회의소가 1999년에 발간한 표준국제매매계약서(The ICC Model International Sale Contract, manufactured goods intended for resale)[1)]에서도 2000년 Incoterms에 있는 조건을 ❶ '추천하는 조건(recommended terms)'과 ❷ '기타 조건(other terms)'으로 구분하고 ❶에 복합운송조건들을 열거하여 앞부분에 배치하고 ❷에 해상 및 내수로 운송조건들을 배치하고 있는 점을 감안할 때 새삼스러운 일은 아니다.

1) ICC publication No 566(E), ISBN 92-842-1210-3

그리고 2000년 Incoterms까지는 FOB, CFR 및 CIF에서 인도지점을 본선의 난간(ship's rail)으로 규정하고 있었으나 2010년 Incoterms에서는 물품이 본선상에 '적재된' 때에 인도되는 것으로 규정하고 있다. 이것은 현대 상거래의 현실을 반영한 것으로, 위험이 가상의 수직선을 통과할 때 이전된다는 시대에 뒤떨어진 관념을 피할 수 있게 되었다.

③ 국내거래에 대한 적용 공식화

Incoterms는 전통적으로 물품이 국경을 통과하는 국제매매계약에 사용되어 왔다. 그러나 유럽연합(EU)과 같은 무역권이 형성되어, 세계의 다양한 지역에서 상이한 국가 사이에 국경에서의 절차가 중요하지 않게 되었다. 따라서 2010년 Incoterms의 부제에는 다음과 같이 공식적으로 Incoterms가 국제 및 국내 매매계약 쌍방에 적용하기 위해 사용가능함을 인정하고 있다.

"ICC rules for the use of domestic and international trade terms"

그 결과 2010년 Incoterms에서는 적용가능한 경우에만 수출/수입절차에 따를 의무가 있다는 것을 여러 곳에서 명확하게 규정하고 있다.

이렇게 규정을 한 데에는 다음과 같은 두 가지 사실이 그 바탕에 있다.

첫째, 상인들이 일반적으로 Incoterms를 순수한 국내매매계약에 사용하고 있다는 점이다.

둘째, 미국에서 2004년 통일상법전(Uniform Commercial Code: UCC) 개정시 선적 및 인도조건을 삭제함에 따라[2] 과거 UCC에 있던 선적 및 인도조건보다도 Incoterms을 국내거래에 사용하고자 하는 움직임이 활발해지고 있다는 점이다.

이번 개정을 통해 미국에서 과거의 통일상법전 대신 Incoterms를 더욱더 많이 사용할 것으로 기대된다.

④ 사용지침(guidance note)[3]의 도입

이번 Incoterms 개정에서 주목할 사항 중의 하나는 당사자들이 종종 잘못된 거래조건을

---

2) 통일상법전 Article 2(Sales), Part 3(general obligation and construction of contract)에 있던 § 2-319(F.O.B. and F.A.S. Terms), § 2-320(C.I.F. and C. & F. Terms), § 2-321(C.I.F. or C.&F.: "Net Landed Weights", "Payment on Arrival"; Warranty of Condition on Arrival), § 2-322(Delivery "Ex-ship"), § 2-323(Form of Bill of Lading Required in Overseas Shipment; "overseas") 및 § 2-324("No Arrival, No sale" Term)가 삭제되었다

3) guidance note를 '조언메모', '안내요지' 등으로 번역하여 사용하기도 하지만, 이 책에서는 '사용지침'으로 번역하여 사용하기로 한다.

선택하여 사용하고 있다는 것이었다. 따라서 2010년 Incoterms 서문에서는 물품, 선택된 운송수단, 또 당사자들이 매도인 또는 매수인에게 추가의무를 부과할 의사가 있느냐의 여부에 따라 적절한 조건을 사용할 필요성을 강조하고 있다. 그리고 이에 추가하여 각 조건의 앞부분에는 '사용지침'을 두어 거래조건의 선택에 도움이 되는 정보를 담고 있다. 사용지침은 각각의 Incoterms 규칙에 대하여, 언제 사용되어야 하고, 언제 위험이 이전되며, 또 비용은 매매당사자 사이에 어떻게 배분되는지 등의 기본적인 사항을 설명하고 있다.

다만, 이것은 2010년 Incoterms의 일부가 아니고, 단지 Incoterms 사용자들이 정확하고 효율적으로 특정 거래에 적당한 Incoterms를 선택하도록 도와주는 데 그 목적이 있다.

⑤ 전자통신에 종이서류와 동일한 효력 부여

전자통신(electronic communication)의 확산에 따라 전자적 수단으로 체결한 계약의 법적인 확실성을 강화하기 위해 국제상업회의소(ICC)는 2004년 전자상거래조건(ICC eTerms 2004)을 제정한 바 있다. ICC eTerms 2004의 목적은 당사자들로 하여금 나중에 계약의 전자적 성격 때문에 계약이 무효가 되는 위험부담 없이, 전자적인 계약의 체결을 허용하는 통일된 조건을 제공하는 데 있다. 또 2005년 11월 23일 유엔총회는 전자계약에 있어서 법적 장애를 제거하고 명확성을 기하기 위하여 "국제계약에서 전자통신의 사용에 관한 유엔협약(UN Convention on the Use of Electronic Communications in International Contracts: 약칭 "전자통신협약")"을 채택하였다.[4] 이 협약의 목적은 전자통신의 효력을 인정하는 데 있다. 이러한 일련의 움직임에 발맞추어 종전의 Incoterms에서는 EDI 메시지로 대체할 수 있는 서류를 특정하고 있었으나,[5] 2010년 Incoterms A1/B1조에서는 당사자들이 합의하거나 관습적인 경우 전자통신수단에 서면통신과 동일한 효력을 부여하고 있다. 따라서 당사자가 합의하면 예컨대 전자적 형태로 작성한 상업송장도 종이서류와 동일한 효력이 있다. 이 규정은 2010년 Incoterms의 유효기간을 통하여 새로운 전자적 절차의 발전을 용이하게 한다.

⑥ 2009년 협회적하약관에 관한 규정 반영

2010년 Incoterms는 새로운 협회적하약관(Institute Cargo Clauses: ICC)이 시행된 2009년 이후 처음으로 개정된 것이므로 개정된 약관의 내용을 고려하였다.[6] 또 2010년 Incoterms

4) 2010년 10월 현재 이 협약에 우리나라를 포함하여 18개국이 서명하였으나, 비준한 나라는 온두라스와 싱가포르 2개국뿐이어서 아직 발효되고 있지는 않다.

5) 2000년 Incoterms상으로 EDI로 대체할 수 있는 서류는 인도의 증거 또는 운송서류뿐이다(A8 참조).

6) 2009년 협회적하약관의 자세한 내용은 이시환, 2009년 해상적하보험약관론, 두남, 2010 참조. 그런데 현재 우리나라 보험

는 운송 및 보험계약을 다루고 있는 A3/B3조에서 보험에 관한 정보제공의무를 규정하고 있다. 이들 규정은 2000년 Incoterms A10/B10조에 규정된 보다 일반적인 조문으로부터 옮겨온 것으로, 보험에 관한 당사자들의 의무를 명확히 하고 있다.

⑦ 보안에 관련된 규정 도입

2001년에 발생한 9.11테러 이후 물품의 이동에 있어서 보안에 대하여 관심이 높아지면서, 많은 국가에서 컨테이너의 정밀검사와 같은 강제적인 보안검사가 도입되었다.[7] 대표적인 것이 미국에서 2003년부터 시행하고 있는 컨테이너 보안협정(Container Security Initiative: CSI)[8]과 미국행 수출화물 24시간전 신고제도(이른바 "24-hour rule")[9]이다. 그러나 2010년 Incoterms는 이러한 검사가 모든 수출입에서의 강제적인 요건의 일부라는 생각에서 이들 검사를 반영한 개정은 하지 않았다. 그렇지만 물품이 고유의 성질 이외의 이유로 생명이나 재산에 위협을 가하지 않는다는 취지의 증명을 요구하고 있는 점을 감안하여 2010년 Incoterms는 여러 규칙들의 A2/B2조와 A10/B10조에서, 예컨대 '물증보관이 계속성(chain-of-custody)정보'와 같은 보안에 관련된 확인을 득함에 있어서 매매당사자 사이에 상호 협력할 의무를 부과하고 있다. 물증보관의 계속성이란 증거법에서 예를 들면 마약사건에서 압수한 마약을 증거로 하여 제출하는 측은 압수에서 증거제출까지 그 물건을 보관해 둘 책임이 있는데, 그러한 보관의 계속성을 가리키며,[10] '보관사슬' 또는 '일련의 관리 체제 정보'라고도 한다. 그리고 물증보관의 계속성은 서류로서 입증이 되어야 하는데, 그러한 서류를 '관리연속성(chain-of-custody)'라고도 한다. 따라서 이러한 경우 '관리연속성(chain-of-custody)'은 물리적 또는 전자적 자료의 입수, 양도, 취급 및 처분의 전체과정을 보여주는 증거서류를 가리킨다.[11]

회사는 2009년 약관을 적용하지 않고 있으며, 아직까지 구증권에 첨부되는 구약관(1963년 약관)과 신증권에 첨부되는 1982년 약관을 적용하고 있는 실정이다.

7) http://www.wragge.com/published articles 6466.asp(2010.10.21)

8) CSI는 미국으로 수출되는 컨테이너화물의 위험여부를 외국항만에서 미리 검사하는 제도로, 미국이 전 세계 20대 항만이 속해 있는 국가와 쌍무협정을 체결하여 시행하고 있으며 우리나라도 2003년 1월 미국과 협정을 체결하였다(최재선, "미국, 외국 컨테이너화물 보안검사제도 시행", 「해양수산동향」, 제1088호, 한국해양수산개발원, 2003.1, p.3).

9) 이것은 미국행 수출화물에 대한 정보를 선박에 화물을 적재하기 24시간 전에 미국 관세청의 자동신고시스템(AMS)에 의무적으로 통보하도록 하는 것으로, 컨테이너 보안협정과 표리관계에 있다(상게 자료, p.1).

10) 田中英未, 英米法辭典, 東京大學出版會, 1991, pp.134-135.

11) http://en.wiktionary.org/wiki/chain_of_custody.

⑧ 터미널취급수수료의 취급에 관련된 규정 추가

CPT, CIP, CFR, CIF, DAF 및 DDP조건하에서 매도인은 합의된 목적지까지 물품을 운송하기 위한 수배를 하여야 한다. 이때 운임은 매도인이 지급하지만, 운송비용은 통상 매도인에 의해 총판매가격에 포함되므로, 실제로는 매수인이 지급하는 것이다. 그런데 운송비용은 종종 항구나 컨테이너 터미널 시설내에서 물품을 취급하고 운반하는 비용을 포함하고 있고, 운송인 또는 터미널 운영자는 이들 비용을 물품을 수령하는 매수인에게 청구하기도 한다. 이러한 경우 매수인은 동일한 서비스에 대한 이중지급, 즉 총판매가격의 일부로서 매도인에게 지급하였음에도 불구하고 다시 이와 별개로 운송인이나 터미널 운영자에게 지급하게 되는 것을 피하고자 할 것이다. 2010년 Incoterms는 각 관련조건 A6/B6조에서 이들 비용을 명확히 할당함으로써 그러한 사태를 회피하도록 하고 있다.

⑨ 연속매매(string sales)와 관련된 규정 도입

제조물(manufactured goods)의 매매와 달리 상품(commodities)[12]의 매매에서는 종종 적하가 운송되는 도중에 여러 차례 전매되기도 한다. 이러한 경우 중간에 판매한 매도인은 물품이 이미 첫 번째 매도인에 의해 선적되어 있기 때문에, 물품을 '선적'하지는 않는다. 따라서 연속매매의 경우 중간에 있는 매도인은 매수인에 대한 자기의 의무를 물품을 선적하는 것이 아니라 선적된 물품을 '조달(procuring)'함으로써 이행한다. 2010년 Incoterms는 이러한 상관행을 반영하여 FAS, FOB, CFR 및 CIF조건에서 물품을 선적하거나 또는 그 대신 "선측에 인도되거나(FAS조건의 경우) 선적된 물품(FOB, CFR 및 CIF조건의 경우)을 조달"할 수 있는 것으로 규정하고 있다. 또 CPT, CIP, CFR 및 CIF조건하에서 매도인은 운송계약을 체결하거나 또는 그 대신 운송계약을 조달할 수 있는 것으로 하였다.

(2) 각 거래조건의 항목 구성

2010년 Incoterms에서는 2000년 Incoterms와 마찬가지로 모든 정형거래조건에 대하여 매매당사자의 상대방에 대한 의무를 각각 10개 항목으로 대칭(mirror)되게 규정하고 있으나 그 표제에는 약간의 변화가 있다. 여기서 2010년 Incoterms에서 규정하고 있는 매매당사자의 의무에 대한 항목구성을 정리하면 다음과 같다.

---

12) 여기서 상품(commodities)이란 상품거래소에서 거래되고 있는 것과 같은 상품을 가리킨다(國際商業會議所 日本委員會, インコタームズ® 2010, 133면).

매매당사자의 의무에 관한 항목구성

A. The Seller's Obligations(매도인의 의무)	B. The Buyer's Obligations(매수인의 의무)
A1. General obligations of the seller(매도인의 일반적 의무)	B1. General obligations of the buyer(매수인의 일반적 의무)
A2. Licences, authorizations, security clearances and other formalities(허가, 승인, 안전확인 및 기타 절차)	B2. Licences, authorizations, security clearances and other formalities(허가, 승인, 안전확인 및 기타 절차)
A3. Contracts of carriage and insurance(운송 및 보험계약)	B3. Contracts of carriage and insurance(운송 및 보험계약)
A4. Delivery(인도)	B4. Taking delivery(인도의 수령)
A5. Transfer of risks(위험의 이전)	B5. Transfer of risks(위험의 이전)
A6. Allocation of costs(비용의 배분)	B6. Allocation of costs(비용의 배분)
A7. Notice to the buyer(매수인에 대한 통지)	B7. Notice to the seller(매도인에 대한 통지)
A8. Delivery document(인도서류)	B8. Proof of delivery(인도의 증거)
A9. Checking-packaging-marking(점검·포장·화인)	B9. Inspection of goods(물품의 검사)
A10. Assistance with information and related costs (정보에 의한 협조와 관련비용)	B10. Assistance with information and related costs (정보에 의한 협조와 관련비용)

(3) Incoterms상의 정형거래조건의 분류

2010년 Incoterms상에 있는 정형거래조건은 분류기준에 따라 다음과 같이 여러 가지로 분류할 수 있다.

① 지정장소인도조건과 특수비용포함조건

정형거래조건은 우선 표현형식에 따라 물품의 인도장소를 나타내는 지정장소인도조건과 가격을 구성하는 비용요소를 나타내는 특수비용포함조건으로 대별할 수 있다. 예컨대, FAS는 "Free Alongside Ship"의 약어로 물품의 인도장소를 선측으로 하고 있는 지정장소인도조건이고, CIF는 "Cost, Insurance and Freight"의 약어로 비용구성요소를 나열하고 있는 특수비용포함조건이다.

지정장소인도조건의 경우, 예컨대 "FOB Busan, Korea"나 "FCA Seller's premises at San 65, Bokjeong-Dong, Sujeong-Gu, Songnam-Si, Gyeonggi-Do, Korea"와 같이 표시하였다면, 거래조건 뒤에 기재한 지정장소는 계약의 이행지 즉 물품의 인도장소로서 위험과 비용도 인도와 동시에 매도인으로부터 매수인에게 이전된다. 따라서 인도 이후의 일체의 위험과 비용은 매수인이 부담해야 한다.

한편 특수비용포함조건은 선적지인도를 기초로 하여 매도인이 매수인의 부담에 속하는 특정비용을 부담하고, 매수인은 매도인이 부담하지 않는 비용과 위험을 부담하는 정형거래조건이다. 특수비용포함조건에서는 매수인이 부담할 특정 비용을 매도인이 부담하고 위험만을 매수인이 부담하므로 여기에 비용부담과 위험부담의 분리가 생기는데, 이것이 특수비용포함조건의 특징이다. 즉, 특수비용포함조건의 경우 물품의 인도장소와 위험부담의 분기점은 일치하지만, 비용부담의 분기점은 위험부담의 분기점과 일치하지 않는다. 따라서 특수비용포함조건의 경우에는 위험의 분기점과 비용의 분기점이라는 두 가지 중요한 분기점(critical points)이 있다. 그러므로 이들 조건을 사용하는 경우 당사자들은 위험이 매수인에게 이전되는 인도지와 매도인이 운송계약을 체결해야 할 지정목적지의 두 장소를 계약에서 가능한 한 정확히 특정해 두어야 한다. 특수비용포함조건의 경우, 예컨대 "CIF New York"과 같이 표시하였다면, 조건 뒤에 기재한 특정 장소는 계약의 이행지 즉 인도장소가 아니라 해상운임을 지급해야 하는 목적지이다. 그리고 매도인이 지정목적지에서의 양하에 관하여 운송계약하에서 비용을 부담한 경우에도 당사자 사이에 별도의 합의가 없으면 매도인은 이러한 비용을 매수인으로부터 회수할 권리가 없다.

특수비용포함조건에서의 매도인의 의무는 물품이 목적지에 도착할 때가 아니라 이들 조건에 규정된 방법으로 매도인이 운송인에게 물품을 인도한 때에 인도의무가 완료된다.

2010년 Incoterms에 규정된 조건 중 C로 시작되는 조건은 모두 특수비용포함조건이고, E・F, 그리고 D로 시작되는 조건은 모두 지정장소인도조건이다.

② 선적지인도조건과 양륙지인도조건

정형거래조건은 물품의 인도장소에 따라 적출지매매(shipment contracts) 즉 선적지인도조건과, 도착지매매(arrival contracts) 즉 양륙지인도조건으로 구별할 수 있다. 선적지인도조건은 물품의 인도장소를 선적지로 하고 있는 매매조건으로, 인도장소가 매매당사자의 위험부담의 분기점이 된다. 비용부담의 분기점도 원칙적으로 위험부담과 동일하지만 특수비용포함조건의 경우에는 예외이다. 그리고 양륙지인도조건은 물품의 인도장소를 목적지로 하는 매매조건으로, 인도장소를 매매당사자의 위험부담과 비용부담의 분기점으로 한다. 선적지인도조건에서는 위험부담과 비용부담의 분기점이 일치하지 않는 조건이 있지만, 양륙지인도조건에서는 모두 일치한다. 2010년 Incoterms에 규정된 조건 중 E・F, 그리고 C로 시작되는 조건은 모두 선적지인도조건으로 매도인의 인도의무가 매도인 소재지에서 완료되지만, D로 시작되는 조건은 모두 양륙지인도조건으로 매도인의 인도의무가 목적지까지 연장된다.

③ 현실적 인도조건과 상징적 인도조건

정형거래조건은 물품의 인도형태에 따라 현실적 인도조건과 상징적 인도조건으로 구분할 수 있다. 상징적 인도(symbolic delivery)조건은 선전서류(선하증권)의 교부에 의해 인도가 이루어지는 것으로, CFR, CIF가 이에 속한다. 즉 상징적 인도조건에서는 물품이 선적되어도 매수인이 대금을 지급할 의무가 없으며, 선적서류와 상환으로 대금을 지급하면 된다.[13)]

한편 현실직 인도(actual delivery, physical delivery)조건은 매도인으로부터 매수인 또는 그 대리인에게 현실적이고 직접적으로 물품을 교부함으로써 인도가 이루어지는 것으로, 2010년 Incoterms에 있는 조건 중 CFR과 CIF를 제외한 모든 조건이 이에 속한다.

④ 복합운송조건과 해상운송조건

앞에서 살펴본 바와 같이 2010년 Incoterms는 운송방식에 따라 정형거래조건을 분류하고 있다. 즉 2010년 Incoterms에 있는 거래조건 중 EXW, FCA, CPT, CIP, DAT, DAP 및 DDP의 7가지 조건은 운송방식에 관계없이 사용할 수 있는 조건이고 FAS, FOB, CFR, CIF조건은 해상 및 내수로 운송의 경우에만 사용할 수 있는 조건이다.

이상 설명한 2010년 Incoterms에 규정된 정형거래조건을 종합해 보면 다음과 같다.

정형거래조건의 분류

<table>
<tr><th>표현형식에 따른 구별</th><th>인도장소에 따른 구별</th><th>인도형태에 따른 구별</th><th>운송방식에 따른 구별</th><th>거래조건</th></tr>
<tr><td rowspan="7">지정장소인도조건</td><td rowspan="4">선적지인도조건</td><td rowspan="9">현실적 인도조건</td><td rowspan="2">복합운송</td><td>EXW</td></tr>
<tr><td>FCA</td></tr>
<tr><td rowspan="2">해상운송</td><td>FAS</td></tr>
<tr><td>FOB</td></tr>
<tr><td rowspan="3">양륙지인도조건</td><td rowspan="5">복합운송</td><td>DAT</td></tr>
<tr><td>DAP</td></tr>
<tr><td>DDP</td></tr>
<tr><td rowspan="4">특수비용포함조건</td><td rowspan="4">선적지인도조건</td><td>CPT</td></tr>
<tr><td>CIP</td></tr>
<tr><td rowspan="2">상징적 인도조건</td><td rowspan="2">해상운송</td><td>CFR</td></tr>
<tr><td>CIF</td></tr>
</table>

13) 상징적 인도조건에 관한 자세한 내용은 뒤에서 살펴볼 CIF조건에 대한 설명 참조.

3. Incoterms® 2010에 규정된 정형거래조건의 개요

2010년 Incoterms에 규정된 조건을 운송방식에 따라 구분하여 각 조건의 내용을 간추려 살펴보면 다음과 같다.

(1) 운송방식에 관계없이 사용할 수 있는 조건

① EXW(ex[14] works: 공장인도조건)

EXW조건은 매매목적물이 현존하는 장소에서 현물을 인도할 것을 내용으로 하며, 국내거래에 적합하다. 이 조건을 사용할 경우 EXW 뒤에 출하지의 지정인도장소를 표시하는데, 보통 매도인의 구내를 기재한다. 이 조건의 경우 매도인은 자기의 구내 또는 그 밖의 지정된 장소(예컨대, 공장·창고 등)에서 지정기간 내에, 수출통관이 필요한 경우에도 그 통관을 하지 않은 계약물품을 매수인이 임의로 처분할 수 있는 상태로 두면 되고, 그때까지의 위험과 비용을 부담한다. 따라서 별도의 합의가 없는 한 매도인에게는 매수인이 제공한 차량에 물품을 적재할 책임은 없다.

한편 매수인은 지정인도장소에서 약정품을 자기가 자유롭게 처분할 수 있는 상태가 되면 이를 인수함과 동시에 매매계약에 약정된 바에 따라 대금을 지급하고, 거기서 목적지까지의 물품에 관한 모든 위험과 비용을 부담하여야 한다.

따라서 이 조건을 사용할 경우 매매당사자들은 가능한 한 지정인도장소에서의 인도지점을 명확히 해 두어야 한다.

그리고 EXW조건에서는 물품의 이동 없이 인도가 이루어지고, 그 후 매수인이 당해 물품의 소유자로서 그 물품을 자기가 수배한 운송수단으로 운송한다. 따라서 이 조건은 매도인의 의무가 가장 적고, 반대로 매수인으로서는 가장 부담이 큰 조건이라 할 수 있다.

물품대금은 별도의 약정이 없는 한 물품의 인도시에 지급하여야 한다.

이 조건을 사용할 경우 다음 사항을 유의하여야 한다.

- 매도인은 비록 실무상 물품을 적재하기 유리한 입장에 있다고 해도 물품을 적재할 의무가 없다. 만약 매도인이 물품을 적재하였다면 그것은 매수인의 위험 및 비용부담으로 한

14) "ex"는 '~부터' 또는 '~에서'(from; out of)라는 뜻의 라틴어이다.

것이다. 매도인이 물품을 적재하기 유리한 입장에 있는 경우에는 보통 FCA가 적당하다.

- 수출하기 위해 EXW조건으로 매도인으로부터 물품을 구입하는 매수인은 다음과 같은 사실에 주의할 필요가 있다. 즉 매도인은 단지 매수인이 수출을 하기 위해 필요한 협조를 할 의무만 있고 수출통관을 해 줄 의무는 없다. 따라서 매수인이 직접 또는 간접적으로 수출통관절차를 밟을 수 없는 경우 EXW조건을 사용하지 않는 것이 바람직하다.
- 매수인은 매도인에게 물품의 수출에 관한 정보를 제공할 의무가 거의 없다. 그러나 매도인은, 예컨대 과세 또는 보고를 위해 이러한 정보가 필요할 수 있다.

② FCA(free carrier: 운송인 인도조건)

FCA는 매도인이 매도인의 구내(seller's premises) 또는 그 밖의 지정장소에서 약정기간 내에 매수인이 지명한 운송인[15] 또는 그 밖의 당사자에게 수출통관을 필한[16] 계약물품을 인도해야 하는 조건으로, 이 조건을 사용할 경우 FCA 뒤에 지정인도장소로서 매도인의 구내 또는 그 밖의 장소를 표시한다. 만약 당사자들이 매도인의 구내에서 물품을 인도하고자 하는 경우에는 지정인도장소로서 그 구내의 주소를 특정하여야 하고, 그 밖의 장소에서 물품을 인도하고자 하는 경우에는 다른 인도장소를 특정하여야 한다.

이 조건에서는 선택된 인도장소에 따라 물품의 적재 및 양하의무가 달라진다. 즉, 매수인에 의해 지정된 인도장소가 매도인의 구내인 경우 매도인은 매수인이 제공한 운송수단에 물품을 적재하여야 하고, 그 밖의 장소인 경우 물품이 매도인의 운송수단에 적재되어 있는 상태로(즉 양하하지 않은 상태로) 매수인이 지명한 운송인 또는 그 밖의 당사자의 처분에 맡기면 된다. 만약 지정된 장소(예컨대, 서울 또는 뉴욕 등)에서의 인도지점에 대하여 매수인으로부터의 통지가 없고 또한 인도가능한 지점이 여러 곳 있을 경우, 매도인은 인도장소에서 자기의 목적에 가장 적합한 인도지점을 선택할 수 있다.

FCA조건에서는 매도인이 이러한 물품의 인도완료시까지의 위험과 비용을 부담하고 또한 수출에 관련된 관세, 제세공과금과 통관비용을 지급하여야 한다.

한편 매수인은 인도 완료된 이후의 모든 위험과 비용을 부담한다. 그런데 원래 FCA조건에서는 매수인이 운송계약을 체결하지만 매수인의 요청이 있는 경우 또는 상관습이 있고 또한 매수인이 적기에 반대의 지시를 하지 않는 경우, 매도인은 매수인의 위험과 비용부담으로 통상적인 조건의 운송계약을 체결할 수 있다. 다만, 매도인은 이러한 운송계약의 체결을 거절할 수

15) 2010년 Incoterms에서 운송인이란 운송계약을 체결한 당사자를 가리킨다.

16) Incoterms에서 사용하는 통관절차(customs formalities)라는 말은 적용가능한 세관규제에 따르기 위해 충족되어야 하는 요건으로, 문서에 의한, 안전상의, 정보 또는 물리적인 검사의무를 포함할 수 있다.

있는데, 그러한 경우에는 신속히 매수인에게 통지하여야 한다(A3). 이것은 매수인의 명시적인 요청 또는 상관습에 의거한 묵시적 요청이 있고 또한 매도인이 그 요청을 인수할 의사가 있으면 매도인이 운송계약을 체결해 주지만 반드시 체결해 주어야 하는 것은 아님을 의미한다.

그리고 Incoterms상으로는 컨테이너에의 적부비용을 누가 부담하느냐에 관한 명시규정을 두고 있지 않다. 따라서 이에 관하여는 계약에 명확히 해 둘 필요가 있다.[17]

③ CPT(carriage paid to: 운송비지급인도조건)

CPT는 FCA조건에 지정목적지까지의 운송비(carriage)를 추가한 조건으로, 이 조건을 사용할 경우 CPT 뒤에 지정목적지를 표시한다. 즉 이 조건의 경우 매도인은 합의된 장소(당사자 사이에 그러한 장소가 합의된 경우)에서 자기가 지명한 운송인 또는 기타 당사자에게 수출통관을 필한 물품을 인도하고, 그 물품을 지정목적까지 운송하기 위해 통상의 운송경로와 관습적인 방법에 의한 운송계약을 체결하거나 또는 조달하고 운송비를 지급하여야 한다. 이 조건에서는 위험의 이전과 비용부담의 분기점이 다르므로 당사자들은 위험이 매수인에게 이전되는 인도장소와 매도인이 운송비를 부담해야 하는 합의된 목적지에서의 지점을 명확히 해 두어야 한다. 그리고 이때 매도인이 지정목적지에서의 양하에 관하여 운송계약하에서 비용을 부담한 경우에도, 당사자 사이에 별도의 합의가 없으면, 매도인은 이러한 비용을 매수인으로부터 회수할 권리가 없다.

또 만약 합의된 목적지까지 물품운송을 위해 여러 명의 운송인이 참여하고, 또 당사자가 특정의 인도지점을 합의해 두고 있지 않은 경우, 물품이 최초의 운송인에게 인도된 때에 위험이 이전된다. 따라서 당사자들이 위험의 이전시점을 그 이후의 단계(예컨대 공항에서)로 하고자 하는 경우에는 매매계약에 이를 명확히 해 두어야 한다.

한편 매수인은 물품이 운송인에게 인도된 이후의 모든 위험을 부담함과 동시에 지정목적지까지의 운송비를 제외한 모든 비용을 부담하여야 한다.

④ CIP(carriage and insurance paid to: 운송비 · 보험료지급인도조건)

CIP는 CPT조건에 운송도중의 위험에 대비한 적하보험계약을 체결하고 보험료를 지급하는 것을 매도인의 의무에 추가한 조건으로, CIF조건을 모델로 하여 만들어진 것이다.[18] 이 조건

17) http://www.kwe.ca/incoterms.asp(2010.10.21)

18) Carole Murray, David Holloway and Daren Timson-Hunt, *Schmitthoff Export Trade: The Law and Practice of International Trade*(11thed.), London, Sweet & Maxwell, 2007, p.55.

을 사용할 경우 CIP 뒤에 지정목적지를 표시한다. 이 조건의 경우 매도인은 합의된 장소(당사자 사이에 그러한 장소가 합의된 경우)에서 자기가 지명한 운송인 또는 기타 당사자에게 수출통관을 필한 물품을 인도하고, 그 물품을 지정목적지까지 운송하기 위해 통상의 운송경로와 관습적인 방법에 의한 운송계약을 체결하거나 또는 조달하고 운송비를 지급하여야 한다. 이 조건도 CPT조건과 마찬가지로 위험의 이전과 비용부담의 분기점이 다르므로 당사들은 위험이 매수인에게 이전되는 인도지와 매도인이 운송비를 부담해야 하는 합의된 목적지에서의 지점을 명확히 해 두어야 한다. 그리고 이때 매도인이 지정목적지에서의 양하에 관하여 운송계약하에서 비용을 부담한 경우에도, 당사자 사이에 별도의 합의가 없으면, 매도인은 이러한 비용을 매수인으로부터 회수할 권리가 없다.

또 만약 합의된 목적지까지 물품운송을 위해 여러 명의 운송인이 참여하고, 또 당사자가 특정의 인도지점을 합의해 두고 있지 않은 경우에는, 물품이 최초의 운송인에게 인도된 때에 위험이 이전된다. 따라서 당사자들이 위험의 이전시점을 그 이후의 단계(예컨대 공항에서)로 하고자 하는 경우에는 매매계약에 이를 명확히 해 두어야 한다.

그리고 이 조건에서는 CPT조건과 달리 매도인이 운송도중의 물품의 멸실・손상에 대한 매수인의 위험을 담보하는 보험계약을 신망 있는 보험자와 체결하고 보험료를 지급하여야 한다. 또 관습적이거나 매수인이 요청하는 경우 매도인은 자기의 비용으로 매수인에게 통상의 운송서류와 보험증권 또는 기타의 부보증명서류를 제공하여야 한다.

CIP조건에서 매도인이 매수인을 위해 체결하는 해상보험계약은 2009년 1월 1일부터 사용하고 있는 LMA(Lloyd's Market Association: 로이즈 시장협회)/IUA(International Underwriting Association of London: 국제보험인수협회)가 제정한 협회적하약관(Institute Cargo Clauses: ICC) C조건 또는 이와 유사한 약관상의 최저담보조건으로 부보하여야 하고, 보험기간은 물품의 출하지에서 운송인에게 인도한 때로부터 적어도 지정목적지까지여야 하며, 보험금액은 계약가격의 110%가 되어야 한다[A3 b) 참조].

또 매수인이 LMA/IUA가 제정한 협회적하약관 A조건이나 B조건 또는 이와 유사한 약관 및/또는 LMA/IUA가 제정한 협회전쟁약관(Institute War Clauses)이나 협회동맹파업약관(Institute Strikes Clauses) 또는 이와 유사한 약관으로 부보를 요구하는 경우, 매도인은 부보할 수 있는 한 매수인의 비용으로 그 수배를 해야 한다. 따라서 이 경우 보험료는 매수인이 부담한다.

한편 매수인은 물품이 운송인에게 인도된 이후의 모든 위험을 부담함과 동시에 지정목적지까지의 운송비와 적하보험료를 제외한 모든 비용을 부담하여야 한다.

⑤ DAT(delivered at terminal: 터미널인도조건)

DAT는 지정목적항 또는 지정목적지에 있는 지정터미널에서 도착된 운송수단으로부터 일단 양하한 물품을 수입통관을 하지 않고 매수인의 임의처분상태로 인도하는 조건으로, 이 조건을 사용할 경우 DAT 뒤에 목적항 또는 목적지의 지정터미널을 표시한다. 여기서 말하는 터미널에는 덮개의 유무를 불문하며, 부두, 창고, CY(container yard), 도로·철도 또는 항공화물터미널을 포함한다. 이 조건의 경우 매도인은 자기의 비용으로 합의된 목적항 또는 목적지에 물품을 운송하기 위한 운송계약을 체결하여야 하고, 또한 지정목적항 또는 지정목적지에 있는 터미널까지 운송하여 양하하는 데 따른 모든 위험을 부담한다.[19] 따라서 당사자들은 매도인이 위험을 부담해야 하는 지정목적항 또는 지정목적지에서의 터미널 또는 경우에 따라 터미널내에서의 특정 지점을 명확히 해 두어야 한다. 그리고 만약 특정 터미널이 합의되지 않았거나 관습에 의해 결정되고 있지 않은 경우, 매도인은 합의된 목적항 또는 목적지에서 자기의 목적에 가장 적합한 터미널을 선택할 수 있다[A3 a)].

또 당사자들이 터미널에서 다른 장소로 물품을 운송하고 처리하는 데 따른 위험과 비용을 매도인이 부담하기로 하는 경우에는 DAT조건 대신 DAP 또는 DDP조건을 사용하여야 한다.

한편 매수인은 물품이 지정터미널에서 인도된 이후의 모든 위험과 비용을 부담한다.

⑥ DAP(delivered at place: 목적지인도조건)

DAP조건은 지정목적지에서 수입통관을 필하지 않은 계약물품을 도착된 운송수단으로부터 양하하지 않은 상태로 매수인의 임의처분상태로 인도하는 것으로, 이 조건을 사용할 경우 DAP 뒤에 지정목적지를 표시한다. 이 조건의 경우 매도인은 자기의 비용으로 지정목적지 또는 경우에 따라 지정목적지의 합의된 지점까지 물품을 운송하기 위한 운송계약을 체결하여야 하고, 지정지까지 물품을 운송하는 데 따른 모든 위험을 부담한다. 만약 특정 지점이 합의되지 않았거나 관습에 의해 결정되어 있지 않은 경우, 매도인은 지정목적지에서 자기의 목적에 가장 적합한 지점을 선택할 수 있다. 이때 매도인이 목적지에서의 양하에 관하여 운송계약하에서 비용을 부담한 경우에도, 당사자 사이에 별도의 합의가 없으면, 매도인은 이러한 비용을 매수인으로부터 회수할 권리가 없다.

한편 매수인은 지정목적지에서 자기가 임의로 처분할 수 있는 상태가 된 이후의 모든 위험과 비용을 부담한다.

---

19) DAT조건이 2010년 Incoterms에 규정된 조건 중 매도인이 양하까지 해 줘야 하는 유일한 조건이다(http://www.kwe.ca/Incoterms.asp(2010.10.21)).

이 조건에서 물품의 수입통관은 매수인이 하여야 하는데, 만약 당사자들이 수입통관절차를 매도인이 밟기를 희망하는 경우에는 DDP조건을 사용하여야 한다.

DAP조건과 DAT조건의 주된 차이점은 인도조건이다. 즉 DAP조건의 경우 매도인은 (2000년 Incoterms상의 DAF, DES 및 DDU조건에서와 같이) 지정장소에서 도착된 운송수단으로부터 양하하지 않은 상태로 매수인의 임의처분상태로 물품을 인도하면 되는데, 이때 도착된 운송수단은 선박이 될 수 있고, 또 지정목적지는 항구가 될 수 있다.[20] 한편 DAT에서는 (2000년 Incoterms상의 DEQ조건과 같이) 지정터미널에서 물품이 일단 선박이나 기타 운송수단으로부터 양하된 후 매수인의 임의처분상태로 물품이 인도되는데, 이때 지정터미널은 항구에 있을 수 있다. DAT조건의 경우 매도인은 이러한 지정터미널에 가져와 양하할 때까지의 모든 위험을 부담한다.[21]

⑦ DDP(delivered duty paid: 관세지급인도조건)

DDP는 매도인이 지정목적지에서 수입통관을 필한 물품을 도착된 운송수단으로부터 양하하지 않은 상태로 매수인에게 인도하는 조건으로, 이 조건을 사용할 경우 DDP 뒤에 지정목적지를 표시한다. 이 조건의 경우 매도인은 지정목적지에 도착할 때까지 목적지국가에서 수입을 위한 관세(duty)를 포함하여 계약물품을 인도할 때까지의 모든 비용[22]과 위험을 부담하여야 한다. 그리고 수입에 따라 부과되는 부가가치세나 기타 세금도 계약상 별도 합의가 없는 한 매도인이 부담한다. 또 이 조건의 경우에도 매도인이 목적지에서의 양하에 관하여 운송계약하에서 비용을 부담한 경우, 당사자 사이에 별도의 합의가 없으면, 매도인은 이러한 비용을 매수인으로부터 회수할 권리가 없다. 따라서 매도인의 입장에서는 앞에서 설명한 EXW조건이 가장 부담이 적은 조건인 데 반하여, 이 조건이 가장 부담이 큰 조건이다.

한편 매수인은 계약물품이 지정목적지에서 자기가 임의 처분할 수 있는 상태로 된 이후의 모든 위험과 비용을 부담하여야 한다.

이 조건에서는 매도인이 수입통관을 하여야 하기 때문에 직접적으로나 간접적으로 매도인이 수입통관을 할 수 없는 경우에는 이 조건을 사용해서는 안 된다. 그리고 당사자들이 수입통관에 따른 모든 위험과 비용을 매수인이 부담하기를 희망하는 경우에는 이 조건 대신 앞에서 설명한 DAP조건을 사용하여야 한다.

---

20) http://www.pca.co.za/modules/news/article.php?storyid=455(2010.10.21)

21) http://www.mondaq.com/canada/article.asp?articleid=112932(2010.10.21)

22) 여기서 말하는 비용은 물품을 수입하는 결과로 필요한 비용이며, 이러한 비용은 적용가능한 수입규제에 따라 매도인이 지급하여야 한다. 그러나 물품의 수입과 관련하여 개별 당사자에 따라 추가로 소요되는 비용은 매도인이 지급하지 않는다.

(2) 해상 및 내수로운송에서만 사용되는 조건

① FAS(free alongside ship: 선측인도조건)

FAS는 지정선적항에서 매수인이 지정한 본선의 선측(예컨대, 부두 또는 부선상)에 수출통관을 필한 물품을 인도하는 조건으로, 이 조건을 사용할 경우 FAS 뒤에 지정선적항을 표시한다. 이 조건의 경우 매도인은 지정선적항에서 매수인이 지정한 본선의 선측에 물품을 인도하거나 또는 선적을 위해 이미 그렇게 인도된 물품을 '조달(procure)'하면 된다. 이때 매도인은 합의된 기일 또는 합의된 기간 내에 그 항구의 관습적인 방법으로 인도하여야 한다.

그리고 매수인이 특정 선적지점을 통지하지 않은 경우, 매도인은 지정선적항에서 자기의 목적에 가장 적합한 지점을 선택할 수 있다. 물품에 대한 멸실·손상의 위험은 물품이 본선의 선측에 인도된 때에 이전된다.

한편 매수인은 선박을 수배하고 선박명, 선적장소 및 선적시기를 매도인에게 통지하여야 하며, 지정선적항의 본선 선측에서 유효하게 인도된 때로부터 선적비용을 포함하여 물품에 관한 모든 위험과 비용을 부담하여야 한다.

그런데 물품이 컨테이너에 적입된 경우 매도인은 물품을 본선의 선측이 아니라 터미널에서 운송인에게 인도하는 것이 보통이다. 이러한 경우에는 FAS조건이 적합하지 않고 FCA조건을 사용하여야 한다.

② FOB(free on board: 본선인도조건)

FOB는 계약물품을 지정선적항의 본선상(on board the vessel)에서 인도하는 조건으로, 이 조건으로 계약을 체결할 때에는 "FOB Busan(부산항 본선인도조건)"과 같이 FOB 다음에 지정선적항(계약의 이행지)을 표시한다. 이 조건의 경우 매도인은 수출통관을 필한 계약물품을 지정선적항에서 매수인이 지정한 본선상에 인도하거나 또는 이미 그렇게 인도된 물품을 '조달(procure)'하면 되고, 물품에 대한 멸실·손상의 위험은 물품이 본선상에 인도된 때에 매수인에게 이전된다.[23] 이 조건과 관련하여 주의할 점은 본선에 인도한다는 의미가 선박이나 화물의 종류 등에 따라 달라질 수 있으므로 그 의미를 명확히 합의하여 계약에 명시해 둘 필요가 있다는 것이다.[24]

---

23) 2000년 Incoterms까지는 이 조건과 뒤에서 살펴볼 CFR, CIF조건에서 위험의 분기점을 본선의 난간(ship's rail)을 통과할 때로 규정하고 있었으나, 2010년 Incoterms에서는 본선의 난간이 삭제되고 본선상으로 되어 있는 점을 유의하여야 한다.

24) http://www.kwe.ca/Incoterms.asp(2010.10.21)

한편 매수인은 지정선적항으로부터 물품을 운송하기 위한 운송계약을 체결하고 선박명, 선적지점 및 인도시기를 매도인에게 통지하여야 하며, 물품이 지정선적항에서 본선에 인도된 이후의 물품에 관한 모든 위험과 비용을 부담한다. 따라서 매수인은 선적 이후의 위험에 대비하여 자기의 비용으로 해상보험계약을 체결하여야 한다.

FOB조건은 물품이 본선에 적재되기 전에 운송인에게 인도되는 경우, 예를 들면 통상 터미널에서 인도되는 컨테이너화물의 경우에는 적합하지 않을 수 있다. 이러한 경우에는 FOB조건이 아니라 FCA조건을 사용하여야 한다.

FOB조건이 앞에서 살펴본 FAS조건과 다른 점은 FOB가 물품의 인도장소를 본선상으로 하고 있는 데 반하여, FAS는 본선의 선측으로 하고 있다는 것이다. 그리고 FOB와 FCA의 가장 큰 차이점은 FOB의 경우는 필연적으로 선적선하증권(on board B/L)을 발행하지만 FCA의 경우는 수취선하증권(received B/L)이 발행된다는 것이다. 그런데 신용장거래의 경우 수취선하증권은 거절되므로 수취선하증권이 발행된 경우에는 선적후 본선적재표시(on board notation)를 받아 두어야 한다.

③ CFR(cost and freight: 운임포함조건)[25)]

CFR은 선적시까지의 상품의 원가(cost)[26)]에 지정목적항까지 물품을 운송하기 위한 해상운임(freight)이 가산된 조건으로, 이 조건을 사용할 경우 CFR 뒤에 지정목적항을 표시한다. 이 조건의 경우 매도인은 물품을 본선상에 인도하거나 또는 이미 그렇게 인도된 물품을 조달하여야 하고, 물품에 대한 멸실·손상의 위험은 물품이 본선상에 인도된 때에 이전된다. 그리고 매도인은 판매된 물품을 운송하는 데 통상 사용되는 유형의 선박에 통상의 항로 및 통상의 조건으로 지정목적항까지 운송하는 해상운송계약을 체결하거나 또는 조달하고 운임을 부담함과 동시에 물품의 수출통관을 하여야 하고, 또 통상의 운송서류를 지체 없이 매수인에게 제공하여야 한다.[27)] 이때 매도인이 목적항의 특정된 지점에서의 양하에 관하여 운송계약하에서 비용을 부담한 경우에도, 당사자 사이에 별도의 합의가 없으면, 매도인은 이러한 비용을 매수인으로부터 회수할 권리가 없다.

한편 매수인은 물품이 본선에 인도된 이후의 모든 위험과 물품이 본선에 인도된 이후 해상운임을 제외한 모든 추가비용을 부담하여야 한다.

25) 이 조건은 실무에서 종종 C&F라는 용어로 계속 사용되고 있으나 해석상의 혼란을 피하기 위해 CFR로 사용하여야 한다.
26) 여기서 cost는 매도인이 부담하여야 할 일체의 수출원가, 즉 FOB가격을 뜻한다.
27) CFR조건은 다음에서 살펴볼 CIF조건과 함께 상징적 인도조건인데, 이에 관하여는 다음 항에서 살펴볼 CIF조건의 설명 참조.

CFR조건은 물품이 본선에 적재되기 전에 운송인에게 인도되는 경우, 예를 들면 통상 터미널에서 인도되는 컨테이너화물의 경우에는 적합하지 않을 수 있다. 이러한 경우에는 CFR조건이 아니라 CPT조건을 사용하여야 한다.

④ CIF(cost, insurance and freight: 운임 · 보험료 포함조건)

CIF는 앞에서 살펴본 CFR조건에 지정목적항까지의 보험료(insurance premium)가 가산된 조건으로, 이 조건을 사용할 경우 CIF 뒤에 지정목적항을 표시한다. 이 조건의 경우 매도인은 물품을 본선상에 인도하거나 또는 이미 그렇게 인도된 물품을 조달하여야 하고, 물품에 대한 멸실 · 손상의 위험은 물품이 본선상에 인도된 때에 이전된다. 그리고 매도인은 지정목적항까지의 해상운송계약을 체결하거나 또는 조달하고 운임을 부담함과 동시에 운송도중의 물품의 멸실 · 손상에 대한 매수인의 위험을 담보하는 보험계약을 체결하여야 한다. 또한 물품의 수출통관도 해 주어야 한다. 이때 매도인이 목적항의 특정된 지점에서의 양하에 관하여 운송계약하에서 비용을 부담한 경우에도, 당사자 사이에 별도의 합의가 없으면, 매도인은 이러한 비용을 매수인으로부터 회수할 권리가 없다.

한편 매수인은 물품이 선적항에서 본선에 인도된 이후의 물품에 관한 모든 위험을 부담함과 동시에 물품이 본선에 인도된 이후 해상운임과 해상보험료를 제외한 모든 추가비용을 부담하여야 한다.

CIF조건은 물품이 본선에 적재되기 전에 운송인에게 인도되는 경우, 예를 들면 통상 터미널에서 인도되는 컨테이너화물의 경우에는 적합하지 않을 수 있다. 이러한 경우에는 CIF조건이 아니라 CIP조건을 사용하여야 한다.

CIF계약의 기본적 특징

앞에서 살펴본 바와 같이 이 조건은 CFR조건과 함께 원래 상징적 인도조건이다. 즉, CIF계약의 본질적 특징은 이 계약하에서의 인도(delivery)가 물품의 물리적 인도가 아니라 선적서류의 인도를 의미한다는 데 있다.

따라서 CIF계약에서 매수인이 요구할 수 있는 것은 선적서류의 인도이고, 반대로 매도인의 입장에서는 선적서류를 인도하면 계약상의 의무를 완수한 것이 된다. 매수인은 선적서류의 인도를 거부하고 현실적인 물품인도를 요구할 수 없고, 한편 매도인도 선적서류 대신 현물을 제공할 수 없다.[28)]

---

28) Manbre Saccharine Co. Ltd. v. Corn Products Co. Ltd.(1919) 1 K.B.198. 이 판례에 McCardie 판사의 다음과 같은 유명한 말이 있다. "All that the buyer can call for is delivery of customary documents. This represents

CIF계약의 경우 매수인은 선적서류가 제시된 때에, 서류가 완전하면 물품이 목적항에 도착하고 있는지의 여부를 불문하고 대금을 지급할 의무를 진다. 그리고 물품이 항해중에 멸실되거나 또는 손상된 상태로 도착한 경우 매수인은 통상 보험증권에 의거하여 보험회사에 구상하거나 혹은 운송서류에 기재된 운송계약에 의거 운송인에게 구상한다. 다만, 개개의 사건에 대해 구상을 할 수 있느냐의 여부는 보험증권 또는 운송서류의 조건에 따라 결정된다.

CIF계약에 있어서는 물품이 아니라 물품을 상징하는 선적서류가 매도인으로부터 매수인에게 인도되고, 대금결제도 선적서류와 상환으로 행해지기 때문에 종종 "CIF계약은 선적서류의 매매이다"라고 하지만, 이러한 표현은 법적으로 옳지 않다. 왜냐하면 매수인은 서류 자체를 사는 것은 아니고 서류가 상징하고 있는 물품을 사는 것이기 때문이다. 따라서 CIF계약은 "서류의 인도에 의해 이행되는 물품의 매매계약(a contract for the sale of goods to be performed by the delivery of documents)"이라고 하는 것이 정확한 표현이다.[29)]

선적서류

위에서 알 수 있는 바와 같이 CIF거래에서는 선적서류가 중심을 이루고 있는데, 원칙적으로 선적서류는 ❶ 합의된 목적항까지의 해상운송계약을 증명하는 통상의 운송서류(usual transport document), ❷ 해상위험을 담보하는 해상보험증권(marine insurance policy) 또는 보험증명서, 그리고 ❸ 규정된 형식에 따른 상업송장(commercial invoice)으로 구성된다.

따라서 CIF계약에서는 매도인이 두 가지 부수적 계약을 체결하게 된다. 하나는 운송인과의 해상운송계약(contract of carriage by sea)이고, 다른 하나는 보험회사와의 해상보험계약(contract of marine insurance)이다. 전자에 의거 운송인은 매도인에게 운송서류를 발행하고, 후자에 의해 보험회사는 해상보험증권을 발행한다. 매도인은 이것들에 자기가 작성한 상업송장을 첨부하여 선적서류로서 매수인에게 제공한다.

• 운송서류

CIF조건의 경우 매도인이 통상의 운송서류를 지체 없이 매수인에게 제공하여야 하는데, 이러한 운송서류는 선적을 위해 합의된 기간 이내의 날짜로 되어 있어야 하고 매수인이 목적항에서 운송인으로부터 물품을 청구할 수 있어야 하며, 별도 합의가 없는 한 매수인

the measure of the buyer's right and extent of the vendor's duty. The buyer cannot refuse the documents and ask for the actual goods, nor can the vendor withhold the documents and tender the goods they represent."

29) Arnhold Karberg & Co. v. Blythe, Green, Jourdain & Co.(1916) K.B. 495, 510, 514 사건의 판결에서 Bankers 및 Warrington 경의 말.

이 운송중인 물품을 서류의 양도 또는 운송인에게 통지함으로써 전매할 수 있어야 한다(A8). 전통적으로 이들 조건하에서는 유통성 있는 선적선하증권(shipped B/L)을 제공해 왔는데 선하증권은 ❶ 본선상에 물품을 인도한 증거, ❷ 운송계약의 증거, ❸ 증권을 양도함으로써 운송중인 물품에 대한 권리를 양도하는 수단으로서의 기능을 수행하고 있다. 운송서류로서 선하증권은 물품의 인도청구권을 화체(化體)한 권리증권(document of title)[30]으로서 물품을 대표하게 된다. 이러한 의미에서 선하증권은 물품의 상징(symbol)이고, 선적서류의 인도가 물품의 인도와 동일한 의미를 갖는다. 매수인은 선하증권의 인도를 받음으로써 물품을 자유롭게 처분할 권한을 취득하므로 선하증권의 인도는 물품의 인도와 동일한 효과를 지닌다. 따라서 본선의 항해중에도 선하증권의 양도를 통해 물품을 전매할 수 있다.

선하증권의 이러한 특수한 법적 성격에도 불구하고 선하증권이 전자통신문으로 대체되어 가고 있다. 따라서 이미 1990년 Incoterms부터 이와 관련된 규정을 두고 있었다. 즉, EXW조건을 제외한 모든 정형거래조건의 매도인의 의무 A8에는 매매당사자가 전자식으로 통신하기로 합의한 경우, 종이서류를 이에 상응하는 전자통신문(EDI message)으로 대체할 수 있도록 하고 있다. 그런데 2010년 Incoterms에서는 여기서 한발 더 나아가 제A1/B1조에서 당사자들이 합의하거나 관습적인 경우 전자통신수단에 서면통신과 동일한 효력을 부여하고 있다.

그리고 운송서류가 양도가능한 형식으로, 그리고 여러 통의 원본이 발행된 경우에는 원본 전통을 매수인에게 제공하여야 한다.

• 해상보험증권

해상보험증권은 운송서류에 기재된 물품이 항해중에 멸실 또는 손상된 경우에 매수인이 손해를 보지 않도록 매수인에게 보험계약에 의거한 구상권을 확보하는 수단으로서 선적서류에 축하된다. 이러한 의미에서 해상보험증권은 운송서류에 의해 표창되고 있는 경제적 이익이 손상된 경우에 그것을 보완하는 기능을 하는 것이다. 항해는 항상 위험을 수반하므로 운송서류는 보험증권의 뒷받침을 받아야 비로소 안전하다고 할 수 있다.

CIF계약의 경우 위험은 본선에 인도한 때에 매도인으로부터 매수인에게 이전되지만 해상보험계약은 매수인의 이익을 위해 매도인에 의해 체결되고, 그에 의거 해상보험증권이 발행된다. 이 조건에서 매도인이 매수인을 위해 부보하는 적하보험(cargo insurance)의

30) 권리가 증권에 화체되어 있다는 것은 그 증권의 점유가 권리행사의 요건으로 되어 있는 상태를 말한다.

보험금약과 보험조건은 CIP계약에서의 그것과 동일하고, 보험기간은 선적항에서 본선에 인도된 때로부터 적어도 지정목적항까지여야 한다.

- 상업송장

상업송장은 매도인이 매수인 앞으로 발송한 물품의 명세를 명확히 하고, 대금을 명시하기 위해 선적서류의 하나로 추가된다. 이것은 계약에 의거하여 선적된 물품의 명세서 겸 대금청구서이므로 당연히 계약에 합치되어야 한다.

Incoterms 2000과 2010의 비교

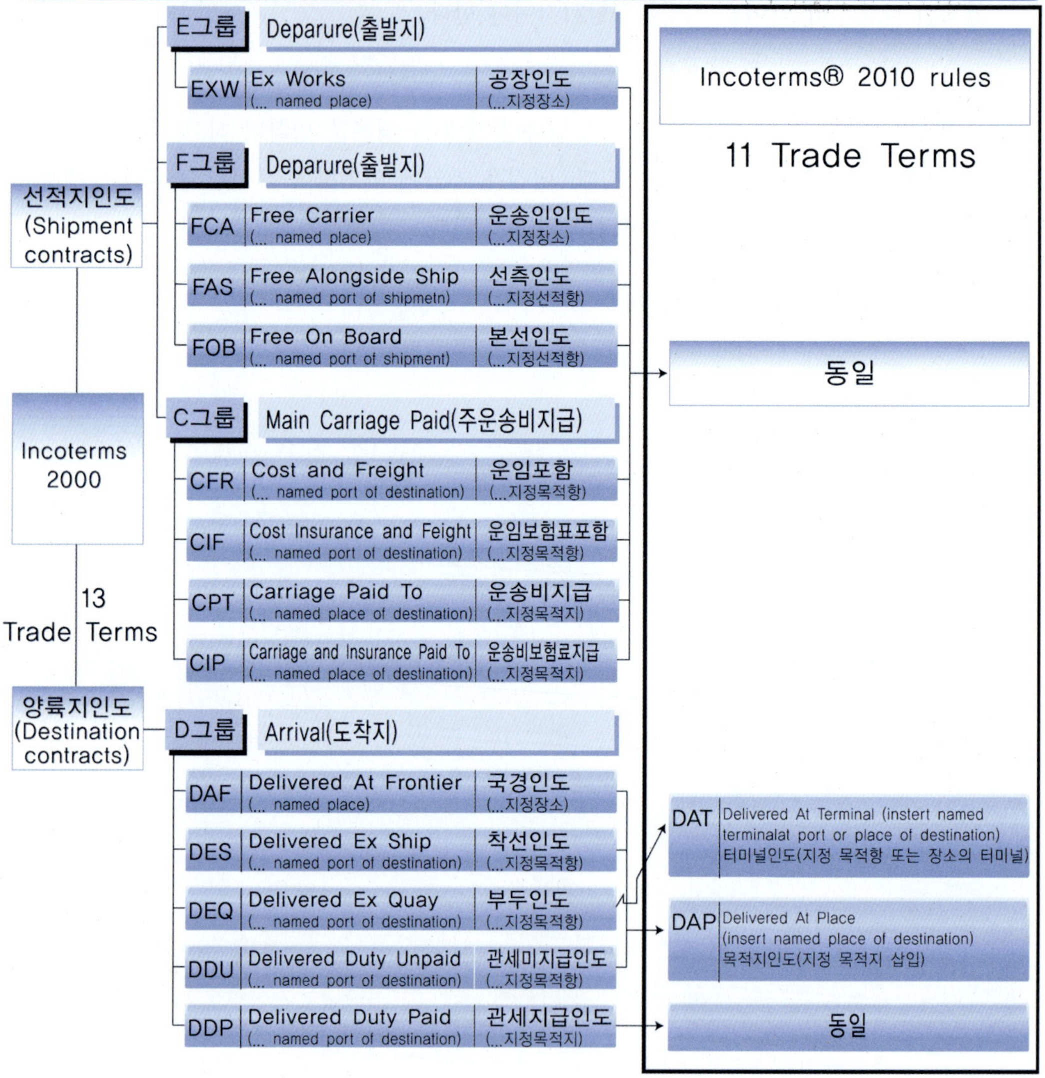

출처: (사)한국무역연구원 2010 무역세미나 발표자료

제4장 무역관리 및 수출입승인

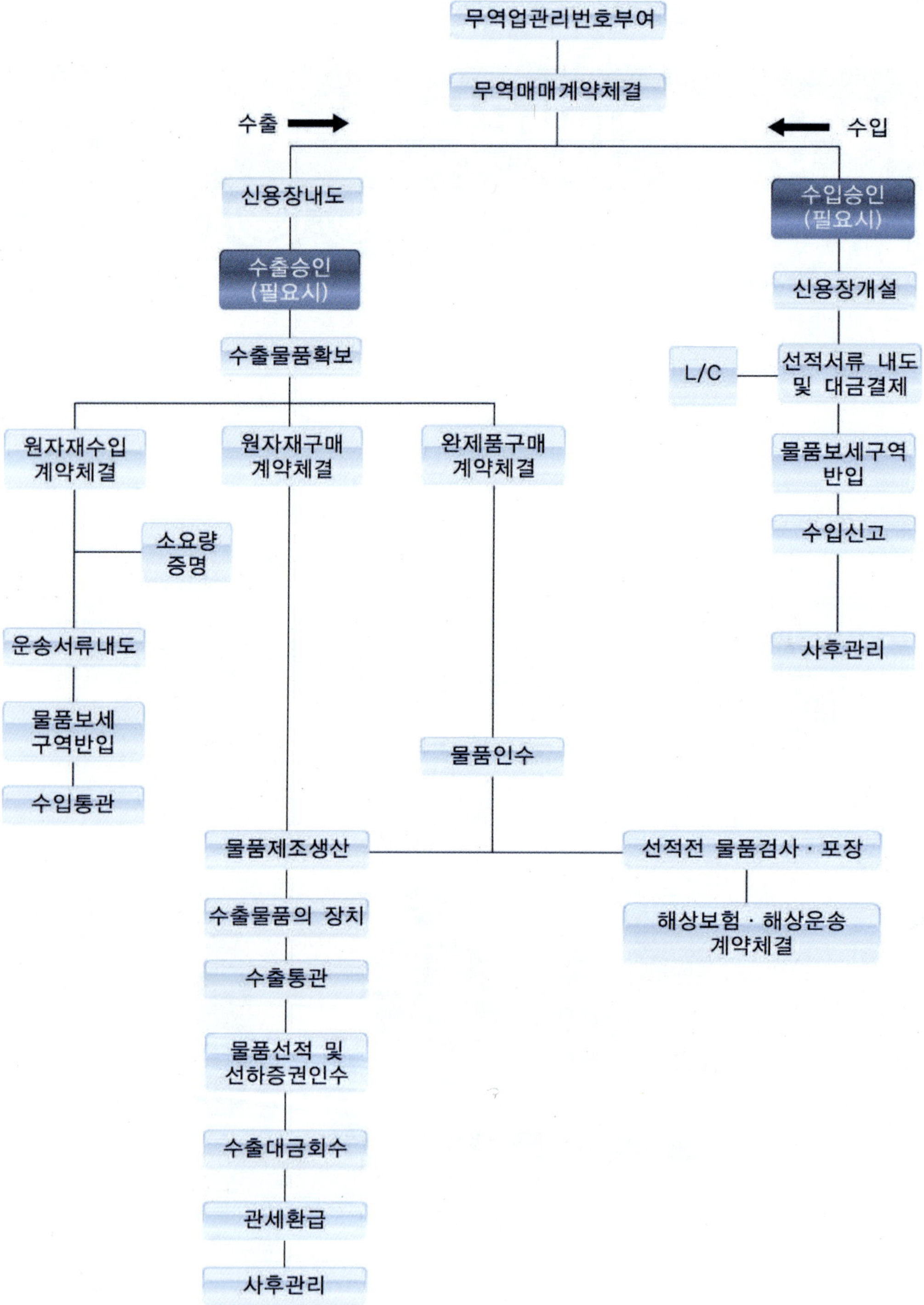

무역업관리번호부여
무역매매계약체결
수출
수입
신용장내도
수출승인 (필요시)
수출물품확보
원자재수입 계약체결
원자재구매 계약체결
완제품구매 계약체결
소요량 증명
운송서류내도
물품보세 구역반입
수입통관
물품인수
물품제조생산
선적전 물품검사 · 포장
해상보험 · 해상운송 계약체결
수출물품의 장치
수출통관
물품선적 및 선하증권인수
수출대금회수
관세환급
사후관리
수입승인 (필요시)
신용장개설
L/C
선적서류 내도 및 대금결제
물품보세구역 반입
수입신고
사후관리

제1절
무역관리

1. 무역관리의 개념

(1) 무역관리의 정의

무역관리(trade control)란 대외무역거래에 대하여 규제나 통제행위를 행하는 것으로서 무역의 전부 혹은 일부에 대하여 총액, 내용, 시기, 결제방법 및 거래상대국 등을 적극적으로 규제하는 것을 의미하며, 자국의 경제적 이익을 도모하기 위하여 국가가 간섭 혹은 통제하는 것을 말한다. 특히 무역의존도가 높은 우리나라의 경우에는 무역이 국민경제에서 차지하는 비중이 높기 때문에 체계적인 무역관리를 통해 국민경제의 발전을 도모할 필요가 있다.

(2) 무역 관련 주요 법규

① 대외무역법

대외무역법은 대외무역을 진흥하고 공정한 거래질서를 확립하여 국제수지의 균형과 통상의 확대를 도모함으로써 국민경제의 발전에 이바지함을 목적(대외무역법 제1조)으로 제정되었으며 수출입거래를 관리하는 기본법이다.

대외무역법이 제정·시행되기 이전에는 무역거래법이 실시되었는데 이 법은 1967년에 제정되어 경제개발계획이 실시되던 초기단계의 우리나라 무역을 관리하였다. 대외무역법은 그 이후 여러 차례 개정과정을 거쳐 왔으며 최근에는 전자상거래의 발달과 함께 전자무역과 관련된 조항이 반영되어 2010년 4월 5일에 개정, 시행되고 있다.

- 무역행정의 주무관청인 지식경제부가 무역활동을 규제하기 위한 법적인 근거
- 무역거래에 관한 일반법이면서 기준법

무역관리 법규체계

무역관리

- 무역관계법
  - 대외무역법
  - 외국환거래법
  - 관세법
- 기타 무역관계법규
  - 외국인투자촉진법, 중재법
  - 조세감면규제법
  - 자유무역지역의지정등에관한법률
  - 수출보험법, 산업디자인진흥법
  - 전자무역촉진에관한법률
  - 무역거래기반조성에관한법류
- 무역 관련 49개 개별법 (2007년 1월 현재)
  - 약사법, 마약류관리에관한법률, 화장품법, 식품위생법, 검역볍, 유해화학물질관리법, 양곡관리법, 비료관리법, 농약관리법, 가축전염병예방법, 식물방역법, 종자산업법, 축산법, 품질경영및공산품안전관리법, 전기용품안전관리법, 계량에관한법률, 석유 및 석유대체연료사업법, 원자력법, 전과법, 전기통신기본법, 야생동식물보호법, 폐기물의국가간이동및그처리에관한법률, 대기환경보전법, 소음진동규제법, 자동차관리법, 산업안전보건법, 오존층보호를위한특정물질의제조규제등에관한법률, 건설기계관리법, 먹는물관리법, 자원의절약과재활용촉진에관한법률, 화학무기의금지를위한특정화학물질의제조·수출입규제등에관한법률, 축산물가공처리법, 건강기능식품에관한법률, 농수산물품질관리법, 방위사업법, 수산물품질관리법, 수산업법, 고압가스안전관리법, 영화및비디오물의진흥에관한법률, 게임산업진흥에관한법률, 음악산업진흥에관한법률, 오수분뇨및축산폐수의처리에관한법률, 주세법, 지방세법, 총포·도검·화학류등단속법, 출판및인쇄진흥법, 의료기기법, 인체조직안전및관리등에관한법률, 기타특정물품의수출입절차또는요령을정한법률및국제협약

② 외국환거래법

외국환과 그 거래, 기타 대외거래를 합리적으로 조정 또는 관리함으로써 원활한 대외거래를 기하고 국제수지의 균형과 통화가치의 안정을 도모하여 국민경제의 건전한 발전에 이바지함을 목적으로 하고 있으며, 이 법에 의하여 대금결제방법 등에 규제를 가하고 있다.

외국환거래법은 외국환거래 및 기타 대외거래의 자유를 보장하고 시장기능을 활성화하여 대외거래를 원활히 하고 국제수지의 균형과 통화가치의 안정을 도모함으로써 국민경제의 건전한 발전에 이바지함을 목적(외국환거래법 제1조)으로 제정되었으며 수출입물품의 대금결제

방법에 관하여 규정된 법률이다.

③ 관세법

관세법은 관세의 부과·징수 및 수출입물품의 통관을 적정하게 하고 관세수입을 확보함으로써 국민경제의 발전에 이바지함을 목적(관세법 제1조)으로 제정되었으며 관세징수와 수출입물품의 통관에 관련되어 포괄적으로 규정한 법률이다.

④ 무역보험법

해상상의 보험으로 구제하기 어려운 대금결제 측면에서 위험으로부터 무역업자를 보호하기 위하여 만들어진 법률이다.

⑤ 특별법

무역에 관한 일반법인 대외무역법에 대한 예외를 두어 우선 적용하는 특별법이다.

무역업 등록의 면제조항을 규정하는 법
농업협동조합법, 수산업협동조합법 등이 있다.

물품의 수출입에 관하여 특별한 규정을 두는 법
마약법, 식품위생법, 문화재보호법, 영화법, 음반및비디오물에관한법률, 양곡관리법, 농약관리법 등이 있다.

2. 수출입품목의 관리

(1) 수출입품목의 관리체계

수출입품목에 대한 관리는 수출 또는 수입에 대한 직접규제방식으로, 개별품목의 수출입제한여부에 대한 종합관리체제이다. 따라서 수출 또는 수입을 하고자 하는 자는 당해 품목의 수출, 수입승인 이전에 해당 품목의 수출입이 규제되는지의 여부에 대하여 사전에 점검한 후 만일 동 품목이 규제조치에 해당할 경우 이 규제를 해제할 수 있는 요건을 갖추어야 적법하게 수출입승인을 받을 수 있다. 그러나 이 방식은 1995년 1월 세계무역기구(World Trade

Organization: WTO)의 출범으로 근본적인 개편이나 완화조치가 필요해졌다.

수출입품목에 대한 관리는 수출입공고 등을 통하여 이루어진다. 수출입품목관리의 공고체계는 대외무역법에 근거한 수출입공고 및 전략물자수출입공고와 50여 개 개별법에 의한 제한내용을 취합해서 공고하는 통합공고로 이루어져 있다.

물품 등의 수출 또는 수입과 관련한 품목관리공고 중 대외무역법에 의한 수출입공고는 경제정책목표의 달성을 위한 규제라 할 수 있다. 그러나 통합공고는 경제외적 목적을 달성하기 위한 공고이므로, 통합공고상의 수입규제는 WTO규정에서도 용인된다.

수출입상품 관리규정 체계

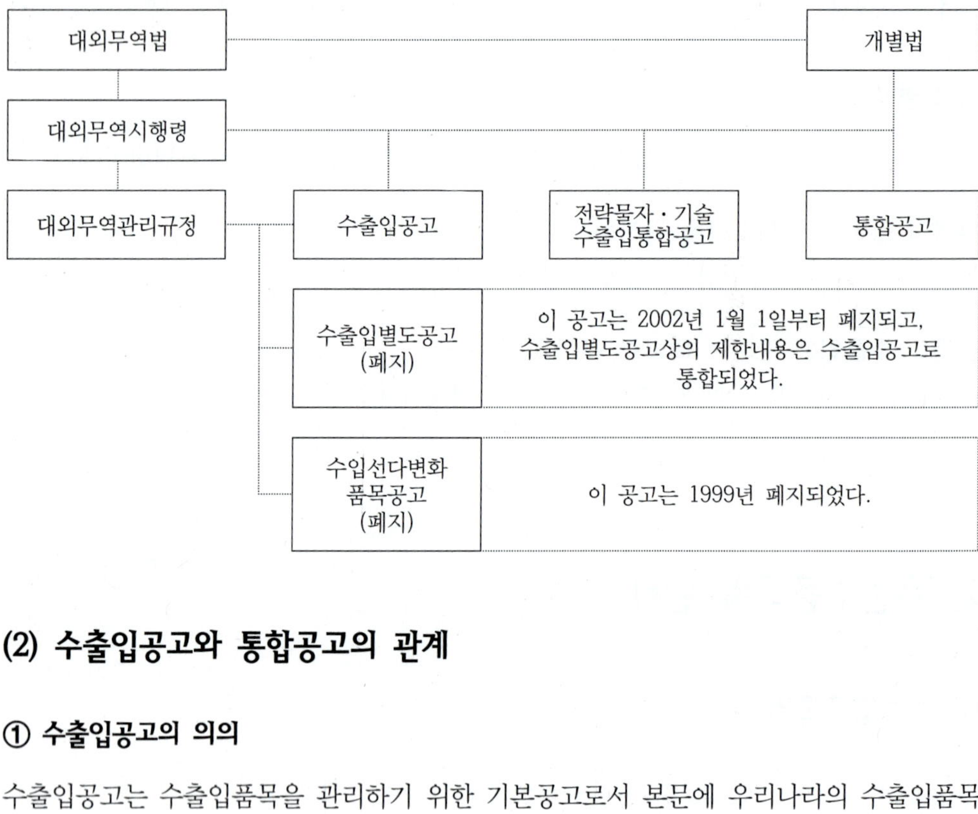

(2) 수출입공고와 통합공고의 관계

① 수출입공고의 의의

수출입공고는 수출입품목을 관리하기 위한 기본공고로서 본문에 우리나라의 수출입품목관리를 위한 기본원칙을 정하고 있다. 수출입공고와 통합공고는 상호 독립적이므로 수출입공고에서 수출입자유품목이라 할지라도 통합공고에서 수출입을 제한하고 있는 경우 그 조건을 충족시켜야 한다.

1987년 7월 1일 대외무역법을 제정・시행하면서 종전의 무역거래법 체계에서 한시적으로 운용하여 오던 수출입기별공고를 지속적인 효력을 갖는 수출입공고로 변경하였다. 그리고 2002년 1월 1일부터는 수출입별도공고를 폐지하고, 수출입별도공고상의 제한내용을 수출입공고로 통폐합하였다.

수출입공고란 지식경제부장관이 승인대상물품의 품목별 수량·금액·규격의 한정 등 물품의 수출 또는 수입의 제한 및 절차 등을 정하여 공고하는 것으로, 수출입품목관리를 위한 기본공고라고 할 수 있다.

수출입공고에는 ❶ 헌법에 의하여 체결·공포된 조약과 일반적으로 승인된 국제법규에 의한 의무이행을 위하여 지식경제부장관이 지정·고시하는 물품 ❷ 생물자원의 보호 등을 위하여 지식경제부장관이 지정·고시하는 물품, ❸ 교역상대국과의 경제협력증진을 위하여 지식경제부장관이 지정·고시하는 물품, ❹ 방위산업용 원료·기재, 항공기 및 동 부분품 기타 원활한 물자수급·과학기술의 발전 및 통상·산업 정책상 필요하다고 인정하여 지식경제부장관이 당해 품목을 관장하는 관계행정기관의 장과 협의를 지정·고시하는 물품이 포함된다.

그리고 수출입공고와 통합공고는 상호 독립적이므로 수출입공고에서 제한품목이 아니라 할지라도 통합공고에서 수출입을 제한하고 있는 경우 이를 배제할 수 없다. 즉, 양 공고체계에 의한 제한내용을 동시에 충족해야 한다.

품목관리원칙은 다음과 같다.

- Negative List System[1)]
- 대상품목은 신품 · 중고품
- 품목분류는 신국제 통일상품 분류체계(HS Code)를 따른다.

승인요령의 공고 등은 제4조 규정에 의한 수출제한품목의 수출요령, 제5조 규정에 의한 수입제한품목의 수입요령 및 제6조 규정에 의한 수출입절차 간소화를 위한 수출입요령에서 정하는 승인기관의 장은 지식경제부장관의 합의(승인)를 얻어 동 승인요령을 공고하여야 한다. 다만, 단체의 경우에는 주무관서의 장을 경유하여야 한다(수출입공고 제7조 ①항).

또한 수출입승인 실적 등의 보고는 수출입승인기관의 장이 연간 수출입승인실적을 별지서식에 의거하여 연도 경과 후 15일 이내에 지식경제부장관에게 보고하여야 한다(수출입공고 제8조).

1) 수출입공고에 수출 또는 수입의 제한 내지 금지품목만을 표시하고 여기에 표시되지 않은 기타 품목은 수출 또는 수입이 허용되도록 하는 수출입공고의 품목표시방법이다. 이 방법은 무역자유화의 폭을 넓히고, 외국의 값싸고 품질 좋은 상품을 수입하여 국내상품을 외국제품과 경쟁하게 함으로써 국내산업의 체질을 개선하고, 일반대중의 소비생활을 향상시키는 데 그 목적을 두고 시행되고 있다.

② 전략물자수출입공고의 의의

전략물자의 수출제한 및 수입증명서 발급에 관하여 필요한 사항은 지식경제부장관이 관계중앙행정기관의 장과 협의를 거친 후 이를 정하여 공고하는데, 이 공고에는 전략물자에 관한 다음의 사항이 포함되어야 한다(법 제21조제3항 · 제4항 및 영 제41조).

- 품목 · 기술 및 규격
- 수출이 제한되는 지역
- 수출허가 및 수입증명서의 발급에 관한 절차
- 기타 수출 및 수입에 관한 사항

전략물자수출입공고란 지식경제부장관이 품목 · 기술 및 규격, 수출이 제한되는 지역, 수출허가 및 수입증명서의 발급에 관한 절차, 기타 수출 및 수입에 관한 사항 등 전략물자의 수출제한 및 수입에 관하여 위임된 사항과 그 시행에 관하여 필요한 사항 등을 관계중앙행정기관의 장과 협의를 거친 후 정하여 공고하는 것이다.

③ 통합공고의 의의

관계행정기관의 장은 수출 · 수입요령을 제정 또는 개정하는 경우에는 당해 수출 · 수입요령이 그 시행일전에 제2항의 규정에 의하여 공고될 수 있도록 이를 지식경제부장관에게 제출하여야 하며, 지식경제부장관은 제출받은 수출 · 수입요령을 통합하여 공고하여야 한다(법 제15조).

통합공고란 지식경제부장관이 수출 · 수입요령의 제정 또는 개정내용을 관계행정기관의 장으로부터 제출받아 그 수출 · 수입요령을 통합하여 공고하는 것으로서, 대외무역법외의 다른 법령에 해당 물품에 대한 수출입의 요건 및 절차 등을 정하고 있는 경우 수출입요건 확인 및 통관업무의 간소화와 무역질서유지를 위하여 다른 법령이 정한 물품의 수출 또는 수입의 요건 및 절차에 관한 사항을 조정하고 이를 통합하여 규정함을 목적으로 한다(통합공고 총칙 제1조). 통합공고에는 수입물량 규제보다는 품질검사, 형식승인 등 절차상의 요건확인을 통한 규제가 대부분이다.

수출입공고에서 수출입을 제한하고 있지 않는 품목이라도 공중도덕 보호, 국민보건 및 안전보호, 사회질서유지, 문화재보호, 환경보호 등을 위하여 해당 품목을 관장하는 50개 개별법[2]에서 수출입을 제한하고 있는 경우에는 동 개별법상의 제한요건을 충족해야만 수출입할

---

2) 통합공고상에서 해당 물품의 수출입요건 및 절차 등을 통합하여 규정할 법령은 다음과 같다(통합공고 제3조). 1. 약사법, 2. 마약류관리에 관한 법률, 3. 화장품법, 4. 식품위생법, 5. 검역법, 6. 유해화학물질관리법, 7. 양곡관리법, 8. 비료관리법, 9.

수 있다. 즉, 통합공고상의 요건확인품목이라 하더라도, 수출입공고상의 제한품목이 아니면 수출입승인대상에 포함되지 않는다. 이러한 경우에는 해당 개별법에서 정하고 있는 요건확인을 받은 후 세관에 수출입신고하여 수출입을 이행하면 된다.

④ 수출입공고 등과 통합공고의 관계

수출입을 위해 통합공고에서 정한 요건확인의 내용과 수출입공고 등의 제한내용이 동시에 적용될 경우에는 이 고시가 정한 요건확인의 내용과 수출입공고 등의 제한내용이 모두 충족되어야만 수출 또는 수입이 가능하다. 또한 한 개의 요건확인품목에 대해 2개 이상의 법령이 관련되어 공고상 별표의 수출입요령에서 2개 이상의 요건확인을 받을 것을 규정하고 있는 경

수출입공고체계

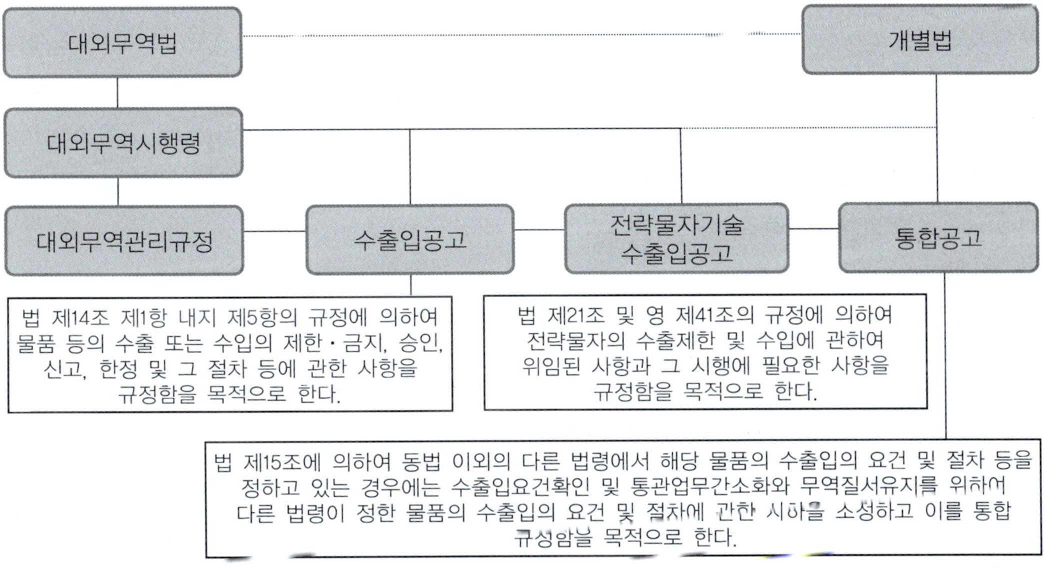

농약관리법, 10. 가축전염병예방법, 11. 식물방역법, 12. 잠사산업법, 13. 사료관리법, 14. 축산법, 15. 조수보호 및 수렵등에 관한 법률, 16. 수산업법, 17. 외국환거래법, 18. 담배사업법, 19. 인삼산업법, 20. 관세법, 21. 품질경영 및 공산품안전관리법, 22. 전기용품안전관리법, 23. 계량에 관한 법률, 24. 석유사업법, 25. 원자력법, 26. 전파법, 27. 전기통신기본법, 28. 출판 및 인쇄진흥법, 29. 영화진흥법, 30. 음반·비디오물 및 게임물에 관한 법률, 31. 문화재보호법, 32. 총포·도검·화학류등 단속법, 33. 방위산업에 관한 특별조치법, 34. 자연환경보전법, 35. 폐기물의 국가간 이동 및 그 처리에 관한 법률, 36. 자동차관리법, 37. 산업안전보건법, 38. 소음진동 규제법, 39. 오존층 보호를 위한 특정물질의 제조 규제 등에 관한 법률, 40. 대기환경보전법, 41. 주세법, 42. 건설기계관리법, 43. 먹는물관리법, 44. 수산물검사법, 45. 자원의 절약과 재활용 촉진에 관한 법률, 46. 화학무기의 금지를 위한 특정화학물질의 제조·수출입규제등에 관한 법률, 47. 축산물가공처리법, 48. 농수산물품질관리법, 49. 기타 특정물품의 수출입절차 또는 요령을 정한 법률 및 국제협약

우에는 당해 요건확인품목에 대한 해당 법령의 적용대상물품이나 고시대상품목의 분류가 용도기준으로 된 물품 이외에는 당해 물품에 부과된 2개 이상의 요건을 이 고시가 정한 요건확인기관에서 확인받아야 한다(통합공고 총칙 제6조 제1항 및 제2항).

(3) 수출입공고상의 품목분류방법

수출입공고의 품목분류는 HS(Harmonized Commodity Description and Coding System) 상품분류에 의하며, 동 분류된 품목의 세분류는 관세·통계통합 품목분류표(HSK)에 의한다(수출입공고 총칙 제3조).

수출입공고상의 품목분류는 1971년까지 SITC(Standard International Trade Classification) 방식이 사용되었으며, 1971년 상반기부터 BTN(Brussels Tariff Nomenclature)방식이 사용되어 오다가, BTN의 명칭이 CCCN(Customs Cooperation Council Nomenclature)으로 변경됨으로써 1977년 상반기부터는 CCCN방식이 사용되었으나, 1988년 1월 1일부터 현재까지 HS(Harmonized System)방식이 채택, 사용되고 있다. 그리고 2001년 12월에 개정고시된 수출입공고에서는 고시의 품목분류는 HS(Harmonized Commodity Description and Coding System) 상품분류에 의하며, 동 분류된 품목의 세분류는 관세·통계통합품목분류표(HSK)에 의한다.

① SITC(Standard International Trade Classification)

SITC(표준국제무역분류)는 무역상품을 분류하는 방법의 하나로 경제분석과 상품별 무역자료의 국제적 비교를 용이하게 하는 데 그 목적이 있다. 즉 국제무역구조의 변화 및 다양화에 따라 세계 각국의 국제기관 및 기구는 무역자료에 대한 정확한 분석의 필요성이 점점 커지게 되어 통계상 무역상품분류의 통일을 꾀하고자 하는 분류방법이다. 이 방법의 특징은 경제분석을 쉽게 할 수 있도록 상품이 분류되어 있으며, 1971년 이전까지 사용되었다.

② CCCN(Customs Cooperation Council Nomenclature)

CCCN(관세협력이사회 상품분류표)은 세계 각국의 관세행정을 개선하고 통일화를 도모하고자 1952년에 설립된 국제기구인 관세협력이사회(CCC)가 상품분류의 국제적 통일을 기하기 위하여 쥬네브 관세품목표를 기초로 하여 1955년 7월에 작성한 전상품의 분류리스트이다. CCCN은 1955년 11월 11일에 발효한 CCC의 품목분류에 관한 협약의 부속서로서 탄생하였으며, 1976년 6월 CCC총회에서 CCCN으로 명칭을 변경함에 따라 우리나라는 1977년 상반기부터 종전에 BTN이라 하던 것을 CCCN으로 명칭을 바꾸어 1987년까지 사용하였다.

HS가 제정되어 시행되기 전에는 153개국 이상이 관세율표상의 품목을 CCCN방식으로 분류하고 있었는데, 이는 CCCN분류방식을 취함으로써, 관세율표상의 품목분류에 있어 공통형을 수립할 수 있고, 국제간 거래품목에 대한 각국의 규제와 세율의 비교가 용이하고, 통상 및 관세율에 관한 국제간의 교섭을 간소화하며, 각국의 물품분류에 있어 최대한의 통일성을 제공할 수 있기 때문이었다.

③ HS(Harmonized Commodity Description and Coding System)

HS(Harmonized Commodity Description and Coding System, Harmonized System: 국제통일상품분류제도, 조화제도)는 CCCN에 비하여 무역통계의 수집·비교·분석을 용이하게 하고 국제교섭에 필요한 정확하고 비교가능한 데이터수집을 용이하게 하여 원활한 국제무역을 증진시킬 수 있다고 인정되어 1988년부터 우리나라(1988년 1월 1일부터 이를 채택·시행)를 비롯한 세계의 주요 무역국가들이 이 분류방식을 채택·시행하고 있다. 즉 우리나라는 1988년 1월 1일부터 HS제도를 도입하여 한국통일상품분류(HSR)를 제정·시행하고, 1992년 1월부터는 관세·통계 통합품목분류(HSK)로 변경하여 사용하고 있다. HS상품분류체계 6단위까지는 세계적으로 통일된 분류체계로서 첨가 또는 감축 등의 변경 없이 그대로 사용해야 하고, 6단위 이하는 더 세분하여 사용할 수 있다. 10단위 품목수는 품목별 거래실적 등을 감안하여 수시로 조정하고 있다. 현재 21개부(Section), 97개류(Chapter), 1,241개호(Heading)로 구성되어 있다.

CCCN이 순수하게 관세를 부과하는 목적이라면, HS는 관세, 무역, 통계, 운송, 보험 등의 전 분야에서 사용될 수 있도록 CCCN을 보완한 다국적 상품분류이다.

(4) 수출입공고상의 품목관리원칙 및 분류

우리나라는 GATT에 가입(1967년 4월)하면서 1967년 7월 25일부터 수출입품목관리체계를 포지티브 리스트 시스템(Positive List System)[3]에서 네거티브 리스트 시스템(Nagative List System)으로 전환하였다. 따라서 품목별로 수출입을 금지하거나 제한하고 있지 않으며 자유

3) 수출입공고에 수출 또는 수입이 허용되는 품목만을 표시하고, 여기에 표시되지 않은 기타의 품목은 원칙적으로 수출 또는 수입이 제한 또는 금지되도록 하는 수출입 공고의 품목표시방법으로, 이것은 자국의 산업보호 등을 목적으로 시행되고 있다.

롭게 수출입할 수 있다.

한편, 수출입공고상의 품목은 금지품목(Prohibited Item)[4] 및 자동승인품목(Automatc Approval Item)[5]으로 구분되어 있었으나, 종전의 자동승인품목에 해당하는 물품이 모두 수출입승인에서 제외됨으로써 자동승인품목이라는 명칭은 사용하지 않고 있으며, 종전의 제한승인품목만이 수출입승인의 대상이 된다. 따라서 현재는 수출입제한승인품목을 수출입승인대상물품이라고 한다.

2004년 현재 수출입공고상의 품목은 수출제한품목과 수입제한품목으로 분류되어 있으나, 공고상의 별표1에 수출제한품목만을 게기하고 있을 뿐이다. 즉, 현행 수출입공고에서는 수입승인품목은 전혀 없으며, 통상정책상 필요한 물품등의 수출입제한품목은 통합공고의 별표3에서 규정하고 있다. 수출입공고상의 별표1에 게기된 수출입제한품목에는 고래고기, 화강암·사암, 개의 생모피·모피·모피제품 등 수출이 금지되는 수출금지품목과 사과·배, 자갈, 직물 및 섬유, 승용 및 화물자동차 등의 수출승인을 받아야 수출이 가능한 수출승인품목(수출승인대상품목)이 있다.

반편, 수입제한품목이란 공고상의 별표2에 게기한 품목으로서 각 품목별 수입요령에 따라 수입승인하여야 한다. 다만, 다음의 하나에 해당하는 경우에는 수입제한품목이라 할지라도 별도의 추천·확인 없이 수입승인할 수 있다(수출입공고 총칙 제5조 1항).

다음 각호의 1에 해당하는 경우에는 지식경제부장관이 별도로 공고하는 수입요령에 따라 수입 승인하여야 한다.

① 수입제한품목

외화획득용 원료 및 외화획득용 제품수입의 경우에는 수입제한품목이라 할지라도 별도의 제한 없이 수입승인할 수 있으며, 다음의 하나에 해당하는 경우에는 지식경제부장관이 별도로 공고하는 수입요령에 따라 승인하여야 한다(수출입공고 제5조 제1항 및 제2항).

항공기 및 동 부분품의 수입

- 항공기 및 동 부분품의 수입요령

  항공기 및 동 부분품(중고품을 포함한다)은 다음 중 하나에 해당하는 자에 한하여 한국항공우주산업진흥협의회장의 승인을 받아 수입할 수 있다. 다만, 국방부장관 또는 국방과학연구소장이 군용으로 사용하기 위하여 수입하는 경우 또는 항공법에 의한 정기 또는

4) 이것은 구체적인 금지문언이 있는 품목으로, 실질적인 금지품목을 말한다.

5) 이것은 추천, 인증, 허가, 형식승인, 신고 등 일정한 요건을 갖추어야 수출입이 가능한 품목을 말한다.

부정기항공운송사업자(항공기사용사업자 포함)와 국가기관이 부분품을 자가수리용으로 수입하는 경우에는 승인 없이 수입할 수 있다.

㉠ 항공기 · 우주비행체 · 기기류 또는 소재류의 생산을 업으로 하는 자

㉡ 항공우주산업개발촉진법의 규정에 의하여 기술개발 등의 업무를 대행하거나 검사업무를 위탁받은 자

㉢ 항공법의 규정에 의하여 사업의 면허를 받은 자

㉣ 기타 한국항공우주산업진흥협회장이 필요하다고 인정한 자

• 항공기 등의 수입승인 신청서류

"항공기 및 동 부분품의 수입"의 규정에 의한 수입승인을 받고자 하는 자는 다음 각 세목의 서류를 구비하여 한국항공우주산업진흥협회장에게 신청하여야 한다.

㉠ 수입승인신청서 3부

㉡ 수입계약서 또는 물품매도확약서 1부

㉢ ㉠의 규정에 의한 대상자임을 증명하는 서류 1부

㉣ 성능보장에 관한 서류 및 제작일자를 증명할 수 있는 서류 각 1부(중고품의 경우에 한함)

㉤ 기타 한국항공우주산업진흥협회장이 필요하다고 인정하는 서류 각 1부

통상정책상 필요한 물품 등의 수출입

㉠ 대외무역법시행령 제24조 제4호 및 수출입 공고 제5조 제2항의 규정에 의한 통상정책상 필요한 물품 등은 별표3에서 정하는 바에 의하여 수입할 수 있다.

㉡ ㉠의 규정에 해당하는 물품 중 수출입공고상의 수출 · 수입제한품목은 수출입공고의 규정에 의한 제한에 부가하여 지식경제부장관의 확인을 받아 수출 · 수입을 승인하게 할 수 있다.

㉢ 지식경제부장관은 ㉡의 규정에 의한 확인을 함에 있어서 필요한 경우 관계기관의 의견을 들을 수 있다.

㉣ "통상정책상 필요한 물품 등"이라 함은 다음과 같다.

ⓐ 통상 및 산업정책상 필요한 물품

ⓑ 주요 원자재의 안정적 확보, 국내 물가안정 등 원활한 물자수급 및 과학기술의 발전을 위하여 필요하다고 인정하는 물품

② 수출제한품목

수출제한품목이란 별표1에 게기한 품목으로, 각 품목별 수출요령에 따라 수출승인하여야 하며, 지식경제부장관은 수출입절차의 간소화를 위하여 특히 필요한 경우 별표1의 수출요령에도 불구하고 수출승인기관을 따로 정하여 승인하게 할 수 있다(수출입공고 제5조 및 제6조).

수출입공고 별표1의 수출제한품목인 경우에는 동 공고상의 수출요령에 따라 수출승인기관으로부터 승인을 받은 후 수출할 수 있다.

[수출입공고 별표1] 수출제한품목

HS	품목	수출요령
0208	기타의 육과 식용설육(신선·냉장 또는 냉동한 것에 한한다)	
40	고래, 돌고래류(고래목의 포유동물) 및 바다소(바다소목의 포유동물)의 것	다음의 것은 수출할 수 없음 ① 고래고기
0210	육과 식용설육(염장·염수장·건조 또는 훈제한 것에 한한다) 및 육 또는 설육의 식용의 분과 조분	
9	기타(육 또는 설육의 분과 조분을 포함)	다음의 것은 수출할 수 없음
92	고래, 돌고래류(고래목의 포유동물) 및 바다소(바다소목의 포유동물)의 것	① 고래고기
0808	사과, 배(신선한 것에 한한다)	다음의 것은 한국농림수산식품수출입조합의 승인을 받아 수출할 수 있음
10	사과	① 대만지역으로 수출되는 것 다음의 것은 한국농림수산식품수출조합의 승인을 받아 수출할 수 있음
20	배	① 배(대만지역으로 수출되는 것)
(생략)	(생략)	(생략)

제2절

수출입승인

1. 수출입승인

(1) 수출입승인의 의의

물품등의 수출입 및 이에 따른 대금의 영수 또는 지급은 이 법의 목적의 범위내에서 자유롭게 이루어져야 하며, 무역거래자는 대외신용도 확보 등 자유무역질서의 유지를 위하여 자기책임하에 당해 거래를 성실하게 이행하여야 한다(법 제13조 제1항 및 제2항). 그러나 지식경제부장관은 헌법에 의하여 체결·공포된 조약과 일반적으로 승인된 국제법규에 의한 의무의 이행, 생물자원의 보호 등을 위하여 필요하다고 인정하는 경우에는 물품의 수출입을 제한할 수 있다(법 제14조 제1항). 이 규정에 따라 지식경제부장관이 필요하다고 인정하는 경우를 제외하고는, 원칙적으로 모든 물품등의 수출입 및 수출입대금의 영수 또는 지급은 자유로우며, 무역거래자는 대외신용도 확보 등 자유무역질서의 유지를 위하여 자기책임하에 성실하게 무역거래를 이행하도록 하고 있다.

결과적으로 수출입이 제한되지 않는 대부분의 품목에 대하여는 사전에 승인을 받지 않고 무역거래자가 자기책임하에 자유롭게 수출입을 이행한다. 그러나 지식경제부장관은 사후점검체제인 자하서인 무역업무처리기반을 구축함으로써 관세청 또는 외국환은행으로부터 수출입통관기록 또는 수출입대금결제기록 등 무역거래자의 수출입이행에 관한 정보를 제공받아 수출입거래가 질서 있고 효율적으로 이행되었는지 여부를 사후에 점검한 후 자신의 책임을 이행하지 않은 무역거래자에 대하여는 과징금, 과태료 등 대외무역법에 의한 제반벌칙을 부과하고 있다.

따라서 수출입승인이란 대금결제사항이 제외된 상태로 수출입공고에 의해 수출입이 제한되는 물품을 수출입이 가능하게 되도록 허가하여 주는 절차라고 할 수 있다. 즉, 수출입물품이 수출입에 제한이 있는 경우 수출입이 가능하도록 유보상태에 있던 수출입의 자유를 회복해 주는 행정행위이다.

종래에는 원칙적으로 모든 수출입물품에 대하여 수출입을 이행하기 전에 지식경제부장관으로부터 수출승인, 수입승인 또는 수출입승인을 받도록 하였으나, 1997년부터는 수출입승인대상의 관리체계를 네거티브 리스트 시스템(Negative List System)으로 전환하여 수출입공고상 수출입이 제한되는 품목에 한하여 사전에 지식경제부장관이 지정, 고시한 기관 단체의 장(승인기관)에게 수출입승인을 받도록 하였다.

① 수출입승인 대상범위의 변경

종전의 자동승인품목이 전면 수출입승인대상에서 제외·자유화됨으로써 수출입승인제도의 존치 실익이 없어 폐지하였다.

종전의 수출입승인제는 원칙적으로 모든 물품에 대하여 승인대상으로 하고 있었으나, 개정 후에는 수출입승인대상의 관리체계를 포지티브 시스템(Positive System: 원칙규제, 예외허용)에서 네거티브 시스템(Negative System: 원칙자유, 예외규제)으로 전환함으로써 수출입공고대상품목에 해당하는 품목과 외화획득용 원료·기재의 수입 및 산업설비 수출품목에 대해서만 승인대상으로 하였다. 또한 종전의 통합공고에 의한 요건확인물품을 승인대상에서 제외함으로써 승인시 통합공고상의 요건을 확인하지 않는다. 그리고 특정 거래형태의 수출입에 대하여는 종전과 동일하게 시행하고 있다.

② 수출입승인의 성격 변경

수출입대금의 수급상황은 수출입승인 및 그 사후관리 대상에서 제외함으로써 수출입대금의 영수 및 지급을 국가관리대상에서 사적 자치영역으로 이관하였다.

종전의 수출입승인제는 인적자격, 물품의 이동, 대금결제를 그 승인 및 사후관리대상으로 하여 종합적으로 관리하였으나, 개정 후에는 인적자격 및 대금결제에 관한 사항을 관리대상에서 제외하고 오직 물품의 이동만 관리하게 되었다. 즉, 종전에는 수출입승인시 수출입대금결제방법이 외국환거래법령에서 제한이 있는 경우 이의 충족여부를 확인하였으나, 개정 후에는 수출입대금의 미회수·미지급처리에 관한 규정을 삭제함으로써 수출입승인시 외국환거래법령에 의하여 대금결제방법이 제한되는지 여부를 검토하지 않는다.

③ 무역절차의 원활화 도모

우리나라의 무역규모의 확대 및 무역업계의 자율역량 확대상황을 법령에 적극 수용함으로써 무역절차의 원활화를 기하였다.

(2) 수출입승인의 신청

① 수출입승인대상물품

지식경제부장관은 긴급을 요하는 물품 기타 수출 또는 수입절차를 간소화하기 위한 물품등으로서 대통령령이 정하는 기준에 해당하는 물품의 수출 또는 수입을 제외하고, 헌법에 의하여 체결·공포된 조약과 일반적으로 승인된 국제법규에 의한 의무의 이행, 생물자원의 보호 등을 위하여 지식경제부장관이 지정하는 다음의 물품 등을 수출 또는 수입하고자 하는 자는 지식경제부장관의 승인을 얻어야 한다(법 제14조 제2항 및 영 제24조).

- 헌법에 의하여 체결·공포된 조약이나 일반적으로 승인된 국제법규상의 의무이행을 위하여 지식경제부장관이 지정·고시하는 물품 등
- 생물자원보호를 위하여 지식경제부장관이 지정·고시하는 물품 등
- 교역상대국과의 경제협력증진을 위하여 지식경제부장관이 지정·고시하는 물품 등
- 방위산업용 원료·기재, 항공기 및 동 부분품 기타 원활한 물자수급·과학기술의 발전 및 통상·산업정책상 필요하다고 인정하여 지식경제부장관이 당해 품목을 관장하는 관계행정기관의 장과 협의를 거쳐 지정·고시하는 물품 등

위의 규정에서 "지식경제부장관이 수출 또는 수입 승인대상물품으로 지정·고시한 물품 등"이라 함은 수출입공고에 정한 물품 등(단, 중계무역물품, 외국인수수입물품, 외국인도수출물품, 선용품은 제외)을 말한다(규정 제3-1-1조의 2).

따라서 수출입계약을 체결한 후 이를 이행하기 위하여 사전에 지식경제부장관으로부터 수출입승인을 받아야 하는 품목, 즉 수출입승인대상물품은 중계무역물품, 외국인수수입물품 및 외국인도수출물품, 선용품을 제외한 ❶ 수출입공고 대상물품 ❷ 수출입공고 대상품목을 외화획득용 원료·기재로 수입하는 물품이다.

참고로 산업설비수출 승인물품 및 전략물자공고 대상물품은 승인간주처리하여 별도관리하고, 특정 거래형태의 수출입은 승인과는 별도로 인정제도를 도입하여 별도로 관리하고 있다.

② 수출입승인기관

지식경제부장관의 권한은 그 일부를 대통령령이 정하는 바에 따라 관련기관에 위임 또는 위탁할 수 있는 바(법 제53조 제1항), 지식경제부장관은 수출입승인대상물품에 대한 ❶ 수출 또는 수입의 승인, 변경승인 및 변경사항 신고의 수리에 관한 권한, ❷ 수출 또는 수입승인에 따른 사후관리에 관한 권한을 "지식경제부장관이 지정하여 고시하는 관계행정기관 또는 단체

의 장", 즉 수출입공고에 지식경제부장관이 지정·고시한 기관·단체(이하 "승인기관"이라 한다)의 장에게 위탁한다(영 제116조 제10항 및 규정 제3-1-조).

다시 말해서, 수출입승인대상물품을 수출입하고자 하는 자는 매매계약건별로 구비서류를 갖추어 지식경제부장관에게 승인을 신청하여야 한다.

그런데 지식경제부장관은 대금결제에 관한 사항이 승인 및 사후관리 대상에서 제외됨에 따라 수출입승인권한을 외국환은행에 각 품목별 추천기관으로 변경하여 위탁하고 있다.

따라서 1997년 2월말까지는 한시적으로 종전처럼 외국환은행의 장이 수출입승인을 하였으나, 수출입승인대상물품(수출입공고 및 이를 외화획득용원료로 수입하는 경우의 수입물품)에 대한 수출입승인기관은 각 품목별 담당기관인 종전의 추천기관이다.

현행 수출입공고에 의한 수출승인기관은 한국농림수산식품수출입조합, 한국골재협회, 한국생사수출조합, 한국섬유직물수출입조합, 한국의류산업협회, 대한어망공업협회, 한국자동차공업협회이며, 수출제한품목은 HS류별로 분류해 볼 때 08류, 25류, 50류 내지 65류, 70류, 87류 및 90류이다. 한편, 수입제한품목은 없기 때문에 수입승인기관은 현재 존재하지 않는다.

③ 수출입승인 신청서류

물품등의 수출·수입의 승인을 얻고자 하는 자는 규정별지 제3-1호 내지 별지 제3-3호 서식에 의한 수출입승인 신청서(업체용, 세관용, 승인기관용)에 다음의 구비서류를 첨부하여 수출입승인기관의 장에게 신청하여야 한다(영 제26조 제1항 및 규정 제3-1-2조 제1항).

- 수출신용장·수출계약서 또는 주문서(수출의 경우)
- 수입계약서 또는 물품매도확약서(수입의 경우)
- 수출 또는 수입대행계약서(공급자와 수출자가 다른 경우 및 실수요자와 수입자가 다른 경우)
- 수출입공고 등에서 규정한 요건을 충족하는 서류(단, 당해 승인기관에서 승인요건의 충족여부를 확인할 수 있는 경우 제외)

④ 수출입승인요건 확인 및 수출입승인서 발급

수출입승인기관의 장은 수출입의 승인신청이 다음의 수출입승인의 요건에 합당한 경우 수출입승인서(별지 제3-1호 내지 제3-3호 서식)[업체용, 세관용, 승인기관용(지식경제부용) 및 사본(신청자가 신청한 경우)]를 발급하여야 한다. 다만, 수출입품목 등을 분할하여 발급할 수 있다(규정 제3-1-2조 제2항 및 제3-1-3조).

수출승인기관(2004년 2월 현재)

수출제한품목(수출승인대상물품)			수출승인기관
HS류별	품목코드	품목	
08류	0808	사과, 배	한국농림수산식품수출조합
25류	2505,2516,2517	천연모래, 화강암, 자갈	한국골재협회
50류	5004	견사	한국생사수출조합
50-60류	5005-07, 5105-09, 5111, 5112, 5204-12, 5309-11, 5401-03, 5406-08, 5508-16, 5602-09, 5701-05, 5801-11, 5902, 5903, 5905, 5906, 5908-11, 6001-06	견방사, 견직물, 양모, 양모사, 섬수모사, 직물, 면 재봉사, 단사, 복합사, 아마, 황마, 합성필라멘트사, 합성스테이플섬유의 사, 양탄자류의 바닥깔개, 파일직물, 강력사의 파일편물, 메리야스 편물, 경편직 직물류 등	한국섬유직물수출입조합
62류	6213, 6214	오버코트 등	
63류	6301-6307	모포류와 여행용 러그	
70류	7019	실 및 단연사	
90류	9404	침구 등	
60류	600291	파일편물중 양모의 것	한국섬유직물수출입조합 또는 한국의류산업협회
62류	6214	쇼올, 스카프 등	
61류	6101-15, 6117	소녀용 오버코트 등	한국의류산업협회
62류	6201-12, 6215-17	소년용 오버코트 등	
64류	6406	신발류부분품	
65류	6501-6505	모체, 모자 등	
56류	5607, 5608, 5609	사이잘마, 폴리에틸렌 제품으로 된 어망	대한어망공업협회
87류	8703, 8704, 8706, 8708	승용, 화물자동차 등	한국자동차공업협회

- 수출・수입하고자 하는 자가 승인을 얻을 수 있는 자격이 있는 자일 것
- 수출・수입하고자 하는 물품 등이 수출입공고 및 이 규정에 의한 승인요건을 충족한 물품 등일 것
- 수출・수입하고자 하는 물품의 품목분류번호(HS)의 적용이 적정할 것

⑤ 2 이상의 승인

하나의 수출 또는 수입에 대하여 2 이상의 승인을 얻어야 하는 경우 각각의 승인은 상호 독립적으로 얻어야 한다. 이 경우 두 번째 이후의 승인기관의 장은 수출입승인서상 여백에 승인사항을 표시한다(규정 제3-1-6조).

⑥ 기타 수출승인

전략물자의 수출허가 또는 산업설비수출의 승인(법 제21조 또는 제22조)의 규정에 의하여 수출허가를 받거나 수출승인을 얻은 자는 수출 승인을 얻은 것으로 본다(법 제14조 제6항).

(3) 수출입승인의 유효기간

지식경제부장관이 헌법에 의하여 체결·공포된 조약과 일반적으로 승인된 국제법규에 의한 의무의 이행, 생물자원의 보호 등을 위하여 지정하는 물품의 수출 또는 수입승인의 유효기간은 1년으로 한다. 다만, 지식경제부장관은 국내의 물가안정·수급조정·물품 등의 인도조건 기타 거래상 특성에 따라 필요하다고 인정하는 다음의 하나에 해당하는 경우에는 1년 이내 또는 20년의 범위내에서 유효기간을 단축 또는 초과하여 설정할 수 있다(영 제26조 제2항 및 규정 제3-1-5조).

- 지식경제부장관이 물가안정 또는 수급조정을 위하여 1년 이내로 유효기간의 단축이 필요하다고 인정하는 경우
- 물품 등의 제조·가공기간이 1년을 초과하는 경우 등 물품의 선적 또는 도착기일을 감안하여 1년 이내에 물품의 선적이나 도착이 어려울 것으로 수출입승인기관의 장이 인정하는 경우
- 수출·수입이 혼합된 거래로서 수출입승인기관의 장이 부득이하다고 인정하는 경우

참고로 수출입승인신청의 처리기간은 1일을 원칙으로 하되 승인에 따른 심사 등의 특성상 필요한 경우는 승인기간별 "승인업무처리요령(개정전 추천요령)"에 정하는 바에 의하여 처리기간을 따로 정한 경우는 그 처리기간내에 처리하도록 한다.

2. 수출입승인의 면제

- 긴급물품
- 무역거래의 원활화를 위한 부수적 거래
- 무상수출입물품

- 특정 지역(지식경제부장관이 고시)
- 공공용품으로서 별도의 수출입관리가 요구되지 않는 물품
- 기타 상행위 목적 이외의 물품
- 외국환거래가 수반되지 않는 물품(세관장이 타당하다고 인정하는 물품을 말하며, 과세가격이 500만원을 초과하는 수입에 대해서는 수입승인서 제출을 요구할 수 있다)
- 해외이주자용 물품

3. 수출입승인사항의 변경

수출입승인은 원칙적으로 수출입에 재한이 있는 물품을 예외적으로 허용해 주는 것이기 때문에 물품의 변경은 새로운 승인의 대상이며 변경승인의 대상이 되지 않는다. 그러나 물품을 제외한 승인사항의 경우에는 승인사항의 경중에 따라 변경승인대상과 신고대상으로 나누어 각각 변경승인이나 신고를 하여야 한다.

수출입승인변경 및 신고

	대상	요건
1. 변경승인	수량, 가격, 승인유효기간, 당사자의 변경	• 수출입공고에서 "추가적인 제한 충족할 것"이란 사항이 있는 경우 등 제한사항을 충족하는 경우 • 수출물품의 단가를 인하하거나 수입물품의 단가를 인상하는 내용의 수출 또는 수입승인사항의 변경은 다음 사항에 해당될 것 – 거래상대방의 파산 또는 지급거절 등이 현지의 거래은행, 상공회의소 또는 공공기관에 의하여 객관적으로 확인되는 경우 수출물품을 제3지에게 진매하는 경우 – 물품의 성질과 국제거래관행상 승인시점에 단가를 확정할 수 없는 경우 – 기타 급격한 시장상황의 변화 등 변경사유가 불가피하다고 인정되는 경우 – 변경하고자 하는 내용이 수출신용장, 수출계약서, 주문서, 물품매도확약서 등에 명시되어 있을 것
2. 변경신고	원산지, 도착항(수출의 경우에 한함), 규격, 용도, 승인조건	변경사실

수 출 승 인(신 청)서

처리기간
3 일

[별지 제3-1호 서식] (용)

<table>
<tr><td colspan="2" rowspan="3">① 수출자 무역업등록번호
(상호,주소,성명)

(서명 또는 ㉧)</td><td colspan="3">⑥ 구매자 또는 계약대상자</td></tr>
<tr><td colspan="3">⑦ 신용장 또는 계약서번호</td></tr>
<tr><td colspan="3">⑧ 결제조건</td></tr>
<tr><td colspan="2" rowspan="3">② 위탁자 사업자등록번호
(상호,주소,성명)

(서명 또는 ㉧)</td><td colspan="3">대금결제방법: 신용장( ),추심어음( ),송금환( )
기타방식( )</td></tr>
<tr><td colspan="3">금 액</td></tr>
<tr><td colspan="3">결제기간</td></tr>
<tr><td>③ 원산지</td><td>④ 도착항</td><td colspan="3" rowspan="2">⑨ 가격조건</td></tr>
<tr><td colspan="2">⑤ 사후관리은행명</td></tr>
<tr><td>⑩ HS 부호</td><td>⑪ 품 명 및 규 격</td><td>⑫ 단위 및 수량</td><td>⑬ 단 가</td><td>⑭ 금 액</td></tr>
<tr><td colspan="2">⑮ 추천조건</td><td colspan="3">⑲ 승인조건</td></tr>
<tr><td colspan="2">⑯ 추천유효기간</td><td colspan="3">⑳ 승인유효기간</td></tr>
<tr><td colspan="2">⑰ 추천번호</td><td colspan="3">㉑ 승인번호</td></tr>
<tr><td colspan="2">⑱ 위의 사항을 확인하고 수출을 추천합니다.

19 년 월 일
추 천 자: ㉧</td><td colspan="3">㉒ 위의 신청사항을 대외무역법 제19조 제1항 및 동법 시행령 제25조 제1항의 규정에 의하여 승인합니다.

19 년 월 일
승인권자: ㉧</td></tr>
</table>

2802-17민
1987. 6. 17. 승인

210㎜ × 297㎜
(인쇄용지 특급 34g/㎡)

수 입 승 인(신 청)서

처리기간
3 일

[별지 제3-2호 서식] (　　　　　용)

① 수입자 (상호,주소,성명) 무역업등록번호 (서명 또는 ㊞)	⑥ 송화인	
	⑦ 결제조건	
② 위탁자 (상호,주소,성명) 사업자등록번호 (서명 또는 ㊞)	대금결제방법: 신용장( ),추심어음( ),송금환( ) 기타방식( )	
	금　액	
③ 원산지	④ 선적항	결제기간
⑤ 사후 관리 은행명		⑧ 가격조건

⑨ HS 부호	⑩ 품 명 및 규 격	⑪ 단위 및 수량	⑫ 단가	⑬금액(FOB)

⑭ 추천조건	⑱ 승인조건
⑮ 추천유효기간	⑲ 승인유효기간
⑯ 추천번호	⑳ 승인번호
⑰ 위의 사실을 확인하고 수입을 추천합니다. 19　년　월　일 추 천 자:　　　㊞	㉑ 위의 신청사항을 대외무역법 제19조 제1항 및 동법 시행령 제25조 제1항의 규정에 의하여 승인합니다. 19　년　월　일 승인권자　　　㊞

※대외무역법 시행령 제36조 제2항의 요건에 해당될 경우에는 본 수입승인의 유효기간은 유효기간중이라도 만료된 것으로 봅니다.

2802-18민
1987. 6. 17. 승인

210㎜ × 297㎜
(인쇄용지 특급34g/㎡)

제5장 신용장개설 및 대금결제방법

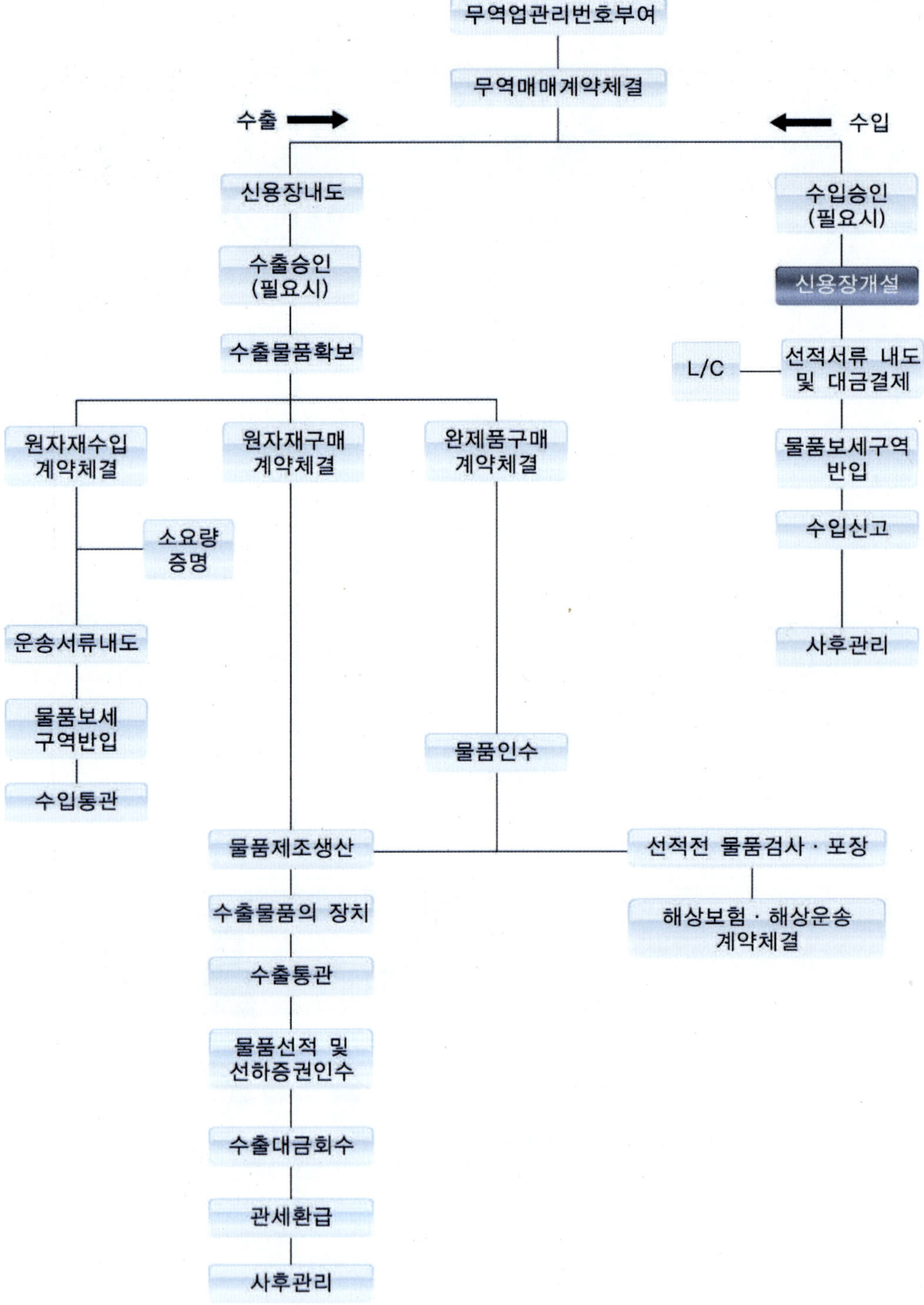
무역업관리번호부여
무역매매계약체결
수출
수입
신용장내도
수출승인
(필요시)
수출물품확보
원자재수입
계약체결
원자재구매
계약체결
완제품구매
계약체결
소요량
증명
운송서류내도
물품보세
구역반입
수입통관
물품인수
물품제조생산
선적전 물품검사 · 포장
해상보험 · 해상운송
계약체결
수출물품의 장치
수출통관
물품선적 및
선하증권인수
수출대금회수
관세환급
사후관리
수입승인
(필요시)
신용장개설
L/C
선적서류 내도
및 대금결제
물품보세구역
반입
수입신고
사후관리

제1절
신용장

1. 신용장의 개요

(1) 신용장의 의의

신용장(letter of credit: L/C)이란 무역거래의 대금지불 및 상품입수의 원활함을 기하기 위하여 수입업자(매수인)의 거래은행인 신용장 발행은행이 신용장 제 조건에 일치되고 약정된 기간내에 신용장상에 요구된 서류가 제시되었을 때 수익자인 수출상에게 대금지급할 것을 확약한 것이다. 즉, 신용장 개설은행이 지정하는 환거래 취결은행을 지급인으로 하는 화환어음을 발행하도록 하여 이 어음이 제시될 때에 지급 또는 인수할 것을 어음발행인(수출업자) 및 어음수취인(어음매입은행)에 대하여 확약하는 증서(document)이다.

(2) 신용장의 기능

① 국제무역 촉진기능

수출입 당사자간에 매매계약이 체결되었다 할지라도 신용장이 개설되어 있지 않은 경우에는 수출상이 계약조건대로 계약기간 내에 선적할 것인지 확신을 가질 수 없으며, 수입상은 상품을 주문한 후 시세하락 등의 이유로 주문을 취소하거나 가격인하를 요구할 수도 있다. 이에 대해 신용장은 수출대금결제를 보장하고 상품의 수령을 확실하게 함으로써 국제무역을 촉진시키는 역할을 수행한다.

② 금융수단의 기능

신용장에 의한 수출대금은 개설은행이 지급을 확약하고 있으므로 수출자는 내도된 신용장을 근거로 수출에 소요되는 자금을 융자받을 수 있다. 또한 수출을 이행하고 나면 수입자가 대금을 지급하기 전이라도 수출자는 환어음을 발행하여 자기 거래은행에 매입 또는 할인을 의뢰함으로써 수출대금을 회수한다. 한편 수입자는 상품이 도착한 후에 대금을 지급할 수도 있고 기한부신용장에 의하여 수입상품의 매매대전으로 수입대금을 결제할 수도 있어 금융상의 혜택을 볼 수 있다.

(3) 신용장거래의 특성

① 신용장의 독립성

신용장은 매매계약에 근거하여 개설되지만, 일단 개설되면 매매계약으로부터 독립되어(신용장통일규칙 제3조) 그 자체로서 별도의 법률관계를 형성하는데, 이를 신용장의 독립성이라 한다. 이는 매매계약의 당사자가 아닌 은행을 무역계약으로부터 독립시켜 신용장거래의 안정성을 확보하기 위함이다.

② 추상성

신용장 거래는 상품거래가 아니고 서류상의 거래라는 추상성을 갖는다. 신용장거래의 목적은 물품이나 서비스 자체나 계약의 이행 등에 있지 않고 서류에만 국한된다. 신용장과 관련하여 선적서류를 매입하거나 지급하는 당사자는 모두 은행들인데 은행은 상품에 대한 전문지식이 없으며 복잡한 계약관계의 개입을 기피하는 기본입장 때문에 매매당사자간의 사실상의 거래내용에는 관여하기 어렵다. 때문에 은행이 매입이나 지급에 응할 때 수출상이 제시하는 여러 가지 서류가 신용장의 요구사항과 일치하는지, 또는 서류 상호간의 모순이 있는지의 여부를 오로지 제출된 서류만을 근거로 심사하여야 하는바, 이를 신용장의 추상성이라 한다.

③ 안정성/편리성

수출상이 신용장조건에 일치하는 서류를 제시하는 한 개설은행은 무조건 대금을 지급해야 하므로 수출상은 대금회수에 대한 불안감이 해소되며, 수입상 측에서 신용장내용을 변경하거나 취소할 때는 수출상의 명시적인 동의를 얻어야 하므로 신용장이 개설되는 때부터 거래내용이 확정되고, 수입상이나 개설은행의 일방적인 횡포가 불가능하다.

수출상은 상품을 선적한 후 선하증권 등 신용장에 요구하는 서류의 제공으로 즉시 수출환어음의 매입(Negotiation)신청이 가능하며, 수출상은 신용장금액의 대소에 상관없이 내수판매보다도 오히려 더 빠른 시간내에 현금을 수령할 수 있게 된다.

④ 엄밀일치의 원칙

신용장에 따라 은행에 제시되는 서류는 신용장에 지정된 모든 서류이어야 하고, 동시에 신용장에서 요구된 양식과 정확히 일치해야 한다. 또한 서류상의 상품명세는 신용장상의 명세와 일치해야 한다.

⑤ 사기거래 방지의 원칙

독립성・추상성의 원칙과 상반되는 원칙이다. 제시된 서류가 신용장의 모든 조건에 합치한다고 하더라도 은행의 서류수리 전에 그 서류가 위조나 사기로 작성되었음이 밝혀지면 은행은 그 서류를 수리할 의무가 없다.

(4) 신용장거래의 과정

신용장거래방식에 의한 국제무역거래에 있어 수입자를 주체로 한 정상적인 경우의 절차는 다음과 같다.

① 국내의 수입자가 외국의 수출자와 매매계약을 체결하고 물품매도확약서를 받는다.
② 수입자는 수입승인을 받아야 할 경우 해당 협회나 조합에 수입승인을 신청하여 수입승인서(I/L)를 받는다.
③ 수입자는 거래은행 신용장거래약정을 체결한 후 수입신용장개설을 의뢰한다.
④ 수입신용장(L/C)개설을 의뢰받은 외국환은행은 L/C를 발행하여 수출자가 소재하고 있는 외국의 통지은행에 L/C 도착을 통지한다.
⑤ 통지은행은 수출자에게 L/C 도착을 통지한다.
⑥-⑦ L/C를 받은 수출자는 상품을 선적한 후 선하증권을 취득하고 보험증권, 상업송장 등 L/C에서 요구하는 서류를 구비하여 매입은행에 회환어음 매입을 의뢰한다.
⑧ 매입은행은 운송서류와 교환하여 수출자에게 환어음대금을 지급한다.
⑨ 매입은행은 수출자에게 지급한 어음대금을 결제받기 위해 L/C개설은행에 이음 및 운송서류를 송부한다.
⑩ 매입은행은 어음대금을 개설은행 또는 상환은행에 상환청구한다.

⑪ 개설은행은 매입은행으로부터 운송서류가 도착하면 수입자에게 운송서류 도착통지를 한다.

⑫ 개설은행은 수입자가 수입대금을 결제하면 운송서류를 인도한다.

⑬ 선박회사는 화물이 도착하면 수입자에게 화물도착 통지를 한다.

⑭ 화물도착 통지를 받은 수입자는 선박회사에 B/L을 제시하고 화물을 인도받는다.

신용장거래의 메커니즘

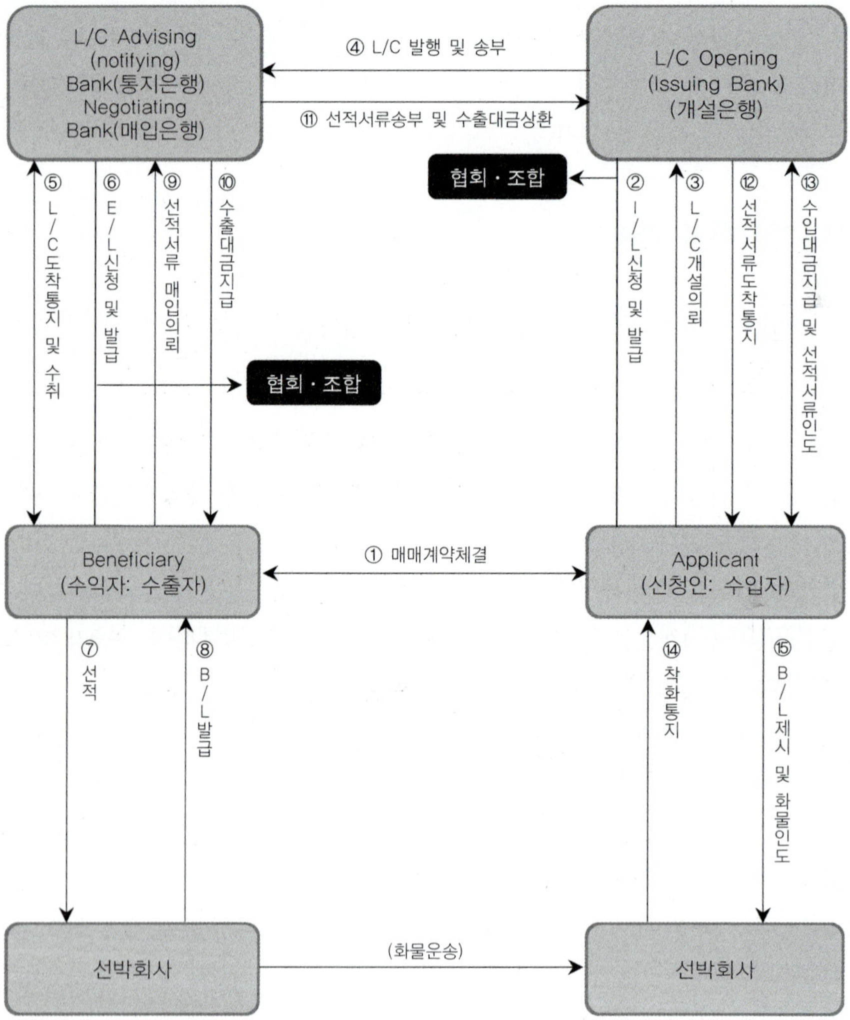

(5) 신용장의 당사자

① 개설의뢰인(applicant)

개설의뢰인이라 함은 매매당사자간의 약정에 따라 수입지에서 자신의 거래은행에 신용장의 개설을 의뢰하는 자를 말한다. 개설의뢰인은 원칙적으로 매수인에 해당하지만, 때로는 매수인의 거래처인 제3자가 되는 경우도 있다. 또한 개설의뢰인은 화물의 수하인인 동시에 환어음의 결제자가 된다.

따라서 개설의뢰인은 실무과정에 따라 각각 대금결제인(importer, opener, buyer, accountee), 환어음지급인(drawee), 수하인(consignee), 수신매수인(accredited Buyer) 등이 된다.

② 개설은행(issuing bank, opening bank)

개설의뢰인의 요청과 지시에 따라 수출자 앞으로 신용장을 발행하는 은행으로서 'credit writing bank, grantor'라고도 한다. UCP 600에서는 지급, 인수 또는 매입은행이 있더라도, 신용장의 개설은행이나 확인은행의 원칙적인 지급의무를 특히 강조하고 있다.

③ 수익자(beneficiary)

신용장의 수취인을 수익자(beneficiary) 또는 수혜자라고도 하며 수출자가 신용장거래시에 수익자가 된다. 수익자는 그 기능과 보는 각도에 따라 대금영수인(exporter, shipper, drawer, payee), 신용수령인(accreditee), 수신사용인(addressee user) 등이 된다.

양도가능신용장에서는 원신용장의 수혜자를 제1수익자라 하며 양도받은 양수인을 제2수익자라 한다.

④ 통지은행(advising bank, notifying bank)

신용장 개설은행은 신용장을 개설하면 그 사실과 내용을 수출자에게 통지해야 한다. 신용장의 통지방법은 첫째 수익자에게 직접 통지하는 방법, 둘째 수익자 소재지에 있는 개설은행의 환거래은행을 통해 통지하는 방법이 있다. 후자의 경우 개설은행의 요청을 받아 신용장을 통지해 주는 은행을 신용장 통지은행이라 한다. 통지은행은 개설은행의 요청에 의하여 신용장이 개설되었음을 단순히 통지하는 데 그치며, 거래에 대하여 책임을 지거나 약정을 하는 것은 결코 아니다.

⑤ 확인은행(confirming bank)

확인은행은 수출상이 개설은행의 신용을 믿지 못하여 신용 있는 제3의 은행으로 하여금 당해 신용장의 대금지급을 재차 확약하도록 요청하는 경우 이에 따라 개설은행과 동일한 지위를 맡게 되는 은행을 말하며, 대금지급의 책임을 부담하고 있기 때문에 개설은행과 동일한 기본관계 당사자로서의 지위가 부여된다.

확인은행의 확인이 있는 신용장을 확인신용장(Confirmed L/C), 확인이 없는 신용장을 미확인신용장(Unconfirmed L/C)이라 한다.

⑥ 매입은행(negotiating bank)

수익자는 물품선적을 완료한 후 개설은행 앞으로 환어음을 발행하고 신용장에서 요구하는 운송서류를 첨부하여 자기의 거래은행에 환어음의 매입을 신청하는데, 이때 환어음을 매입하는 은행을 매입은행이라고 한다.

⑦ 지급은행(paying bank)

신용장에서 매입은행에 의한 수출환어음의 매입을 인정하지 않고 특정 은행이 화한어음과 상환하여 수익자에게 지급할 것을 규정하고 있는 신용장을 지급신용장(straight credit)이라고 하는데, 지급신용장에 의거하여 지급을 위탁받은 은행을 지급은행이라고 한다. 지급은행은 통지은행과 같이 지급행위에 대해 아무런 책임을 부담하지 않고 단순히 대금을 지급해 주는 역할만 수행할 뿐이다.

⑧ 인수은행(accepting bank)

신용장에 의해 발행되는 어음이 기한부어음일 것을 조건으로 하는 신용장을 기한부신용장(usance credit)이라고 하는데, 기한부신용장에 의거하여 발행된 기한부어음을 인수하는 은행을 인수은행이라고 하며, 인수은행은 어음의 만기일에 비로소 지급은행이 된다.

⑨ 결제은행(settling bank)

신용장의 결제통화가 수입국이나 수출국의 통화가 아닌 제3국의 통화일 경우는 제3국에 있는 개설은행의 예치환거래은행이 결제은행(settling bank)이 되며, 어음을 매입한 은행에 대금을 상환해 주는 은행이라고 해서 상환은행(reimbursing bank)이라고도 한다.

(6) 수입신용장의 개설

① 개설의 근거

신용장 개설을 위해서는 수출상과 수입상이 매매계약을 체결해야 한다. 이 계약의 제반 내용 중 결제조항(Payment Clause)에서 거래방식을 신용장방식으로 정하였을 경우, 이것을 근거로 신용장이 탄생하게 된다.

② 개설절차

기본계약의 의무이행을 위하여 수입상은 자신의 거래은행으로 찾아가 신용장 개설을 의뢰하는데, 이때 개설은행은 수입상에게 은행 고유의 신용장개설의뢰서를 교부하고 수입상이 이 서류를 작성하여 제출하면 이것을 근거로 신용장을 작성한다.

서류제출 → 은행의 심사 → 수입담보금의 적립 → 개설과 관련한 제 비용 징구 → 신용장 개설

개설절차

개설절차	참고사항
수입계약 (Offersheet)	
↓	
수입승인	〈수입승인 대상〉 수출입공고, 별도공고, 통합공고에 의해 수출입이 제한되는 물품
↓	
신용장거래 약정	☞ 신용장거래약정서의 내용 ① 수입대금의 지급확약 ② 개설에 따른 수수료 및 신용장에 관련하여 은행이 부담하는 제비용의 보상의무 ③ 수입화물의 담보차입 및 처분권 ④ 선적서류상 부정 · 불명확한 사항에 대한 처리 ⑤ 우편 또는 전신상의 사고에 따른 면책 등
↓	
신용장 개설 신청	〈수입신용장 개설신청시 구비서류〉 ① 수입신용장 개설신청서 ② 담보차입증 ③ 신용장거래약정서 ④ 보험증서(CIF · CIP 조건의 경우는 제외) ⑤ Offer Sheet(상품명세가 As Per Offer No.~일 경우)

↓

수입신용장 개설	☞ 신용장 개설방법 ① 수입신용장 개설방법은 우편에 의한 개설 (Mail Credit)과 전신에 의한 개설(Cable Credit)이 있음 ② 우편에 의한 개설시는 통지은행에 신용장양식 원본과 사본 1매를 발송하고 결제은행에 사본 1매 및 수입대전 결제요청서(Reimbursement Request) 송부 ③ 전신에 의한 개설은 약식전보(Short Cable)와 정식전보(Full Cable)가 있는데, Short Cable의 경우 신용장이 개설되었다는 사실을 통지, 수출자가 수출준비를 할 수 있도록 하기 위한 것으로, Details to follow 문언삽입, 추후 신용장 원본(Mail Comfirmation)을 송부하여야 함

③ 신용장 개설방법

수입자는 수입물품에 대한 수입승인을 받은 다음 유효기간 내에 신용장 개설을 신청한다.

신용장 개설은행은 신용장 개설에 관한 심사 및 기타의 절차를 완료하고 개설의뢰인이 제출한 의뢰서의 내용을 점검하고 타당하다고 인정되면 신용장을 개설하여 준다. 신용장의 개설방법은 선적기일, 시황, 자금사정 등을 고려하여 다음과 같은 두 가지 방법이 있다.

우편에 의한 개설(mail credit)

개설신청서의 내용에 따라 소정의 신용장양식을 작성하여 원본 및 사본 1매는 통지은행에 발송하고, 결제은행에는 사본 1매를 수입대전 결제요청서(reimbursement request)와 함께 발송한다.

전신에 의한 개설(cable credit)

금융비용절약, 납기단축 등을 위하여 신용장 개설사실을 신속히 통지할 필요가 있을 경우 전신으로 신용장을 개설하게 된다. 전신에는 약식전보(short cable)에 의한 방법, 정식전보(full cable)에 의한 방법 등이 있다.

- short cable에 의한 개설

  신용장이 개설되었다는 뜻을 미리 통지하여 수익자로 하여금 수출준비를 하게 하는 통지이며, "details follow"란 문언을 삽입, 추후 신용장 원본(mail confirmation)을 우편으로 송부하여 모든 조건은 이에 의하도록 하여야 한다.

- full cable에 의한 개설

  통지은행의 오역이나 신용장 당사자간에 문구해석의 차이로 인한 마찰을 줄이기 위하여 신용장 전문을 그대로 전신으로 보내는 방법이다. 요즈음에는 국제통신망의 발달로 거의 대부분 full cable에 의하여 신용장을 통지하고 있다.

신용장 원본의 내용이 빠짐없이 기재되어 있기 때문에 원본으로 간주되며, Full Cable에서는 개설은행이 더 이상 신용장 원본을 보내지 않는다.

- SWIFT(국제은행간 자금결제 통신망)

  SWIFT는 Society for Worldwide Interbank Financial Telecommunication의 약자로 미국, 유럽 등 15개국의 은행들이 중심이 되어 1973년에 국제간 외환송금, 국제기관간 자금이체 · 추심, 상업신용장 및 자본거래와 같은 외국환거래의 메시지를 전달하기 위한 국제데이터통신망을 구축하기 위해 설립되었다. 한국도 76번째로 1992년에 가입하였고 우리나라 은행 거의 대부분이 적용하고 있다.

  SWIFT를 이용하면 종전의 전통적인 결제방법(우편, 팩스, 텔렉스)에서 벗어나 신속 · 정확하고 안전한 자금결제업무처리를 할 수 있다.

인터넷에 의한 신용장 개설

국내 시중은행들은 인터넷에 의한 신용장 개설서비스를 제공하고 있다. 인터넷 신용장 개설서비스는 수입업체들과 은행 등의 업무를 간편하게 처리하게 한다. 수입자가 은행을 방문하지 않고도 신용장 개설을 신청할 수 있어 신용장 개설 시간과 부대수수료를 줄일 수 있다. 또한 인터넷 신용장 개설은 은행에서 자주 발생하는 신용장 오타 오류를 크게 줄여 은행내의 업무부담을 줄여준다. 조흥은행 등이 제공하고 있는 인터넷 뱅킹 서비스에 접속하면 신용장 개설 관련내용도 실시간으로 조회할 수 있을 뿐만 아니라 신용장의 해외발송여부도 직접 조회할 수 있다. 수입업체가 인터넷 뱅킹을 통해 수입신용장 개설을 신청하면 은행은 개설신청 전문을 발송하고 발신 전문 사본은 수입자가 요청한 팩스로 전송한다.

한국외환은행은 이미지 시스템에 의한 수입신용장 개설 서비스를 제공하고 있다. 이 서비스를 이용하면 외환은행 홈페이지(www.keb.co.kr)에서 신용장개설신청서 작성용 프로그램을 다운받아 신청서를 작성할 수 있다. 이 서비스는 실시간으로 프로그램에 대한 오류사항을 체크할 수 있고 Data 보관이 편리하다.

신용장 개설신청시 구비서류

- 수입신용장 개설신청서(Application for Commercial Letter of Credit) 및 담보차입증

  개설의뢰인이 개설은행에게 지시하는 신용장에 기재할 모든 사항을 적은 서류이다. 이는 매매계약을 근거로 작성, 개설은행은 이 서류와 동일한 내용으로 신용장을 개설한다.

신용장발행신청서

취소불능화환신용장발행신청서

(APPLICATION FOR IRREVOCABLE DOCUMENTARY CREDIT)

WOORI BANK

SWIFT Code WRBK KRSE:

Mailing Address: C.P.O. Box 126

Telex Number: K24611-6 Seoul 22723-5

To: Woori Bank

Dear Sirs:

AT STGHT L/C 및 내국수입 USANCE
지급보증용

We request you to establish by ☐ cable ☐ air mail an Irrevocable Credit on th following terms and conditions

Advising Bank Woori Bank, TOKOY Branch

Cable Address Date October 6, 2003

Credit Number

② Applicant JEHONG TRADING CO., LTD. C.P.O. BOX

① Beneficiary MITUI CO., LTD. 2 ITCHOME, MARINOUCHI, TOKOY, JAPAN

③ Amount US$12,800(USDLS Say TWELVE THOUSAND AND EIGHT HUNDRED ONLY)

④ Expiry Date December 30, 2003 in Japan

⑤ Tenor of Draft ×××AT ×××Sight For 100% of invoice value

Documents(please indicate by placing ☐ Mark in applicable box

⑥ ☐ Full set of clean on board ocean bills of lading, made out to the order of the Woori Bank of Korea Ltd., marked "Freight PREPAID" and "Notify accountee"

⑦ ☐ Marine Insurance Policy or Certificate in duplicate, endorse in blank for % of the invoice value.

Insurance polices or certificates must expressly stipulate that claims are payable in the currency of the drafts and policies or certificates must also indicate a claim setting agent in Korea. Insurance must include :

⑧ ☐ Signed commercial invoice in QUINTUPLICATE

⑨ ☐ Packing list in

⑩ ☐ Other document(s) (if any) CERTIFICATE OF ORIGIN IN DUPLICATE

⑪ commodity Description

Name of Commodity	Quantity	Unit Price	Amount
55 Percent Silk			US$ 12,800
45 Percent Acrylic			
Mixed Fancy Yarn 2/12㎜	2,000 lbs	@US$ 6.40	
		FOB Busan	
Raw White in Hank			
Country of Origin JAPAN			

⑫ Shipment from YOKOHAMA JAPAN to BUSAN, KOREA Latest DECEMBER 10, 2003

Partial shipments are NOT PERMITTED Transhipment is NOT PERMITTED

Documents must be presented within 10 days after the date of issuance of B/L or other transportation documents. ⑬ Special condition(s): All banking charges including postage, advising and payment commission outside Korea are for account of **BENEFICIARY** shipment by **KOREA VESSEL**

위와 같은 신용장 발행을 신청함에 있어서 위 기재사항이 수입허가(승인)사항과 틀림없음을 확인하고 따라 제출한 수입거래약정서의 각 조항에 따를 것을 확약하며 아울러 위 수입화물에 관한 모든 권리를 귀행에 양도하겠습니다.

Except so far as otherwise expressly stated, this credit is subject to the Uniform Customs and Practice for Documentary Credit: (1993 Revision) International Chamber of Commerce, Publication No.500	신청인 JEHONG TRADING Co., LTD ㊞ 주 소 C.P.O Box 123 SEOUL, KOREA	인감대조

지급보증확인	Checked By	Approved By

계	대 리	차 상	부 점 장

87912B6-58 B-19A 210㎜×297㎜

신용장의 개설은 대외적으로 지급을 확약하는 여신행위이므로 이와 수반하여 수입업자로부터 통상 수입신용장개설신청서의 배면에 인쇄되어 있는 신용장거래약정서를 요구하고 있다. 그 주요내용은 ❶ 수입대금의 지급확약 ❷ 개설에 따른 수수료 및 신용장과 관련하여 은행이 부담할 제비용의 보상의무 ❸ 수입화물의 담보차입 및 그 처분에 관한 것 ❹ 선적서류상의 부정, 불명확함에 대한 사항 및 우편 또는 전신상의 사고에 따르는 면책에 관한 사항 등이다.

- 신용장거래약정서(Commercial Letter of Credit Agreement)

  은행과 고객 사이의 신용장거래에 따른 각종 비용과 위험부담을 포괄적으로 커버하기 위하여 개설은행이 개설의뢰인에게 요구하는 서류이다.

- 수입승인서(Import License: I/L)

  수입행위가 적법함을 증명하는 기본서류로서 신용장의 내용은 수입승인서가 허용한 범위 내에서 개설되어야 한다.

- offer sheet(상품명세서가 as per offer...일 경우)

  이 서류는 내수용 수입승인시에 필수 구비서류이다.

- 보험증서(CIF, CIP 조건의 경우는 제외)

(7) 신용장의 통지

① 통지

개설은행의 요청에 의거 수출지에 소재하는 제3의 은행이 신용장 개설사실 및 내용을 수익자에게 알려주는 행위이며, 개설은행은 자행과 환거래계약이 체결된 은행(Corres Bank)을 통하여 통지업무를 맡기는 것이 상례이나 수출입 당사국간의 거래가 희소한 경우에는 개설은행이 통지은행을 일방적으로 선택하여 신용장을 보내는 경우도 있다.

② 통지은행의 역할

통지은행은 개설은행의 의사를 '신속', '정확'하게 수출상에게 전달하는 데 있다. 텔렉스로 내도된 신용장을 수익자에게 전달할 때 통지은행양식에 이기하여 전달하는바, 이때 발생하는 문제점이 번역의 오류, 기재의 오류 등이다. 그러나 통지은행의 실수로 수익자가 손해를 입었을지라도 통지은행이 "상당한 주의의무(reasonable care)" 및 "상당한 기간내(reasonable time)의무"를 다했다고 주장하면 면책된다.

신용장 통지(SWIFT 신용장: 매입은행 불지정)

HONGKONG AND SHANGHAI BANKING CORP. HONG KONG

Except so far as otherwise expressly stated, this documentary credit is subject to the "Uniform Customs and Practice for Documentary Credit" 1993 Revision) International Chamber of Commerce (Publication No. 550)

☆ ADVISING DATE : 030920
☆ ADVISING NO. : A14445171534
☆ OPENING BANK : HSBCHK
HONG KONG ADN SHANFGAI BANKING, HK, HONG KONG
☆ ADVISING BANK : WOORI BANK GANGNAM BRANCH

——— <SWIFT> ———

☆ 40A Form of Documentary Credit : IRREVOCABLE
☆ 20 Documentary Credit Number : HS28861215HSBCHK

☆ 23 Reference to Pre-Advice :
☆ 31D Date and Place of Expiry : (Date) 031005
☆ 50 Applicant : CHINA GAMES CO., LTD.
☆ 59 Beneficiary : JEHONG TRADING Co. LTD.
☆ 32B Currency Code, Amount : USD 500,000.00
☆ 39A Percentage Credit Amount Tolerance : (+/-) 5%
☆ 41a Available with.....by.... : Any Bank by negotiation
☆ 42c Drafts at....... : 90 D/S
☆ 42a Drawee : HSBCHK
☆ 43P Partial shipments : ALLOWED
☆ 43T Transhipment : PROHIBITED
☆ 44A Loading on Board/Dispatch/Taking in charge at/from.... : BUSAN, KOREA
☆ 44B For Transportation to.......... : HONG KONG
☆ 44C Latest Date of Shipment : 030925
☆ 45C Description of Goods and/or Services: 1000sets of game machines and accessories made in korea
☆ 46A Documents Required :

+Signed commercial invoices in triplicate

+Full set original clean on board ocean bills of lading made out to order of HSBC(Hong Kong) LTD. and notify application in full name and address, marked 'FREIGHI PREPAID'

+Full set of insurance policy or certificate in duplicate, endorsed in blank for 110 pct of full invoice value stipulating claims to be payable at destination in the currency of the drafts covering institute cargo clauses(A/R), institute war clauses(cargo) and institute strikes clauses(cargo)

+Beneficiary's certificate certifying that 2 sets of shipment sample have been sent to applicant within 1 day after shipment effected. The relative postal receipt must be attached for negotiation.

+Beneficiary's certified copy of facsmile despatched to 'China Game Co. Ltd.' within 1day after shipment advising L/C No., Name of vessel, B/L No. and date numbers of packages, quantity and value of shipment. Return copy such Fax from applicant acknowledging their receipt of shipment advice by facsmile is required.

+beneficiary's certificate certifying that copy of bill of lading has been faxed to applicant within 1 day after shipment. The relative transmission report from Fax Machine must be attached for negotiation.

+Shipping company's certificate certifying that on board date and departure date are not be dated back, vessel is shipped directly from Busan, Korea to Hong Kong.

☆ 47A Additional conditions :

+5pct more of less in amount and quantity acceptable.

+Forwarder's bills of lading not acceptable

+Fhipment must be effected by 'HANJIN SHIPPING Co. Ltd.'

+Shipment must be effected by 2 × 20' container in full container load.

+Thei L/C is restricted to 2 drawings only covering 2 separate

☆ 71B Charge : All banking commissions and charges outside HONG KONG are for account of beneficiary

☆ 48 Period for Presentations: Documents must be presented within 7 days after date of shipment and within the validity of credit

☆ 49 Confirmation Instruction: Without

☆ 53a Reimbursement Bank :

☆ 78 Instructions to the paying / Accepting / Negotiating Bank :

+All documents must be presented to us in one lot by courier services at beneficiary's expenses

+Upon receipt of the first presentation of documents fully complied with credit terms, We shall cover the negotiating bank as instructed.

+The date and amount of each drawing must be endorsed on the reverse of this credit by the negotiating bank.

(8) 신용장 접수시 검토사항

① 원본(진정성: Authenticity)의 확인

신용장을 받으면 통지은행에서 받은 신용장이 우편신용장의 경우 개설은행의 서명에 대해, 전신신용장인 경우 전신암호건(Test Key)의 확인을 거쳐 원본이 확실한가 파악한다.

② 개설은행의 신용확인

신용장은 개설은행이 수출대금에 대한 지급을 보증하는 증서이므로 그 은행의 신용상태가 중요하다. 따라서 신용상태에 의문이 있을 경우에는 통지은행이나 매입은행 혹은 다른 조사기관을 통하여 신용도를 조회해야 한다.

③ 신용장 형식요건에 대한 점검

"Revocable"이란 말이 있는지 없는지, 신용장통일규칙을 따른다는 말이 있는지, 발행은행이 수익자가 발행하는 화환어음을 인수, 지급 및 매입을 확약한다는 말이 있는지 등을 확인한다.

④ 계약내용과 대조

상품의 규격, 단가, 선적기일, 포장조건, 보험조건, 대금결제조건, 분할선적 및 환적여부, 기한부신용장의 경우 이자(Usance Interest) 부담 조건 등의 사항을 검토하여 내용이 다르거나 조건을 바꿀 필요가 있을 경우에는 바로 변경을 요구해야 한다.

⑤ 기타 조건의 확인

신용장 효력에 대한 특별한 유보조건 등의 기재여부와 조건이행이 사실상 불가능한 조항이 있는지 확인한다.

2. 신용장의 종류

신용장이란 고정된 범의 한계 내에서 만들어진 것이 아니고, 무역거래를 하는 상인들의 편의에 근거를 둔 수단이므로 어느 측면에서 관찰하였느냐에 따라 명칭이 붙는다. 그러므로 하나의 신용장이 보통 5~6개의 신용장을 겸하고 있는 것이 대부분이다.

(1) 선적서류 첨부여부에 따른 종류

① 화환신용장(Documentary L/C)

화환신용장이란 수출상이 객관적인 위치에 있는 제3사가 발행한 운송서류인 선하증권 및 보험증권 등을 은행에 제시하고, 은행은 이 서류와 상환하여 신용장대금을 지급하는 방식의 신용장이다.

따라서 이러한 신용장은 대금결제의 선행조건으로 물품의 소유권 또는 점유권 이전이라는 대차관계의 존재를 전제하는 한편, 대금청구시의 구비서류로 매매당사자가 아닌 제3자(선박회사 및 보험회사)가 발행한 서류를 제출토록 한다는 데 그 본질이 있다. 현재 통용되고 있는 대부분의 신용장이다.

② 무화환신용장(Clean L/C)

- 무화환신용장(Document L/C)

  수출상이 Nego를 할 때 객관적인 위치에 있는 제3자가 발행한 운송서류가 아닌 수출상 또는 수입상이 개인자격으로 발행한 단순한 상업송장, 어음 등을 제출하는 경우 은행이 이것을 받고 대금을 지급하는 신용장이다.

  수출상이 Nego를 할 때 은행에 제시하는 서류가 운송서류가 아니고, 수출상 또는 수입상이 발행한 단순한 영수증이나 진술서 등일 경우 이를 Clean L/C라 하며, Clean L/C는 다시 화물의 존재유무에 따라 다음과 같이 세분된다.

- 보증신용장(Stand by L/C)

  신용장의 발행목적이 화물의 인수에 있지 않고, 금융의 융통 등 서비스의 제공에 있는 경우에 사용되는 신용장이다. 주로 본사가 해외지사의 현지금융을 보증하거나, 국제입찰 참가시 계약보증금이나 이행보증금을 조달할 때 이용되며 개설은행(본사 거래은행)이 해외에 있는 금융제공은행(주로 개설은행과 본지점인 경우가 많음)을 수익자로 하여 신용장을 개설하며 해외은행은 신용장 개설의뢰인이나 그가 지시하는 자(지사)로부터 영수증이나 확인서를 받고 현금을 지급하거나 지급보증서를 발행하는 방식으로 전개한다.

  이는 화환신용장과 마찬가지로 화물의 송달 및 그에 따른 대가의 지급을 목적으로 발행되는 신용장이나, 대금지급의 전제로 제시되는 서류가 운송서류가 아닌 경우의 무화환신용장은 그 형태에 따라 다음과 같이 구분된다.

- 무담보 신용장(Documentary Clean L/C)

  수출상이 Nego할 때 매입은행에 제시하는 서류는 수출상 자신이 발행한 환어음 한 가지뿐이며, 부대선적서류(B/L, 보험증권, 송장 등)가 첨부되지 않는 것만 화환신용장과 다르지 나머지 부분은 화환신용장과 같다.

  이러한 신용장하에서는 B/L, 보험증권 등의 선적서류는 수출상이 수입상에게 직송하게 되므로 은행의 담보권 확보와 관련하여 문제가 발생할 소지가 있으므로 일반적으로 수입상과 개설은행이 특수한 관계(신용장대금을 개설시에 선납한 경우, 동일계열회사)를 유지하고 있을 때만 개설된다.

• 원양어업에서 Cargo receipt L/C
 원양어선 등이 공해에서 포획한 수산물을 직접 해외의 거래선에게 인도할 경우 거래선으로부터 물품인수증(영수증)이나 확인서 등을 받고 이 서류로서 Nego를 하게 된다.
• 내국신용장(local L/C)
 내국신용장은 국내거래이므로 Nego할 때 제시되는 기본서류는 운송서류가 아닌 인수자가 발행한 물품수령증서가 되며 UCP보다는 국내 강행법규인 내국신용장취급규칙이 우선적으로 적용된다.

(2) 취소가능여부에 따른 종류

⑴ 취소가능신용장(Revocable L/C)

신용장상에 "Revocable"이라는 문자가 표시되어 있으면 개설은행은 수익자의 동의 없이 일방적인 의사표시로 신용장의 매입통지가 있기 전에는 아무 때나 취소권을 행사할 수 있다. 취소권의 행사기한은 매입은행의 매입통지가 개설은행에 도착할 때까지만 가능하며 그 이후의 과정은 취소불능신용장과 동일하다.

우리나라에서는 대외무역관리규정(규정 제3-1-3조 2항 1호)에 의거 이러한 신용장은 인정하지 않고 있기 때문에 해외로부터 취소가능신용장을 받은 자는 수출승인(E/L)을 받을 수 없다. 그러나 수입할 때는 취소가능신용장을 개설하더라도 아무런 제한조치가 따르지 않는다.

② 취소불능신용장(Irrevocable L/C)

취소불능신용장은 일단 개설이 완료되면 수익자의 동의 없이는 취소 또는 변경 등이 불가능하며 수익자는 안심하고 신용장조건대로 서류만 갖추면 대금지급을 보장받는다는 특징을 가지고 있으며, 신용장상에 "Revocable"라는 문구를 명시하고 있지 않는 한 모든 신용장은 취소불능으로 취급한다.

제5차 UCP 개정 전에는 "Irrevocable"이라는 문구가 없는 한 취소가능으로 취급하던 것을 실제 상관습에 따라 상기와 같이 규정을 개정하였다.

③ 조건부 취소불능신용장(Conditional Irrevocable L/C)

신용장상에 "Revocable"이라는 표시가 없어 외견상으로는 취소불능으로 인정되지만 "Special Instruction"란에 당해 신용장의 이행이 개설은행이나 개설의뢰인의 일방적인 행위에 의거 좌우될 수 있는 내용을 포함하고 있는 경우를 말한다. 이러한 신용장을 수리하였을 경우에 수출상은 개설의뢰인의 신용 및 성실성을 면밀히 검토하여야 한다.

(3) 상환청구가능여부에 따른 종류

① 상환청구가능신용장(With Recourse L/C)

수출상에게 선적서류를 매입한 은행이 어떤 사유에 의하여 개설은행으로부터 신용장대금을 받지 못하는 사유가 발생하면 매입은행이 이 대금을 수익자에게 소구(상환청구)할 수 있는 신용장이다. 이러한 신용장하에서는 매입은행이 대금을 결제받지 못하는 사유가 개설은행 측의 서류상 하자를 이유로 한 클레임제기에 기인하든지, 개설은행의 파산으로 인한 불가항력에 기인하든지를 구분하지 않으므로 수출상의 Nego행위는 대금지급 종결시까지 가지급의 형식에 불과하다.

② 상환청구불능신용장(Without Recourse L/C)

신용장상에 "Without Recourse"라는 표현이 있는 경우 수익자가 Nego시 환어음에 "Without Recourse"표시를 하면 매입은행은 Clean Nego한 분에 대하여 일체의 소구권(상환청구권)을 행사할 수 없는 신용장이다. 우리나라에서는 은행연합회의협정 및 어음법에 의거 이러한 신용장은 현재 인정하지 않는다. 구미 각국에서는 어음법에서도 이를 인정하고 있고, 실례도 많은 편이다.

(4) 결제기간에 따른 종류

① 일람출급신용장(Sight L/C)

수출지에서 매입은행이 선적서류를 송부하면 개설은행은 서류상의 하자가 없는 한 즉시 신용장대금의 전액을 매입은행계좌에 입금시켜 주는 형식의 현금거래신용장이다.

우리나라의 경우 개설은행이 대금지급을 지연할 수 있는 기간은 도착한 서류의 신용장조건과의 일치여부 검토기간인 7일 이내로 한정되며, 그 기간까지 개설의뢰인이 결제하지 않을 경우 자기자금으로 지급해야 한다.

② 기한부신용장(Usance L/C)

개설의뢰인이 개설은행으로부터 선적서류를 수령할 때 현금을 지급하는 것이 아니고, 신용장에서 정해 놓은 일정기간이 내도하여야 신용장대금을 결제하는 외상방식의 신용장이다. 외상신용장은 수출상이 기한부어음을 매입 의뢰할 때 수출지 은행의 취급방법여하에 따라 기한부 매입, 인수, 연지급 신용장으로 구분된다.

③ 할부신용장(Installment L/C)

선적 또는 대금결제기간이 일정한 시기로 나뉘어 있는 신용장이다. 수출자가 선적을 수회에 걸쳐서 일정기간별로 분할하여 하도록 약정한 것을 할부선적신용장이라 하고, 수입상이 선적서류를 인도받을 때는 착수금만 지급하고 잔액은 일정기간별로 나누어 상환하도록 약정된 신용장을 할부지급신용장이라 한다. 플랜트 수출 등과 같이 신용장금액이 거액인 경우 수입자의 자금부담을 경감시키고자 할 때 일어나며 거치기간까지 부여하는 경우가 많다.

④ 선대신용장(Advance Payment L/C)

수출상의 자금여력이 충분치 않고 수출물품이 집하과정을 거쳐야 하는 농수산물 등일 경우 수출편의를 위하여 신용장 개설과 동시에 수출상으로 하여금 일정액의 금액을 미리 지급받을 수 있도록 하는 방식의 신용장이다. 이 신용장은 자금선대조건을 붉은 글씨로 쓰는 관례로 인하여 'Red Clause L/C'라고 칭하고, 선대자금을 수령할 때 수출상은 선적서류 없이 현금으로 선대받는 부분에 대한 어음만 발행하면 된다.

(5) 양도가능여부에 따른 종류

① 양도가능신용장(Transferable L/C)

수익자가 받은 신용장을 제3자에 신용장금액의 전부 또는 일부를 양도가능한 신용장이다. 양도가능신용장을 양수받은 자가 또다시 제3자에게 양도할 수는 없다. 양도가능신용장은 수출대행시에 주로 이용된다.

② 양도불능신용장

신용장의 수익자가 동 신용장을 제3자에게 양도할 수 없는 신용장이다. 양도가능(Transferable)이란 명시가 없는 한 양도불능신용장이다. 대부분의 신용장은 양도불능신용장이다.

(6) 결제방법에 따른 종류

① 지급신용장(Payment L/C)

대개의 경우 수출지의 지급은행이 개설은행의 예치환거래은행(Depositary Bank)일 때 사용되며 무어음신용장이라고 한다. 주로 일람출급신용장으로 사용되며 이 신용장하에서는 일반적으로 통지은행만이 지급업무를 담당할 수 있다. 또한 신용장의 배면에 매입사실의 배서를 요구하지 않는 비배서신용장(Non-notation Credit)이다.

② 연지급신용장(Deferred Payment L/C)

대개의 경우 수출지의 연지급은행이 개설은행의 예치환거래은행일 때 사용되고 기한부신용장으로만 사용되며, 무어음신용장이다. 일반적으로 통지은행만이 연지급업무를 담당할 수 있으며 비배서신용장이다.

③ 인수신용장(Acceptance L/C)

인수신용장은 개설은행이 예치환거래은행으로부터 인수편의를 제공받을 때 사용되며 인수편의(acceptance facility)란 수입상이 기한부수입을 하고자 하는 경우 해외에 있는 예치환거래은행이 개설은행을 위하여 신용장대금을 대신 지급하여 주고 어음의 만기에 대금을 개설은행으로 받는 신용공여 형태를 말한다. 인수신용장은 다른 신용장과는 달리 일람출급으로는 사용될 수 없으며 기한부신용장으로만 사용된다. 인수신용장하에서는 일반적으로 통지은행만이 인수업무를 담당할 수 있는 비배서신용장이다.

④ 매입신용장(Negotiation L/C)

수출지의 매입은행이 개설은행의 무예치환거래은행(Non-Depositary Bank)인 경우에 사용되며 어음부신용장. 즉 선적서류 매입의뢰시 어음을 제시하여야 한다. 이는 일람출급 또는 기한부 신용장을 사용하며 기한부신용장으로는 수출상이 신용을 공여하는 선적인 유전스(Shipper's Usance)의 경우가 대부분이다. 그리고 매입신용장에서는 어느 은행이나 매입할 수 있는 것이 원칙이고 예외적으로 통지은행만이 매입할 수 있는 경우가 있다.

신용장에서 "통지은행만 매입할 수 있다"는 문구가 있으면 통지은행만으로 매입이 제한되나, 그렇지 않는 경우에는 어느 은행이나 매입할 수 있다. 그리고 신용장의 배면에 매입사실의 배서를 요구하는 배서신용장(notation credit)이다.

지급 · 인수 · 매입 · 연지급신용장의 비교

신용장 종류	수출지 상대은행	어음제시여부	어음종류	서류매입은행	배서여부
지급신용장	예치환거래은행	어음 불제시	일람출급	통지은행	배서 불필요
연지급신용장	예치환거래은행	어음 불제시	기한부	통지은행	배서 불필요
인수신용장	예치환거래은행	어음 제시	기한부	통지은행	배서 불필요
매입신용장	무예치환거래은행	어음 제시	일람출급 또는 기한부	원칙적으로 자유	배서 필요

(7) 확인여부에 따른 종류

① 확인신용장(Confirmed L/C)

개설은행에 추가하여 제3의 은행이 추가 신용상대금의 결제에 대하여 확약한 신용장이다. 이 경우 추가 확약한 은행을 확약은행(Confirming Bank)이라 한다.

② 미확인신용장(Unconfirmed L/C)

제3의 확인은행의 추가 확약 없이 신용장 개설은행만이 신용장대금의 결제를 확약하는 대부분의 신용장이다.

(8) 매입은행 지정여부에 따른 종류

① 자유매입/일반/보통/개방 신용장(FreelyNegotiation/General/Open L/C)

수출지의 Nego은행을 수출상이 자유로이 선택할 수 있도록 허용하고 있는 신용장을 말하며, 가장 보편적인 형태의 신용장이라는 의미에서 'General L/C'라고도 한다. 또한 Nego은행이 개방되어 있다는 의미에서 'Open L/C'라고 부른다.

② 제한/특정 신용장(Restricted L/C)

신용장에 수출지에서 매입할 은행의 명칭을 미리 지정해 놓은 신용장을 말한다.

(9) 발행지 기준에 따른 종류

① 원신용장(Master L/C)

수입자의 의뢰로 신용장 개설은행이 수출자 앞으로 개설한 원래의 신용장이다.

② 내국신용장(Local L/C)

수출자의 의뢰로 수출지의 은행이 수출지의 물품공급자 앞으로 발행되는 신용장이다. 즉 내국신용장(Local L/C)은 국내에서 수출자가 수출용 완제품을 구매하여 직수출하거나, 수출물품 제조업체가 수출물품 제조에 필요한 원자재를 구매하여 직수출 또는 국내에 공급하고자 하는 경우에 발행된다. 해당 수출자가 외국에서 받은 수출신용장을 근거로 의뢰하는 내용에 따라 외국환은행이 국내의 완제품이나 원자재 생산업체를 수익자로 하여 개설하는 지급보증서로서 국내업자간 거래용 신용장이다.

(10) 기타 신용장

① 회전신용장(Revolving L/C)

동일 거래선으로부터 일정기간마다 동일한 물품을 계속 반복하여 수입할 필요가 있는 수입상은 이를 위하여 매월 새로운 신용장을 개설하거나, 할부선적신용장을 개설하여야 한다. 할부선적신용장을 개설한다면 절차는 간소해지나 그 대신 고액의 개설수수료를 부담해야 한다(L/C개설수수료: 액면금액의 0.18%, 매 3개월 단위로 수수료 재징구). 이 신용장의 특징은 일단 이행이 완료되어 효력이 없어진 신용장도 개설은행이 매입은행에 대금지급 사실을 통지하거나 또는 일정한 기간이 내도되는 등의 조건이 성취되면, 지난번과 동일한 조건의 새로운 신용장으로 소생된다.

② 동시개설신용장(Back to Back L/C)

연계무역에 주로 사용되는 신용장으로, 신용장조건 중에 수출상이 이 신용장을 받은 날부터 ××일 이내에 수입상을 상대로 Counter L/C를 개설해야 이 신용장이 유효하다는 문구를 넣은 신용장이다.

③ 기탁신용장(Escrow L/C)

신용장조건에 따라 수출상이 선적을 하면 수입상이 대금지불을 하게 되나 이 대금은 수출상에게 송금되지 않고 양당사자가 합의한 Escrow 계정으로 입금되는바, 일단 에스크로(Escrow) 계정으로 입금된 돈은 수출상이 수입상을 상대로 Counter L/C를 개설하였을 경우 그 결제자금으로만 인출되도록 제한을 받게 된다.

④ 토마스신용장(Tomas L/C)

토마스신용장의 여타 조건은 일반신용장과 다름이 없으나 수출상이 선적후 Nego에 들어갈 때는 수입상 앞으로 "언제까지 Counter L/C를 개설하겠다"는 내용의 보증서를 제출하도록 제한하고 있는 신용장이다.

⑤ 견질신용장

이 신용장은 원신용장(Master L/C)의 수익자가 해외에서 양도불능신용장을 받았을 경우 이 신용장을 원만하게 이행하도록 하기 위하여 자기책임으로 원신용장을 견질로 하여 제2의 신용장을 개설하는 것을 말한다. 견질신용장은 오로지 원신용장의 수익자(Beneficiary)가 자기책임하에 원신용장을 담보로 수출지 거래은행(Back to Back L/C의 개설은행)의 동의하에 개설하는 것이므로 제2신용장상의 수익자가 원신용장의 개설은행 측과 아무런 관계도 없는 것이다.

제2신용장이 원신용장 수익자의 국내에서 내국인을 상대로 개설되면 내국신용장(Local L/C가 되고 제3국의 거주자 앞으로 개설되면 Sub L/C가 되는바, Sub L/C는 주로 거액의 신용장을 수령한 원신용장의 수익자(Back to Back L/C의 개설의뢰인)가 국제금융을 이용하고자 할 때에 많이 개설된다.

3. 신용장통일규칙

(1) 의의 및 효력

신용장통일규칙이란 신용장업무를 취급할 때 지켜야 할 제반사항 및 해석의 기준을 규정한 국제규약이다. 국제무역은 각국이 상관습, 법률, 문화 등에서 차이가 있기 때문에 이를 통일할 수 있는 국제적인 준거규칙을 필요로 하게 되었다. 따라서 국제상업회의소(International Chamber of Commerce: ICC)의 은행위원회가 신용장통일규칙을 제정하게 되었다. ICC는 민간단체이므로 이들이 제정한 규칙은 법적 구속력을 갖추지 못하고 거래당사자가 이 규칙을 준칙으로 삼겠다는 합의를 한 경우에만 거래의 해석기준으로서 효력을 발휘하는 데 불과하다.

(2) 신용장의 주요해석(Uniform Customs and Practice for Documentary Credit)

① 신용장통일규칙의 적용원칙

신용장 관계당사자 상호간의 법률관계 및 신용장 관련 용어의 해석은 신용장에 조건에 의해 결정되므로, 철자 하나, 점 한 개를 찍는 것도 주의해야 하며 한 구절, 한 글자의 의미를 공정하고 명확하게 해석해야 할 필요가 있다. 또한 신용장통일규칙은 모호한 표현이나 애매한 용어의 사용을 가능한 금하도록 권유하고 있다. 특히 특약내용이 수출국 또는 수입국의 강행법류에 위배될 때는 강행법규의 규정이 우선 적용된다. 결국 신용장 해석의 우선순위는 ❶ 당사국의 법규 ❷ 특약 ❸ UCP 규정으로 정할 수 있다.

(3) 수량 및 금액의 증감

신용장금액은 숫자와 문자로 병기되며, 금액, 단가 또는 수(중)량 앞에 "About, Circa" 또는 "Approximately"와 유사한 표현이 있는 경우 ±10% 이내의 과부족을 인정하며, 이러한 문구가 없을 때에도 신용장상에 금지조항이 없고, 포장단위 또는 개개품목으로 표시되어 인도되는 화물이 아닌 경우 어음발행금액, 신용장금액을 초과하지 않는 범위내에서 ±5% 이내의 편차가 허용된다.

(4) 과부족의 허용 제한

광석, 곡물, 원유 등 상품의 성질상 정확한 수량을 공급하기 어려운 산적화물(Bulk Cargo)은 "more or less term"이 적용되므로 아무런 표시가 없더라도 ±5%의 과부족이 허용되는 것으로 해석한다. 만약 "about, circa" 등의 표현이 있으면, ±10%까지 편차가 허용된다.

(5) 금액의 증감 표현

조건변경에 의거 신용장금액을 증액 또는 감액할 때에는 "By"를 기재했느냐, "To"를 기재했느냐에 따라 해석이 달라진다. "By"를 기재했을 경우에는 순증(또는 순감)분만을 나타내며, "To"를 기재했을 경우에는 증감된 금액을 포함한 전체금액을 나타내는 것으로 해석한다.

(6) 기간에 대한 사항

① 피해야 할 용어 및 그 해석

선적기간과 관련하여 "prompt, immediately, as soon as possible" 등의 용어를 사용하는 것은 피해야 할 사항이다. 만약, 사용하였다면 그러한 신용장은 선적기일이 없는 것으로 간주하여 은행은 그러한 표현을 무시해야 한다.

② 기간계산의 기산일

유효기일란에 특정 일자 없이 월(月)표시만 한 경우(For one month, for six month)에는 신용장 개설일을 기산일로 하여 그 초일부터 계산하여 말일 하루 전까지 유효기간 만료일로 해석한다.

기일과 관련한 특정 일자 표시와 함께 "to, until, till, from" 등의 용어가 사용되었을 경우에는 그 특정 일자를 포함하는 것으로 해석한다. "after" 등의 용어와 함께 특정일이 표시되어 있으면 표시된 날은 제외하는 것으로 해석한다.

- First half of a month(1일~15일) Second half of a month(16일~말일)
- beginning of a month(1~10), middle(11~20), end(21~말일)(UCP47 c,d)

"On or about"라는 용어를 확정일자와 함께 사용하였을 경우에는 기재된 일자를 전후하여 각 5일(총 11일) 이내에 선적해야 한다. B/L 발급일자가 그 기간에서 벗어나면 지급거절의 사유가 된다.

③ 서류의 제시기간

사실상의 기간 만료일 계산

신용장상에 확정된 선적일, 유효기일의 표시와는 별도로 "선적 후 며칠 이내로 운송서류가 제시되어야 한다"는 문구가 표시되어 있을 경우(예: .....presented within 10 days after...)에는 그 신용장상의 종료일은 유효기일 범위내에서 실제로 선적한 날로부터 그 서류제시기간(10일)이 끝나는 날이 된다.

분할선적이 허용되는 신용장에서 제시기일을 특약으로 처리하지 않으면 수출상의 Nego 지연으로 인하여 수입상에게 여러 가지 불리한 사건이 발생할 가능성이 있기 때문에 분할선적 허용조건의 신용장에는 거의 예외 없이 제시기일의 특약이 존재하게 된다.

선적서류 제시기간이 명시되지 않았을 때

신용장상에 서류제시기간이 명시되지 않았을 때는 실제 선적일로부터 21일이 경과하여 매입은행에 서류가 접수되면 Stale B/L로 간주되어 지급거절의 사유가 된다.

"not later than" 또는 "on or before" 앞에 "this office"가 표시되어 있으면 서류의 제시장소가 매입은행이 아니고 개설은행이 되므로 수익자는 유효기일 이전에 선적서류가 개설은행에 도착될 수 있도록 우송기간을 감안해서 그만큼 빨리 개설은행 앞으로 서류를 발송해야 한다.

④ 운송서류의 발행일자 계산

신용장통일규칙에 의거 ICC가 정한 신용장 표준양식에는 선적표시란에 본선적재(Loading on board), 발송(dispatch), 인수・수탁(taking in charge) 등의 세 가지 용어를 동시에 사용하고 있다.

이는 해상운송, 항공 및 우편운송, 복합운송을 모두 수용하겠다는 의미로 해석되나 각 운송방법에 따라 선적일자의 계산방법은 각각 상이하다.

해상운송

일반화물선에 의한 해상운송의 경우, 유효한 운송일자는 실제로 화물을 본선에 적재한 일자가 되며, 이는 B/L발급일자와 동일한 뜻으로 사용된다(Shipped B/L), 이러한 경우 만일 수출상이 수취선하증권(Receive B/L)을 선사로부터 교부받았다면, 추후 선장이 확인한 "On board notation"을 별도로 받아야 하고, "Notation" 표기일이 유효한 선적일이 된다.

그러나 컨테이너에 의하여 해상운송을 하는 경우 화물이 컨테이너에 적재된 후 컨테이너 야드(CY)의 선적대기장소로 이동되는 때 컨테이너 운영인(Operator)이 부두수취증(Dock Receipt: DR)을 발행하게 되며, D/R 발행일이 유효한 선적일이 된다.

항공 및 우편운송

항공 및 우편운송에 있어서는 운송의 성질상 수출상이 화물적재여부를 확인할 수 없다. 따라서 이러한 운송에서는 수출상이 화물을 운송기관(항공회사, 우체국 민간배달업자)에 맡긴 날 항공운송장(Air Waybill) 또는 우편수취증(Mail Receipt)을 발급받게 되고 이때 운송서류에 표시된 일자가 실제 선적일로 간주된다. 만일 항공운송장(Air waybill)상에 화물적재일과 항공기 운항일이 동시에 기재되었다면 후자를 선적일로 인정한다.

우편운송에는 소포단위별로 영수증이 발급되므로 동시에 여러 뭉치의 소포를 우체국에 접수시켰으나 이 소포가 각각 다른 비행기에 실려 수입지에 각각 다른 날 도착되었다 할지라도 도착일에 관계없이 서류의 발송일(dispatch date)로 선적기일의 준수여부를 판단하게 되므로 우편수취증(mail receipt)상에 표시된 수령일자(스탬프 표시일자)가 유효한 선적일로 취급된다(통일규칙 27조 a의 iii 및 29조).

복합운송

화물의 최종도착지가 항구가 아닌 내륙인 경우 해륙 및 또는 육해공을 경유해야 최종목적지에 도착하게 되며, 이 경우에는 불가피하게 환적이 일어나게 된다. 그리고 환적에 따른 위험제거를 위하여 운송수단은 불가피하게 컨테이너를 이용하게 된다. 컨테이너에 의한 운송은 화물을 컨테이너에 적입한 날(Full Container Load), 또는 컨테이너화물조작장(Container Freight Station) 등에 화물을 수취한 날(Less than Container Load) B/L이 발급되며 이 발급일자가 유효한 운송일자로 취급된다. 따라서 복합운송에는 선하증권의 형태가 수취증권(received B/L) 식이며, 신용장에서 명문으로 본선적재를 요구하지 않는 한 Received B/L이 유효하다.

(7) 은행 및 선박회사의 휴업일

① 은행의 휴업일

신용장의 유효기간 마감일이 수출국에 소재하는 매입은행의 공휴일에 해당하면 신용장의 마감일은 자동적으로 그 은행의 다음 영업일까지 연장되며, 이때 은행은 첨부편지(Covering Letter)상에 공휴일로 인한 마감일 연장 표시를 하여 이를 개설은행으로 송부하게 된다.

그러나 유효기일 마감일에 해당되는 날의 은행휴무가 파업, 폭동, 전쟁 등 불가항력으로 인한 것인 때에는 마감일은 연장되지 않고 지정일로서 종료된다.

② 선박회사의 공휴일

신용장상의 최종선적일자가 수출국의 공휴일에 해당하는 경우 은행의 경우처럼 자동연장이

가능한가의 문제가 제기되나 이때는 자동연장이 허용되지 않는다(통일규칙 44조 b항).

왜냐하면 선박회사 등 운송기관은 휴일에도 적하업무를 수행하여 송하인이 업무상의 차질을 빚을 염려가 없기 때문이다.

또한 신용장에 유효기일(Expiry Date)이 표시되지 않고 선적기일 표시만 있으면 유효기일과 선적일이 동 일자로 간주되고, 선적기일이 없이 유효기일만 표시되면 그 날짜가 선적일로 간주된다.

(8) 선적: 분할선적 및 환적

선적방법에 대한 약정시 분할선적(Partial Shipment), 환적(Transhipment)은 금지표시가 없으면 허용된 것으로 간주되며, 선적지와 선적일이 상이해도 동일선박에 의해 운송되는 경우에는 분할선적으로 간주하지 않는다.

① 신용장상에 아무런 표시가 없을 때의 해석

신용장상에 아무런 표시가 없을 때는 이를 어떻게 해석하느냐의 문제가 대두하는바, 분할선적의 경우는 통일규칙 제40조에 이를 "허용하는 것으로 본다".

그러나 환적의 경우에는 명시규정이 없기 때문에 해석상 이론이 생긴다. 국내학자들간의 통설은 UCP 400 제29조의 정신으로 보아 "허용하는 것"으로 기울어져 있지만 실무상 수출상의 Nego시 위험부담제거 및 수입상보호라는 측면에서 보면 이 경우 "불허"로 해석하는 것이 안전하다. 특히 운송선박이 일반화물선(General cargo ship)이나 살화물선(Bulky cargo ship)인 경우 "허용"으로 해석하면 여러 가지 불합리한 점이 생긴다.

② 동일선박, 동일항해인 경우 분할선적 해당여부

분할선적이 금지되어 있는 경우, 만일 A회사가 제조일자 지연으로 화물의 일부만을 인천에서 지정선박에 선적하고 3일 후 이 선박의 다음 기항지인 부산항으로 미선적화물을 운송하여 선적을 완료하였다면 A회사는 분할선적금지규정을 위반한 것인가 하는 문제가 대두된다.

상기 예에서 A회사는 2장의 B/L을 끊었고, 선적항 및 선적일자도 각각 상이하므로 분명히 분할선적금지규정을 어긴 것이 된다.

그러나 신용장통일규칙은 이러한 경우는 "동일항해, 동일선박에 의해 이루어진 수회의 선적"이므로 비록 선적일자와 선적항이 다르더라도 분할선적으로 보지 않는다고 명문으로 규정하고 있다. 만일 이때 신용장상에 선적항을 명문으로 정해 놓고 있다면(상기 예에서 선적항을 인천 또는 부산으로 정한 경우) 분할선적금지 문제는 해결되지만 지정선적항에서의 출항이라는 의무규정에 위반하여 수입상이 클레임을 제기할 수 있게 됨을 유념해야 한다.

이와 관련하여 우편운송인 경우 여러 개의 소포 꾸러미를 같은 날에 우체국에 탁송위탁하고 각 포장단위별로 영수증을 받았다면 비록 그 소포들이 각각 다른 비행기에 탑재되어 도착지에서 동시에 화물을 받지 못했다 하더라도 수출상이 Nego시에 제출한 영수증에 동일한 우체국의 소인이 동일한 날짜로 표시되어 있다면 이는 분할선적으로 간주되지 않는다.

③ 복합운송, 컨테이너 등에 대한 특례

환적(Transhipment)이란 화물을 선적지에서 목적지까지 운송하는 도중 동일한 운송장비가 아닌 다른 운송장비에 옮겨 싣는 것을 의미하며 환적중에 화물의 파손이나 분실사고가 자주 일어나고 비용도 추가되므로 수입상의 입장에서는 바람직하지 않은 운송방법이다.

따라서 신용장통일규칙에도 환적에 대한 명시규정이 없을 때 이의 허용여부에 대한 처리방법을 명백히 밝히지 않고 있다.

그러나 수출입 당사국간에 직항선이 없는 경우 환적이 불가피하고, 운송수단이 컨테이너, 트레일러, 라쉬선 등인 경우에는 환적시에 위험부담이 별로 문제될 것이 없기 때문에 신용장통일규칙은 이에 대한 특례조항을 두어 환적을 허용하고 있다.

(9) 기타 사항

① 갑판적의 허용여부에 대한 해석

갑판선적(on deck shipment)의 원칙적 금지

화물이 갑판 위에 적재되면 바닷물에 의한 침수, 선박위기시 제일 먼저 바닷속으로 투하(Jettion)될 대상이 되는 등 여러 가지 위험요소가 있기 때문에 갑판적재를 기재한 선하증권은 원칙적으로 은행이 수리를 거절한다.

만일 살아있는 동물, 원목 등과 같이 갑판선적이 불가피한 것인 경우에는 갑판적 허용조항을 신용장상에 넣어야 한다.

갑판선적 유보문언의 허용

화물이 컨테이너 전용선으로 운반되는 컨테이너 내장물품인 경우 갑판적이 될 가능성이 많으므로 이러한 경우에는 선박회사는 "갑판에 선적될지도 모른다"는 의사표시를 인쇄약관으로 선하증권에 기재하고 이와 같은 유보문언이 있는 B/L은 은행이 수리한다.

② 운임지급에 관한 표시

- 가격조건이 FCA, FAS, FOB일 때 신용장상의 FOB는 용어 다음에 출발항 표시가 있어야 하며 B/L상의 운임(Freight)란에는 "Collect"라는 표시가 있어야 한다.
- 가격조건이 CFR, CIF, CPT, CIP일 경우에는 CIF 또는 CIP 등의 용어 다음에는 도착항 표시가 있어야 하며 운임(Freight)란에는 "Paid" 또는 "Prepaid"라는 표시가 있어야 한다. 그러나 이러한 표시 대신 "to be paid" 또는 "payable"이라는 표시가 있으면 은행에서 수리거절하게 된다.

적하비용의 추가

B/L상의 운임란에 본래의 운임 외에 적하 또는 양륙비용을 추가한다는 취지가 기재되었더라도 신용장상에 명문으로 이를 금지하지 않았으면 은행은 이를 수리한다.

(10) 신용장의 양도

① 양도의 의의

신용장의 양도란 수익자가 신용장에 관한 자신의 권리 중 전부 또는 일부를 제3자에게 양도하는 것을 말하며 이는 원신용장(master L/C)에 "Transferable"라는 문구가 있어야 가능하다.

신용장의 수익자가 신용장금액의 일부 또는 전부를 제3자(제2수익자)에게 양도하는 것으로, 수익자가 무역업신고가 되어 있지 않거나 제조업체가 아닌 경우 또는 개설의뢰인의 에이전트(Agent) 역할을 하는 경우 등으로 수익자가 직접수출을 이행할 수 없을 경우 양도한다.

양도 목적

- 무역업신고가 안 된 자가 신용장을 받은 경우 무역업신고가 있는 자에게 수출을 이행하게 하기 위하여 양도하는 경우
- 수출자가 무역업신고는 되어 있으나 수출쿼터를 보유하지 않았거나(쿼터품목에 한함) 상품의 제조업자가 아니어서 생산자로 하여금 직접선적과 매입을 하게 하는 경우
- 수출지에 있는 수입상의 대리점 또는 지사가 먼저 신용장을 일괄적으로 받아 놓고 실수출자에게 신용장을 1부씩 양도하는 경우

• 중간차익의 취득을 목적으로 L/C를 타사에 양도하는 경우

② 양도 조건

• 양도취급가능은행은 수익자 소재지의 지정된 은행으로서 지급이나 인수할 것을 요구받은 또는 매입을 이행하도록 수권된 은행 또는 자유매입신용장인 경우에는 신용장상에 양도은행이 사전에 지정되어 있어야 한다.
• 양도가능신용장, 신용장상에 "Transferable"이라는 문구가 표시되어 있어야 한다. 양도가능신용장(Transferable Credit)이란 수익자가 신용장 금액의 전부 또는 일부를 제3자(제2수익자)에게 양도할 수 있는 권한을 부여한 신용장을 말한다.
• 양도는 1회에 한해서만 허용된다.
• 분할양도는 분할선적이 허용된 경우에만 가능하다.
• 원칙적으로 원신용장 조건에 따라 양도되어야 하나 다음의 경우는 원신용장의 조건을 변경하여 양도할 수 있다.
  ㉠ 신용장금액, 단가의 감액
  ㉡ 유효기간, 선적기간 및 서류제시기간의 단축
  ㉢ 원신용장과 동일한 부보금액
  ㉣ 신용장 개설의뢰인의 성명 대치

③ 양도의 종류

전부양도(Total Transfer)

양도인이 원신용장의 전액을 양수인에게 권리를 이전해 주는 것을 말한다. 전부양도가 이루어지면 양수인이 양도인의 권리를 모두 행사하게 되므로 이후에 만일 신용장조건변경의 신청 및 승낙이 있을 경우, 양수인은 자기명의로 권리를 행사할 수 있다.

분할양도(Partial Transfer)

양도인이 원신용장금액 중 일부만을 양수인에게 양도해 주고 나머지는 자기가 이행하든가, 원신용장을 여러 개로 나누어 다수의 양수인에게 나누어 주는 것을 말한다.

국내양도와 국외양도

원수익자가 소재하는 국가의 제2수익자에게 양도되는 경우를 국내양도, 타국에 소재하는 제2수익자에게 양도하는 경우를 국외양도라고 하며, 국외양도는 신용장상에 양도가능조항이

있는 경우로서 국외양도를 금지하지 않는 한 가능하다. 그러나 국외양도의 경우 부도확률이 높으므로 주의를 요한다.

④ 양도인의 권리

송장대치(Substitution of Invoice) 및 추가어음 발행권리가 있다. 양도에 의해 제1수익자는 양도신용장의 개설의뢰인 겸 원신용장의 수익자로서의 지위를 가지게 되므로 양도자는 제2수익자가 제1수익자 앞으로 작성한 송장을 회수하고 원신용장의 개설의뢰인 앞으로 자기명의로 된 송장을 송부하게 되는데 이를 송장대치라 한다.

양도사항불고지 요청권은 양도차익 획득을 목적으로 한 신용장 양도인 경우에 양수인, 양도금액, 단가 등 양도에 관한 상세한 사항이 원신용장의 개설의뢰인에게 밝혀지면, 양수인과 개설의뢰인이 서로 연락하여 다음 거래시부터 양도인을 빼고 자기들끼리 직접거래할 위험에 노출된다.

따라서 양도인은 이를 방지하기 위하여 양도은행에게 신용장 양도와 관련한 상세한 사항을 개설은행 및 개설의뢰인에게 밝히지 말 것을 요청할 수 있다.

양도은행은 당해 신용장이 양도되었다는 사실을 개설은행에 알려도 좋으나 원신용장과 양도신용장상의 단가차이와 같은 민감한 부분은 개설은행에 알리지 않는 것이 일반적인 관행이다.

⑤ 신용장 양도의 회수

신용장은 1회에 한하여 양도가 가능하나, 양수인이 선적이행의 불능 등을 이유로 불가피하게 양도를 취소하고자 할 경우 관계당사자 전원의 동의가 있으면 양도의 취소가 가능하며, 이 경우 양도인이 양수인으로부터 양도된 신용장을 회수한 후 제3자에게 다시 양도하는 것은 1차양도의 원칙에 위배되지 않는다.

4. 신용장의 기재사항

신용장이란 결국 당사자간의 신용을 은행의 신용으로 끌어올린 것으로 각국의 은행이 일률적으로 이를 준수하도록 하기 위하여 전 세계적으로 통일된 일정한 규약이 필요하며 이러한 규약을 맞추기 위하여 다음과 같은 형식 및 구성이 요구된다.

- 신용장의 기본형식에 관한 사항
  당사자의 표시, 신용장번호, 신용장통일규칙 준수문언, 선적기일, 유효기일, 금액, 상품, 출발 및 도착지
- 서류에 관한 사항
  선적조건, 보험조건, 요구되는 서류의 통수 및 조건, 서류의 제시기한
- 어음에 관한 사항
  어음의 발행 및 인수조건, 결제방법, 결제기간
- 기타 사항
  비용부담조건, 신용장통일규칙과 상치되는 각종 특약사항, 신용장의 송달

(1) 신용장 자체에 관한 사항

① 신용장 개설은행(Issuing Bank)

서두(letterhead)에 있는 은행명이 신용장의 개설은행(issuing bank)이며, 신용장 본문 중에 "We, our" 또는 "us"라는 용어는 개설은행을 지칭한다. 신용장상 개설은행은 위의 양식과 같이 신용장의 상단에 개설은행의 은행명과 주소, 텔렉스번호, 전신약호 등이 인쇄되어 있는 경우가 통상적이다.

"We hereby open....", "We hereby establish.....", "We hereby issue...." 여기서 "We"는 신용장 개설은행을 말하며, 다같이 "개설한다"는 뜻을 명백히 하고 있다.

② 개설일자 및 장소(place and date of issue: 신용장 발행지 및 발행일)

▪ place and date of issue November 20, 2010 in Seoul

③ 신용장의 종류를 표시하는 문언

"Irrevocable Documentary Credit"는 신용장의 종류를 표시하는 문언이며, 신용장통일규칙 제6조에 모든 신용장은 취소불능 또는 취소가능을 분명히 명시해야 한다. 취소가능신용장을 개설하고자 하는 경우 "Irrevocable"을 "XXX"와 같이 타자하여 삭제하고 그 상단에 "revocable"이라는 용어를 사용한다.

④ 신용장 유효기일(expiry date of the credit)

신용장은 지급 · 인수 또는 매입을 위해 서류를 제시하여야 할 유효기일(date of expiry)을 명시하여야 한다. 또한 서류를 제시하여야 할 장소(Place for presentation)를 함께 명시해야 한다.

신용장의 최종유효기일 및 서류제시기간이 일요일이나 법정공휴일로 인해 은행영업일이 아닌 경우에는 다음 최초영업일까지 자동연장된다.

- date and place of expiry 20th November(November 20), 2003 in Japan

모든 신용장(취소가능 또는 취소불능)에는 선적을 위한 최종기일이 명시되어 있을지라도 지급인수 또는 매입을 위하여 서류를 제시하여야 할 최종기일이 명시되어야 한다. 신용장상의 유효기일 표시는 다음과 같이 여러 가지 형태가 있다.

- "drafts must be presented for payment/negotiation on or before xx"
- "drafts must be presented for negotiation not later than xx"
- "this credit expires on xx for negotiation in xx"

상기 각 예에서 표시된 일자는 어음 매입이나 지급을 위하여 서류를 은행에 제시할 수 있는 최종기일을 뜻하는 것이지 은행에서 어음 매입이나 지급을 완료하여야 하는 최종일자를 뜻하는 것은 아니다. 그러므로 만료되는 날 은행 마감시간 전에만 어음과 제 선적서류를 제시하면 된다.

유효기간이 "for one month"와 같이 막연하게 표시된 경우에는 신용장 개설일을 기산일로 해석하며, 운송서류 제시일자가 선하증권(B/L) 발행일로부터 21일이 경과되면 stale B/L이 되어 선적서류의 수리가 거절된다.

⑤ 신용장 개설의뢰인(applicant for the credit)

신용장의 개설을 자기거래은행에 신청한 자(applicant for the credit)이며 수입업자가 당사자가 된다. 따라서 수입업자의 상호와 주소와 함께 정확히 기재되어야 한다. 신용장 개설의뢰인의 상호, 주소가 기재된다.

⑥ 수익자(beneficiary)

신용장의 수신인(addressee)으로 신용장에 의거 상품대금을 상환받는 자이며 수출업자가 해당된다. 수익자명뿐만 아니라 상호, 주소 등을 명확히 기재해야 한다.

수익자는 통상 신용장의 수신인(addressee), 즉 수익자 앞으로 신용장이 발행되므로 신용장 좌측 윗부분의 "To: xxx" 다음에 수익자의 성명(상호)과 주소가 명기되며, 그 다음에 "We open our irrevocable L/C in your favor"로 표시되든지, 처음부터 "We open our irrevocable credit in favor of xxx"로 하든지, 위와 같은 양식에서는 수익자(beneficiary)란을 별도로 두어 수익자명과 주소가 기재된다.

⑦ 통지은행(advising bank)

통지은행은 수익자의 소재지나 인근지역에 있는 개설은행의 본·지점 또는 환거래은행(corres bank) 중에서 선정되는 것이 일반적이다.

- "This credit being advised by air mail through xxx bank."
- "Via air mail through xxx bank."

대개의 신용장에는 통지은행의 란이 지정되어 그 란에 통지은행명을 기입하게 되어 있다. 통지은행은 수익자의 소재지에 있는 개설은행의 본지점이나 환거래계약을 체결한 은행이 된다.

⑧ 신용장금액(amount of the credit)

금액은 신용장 사용의 한도금액으로 환어음발행의 한도금액이 되며, 신용장의 금액은 문자와 숫자로 표시한다(수료기 등으로 금액에 보호책을 써서 숫자만으로 표시할 수 있음). 신용장금액은 통상 숫자와 문자로 병기된다.

- US$ 25,439.45
- U.S. Dollars Twenty Five Thousand Four Hundred Thirty Nine and Forty Five Cents Only
- A Total of Twenty Five Thousand Four Hundred Thirty Nine and 45/100 U.S. Dollars.
- US$ 12,800.-(Say U.S. Dollars Twelve Thousand Eight Hundred Only)

다만 금액에 "about", "circa", "approximately"라는 표시가 있으면 10% 이내의 과부족을 인정하며, 이러한 문구가 없을 때에도 신용장상에 금지조항이 없고, 포장단위 또는 개개품목으로 표시되어 인도되는 화물이 아닌 경우 어음발행금액, 신용장금액을 초과하지 않는 범위 내에서 5% 이내의 편차가 허용된다.

(2) 환어음에 관한 사항

환어음은 Acceptance와 Negotiation에 의하여 사용가능한 신용장에서 반드시 요구되지만, Deferred payment로 사용가능한 신용장에서는 요구되지 않는다. Sight payment로 사용가능한 신용장도 대개 환어음의 요구가 없으나 지정된 지급은행(paying bank)을 지급인으로 하여 요구할 수도 있다.

- "Beneficiary's drafts at sight for full invoice value drawn on application"
- "Your drafts in duplicate for 95 % of the invoice value drawn at 90 days after sight on us"
- "Beneficiary's drafts at 90 days from shipment date for full invoice value plus interest on us"

여기서 환어음의 발행인(drawer)은 you 즉 Beneficiary가 되며, 환어음의 지급기한(tenor)은 'at'와 'sight' 사이에 표시된다.

환어음 지급인(drawee)은 'drawn on' 다음에 지명된 자가 되며, 환어음의 금액은 'for' 다음에 표시되는데 대개 상업송장금액과 동일하지만, 거래형태에 따라 가감되기도 한다. 또한 대부분의 환어음의 "Drafts … drawn … under documentary credit no. xxx issued by xxx bank" 등으로 어음면에 신용장에 관한 사항을 기재하도록 요구한다.

① 신용장의 결제방식(credit available with)

신용장은 일람지급(by sight payment), 연지급(by deferred payment), 인수(by acceptance), 매입(by negotiation) 중에서 어떠한 방식에 의하여 결제가능한지 명확히 표시해야 한다.

② 환어음 발행인(drawer of the draft) 및 부수

beneficiary's draft(s) in duplicate에서 신용장의 수익자가 환어음의 발행인(drawer)이 된다. 환어음은 보통 매 거래시마다 2부(in duplicate)를 1조로 하여 발행한다.

③ 환어음의 지급기일(tenor of the draft)

in duplicate at 다음에 환어음의 지급기일(tenor)을 표시하며, 일람출급환어음(sight draft)인 경우에는 'at' 바로 다음에 'sight'를 표시해야 한다. 기한부어음(usance draft)인 경우에는 at 다음에 약정한 기간, 예를 들어 "30 days after sight"와 같이 표시해야 한다.

④ 환어음 발행금액(amount of the draft)

환어음금액(amount of the draft)은 환어음의 지급기일 다음에 기재한다. 일반적으로 상업송장의 금액과 일치하여 "for 100% of invoice value" 또는 "for full invoice value"로 표시한다.

⑤ 환어음의 지급인(drawee of the draft)

환어음의 지급인(drawee)은 'drawn on' 다음에 표시한다. 일반적으로 개설은행이 되며, 경우에 따라 개설은행이 지정한 상환은행이나 개설의뢰인이 되기도 한다.

⑥ 환어음 표시문언

발행되는 모든 어음에는 "drawn under documentary credit No.………… dated ………… of ………… bank"와 같이 신용장의 번호, 개설일자 및 개설은행을 삽입하여 표시한다.

(3) 상품명세 및 선적에 관한 사항

상품에 관해서는 'covering shipment of' 또는 'Evidencing shipment of' 다음에 표시된다. 대개 상품명(commodity name), 수량(quantity), 단가(unit price), 상품명세(commodity description), 가격조건(price terms) 등으로 구성되어 있다.

① 상품명(name of the covering commodity)

신용장에서 요구되고 있는 운송서류상에 명시될 계약상품의 이름(name of the covering commodity)이 covering 이하의 여백에 수량, 명세, 단가, 가격조건과 함께 기재된다.

- 1,000 set of TV, B/W, 19 inches with Antena at U.S.$ 100 CFR Busan
- 1,000 pcs of Travel Bags, CIF New York
- Other details as per Sales Contract No. E 25 November 20, 2003

② 상품의 수량(quantity of the commodity)

상품수량은 단위와 함께 표시하며, 수량 및/또는 단가를 표시할 때 신용장통일규칙 제39조의 과부족 규정에 주의해야 한다.

③ 상품의 명세(description of the commodity)

④ 상품의 단가(unit price)

상품의 단가는 상품의 수량에 곱하면 신용장 금액이 되는 것이기 때문에 정확히 명시해야 한다.

⑤ 가격조건(price term)

매매계약에서 명시된 가격조건(CFR, CIF 등)과 같은 조건으로 표시한다.

⑥ 선적지(point of shipment)

복합운송 도입으로 선박에 의한 운송만이 전부가 아니기 때문에 "loading on board(선적), dispatch(발송), taking in charge(수탁장소)" 등과 같은 보다 포괄적인 의미를 갖는 표현을 사용하고 있다.

'from/at' 다음에 화물이 운송을 위해 출발하는 장소가 기재되며, 해상운송의 경우 선적항(Busan, Korea 또는 Korean Port)이 된다.

선적항(shipping port, port of loading)은 "shipment from"이라는 문언 다음에 항구의 명칭이 표시된다. 그런데 내륙운송을 포함하는 복합운송증권(combined transport document) 등의 경우에는 발송지(place of dispatch), 수탁지(place of taking in charge) 등이 되는 수도 있다.

⑦ 도착지(point of destination)

'To' 다음에 화물의 최종목적지(도착항), 즉 도착지를 기재한다.

최종목적지(place of final destination)는 'shipment to' 다음에 표시하는데, 복합운송에서는 양륙항(port of discharge)과 구별하여 표시한다.

⑧ 분할선적(partial shipment)

분할선적이 허용될 경우에는 "allowed", "permit", "authorized" 등에 ×표시를 하며, 분할선적금지인 경우에는 "prohibited", "not allowed", "not permitted" 등에 ×표시를 한다.

분할선적에 대해 신용장상에 아무런 표시가 없으면 분할선적이 허용된 것으로 본다.

일정기간의 할부선적(shipment by instalments)이 규정된 신용장인 경우 그중 어느 한 선적분(any instalment)이 허용된 기간내에 선적되지 않았을 경우에는 신용장에 별도의 명시가 없는 한 당해 할부선적분은 물론 그 이후의 모든 선적분에 대해서도 신용장은 무효가 된다.

⑨ 환적(transhipment)

- 환적허용

  "permitted", "allowed", "authorized" 등으로 표시한다.
- 환적금지

  환적금지는 "prohibited", "not allowed", "not permitted" 등으로 표시한다.

환적의 경우는 비록 신용장이 환적을 금지하는 조건일지라도 선화증권상에서 화물이 콘테이너트레일러, lash선 등에 선적된 것으로 입증되거나, 운송인이 환적을 할 권리를 유보한다는 뜻의 조항이 인쇄되어 있는 선하증권은 수리할 수 있다.

⑩ 선적기한(shipping date)

선적기일은 상품의 최종선적일(latest date for shipment)을 말하며 명시된 일자를 포함하고 있다. 수회선적인 경우 선적기일의 기준은 운송서류(선하증권)의 발행일자 또는 선적이나 발송을 증명하는 수령인이 찍힌 최종일자로 한다. 최종선적일이 공휴일이라도 선적기일은 자동연장이 안 된다. 선적기일은 'shipment not later than' 다음에 표시된다. 선적기일의 경우 다음과 같이 표시되기도 한다.

- "shipment must be effected on or before xxx", "shipment must be effected not later than xxx at the latest".

"loading an board", "dispatch", "taking in charge" 등으로 최종선적일을 표시해도 선적(shipment)과 같은 뜻으로 간주하며, 선적기일을 "prompt", "immediately", "as soon as possible" 등을 사용할 경우 이를 무시하며, 그럼에도 불구하고 이러한 표현을 사용할 경우에는 선적기일이 명시되지 않는 것으로 간주한다. 선적해야 하는 최종일이 공휴일이라도 선적기일은 연장되지 않는다.

(4) 운송서류에 관한 사항

- "accompanied by the following documents."
- "against the surrender of following documents."

운송서류는 위와 같이 표시되며 개설의뢰인이 요구하는 모든 선적서류를 그 다음에 명시하면 된다. 선적서류라는 것은 선적된 화물의 품질·수량·가격 그리고 선적된 화물의 권리를 나타내는 증권 등으로 구성되는데, 이들 필요 문서들은 정확하게 명시되어야 한다. 서류는 대개 상업송장, 운송서류, 보험서류, 기타 서류순으로 요구된다. 물론 FOB나 CFR조건에서는 보험서류가 요구되지 않는다.

"against presentation of the documents listed below"와 연결되어 신용장에서 요구되는 운송서류의 종류와 부수 및 요구하는 서류의 조건이 명시된다.

① 상업송장(commercial invoice)

매도인이 매수인 앞으로 작성해 보내는 상업송장은 선적화물의 계산서, 내용명세서 및 수입계산서의 역할을 하는 것으로 대금결제의 필수 구비서류이다. 통상 "Signed commercial invoice in triplicate"라고 요구한다. 신용장통일규칙상 상업송장은 반드시 수익자에 의하여 발행되도록 하고 있으며, 별도의 지시가 없는 한 서명을 하지는 않는다.

선적서류 중 다른 서류상에는 선적화물은 일반적인 용어로 기재될 수 있으나 상업송장상에는 화물의 명세(description)가 신용장의 것과 일치하여야 하며, 신용장상에 별도의 지시가 없는 한 신용장금액을 초과한 금액으로 발행된 상업송장은 수리되지 않는다. 양도가능신용장에서는 최초의 수익자가 작성한 상업송장이 제2의 수익자의 상업송장을 대체할 수 있으며, 그 송장상의 차액은 최초의 수익자가 지급받을 수 있다.

▸ 서류의 부수를 표시하는 방법

- 1 fold: original
- 2 fold: duplicate
- 3 fold: triplicate
- 4 fold: quadruplicate
- 5 fold: quintuplicate
- 6 fold: hexaplicate
- 7 fold: septuplicate
- 8 fold: octplicate

② 선하증권(bill of lading)

선하증권은 하주와 선박회사간의 해상운송계약에 의해 선박회사가 발행하는 유가증권이며 선박회사가 하주로부터 위탁받은 화물을 목적지의 양륙항까지 운송하여 이 증권의 소지자에게 증권과 상환으로 운송화물을 인도할 것을 약속한 화물의 수취증권이다.

선하증권은 보통 3부를 1조로 발행되며, 운임(Freight) 다음에는 운임지급의 여부가 표시되는데 가격조건이 CFR, CIF 등인 경우에 "Prepaid"로 표시되고, FOB, FAS 등의 조건인 경우는 "Collect" 또는 이와 유사한 문언이 기재된다.

착하통지처(notify party)는 대개 신용장에 "Notify Accountee"라 기재되어 신용장 개설의뢰인, 즉 수입업자 또는 수입업자가 지정한 대리인이 기재된다.

선하증권에 대하여는 건전한 수입거래를 위하여 그리고 신용장통일규칙에 따라 특별한 경우를 제외하고 일반적으로 아래와 같은 문언을 사용하고 있다.

■ "Full set of clean on board bill(s) of lading, made out to the order of…marked freight… and notify accountee."

- 발행되는 B/L이 전통(全通)일 것
- clean B/L일 것
- on board B/L일 것
- to the order of…는 선적서류상의 화주를 나타내는 것으로 통상 개설은행을 화주로 하여 개설은행명을 기재한다.
- freight에는 CFR, CIF일 때는 "prepaid", FOB일 경우에는 "collect"로 표시하여야 한다.
- notify party는 화물이 목적항에 도착했을 때 선박회사로부터 화물도착통지서(arrival notice)를 받아 조속히 필요한 화물인수절차를 이행할 사람으로 신용장 개설의뢰인 자신 또는 그가 지정하는 자를 기입한다.

③ 항공화물운송장(air waybill)

항공화물운송장은 화물을 비행기로 운송할 때 항공회사에서 화물을 인수하는 시점에서 발급하는 운송서류이다. 단순한 탁송증거로서 역할만 할 뿐 B/L과는 달리 유가증권으로서 성질을 가지지 못하기 때문에 기명식, 수취식으로만 발행한다.

④ 보험증권(marine insurance policy)(Insurance Documents)

보험서류에 관한 문언은 "Insurance policy or certificate in duplicate blank endorsed for 100% of the invoice value covering Institute Cargo Clauses(All Risks), War Clauses, S.R.C.C. and T.P.N. D. Clauses"와 같이 표시된다.

가격조건이 CIF 등인 경우에 보험증권(Insurance Policy)이나 보험증명서(Insurance Certificate)를 요구한다. 보험서류는 신용장에 명시된 내용과 같아야 하며, 보험회사, 그 대리인 또는 보험인수업자가 발행 및 서명한 것이어야 하며, 보험중개업자 발행의 cover note는 신용장에 특히 허용되어 있지 않은 이상 수리되지 않는다. 또 신용장상에 별도의 규정이 없는 한 선적일 이후에 부보된 보험서류는 수리하지 않으며, 모든 보험서류는 신용장에 표시된 통화로 표시되어야 한다.

그리고 최저보험금액은 관계상품의 CIF 또는 CIP 가격이어야 하는데, 만일 이러한 가격이 결정될 수 없을 때는 신용장에 의하여 발행되는 어음금액 또는 당해 상업송장금액 중 어느 쪽이든 큰 금액을 최저금액으로 간주한다. 신용장은 꼭 요구되는 보험조건을 명백히 표시하여야 한다. 그 외 특수한 위험에 대해서 추가 부보를 요구하는 경우에는 그것까지도 명백히 하여야 한다. "통상의 위험", "관습적 위험"과 같이 불명확한 용어를 사용해서는 안 된다.

⑤ 포장명세서(packing list)

포장명세서는 선적화물의 포장 및 포장단위별 명세와 단위별 순중량, 총중량 그리고 하인 및 포장의 일련번호 등을 기재하며, 포장과 운송, 통관상의 편의를 위하여 수출업자가 수입업자 앞으로 작성하는 부속서류이다.

⑥ 원산지증명서(certificate of origin)

원산지증명서는 화환어음의 부대서류로, 제품의 원산지를 나타내는 국적증서의 성격을 가진 통관에 필요한 서류이며 수출국에 주재하는 수입국 영사 또는 수출국의 정부기관(상공회의소)이 발행된다.

또한 거래되는 물품의 국적에 대한 증명서로, 거래대상국의 판별이나 양허관세율의 적용 등을 위하여 사용되고 있다. 일반특혜관세, 즉 GSP(Generalized System of Preference) 용도로 사용될 때에는 GSP 원산지증명서를 이용하여야 하며, 개도국간 특혜무역제도(Global System of Trade Preferences among developing countries: GSTP)에 의해 관세양허를 받기 위해서는 GSTP 원산지증명서를 이용하여야 한다.

⑦ 복합운송증권(combined transport document)

둘 이상의 상이한 운송수단에 의해서 화물이 목적지까지 운송되는 것이며, 한 사람의 운송인이 모든 운송구간에 대한 운송책임을 지고 단일 운송증권을 발행한다는 뜻이다.

⑧ 우편수취증(post receipt), 우편발송증명서(certificate of posting) 또는 특급배달증명서(courier receipt)

소량화물, 서류 등은 우편 또는 민간특급배달회사를 통하여 송부하는 것이 업계의 관행인 바 신용장통일규칙에서 Courier에 대한 수리요건을 명문화한 것이다. 이 서류의 은행 수리요건은 다음과 같다.

우편수취증(Post Receipt)

신용장에서 정한 지점의 우체국 소인이 우편영수증에 찍혀 있을 것으로서 우편영수증에 찍힌 날자는 발송일자로 간주된다.

민간특급배달증명(Courier Receipt)

배달증명서에 서비스업체의 명칭이 날인되어 있는 것으로서 영수증에 화물수취일자가 찍혀 있어야 하며, 일부인은 발송일로 간주한다.

⑨ 중량·용적증명서(weight and measurement certificate)

중량・용적증명서는 상품의 중량과 용적에 관한 증명서 내지 명세서이며, 검사증명서(certificate of inspection)는 수출상품이 수입업자가 요구하는 내용 대로 부합함을 증명하기 위하여 특정의 검사기관 또는 수입업자가 지정하는 자 또는 기관에 의하여 발행되는 부속서류이다.

⑩ 기타 서류(Other Documents)

영사송장(consular invoice), 검사증명서(inspection certificate), 특혜관세용 원산지증명서(Generalized System of Preference, Certificate of Origin: GSP C/O, Form A), 세관송장(Customs Invoice) 등을 요구한다.

⑪ 서류의 제시기일(presentation date)(Time limit for presentation)

신용장에는 신용장에 유효기일 이외에 운송서류 발행일 이후의 일정기간을 정하여 지급・인수 또는 매입을 위하여 서류를 제시해야 할 서류의 제시기일을 명시하며, 신용장에 특별히 서류의 제시기간이 명시되어 있지 않은 경우에는 선적일로부터 21일이 경과한 서류에 대해서는 은행이 거절하도록 하고 있다.

"Documents to be presented for negotiation within 10 days after the date of issuance of the transport document(s) but within the validity of the credit"와 같이 요구한다.

만일 아무런 표시가 없으면 선적일(서류발행일이 아님) 후 21일 내에 제시되어야 하므로 그 후 제시되는 서류도 수리할 의향이라면 "Documents presented later than 21 days after the date of issuance of the transport document(s) acceptable"로 표시한다.

(5) 기타 사항

① 특수조건(special conditions)

신용장의 형식에 명시되어 있지 않은 추가적인 조건의 제시에 사용되며, 본 란이 부족할 경우에는 전부가 공란으로 되어 있는 별지형식(attached sheet)을 이용한다. 특수조건은 필요에 따라 기재되나 통상 기재되는 사항을 보면 다음과 같다.

- Shipment must be effected on Korean flag vessel only
- Stale(or charter party) bills of lading are acceptable. Forwarder's B/L is acceptable
- This credit is transferable

② 은행의 수수료 부담

신용장 개설국 밖에서 발생하는 모든 은행업무에 따른 수수료와 요금을 누구의 부담으로 할 것인가가 기재된다.

- "All banking charge including postage outside Korea are for account of beneficiary(or applicant)."

③ 신용장번호 표시요구 문언

신용장에서 요구되어 제시되는 모든 서류에는 반드시 신용장번호를 명시하도록 요구하고 있다.

- "All documents must bear our credit number."

④ 개설은행의 지급확약 문언(engagement clause)

개설은행은 신용장조건과 일치하게 제시된 서류에 대해서는 일람지급, 연지급, 인수 또는 매입에 대한 책임을 진다는 확약을 하고 있다.

취소불능신용장은 신용장상에 보증확약 문언을 구체적으로 기입하지 않아도 신용장통일규칙에 준하는 이상 신용장조건에 일치하는 어음에 대해서 개설은행은 지급, 인수 또는 매입을 하여야 한다는 원칙이 있다.

⑤ 매입은행에 대한 매입사실 표시요구 문언

매입은행이 환어음을 매입하면 매입과 동시에 매입일자와 매입금액을 신용장의 이면에 표시하도록 요구하고 있는 문언으로, 매입사실을 표시함으로써 신용장의 미사용 잔액을 확인할 수 있고 또한 이중매입에 따른 사고를 예방할 수 있다.

(6) 매입서류의 직송 문언

모든 관계서류를 우송할 때에는 등기항공우편으로 개설은행에 직접 보내도록 한 내용의 문언이다. 서류가 은행을 통하지 않고서는 직접 개설의뢰인에게 입수되지 못하도록 하고 있으며, 우송도중의 분실에 대비하여 두 번에 나누어 우송하도록 지시하고 있다.

- All documents must be forwarded to issuing bank in two lot(s) by registered airmail
- all drafts and documents must be despatched direct to us by two consecutive airmails.
- all drafts and documents must be forwarded direct to us in two lots.

⑦ Advising Bank's Notification

본란에는 통지은행이 신용장의 통지번호 및 통지일자를 기재하도록 하고 있다. 거래은행의 신용장을 접수한 통지은행은 후일 신용장의 조건변경통지 등 통지업무의 편의를 위해 통지번호를 부여하여 수익자에게 통지하고 있다.

⑧ 매입은행에 대한 상환은행 지정

매입은행은 수익자가 발행한 환어음의 선의의 소지인이 되므로 신용장 개설은행은 매입은행에 대해 신용장금액을 상환할 의무를 지게 된다. 개설은행은 매입은행에 대해 신용장대금의 상환에 따른 상환은행의 지정 및 기타 사항이 기재된다.

⑨ 매입은행에 대한 지시

신용장에 의하여 어음을 매입하였을 때는 사무착오의 방지와 선의의 제3자를 보호하기 위하여 그 사실을 신용장면에 기재하도록 매입은행 또는 지급은행에 다음과 같은 지시 사항이 명시된다.

- "The amount and date of negotiation of each draft(s) must be endorsed on the reverse hereof by the negotiating bank."
- "All draft(s) under this credit should be endorsed on the back hereof."

특히 환어음과 선적서류의 처리(발송)에 관하여 아래와 같이 구체적인 지시사항도 명시된다.

- "Please forward all documents and draft negotiated direct to xx(opening) bank and reimburse yourselves in the amount of your negotiation by drawing at sight on our account with xxx."

상기 양식에서는 모든 nego된 서류는 개설은행 앞으로 송부하지만, 상환어음(reimbursement draft)은 개설은행이 계좌를 갖고 있는 결제은행 앞으로 발행하여 상환을 받으라는 것이다.

⑩ 개설은행 서명권자의 서명(signature)

신용장에는 반드시 개설은행 서명권자의 서명이 있어야 한다. 서명이 없으면 신용장으로서의 가치나 효력이 없다. 서명을 함으로써 신용장 내용에 대한 책임의 소재를 분명히 하고 법률상의 효력을 지닌다.

⑪ 신용장통일규칙 준거 문언

별도의 표시가 없는 한 국제상업회의소가 제정 및 개정한 Uniform Customs and Practice for Documentary Credits에 의한다는 준거 문언으로 신용장통일규칙을 채택하고 있는 은행은 반드시 표시하도록 하고 있다.

- Unless otherwise expressly stated herein, this credit is subject to the "Uniform Customs and Practice for Documentary Credits(2007 Revision), International Chamber of Commerce Publication No. 600"

Letter of Credit

<table>
<tr><th colspan="4">Letter of Credit</th></tr>
<tr>
<td colspan="2">①The Honkong and Shanghai Banking Corporation
Incorporated in HongKong with Limited Liability
Cable address: Hongbank
Telex No.:
PO box:</td>
<td>③IRREVOCABLE
LETTER OF CREDIT</td>
<td>④Credit No.(Issuing Bank's No.)
HKH207888</td>
</tr>
<tr>
<td colspan="2">②Place and date of issue Hong Kong 30 May 2005
¡☐ Confirmation of our brief teletransmission of</td>
<td colspan="2">⑤Date and place of expiry 30 SEP 2005
at counter of Bank in Seoul</td>
</tr>
<tr>
<td colspan="2">⑥Applicant
TO MAN CO., LTD.
801 Wing On Building
13 Des Voeux Road C
Hong Kong</td>
<td colspan="2">⑦Beneficiary
KILDONG TRADING CO., LTD.
159, Samsung-Dong, Kangnam-Ku,
Seoul, Korea</td>
</tr>
<tr>
<td colspan="2">⑧Advising Bank
The Hongkong and Shanghai Banking Corporation, Seoul
Advising Bank's No.</td>
<td colspan="2">⑨Amount
USD11,040.00</td>
</tr>
<tr>
<td>⑫Partial Shipments
☐ allowed
☐ not allowed</td>
<td>⑬Transhipment
☐ allowed
☐ not allowed</td>
<td colspan="2" rowspan="2">⑩Credits available with
The Hongkong and Shanghai Banking Corporation, Seoul
by ☐ sight payment/☐ deferred payment/☐ acceptance
☐ negotiation against the documents detailed herein.
⑪☐ and your drafts(☐ at sight/☐ at days) drawn on US
for full invoice value of goods.</td>
</tr>
<tr>
<td colspan="2">⑭Loading on board/
from/ Busan, Korea
not later than15 SEP 1992
for transportation to Hong Kong</td>
</tr>
<tr>
<td colspan="4">⑮Documents required
☐ Invoice(s) in quadruplicate
☐ Full set original clean "On Board" bills of lading made out to the order of shipper endorsed in blank
☐ Original air waybill marked "for the consignor" signed by the carrier of his agent.
marked "Freight ☐ Prepaid /☐ Collect" and "Notify ABC Co Ltd 13 Des Voeux Rd Hong Kong
☐ mentioning this DC number evidencing despatch to
☐ Marine /☐ Air Insurance Policy or Certificate for full CIF value plus 10% covering ¡a Institute Cargo Clauses(A) / ☐ a Institute Cargo Clauses(Air), ☐ Institute War Clauses (☐ Cargo /☐ Air Cargo) and Institute Strikes Clauses (☐ Cargo /☐ Air Cargo).
☐ Packing List in quadruplicate ⑯
☐ Insurance covered by ☐ Applicant /☐ ultimate buyer, covering
1,6..pcs TRAINING PANTS at USD6.90 per pc
CIF
Each ☐ claim for payment /☐ draft accompanying documents must state; "Drawn under credit No.HKH207000 The Hongkong and Shanghai banking corporation, Hong Kong"</td>
</tr>
<tr>
<td colspan="4">⑰Documents to be presented for negotiation within 10 days after the date of issuance of the transport document(s) but within the validity of the credit</td>
</tr>
<tr>
<td colspan="4">⑱Special conditions(These shall prevail over all printed terms in case of any apparent conflict)
All banking charges outside Hong Kong are for account of beneficiary
☐ to be continued on next page</td>
</tr>
<tr>
<td colspan="2">⑲We hereby issue this irrevocable documentary credit in your favour which, except so far as otherwise expressly stated herein, is subject to "Uniform Customs and Practice for Documentary Credits(1993 Revisron), International Chamber of Commerce Publication No. 500"
⑳☐ We hereby engage that payment will be duly made against presentation of documents which</td>
<td colspan="2">Important Notice To Beneficiary: ㉑
We cannot make any alterations to this credit without the opner's authority. Should any of its terms or conditions be unclear or unacceptable, the beneficiary of this credit must contact the opner directly. We shall insist on strict compliance with all the terms and conditions of this credit unless and until they have been formally amended in writing signed on our behalf or by tested telex or by such other</td>
</tr>
</table>

<table>
<tr>
<td rowspan="3">conform with the terms of this credit.
□ We hereby engage that drafts drawn in conformity with the terms of this credit will be duly accepted on presentation and duly honored at maturity.
□ We hereby agree with the drawers, endorsers, and/or bona-fide holders that drafts drawn and negotiated in conformity with the terms of this credit will be duly honored on presentation so long as there has been strict compliance with the terms and conditions (including special conditions) of this credit save to the extent that the same have veen amended in writing and signed on our behalf. Documentary evidence will be required of compliance with all conditions of this credit.
This document consists of one signed pages.

Your faithfully
HK Wong CD Chan
8765 7654</td>
<td>method as shall have been agreed from time to time. The beneficiary of this credit is not entitled to rely on communications or discussions with us, the advising bank or the opener as in any way amending this credit. The attention of the beneficiary is also drawn to Articles 3 and 4 or UCP500.</td>
</tr>
<tr>
<td>Advising Bank's notification</td>
</tr>
<tr>
<td>㉒
Place, date, name and consignee of the Advising Bank</td>
</tr>
</table>

Not: Directions to Advising Bank/Paying Bank/Negotiation Bank are given of the reverse of this credit

제2절 무신용장방식

1. 추심결제방식

이 거래방식은 은행의 지급확약 없이 당사자들간의 매매계약에 의해서 수출업자가 화환추심어음(Bill of Documentary Collection)을 발행하여 수입업자로부터 수출대금을 추심하는 결제방식이다.

추심결제방식 흐름

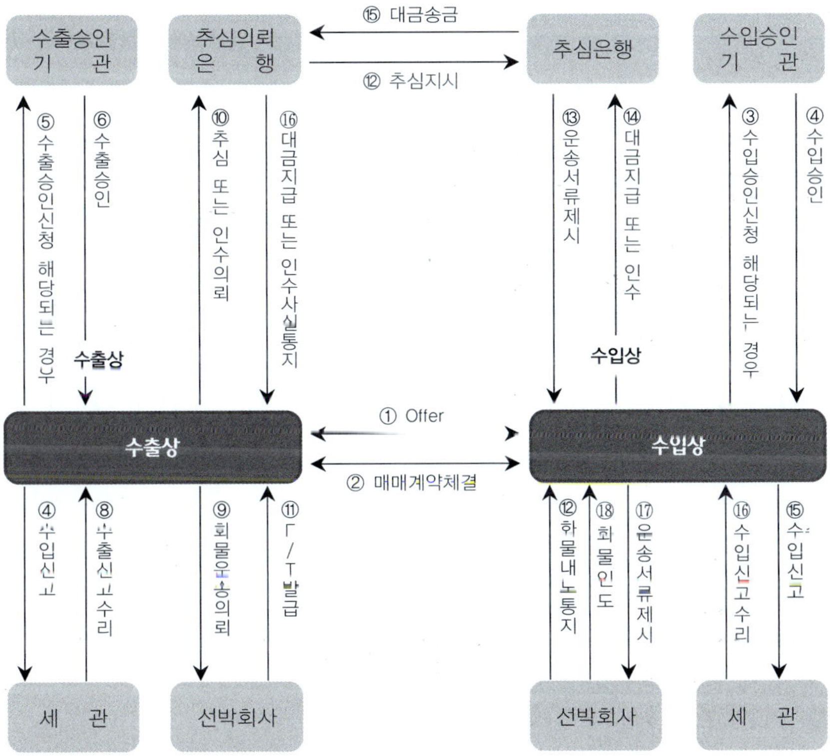

수입자은행은 대금지급을 약속하지 않고 단순히 어음을 추심하는 업무만 수행하며, 추심결제방식의 거래에는 결제기간으로만 보아 신용거래시 일람불(At Sight)과 유사한 지급인도 조건(D/P)거래와 Usance거래와 유사한 인수인도조건(D/A)거래가 있다.

(1) 인수도조건(Documents Against Acceptance: D/A)

인수도조건은 수입업자가 환어음에 대한 인수(Acceptance)만으로 운송서류를 찾아갈 수 있는 어음인수 서류인도조건이다. 수출자가 기한부환어음을 발행하여 추심은행을 통하여 수입자에게 제시하면 수입자는 어음상에 "Accept"라는 표시와 함께 서명하고 환어음을 인수하고, 추심은행은 수입자에게 선적서류를 인도하면, 추심은행은 어음의 지급만기일에 어음지급인(수입자)으로부터 대금을 지급받아 추심의뢰 은행에 송금하면 수출자가 대금을 영수하는 거래방식이다.

인수도조건은 외상거래에 해당되며 수입업자는 인도받은 운송서류로 화물을 찾아 판매한 후 그 대금으로 어음기일 내에 결제하면 된다. 따라서 수출업자는 만기일 후 수출대금을 추심은행을 통해서 지급받는다.

인수인도조건(D/A)

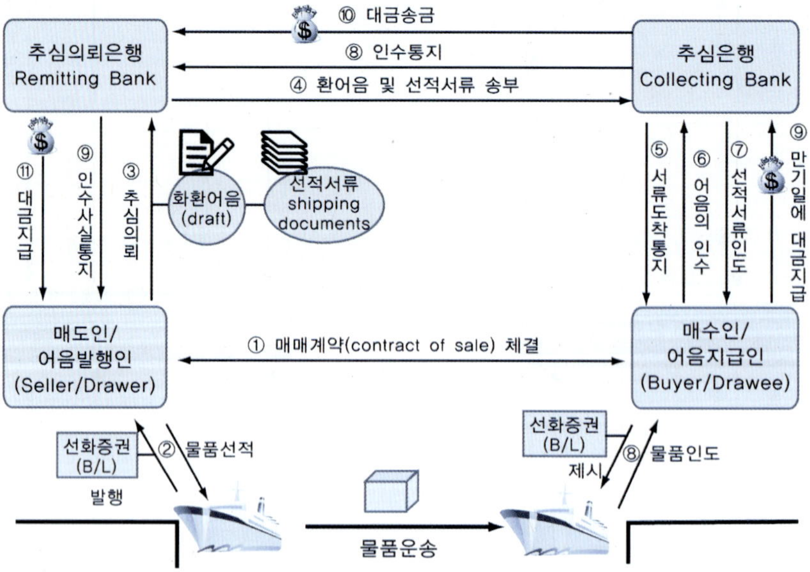

출처: 전순환, 무역실무, 한올출판사, 2007

(2) 지급도조건(Documents against Payment: D/P)

수출자가 수출물품을 선적한 후 수입자를 지급인으로, 수출자를 수취인으로 일람불(At Sight)어음을 발행하여 선적서류와 함께 거래 외국환은행에 추심을 의뢰하고 의뢰받은 은행(추심의뢰은행)은 이를 수입지의 은행에 추심요청을 하녀 요청을 받은 추심은행(수입자의 거래은행)은 어음지급인(수입자)이 환어음대금을 지급함과 동시에 선적서류를 수입자에게 인도하고 그 대금을 추심의뢰은행(수출자의 거래은행)에 송금하여 수출자가 수출대금을 영수하는 거래방식이다.

D/P방식의 거래에서는 수입업자는 반드시 대금지급을 완료해야만 운송서류를 찾을 수 있고 화물을 인도받을 수 있으며 대금은 추심은행을 거쳐 수출업자에게 전달된다.

지급인도조건(D/P)

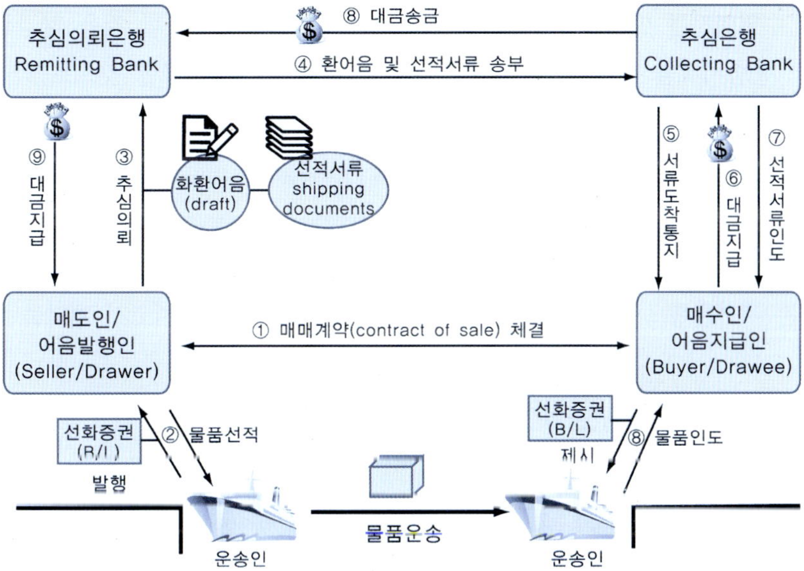

출처: 전순환, 무역실무, 한올출판사, 2007

(3) D/A, D/P의 추심과정

① 무역계약의 체결

② 계약물품의

③ 화환어음의 추심의뢰

수출업자는 계약에서 약정된 운송서류와 환어음을 발행하여 거래은행(추심의뢰은행)으로 향금 수입업자로부터 수출대금을 추심해 줄 것을 요청한다.

④ 추심의뢰은행의 송부서류

추심의뢰은행(remitting bank)은 아무런 책임 없이 수입업자가 소재하는 곳에 있는 거래은행(추심은행) 앞으로 운송서류와 환어음을 송부하면서 추심을 의뢰한다.

⑤ 추심통지

추심은행(collecting bank)은 수입업자에게 운송서류와 환어음이 도착한 사실을 통지한다.

⑥ 추심 완료 및 수출대금의 상환

지급인인 수입업자는 매매계약서에서 만약 수입대금을 즉시 지급할 것을 약정하였다면 이를 지급하고 운송서류를 입수한다. 수입대금을 일정기간 후에 지급할 것으로 약정하였다면, 일정기간(만기일) 후 대금을 지급할 것을 약속하는 서명행위(인수)와 상환으로 운송서류를 입수한다.

⑦ 계약물품의 입수

수입업자는 추심은행으로부터 입수한 운송서류 중 선하증권을 가지고서 계약물품을 찾는다.

(4) D/A, D/P 거래의 당사자

① 추심의뢰인(Principal)

추심의뢰인은 자기가 거래하는 은행에 수출대금의 추심을 의뢰하는 수출업자를 말하며, 수출업자는 추심을 의뢰하면서 화환어음을 발행하기 때문에 발행인(drawer)이며 또는 수입업자에 대해서 채권을 주장할 수 있는 채권자(creditor)이기도 하다.

추심의뢰인의 지시사항을 이행하기 위하여 타 은행의 서비스를 이용할 때 소요되는 비용과 위험은 추심의뢰인이 부담한다. 추심의뢰인은 외국법률 및 관습에서 오는 모든 의무와 책임을 부담해야 하며, 이로 인하여 은행이 손실을 당했을 때에는 이를 보상해야 한다.

② 추심의뢰은행(Remitting Bank)

추심의뢰은행은 수출업자로부터 추심을 의뢰받은 수출국의 은행을 말하며, 이 은행은 수출업자가 제시한 화환어음과 운송서류를 수입업자가 소재하는 추심은행 앞으로 송부하면서 수출대금의 추심을 의뢰한다.

추심에 관여하는 은행은 모든 조치를 성실하게 이행해야 하며 누락사항이 있을 시 추심의뢰를 한 상대방에게 즉시 통지해야 한다.

③ 추심은행(Collecting Bank)

추심은행은 추심의뢰은행으로부터 송부되어 온 운송서류와 추심지시서를 수입업자에게 제시하여 수입대금을 징수하는 은행을 말한다. 특히 수입업자에게 직접 운송서류를 제시하는 추심은행을 제시은행(Presenting Bank)이라고 한다.

추심은행은 추심의뢰은행을 제외한 어떠한 은행이라도 상관없지만 어디까지나 추심의뢰은행의 지시에 따르며, 어음의 지급에 대해서는 전혀 책임을 지지 않는다.

④ 지급인(Drawee)

지급인은 수입업자를 말하며, 수입업자는 추심지시서에 따라 어음이 자기에게 제시되면 채무자로서 수출업자가 발행한 환어음에 대해서 지급할 의무가 있다.

(5) 신용장과 D/P, D/A의 비교

신용장	추심(D/A, D/P)
· 은행의 신용	· 수입업자의 신용
· 개설은행의 지급확약	· 은행의 지급확약 없음
· 신용장 개설담보금(수입업자)	· 필요없음
· 은행어음(지급인: 개설은행)	· 개인어음(지급인: 수입업자)
· 추심 전 매입	· 추심 후 매입
· 수출업자에게 유리	· 수입업자에게 유리
· 신용장통일규칙(UCP) 적용	· 추심에 관한 통일규칙(URC) 적용

2. 송금방식에 의한 결제

송금(Remittance)은 채무자가 채권자에게 채무액을 송부하는 것을 말하며, 여기서 이용되는 환을 송금환이라 한다. 송금환에는 송금수표, 우편송금환, 전신송금환 등이 많이 이용되고 있다.

(1) 송금방법

① 송금수표(Demand draft: D/D)

보통 송금환이라고 하는데, 수입업자가 거래은행에 수입대금을 지급하면 은행은 수출업자를 수취인으로 하고 수출업자 소재지의 외국환은행을 지급인으로 하는 송금수표를 발행해 준다. 수입업자는 이를 수출업자에게 직접 우송하고 수출업자는 이를 지급인에게 제시하여 수출대금을 회수해 간다.

송금은행은 수입자로부터 송금수표의 의뢰를 받으면 환거래은행(correspondent)인 지급은행(송금수표에 표시된 은행) 앞으로 된 송금수표를 작성하고 송금의뢰자인 수입자에게 교부한다. 수입자는 그 수표를 직접 수취인인 수출자에게 우송하고 수출자(수취인)는 송금수표상에 표시된 지급은행에 제시하고 송금대금을 지급하도록 요청한다. 지급은행은 송금은행(송금수표발행은행)으로부터 우송되어 온 송금수표 발행통지서와 대조한 다음 수출자(수취인)에게 대금을 지급한다. D/D는 본래는 일람출급어음을 가리킨다.

② 우편송금환(mail transfer: MT)

수입자(송금의뢰인)가 송금해야 될 금액을 송금의뢰하는 은행(송금은행)에 지급한다. 송금은행은 지급은행(해외환거래은행, 자기은행 해외지점)에 대하여 소정의 금액을 지급하도록 지급지시서(payment order)를 우편으로 송달한다. 지급은행은 그 지급지시서에 의하여 수출자(수취인)의 예금계정에 송금대금을 입금시키고 수취인에게 지급받도록 통지한다.

우편송금환을 이용하려는 경우 지급은행에 수출자(수취인)의 예금계정이 개설되어 있어야 한다. 소액송금이나 급하지 않은 송금에 주로 이용된다.

③ 전신송금환(telegraphic transfer: T/T)

우편송금환과 전신송금환은 수입업자가 일정금액을 수출업자에게 지급해 주도록 은행에 위탁할 경우 사용된다.

수입업자가 거래은행에 수입대금을 지급하면 거래은행은 수출업자가 소재하는 외국환은행 앞으로 수출업자에게 일정금액을 지급하도록 하는 지급지시서를 보낸다. 지급지시를 받은 외국환은행은 수출업자에게 일정금액을 지급하고 이 대금은 지급지시를 한 은행의 예금계정에서 찾아간다. 이때 지급지시를 우편으로 할 경우를 우편송금환, 전신으로 할 경우를 전신송금환이라 한다. 전신환은 당일 또는 그다음 날 결제될 수 있으므로 서로간에 이자문제가 발생하지 않는다.

(2) 송금방식에 의한 거래

① 사전송금방식 거래

수출대금 전액을 수출물품의 선적 전에 외국환은행을 통하여 외화로 미리 송금받고, 영수일로부터 1년 이내에 대응수출을 이행하는 방법이다. 계약건당 5만달러를 초래하는 사전송금방식 거래로서 대응수출이 1년을 초과하거나 본사간 수출선수금을 영수하는 경우에는 한국은행에 신고한다.

선박, 철도차량, 항공기, 산업설비, 중화학공업제품 및 기계류는 사전영수기간 제한이 없으며, 수출업자가 대금 전액을 미리 외화로 송금받은 후 수출물품을 선적하는 방식으로 전불(Cash in Advance)에 해된다.

사전송금방식의 수입은 수입대금 전액을 수입물품 선적 전에 외화수표 등 대외지급수단에 의하여 미리 지급하고, 지급일로부터 360일 이내에 이에 상응하는 물품을 수입해야 한다. 이 방식은 주로 견품, 시험용품 등 소액거래에 활용되고 있다.

② 사후송금(대금교환도 조건)

수출물품의 인도와 동시에 또는 인도 후 일정기간 이내에 수출대금 전액을 외국환은행을 통하여 송금받는 거래이다. 대금결제기간은 수출업자가 자율적으로 결정하며, 본지사간의 거래에서는 1년 이내이어야 한다.

또한 이는 물품의 인도와 동시에 또는 인도 후 일정기간 이내에 수출대금 전액을 외국환은행을 통하여 송금받는 거래이며, 대금결제기간은 채권확보 차원에서 수출업체가 자율적으로 결정한다.

대금교환의 대상에 따라 현물상환방식의 수출(COD)과 서류상환방식의 수출(CAD)로 구분된다. 대금교환도 조건거래는 러시아, 베트남, 중국 등 신용장 개설 및 환결제에 어려움이 있는 공산권 지역과 과다한 인지세로 인하여 대금결제시 환어음의 개입을 꺼리는 유럽 지역(특히, 이태리)으로 수출시에 많이 사용된다.

- 현물상환방식(Cash On Delivery: COD)
  수입자가 소재하는 국가에 수출자의 지사나 대리인이 있는 경우, 수출자가 물품을 지사 등에 송부하면(B/L상 consignee) 수입자가 물품의 품질 등을 검사한 후 물품과 현금을 상환하여 물품대금을 송금하는 방식의 거래, 주로 귀금속 등 고가품으로서 직접 물품의 검사를 하기 전에는 품질 등을 정확히 파악하기 어려운 경우에 활용한다.

현품인도지급(COD)

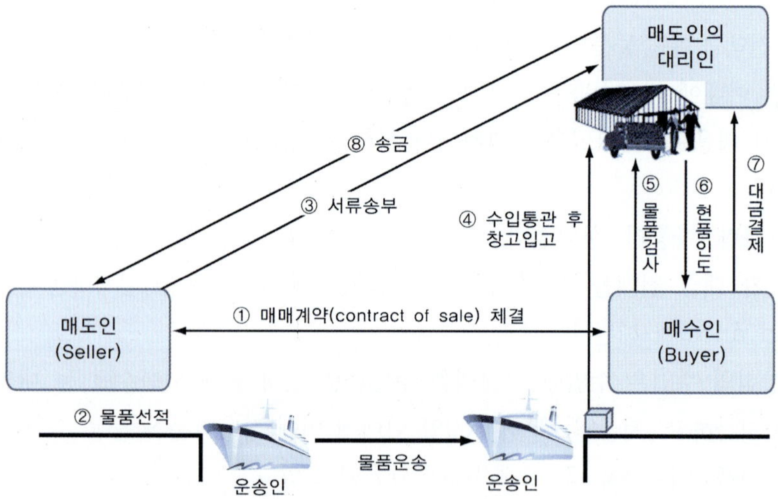

출처: 전순환, 무역실무, 한올출판사, 2007

- 서류상환방식(Cash Against Documents: CAD)
  수출자가 물품을 선적하고 수입자 또는 수출국에 소재하는 수입자의 대리인이나 지사에게 선적서류를 제시하면 서류와 상환하여 대금을 결제하는 방식의 거래이다. 통상 수입자의 지사나 대리인 등이 수출국 내에서 물품의 제조과정을 점검하고, 수출물품에 대한 선적 전 검사를 행한다.

서류상환지급(CAD)

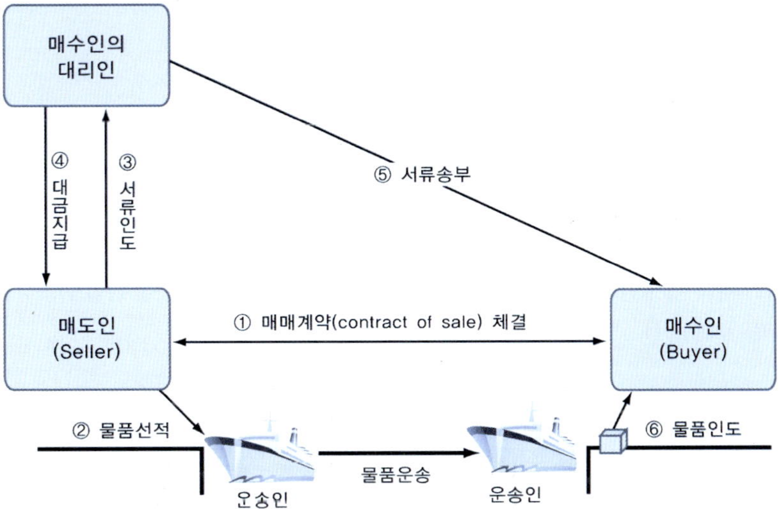

출처: 전순환, 무역실무, 한올출판사, 2007

3. 국제팩토링에 의한 결제

(1) 국제팩토링의 개념

팩터(factor)는 중세 이탈리아에서 발생하여 국제화된 일종의 무역중개업자를 말하며 팩터가 일반중개업자와 다른 점은 수출업자에게 대금지급을 확약한다는 점이다. 수출업자와 수입업자 사이에 팩터가 개입하여 수출업자에게는 수출대금의 지급을 보증하고 수입업자에게는 신용을 공여하여 무역거래가 이루어지도록 한다.

그리고 은행이 지급확약하는 신용장방식거래에서는 개설은행, 매입은행, 통지은행 등 여러 당사자가 관련되어 있지만 국제팩토링방식에서는 하나의 팩터가 수출업자와 수입업자를 관리할 수 있어 거래과정이 단순하다.

팩토링(Factoring)은 제조업자가 구매자에게 상품을 외상으로 판매하면 팩터는 외상매출채권을 매입·관리하여 제조업자에게 상품대금의 지급을 보증하는 금융서비스를 말하며, 이러한 기본적인 업무 외에도 팩터는 제조업자를 대신하여 구매자에 대한 신용을 조사하고, 상품대금이 회수되는 기간 동안 제조업자에게 금융을 제공하거나 회계업무 등을 대행하고 있다.

따라서 국제팩토링은 팩토링의 금융서비스를 이용하여 수출대금을 결제하는 무신용장방식의 새로운 무역거래 형태이다.

(2) 팩토링 거래절차

① 수출팩토링 거래상담, 수출팩토링 거래약정 체결

회사 개요, 최근 3개년도 결산보고서, 수입자별, 거래형태별, 수출취급액, 상품안내서 등을 수출팩터에게 제출하고 수출팩토링 거래약정을 체결한다.

② 신용승인 의뢰

팩토링 거래가 가능하다고 판단되는 수입자와 상담 후 수입팩터에게 수입자에 대한 신용승인의뢰서(Credit Approval Request: CAR)를 발송(의뢰)한다.

팩토링 거래절차 흐름

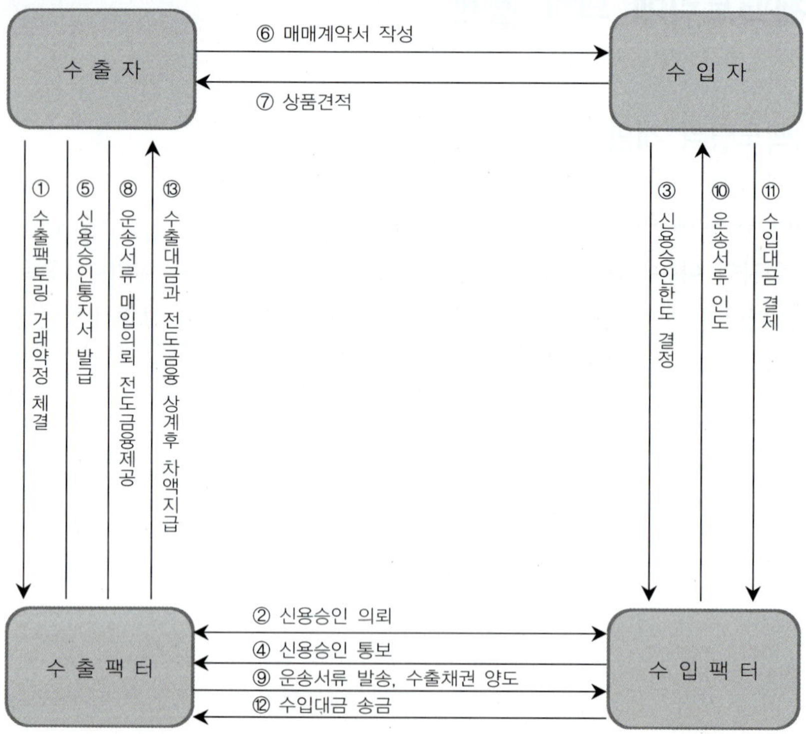

③ 신용조사 후 신용승인한도 결정

수입자와 수입팩터간에 신용한도 및 거래조건을 협의한 후 수입팩토링약정을 체결한다.

④ 신용승인 통지

수입팩터는 수입자에 대한 신용승인양식(Credit Line: CL 또는 Individual Credit Approval: ICAR), 승인금액, 대금결제기간 등을 검토한 후 수출팩터를 통하여 수출업자에게 신용승인통지(Answer to CAR) 전달한다.

⑤ 신용승인통지서 발급

수출팩터는 신용승인통지를 접수한 즉시 수출자에게 신용승인통지서를 발급한다.

⑥ 팩토링방식에 의한 매매계약서 작성

수출자와 수입자간에 대금결제조건 등을 신용승인조건 범위내로 하여 팩토링방식에 의한 거래임을 수출계약을 체결하고 필요할 경우 관련기관에서 수출승인을 받는다.

⑦ 상품산적

⑧ 선적서류 매입의뢰 및 전도금융 제공

수출자는 수출팩터에게 수출채권매입의뢰서, E/L, 수출신고수리서, 상업송장, 선하증권 등 운송서류를 제시한 후 수출채권액 범위내에서 전도금융을 받을 수 있다. 이때 수출팩터는 전도금융 이자와 팩토링수수료를 선취한다.

⑨ 선적서류 발송 및 수출채권을 수입팩터에게 양도

⑩ 선적서류를 수입자에게 인도

⑪ 수입대금 결제

수입사가 계약상의 만기일에 수입팩터에게 수입대금을 입금, 수입자가 대금지급을 지연시키는 경우에는 원칙적으로 수출자가 금융연장에 대한 이자를 부담하고, 계약서에 명시된 조건에 따라 수입자가 연체이자를 추가하여 송금하면 수출자에게 반환한다. 분쟁 없이 수입자가 대금지급을 지연시키는 경우에는 연체이자율을 적용하지 않고 매입시의 이자율을 적용하여 금융을 계약상의 만기일로부터 90일까지 연장하여 준다. 또한 계약상의 만기일로부터 90일까지도 분쟁 없이 입금이 되지 않는 경우에는 수입팩터가 신용승인 내용에 따라 수출채권금액의 100%를 대지급한다.

⑫ 수입대금 송금

⑬ 수출대금과 전도금융 상계 후 차액 지급

(3) 국제팩토링의 당사자

① 수출업자

물품을 수출판매하는 자로서 팩터와 팩토링 거래약정을 체결하여 매출채권을 양도하며, 수출업자는 팩터의 주된 서비스 대상이기 때문에 국제팩토링에서는 수출업자를 판매자(Client)라 하며, 그 외 상품 또는 용역의 공급자(supplier), 매도인 등으로 부른다.

② 수입업자

수입자는 물품을 수입구매하는 구매자(Customer)나 매수인을 말하며, 수입업자는 국제팩토링에서 궁극적으로 채무를 부담하는 당사자(debtor)이다.

③ 수출팩터(export factor)

국제팩토링에 관여하는 수출국의 팩토링회사를 수출팩터라 하며, 수출채권을 관리하며, 수출업자에게 수출대금의 지급을 보증한다. 그 밖에 수출팩터는 수출상품의 생산·확보에 필요한 금융을 제공하기도 하며 수출업무와 관련된 경영서비스를 제공한다.

④ 수입팩터(import factor)

수입국의 팩토링회사를 수입팩터라 한다. 수입팩터는 수입업자에 대한 신용조사 및 신용승인을 하고 수출채권을 양수받아 대금을 회수하여 송금하는 업무 등을 주로 한다. 만약 수출팩터가 해외에 지점망을 가진 경우에는 수입국에 주재하는 지점 또는 지사가 수입팩터의 역할을 담당하게 됨으로 별도의 수입팩터는 없게 된다.

4. 포피팅

(1) 포피팅의 개념

포피팅(Forfaiting)은 현금을 대가로 채권을 포기 또는 양도한다는 뜻으로 무역거래에서는 수출업자가 발행한 기한부환어음을 포피터(forfaiter)가 할인, 매입하는 중장기금융이라 할 수 있다.

포피팅에서는 수출업자 및 수입업자 외에 포피터와 보증은행(Avalising, Guaranteeing Bank)이 개입하는데 포피터는 수출업자가 발행한 연불어음의 지급을 보증하거나 지급보증서를 발급하는 은행이다. 보증은행은 수입업자를 위해 환어음의 지급을 보증하거나 지급보증서를 발급하는 은행이다.

결국 포피팅을 이용하면 수입업자는 보증은행의 지급보증으로 거액의 물품을 연불조건으로 수입할 수 있고, 수출업자는 비록 연불조건의 외상수출이라 하더라도 포피터로부터 수출대금을 일람조건의 수출과 같이 즉시 받을 수 있다.

특히 수출업자는 신용장 매입은행의 여신한도가 부족하여 환어음의 매입이 거절될 경우 포피팅을 통한 매입방법을 강구할 수 있다.

(2) 포피팅의 특징

- 포피팅은 주로 수출업자의 환어음이나 약속어음과 같은 채권을 대상으로 한다.
- 포피팅은 규모가 크고 중장기 연불조건의 거래에 활용된다.
- 포피터는 수출업자에게 환어음에 대한 상환을 청구할 수 없다. 즉 수출업자의 환어음을 할인 · 매입한 후 만기일에 실제 수입업자로부터 지급이 이루어지지 않더라도 수출업자에게 매입대금을 돌려줄 것을 요청할 수 없다.
- 포피터는 주로 고정금리부로 환어음을 매입한다. 수출업자는 환어음의 할인금리를 사전에 알 수 있어 자신이 부담하게 될 금융비용을 원가에 감안할 수 있다.
- 포피터는 수입업자 거래은행의 지급보증을 담보로 수출업자에게 금융을 제공한다. 포피터는 수출업자에 대한 상환청구권도 없고 수입업자의 신용상태를 파악할 수 없기 때문에 보증은행의 지급보증을 담보로 수출업자에게 여신을 제공한다.

(3) 포피팅의 절차

① 수출업자와 수입업자는 무역계약을 체결하면서 결제방법에 포피팅을 추가할 것을 약정
② 수출업자는 포피터와 포피팅계약을 체결
③ 수출업자는 계약의 내용대로 선적기일 내에 물품을 선적
④ 수입업자는 지급보증은행에 환어음을 제출하면 지급보증은행은 별도의 지급보증서를 발급하거나 환어음에 "Aval"을 추가하여 환어음을 보증
⑤ 지급보증은행은 보증이 첨부된 환어음을 수출업자에게 보냄
⑥ 수출업자는 사전에 약정된 포피팅계약에 따라 지급보증은행이 보증한 환어음을 포피터에게 제시하여 어음대금을 할인해 줄 것을 요청
⑦ 포피터는 어음의 만기일에 보증은행에 환어음을 제시하여 지급을 요청하고, 지급보증은행은 지급보증에 따라 대금을 지급
⑧ 보증은행은 포피터가 제시한 어음을 수입업자에게 제시하고 수입업자로부터 대금을 회수

포피팅 절차의 흐름

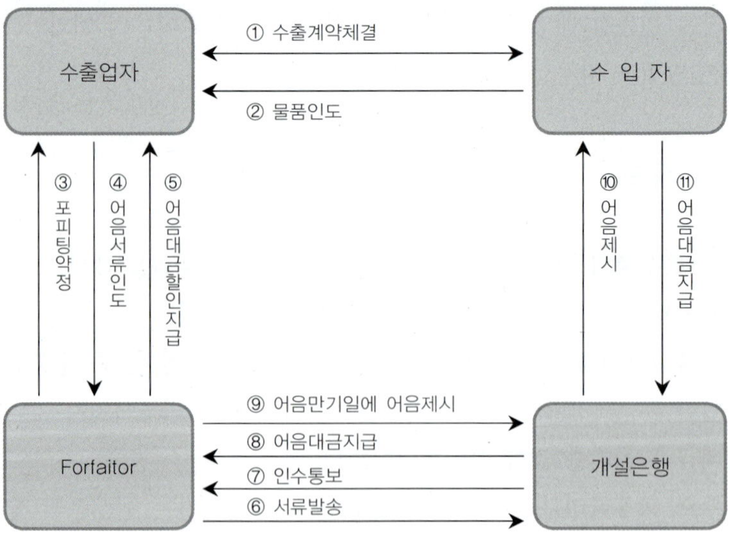

제6장 수출물품확보

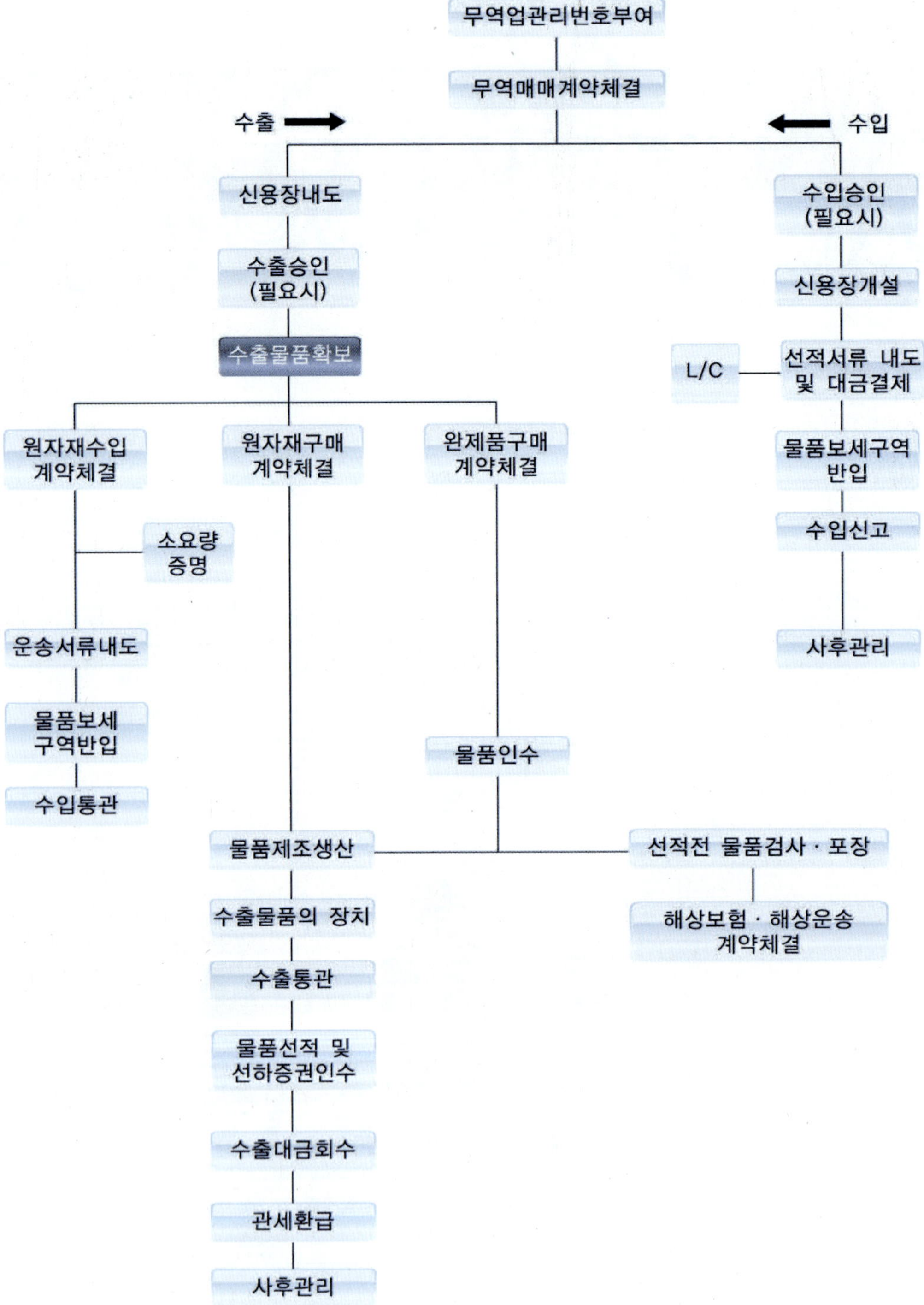
무역업관리번호부여
무역매매계약체결
수출
수입
신용장내도
수출승인
(필요시)
수출물품확보
원자재수입
계약체결
원자재구매
계약체결
완제품구매
계약체결
소요량
증명
운송서류내도
물품보세
구역반입
수입통관
물품인수
물품제조생산
수출물품의 장치
수출통관
물품선적 및
선하증권인수
수출대금회수
관세환급
사후관리
선적전 물품검사 · 포장
해상보험 · 해상운송
계약체결
수입승인
(필요시)
신용장개설
L/C
선적서류 내도
및 대금결제
물품보세구역
반입
수입신고
사후관리

제1절
수출품목의 확보방법

외국으로부터 수출신용장을 수취하고 난 후 협회 또는 조합장의 수출승인을 받았으면 수출물품을 확보한다. 수출물품을 확보하는 방법에는 수출물품을 수출업자의 자가 공장에서 직접 제조·생산하는 방법과 수출물품 자체를 국내에서 구매하는 방법이 있을 수 있다. 또한 수출물품을 제조·생산하기 위하여 당해 물품의 생산에 소요되는 원료를 확보해야 하는데 그 원료를 확보하는 방법도 외국에서 원료를 수입하는 방법과 동원료를 국내에서 구매하는 방법이 있다. 우리나라에서는 수출진흥 차원에서 수출물품을 제조·가공하는 데 소요되는 원료들의 조달시에는 내수용에 비하여 금융·세제상 여러 가지 혜택을 부여하고 있다.

1. 의의

우리나라는 수출진흥을 위하여 수출 등 외화획득을 위한 물품의 생산에 소요되는 원료, 시설, 기계 및 제품을 확보, 조달하는 데 대하여 일반내수용의 경우와 비교하여 여러 가지 혜택을 부여하고 있다.

즉, 수출물품 등 외화획득용 물품의 생산에 공급되는 원료에 대하여는 수출상품의 경쟁력을 제고하기 위한 정책수단으로 원료 등의 조달과 관련하여 부담을 줄여주기 위한 각종 수출지원제도가 운용되고 있다.

이러한 수출지원제도의 대표적인 것으로는 대외무역법상의 외화획득용[1] 원료 등의 수입과 관련한 지원제도, 무역금융 관련 규정(한국은행 총액한도대출 관련 무역금융 취급 세칙)에 의한 무역금융 지원, 환급특례법에 따른 관세환급 등을 들 수 있다.

수출물품을 확보하는 방법은 수출자의 자기 공장에서 수출물품을 직접 제조·생산하는 경우

---

1) 외화획득을 하는 수단은 수출, 군납, 해외건설 등 여러 가지 방법이 있으나 그중 대표적인 것은 수출이다.

와 다른 회사에서 제조·생산한 수출물품(완제품)을 국내에서 구매하는 경우로 나눌 수 있다.

또한 수출물품을 제조·생산하기 위한 원자재의 확보는 국내에서 구입하는 경우와 외국에서 수입하는 경우가 있는데, 수출물품 또는 원자재를 국내에서 확보하는 방법에는 내국신용장에 의한 방법과 구매승인서에 의한 방법이 있다.

수출물품의 확보방법

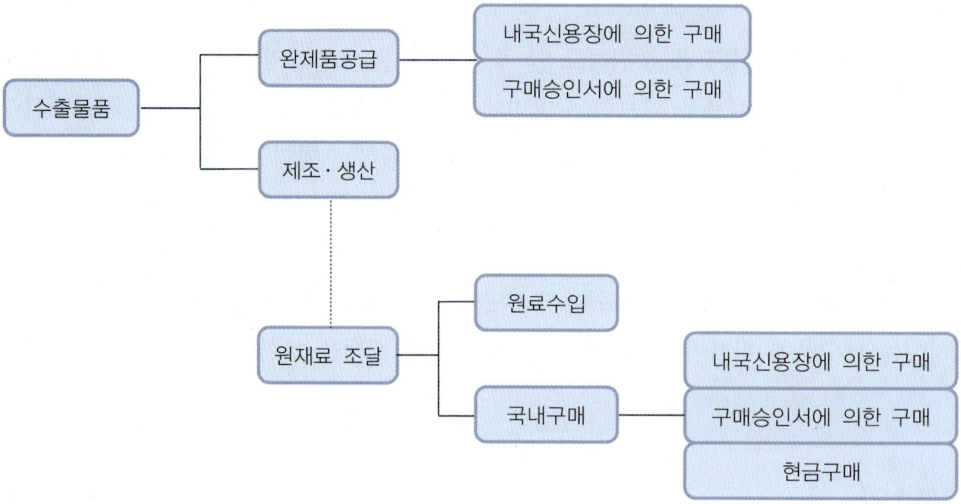

2. 수출물품(수출용 원자재)확보시의 혜택

- 원료수입시 수출입공고, 수입선다변화공고 등의 제한규정 적용 배제
- 원료수입시나 국내구매시 무역금융지원(원자재 금융)
- 관세환급(당해 원료로 제조·가공한 물품의 수출시)
- 수입신용장 개설수수료 차등적용(일반재: 매 3개월마다 0.17~0.18%, 외화획득용 원료: 0.1%)
- 수입부담금 면제(일반재의 경우 0.14%)
- 연지급수입기간 차등 적용(일반재: 60~90일, 외화획득용 원료: 150~180일)

다만, 외화획득용 원료라 할지라도 추천 등을 받아야 하는 경우는 다음과 같다.

- 국산원자재 사용촉진 및 대일수입억제 등을 위하여 별도로 정하고 있는 품목
- 산업폐기물(잔재물, 설, 오물 등)
- 농 · 수산물(소관중앙행정기관의 장이 별도로 정함)

제2절

완제품 및 원재료의 국내구매

1. 내국신용장에 의한 구매

수출자는 수출용 완제품이나 소요원료를 공급하는 국내생산업체 또는 유통업자와 물품공급계약을 체결하고 자신의 거래외국환은행을 통하여 공급업자를 수혜자로 한 내국신용장을 개설한 후 당해 물품을 공급받게 된다. 수혜자(생산업체 또는 유통업체)는 물품을 공급한 후 내국신용장 및 물품수령증명서를 근거로 환어음을 발행, 공급대금을 회수한다.

(1) 내국신용장의 개설조건

① 수혜자

당해 물품을 제조생산(가공)할 능력이 있는 제조업체나 당해 물품을 공급할 능력이 있는 유통업자

② 대상품목

국내에서 제조가공 과정을 거친 물품 및 국내유통업자가 원상태로 공급하고자 하는 수입원자재나 국내에서 조달한 원자재

③ 개설한도

개설의뢰인의 무역금융 융자한도 내에서 개설

담 당	결재권자

취소불능내국신용장개설신청서

취 소 불 능 내 국 신 용 장	신용장번호
1 CMF번호 ① 개설신청인(상호, 주소, 대표자, 전화)	② 2원화여부 □①원 화 다만, 환어음 매입시 대고객 전신환 매입율이 개설시와 다를 경우 원화금액은 동 매입률로 환산한 금액으로 함. □②외 화 다만, 개설의뢰인 명의 거주자계정으로부터 수혜자 명의 거주자계정에 이체 지급할 것을 조건으로 함. 3통 화 4외화금액
③5수 혜 자(상호, 주소, 대표자, 전화)	④6물품인도기일 / ⑤ 7유효기일

형식: 수익자가 신용장 금액을 한도로 하여 송장금액 전액을 이용금액으로 하고 본인(당사)을 지급인 귀행을 지급장소로 하는 일람출급환어음을 발행함을 허용하는 신용장

제 출 서 류

8물품수령증명서 부 9물품명세가 기재된 송장 10공급자발행 세금계산서 사본 부

11기 타

⑥공 급 물 품 명 세

HS부호	11품명 및 규격	단위 및 수량	단 가	금 액

⑦ 12분할인도 □①허용함 □②불허함	13서류제시기간 물품수령증명서발급일로부터 영업일이내
14기 타	⑧15용 도

원 수 출 신 용 장 등 의 내 용

16종류: □수출L/G	□ D/A	□D/P	□외화표시물품 공급계약서	□내국신용장	□외화표시건설·용역 공급계약서	□기타 수출 관련계약서

17신용장(계약서)번호	18결제통화 19금 액	20 선적(인도)기일	21유효기일
22수출(공급)상대방	23발행은행	24대금결제조건	25수출지역
26HS부호	27품명 및 규격	28단위 및 수량	

귀행이 개설하는 내국신용장은 상기 원 신용장과는 독립 별개의 것임을 서약하고 위와같이 내국신용장 개설을 신청하오며 귀행 소정 외국환거래약정서 조건을 무위 준수할 것을 확약합니다.

주 소:

년 월 일 신 청 인: (인)

귀하 Tel

이 신용장에 관한 사항은 다른 특별한 규정이 없는한 국제상공회의소 제정(1993년 개정) 화환신용장통일규칙에 따릅니다.

*은행사용란

29 융자조건	30 수수료구분	지급보증	금 액		확 인	
31 수입보증금	32 입금구분		번 호		검 인	
33 자기앞금액	34 기 산 일		일 자		인감대조	

로칼(4060011. 210×297) 백상지80g/m^2(99 1 제정)

④ 개설근거

수출신용장, 수출계약서(D/P, D/A), 외화표시 물품공급계약서, 내국신용장, 당해 업체의 과거 수출실적

(2) 원상태 거래를 위한 내국신용장

- 가공을 거치지 않은 수출물품이나 원자재의 원상태 거래를 위한 내국신용장의 수혜자(물품공급자)는 유통업자(사업자등록증상 도매업자, 조달청, 중소기업협동조합)일 경우에만 가능(생산능력보유여부 불문)
- 이 경우 공급물품은 수입원자재, 국산원자재를 구분하지 않고 개설가능
- 수출용 원자재의 유통단계를 축소하기 위해 2차 내국신용장 개설금지
- 원자재대금결제시 원자재수입자금을 지원함
- 어음발행조건이 원수출신용장 매입조건부 결제 등 수혜자에게 불리한 조건이 아닐 것

(3) 내국신용장의 조건

- 양도불능, 취소불능, 일람불신용장으로 지급인의 개설의뢰인이고 지급지는 개설은행으로 함
- 내국신용장금액은 물품매도확약서상 물품대금 전액이며, 원화로 표시하고 외화를 부기하며, 결제금액은 외화금액에 결제일 당시의 대고객 전신환매입률을 곱한 금액(계정간 이체방식 결제시엔 외화표시 개설가능)
- 유효기간은 물품인도기간에 10일을 가산한 기간 이내
- 서류제시기간은 물품수령증명서 발급일로부터 5영업일 이내(원격지의 경우 영업일 이내)
- 어음발행조건이 원수출신용장 매입조건부 결제 등 수혜자에게 불리한 조건이 아닐 것

(4) 내국신용장 발급횟수 제한

원자재조달을 위한 내국신용장은 2차 내국신용장까지 개설가능하다. 단, 1차 내국신용장이 완제품 내국신용장인 경우엔 향후 2차, 3차의 원자재 내국신용장 개설가능(총3차)하다.

(5) 내국신용장 어음 매입시 구비서류

- 내국신용장
- 내국신용장 환어음
- 물품수령증명서
- 세금계산서 사본

(6) 물품수령증명서 기간

- 원칙

  공급자 세금계산서 공급일로부터 10일 이내로 매 건별 세금계산서에 대응하여 발급
- 예외

  분할인도조건인 경우 매반월(1~15일, 16~말일) 또는 동일역월(1~말일) 중 분할공급시마다 분할교부된 세금계산서 금액을 일괄하여 하나의 물품수령증명서로 발급할 수 있음

내국신용장에 의한 구매절차

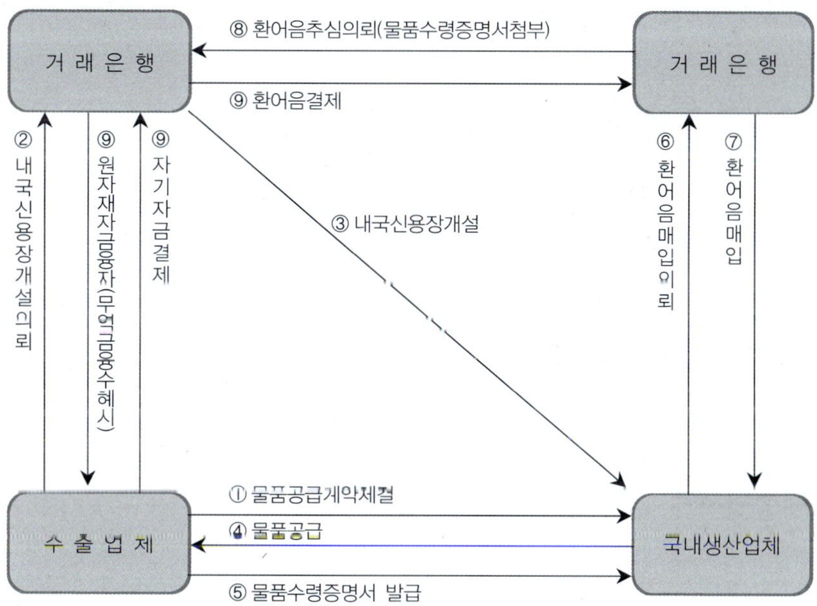

(7) 개설신청시 구비서류

- 내국신용장 개설신청서
- 발급근거서류(신용장, 수출계약서, 내국신용장, 외화표시물품공급계약서, 과거 수출실적)
- 물품매도확약서(공급자 발행)
- 공급자의 생산능력보유 입증서류(자사제품 수출실적증명 또는 신용보증기금의 생산시설 조사서)
- 소요량증명서(신용장기준금융수혜업체의 경우)
- 공급자, 공급받는 자의 인감증명
- 사업자등록증 등(유통업자에게 원상태 내국신용장을 개설할 경우)

2. 구매승인서에 의한 구매

무역금융한도(원자재자금한도)가 부족하거나 단순송금방식에 의한 수출 등 내국신용장의 개설이 어려운 상황에서 외화획득용 원료 및 완제품 구매를 원활히 하기 위하여 내국신용장에 준하여 발급하여 주는 증서이다.

(1) 구매승인서 발급조건

- 공급자: 내국신용장과 동일
- 대상품목: 내국신용장과 동일
- 개설한도: 해당 업체가 보유한 신용장 등의 범위내
- 발급근거: 수출신용장, 수출계약서(D/P, D/A), 내국신용장, 구매승인서, 외화매입증명서, 외화획득에 공하는 물품을 생산하기 위한 경우

(2) 구매승인서에 의한 공급대금의 결제

내국신용장은 은행의 지급보증이 있으나, 구매승인서는 은행이 공급물품대금의 지급보증을 하지 않기 때문에 대금지급방법 및 기간은 당사자간의 계약에서 정하는 바에 따른다.

구매승인서에 의한 구매절차

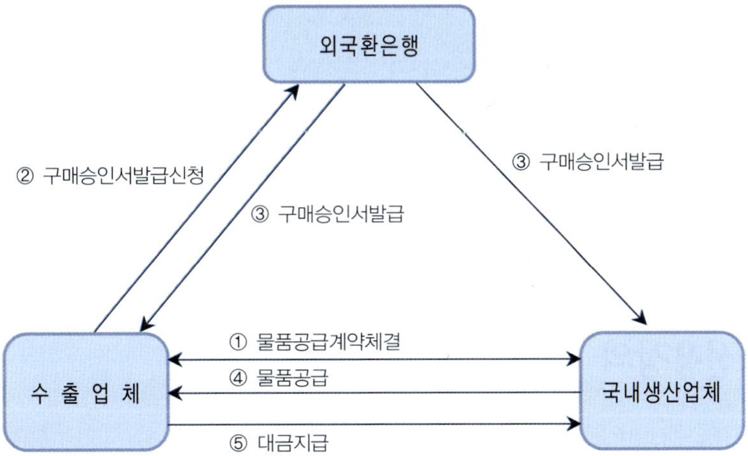

(3) 발급신청서 구비서류

- 외화획득용원료구매승인신청서(완제품의 경우도 동양식을 사용함)
- 신용장 등 발급근거서류
- 물품매도확약서(공급자발행)
- 공급자의 생산가공능력 보유 입증서류
- 소요량증명서(원자재 구매시)
- 공급자, 공급받는 자의 인감증명

제3절

내국신용장제도

1. 내국신용장의 의의

(1) 내국신용장의 개념

내국신용장이란 국내수출업자가 수출용 원자재 또는 완제품을 조달할 때 외국환은행이 그 물품대금 지급을 보장하는 지급보증서로서 물품공급자를 수혜자로, 공급받는 자를 개설의뢰인으로 하여 발행된다. 수출업체의 경우 수출용 원자재를 내국신용장에 의해 조달하면 원자재 구매자금을 지원받아 결제할 수 있고 부가가치세 영세율이 적용되어 물품구입가격상의 이점이 있다.

또한 내국신용장의 수혜자, 즉 수출용 원자재나 완제품공급업체의 경우에는 당해 내국신용장을 근거로 해당 물품제조에 소요되는 원자재의 구입자금 및 제조, 가공자금을 융자받을 수 있으며 동 내국신용장에 의한 물품공급실적은 당해 업체의 수출실적으로 인정된다.

(2) 내국신용장의 이점

① 개설의뢰인(수출자)

중소기업의 경우 원자재 구매시 원자재구매자금을 융자받아 결제할 수 있을 뿐만 아니라 은행이 공급대금을 지급보증한 것이므로 원활하게 조달받을 수 있다.

② 수혜자(공급자)

내국신용장은 수출자(개설의뢰인)의 거래은행이 그 공급대금의 지급을 보증한 것이므로 대금회수의 확실성이 보장될 뿐만 아니라 수취한 내국신용장을 근거로 공급물품을 제조·가공하는 데 필요한 자금을 지원받을 수도 있다. 또한 내국신용장에 의한 공급실적은 수출실적으로 인정되며 관세환급, 부가가치세 영세율 적용 등의 혜택을 받게 된다.

내국신용장의 주요기능

개설의뢰인	수혜자
① 내국신용장어음의 결제자금으로 원자재 자금 수혜 ② 은행의 지급보증가능 ③ 원자재의 확실한 조달 보장	① 대외무역법상 수출실적으로 인정 ② 부가가치세 영세율 적용 ③ 은행의 지급보증으로 물품공급대금의 회수 보장 ④ 무역금융 융자대상 증빙으로 인정(무역금융 수혜가능)

2. 내국신용장의 종류

(1) 공급대상물품별

① 원자재내국신용장

수출용 원자재를 공급대상으로 하여 개설된 내국신용장

② 임가공내국신용장

수출용 원자재 또는 수출용 완제품을 위탁가공하기 위한 가공임 지급을 대상으로 하여 개설된 내국신용장

③ 완세품내국신용장

수출용 완제품을 공급대상으로 하여 개설된 내국신용장

④ 원상태내국신용장

수출물품을 원상태로 조달하기 위하여 개설하는 내국신용장

(2) 개설단계별(제조공정 관련)

① 제1차 내국신용장

신용장기준금융수혜업체를 개설의뢰인으로 하여 수출신용장, 선수출계약서, 외화표시물품 공급계약서를 근거로 개설하거나, 실적기준금융수혜업체를 개설의뢰인으로 하여 과거 수출실적을 근거로 개설된 최초의 완제품내국신용장 또는 원자재내국신용장

② 제2차 내국신용장

제1차 내국신용장수혜자를 개설의뢰인으로 하여 개설된 원자재내국신용장

③ 제3차 내국신용장

제1차 내국신용장의 공급대상물품이 수출완제품인 경우로서 제2차 내국신용장 수혜자를 개설의뢰인으로 하여 개설된 원자재내국신용장

(3) 표시통화별

① 원화표시내국신용장

내국신용장에 의한 물품대금이 부기외화금액을 기준으로 환산된 원화금액에 의하여 결제되는 내국신용장

② 외화표시내국신용장

내국신용장에 의한 물품대금이 거주자계정간 이체결제방식에 의거 외화금액에 의하여 결제되는 내국신용장

(4) 금융수혜대상여부

① 금융용 내국신용장

원자재금융 또는 완제품내국신용장 개설업체가 소정융자(개설)한도 범위내에서 개설한 내국신용장으로서 내국신용장수혜자가 이를 근거로 생산자금 및 원자재금융의 수혜가 가능한

내국신용장

② 비금융용 내국신용장

원자재금융수혜업체가 소정 융자한도를 초과하여 자기자금결제조건부로 개설한 내국신용장 [용도표시문언: “융자대상 외”, 융자대상 외(실적)로서 내국신용장 개설의뢰인은 물론 수혜자도 무역금융의 수혜가 불가능한 내국신용장]

3. 내국신용장 개설한도

- 내국신용장 대금지급보증의 기능 이전에 개설의뢰인과 수혜자에게 무역금융을 융자해 주기 위한 것이 주된 기능이므로 내국신용장 개설의뢰인의 원자재금융한도 이내에서만 개설이 가능함
- 아래의 한도 이내에서 원자재 수입분을 공제한 금액이 내국신용장 개설한도임

내국신용장 개설한도

신용장기준금융 수혜업체	① 과거 1년간 자사제품 수출실적×1/2 또는 ② 과거 6개월간 자사제품 수출실적 중 큰 금액범위내에서 건별(件別)신용장 등의 금액에 신용장별 의존율을 곱한 금액 이내
실적기준금융 수혜업체	① 과거 1년간 자사제품 수출실적×1/3×평균원자재 의존율 또는 ② 과거 3개월간 자사제품 수출실적×1.5×평균원자재 의존율 중 큰 금액 범위내 ③ 과거 9개월 전 3개월간 자사제품 수출실적×1.5×평균원자재 의존율 이내(이 방법은 업체의 선택에 의해서만 가능하며 업체는 1년간 같은 방법으로만 적용함)
신용장기준포괄금융 수혜업체	당해 업체가 보유한 수출신용장 등의 소요원자재 해당액 범위내
실적기준포괄금융 수혜업체	① 과거 3개월간 자사제품 수출실적×평균원자재 의존율 또는 ② 과거 1년간 자사제품 수출실적×1/4×평균원자재 의존율 중 큰 금액 범위내 ③ 과거 9개월 전 3개월간 자사제품 수출실적×평균원자재 의존율(이 방법은 업체의 선택에 의해서만 가능하며 업체는 1년간 같은 방법으로만 적용함)
신용장기준 완제품내국신용장 개설업체	당해 업체가 보유한 수출신용장 등의 금액 범위내
실적기준 완제품내국신용장 개설업체(종합무역상사)	과거 1년간 타사제품 수출실적×1/6 범위내

(1) 융자한도초과 개설내국신용장(비금융용 내국신용장)

개설의뢰인이 상기 개설한도를 초과하여 자기자금으로 결제할 것을 조건으로 내국신용장(비금용 내국신용장)을 개설하는 경우에는 다음의 금액까지 개설가능하다.

신용장기준원자재 금융수혜업체	당해 업체가 보유한 수출신용장 등의 소요원자재 해당액 범위내
실적기준원자재 금융수혜업체	과거 1년간 자사제품 수출실적×평균원자재 의존율을 곱한 금액범위내

(2) 무역금융의 제의

① 비금융용 내국신용장은 개설의뢰인이나 수혜자 모두 무역금융을 이용할 수 없으며 단순히 지급보증의 기능만 부여됨

② 완제품내국신용장 개설의뢰인은 무역금융을 수혜할 수 없음

4. 내국신용장 거래당사자의 요건

거래당사자	요건
개설의뢰인	• 무역금융 수혜업체로서 원자재금융한도가 있는 업체(한도가 없는 경우 자기자금 결제)
수 혜 자	• 당해 내국신용장의 공급대상물품(임가공 포함)을 생산(가공)할 능력을 보유하고 있는 제조업체 • 수출용 원자재를 원상태로 공급하고자 하는 유통업체

(1) 내국신용장 수혜자 요건의 입증

① 외국환은행은 내국신용장 개설시점에 내국신용장 수혜자의 자격요건 확인

- 생산(가공)능력보유입증서류(신용보증기금 발급), 또는
- 당해 물품의 과거 3개월간 수출(공급)실적증명서(거래외국환은행이 발급)

② 유통업자는 사업자등록증상 도매업자, 조달청 및 중소기업협동조합으로, 유통업자에 대

하여는 생산(가공)능력 보유입증 서류를 징구하지 않음

- 원상태내국신용장은 2차 내국신용장의 개설을 허용하지 않기 때문에 유통업자는 동 내국신용장을 근거로 하여 무역금융을 수혜할 수 없으나, 개설의뢰인은 원자재수입자금을 수혜할 수 있음

(2) 내국신용장 수혜자의 생산(가공)능력보유 입증서류

① 공산품 내국신용장 개설시 신용보증기금 또는 수혜자 거래은행의 확인이 있는 경우 생산능력보유입증서류를 당해 내국신용장 개설 후 10일 이내에 징구할 수 있음

② 수혜자의 공급제품이 단순한 수편물과 같이 별도의 생산시설이 필요치 않은 경우에는 생산실적증명서로서 생산(가공)능력보유 입증서류에 갈음할 수 있음

구분 / 제품별	발행기관	서류내용
공산품	신용보증기금 또는 수혜자 거래은행	해당 제품의 생산설비 및 생산실적조사서(다만, 고철공급의 경우에는 고철처리시설 및 수집판매실적조사서)
광산물	대한광업협회장	해당 품목에 대한 광산시설 보유 및 생산실적증명서
수산물	관할 수산업협동조합장 또는 지정기관	해당 품목에 대한 위탁판매필증 또는 어업허가증
농·축산물	농림수산부장관 또는 지정기관	해당 품목에 대한 생산 또는 수집자증명서
임산물	산림청장 또는 지정기관	해당 품목에 대한 생산 또는 수집자증명서

5. 내국신용장의 조건

① 양도가 불가능한 취소불능신용장이어야 하며 어음은 개설의뢰인을 지급인으로 하고 개설은행을 지급장소로 하는 일람출급환어음이어야 함. 다만 선박 대외무역법에서 정하는 산업설비수출을 위하여 개설되는 완제품 내국신용장의 경우에는 원수출신용장 등의 대금결제조건에 따른 제조공정별 분할지급조건 가능

② 금액은 내국신용장 개설용 물품매도확약서(offer Sheet)상의 물품대금 전액으로 하며 통상 원화금액을 개설일 현재의 대고객 전신환매입률로 환산한 외화(미 달러화 또는 원

수출신용장 등의 표시통화)금액을 부기함. 단, 내국신용장 개설의뢰인과 수혜자가 거주자 외화계정을 통하여 계정간 이체방식에 의하여 대금을 결제하기로 한 경우 외화표시 내국신용장 개설가능

결제기준 금액

결제금액은 부기외화금액에 결제일 당일 대고객 전신환매입률을 곱한 원화금액임

③ 원수출신용장 등의 매입 또는 추심결제조건 등 수혜자에게 불리한 조건을 부기해서는 안 됨

④ 물품인도기일은 대응수출 또는 물품공급일이 이행되는 데 지장이 없는 범위내에서 책정되어야 하며, 유효기일은 물품인도기일에 최장 10일을 가산한 기일 이내로 하여야 함

물품인도기일

신용장기준금융수혜업체의 신용장 등을 근거로 내국신용장을 개설하는 경우는 물품인도기일이 신용장 등의 선적 또는 인도기일 이내이어야 함

내국신용장 거래절차

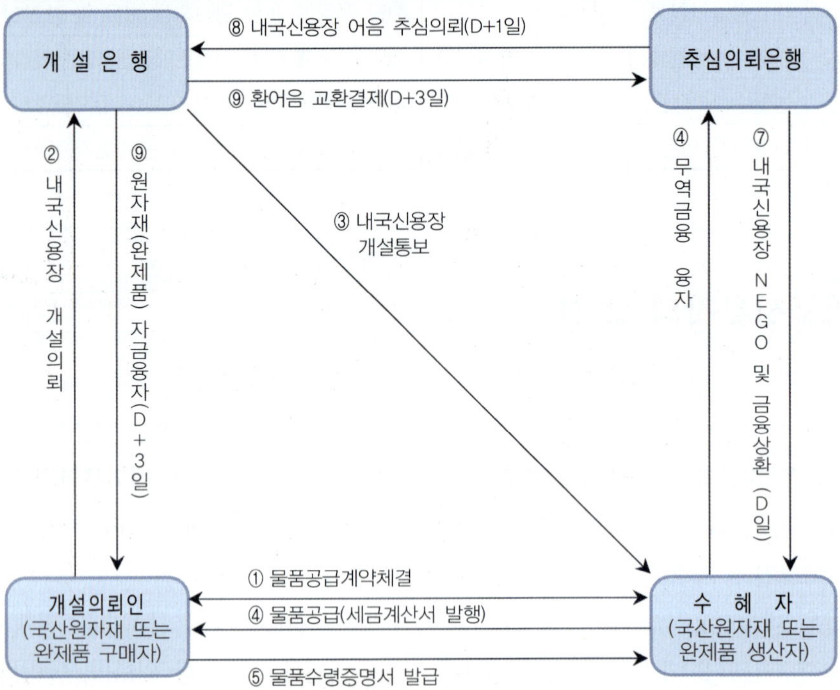

⑤ 어음매입 또는 추심을 위한 서류제시기간은 물품수령증명서 발급일로부터 5영업일 이내이어야 함(소재지가 원격지일 경우에는 7영업일 이내)

⑥ 수출신용장 등을 근거로 수평적으로 복수의 내국신용장을 개설할 수 있으며, 수직적으로는 1차가 완제품 내국신용일 경우 3차까지 개설할 수 있음(단, 최종수출자가 물품제조업체로서 1차가 원자재 내국신용장일 경우는 2차까지만 원자재내국신용장 개설가능)

6. 내국신용장어음의 결제

(1) 내국신용장어음의 매입 및 추심의뢰

내국신용장의 수혜자는 개설의뢰인으로부터 물품수령증명시를 발급받아 어음매입 구비서류를 첨부하여 개설은행 이외의 거래은행에 어음의 매입 및 추심을 의뢰하거나 개설은행에 직접 매입의뢰할 수 있다. 그러나 내국신용장을 근거로 하여 일반수출입금융을 융자받은 경우에는 당해 융자취급은행에 어음의 매입 또는 추심을 의뢰하여야 한다.

내국신용장어음 매입시의 구비서류

- 내국신용장환어음
- 물품수령증명서
- 공급자발행 세금계산서 사본

(2) 개설은행의 결제

내국신용장의 개설은행은 내국신용장 어음교환실을 통하여 어음이 내도하거나 동 내국신용장 수혜자로부터 직접 어음의 지급제시를 받은 경우에는 지급거절 사유가 있는 것을 제외하고는 당해 어음의 지급제시를 받은 날로부터 3영업일 이내에 결제하여야 한다. 개설은행은 융자 예정분에 대하여는 개설의뢰인을 차주로 하여 원자재구매자금을 취급하므로 융사금과 내국신용장어음금액과 차액만을 개설의뢰인으로부터 받아서 당해 어음을 결제한다.

내국신용장어음의 지급거절 사유

- 어음의 형식불비 또는 지급지가 상이한 경우

- 물품수령증명서상의 서명인감이 내국신용장 개설의뢰시 신고한 서명인감과 불일치한 경우
- 어음의 지급제시일이 내국신용장의 유효기일을 경과한 경우
- 물품수령증명서상의 물품명세가 내국신용장의 물품명세와 불일치한 경우
- 제시된 어음이 내국신용장의 기타 조건과 불일치한 경우

제4절

구매승인서제도

1. 구매승인서제도의 개요

(1) 구매승인서제도의 의의

구매승인서는 국내에서 생산된 수출물품(완제품 및 원료)을 내국신용장에 의하지 않고 구매하는 경우에 외국환은행이 국내신용장에 준하여 발급하는 것으로서 단순송금방식수출, 무역금융부족 등으로 내국신용장을 개설할 수 없는 상황에서 외화획득용 원료 등의 구매를 원활하게 하기 위하여 활용되고 있다.

수출용 원자재나 수출용 완제품을 국내에서 구매하고자 하는 경우에는 내국신용장을 이용하는 것이 가장 바람직하다. 내국신용장거래는 부가가치세 영세율 혜택을 받은 것은 물론, 거래당사자 상호간에는 무역금융을 융자하는 등의 각종 특혜가 있기 때문이다. 그러나 수출이 수출신용장방식이 아닌 송금방식인 경우, 또는 내국신용장 개설한도가 부족한 경우, 국내상거래 관례상 현금에 의하지 않고는 거래가 곤란한 때에는 내국신용장을 이용할 수 없다.

이와 같은 사유로 내국신용장을 이용하지 않고 단순히 현금으로 내수거래를 할 경우, 거래당사자 상호간에 상당한 문제점이 유발된다. 예를 들어, ❶ 물품공급자가 공급실적을 무역금융에서 규정하는 융자대상 수출실적으로 인정받을 수 없고, ❷ 부가가치세 영세율 혜택을 받을 수 없으며, ❸ 기초원재료납세증명서 발급이 불가능하며 수입시 납부한 관세 등 세액을 환급받을 수 없다. 또한, ❹ 공급자가 공급물품 생산에 필요한 기초원재료를 수출용 원자재로 수입함에 따라 발생된 원자재사후관리 의무를 인수자에게 승계할 수 없어 수출불이행에 따른 제재를 받을 수도 있다.

구매승인서제도는 이와 같은 문제점을 극복하기 위해 도입된 제도로, 국내상사간 물품거래는 원칙적으로 현금에 의한 내수거래이지만 물품구매자가 구매하는 원자재를 사용하여 생산된 물품을 수출 등에 제공할 것을 조건으로 하는 수출용 거래라는 사실을 외국환은행이 입증하는 제도이다. 수출용 원자재 거래임이 입증될 때, 부가가치세 영세율 등 혜택을 받을 수 있을 뿐만 아니라, 관세환급 및 원자재사후관리를 원활하게 추진할 수 있다. 결국, 수출용 원자재를 국내거래하는 방법에는 내국신용장을 이용하는 방법과 구매승인서를 이용하는 방법으로 대별된다.

(2) 구매승인서제도의 목적

구매승인서는 내국신용장과 거의 흡사한 제도이다. 그러나 내국신용장을 이용하여 국내거래를 할 경우에는 무역금융을 융자(한도 내 내국신용장일 경우)받을 수 있으나, 구매승인서는 무역금융을 융자받을 수 없는 등 다소의 차이가 있다.

구매승인서제도는 거래당사자가 다음의 각종 특혜를 누릴 수 있도록 도입된 제도이다.

① 총수출구매 승인

내국신용장을 이용하지 않고 단순히 현금으로 거래대금을 결제하는 내수거래일 때에는 당해거래물품이 사실상 수출품 생산에 사용된다 하더라도 물품공급자는 공급분을 수출실적으로 인정받을 수 없다.

무역관리업무는 수출 등에 제공되는 사실여부를 기준하지 않고, 그 수출에 제공된다는 사실이 서면으로 입증되었을 때에 한하여 이에 수반하는 각종 지원을 한다. 내국신용장을 받고 물품을 공급하는 수익자는 수출자로 하여금 수출행위를 하는 데 간접적으로 기여하는 결과이므로 공급분을 수출실적으로 인정한다.

한편, 내국신용장 없이 구매승인서를 발급받아 수출용 원자재 등을 공급하는 경우에도 동 공급분을 수출실적으로 인정받을 수 있다. 그러나 구매승인서방식 공급에 따라 인정받는 수출실적은 대외무역관리규정상의 총수출실적을 의미하며, 무역금융한도 산정의 기초가 되는 융자대상 수출실적으로는 인정되지 않는다.

총수출실적은 매년 무역협회 회장으로부터 무역업신고의 자격을 갱신받는 등의 용도에 사용된다.

내국신용장을 받고 국내공급한 실적은 무역금융 융자한도 산정의 기초로 활용되어 동한도 범위내에서 무역금융을 융자받을 수 있으나, 구매승인서로 공급한 실적은 무역금융에서 말하는 수출실적으로 인정되지 않는다.

② 부가가치세 영세율 인정

수출용 원자재를 국내거래할 경우에는 원칙적으로 내국신용장을 이용하여야 부가가치세 영세율 혜택을 받을 수 있다. 그러나 내국신용장 없이 구매승인서를 이용, 수출용 국내거래되는 경우에는 부가가치세 영세율 혜택을 인정받을 수 있다.

③ 관세환급 보장

우리나라는 국내산업을 보호·육성하고 수입의 균형을 유지할 것을 목적으로 모든 물품을 외국으로부터 수입할 때 정한 관세를 납부하도록 관세법에서 규정하고 있다. 그러나 당해 관세원재료를 사용, 수출물품을 생산한 다음, 외국으로 직접 수출한 경우에는 당해 원재료를 수입할 때 납부한 관세 등 세액을 수출자에 되돌려 주는 '관세환급제도'를 시행하고 있다.

과세수입 원재료로 생산된 물품을 외국으로 직접 수출한 업체가 이에 대한 관세환급을 받고자 하는 경우에는 수출사실을 증명할 수 있는 '수출면장'과 수출품 생산에 사용한 원재료의 '수입면장' 및 수입면장상의 수입원재료가 수출품 생산에 사용된 사실을 증명할 수 있는 '소요량증명서' 등 서류 일체를 환급기관에 제출하여야 한다.

이와 같이 외국으로 직접 수출하는 업체는 수출면장을 근거로 환급받을 수 있으나, 과세대상 수입원재료를 사용하여 중간원재료를 생산한 다음, 국내 수출업체에게 공급하였을 경우에는 구매자로부터 받은 내국신용장을 근거로 수입면장과 소요량증명서 등을 관할세관에 제출, 기초원재료납세증명서를 발급받아 구매자에게 송부, 구매자로 하여금 관세환급을 받을 수 있도록 보장하여야 한다. 이 경우, 물품공급자는 로컬거래가격에 관세 등 세액이 포함되어 있는지 여부에 따라 환급세액을 정산, 환급업무를 종료한다.

수입원재료로 생산된 중간원재료를 외국으로 수출하지 않고, 국내업체에게 공급하였을 경우, 기납증 발급이 가능하여야 최종적인 관세환급이 가능한데, 기납증을 발급받기 위해서는 반드시 구매자로부터 내국신용장을 개설받아야 한다.

과세원재료로 생산된 물품을 수출업체에게 공급함에도 불구하고 구매자가 내국신용장 개설한도가 부족하다는 이유 등으로 내국신용장이 없어 단순히 현금으로 거래하는 경우에는 관세환급을 받을 수 없다. 이 경우 내국신용장 대신 구매승인서를 발급받으며, 동 구매승인서를 내국신용장 대신에 사용하여 기납증을 발급받을 수 있다.

④ 원자재 사후관리 인정

수출입공고상 제한승인품목이나 금지품목 또는 별도공고상의 수입선다변화품목을 수출용 원자재로 수입한 원자재사후관리 의무자가 사후관리대상원자재로 중간원자재를 생산한 다음, 내국신용장으로 국내수출업체에 판매한 경우에는 해당 내국신용장을 근거로 원자재사후관리를 위한 '공급이행신고'를 하면 사후관리 의무자 내국신용장 개설의뢰인에게 승계된다.

그러나 내국신용장을 개설받지 못한 상태로 현금으로 거래하는 경우에는 사후관리 의무를 구매자에게 승계할 수 없으므로, 수입자는 원자재사후관리 불이행에 따른 제재를 받는다.

한편, 거래당사자 상호간에 현금으로 대금을 결제하는 조건이라 하더라도 구매자로부터 구매승인서를 발급받아 물품을 공급하는 때에는 내국신용장 대신에 동 구매승인서를 근거로 원자재사후관리를 위한 '공급이행신고'를 할 수 있으므로 공급자가 부담하고 있는 원자재사후관리 의무를 구매자에게 승계할 수 있다.

(3) 구매승인서의 특성

구매승인서는 내국신용장과 거의 흡사하지만 여러 가지 면에서 내국신용장과 다른 점이 있다. 구매승인서를 이용하여 수출용 원자재를 거래하는 거래당사자는 이 점에 특히 유의하여 업무에 착오가 없도록 사전에 대비할 것을 촉구한다.

① 무역금융 수혜불가

내국신용장으로 수출용 원자재를 국내구매하는 개설의뢰인은 내국신용장 구매대금을 결제할 때 무역금융 원자재구매자금을 융자받아 결제에 소요되는 자금으로 충당할 수 있다. 이 경우 개설의뢰인의 무역금융원자재금융한도 범위내에서 개서된 내국신용장이어야 한다.

한편, 내국신용장을 받고 물품을 공급하는 수익자의 경우에도 당해 내국신용장을 견질로 무역금융 원자재금융 또는 생산자금을 융자받을 수 있으므로 자금부담을 경감할 수 있다. 그러나 구매승인서에 의하여 국내거래하는 경우에는 내국신용장과 달리 거래당사자 누구에게도 무역금융이 융자되지 않는다.

② 무역금융규정상 수출실적 불인정

구매승인서에 의하여 국내수출업체에게 물품을 공급한 실적은 앞에서 언급한바 대외무역관리규정상의 총수출실적으로는 인정받을 수 있으나, 무역금융취급세칙상의 '융자대상 수출실적'으로는 인정받을 수 없다. 이 점에서는 자금내국신용장과 같다.

무역금융 융자한도 범위내에서 수입 또는 구매한 기초원재료로 생산된 물품을 구매승인서에 따라 국내공급하면 동 공급실적을 무역금융취급세칙상 수출실적으로 인정받을 수 없게 되어 향후의 무역금융한도가 부족해지는 결과가 초래될 수 있다.

③ 거래당사자간 결제

구매승인서에 의한 국내거래시 물품대금의 결제방식은 거래당사자 상호간에 직접 결제하는 당사자간 결제방식이다.

내국신용장에 의한 거래대금회수를 하는 공급자(수익자)는 개설의뢰인으로부터 인수증을 발급받아 이를 근거로 환어음 발행, 거래하는 외국환은행에서 매입 또는 추심과정을 거치게 된다. Nego서류 일체는 어음교환소를 경유, 개설은행에 지급 제시되며, 개설의뢰인은 대금을 개설은행에 적립하므로써 결제를 종료한다. 이 경우, 개설의뢰인이 소정기일 이내에 결제하지 않더라도 개설은행이 대지급금을 발생시켜 어음대금을 지급해 주므로 수익자는 안전하게 대금을 회수할 수 있다.

구매승인서는 내국신용장과는 달리 발급은행이 물품대금에 대한 지급보증을 하는 것이 아니고, 단순히 그 거래가 수출용 거래라는 사실만을 증명하는 서류이므로 대금회수에 따른 안정성이 결여된다. 생산된 물품을 구매승인서에 따라 국내판매하기 위하여 물품매매계약을 체결하는 실무자는 대금회수에 상당한 위험부담이 발생할 수 있음을 감안하여 계약서에 대금결제에 관한 조항을 구체적으로 삽입하는 것이 좋다.

④ 수출용 원자재의 비축불가능

내국신용장을 개설하는 형태는 실적기준과 신용장기준의 두 가지로 대별된다. 모든 업체는 두 가지 중 하나를 택일하여 내국신용장을 개설한다. 다만, 완제품내국신용장은 정부가 지정한 종합무역상사에 한하여 실적기준이 가능하고, 일반업체는 모두 신용장기준에 의하여 개설된다

한편, 원자재내국신용장의 경우에는 업체가 임의로 실적기준과 신용장기준 중 하나를 선택하여 사용한다. 실적기준에 의하여 내국신용장을 개설하는 경우에는 원수출신용장 등의 제출이 생략되므로 향후에 수출될 물품생산에 필요한 원자재를 사전에 비축할 수 있다. 실적기준으로 원자재내국신용장을 개설하여 구매하는 수출용 원자재를 '비축용 원자재'라 한다.

그러나 구매승인서를 발급신청하는 물품구매자는 반드시 구매승인서 발급은행에 원수출신용장 등을 제출하도록 규정하고 있으므로 수출용 원자재를 사전에 비축할 수 없다는 단점이

있다.

(4) 구매승인서 발급절차

구매승인서는 외화획득용 원료 등의 구매자 거래 외국환은행이 구매자(수출자)와 공급자 앞으로 발급하며 부구매승인서(2차, 3차, 4차, …)는 구매승인서 소지자의 거래 외국환은행장이 구매승인서 소지자와 공급자 앞으로 발급한다.

구매승인서는 내국신용장과는 달리 외화획득용 원료 또는 물품의 제조과정이 여러 단계인 경우에 차수에 제한 없이 발행할 수 있다.

구매승인서 발급절차

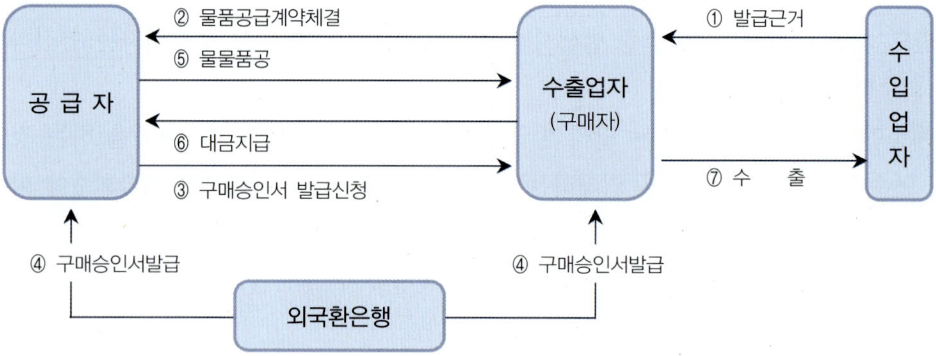

① 물품공급계약체결

수출용 원자재 또는 수출용 완제품을 구매승인서에 따라 국내업체로부터 구매하고자 하는 경우에는 거래의 기본이 되는 물품매매계약을 체결하여야 한다.

계약체결시 물품매매계약서에는 거래당사자간의 상호, 주소, 대표자 성명, 거래물품의 HS 10단위와 품명, 규격 및 수량, 단가와 금액, 기타 거래에 수반하는 각종 조건을 명시한다. 구매승인서방식에 따라 거래할 것을 조건으로 물품매매계약을 체결할 때에는 대금결제에 관한 사항을 기재하는 것이 바람직하다.

구매승인서거래는 내국신용장과 달리 발급은행이 대금에 대한 지급보증을 하지 않으므로 대금회수의 확실성이 보장받기 위해 결제방법에 관한 사항을 구체적으로 명시하는 것이 좋다.

② 구매승인서 발급은행

구매승인서는 구매자가 거래하는 외국환은행이 발급한다. 구매승인서 발급은행은 주거래 외국은행 또는 부거래 외국환은행에 관계없으나, 다만 수출신용장이나 선수출계약서 등을 근거로 구매승인서 발급을 신청하는 경우에는 해당 수출신용장 등의 수출승인은행에 신청하여야 한다.

③ 구매승인서 발급신청서 구비서류

구매승인서 발급을 신청하는 경우에는 발급신청서를 포함하여, 다음에 열거하는 서류 일체를 제출해야 한다.

- 외화획득용원료구매승인신청서 3부
- 물품매매계약서
- 양사의 인감증명서
- 원수출신용장 등 발급근거서류의 원본 및 사본
- 수출승인서 사본
- 소요량증명서
- 기타 구매승인서 발급에 필요하다고 인정하여 발급은행이 요구하는 서류

④ 구매승인서 발급 관련 수수료

내국신용장 개설을 신청하는 경우에는 일정한 개설수수료를 납입하여야 한다. 그러나 구매승인서는 발급에 따른 수수료가 없으므로 부대비용을 절감할 수 있는 효과가 있다.

(5) 구매승인서의 종류

구매승인서는 다음과 같이 그 종류를 구분한다.

① 외화획득용 원료 구매승인서

수출용 원자재를 국내에서 구매하기 위하여 발급되는 구매승인서를 '외화획득용원료 구매승인서'라 한다. 수출용 원자재를 대외무역관리규정에서 "외화획득용 원료"라 하며, 결국 외화획득용원료구매승인서의 용도는 원자재내국신용장과 같다.

외화획득용 원료 구매승인서

<table>
<tr><td colspan="5">**외화획득용 원료(물품) 구매승인(신청)서**

[별지 제5-1호 서식](　　　　용)</td></tr>
<tr><td colspan="2">① 신청인(상호 · 주소 · 성명)

(서명 또는 인)</td><td colspan="3">② 공급자(상호 · 주소 · 성명)

(서명 또는 인)</td></tr>
<tr><td colspan="5">공급물품명세(국산원자재, 기초원자재, 수출물품 중 해당사항에 ○표 할 것)</td></tr>
<tr><td>③ HS부호</td><td>④ 품명 및 규격</td><td>⑤ 단위 및 수량</td><td>⑥ 단가</td><td>⑦ 금액</td></tr>
</table>

내국신용장과 구매승인서의 비교

구분	내국신용장	구매승인서
관련법규	무역금융규정	대외무역법
개설기관	외국환은행	좌동
개설조건	무역금융 융자한도 내에서 개설	제한 없이 발급(개설근거 확인)
수출실적	공급업체의 수출실적 인정	좌동
부가세	영세율 적용	좌동
지급보증	개설은행이 지급보증	발급은행의 지급보증 없음
발급근거	- 수출신용장 - 수출계약서(D/P, D/A 등) - 외화표시물품공급계약서 - 외화표시용역공급계약서 - 내국신용장 - 당해 업체의 과거 수출실적	- 수출신용장 - 수출계약서(D/P, D/A 등) - 외화표시물품공급계약서 - 내국신용장 - 외화입금(매입)증명서 - 구매승인서
발급제한	2차까지 개설가능. 단, 1차 내국신용장이 완제품 내국신용장인 경우에 한하여 3차까지 발급가능	차수 제한 없이 순차적으로 발급 가능

② 수출물품 구매승인서

수출용 완제품을 국내에서 구매하기 위한 목적으로 발급되는 구매승인서를 '수출물품구매승인서'라 하며, 무역금융취급세칙에서의 수출용 완제품을 대외무역관리규정에서 수출물품이라 한다. 수출물품구매승인서는 완제품내국신용장과 동일한 의미이다.

한편, '수출물품구매승인서'의 양식이 별도로 규정되어 있는 것은 아니며, '외화획득용원료구매승인서' 서식 중 국산원자재, 기초원자재수출물품 중 해당 내용에 ○표를 함으로써 구분된다.

③ 수입원자재구매승인서

내국신용장을 이용하여 국내거래할 수 있는 물품은 사업자등록증상 도매업으로 표시되어 있는 유통업체를 제외하고는 반드시 '국산원자재'[2)]이어야 한다.

2) 공급업자가 자가공장에서 직접 제조·가공과정을 거친 물품을"국산원자재"라 하고, 제조·가공과정을 거치지 아니한 물품을 "수입원자재"라 한다.

담 당	결재권자

취소불능내국신용장개설신청서

취 소 불 능 내 국 신 용 장	신용장번호
1 CMF번호 ① 개설신청인(상호, 주소, 대표자, 전화)	② 2원화여부 □①원 화 다만, 환어음 매입시 대고객 전신환 매입율이 개설시와 다를 경우 원화금액은 동 매입률로 환산한 금액으로 함. □②외 화 다만, 개설의뢰인 명의 거주자계정으로부터 수혜자명의 거주자계정에 이체 지급할 것을 조건으로 함.
③ 5수 혜 자(상호, 주소, 대표자, 전화)	3통 화 4외화금액
	④ 6물품인도기일 ⑤ 7유효기일

형식: 수익자가 신용장 금액을 한도로 하여 송장금액 전액을 이용금액으로 하고 본인(당사)을 지급인 귀행을 지급장소로 하는 일람출급환어음을 발행함을 허용하는 신용장

제 출 서 류

8물품수령증명서 부 9물품명세가 기재된 송장 10공급자발행 세금계산서 사본 부

11기 타

⑥공 급 물 품 명 세

HS부호	11품명 및 규격	단위 및 수량	단 가	금 액

⑦ 12분할인도 □①허용함 □②불허함	13서류제시기간 물품수령증명서발급일로부터 영업일이내
14기 타	⑧ 15용 도

원 수 출 신 용 장 등 의 내 용

16종류: □수출L/G. □D/A □D/P □외화표시물품 공급계약서 □내국신용장 □외화표시건설·용역 공급계약서 □기타 수출관련 계약서

17신용장(계약서)번호	18결제통화 19금 액	20선적(인도)기일	21유효기일
22수출(공급)상대방	23발행은행	24대금결제조건	25수출지역
26HS부호	27품명 및 규격	28단위 및 수량	

귀행이 개설하는 내국신용장은 상기 원 신용장과는 독립 별개의 것임을 서약하고 위와 같이 내국신용장 개설을 신청하오며 귀행 소정 외국환거래약정서 조건을 무위 준수할 것을 확약합니다.

주 소:

년 월 일 신 청 인: (인)

귀하 Tel.

이 신용장에 관한 사항은 다른 특별한 규정이 없는한 국제 상공회의소 제정(1993년개정) 화환신용장통일규칙에 따릅니다.

*은행사용란

29 융자조건	30 수수료구분	지급보증 금 액		확 인	
31 수입보증금	32 입금구분	번 호		검 인	
33 자기앞금액	34 기 산 일	일 자		인감대조	

로칼(4060011. 210×297) 백상지80g/m^2(99 1 제정)

제7장 수출통관절차

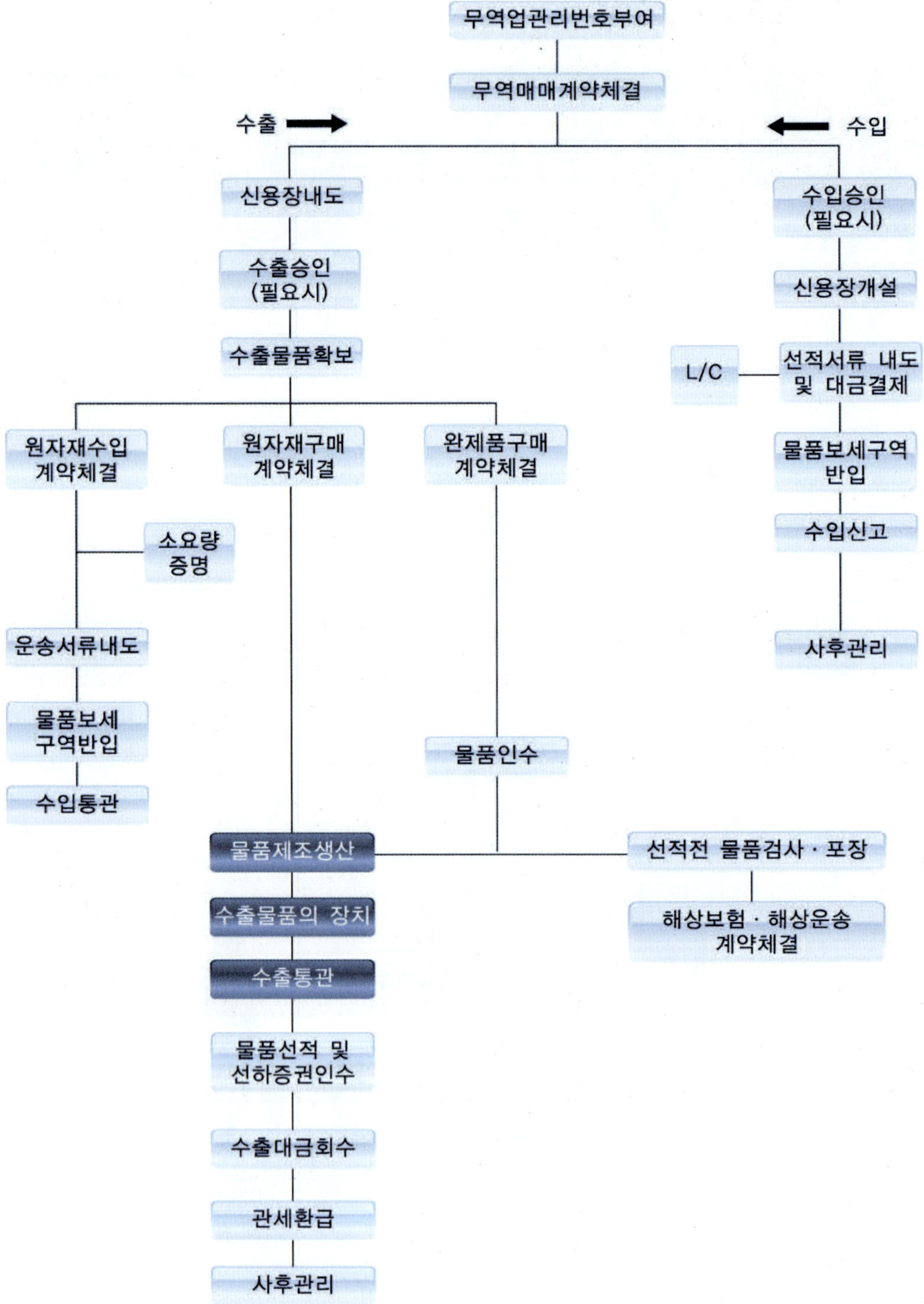
무역업관리번호부여
무역매매계약체결
수출
수입
신용장내도
수출승인 (필요시)
수출물품확보
원자재수입 계약체결
원자재구매 계약체결
완제품구매 계약체결
소요량 증명
운송서류내도
물품보세 구역반입
수입통관
물품인수
물품제조생산
수출물품의 장치
수출통관
물품선적 및 선하증권인수
수출대금회수
관세환급
사후관리
선적전 물품검사 · 포장
해상보험 · 해상운송 계약체결
수입승인 (필요시)
신용장개설
L/C
선적서류 내도 및 대금결제
물품보세구역 반입
수입신고
사후관리

제1절 수출통관

수출통관이란 수출신고를 받은 세관장이 수출신고사항을 확인하여, 일정한 요건을 갖추었을 때 수출신고인에게 수출신고필증을 교부하는 것으로, 수출승인된 사항 및 현품이 수출신고사항과 일치하는지 여부를 대조 확인하여 양자가 서로 부합된 때 수출을 현실적으로 가능하도록 한다. 이러한 수출통관이 완료되면 내국물품은 외국물품화된다. 수출면허제가 수출신고제로 전환하여 절차가 너욱 간소화되있다.

수출통관절차라 함은 수출하고자 하는 물품을 세관에 수출신고를 한 후 신고수리를 받아 물품을 우리나라와 외국간을 왕래하는 운송수단에 적재하기까지의 절차를 말한다. 현재는 EDI(Electronic Data Interchange) 방식 및 인터넷을 통한 P/L 방식의 수출통관절차로서 수출물품을 간단하고 신속하게 통관하고 있다. 아울러 수출물품에 대하여는 검사생략을 원칙으로 하고 있다. 그러나 전산에 의한 발췌검사 또는 필요한 경우 예외적으로 검사를 실시하는 경우도 있다. 이때 부정수출이나 원산지 표시위반, 지적재산권 위반 등이 적발되면 관세법 등 관계법규에 의거 처벌되니 이러한 일이 발생되지 않도록 특별히 유의해야 한다.

수출신고가 수리된 물품은 수출신고 수리일로부터 30일 이내에 우리나라와 외국간을 왕래하는 운송수단에 적재하여야 한다.

1. 일반수출통관절차

(1) 수출신고

① 수출신고의 의의

물품을 수출하고자 할 때에는 다음 각 호의 사항을 세관장에게 신고하여야 한다(법 제137

조 ①항).

- 물품의 품명 · 규격 · 수량 및 가격
- 포장의 종류 · 번호 및 개수
- 목적지 · 원산지 · 선적지
- 사업자 등록번호 · 통관고유번호
- 기타 참고사항

이와 같이 수출물품의 내역과 기타 관련사항을 세관장에게 신고하는 것을 수출신고라고 하며, 수출신고는 세관장에게 물품을 수출하고자 하는 최초의 의사표시를 하는 것이다.

② 수출신고의 요건

수출신고를 하고자 하는 자는 해당 물품을 제조공장 또는 제품창고 등 세관검사를 받고자 하는 장소에 장치한 후 신고하여야 한다. 수입신고는 그 물품을 적재한 선박 또는 항공기가 입항된 후에 한하여 할 수 있고, 반송신고는 대상물품의 관세법에서 정하는 장치장소에 있는 경우에 한하여 이를 할 수 있는 데 반하여 수출신고는 그 물품이 어느 장소에 있어도 할 수 있다.

③ 수출신고인

수출신고는 화주, 관세사 법인, 통관취급법인, 수출자, 수출위탁자 및 완제품공급자 등의 명의로 할 수 있다(법 제137조의 3).

④ 신고서의 처리

수출신고된 물품에 따라 신고서의 처리방법을 수출통관 사무처리에 관한 고시 제2-2조에서는 다음과 같이 규정하고 있다.

자동수리

- 수출신고시 서류제출대상에 해당되지 아니하는 경우
- 수출신고금액이 미화 1,000달러 이내에서 세관장이 정하는 금액 이하인 경우
- 통관시스템에서 검사대상물품으로 선별되지 아니하는 경우

자동수리대상물은 통관심사 및 물품검사를 요하지 아니한다.

즉시수리

자동수리대상에서 제외되는 물품 중 검사가 생략되는 물품으로서 통관심사 후 즉시수리한다.

검사 후 수리

- 수출자 또는 제조자·신고인 등의 우범성 및 신용도 등을 고려하여 관세청장이 별도로 정한 기준에 따라 통관시스템(수출 C/S: Cargo Selectivity)에서 선별된 물품
- 즉시수리대상물품으로서 심사결과 현품을 확인할 필요가 있는 물품

  검사 후 수리대상물품은 통관심사와 물품검사 후에 수출신고를 수리한다.

수출통관 및 CS절차 개관

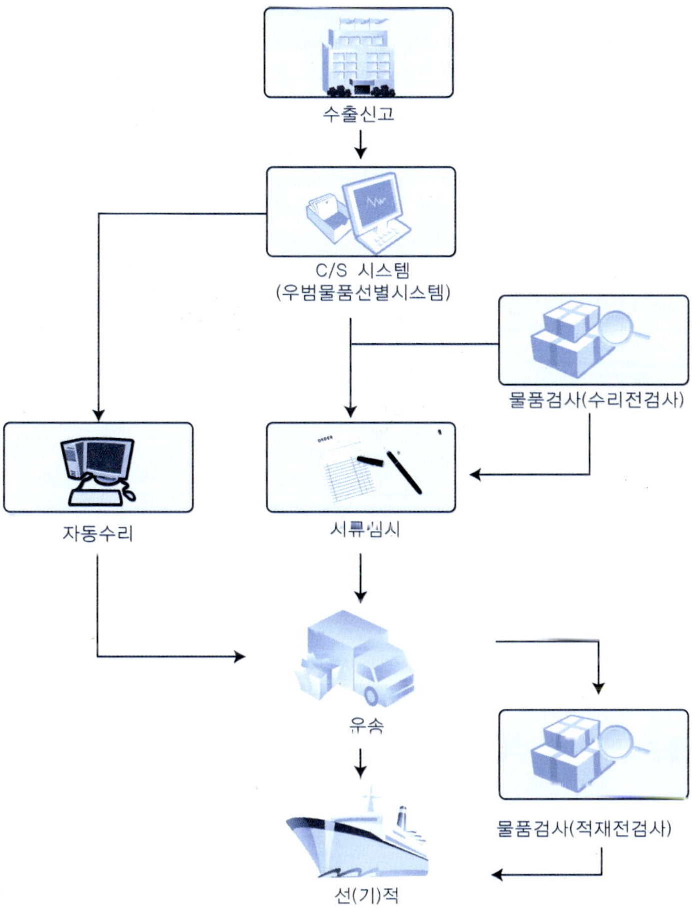

수출통관절차

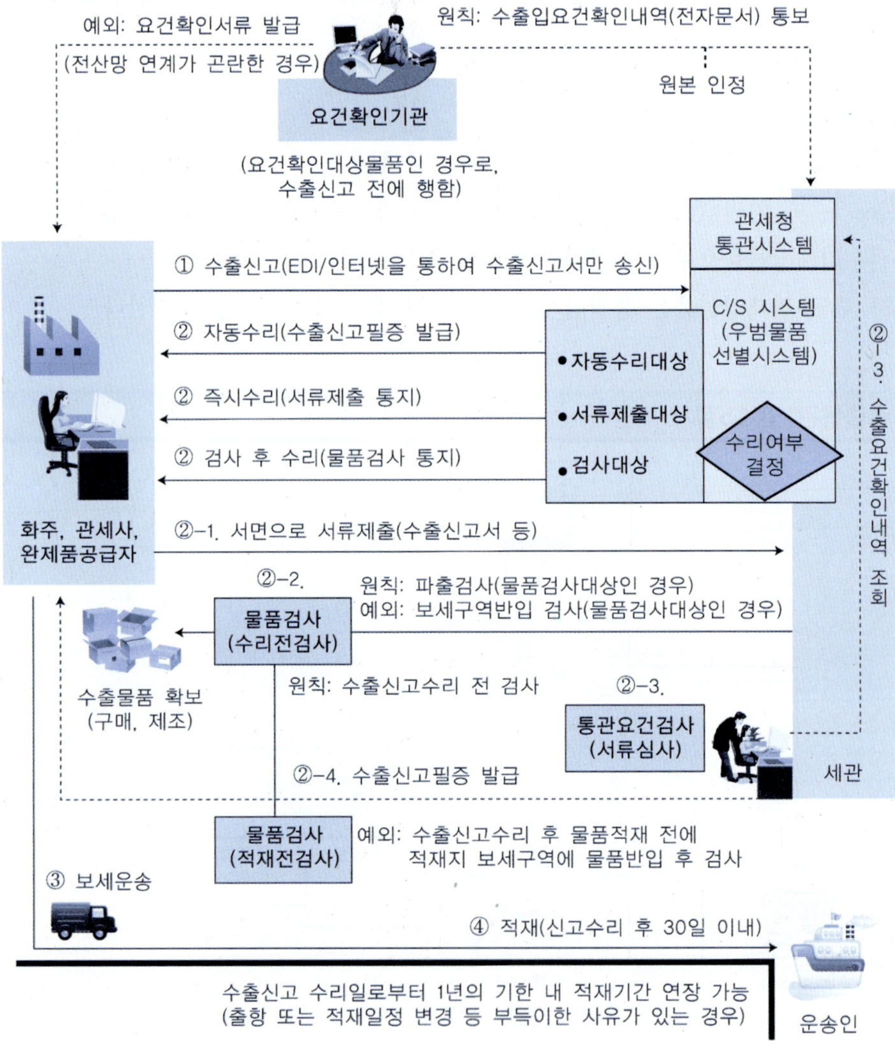

(2) 수출품의 선(기)적

① 30일 내 선적항 보세구역에 반입 의무

수출품은 수출신고 수리일로부터 30일 이내에 선적항(기적항을 포함하며 이하 같다)의 보세구역에 반입하거나 선(기)적하여야 한다.

② 보세구역 반입기한 연장

수출신고일로부터 30일 내에 선적항 보세구역에 반입할 수 없는 때에는 보세구역반입기한 연장신청서에 당해 사유를 증명하는 서류를 첨부하여 수출신고한 세관에 제출·승인을 받으면 반입기한의 연장이 가능하다.

③ 수출신고수리의 취소 및 처벌

수출신고수리의 취소

보세구역반입기한의 연장 없이 30일 내에 수출품을 선적하거나 선적할 보세구역에 반입하지 아니하면 수출신고수리를 취소당하게 된다. 다만, 다음에 해당하는 경우는 예외로 한다.

- 수출신고취하 신청에 정당한 사유가 있는 경우
- 보세구역 반입기한 연장신청에 정당한 사유가 있는 경우
- 기타 세관장이 동 기한 내에 반입이 곤란하다고 인정하는 경우

처벌

보세구역반입기한의 연장 없이 위 기한 내에 선적하거나 선적항 보세구역에 반입하지 아니한 때에는 500만원 이하의 벌금을 물게 된다(관세법 제186조 제4항).

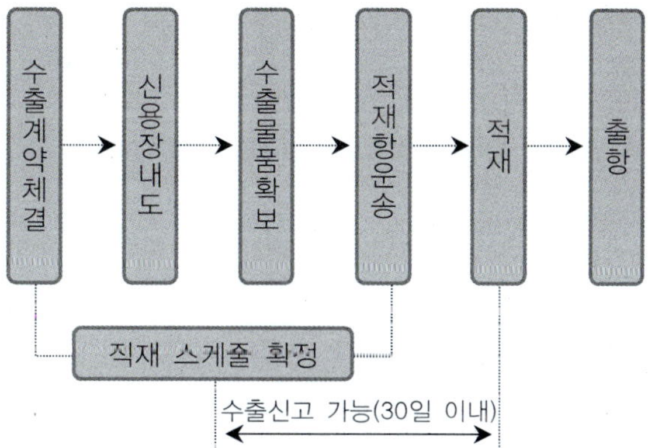

(3) 수출신고취하 등

① 수출신고의 취하

세관에 수출신고가 유효하게 접수되거나 수출신고가 수리된 뒤에는 원칙적으로 수출신고를

취하할 수 없다. 그러나 수출할 수 없는 정당한 사유가 있어 세관장에게 수출신고취하승인을 신청하여 승인을 받으면 수출신고수리 이후라 하더라도 그 수출신고를 취하할 수 있다.

세관장이 수출신고의 취하를 승인할 수 있는 정당한 사유란 신용장이 취소된 경우, 수입국의 수입금지조치, 천재지변 또는 부두파업 등으로 수출을 할 수 없는 사유가 수출자에게 귀책되지 않는 경우를 말한다. 그러므로 일반수출물품인 경우 수출물품을 적재한 선박이 출항하기 전까지는 언제든지 취하할 수 있으나, 반송물품의 경우는 보세구역에서 반출된 뒤에는 신고의 취하가 불가능하다.

이와 함께 수출대금이 이미 결제된 것으로 확인된 경우엔 수출신고 취하승인을 하지 않는 것이 원칙이며, 특별한 사유가 있어 이를 승인하는 때에는 즉시 수출승인기관장 및 사후관리은행에게 통보하여야 한다. 수출신고수리를 받은 물품에 대하여 수출신고가 취하되면 수출신고수리의 효력은 자동적으로 상실되며, 따라서 외국물품이 되었던 수출품은 내국물품화되고 이에 따라 별도의 수입신고와 수입신고수리 없이도 국내반입이 가능하게 된다.

② 수출신고의 각하

수출신고의 취하는 신고인의 신청에 의하여 세관장이 신고를 취소하는 것이나 수출신고의 각하란 세관장이 직권으로 당해 신고를 거절하거나 취소하는 것을 말한다. 수출신고의 각하대상은 다음과 같다.

- 세관장으로부터 신고서 또는 첨부서류의 보완을 요구받고 지정된 기간 내에 이를 보완하지 아니한 경우
- 보세구역 반입 지시를 받고 물품을 지정된 보세구역에 반입하지 아니한 경우
- 기타 관세법의 위반 혐의 등으로 수출신고수리를 할 수 없다고 판단하는 경우

제2절
특정수출통관절차

1. 특정(무환)수출통관의 개요

(1) 의의

통상 거래되는 유환수출품은 일반적인 통관절차를 밟게 되나, 무환수출품은 무상으로 수출하는 물품이므로 수출제한승인품목이라 하더라도 수출승인서가 없고, 무역업자가 아니라도 자기 이름으로 수출할 수 있으며, 무상수출사유서로 대외무역법령에서 규정한 수출승인면제사유에 해당하는지 여부를 판단하여 수출통관여부를 결정하게 된다.

무환수출은 위약수입된 물품의 수출 후 환급, 재수출조건부로 면세통관된 물품의 재수출이행 및 클레임 발생으로 대체수출품의 관세환급 등과 관련하여 수출신고서의 작성에 특히 유의하여야 위와 같은 절차이행에 차질이 없다.

(2) 특정(무환)수출통관절차도

수 출 신 고

↓

물 품 검 사

↓

통 관 심 사

↓

수 출 면 허

↓

선 (기) 적

2. 수출신고

(1) 수출신고시 구비서류

무상수출물품에 대한 수출신고서류는 다음과 같다.

- 수출신고서
- 무상수출사유서
- 관세법 제145조의 규정에 의하여 세관장이 확인하는 수출물품의 구비서류

(2) 무상수출사유서 작성시 유의사항

① 수출통관의 허용여부는 세관장이 개별적으로 심사

무상수출물품에 대하여는 세관장이 받지 아니하므로 수출통관의 허용여부는 수출자가 작성하는 무상수출사유서에 의하여 수출승인면제사유(대외무역관리규정별표 3-1)에 해당하는지 여부를 세관장이 개별적으로 심사하게 된다.

② 관련 증빙자료의 제출

무상수출사유 중 증빙자료가 있는 때에는 이를 무상수출사유서와 함께 제출하여야 한다. 특히 수출이행이나 관세환급과 관련된 다음의 경우에는 반드시 제출하여야 한다.

위약물품의 수출시

- 수입신고필증(원본과 사본)
- 위약물품임을 증명할 수 있는 서류 및 자료

재수출조건부 면세물품의 수출시

- 수입신고필증

클레임을 당하여 대체물품의 수출시

- 최초 수출신고필증
- 수입신고필증(재수입시)

기타 관세환급대상이 되는 물품의 수출시

- 주무부장관의 확인서(환급 등을 위한 수출의 확인편 참조)

(3) 관세법 제145조의 규정에 의하여 세관장이 확인하는 수출물품의 구비서류

세관장이 수출통관시에 확인하는 수출물품은 수출승인여부에 따라 다른데, 수출승인면제물품 중 세관장 확인대상물품은 다음과 같다.

수출승인면제 대상물품 중 세관장이 확인하는 수출물품(관세법 제145조)

품명	근거법규	구비서류(확인사항)
1. 수출승인면제 사유 특게품목 중 추천 등 요구품목	• 대외무역법시행령 제33조 규정에 의하여 수출승인이 면제되는 물품 중 대외무역관리규정 별표 3-1에서 확인·허가 등을 요하는 물품	• 주무부처장관 또는 주무부처장관이 지정하는 기관의 장이 발급한 확인서·추천서 또는 허가
2. 총포, 도검, 화약류, 분사기, 전자충격기	• 총포·도검·화약류단속법 제9조에 해당하는 물품	• 행정안전부장관 또는 시장·도지사의 허가서
3. 조수(알, 새끼, 가공품 포함)	• 조수보호 및 수렵에 관한 법률 제25조 및 제25조의 2에 해당하는 물품 중 통합공고 별표 V에 게기된 물품(그 알, 새끼 또는 가공품을 포함)	• 시장·도지사(권한을 위임받은 시장·군수·구청장 포함)의 수출허가증 • 산림청장의 수출허가증
4. 군용물자	• 방위산업에관한특별조치법 제14조 및 제21조에 해당하는 물품	• 국방부장관의 허가서
5. 잠종	• 잠업법 제7조에 해당하는 물품(잠종에 한함)	• 국립잠종장의 허가서
6. 농작물 종자	• 주요농작물종자법 제9조에 해당하는 물품	• 농림수산식품부장관의 허가서
7 식물	• 식품방역법 제8조 및 10조에 해당하는 물품	• 국립식물검역소장의 식물검사 합격 증명서
8. 대마	• 대마관리법 제4조에 해당하는 물품	
9. 향정신성의약품	• 향정신성의약품 관리법 제15조에 해당하는 물품	• 보건복지부장관의 확인서
10. 동식물, 생과일, 채소류 등	• 검역법 제24조에 해당하는 물품	• 완제품: 보건복지부장관의 허가서 • 원료: 한국의약품수출입협회장의 추천서 • 국립검역소장의 검역증
11 국보, 보물, 중요민속자료	• 문화재보호법 제21조에 해당하는 물품 • 문화재보호법 제76조 및 동법시행령 제44조에 해당하는 물품	• 문화체육관광부장관의 국외반출허가증 • 시·도지사의 비문화재 확인증

품명	근거법규	구비서류(확인사항)
12. 지도, 연안해역 기본도, 측량용 사진	▪ 측량법 제27조에 규정한 지도, 연안해역기본도, 측량용 사진	▪ 국토해양부장관의 반출허가서
13. 화폐, 귀금속, 증권	▪ 외국환관리규정 제8-2조 및 제8-4조에 해당하는 물품	▪ 외국환은행장의 인증서 또는 한국은행총재의 허가서
14. 수산동식물(치어 치패 등)	▪ 수산업법 제79조 및 수산자원보호령 제11조의 2 및 제15조의 2의 규정에 해당하는 물품(다만, 이식승인의 경우 통합공고상 수산청장의 이식승인대상이 아닌 물품은 제외)	▪ 농림수산식품부장관의 이식 승인서
15. 야생동식물	▪ 자연환경보전법 제26조 및 제27조에 해당하는 물품 중	
	가. 통합공고 별표VI에 게기된 물품(그 가공품을 포함)	▪ 지방환경청장의 승인서
	나. 통합공고 별표VIII에 게기된 물품(그 가공품을 포함)	▪ 지방환경청장의 허가서

3. 보세구역 반입 후 검사

부정수출 또는 부정환급 등 우범성 정보가 있거나, 물품의 성질, 업체의 성실도 등을 감안하여 물품의 효율적인 검사를 위하여 필요한 경우에는 세관장은 수출물품을 보세구역에 반입하게 할 수 있는바, 이러한 점으로 보아 무환수출물품은 보세구역에 반입하여 검사할 우려성이 높다. 물품의 수량 또는 중량이 적고 반드시 전량 검사를 해야 할 필요성이 크기 때문이다.

4. 환급 등을 위한 수출의 확인

(1) 위약수출의 확인

관세법 제35조의 규정에 의하면 위약수입된 물품을 수입면허일로부터 1년 이내에 수입된 상태로 보세구역에 반입하여 수출한 때에는 납부한 관세를 환급토록 규정하고 있는바, 위약수입된 신고필증의 물품이 수출되었는지는 수출입신고필증의 세관기재란에 다음과 같이 표시되어야 확인이 가능하다.

① **수출신고필증**

수입신고번호 ○ ○ ○ - ○ ○ - ○ ○ ○ ○ ○ ('98. . . 신고수리) 호의 위약 수출임 ○ ○ ○ ㉤

② **수입신고필증**

수출신고번호 ○ ○ ○ - ○ ○ - ○ ○ ○ ○ ○ ('98. . . 신고수리) 호의 위약 수출임 ○ ○ ○ ㉤

(2) 재수출이행의 확인

관세법 제29조의 규정에 의하면 일시수입되는 물품은 재수출조건부로 관세를 면제하고 있는바, 동 물품의 재수출시에도 다음과 같은 방법으로 재수출되었음을 수입신고필증뿐만 아니라 수출신고필증의 세관기재란에 확인하여야 한다.

(3) 관세환급대상수출의 확인

환급특례법 제2조의 제2항의 규정에 의하여 환급대상수출로 인정되는 다음의 무환수출에 대하여는 그 사실을 수출신고수리필증에 표시하도록 규정하고 있다.

① 해외에서 부사, 선실, 용역 기디 이에 준하는 사업을 행하고 있는 우리나라의 국민(법인을 포함한다)에게 무상으로 송부하기 위하여 반출하는 기계, 시설자재 및 공사용 장비로서 주무부처장관(또는 그가 지정한 자)이 확인한 물품의 수출

이 수출은 환급특례법 시행규칙 제2조 제1항 제4호의 규정에 의하여 주무부처장관의 확인 (19 . . . 확인번호 제 호)에 의한 것임

② 수산업법 제41조 또는 제42조의 규정에 의하여 농림수산식품부장관의 어입허가를 받은 자가 그 원양어선(외국무역선인 경우에 한한다)에 무상으로 송부하기 위하여 반출하는 물품으로서 농림수산식품부장관 또는 농림수산식품부장관이 지정하는 자가 확인한 물품

의 수출

이 수출은 환급특례법 시행규칙 제2조 제1항 제6호의 규정에 의하여 지방해양수산청장의 확인(19 . . . 확인번호 제 호)에 의한 것임

③ 수출된 물품이 계약조건과 상이하여 반품된 물품에 대체하기 위한 물품의 수출

5. 간이수출통관

(1) 항공·선박물품의 간이수출통관

① 의의

상품견본 등 무상으로 수출하는 소액물품은 선박 또는 항공기 편별로 수출품의 화주, 품명, 수량, 금액, 중량 등이 기재된 일괄목록 또는 송품장으로 수출통관을 할 수 있다.

② 적용대상물품

다음의 네 가지 요건을 모두 갖춘 물품에 한하여 간이통관을 할 수 있다.

- 무상으로 수출하는 물품(상용에 제공하지 아니하는 물품)
- 미화 1,000달러 이하의 물품
- 위약물품, 재수출이행물품 또는 관세환급대상 물품이 아닐 것
- 공항 및 항만세관 내의 물품

(2) 우편수출물품

수출승인을 받지 아니하는 무상수출물품이 우편으로 수출되는 때에는 수출신고서를 작성하지 아니하고 검사도 생략함을 원칙으로 하여 간이한 방법으로 수출통관을 한다.

그러나 유환수출물품(유상으로 수출하는 물품)에 대하여는 우편으로 수출되는 경우에도 정식 수입통관절차를 이행하여야 하며, 무상으로 수출하는 경우에도 재수출이행, 관세환급대상이 되는 수출물품에 대하여는 수출신고서를 작성하여 정식 통관절차를 이행하여야 한다.

6. 클레임 받은 수출품의 통관절차

(1) 해결방법

수출품에 대하여 구매자(Buyer)가 클레임을 제기한 경우, 해결방법은 클레임의 발생원인에 따라 가격인하, 수리 후 재수출 및 대체품수출이 있다.

가격인하

품질이 다소 불량해도 그대로 사용할 수 있는 때에는 가격을 인하함으로써 해결할 수 있다.

수리 후 재수출

클레임의 발생원인이 수출품의 어느 한 부분에 하자가 있고, 수출품을 국내에 반입하여 수리하면 클레임의 해결이 가능한 경우에는 수리 후 재수출한다.

클레임 받은 수출품 해결방법

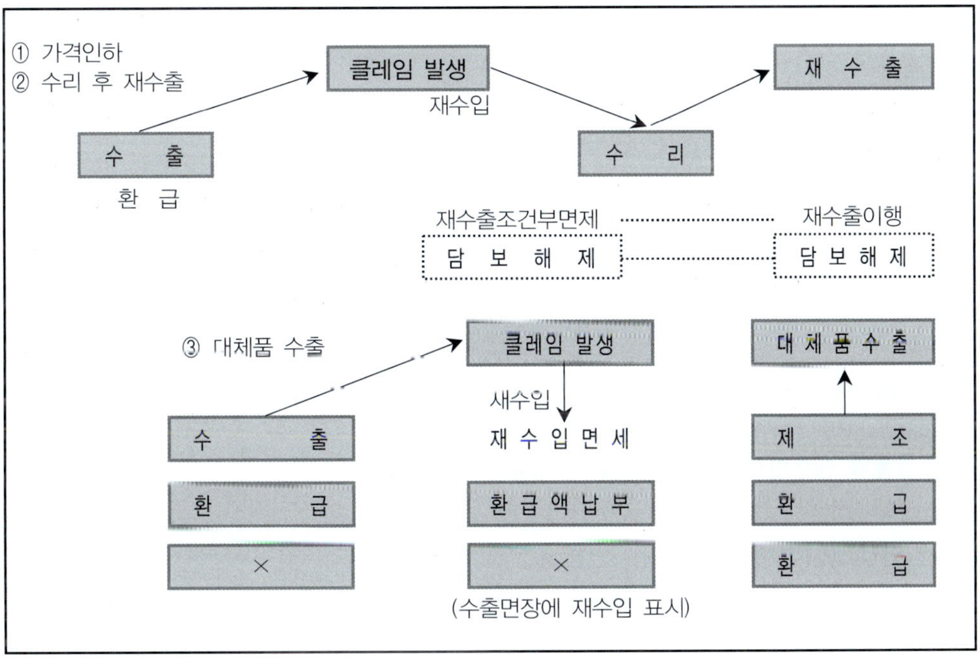

자료: 수출입통관실무(이정길)

대체품수출

위의 두 방법으로 해결할 수 없는 클레임에 대하여는 동일한 수출품을 새로 만들어서 무상으로 수출할 수밖에 없다. 이를 대체품수출이라 한다.

(2) 가격인하시의 관세환급

클레임 발생으로 수출품의 가격을 인하한 때에도 환급받은 관세 등을 추징하지 아니한다. 이를 환급액산출방법별로 검토해 보면 다음과 같다.

개별환급을 적용한 경우

개별환급방법은 수출품의 품명, 규격, 수량을 기준으로 소요원재료를 확인하여 환급액을 산출하기 때문에 수출액은 환급액에 전혀 영향을 미치지 아니한다.

특수공정물품 정액환급률표를 적용한 경우

수출품의 수량에 따라 환급액을 책정하는 것이므로 수출금액은 환급액에 영향을 미치지 아니한다.

간이정액환급률표를 적용한 경우

수출품의 가격에 따라 환급액을 책정하는 것이므로 간이정액환급률표를 적용한 경우는 클레임 발생으로 수출금액이 인하되었다면 환급액을 추징하여야 한다는 의견이 있을 수도 있다. 그러나 환급액은 수출품의 품명, 규격, 수량에 따라 소요원재료가 정해지는 것이고, 흠의 발생여부에 관계없이 소요원재료는 대부분 일치하는 것이어서 흠이 발생하였다 하여 원재료의 납부세액이 적은 것이 아니므로 비록 간이정액환급율표가 수출품의 금액과 환급액의 비율로 정액환급률을 책정하였다 하더라도 과다환급을 목적으로 고의로 수출금액을 상향신고하지 않는 한 수출신고금액 그대로 환급액을 산출함이 타당한 것으로 사료된다.[1)]

(3) 수리 후 재수출시 통관절차

① 수출품의 재수입시 재수출조건부 면세통관

재수입면세대상이 아님

수출한 물품을 다시 국내에 반입하는 것을 재수입이라 한다. 그러나 수리 후 재수출하는 물

1) 이정길, 전게서, pp.239~240.

품은 국내에 일시수입하는 것이며, 국내에서 소비할 물품이 아니기 때문에 재수입에 해당하지 아니한다. 그러므로 재수출조건부로 수입되는 물품에 대하여 재수입면세(관세법 제34조)를 적용할 수 없다고 본다.

재수출조건부 면세

수리 후 재수출할 물품의 수입시에는 재수출조건부면세(법 제29조 및 규칙 제23조 제11호)를 적용하여 면세통관하여야 한다.

수입통관시 구비서류

무상으로 수입되는 물품이므로 수입승인의 면제사유에 해당하여 무환수입통관 절차를 밟게 되는바, 수입통관시 구비서류는 다음과 같다.

- 수입신고서
- 무상수입사유서
- 수출신고필증 원본 및 사본
- 전문 사본 등 무상수입사유 입증서류
- 재수출면세신청서
- 담보물(통관 후 관세납부 지정업체는 담보제공 생략)

재수출기한

수리 후 재수출기간은 1년의 범위내에서 세관장이 정하고 있으므로 무상수입사유서와 재수출면세신청서에 재수출이행기한을 여유 있게 신고하는 것이 좋다.

담보제공

면세액의 120%(면세액이 2,500만원을 초과하는 때에는 면세액+500만원)에 해당하는 금액의 담보물을 제공하여야 한다. 재수출 불이행시 가산세가 면세액의 20%이며 가산세의 최고한도가 500만원이기 때문이다. 세관장이 통관 후 관세납부업체로 지정한 성실업체에서는 담보제공을 면제받을 수 있다. 계속 성실업체로 관리받기 위해서는 수출업체에서 재수출기한 관리에 특히 유의하여야 한다.

② 수출 후 재수출이행보고 및 담보해제

수출신고시 유의사항

수리한 물품은 세관장이 재수입통관시 수입신고필증에 부여한 재수출기한 내에 세관에 수출신고하여야 한다(수출신고 세관은 수입통관세관이 아니어도 무방함). 이 경우, 재수입신고필증을 첨부하여 수리 후 재수출하는 물품임을 무상수출사유서에 명확히 신고하여 수출신고필증의 세관기재란에 확인을 받아야 한다.

수출신고시 구비서류

- 수출신고서
- 무상수출사유서와 동 사유증명서류(전문 사본 등)
- 최초수출신고필증 및 재수입신고필증 원본 및 사본

재수출이행 보고 및 담보해제 신청

재수출이행보고및담보해제신청서에 수입면장(원본과 사본), 수출면장(원본과 사본) 및 담보영수증을 첨부하여 수입통관세관에게 재수출기한 내에 신청하는 것이 좋다. 세관장은 수출이행기한 후에도 재수출이행 보고가 없으면 재수출불이행으로 보고 담보물에서 관세를 충당하기 때문이다. 충당 후 재수출이 이행되었음이 확인되는 때에는 과오납환급을 받을 수 있지만 세관과 수출업체 모두 절차가 번잡해지기 때문이다.

③ 재수출기한의 연장

1년의 범위내에서 신청

재수출기간 내에 재수출할 수 없는 부득이한 사유가 발생한 때에는 동 사유를 증명할 수 있는 서류를 첨부하여 1년의 범위내에서 재수출기한을 연장승인신청할 수 있다.

연장신청횟수에 제한 없음

재수출기한 연장은 1년의 범위내에 한하며, 동 기한 내에서는 연장승인신청 횟수의 제한이 없다.

재수출기한 만료 전 신청

재수출기한의 연장승인신청은 반드시 재수출기한이 도래하기 전에 신청하여야 하며, 적어도 1개월 전까지 신청하는 것이 좋다. 재수출기한이 경과한 후에는 연장승인 신청을 할 수가 없고, 연장승인신청 후 연장승인이 안 될 경우에는 재수출을 이행하여야 하기 때문이다.

④ 재수출 불이행시 제재

재수출기한 내에 재수출을 이행하지 않으면 면제된 관세 등(부가가치세 등 내국세 포함)과

가산세를 납부하게 된다. 재수출기간을 경과한 후에는 재수출을 이행하여도 납부한 관세를 환급받을 수 없다. 가산세는 면제세액(내국세 포함)의 20%이며, 500만원을 초과하는 경우에는 500만원만 납부하게 된다. 또한 수입제한물품을 재수출기한 내에 재수출을 이행하지 않는 때에는 부정수입 여부에 대하여 심리조사하는 경우도 있다.

⑤ 용도외사용 승인신청

수리 후 재수출하고자 하였으나 수리 중 도저히 수리가 불가능함을 발견한 때에는 즉시 용도외사용승인신청서를 세관장에게 제출하여야 한다. 이 경우, 용도외사용승인신청서에 재수입면제신청서를 첨부하여 제출하면 1년 이내에 재수입된 경우에는 재수입면세로 관세감면의 승계가 가능하다. 즉 재수출조건부관세감면을 재수입면세로 감면근거를 변경할 수 있고, 재수출이행의무가 해제된다. 그러나 최초수출물품에 대한 관세환급을 받은 때에는 동 환급액을 용도외사용승인시에 납부하게 된다.

(4) 대체품수출

대체품수출은 클레임이 제기된 수출품은 재수입하여 국내에서 사용하고, 대체품을 제조하여 수출한 후 관세환급을 받게 된다.

① 수출품 재수입통관

수입통관시 구비서류

무상수입물품이며 수출한 물품을 국내에서 사용하기 위하여 재수입하는 것이므로 수출한 지 1년 이내에 수입(수출신고수리일로부터 수입신고일까지 1년 이내)되는 물품에 대하여는 관세법 제34조의 규정에 의거 재수입면세를 받을 수 있으며, 이를 위하여 다음과 같은 구비서류가 필요하다.

- 수입신고서
- 무상수입신고서와 동 사유증명서류(전문 사본 등)
- 수출신고필증
- 관세감면신청서(재수입면세)

환급액 납부 및 재수입사실 표시

수출한 물품을 1년 내에 재수입하는 때에는 관세감면이 가능하다. 최초수출물품에 관세환급을 받은 때에는 동 환급액을 납부하여야 한다. 관세환급을 받지 않은 때에는 환급액이 없으므로 납부하지 않으나 추후 관세환급을 방지하기 위하여 수출신고필증에 재수입사실을 세관에서 표시하게 된다. 또한 수입신고필증의 세관기재란에 "수출신고번호 ○○○-○○-○○○○○호(19 . . . 신고수리)의 재수입물품임"을 표시하게 된다. 이는 대체품 수출 후 관세환급시에 수출품의 재수입을 확인하는 데 필요하다.

② 대체품 수출통관

수출통관시 구비서류

대체품수출은 무상수출이나, 대체품수출 후 관세환급을 위하여 다음의 서류들이 수출통관시 필요하다.

- 수출신고서
- 무상수출사유서와 동 사유입증서류(전문 사본 등 클레임 받은 것과 관련된 자료)
- 최초수출신고필증
- 재수입신고필증

대체품 수출 확인

대체품수출신고필증의 세관기재란에는 "수입신고번호○○○-○○-○○○○○호(19 . . . 신고수리)의 대체수출임"이라는 사실이 확인되어야 관세환급이 가능하다.

③ 대체품에 대한 관세환급

대체품수출시 무상수출이나 최초수출신고필증, 수출품재수입신고필증 및 대체품수출신고필증을 함께 제출하는 때에는 대체품수출에 대하여도 일반수출물품과 같이 관세환급을 받을 수 있다. 환급대상수출의 증명서류는 다음과 같다.

대체수출물품의 수출신고필증

수출신고필증상(43)[종전(39)] 세관기재란에 다음과 같이 기재되어야 한다.

이 수출은 환급특례법 시행규칙 제2조 제1항 제7호의 규정에 의한 수출로서 신고번호 ○○○-○○-○○○○○호(19 . . . 신고수리)호의 대체품 수출임

대체수출물품의 선(기)적 증명

정상수출의 선(기)적 증명방법과 동일하다.

반품된 수출물품의 재수입신고필증

- 수입신고필증 세관기재란에 재수입사실이 표시(최초수출신고필증의 수출신고번호와 수출신고수리일자를 함께 기재)되어야 함
- 최초수출신고필증에 대하여 관세환급을 받은 때에는 환급액을 납부하였음이 이 수입신고필증에 의하여 확인되어야 함
- 최초수출신고필증에 대하여 관세환급을 받지 않았을 때에는 최초수출신고필증에 재수입사실이 기재되어야 함

최초수출신고필증

제8장 해상보험체결과 무역보험

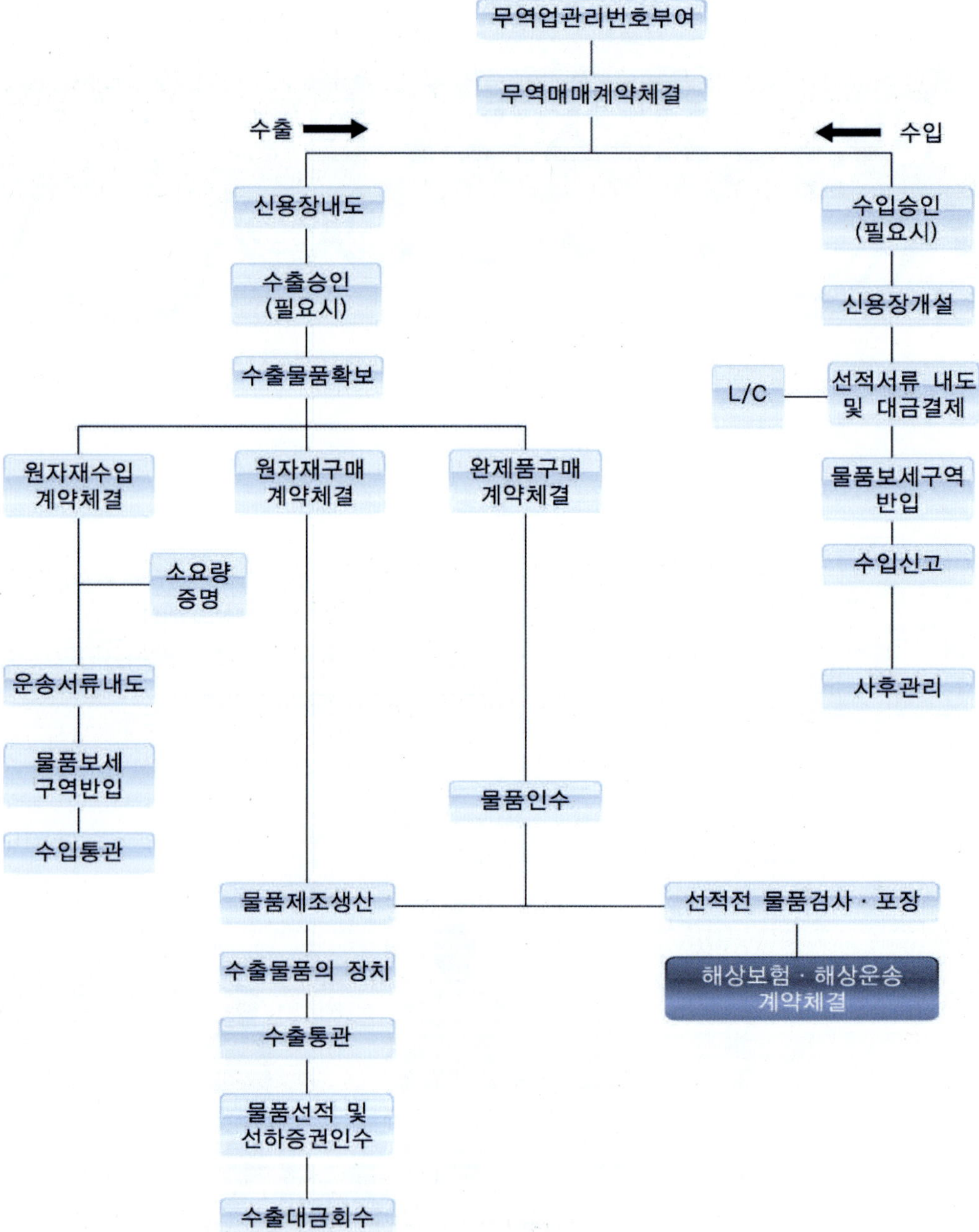
무역업관리번호부여
무역매매계약체결
수출
수입
신용장내도
수출승인
(필요시)
수출물품확보
원자재수입
계약체결
원자재구매
계약체결
완제품구매
계약체결
소요량
증명
운송서류내도
물품보세
구역반입
수입통관
물품인수
물품제조생산
수출물품의 장치
수출통관
물품선적 및
선하증권인수
수출대금회수
관세환급
사후관리
선적전 물품검사 · 포장
해상보험 · 해상운송
계약체결
수입승인
(필요시)
신용장개설
L/C
선적서류 내도
및 대금결제
물품보세구역
반입
수입신고
사후관리

제1절

무역거래상 위험과 보험의 역할

1. 무역거래상 위험과 관리

무역거래는 각 국가간 재화와 서비스의 국제적 이동을 말하는 것으로 국내거래와는 달리 매매당사자는 여러 가지 위험에 직면할 수 있다. 이렇듯 무역거래에서 발생할 수 있는 모든 위험의 형태는 다양하게 나타날 수 있는데, 여기에는 신용위험, 비상위험, 환위험, 운송위험 등이 있다.

(1) 위험의 형태

⑴ 신용위험(Credit Risk)

신용위험은 채권자의 지위에 대하여 발생할 수 있는 위험으로, 수입업자의 지급불능 또는 지급거절에 의해 인도상품에 대한 대금을 회수할 수 없게 될 위험이다. 이 위험은 거래상대방의 신용조사를 철저히 하고 신용장의 이용으로 어느 정도 예방할 수 있다.

② 비상위험(Emergency or Political Risk)

비상위험이란 전쟁, 내란, 천재지변, 수입국의 수입금지조치, 환거래제한조치 등과 같이 계약당사자에게 책임을 지울 수 없는 불가항력적인 사유로 인하여 계약이행이 불가능하게 되거나 또는 대금을 회수할 수 없게 되는 위험으로, 수출보험에 의해 어느 정도 보상받을 수 있다.

③ 환위험(Exchange Risk)

환율이란 국제간 외환거래시에 발생할 수 있는 자국화폐와 외국화폐의 교환비율에 의해서 자국화폐가치의 변화를 의미한다. 이러한 환율변화에 의해 국제간 거래에 있어 위험이 발생한다. 환율변동에 따른 위험은 환계약에 의해 방지할 수 있다. 환계약이란 선물환거래에 관한 것으로서 구체적으로 환의 매매당사자간에 거래외환의 종류, 금액, 환율, 매매의 실행시기 등의 조건을 미리 결정하고, 이 조건에 따라서 장차 현실적으로 매매를 실행할 것을 약속하는 것을 말한다.

④ 운송위험(Transportation Risk)

운송위험은 거래물품의 운송 중에 해난이나 기타의 사고에 의해 물리적으로 손상되는 위험으로서 물품이 해상운송되는 한 숙명적인 것이다. 거래당사자에 있어서 이것을 타인에게 전가하는 방법이 없는 한 거래의 발전을 기대할 수 없다. 따라서 이 요구에 따른 것이 바로 해상보험제도이다.

(2) 위험의 관리방법

무역거래에서 위험에 관련된 피해자는 수출입업자, 금융기관, 선박회사 등이 있는데, 위험으로부터 벗어나거나 위험에 따른 손실을 최소화하기 위해서는 다양한 위험관리 수단이 강구되어야 한다.

① 위험의 회피(Risk Avoidance)

위험의 회피는 손실발생가능성이 있는 재산, 인간, 활동 등을 회피하거나 기존에 존재해 온 위험을 제거함으로써 위험을 관리하는 방법이다.

② 위험의 보유(Risk Retention)

위험의 보유는 예상되는 손실의 일부나 전부를 보유하여 당사자 스스로 손실을 부담하는 방법이다. 이 경우 위험을 직접 보유함으로써 비용이 절감되고, 손실방지를 장려하는 효과나 자금운용의 이점이 있지만 기대 이상의 큰 손실이 발생하는 경우 재정적으로 심각한 고통을 받을 가능성이 높고, 위험보유시 세금혜택이 줄어드는 등의 한계가 있다.

③ 보험(Insurance)

보험은 위험의 사후대비로서 제3자에게 위험을 전가하는 방법으로 가장 널리 이용되는데 일반적으로 손실발생확률은 손실의 규모가 상대적으로 매우 클 것으로 예상되는 경우에 사용된다.

무역거래에서 보험으로 모든 위험을 해결할 수 있는 것은 아니다. 이는 보험제도에 의해 담보가능한 위험이 매우 제한되어 있기 때문이다. 더욱이 이론적으로는 보험에 대처할 수 있는 위험도 실제로는 보험에서 대처하는 데 한계가 있다. 기술적 한계로서 위험발생확률의 측정이 불가능하거나 곤란한 경우에 발생한다. 예컨대, 전쟁, 폭풍우와 같은 위험이나 비상위험, 방화와 같은 도덕적 위험, 환율의 변동과 같은 투기적 위험이 이에 속한다. 그러나 실제로는 위험발생확률의 측정이 곤란한 위험이라도 재보험, 산업정책의 일환으로 정부의 원조에 의해 보험화된 위험도 있다.

④ 위험의 예방(Risk Prevention)

위험의 예방은 사고의 발생을 미연에 방지하는 방책, 즉 사고발생의 원인을 탐구하고 그것을 근본적으로 배제함으로써 사고발생을 근절하거나 또는 축소하도록 하는 것이다. 여기에는 질병예방조치, 재해방지시설, 기계안전장치, 교통안전대책 등의 예방책이 있다.

⑤ 선후책

선후책은 발생한 사고에 대해서 그 영향을 완화・경감・제거하는 방책(사고처리 해결을 위한 가장 이상적인 시설)으로 여기에는 타인의 힘을 빌리는 방법, 저축 그리고 보험이 있다.

2. 국제무역과 적하보험의 역할

(1) 국제무역에서 적하보험의 의의

해상보험은 수출입업자에게 계약물품인 적하품에 보험을 부보함으로써 해상위험으로 발생하는 손해를 회피할 수 있고, 수출업자와 수입업자간의 무역거래를 원활하게 이루어지게 한다. 이러한 이유로 해상보험은 해운, 국제금융과 더불어 무역을 뒷받침하는 요인이 되고 있다.

아울러 해상적하보험은 선박보험과 함께 해상보험의 일부를 이루고 있지만 국제무역에 의하여 유통되는 화물의 운송형태의 다양화 및 고도화에 의하여 해상운송을 주제로 하는 의미의 해상적하보험보다는 육·해·공을 복합하는 국제물류이동의 위험을 담보하는 의미의 적하보험의 명칭이 더 어울리게 되었다.

해상적하보험은 우리나라의 전통적인 보험영업종목인 동시에 국제무역화물의 보험자 측의 위험관리(Risk Management)상의 개념이기도 하다. 즉, 해상운송에 수반되는 각종의 위험(Risk) 및 위험사정(Hazard)을 안고 있는 운송구간에 있어서 발생할지도 모르는 각종의 손해를 담보하는 해상적하보험의 개념은 위험(Risk)의 발생주체인 선박 또는 해상운송구간에 중점을 둔 개념이라고 할 수 있다.

따라서 적하보험자의 인수(Underwriting)는 각종 국제운송수단, 국제운송구간 및 국제터미널 보관을 포함한 총체적인 국제복합운송 리스크를 담보하는 보험기술로 고도화되고 있다. 게다가 국제무역을 둘러싼 환경 전체는 사회·경제적 각종 동태적 리스크의 변화에 의하여 매일 다양한 영향을 받고 있다.

우리나라 민간손해보험회사는 보험의 목적인 무역화물에 관한 물품 및 책임의 피보험이익을 중심으로 한 적하보험을 인수하고 있고, 한국수출입은행은 각종 국별위험(Country Risk)에 입각한 수출화물거래상의 비상위험 및 신용위험을 담보하는 각종 수출보험을 인수하여 무역업체의 위험을 부담하고 있다.[1)]

(2) 무역거래에서 적하보험의 특성과 역할

적하보험은 해운과 더불어 국제무역을 뒷받침하는 서비스이고, 보이지 않는 무역의 지원요인으로서 국제비즈니스이기도 하다. 특히 해상적하보험은 각종 화물의 운송 중 위험을 담보할 뿐만 아니라, 화물의 멸실·손상과 함께 경제적 손실을 입은 하주 이외의 각종 관계자의 피보험이익도 담보하는 것이 요청되었다는 점에 특징이 있다. 해상적하보험은 기업인이며 모험인인 무역업자의 다종다양한 위험부담의 요청에 부응하면서 발달하여 왔기 때문에 다른 손해보험 종목과 뚜렷한 차이가 있다. 따라서 이는 국제간 상거래를 하는 기업보험종목으로서 화물, 선박, 항공 등이 중심을 이루고 있다. 국제무역 측면에서 적하보험의 특성과 역할은 다음과 같다.

---

1) 전창원, 표준무역보험실무, 무역연구원, 1996, p.30.

① 위험과 위험담보의 일관성 및 다양성

무역화물의 리스크

국제물류의 주체를 형성하는 무역화물의 리스크 내용은 최근 현저하게 변화하고 있으며, 무역화물의 리스크 관리의 일익을 담당하고 있는 보험제도에도 직간접적으로 영향을 미치고 있다. 리스크를 국제무역화물에 비추어 보면, 먼저 일정한 범위의 담보위험이 특정되고, 다음으로 이들 위험을 구성하는 개개의 손인(Peril)이 명시되어 보험계약상 중요한 보험조건이 성립된다. 한편 보험계약에 담보된 무역화물은 개개의 운송방법, 운송수단, 운송경로, 운송구간, 매매거래조건, 사회·경제상의 제조건, 자연조건 등에 의해서 구성되는 각종의 위험사정(Hazard)에 둘러싸여 있다. 따라서 보험조건 및 이러한 위험사정(Hazard)을 감안하면서 개개의 무역화물별로 보험료율을 사정하는 기술을 적하보험에서는 'Underwriting'이라 부른다.

위험담보(Risk Cover)의 일관성과 다양성

CIF조건에 의한 수출화물을 예로 들면 하주(Shipper)가 체결한 보험계약에 의거하여 발행된 보험증권에 의하여 화물이 보험증권에 기재되어 있는 출하지의 창고를 떠났을 때부터 목적지의 최종창고에 반입될 때까지 화물에 대한 리스크는 일관하여 담보된다. 협회적하약관 중에 있는 운송약관(Transit Clause: 신ICC 제8조, 구ICC 제1조)에 창고에서 창고까지의 사이를 담보하는 창고간 담보의 원칙이 규정되어 있어 화물에 대한 위험이 일관되게 담보된다.

또한 운송형태가 국제복합운송처럼 육·해·공 등 다른 두 가지 종류 이상의 운송수단에 의한 경우도 창고간 담보조항을 흡수하고 있는 운송약관에 의해서 door to door까지 일관하여 담보한다. 담보되는 위험은 화물의 성질, 포장형태, 운송구간, 적재 외항선박, 기타 운송용구의 내용 등에 따라 협회적하약관(ICC)의 ICC(A), ICC(B), ICC(C) 등의 보험약관에 따라 담보된다.

② 국별위험(Country Risk) 및 수출보험

수출보험제도는 무역업사가 수출내금을 회수할 수 없게 된 경우 등 해외거래에서 발생한 손실을 보상해 주는 제도이다. 신용장에 의거하지 않는 D/P, D/A조건의 결제방식에는 수출보험의 한 종목을 구성하는 수출어음보험이 부보된다. 그 밖에도 각종 수출보험이 한국수출입은행에 의해 운영되고 있고, 민간손해보험회사에서는 도저히 부담할 수 없는 해외기업의 신용위험 또는 상대국의 국별위험(Country Risk)이 담보되어 있다.

아울러 적하보험은 물품보험으로서 화물의 손해보상을 주요영업종목으로 하고 있지만 해상위험 이외에 전쟁위험, 동맹파업 위험 등 국별위험(Country Risk)의 일부도 담보하고 있다. 이와 같이 적하보험은 국제무역금융에 대한 담보기능과 더불어 수출보험에 대해서도 상호보완관계를 가지고 있다.

③ 무역결제와 적하보험

무역거래에서 매도인은 계약물품의 선적을 완료하면 대금을 회수하여야 하는데, 매도인은 수출지의 외국환은행으로부터 대금을 영수하기 위하여 선적서류를 정비하고 동시에 환어음을 발행하여 은행에 매입의뢰를 한다. 이와 같이 화환어음의 매입의뢰 행위를 화환어음의 매도라고 한다. 외국환은행(매입은행)이 화환어음을 매입하는 경우, 화환어음 등에 첨부된 선적서류 중 특히 선하증권과 보험증권에 대해서는 신용장의 지정조건과 일치하고 있는가를 점검하여 신용장조건과 일치해야만 화환어음을 매입한다. CIF조건에 있어서는 보험증권을 환어음에 첨부하는 것이 불가결하다.

외국환은행은 운송 중의 화물을 담보로 매도인에 대한 금융을 제공하기 위하여 담보물인 화물이 해난사고에 의해서 멸실·손상되어도 보상받을 수 있도록 그 화물에 대해 적절한 보험을 부보할 것을 요구하고 그 증거로서 보험증권의 첨부를 요구한다.

만약 화물이 해난사고에 의해 멸실·손상되고 이러한 손해가 보험조건하에 담보되어 있으면 매수인은 보험회사 지정의 클레임 에이전시(Claim Agency) 보험증권 등을 제시하고 보험금의 지급을 받는다. 또한 화환어음을 매도할 때 보험서류로서 인정되는 것은 확정보험증권 또는 신용장에서 인정하는 경우의 보험증명서이고 예정보험증권이나 보험각서(Cover Note)는 인정되지 않는다. 따라서 이는 CIF조건을 전제로 한 경우이고, FOB, CFR조건의 경우에는 선적 이후의 위험에 대해 매수인이 별도로 보험을 부보하므로 선적서류 중에 보험서류가 첨부되지 않는다.

(3) 무역계약과 적하보험

무역거래에서는 매도인과 매수인의 국가가 다르기 때문에 상관습, 법률, 제도도 각각 다르다. 이러한 요인 때문에 매매계약을 체결하는 데 있어서 매도인과 매수인 사이에 제도 및 관습에 대한 공통이해가 필요하게 되었다. 적하보험에서 무역조건에 대하여 깊은 관심을 갖는 이유는 보험에 의하여 담보되어야 하는 약정품에 대한 위험의 부담이 소유권과 더불어 어느 시점에서 매도인으로부터 매수인에게 이전되는가 그리고 매매당사자의 의무와 책임은 어떻게 분담되는가가 각 무역조건에 규정되어 있기 때문이다.

① 수출과 적하보험

CIF 계약과 적하보험

CIF 계약으로 수출하는 경우 매도인은 매매계약서 또는 신용장에서 요구하는 보험을 부보하고 그 보험증권을 매수인에게 제공할 의무가 있다. 위험은 선적의 단계에서 매도인으로부터 매수인에게 이전되므로 화물이 선적될 때까지는 자기를 위하여 그 이후는 매수인을 위하여 보험을 부보한다. 이에 대하여 매수인은 선적 이후의 위험은 자기의 부담이 되므로 만약에 사고가 발생할 경우 자기의 이름으로 보험회사에 보험금을 청구한다. 이를 위하여 매도인은 통상 화물의 출하지 창고에서 목적지 창고까지의 위험을 담보하는 1부의 보험증권을 입수한 다음에 보험증권에 백지배서하여 매수인에게 인도한다.

매도인은 매매계약서 또는 신용장에 지정된 보험증권을 자기의 비용으로 입수하고 그것을 매수인에게 인도하면 매매계약상의 부보의무는 이행된다. 그 이후에 전쟁이나 항만동맹파업 등이 발생하여 본래의 목적항 이외의 중간항에서 화물이 양하되었을 때 보험을 연장하거나 최종목적지가 변경되어 보험의 내용을 변경하거나 또는 최종목적지에 도착한 후의 보험금액을 증액시키는 조치는 매수인이 자기의 비용으로 원보험증권을 연장 또는 변경하거나 새로이 별도의 보험을 부보하여야 한다. 어느 경우에도 매도인에게 매매계약상의 의무는 없다.[2] CIF 계약에 있어서 매도인으로서 보험을 부보하거나 또는 부보한 보험증권을 입수하였을 때 주의해야 할 사항은 다음과 같다.

- 보험회사 선정

  매매계약서 또는 신용장에 "an underwriter or insurance company of good repute(신용 있는 보험업자 또는 보험회사)"의 문언으로 지정하는 경우도 있고, Incoterms 2010에도 이와 같은 표현이 있다. 따라서 매도인으로는 평판이 좋고 신용이 있는 보험회사를 선정하여 그 회사의 보험증권을 입수할 필요가 있다.

- 보험조건

  신용장상에 "The Institute Cargo Clauses(A), Institute War Clauses, and Institute Strikes Clauses"로 지정되어 있는 것이 일반적이다. 전쟁위험과 동맹파업위험에 대해서는 기본보험조건에 부가하여 부보하는 것이 일반적이다. 매수인이 특별히 요구하지 않

---

2) R. H. Brown, Marine Insurance Vol. 1-Principles Basic Practice, 5th Edition, Witherby & Co., Ltd., 1986, pp.6-7.

는 한 매도인은 부보할 의무가 없다.

- 보험금액

  매매계약서 및 신용장에 별도의 명시가 없는 경우에는 CIF금액에 10%의 희망이익을 가산한 금액을 보험가액으로 한다.

- 보험증권의 일자

  1993년 개정 신용장통일규칙 제34조 e항에는 보험에 의한 담보시기에 대하여 다음과 같이 규정하고 있다. "신용장에 별도의 명시가 없는 한, 또는 보험에 의한 담보가 늦어도 물품의 적재일 또는 발송일 또는 수취일로부터 유효하다는 것이 보험서류에 표시되어 있지 않는 한, 은행은 운송서류에 표시되어 있는 물품의 적재일 또는 발송일 또는 수취일보다 이후의 일자로 표시된 보험서류의 제시받았을 때 이것을 거절한다." 그러나 우리나라가 사용하고 있는 보험증권에는 영국의 경우와 마찬가지로 '소급효력에 관한 조항'이 삽입되어 있어 매도인(피보험자)이 이미 손해가 발생한 것을 알고 있고, 보험회사가 그것을 몰랐을 경우를 제외하고 보험계약이 체결되기 전에 발생한 사고에 대해서는 보험회사가 책임을 진다. 예컨대 운송서류의 일자가 10월 13일이고, 보험증권의 발행일이 10월 16일이더라도 그 보험증권이 거절당하는 일이 있어서는 안 되므로 실무적으로는 이러한 분쟁을 피하기 위해서 보험회사는 보험증권 일자를 적어도 본선 출항일보다 이전의 일자로 작성한다.

FOB 및 CFR 계약과 적하보험

FOB계약에서 매도인은 선적항에서 화물이 수출본선에 적재될 때까지의 위험과 비용을 부담한다. CIF계약과는 달리 매도인에게 선적 후의 비용을 부담하는 의무가 없으므로 문자 그대로 'Free on Board'이다. 매수인을 위하여 보험을 부보할 의무는 없다. CFR계약은 CIF계통의 무역조건인데, CIF에서 보험의 "I"만이 빠져 있기 때문에 보험관계에서 말하는 FOB계약과 같다.

FOB나 CFR계약도 선적 이후의 보험을 매수인이 부보한다는 점은 같으며, 이 때문에 매도인으로서는 선적 후 즉시 매수인에게 소위 선적통지를 해서 매수인이 보험부보를 원활하게 할 의무를 가지고 있다.

② 수입과 적하보험

FOB 및 CFR계약과 적하보험

FOB 및 CFR계약에서 매수인은 화물이 선적항에서 수입본선에 적재된 시점 이후의 위험과 비용을 부담하므로 보험도 자기의 비용으로 부보한다. FOB계약의 경우는 CIF계약의 경우와 반대로 'FOB Hamburg'라고 할 때 Hamburg는 선적항을 말한다. 그러나 CIF계약에서 외국의 지명이 뒤에 붙어 있는 경우는 Hamburg에서의 수입을 말한다.

여기에서 한 가지 주의해야 할 점은 Incoterms의 FOB와 미국 정의의 FOB와는 다르다는 것이다. 우리나라는 삼면이 바다이고 대륙을 통하여 교역하는 경우가 없으므로 항공기에 의한 경우를 제외하고 화물은 항구에서 선박에 적재되어 운송된다. 그러나 대륙국인 미국에서는 선박뿐만 아니라 철도나 화물자동차 등에 적재하여 인도하는 경우에도 모두 FOB라는 무역조건명을 사용한다. 따라서 내륙지인 댈러스(Dallas)를 FOB 뒤에 붙여 'FOB Dallas'라고 부른다. 이것 때문에 Incoterms상의 FOB조건인 경우, 미국 무역정의에서는 'FOB Vessel'이라고 일부러 붙여서 구별하고 있다. CFR의 경우도 CIF계통이므로 CIF와 마찬가지로 CFR 뒤에 목적항명을 붙인다.

보험기간

FOB계약에 있어서 위험과 비용부담에 대한 매수인에 이전시기는 Incoterms 및 미국 무역정의에서 서로 다르지만 그중 그 어느 것도 매수인이 부보하는 적하보험에서는 매수인의 위험이 시작된 이후이면 담보한다. 보험회사의 담보책임이 개시한다는 것을 전문용어로 'Risk Attach'라고 하는데, 우리나라 보험회사에서는 'FOB Attachment Clause'를 특약함으로써 보험회사의 책임개시시기를 명확히 하고 있다.

제2절
해상보험체결과 무역보험

1. 해상보험의 의의

해상보험(Marine Insurance)이란 해상사업에 관한 사고에 직면하는 재산권을 가진 다수의 경제주체가 각자의 위험정도에 따라 합리적인 기금을 부담하여 공동준비자산을 형성한 후 해상위험발생으로 손해를 입은 자에게 보상함으로써 그 경제상의 불안을 제거하거나 경감하는 손해보험제도를 말한다.

즉, 해상보험은 해상사업과 관련하여 일어나는 사고에 의하여 생기는 손해의 보상을 목적으로 보험자는 손해를 보상하여 줄 것을 약속하고, 보험계약자는 그 대가로서 보험료를 지급할 것을 약속하는 것을 말한다.

(1) 해상보험의 정의

해상보험(Marine Insurance)이란 해상사업에 관한 사고로 인하여 생길 손해를 보상할 것을 목적으로 하는 손해보험의 일종으로, 영국해상보험법(MIA 제1조, 1906)에 의하면 "보험자가 피보험자에 대하여 그 계약에 의해 합의된 방법과 범위내에서 해상손해, 즉 해상사업에 수반하여 발생하는 손해를 보상할 것을 약속하는 계약이다".

> MIA 제1조: Marine Insurance Defined
>
> A contract of marine insurance is a contract whereby the insurer undertakes to indemnify the assured, in manner and to the extent thereby agreed, against marine losses, that is to say, the losses incident to marine adventure.

(2) 해상보험의 범위

오늘날의 해상보험은 비단 해상구간뿐만 아니라 육상운송 심지어 항공운송에서 발생하는 손해까지도 보상하고 있다. 해상보험은 기본적으로 해상위험에 관한 보험이지만 해상운송에 부수하는 내수로(內水路) 또는 육상운송이 있는 경우에는 그 운송 중의 위험으로 인한 손해에 대해서도 피보험자를 보호하기 위하여 그 보상범위를 확장하기도 한다. 이에 대하여 영국해상보험법(MIA 제2조 제1항)에서 다음과 같이 규정하고 있다.

> MIA 제2조 제1항 Mixed sea and land risks
>
> A contract of marine insurance may, by its express terms, or by usage of trade, be extended so as to protect the assured against losses on inland waters or on any land risk which may be incidental to any sea voyage.

해상보험은 원래 화물이 선박 등 운송수단에 적재되는 시점부터 수입항에서 하역될 때까지만 보호하였으나, 오늘날에는 필요시 해상운송과 연결되는 육상운송까지도 포함하여 전 구간에 대해 해상보험계약을 확장체결할 수 있도록 하고 있다.

(3) 해상보험의 기능

무역거래는 해운, 금융, 보험의 3요소에 의해 운영되고 있다. 무역거래에서 운송은 대부분 선박회사가 담당하며, 금융은 은행이 담당하고, 운송 또는 금융에 수반하는 우발적 사고의 보상에 대해서는 보험자가 담당하므로 이 삼자의 기능이 종합되어야 비로소 무역이 가능해진다. 특히, 해상운송은 해상위험이 수반되므로 우연한 사고에 의한 손해를 보상받지 않으면 해상을 무대로 한 상거래는 하나의 모험에 불과하고 정상적으로 무역거래를 할 수 없으며, 발전 또한 기대할 수 없다.

① 해난사고의 예방기능

해상보험회사는 해난사고의 예방과 손해경감을 위하여 해사에 관한 조사연구, 해난구소시설의 설치, 정비 및 해운기업에 대한 조언 등 재해를 방지하는 기능을 가지고 있다.

② 국제수지기능

해상보험은 국제성이 강한 무역, 해운 등 해상기업의 경제적 수입에 대한 안정성을 보장해 주는 제도이기 때문에 무역거래의 형태에 따라 국제수지 항목 중 무역외수지의 주요 구성항목으로서 국제수지에 영향을 미친다.

③ 자금의 공급기능

해상보험은 보험료 수입과 보험금 지출과의 기간적 차이에서 발생하는 각종 준비금의 운용으로 산업자금 또는 일반대출에 의한 기업자금 등을 공급함으로써 국민경제의 발전을 도모한다.

④ 물품가격의 안정적 기능

해상보험은 물품의 소비자에 대해서 안정적 가격을 제공하는 기능을 가지고 있다. 만일 해상보험을 이용할 수 없다면 무역, 해운 및 금융 등의 기업은 각각의 해상위험에 대해 자의적인 계산으로 최종적으로는 물품의 소비자에게 불안정한 가격을 강요하게 된다. 그러나 해상보험의 적절한 이용에 의하여 위험의 비용호가 실현되면 확정적인 보험료가 각각의 가격에 포함되어 물품이 소비자에게 안정적인 가격을 제공할 수 있게 된다.

⑤ 국제물류의 촉진과 신용증대기능

해상보험은 국가간 화물의 수출입에 수반하는 사고를 해상보험자에게 전가시켜 줌으로써 무역당사자가 신뢰감과 안정감을 바탕으로 거래를 할 수 있도록 도와주는 기능을 가지고 있다. 따라서 해상보험은 이 같은 기능을 통하여 국제물류촉진을 꾀하며, 무역당사자간의 신용을 증대시켜 원활한 수출입 거래를 도모하고 있다.

(4) 해상보험의 목적물

보험목적물(subject-matter insured)은 보험계약이 체결될 수 있는 대상품을 말한다.[3)]

① 화물(Goods)

해상보험에서 의미하는 화물은 상품의 성질을 가지는 모든 화물을 뜻하지만 개인소지품,

3) 구종순, 해상보험, 박영사, 2004, pp.43-45.

선내에서 사용하기 위한 식료품과 용품은 화물의 범위에 포함되지 않는다. 또한 갑판적화물(Deck Cargo)과 생동물(Live Animals)에 대해서는 반드시 명칭을 명시하고 보험계약을 체결하도록 규정하고 있다. 따라서 갑판적화물과 생동물에 화물이라는 포괄적 명칭을 사용해서는 보험계약이 체결되지 않는다.[4)]

화물은 원래 갑판 아래에 적재하지만, 폭발성화물·장척화물(Lengthy Cargo) 등 다른 화물과 혼재될 수 없는 화물만을 갑판에 적재하고, 갑판적화물은 갑판 아래에 적재되는 화물보다 위험하기 때문에 보험료가 할증된다.

② 선박(Ship)

사회통념상 선박이라고 인정되는 모든 선박은 해상보험의 목적물이 된다. 따라서 상거래에 사용되는 선박 이외에 특수한 목적을 가진 선박도 해상보험의 대상이 될 수 있다.

해상보험에서 의미하는 선박에는 선체(Hull), 의장용구(Outfits), 고급선원 및 보통선원의 용품과 식료품 등이 포함된다. 의장용구는 나침판·구명보트 등 항해에 필요한 선박의 부속물을 말하며, 기선의 경우 기계·기관이 포함되고 선주가 소유하고 있는 석탄과 기관용 소모품도 선박의 범위에 포함된다.

③ 운임(Freight)

보험증권 해석에 관한 규칙(제16조)에 의하면 운임은 제3자에 의하여 지불되는 운임 이외에 선주가 자기의 선박을 사용하여 자신의 화물을 운송할 때 얻는 운임까지 포함한다.

- 일반운임(Ordinary Freight)
  선주가 화물을 운송하고 하주로부터 받는 운임을 말한다. 운임의 기준은 용적 또는 중량을 채택하고 있으며, 정기선 운임률에는 용적톤과 중량톤 중 높은 운임톤을 적용한다. 그리고 고가품일 경우에는 종가운임(ad valorem freight)이 적용된다.
- 용선운임(Chartered Freight)
  선박을 임대한 용선자가 선주에게 지불하는 용선료를 말한다. 용선료는 운송되는 화물의 양 또는 선박의 임대기간에 따라서 계산되기도 하며, 1회 항해에 얼마라고 하는 포괄운임으로 계산되기도 한다.
- 선주가 자신의 선박으로 자신의 화물을 운반할 경우 추측할 수 있는 운임(Owner's

---

4) 영국해상보험법 제1부칙 제17조.

trading freight)도 운임의 범위에 포함

선주는 자신의 화물을 운송하고 실제로 운임을 지급하지 않는다. 그러나 자신의 화물이 다른 지역으로 운송되어 가치가 상승되면 보험목적물의 가치도 그만큼 상승한 결과가 되어 그 부분만큼 보험계약이 체결될 수 있기 때문에 포함된다.

(5) 보험기간(duration of risk)

① 위험의 개시

적하보험계약에서는 ICC(협회적하약관) 제1조인 운송약관에 약정된 대로 화물이 보험증권에 기재된 지역의 창고 또는 보관장소에서 운송개시를 위해 떠날 때 해상보험의 효력이 발생하기 시작한다. 여기서 보관장소라 함은 창고뿐만 아니라 공장, 점포사무소, 야적화물의 노천야적장 등을 포함하는 것으로 해석된다. "떠날 때부터"란 비, 바람, 도난 등의 위험에 노출되는 장소로 나간다는 뜻이며, 따라서 만약 운송개시를 위해 창고 및 보관장소에서 화물이 트럭에 적재되었다 하더라도 그러한 장소를 실제로 떠나지 않으면 해상보험의 위험은 개시되지 않는다. 그러나 창고나 보관소 밖에서 트럭에 적재될 경우에는 비록 화물이 트럭에 적재되지 않았다 하더라도 화물이 창고문이나 보관소문을 벗어난 경우는 그 순간에 위험이 개시된 것으로 보아야 한다.

그러나 보험증권상의 출발지를 떠났다 하더라도 그 목적이 운송이 아니고 포장을 위한 것이면 보험기간은 개시되지 않지만 컨테이너에 적입하기 위한 경우는 보험증권의 효력이 개시된다.

② 위험의 종기

적하보험계약의 효력이 종료되는 시점을 아래와 같이 세 가지로 구분하고 그중 어느 하나가 먼저 발생하면 그 시점에 보험은 종료된다.

첫째, 화물이 보험증권에 기재된 목적지에 위치한 화주의 창고, 또는 기타의 최종창고, 혹은 보관장소에 인도될 때 해상보험의 보험기간은 종료된다. 그런데 여기서 인도의 의미가 무엇이냐, 즉 어떤 상태에 화물이 놓였을 때 인도라고 보아야 하느냐에 대해서 약관에 명확하게 약정하고 있지 않고 또 영국에서도 확립된 판례가 없다. 따라서 이에 대한 다툼은 항상 존재하고 있는 것으로 보아야 한다.

둘째, 보험증권에 명시된 목적지여부를 불문하고 통상의 운송과정이 아닌 보관을 하거나 할당 또는 분배를 위한 장소에 인도될 경우는 그 장소에 인도와 동시에 위험이 종료되는 것으로 간주한다. 따라서 수입업자가 화물을 다량으로 수입하고 이를 특정 창고에 입고시킨 후 각지에 있는 최종사용자에게 분배할 목적이라면 보험은 화물이 이 창고에 입고되는 순간에 종료된다.

셋째, 본선으로부터 하역을 종료한 후 60일을 초과하면 담보하지 않는다. 화물이 수송약관상 규정해 놓은 각종 창고 혹은 장소에 입고나 인도되기 이전, 즉 운송과정 중에 있는 경우라도 하역종료 후로부터 60일이 경과하면 보험기간은 종료된다.

그러나 수입화물인 경우 현재 '30일 약관'을 사용하고 있는데, 이는 운송약관상 하역 후 60일의 기간을 30일로 제한하는 약관으로 그 외의 종료시점은 운송약관과 동일하다. 즉 수출의 경우는 60일까지를 보험기간으로 하고 있지만 수입의 경우는 30일까지를 보험기간으로 하고 있다. 그런데 이 약관은 보험자가 매도인의 창고에서 매수인의 창고까지를 보험기간으로 하여 주겠다는 약관이 아니고 보험계약자가 이 기간을 보험계약기간으로 하였을 때의 보험자의 책임에 관한 약정일 뿐이다.

③ 목적지 변경시 위험의 종기

보험증권상 명시한 목적항에 화물이 하역되어 수하주의 최종창고에 입고되기 이전 그리고 운송약관 (c)항의 60일이 경과되기 이전에 동 화물의 도착지를 변경시킬 경우 변경된 목적지로 출발하게 되는 시점에서 보험기간이 종료된다. 예컨대, 보험계약을 체결할 당시 항해구간을 부산으로부터 뉴욕으로 약정하여 최종목적지가 뉴욕이라고 가정할 때 부보화물이 뉴욕에서 하역된 후 부득이한 사정으로 인하여 로스앤젤레스로 운반하지 않으면 안 될 경우가 생겼다면 뉴욕의 중간창고에 보관 중 60일이 경과하면 그때부터 보험기간은 종료되지만 60일이 지나지 않았다 하더라도 로스앤젤레스로 향해 운송이 개시될 때 보험이 종료된다.

④ 이로 등 종기 획장담보

운송약관의 최종문언에서 피보험자가 지배할 수 없는 사정으로 인하여 이로(Deviation), 강제하역(Forced Discharge), 재선적(Reshipment) 혹은 환적되거나 해상화물운송계약상 운송인의 자유재량권의 행사로 인해 위험의 변경사유가 발생했을 때는 보험자의 위험부담에 관한 책임이 계속된다고 규정하고 있다. 이러한 위험의 변동은 보험계약을 체결할 당시 보험료 산정의 기초 자료가 된 위험의 정도가 변동한 것이므로 원칙적으로는 위험변동사항이 발생된 이후부터 보험자의 책임은 면제되어야 하지만 이렇게 되면 피보험자는 대단히 불리한 입장에

처하게 되므로 이를 구제하기 위하여 확장담보하려는 취지로 볼 수 있다.

2. 해상보험의 종류

(1) 적하보험(Cargo Insurance)

적하보험은 화물을 보험목적물로 하는 보험으로서 운송 중 화물이 멸실 또는 훼손되거나 화물을 보존하기 위하여 경비를 지출함으로써 화물의 소유자가 입은 손해를 보험조건에 따라 보상하여 주는 보험이다. 해상적하보험증권은 선하증권, 상업송장과 함께 환어음에 첨부되어 국제무역거래계약의 이행수단으로 이용된다.

(2) 선박보험(Hull Insurance)

선박을 보험목적물로 하는 보험으로서 선박의 관리 및 운항 중에 멸실이나 훼손 또는 선박을 보존하기 위하여 지출된 경비 및 선박으로부터 발생한 책임손해가 있는 경우 이러한 손해를 보험조건에 따라 보상하여 주는 보험이다.

① 선체 및 기관보험(Hull/machinery Insurance)

선체보험은 선박을 대상으로 하는 보험이다. 그리고 선박의 의장용구나 항해에 필요한 모든 물건도 대상이 된다. 따라서 선체보험이라고 하면 선체 · 선박자재 · 의장용구 · 기관 · 항해용구 및 기타 비품들을 포함하는 선박을 보험목적물로 한다.

② 선박건조보험(Ship Building Insurance)

선박의 건조에는 상당한 비용과 기관이 소요되고, 해상과 육상에서 동시에 위험이 발생한다. 따라서 선박의 건조에서부터 진수 · 시운전 및 인도에 이르기까지 이에 따른 제반 손해를 보상해 주는 보험을 선박건조보험이라 한다.

③ 선박불가동손실보험(Loss of Earning and/or Charter Hire Insurance)

선박불가동손실보험은 보험사고로 인하여 선박이 운항하지 못하게 되었을 경우, 선주나 선박운항관리자가 입게 되는 예상수익의 손해를 보상해 주는 보험이다. 주로 선박의 침몰・좌초・화재・충돌로 인한 일시적인 불가동손실을 보상한다.

(3) 운임보험(Freight Insurance)

운임을 대상으로 하는 보험으로서 선하증권이나 운송계약서에 화물을 목적지에서 하주에게 인도하지 못한 경우 운송인 등이 운임을 청구할 수 없도록 약정하고 있는 경우에 그로 인하여 운송인 등이 입은 손해를 보상하여 주는 보험이다.

운임보험은 운임을 취득하는 자가 운임보험계약을 체결하는데 운임이 선불인 경우는 하주가 운임보험을 체결하고, 운임이 도착지에서 지불될 경우에는 선주가 체결한다.

(4) 보험기간에 따른 분류

① 기간보험(Time Insurance)

기간보험은 일정한 기간을 표준으로 하는 보험으로 이때 기간보험증권(Time Policy)이 발급된다. 선박보험은 통상 1년을 보험기간으로 하는 기간보험이다.

② 항해보험(Voyage Insurance)

항해보험 또는 구간보험은 보험목적물을 부산항에서 뉴욕항까지 부보하는 것처럼 어느 지점에서 다른 지점까지 보험에 가입하는 경우이다. 이때 발급되는 보험증권이 항해보험증권(Voyage Policy)이다. 항해보험은 항해가 끝날 때마다 보험계약을 갱신해야 한다.

③ 혼합보험(Mixed Insurance)

혼합보험은 일정항해 및 일정기간을 동시에 보험기간으로 정하는 보험이다.

제3절

해상보험계약

해상보험과 해상보험계약은 구분하지 않고 동의어로 사용되고 있지만, 해상보험은 손해를 보상해 주는 사회적·경제적 제도를 말하고, 해상보험계약은 이러한 제도를 운영하는 방법이라고 할 수 있다. 따라서 해상보험은 해상보험계약을 통해서만 구체적으로 실현된다.

보험계약체결

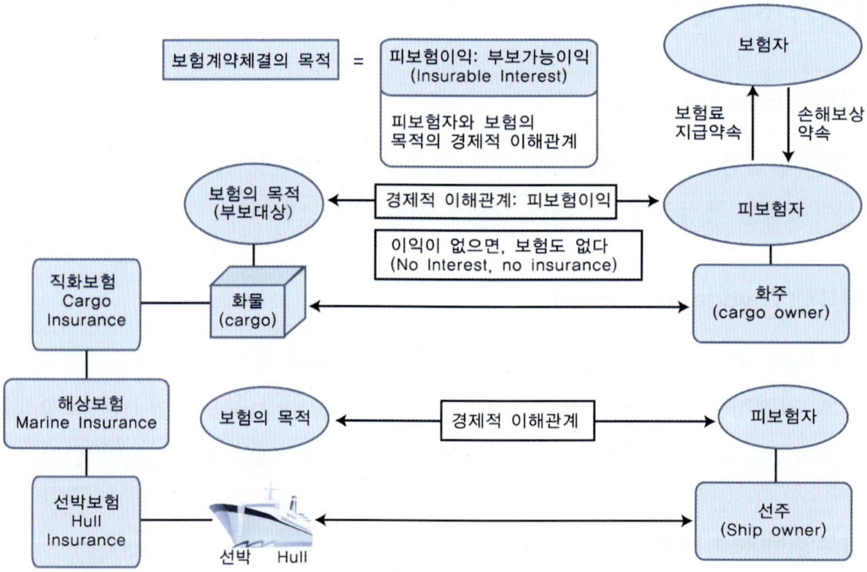

출처: 전순환, 『무역실무』, 한올출판사, 2007

1. 해상보험계약 개요

(1) 해상보험계약의 의의

해상위험에 의해 발생하는 손해를 보상할 것을 목적으로 하는 보험으로, 손해보험의 일종이다. 즉, 보험자가 물품이 해상운송 중에 발생하는 위험을 인수하고, 이들 위험에 기인한 손해가 발생하였을 때 피보험자에게 그 손해액을 보상할 것을 약속하는 계약이다.

보험계약은 보험을 이용하려는 당사자들이 서로를 구속하기 위하여 체결하는 계약이다. 즉, 보험자와 보험계약자가 자신들의 관계를 권리와 의무의 관계로 만들기 위해 취하는 법률적 수단을 보험계약이라 한다.

따라서 해상보험계약은 해상사업에 관한 사고가 존재해야 하고, 그 사고의 발생대상인 보험의 목적에 피보험자가 이해관계를 가져야 하며, 피보험자가 그 피보험이익에 대하여 손해를 입어야 한다는 해상보험의 주요한 구성요소가 포함되어 있어야 한다.

(2) 해상보험계약의 성립

해상보험계약은 다른 계약과 마찬가지로 계약이 성립되고 그 효력이 발생하기 위해 다음과 같은 기본요건을 구비해야 한다.

① 청약(Offer)과 승낙(Acceptance)

보험계약을 체결하는 데 있어서 청약은 보험청약자(Proposer)가 일정한 보험계약을 맺을 것으로 목적으로 보험자에게 행하는 의사표시이고, 승낙은 특정한 보험계약의 청약에 응하여 보험자가 보험계약의 성립을 목적으로 행하는 의사표시이다. 보험청약자는 보험계약을 맺을 것을 보험자에게 청약하고 보험자가 이를 승낙해야만 보험계약이 합법적으로 성립한다.

보험청약자가 제출한 청약서를 보험자가 승낙하면 이는 곧 보험계약의 합의사항이 되기 때문에 보험청약자는 성실히 청약서를 작성해야 한다. 보험청약자의 청약에 대하여 보험자는 이의 승낙여부를 결정한다. 보험청약자가 제출한 보험계약청약서의 내용을 검토하여 아무런 이의가 없으면 보험료 또는 최초의 보험료를 받고서 이를 승인한다. 이때 보험자는 청약서를 승인한 날짜를 기해 보험의 효력이 발생한다는 보험료 영수증을 발급하는데 이것이 곧 보험자가 청약을 승낙한 것이 된다.

② 대가지불

해상보험계약이 성립되고 그 효력이 발생하는 데에는 반드시 합법적인 대가지불 또는 약인(Consideration)이 있어야 한다. 보험계약에서 보험자는 장차 보험사고가 발생할 경우 보험계약자가 입은 경제적 손실을 보험계약조항에 따라 보상해 줄 것을 약속한다. 보험계약자는 이러한 약속의 대가로 보험료를 지불한다.

③ 합법성

모든 보험계약은 불법적인 목적으로 체결되어서는 안 된다. 보험계약은 반드시 법에 저촉되지 않는 합법적인 목적을 가진 계약이어야 하며, 공익과 사회의 건전성을 해치는 보험계약은 무효이다. 해상보험계약을 체결하는 목적도 합법적이어야 한다. 만약 밀수품, 마약 등을 적하보험계약에 체결하면 그것은 법적 효력을 갖지 못하는 불법계약이 된다. 또한 보험계약의 합법성을 지니기 위해서는 계약당사자들이 모두 법적으로 유자격자(Legal Competency)이어야 한다.

2. 해상보험계약 당사자

(1) 보험자(insurer, Assurer: Underwriter)

보험자란 보험계약의 당사자로서 보험사고가 발생할 경우에 보험금 지급의무가 있는 자로 보험계약을 인수하는 주체를 말한다. 여기에는 보험회사(insurance company)나 개인보험업자(underwriter)가 있다. 'insurer, assurer'는 불확실한 미래상황을 확실히 보장해 주는 사람이라는 의미에서 보험자를 지칭한다.

법률에서는 보험자에게 제한을 가하고 있는데, 이는 보험사업은 공공의 이익과 밀접한 관계를 가지고 있고 따라서 다수의 보험계약자를 상대로 위험을 인수하여 이를 효율적으로 관리해야 하는 성격 때문이다.

(2) 보험계약자(policy holder)

보험계약자(policy holder)는 자기명의로 보험자와 보험계약을 체결하고 보험료를 지불할 의무가 있는 자를 말한다. 보험계약자는 보험계약의 체결에 직접적으로 관여하는 당사자이기 때문에 계약상의 모든 의무를 부담해야 한다.

(3) 피보험자(Insured)

피보험자(insured)란 해상보험에 의한 피보험이익(insurance interest)을 갖는 자, 즉 손실이 발생할 경우 보험계약에 의해 보상을 받을 수 있는 당사자이다. 보험계약자와 피보험자는 동일인이 될 수도 있고 서로 다른 사람이 될 수도 있다. 자신을 위해 보험계약을 체결하면 동일인이 되지만 타인을 위해서 보험계약을 체결하면 보험계약자와 피보험자는 다른 사람이 된다.

CIF계약에서는 수출업자가 수입업자를 위하여 적하보험을 체결해야 한다. 이때 수출업자는 보험계약을 체결하고 보험료를 지불하는 보험계약자가 되고, 사고발생시 이에 대한 보상청구는 수입업자가 하므로 피보험자는 수입업자가 된다. 반대로 FOB계약에서는 수입업자가 자신의 위험을 위하여 보험계약을 체결하고 사고발생시 보상청구하므로 수입업자 자신이 보험계약자인 동시에 피보험자가 된다.

(4) 기타 관련자

① 보험대리점(Insurance Agent)

보험대리점은 일정한 보험자를 위하여 항시 그 영업부류에 속하는 보험계약의 체결을 대리하거나 중개하는 것을 영업으로 하는 독립된 상인(상법 제87조)이다. 보험업법(제2조 4항)에서는 "보험대리점이라 함은 보험사업자를 위하여 보험계약의 체결을 대리하는 자(법인이 아닌 사단과 재단을 포함)"라고 정의하고 있다.

② 보험모집인(Insurance Salesman)

보험모집인은 특정 보험사를 위하여 보험계약의 체결을 중개하는 자로서 보험외무원이라고 한다. 보험업법(제2조 3항)에서는 보험모집인을 보험사업자를 위하여 보험계약의 체결을 중개하는 자로서 일정한 자격요건을 갖추고 보험감독원에 등록을 하도록 규정하고 있다. 보험모집인은 보험자에게 종속되어 보험을 모집한다는 점에서 독립된 지위에서 보험모집을 하는 보험대리점하고는 다르다.

③ 보험중개인(Insurance Broker)

보험중개인은 보험자와 보험계약자간에 보험계약을 중개하는 것을 업으로 하는 독립된 상인이다. 즉, 독립적으로 보험계약의 체결을 중개하는 것을 영업으로 하는 자이다. 보험중개인은 보험가입을 원하는 사람을 위해 보험자와 접촉해서 자신의 고객인 보험가입 희망자에게 필요한 보험을 알선한다. 보험중개인의 주된 임무는 보험가입 희망자에게 가장 적합한 보험을 알선해 주는 것이기 때문에 특정 보험자와 관련을 맺는 것이 아니라 여러 보험자와 사업관계를 맺고 있다.

3. 해상보험의 법적 성질

(1) 낙성(諾成)계약

낙성계약은 당사자간의 합의만으로 성립하는 계약이다. 해상보험계약은 당사자 쌍방의 의사표시 합치만으로 성립하고, 계약성립을 위하여 당사자간에 아무런 급여를 요하지 않는 낙성계약이다. 보험계약이 성립하기 위해서는 당사자 일방의 청약과 이에 대한 상대방의 승낙이 있으면 된다.

(2) 불요식계약

보험계약은 청약과 승낙에 특별한 요식행위를 요하지 않고 구두, 서면, 일부서면, 일부구두로도 가능하다. 따라서 반드시 문서를 요구하는 것이 아니고 명시 혹은 묵시로도 가능하다. 보험계약은 그 성립을 위하여 당사자간의 합의 외에는 다른 특별한 방식을 필요로 하지 않는 불요식계약이다. 보험계약에서는 법률행위의 요소인 의사표시를 일정한 방식에 의해 행할 것을 필요로 하지 않는다.

(3) 유상 · 쌍무계약

보험계약은 보험자의 보상약속에 대해 보험계약자가 이에 대한 보수인 보험료를 지급한다고 약속하므로 당사자의 채무내용이 서로 대가관계에 있는 유상계약이다. 유상계약은 계약의 효과로서 당사자들이 상호대가를 치른다는 의미로 출연을 행하는 계약을 말한다. 매매 · 교환 · 임대차 · 고용 등의 계약은 유상계약이며, 증여는 무상계약이다. 쌍무계약은 계약의 효과로서 당사자들이 서로 채무를 부담하는 계약을 의미한다.

보험계약은 보험계약자가 보험료를 부담하고 이에 대해 보험자는 보험사고가 발생할 경우 보상금(보험금)을 지급할 의무가 있기 때문에 유상계약이다. 보험계약은 보험계약자가 보험료를 지불하는 데 대하여 보험자의 위험부담이 계약성립과 동시에 채무로서 발생하기 때문에 양 당사자의 채무는 서로 구속관계에 있는 쌍무계약이다.

(4) 사행계약

사행계약이라 함은 적어도 계약당사자 일방의 급구가 아닌 우연한 사실에 의하여 좌우되는 것을 말한다. 사행계약(Aleatory Contract)은 보험계약, 도박 등과 같이 당사자에게 발생하는 손실 또는 이익이 불확실한 사건의 발생과 관련되는 계약이며, 우연성을 가지는 계약이다. 보험자는 우연적으로 발생하는 보험사고에 대해서만 손실을 보상하기 때문에 보험자의 보험금 지급은 우연성에 좌우된다.

(5) 최대선의 계약(Utmost good faith)

보험계약은 당사자들의 신의성실의 원칙에 입각하여 체결되는 최대선(Utmost Good Faith)의 계약이다(영국해상보험법 제17조).

최대선의는 보험계약뿐만 아니라 모든 계약에서 요구되는 기본원칙이라 할 수 있는데, 특히 보험계약에서 강조되는 이유는 보험계약이 도박과 마찬가지로 사행계약이기 때문이다. 보험금 지급은 우연적 사고발생을 전제로 하며 또한 적은 금액(보험료)으로 큰 금액(보험금)을 얻을 수 있기 때문에 보험은 도박화될 수 있다. 이러한 최대선의의 원칙은 보험계약의 체결, 이행, 보험금청구 및 보상단계까지 지켜져야 한다.

(6) 부합계약(Contract of Adhesion)

부합계약은 계약내용이 당사자 일방에 의해 정해지고 상대방은 그 내용을 포괄적으로 승인함으로써 효력이 발생하는 계약이다. 보험계약상의 법률적 · 기술적 문제에 대하여 전문지식이 없는 보험계약자와 협의하여 계약을 체결하는 것도 무의미하다. 따라서 보험자는 일방적으로 작성한 보통보험약관을 제시하고 보험계약자는 이것을 포괄적으로 승인함으로써 보험계약이 체결된다.

(7) 상행위

영리를 목적으로 하는 영리보험은 기본적으로 상행위의 일종이다. 보험회사나 개인보험업자들도 이윤을 추구하기 위하여 보험을 인수하고 보험계약을 체결하기 때문에 보험을 인수하는 행위는 상행위가 된다.

(8) 계속계약

보험계약에서 보험자는 보험사고가 발생할 경우 손해보상을 약속하는데, 이러한 손해보상의 약속은 보험사고가 일정한 기간 내에 발생하는 것이어야 한다. 이 기간을 보험기간이라 하는데 보험자와 보험계약자의 관계는 보험기간 동안 지속된다. 매매거래는 1회의 급여로써 계약관계가 종료하지만 보험계약은 보험기간 동안 계속해서 존재하는 계속적 계약의 성질을 갖는다.

제4절
고지와 담보

1. 고지의무

(1) 고지의무의 개념

보험계약을 체결할 때 보험계약자가 보험자에게 중요한 사항을 고지하지 아니하거나 중요한 사항에 관하여 사실과 다른 것을 고지하여서는 안 된다. 왜냐하면 보험자가 보험인수의 여부, 보험조건의 결정, 위험의 측정, 보험료의 산정 등 기능을 발휘하여 보험자로서의 의무를 수행할 기초요건은 보험계약자의 고지의무 이행에 달려 있기 때문이다.

MIA 제17조에 규정된 바와 같이 보험의 바탕은 최고의 신의로, 해상보험계약은 최고의 신의에 의한 계약이므로 고지의무의 이행은 당연하지만, 보험계약을 강제로 이행시키는 진정한 의무라기보다는 오히려 보험자에게 보험계약상의 보상책임을 부담시키기 위한 전제조건이라고 볼 수 있다.

보험자가 합리적으로 보험경영을 할 수 있도록 보험계약을 체결할 때 위험사정을 잘 알고 있는 보험계약자는 보험자가 위험을 측정하는 데 영향이 미칠 수 있는 사실에 대해 최대신의로서 고지할 것을 요구하고 있는데 이를 고지의무(Duty of Disclosure)라 한다.

따라서 보험계약을 맺을 때에 보험계약자, 피보험자 또는 이들의 대리인은 보험계약청약서의 기재사항에 관한 사실을 빠짐 없이 사실대로 보험회사에 알려야 한다. 만약 고의나 중대한 과실로 알리지 않을 때에는 보험사고가 발생한 후에도 보험회사는 계약을 해지할 수 있으며, 그 손해를 보상하지 않는 경우도 있으므로 유의해야 한다.

우리나라 상법 제651조에서는 보험계약 당시에 보험계약자 또는 피보험자가 고의 또는 중대한 과실로 인하여 중요한 사항을 고지하지 아니하거나 부실의 고지를 할 때에 보험자는 그 사실을 안 날로부터 1개월 이내에, 계약을 체결한 날로부터 3년 내에 한하여 계약을 해지할 수 있다. 그러나 보험자가 계약 당시에 그 사실을 알았거나 중대한 과실로 인하여 알지 못한 때에는 그러하지 아니한다.

(2) 고지내용

영국해상보험법 제18조에서 보험자는 보험계약의 체결여부를 결정하고 합리적인 보험료를 산정하기 위하여 피보험자로 하여금 보험목적물에 대한 구체적이고 중요한 사항을 계약체결 전에 알려 줄 것을 의무로 하고 있다. 여기에서 중요한 사항(material circumstances)이란 보험자가 보험계약을 체결할 당시에 보험료를 확정하거나 보험계약의 인수여부를 결정하는 데 영향을 미칠 수 있는 사항을 의미한다.

따라서 대부분의 보험에서는 보험자가 계약청약서에 서면으로 질문한 사항을 모두 중요한 사항으로 간주한다. 적하보험에서는 운송선박명, 화물종류, 포장상태, 적부방법, 화물의 가치, 항로, 환적여부 등이 중요한 사항으로 간주된다(상법 제651조 2항). 선박보험에서는 선박의 종류, 국적, 건조연수, 톤수, 재질, 선급 등이 중요한 사항이 된다.

(3) 고지의 시기와 방법

고지의 시기는 보험계약이 체결되기 전, 계약이 성립되는 시점에서 피보험자의 고지의무는 종결된다. 고지의무는 보험자가 보험계약의 체결여부를 결정하고 보험료를 산정하는 데 필요한 정보를 얻기 위한 것이기 때문에 보험계약이 성립되기 전에 고지하면 된다.

고지의 방법에 대해서는 MIA에서는 별다른 제한을 두지 않고 있다. 그러나 고지는 정확하게 표시되어야 하기 때문에 피보험자는 자기가 알고 있는 사항을 구두나 서면으로 진실되게 표시해야 한다. 오늘날에는 보험계약청약서를 이용하여 중요한 사실을 고지한다.

(4) 고지가 필요없는 사항

다음의 사항들은 보험자가 특별히 질문하지 않는 한 피보험자는 고지할 필요가 없다(MIA 제18조 3항).

① 위험감소요인

위험이 감소되는 사항은 보험자에게 고지할 필요가 없다. 그러나 위험이 현저하게 감소하게 되었을 경우 피보험자는 그러한 사실을 보험자에게 통지하고 위험감소 부문에 해당하는 만큼은 보험료를 환불받을 수 있다.

② 보험자가 알고 있는 것으로 간주된 사항

보험자가 보험목적물의 성질이나 상태 등에 관하여 당연히 알아야 하거나 통상적으로 알고 있는 것으로 간주되는 사항들은 고지할 필요가 없다(일반적인 상관습, 통상적인 약관, 무역법규 등에 관한 사항).

- 보험증권에 명시된 항구에서의 선적방법
- 목적항에서의 하역방법
- 통상적인 갑판적재(Stowage on deck)
- 보험증권에 명시된 지역의 무역환경
- 새로 형성된 무역의 관습
- 전쟁이 임박하다는 사실
- 원보험증권에 계속약관(Continuation Clause)이 포함되어 있는 사실

③ 보험자가 고지의무를 면제한 사항

보험자가 고지받을 권리를 포기한 사항은 질문이 없는 한 피보험자가 고지할 필요가 없다. 보험자가 명시적으로 고지받을 권리를 포기한 경우에는 별문제가 없지만, 단순히 질문을 하지 않았다고 해서 고지받을 권리를 포기한 것으로 보는가에 대해서는 당사자간 입장차이가 있다. 대체로 해상보험에서는 보험자가 특정 사실에 대해 완전한 지식을 가지고 의도적으로 행동하는 경우를 제외하고는 이에 대해 고지받을 권리를 포기한 것으로 보지 않는다.

④ 담보(Warranty)에 의해 고지가 필요없는 사항

담보는 보험기간 동안에 피보험자가 지켜야 할 약속을 의미한다. 담보에 포함된 사항은 이미 보험자가 알고 있기 때문에 달리 고지할 필요가 없다.

(5) 고지의무위반

① 불고지(Non-disclosure)와 부실고지(Misrepresentation)

피보험자는 보험계약을 체결할 당시에 자기가 알고 있는 모든 중요한 사항을 최대선의의

원칙에 따라 고지해야 하며, 이러한 고지는 진실되게 표시되어야 한다. 만약 중요한 사항을 고지하지 않거나 허위로 표시하게 되면 불고지 또는 부실고지로서 피보험자는 고지의무를 위반한 결과가 된다.

피보험자가 중요한 사항을 고의(은폐)로든 실수(불고지)로든 알리지 않은 것을 불고지(Non-disclosure)(해상보험법 제20조)라 하며, 허위로 표시한 경우를 부실표시 또는 허위진술이라 한다. 즉, 부실표시는 피보험자가 중요한 사항을 알릴 때 허위로 알리는 경우를 말한다.

② 불고지와 부실고지의 효력

해상보험계약은 최대선의의 계약이다. 만약 최대선의를 보험계약 당사자의 어느 일방이 준수하지 않으면 상대방은 보험계약을 취소할 수 있다. 피보험자의 고지의무위반에 대하여 영국의 해상보험법(제20조 1항)에서는 보험자에게 보험계약을 취소할 수 있는 권한을 부여하고 있다.

이러한 권한은 보험자의 재량권에 속하기 때문에 상황에 따라서 보험자는 계약을 취소할 수도 있고, 하지 않을 수도 있다. 그러나 보험계약을 취소하기 위해서는 불고지사항 또는 부실고지사항이 반드시 중요한 사항에 속해야 하며, 이에 대한 입증책임은 1차적으로 고지의무위반을 주장하는 보험자 측에 있다.

불고지 또는 부실고지사항이 중요한 사항에 속하여 보험자가 보험계약을 취소하게 되면 그 계약은 처음부터 무효화된다. 따라서 그동안의 보험료는 피보험자에게 환불되며 또한 보험자는 이미 지급한 보험금이 있으면 이의 반환청구를 할 수 있다.

우리나라 상법(제651조)에 의하면 고지의무위반에 대하여 보험자는 보험사고의 발생 전후를 불문하고 보험계약을 해지(discharge)할 수 있다. 해지는 그 효력이 미래에 대하여 발생하고 소급효과가 인정되지 않기 때문에 해지시점 이전까지의 보험계약은 어디까지나 유효하다. 보험자는 보험계약을 해지할 때 해지시점까지의 보험료를 반환할 필요가 없다. 보험자의 계약해지권은 보험자가 고지의무위반의 사실을 인지한 날로부터 1월 그리고 보험계약이 성립한 날로부터 3년이 경과하면 해지될 수 없다.

2. 담보

보험계약에서 담보(Warranty)된 위험을 담보위험 또는 피보험위험(perils insured against)이라고 한다. 담보위험이 원인으로 화물에 멸실・손상(loss of or damage to the goods insured) 또는 비용이 발생하였을 때에 보험자는 이것들을 넓은 뜻의 손해(loss)로서 보상하지만 담보위험과 손해는 어떠한 또는 어느 정도의 인과관계가 필요한가가 문제된다.

(1) 담보의 개념(해상보험법 제33조-39조)

보험계약이 체결될 때 담보가 조건부로 포함되는 경우가 많다. 피보험자는 보험계약을 체결할 때 보험계약과 관련되는 조건을 약속하고, 어떤 사실의 존재유무에 대해서 자신의 입장을 명확하게 표명하기도 한다. 이러한 피보험자의 약속이나 입장표명을 모두 담보라고 한다. 전자를 약속담보(Promissory Warranty)라 하고, 후자를 긍정담보(Affirmative Warranty)라 한다.

피보험자가 보험자에 대하여 지키기로 한 약속사항, 예를 들어 피보험자가 일정구역으로는 항해를 하지 않겠다든지, 어느 날짜까지는 반드시 출항하기로 하겠다든지를 증권상에 명시하여 약속할 수도 있고, 내항성담보와 같이 보험증권에 명시되지 아니하였어도 피보험자라면 당연히 지켜야 할 약속도 묵시적인 담보이다.

MIA 제55조에는 근인설이 채용되어 별도의 합의가 없는 한 보험자는 담보위험에 근인하여 발생하는 일체의 손해에 대하여 보상의 책임을 진다고 규정하고 있다.

(2) 담보의 위반과 허용

① 담보의 위반

담보는 그 내용이 중요하든 중요하지 않든 엄격하게 문자 그대로 충족되어야 한다. 담보는 피보험자가 보험자에게 행하는 약속이다. 따라서 약속은 그 내용의 중요성을 떠나서 먼저 충족되어야 하므로 해상보험에서는 담보충족의 엄격성이 강조된다.

담보위반에 대하여 영국해상보험법에서는 보험자는 담보위반의 시점부터 책임을 면하는 것으로 규정하고 있어 보험자에게 계약의 해지권을 인정하고 있다(영국해상보험법 제33조 3항). 해지권은 미래의 계약 부분에 대해서 효력이 발생하는 것이기 때문에 해지권을 행사하기 전의 계약은 유효하다. 따라서 보험자는 담보위반시점 이후의 보험사고에 대해서는 면책이 되지만 그 이전에 발생한 손해에 대해서는 책임이 있다.

그리고 담보위반시점까지 보험료는 계약의 유효성에 따라 피보험자에게 반환되지 않는다. 따라서 담보위반에 대한 입증책임은 원칙적으로 그것을 주장하는 보험자 측에 있다.

② 담보위반의 허용

피보험자가 담보를 위반했을 경우 이를 허용하느냐의 여부는 보험자의 의사에 달려 있다. 그러나 영국의 해상보험법(제34조)에서는 다음의 경우는 담보위반을 허용한다.

- 사정의 변경으로 담보가 계약에 적합하지 않을 경우
- 담보를 충족하는 것이 그 후의 법률에 의하여 위법이 될 경우
- 담보위반이 보험자에 의하여 묵인될 경우

(3) 담보위반의 효과

담보는 중요성 불문의 원칙(principle of non-materiality)에 따라 위험에 대하여 중요하든 중요하지 않든 정확하게 충족되어야 하며, 이것이 정확하게 충족되지 않으면 보험증권에 별도의 규정이 없는 한 보험자는 담보위반의 시점으로부터 책임이 면제된다. 이는 담보위반시점부터 보험자의 위험부담 책임이 면제되는 것, 즉 그 이후 모든 책임을 부담하지 않는다는 의미로서 이후 면책을 의미한다.

또한 MIA에서는 선의의 당사자가 알 수 없는 담보위반이 있었던 경우에는 보험자는 그 선의의 당사자에 대하여 권리를 행사하지 않을 것을 보험계약으로 합의할 수 있다고 규정하고 있다.

(4) 고지의무위반과 담보위반의 비교

담보와 고지는 보험자의 위험측정과 관련한 법적인 기능 면에서 유사하지만 그 효과 면에서 명확하게 구별된다. 고지는 위험측정의 기초가 되는 중요한 사실 또는 사정에 관하여 보험계약체결에 즈음하여 고지의무에 의하여 보험자에게 행하는 구두 또는 서면에 의한 진술이다. 이에 대하여 담보는 위험측정을 용이하게 하는 하나의 안전장치로서 피보험자에게 특정 사항의 존부 또는 피보험자가 이행하거나 충족시켜야 할 사항을 명시하여 담보시킨 것이다. 즉, 양자는 보험자의 보험계약체결의 여부 또는 위험측정의 판단에 관련하는 것으로, 그중 담보는 계약의 요소로 당사자가 합의한 계약의 일부를 구성하지만 고지는 계약성립시 또는 그 이전에 이루어진 진술로서 계약의 일부를 구성하지 않는다. 따라서 우선 고지로서의 효과를 갖기 위해서는 계약의 체결에 즈음하여 행해질 것을 요하며, 별도의 합의가 없는 한 고지내용은 보험증권상에 조항으로 기입되지 않는다.

고지내용은 보험증권상에 기입되지 않기 때문에 담보의 경우처럼 엄격하고 문자대로 충족될 필요는 없다. 고지의 경우는 피보험자가 진실이라고 고지한 내용을 보험증권면에 기재하지 않았다는 사실은 피보험자가 이에 엄격하게 구속될 의사가 없다는 것이며, 따라서 고지내용은 실질적으로만 충족되면 충분하다. 이에 비하여 담보는 문자대로 엄격하게 충족되지 않는 한, 보험자는 계약상의 책임을 부담하지 않는다. 왜냐하면 담보의 내용이 이와 같이 충족되지 않는 경우에는 명시적 약속에 대한 위반이 성립되기 때문이다.

피보험자가 고지의무를 위반하면 보험계약이 취소될 수 있지만 위반한 사실이 반드시 중요한 사항이어야 한다. 그러나 담보위반은 그 내용이 중요하든 그렇지 않든 무조건 보험계약이 해지될 수 있다. 고지의무위반과 담보위반에 대해서 보험자는 보험계약을 취소 또는 해지할 수 있다. 취소는 보험계약을 완전히 무효로 하는 것이고, 해지는 해지시점 이후의 보험계약을 무효로 하는 것이다. 따라서 보험계약이 해지되더라도 그 이전의 보험계약은 유효한 것이기 때문에 해지시점까지 보험료는 환불된다.

고지위반과 담보위반의 비교

	고지위반	담보위반
위반내역	중요한 사항	모든 담보사항
위반결과	보험계약의 취소	보험계약의 해지
위반효력	전보험계약의 무효	해지시점 이후의 보험계약 무효
보험료	전부 반환	일부 반환

(5) 담보의 종류

담보는 보험증권에 명시되는지의 여부에 따라서 명시담보(express warranty)와 묵시담보(implied warranty)로 구분된다. 명시담보는 당사자의 합의에 의하여 보험증권에 명시하는 약정으로서 계약은 그 약정의 문자대로 반드시 지켜졌을 때 비로소 유효하게 되는 조건이며, 묵시담보는 보험증권에 명시되지는 않았지만 당사자에 의하여 양해된 보험계약상의 묵시적 조건으로 보험계약의 성질상 필연적으로 내재하는 요소로서 해상보험계약 전반에 걸쳐 절대적으로 계약을 지배하는 효력을 가진다.

① 명시담보(Express Warranty)

명시담보는 보험증원의 본문(body), 난외(margin), 혹은 여백(foot)을 불문하고 보험증권면에 기재하든가 또는 보험증권에 결합된 형태의 특정 서류에 피보험자가 특정의 일을 행하거나 혹은 행하지 않거나 또는 특정의 조건을 구비하는 것을 보증하거나 또는 특정 사실의 존재·부존재를 확약하는 진술 또는 약속으로 보험증권에 명시되어진 담보를 말한다(MIA 제35조).

협회담보(institute warranty)

기간보험의 경우, 전보험기간 또는 일정기간, 일정한 지리적 범위내로 선박운항을 제한하거나 일정한 항해 또는 해역을 제외시키는 담보가 설정되는 것이 일반적이다. 항해를 제한하는 대부분의 조항은 협회담보에 속하는데 항해제한담보(Sailing Warranty)라고 한다. 이는 선박이 운항해서는 안 되는 해역을 명시하는 담보이다. 즉, "North American Warranty, Baltic Warranty, Arctic Warranty, Bering Sea Warranty" 등은 겨울철에 항해를 금지하는 명시담보이다.

보험목적물의 부보상한선에 관한 담보

피보험자에게 사고예방에 대한 주의를 환기시킬 목적으로 보험목적물 중 일부를 부보대상에서 제외시켜 그 부분에 대한 손실의 위험을 피보험자 스스로 책임지도록 하는 담보이다. 선비담보(disbursement warranty)는 선박보험에 추가하여 선비를 부보할 때 선비의 부보금액을 선박보험금의 일정비율(25%) 이상을 넘지 못하도록 정한 담보를 말한다.

안전담보(Warranty of Good Safety)

안전담보는 보험목적물이 특정 일자에 정상적인 상태에 있거나 안전한 상태에 있을 것을 조건으로 하는 것이다.

선원수에 관한 담보(Warranty as to Number of Crew)

선박보험에서 선원수에 관하여 약속하는 담보. 담보된 선원수는 반드시 항해개시시점에서 충족되어야 한다.

중립담보(Warranty as to Neutrality)

보험목적물이 중립재산이어야 한다는 담보가 있을 경우에 보험목적물은 보험기간 동안 중립적인 성격을 갖고 있어야 한다(오늘날 별의미 없음).

② 묵시담보(Implied Warranty)

묵시담보란 명시적인 형식을 취하지 않더라도 해상보험계약 체결의 행위 자체로부터 묵시적으로 보증된 담보를 말한다. 그리고 묵시담보는 엄격하게 충족되어야 할 성질의 계약내용으로서 그 위반으로 인하여 보험자가 손해를 입었든 입지 않았든 또는 담보의 대상이 위험과 중요한 관계를 가지고 있든 아니하든 일단 묵시담보의 위반이 발생하면 보험자는 선택에 의해 보험계약을 취소할 수 있다. 즉, 묵시담보는 명시담보와 동일한 효력을 가진다. 따라서 담보의 내용이 보험증권상에 명시되어 있지 않으나 피보험자라면 당연히 지켜야 할 약속을 묵시담보라 한다.

내항성담보(Warranty of Seaworthiness)

이는 선박이라 하면 반드시 항해를 감당할 수 있는 능력을 갖추고 있어야 한다는 담보이며, 보험증권상에 선박은 내항성(Seaworthiness)을 확보하고 있는 것을 조건으로 한다는 명시규정이 없다 하더라도 선박은 반드시 내항성을 확보하고 있어야 한다. 즉, 통상적인 해상고유의 위험에 대처할 수 있도록 모든 면에서 적합할 때 내항성이 있는 것으로 간주한다.

선박의 내항성 확보는 해상보험의 종류에 따라 달리 적용되는데, 선박항해보험에서는 항해개시시점에 선박은 내항성을 지녀야 한다(MIA 39조 1항).

또한 선박보험이나 적하보험을 불문하고 일체의 항해보험에 대하여 선박이 위험개시시에 항해 또는 항구 내의 위험에 견딜 수 있는 담보를 말한다. MIA에서는 피보험 항해에서 우연히 조우하는 통상의 해상위험에 대하여 모든 면에서 견딜 수 있는 능력으로 정의하고 있다. 즉 내항능력에 관한 일반적인 요건은 다음과 같다.

- 선박의 구조가 동질의 선박과 동일한 정도로 견고할 것
- 선박의 속도가 품질 및 수량 면에서 완전히 갖추어져 있을 것
- 적격의 선장 및 승무원을 충분히 승선시킬 것
- 충분한 식량을 구비할 것
- 적하를 과적하지 않을 것
- 충분한 연료를 갖출 것 등

적법담보(Legality Warranty)

적법담보란 위험개시시에 항해사업에 적법해야 하며, 피보험자가 사정을 지배할 수 있는 한 보험기간을 통해 적법상태가 지속되어야 한다는 담보를 말한다. MIA 제41조에서는 적법

담보를 다음과 같이 규정하고 있다. "보험에 부보된 항해사업이 적법한 항해사업이고 또 피보험자가 사정을 지배할 수 있는 한 그 항해사업이 적법한 방법으로 수행되어야 한다고 하는 묵시담보가 있다."

적법담보의 내용으로는 밀무역이나 적대국가와의 통상이 아니어야 하고, 항해금지구역을 항해하지 않아야 하며, 출항 전에 반드시 출항허가를 받아야 한다는 것(영국해상보험법 제41조)이다.

제5절

피보험이익

1. 피보험이익의 의의

피보험이익의 원칙은 어느 화물에 대하여 이해관계를 갖고 있지 않은 한 누구도 그 화물에 대하여 보험을 부보할 수 없다는 뜻이다. 즉, 이것은 보험에 부보된 화물이 보존되면 그 보존에 의하여 피보험자는 이익을 얻거나 또는 그 어떤 방법으로 손상되거나 멸실되면 불이익을 받는다는 것을 뜻한다.

(1) 피보험이익의 개념

해상보험은 선박, 화물 등과 같은 보험목적물을 보호하는 것이 아니라 이러한 보험목적물과 이해관계가 있는 특정의 당사자를 보호하기 위한 것이다. 즉, 선박과 화물은 보험계약의 대상물에 불과하고, 보험계약이 존재하는 목적은 이러한 보험목적물에 대하여 특정인이 갖고 있는 이해관계를 보호하는 것이다. 이와 같이 보험목적물과 이해관계가 있으므로 보험계약을 체결할 수 있고 이 계약에 의해서 불확실한 미래의 사고로부터 재산상의 손해를 보상받을 수 있는 이익을 피보험이익(insurable interest)이라 한다. 여기서 언급되는 이해관계는 반드시 재산상의 이해관계를 의미하며 결코 정신적인 이해관계를 의미하는 것은 아니다.

MIA 제5조 제2항은 피보험이익에 대하여 “항해사업에 대해서 또는 위험에 직면한 피보험재산에 대해서 보통법상 또는 형평법상의 관계를 갖는 결과로서 피보험재산의 안전 또는 예정시의 도착에 의해서 이득을 얻거나 또는 피보험재산이 멸실·손상 또는 지연에 의해서 손해를 입거나 또는 피보험재산에 연관해서 배상책임을 부담하는 입장에서는 항해사업에 대해서 이해관계를 갖는 것이다”라고 규정하고 있다. 따라서 보험계약은 모두 계약을 뒷받침하는 피보험이익을 필요로 하고 만약에 피보험이익이 없으면 그 계약에 대한 보험금을 청구할 수 없다.

(2) 피보험이익의 부정

보험이 존재하는 이유는 특정 경제주체가 보험목적물에 대하여 갖고 있는 경제적 이해관계, 즉 피보험이익을 보호하기 위해서이다. 피보험이익의 존재를 부정하는 것은 곧 보험의 목적을 부정하는 것이므로 보험계약이 체결되기 위해서는 피보험자는 반드시 피보험이익을 가져야 한다. 만약 피보험자가 피보험이익을 갖고 있지 않거나 또는 이를 취득할 전망이 없는데도 불구하고 보험계약을 체결한다면 그러한 계약은 무효로 간주한다.

MIA 제4조에서는 도박계약 또는 사행계약일 경우 피보험이익이 무효라고 규정하고 있다. ❶ 피보험자가 피보험이익을 갖지 않고 또한 피보험이익을 취득할 기대가능성이 없이 계약을 체결할 경우 또는 보험증권이 피보험이익의 유무를 불문함, ❷ 보험증권 자체 이외에는 피보험이익의 존재의 증명을 요하지 않음, ❸ 피보험자에게 구조물 취득의 권리가 없음, ❹ 또는 기타 상기의 문구와 유사한 조건으로 작성된 경우, 단 구조물을 취득할 가능성이 실제로 없을 경우에는 보험자에 구조물 취득의 권리가 없다는 조건으로 보험계약을 체결할 수 있다.

(3) 피보험이익의 요건

① 경제성

피보험이익은 객관적으로 재산상의 가치를 가지고 있어야 하며, 금전적으로 평가될 수 있어야 한다. 여기서 경제적 이익이라 함은 법률상의 권리관계이든, 사실상의 이해관계이든, 적극적 이해관계이든, 소극적 이해관계이든, 현재의 이익이든, 장래의 이익(희망이익)이든, 현실적으로 입은 손해이든, 상실한 이익이든 묻지 않는다. 또한 자기의 주관적 입장에서 재산상의 가치가 될 수 있다 하더라도 그것이 객관적으로 보아 아무런 가치가 없으면 피보험이익이란 표현을 사용할 수 없다. 또한 개인이 각자 가지고 있는 정신적 가치(Sentimental Value)는 주관적으로 아무리 높게 평가되더라도 피보험이익으로 인정될 수 없다.

② 확실성

피보험이익은 보험계약체결 당시에 그 존재가 상회통념상 객관적으로 '확정되어 있거나, 적어도 보험사고발생시까지는 객관적으로 확정될 수 있는 것'이어야 한다. 왜냐하면 보험사고발생시까지 피보험이익이 확정되지 않으면, 손해도 확정되지 않고 또한 보험자가 보상할 보험금도 확정될 수 없기 때문이다.

피보험이익은 금전적으로 확정되고 그것이 누구에게 귀속될 것인가 확실해야 한다. 즉, 피보험이익으로 인정되기 위해서는 피보험이익이 경제적으로 얼마의 가치가 있고 또한 누구의 것인지가 분명해야 한다. 아무리 경제적으로 높게 평가되더라도 확정될 수 없는 이익은 보험의 대상이 될 수 없다.

또한 객관적으로 확정될 수 있는 이익도 피보험이익이 될 수 있다는 의미에서 장래 창고에 입고할 물건을 위하여도 포괄적인 보험계약을 체결할 수도 있고 또한 장래의 희망이익에 대하여도 보험계약을 체결할 수 있다.

③ 합법성(적법성)

해상보험계약을 비롯한 모든 보험계약은 합법적이어야 한다. 피보험이익도 반드시 법률상 인정되는 합법성을 가져야 한다. MIA(제3조 1항)에서도 합법적인 해상사업(lawful marine adventure)에 한하여 보험계약이 체결될 수 있음을 강조하여 피보험이익의 합법성을 강조하고 있다.

그러나 선량한 품속이나 그 밖의 사회질서에 어긋나는 사항을 내용으로 한다든가, 특정한 법률에 의하여 자유로운 사용이나 유통을 금지하고 있는 이익을 피보험이익으로 하였을 때에는 그 보험계약은 무효이다. 따라서 이러한 이익을 피보험이익으로 하여 보험계약을 체결하였을 때에는 보험료를 청구할 수 없으며, 또 일단 수령한 보험료는 가령 반대의 특약이 있는 경우라 하더라도 이를 반환할 의무가 있다.

피보험이익의 적법성은 당사자의 선의·악의를 묻지 않고 객관적인 표준에 따라 결정하여야 하고, 피보험자의 인적상태(능력·신분관계)와는 관계가 없다. 그러므로 피보험자가 전쟁개시로 적국인이 되더라도 사법관계에 속하는 범위에서는 보험계약의 효력에 영향을 미치지 않는다.

(4) 피보험이익의 존재시기

① 일반적 시기(손해발생시: at the time of loss)

일반적으로 보험계약을 체결할 때 피보험자는 피보험이익을 가지고 있어야 한다. 그러나 해상보험은 다른 분야의 보험에 비해 국제성이 강하기 때문에 피보험이익을 가지고 있지 않다 하더라도 보험계약이 체결될 수 있다.

MIA 제6조에 피보험이익은 보험계약체결 당시에는 존재하지 않아도 좋으나 손해발생 시에는 반드시 존재해야 한다고 규정하고 있다. 다만 보험의 목적이 "멸실여부에 불문하고(loss or not lost)"라는 조건으로 부보된 경우에는 피보험자가 손해발생 이후에 피보험이익을 취득했다 하더라도 피보험자는 손해를 보험자로부터 보상받을 수 있다. 다만 보험계약체결시 피보험자가 손해발생의 사실을 알고, 보험자가 이를 몰랐을 경우에는 보상받지 못한다.

적하보험에서는 사실상 피보험이익을 가지고 있지 않은 수입업자가 보험계약을 체결하는 경우가 많다. FOB, CFR 등은 수출업자로부터 선적완료의 통지를 받은 후 적하보험을 체결한다. 그러나 이 시점에서는 화물에 대한 소유이익이 아직까지 수입업자에게로 넘어오지 않았기 때문에 수입업자는 사실상 피보험이익이 없는 상태에서 보험계약을 체결하는 셈이다. 실질적으로 선적화물에 대한 소유권은 선하증권을 소지한 자에게 있는데 이 선하증권은 수출업자, 매입은행, 개설은행 등을 거쳐서 최종적으로 수입업자에게 넘어간다. 이와 같이 국제무역에서는 수입업자가 화물의 소유이익을 취득할 전망이 확실하기 때문에 설령 보험계약을 체결할 때 피보험이익이 없다 하더라도 계약체결이 허용된다.

해상보험에서 피보험자가 피보험이익의 존재를 증명해야 할 시기는 보험사고가 발생할 때이다. 보통 피보험자가 보험금을 청구할 대 선하증권을 제시해야 하는데, 그 이유 중 하나는 피보험이익을 증명하기 위해서이다.

② 소급보상 경우의 시기

소급보상(lost or not lost: 멸실여하를 불문한다)의 의의

일반적으로 시기의 예외 경우는 소급보상은 보험계약이 체결되지 전에 발생한 손해까지도 소급하여 보험자가 보상한다는 원칙이다.

국제무역에서 보험사고가 발생한 사실을 모르고 수입업자가 적하보험계약을 체결하는 경우가 있을 수 있다. 가령 FOB, CFR 등과 같은 가격조건에서는 보험목적물인 화물은 수출항의 창고나 본선상에 있지만 이에 대한 적하보험계약은 수입업자가 수입지의 보험자와 체결한다. 따라서 수입업자는 보험목적물을 직접 확인하지 않고 보험계약을 체결하기 때문에 계약을 체결하기 전에 이미 보험사고가 발생했는데도 이를 모를 수 있다. 즉, 보험계약을 체결하기 전에 보험사고가 발생했다면 이때는 보험목적물이 소멸되어 수입업자에게 피보험이익이 없기 때문에 피보험자는 이에 대한 보상을 받을 수 없다.

이러한 선의의 피보험자를 보호하기 위하여 적하보험에 한하여 소위 소급보상의 원칙이 적용되고 있다. 소급보상은 글자 그대로 보험계약이 체결되기 전에 발생한 손해까지도 소급하여 보험자가 보상한다는 원칙이다. 즉, 보험계약을 체결할 때 보험목적물에 대한 확인여부가 어려울 경우에는 “보험목적물의 멸실여부를 불문한다(lost or not lost)”는 조건으로 보험계약을 체결하면, 보험계약이 체결되기 전 이미 발생한 손해에 대해서도 보험자가 보상한다는 것이다. 그러나 소급보상의 원칙은 피보험자에 의해서 악용될 여지가 있기 때문에 보험계약 당사자 모두가 보험사고의 발생사실을 모르는 경우에만 이 원칙이 적용된다(제6조 1항).

존재시기

적하보험에 한해서는 소급보상의 원칙이 적용되기 때문에 보험사고가 발생했을 때 피보험이익이 없더라도 보상받을 수 있다. 소급보상의 원리는 비록 과거의 유물이지만 피보험자를 보호하려는 취지를 가지고 있기 때문에 오늘날 적하보험에서 사용되는 약관에 그대로 수용되고 있다. 다시 말해, 적하보험의 경우 피보험이익의 존재를 증명하는 시기는 일반적으로 보험사고가 발생한 때이지만 소급보상의 조건으로 계약이 체결되면 그러한 원칙은 적용되지 않는다는 것이다.

(5) 피보험이익의 분류

해상보험에 있어서 피보험이익은 선박·적하 등 특정한 보험의 목적이 해상사고로 인하여 경제적 손해를 입을 우려가 있는 보험목적과 피보험자 사이의 이해관계이므로 피보험자와 보험의 목적과의 이해관계의 발생이유 및 참여관계여하에 따라 여러 가지로 분류할 수 있다. 그 중 일반적으로 분류되는 재산의 측면에서 대별하면 적극적 재산에 관한 이익과 소극적 재산에 관한 이익으로 구분할 수 있다.

① 적극적 재산에 관한 이익

적극적 재산에 관한 피보험이익은 재산을 대상을 하는 것이지만 그 손해는 현재 소유하고 있는 재산이 해상위험으로 인하여 멸실 또는 감소되거나 또는 장래에 재산을 취득할 기대가능성이 해상위험으로 인하여 저지되는 것으로서 이해관계 발생이유에 따라 소유이익, 담보이익, 대상이익, 수익이익 등이 있다.

② 소극적 재산에 관한 이익

소극적 재산에 관한 피보험이익은 해상보험의 목적에는 참여하지 않고 해상위험의 발생결과 피보험자의 전 재산으로부터 실제상 또는 법률상 불가피하게 지출되는 피보험자의 부채로서 손해배상책임부담 또는 비용지출의 형태로 나타나는 책임이익, 비용이익 등이 있다.

2. 피보험이익의 당사자

선박, 적하, 운임 등과 같은 보험목적물을 소유하거나 취득하는 자는 그에 대한 피보험이익을 가지며, 보험목적물의 소유자는 소유이익의 주체이다. 보험목적물이 두 사람 이상에 의하여 공유되고 있어도 각자는 자기의 지분에 대하여 소유이익을 가질 수 있다(MIA 제8조).

(1) 선주(Ship-owner)

선주는 선박을 소유함으로써 선박, 운임, 선박보험료, 선비 등과 같은 선박이익(hull interest)을 가진다.

① 선박

선주는 자신이 소유하고 있는 선박에 대하여 피보험이익을 가진다. 선주가 선박에 대하여 가지는 피보험이익은 반드시 선체(hull)에만 국한되는 것이 아니라 선박자체(material), 의장용구(outfit), 선원의 용품과 식료품 등도 선박의 의미에 포함되므로 선주는 여기에 대해서도 피보험이익을 가진다. 특수사업에 종사하는 선박의 경우에는 그 사업에 필요한 통상의 의장을 포함하고 기선의 경우에는 기계, 기관, 연료 등도 선박의 범위에 포함시킨다.

② 운임

선주가 화물을 최종목적항에 도착시켜 인도해야 운임을 취득하는 운임착지불(Freight collect)인 경우에는 선주가 운임에 대해서 피보험이익을 가진다. 운임착지불인 경우 선주가 화물을 인도하지 못하면 운임을 받을 수 없기 때문에 운임에 대한 피보험이익을 가지게 된다. 특히 산적화물(bulky cargo)인 경우에는 도착지에 하역되는 양(out-turn)에 따라서 운임이 지급되기도 하는데, 만약 화물의 손실이 발생하면 그만큼 운임을 받을 수 없기 때문에 선주는 운임손실에 대하여 운임보험계약을 체결할 수 있다. 그리고 선주는 자신의 선박으로 자기의 화물을 운송할 경우에도 운임에 대한 피보험이익을 갖게 된다.

그러나 선주가 자신의 화물을 운송하고 추측할 수 있는 운임을 부보하기 위해서는, 첫째 선박이 화물을 수송할 수 있는 준비상태가 완벽해야 하고, 둘째 선적하게 될 화물이 실제 있어야 한다.

③ 선박보험료

선박은 1회 항해를 기준으로 하는 항해보험에 가입하는 경우도 있지만 통상 1년을 단위로 계약을 체결하는 기간보험에 가입한다. 항해보험의 경우 보험기간이 짧고 항해가 끝나면 보험계약을 다시 갱신하기 때문에 선박보험료가 많지 않다. 그러나 기간보험은 선박보험계약을 체결할 때 12개월에 해당되는 보험료를 지급하기 때문에 보험료가 거액인 경우가 많다.

만약 보험기간 중에 선박이 손상을 입어 더 이상 운임을 벌지 못하면 선주는 자신이 지급한 선박보험료를 잃게 되므로 선주는 보험료에 대해서도 피보험이익을 갖게 된다.

④ 선비(Disbursements)

선비는 선박을 운항하는 데 소요되는 의장비 · 연료비 등 일체의 경비를 말한다. 선박의 운항경비는 통상 항해 전에 또는 항해 도중에 지급되는 일이 많기 때문에 선박이 멸실되면 선주는 이미 지급한 선비까지 상실하게 된다. 따라서 선주는 선비에 대하여 피보험이익을 갖고 선비보험에 가입할 수 있다.

(2) 하주(Cargo-owner)

하주는 화물에 대하여 소유이익을 가지는 당사자이다. 하주는 자신의 화물이 안전하게 도착하면 이익을 얻고, 만약 지연되거나 손상을 입으면 손해를 보기 때문에 하주는 자신이 화물을 소유하고 있는 한 화물에 대한 피보험이익을 가진다.

하주가 특정 화물에 대하여 소유권의 일부만 가지고 있어도 해당 비율만큼의 피보험이익을 가지며 화물이 은행에 저당 잡혀 있다 하더라도 하주는 화물에 대한 소유이익이 있기 때문에 피보험이익을 누릴 수 있다.

① 화물의 순가액

화물의 순가액은 운임, 보험료 등이 포함되어 있지 않은 원가(Cost)의 개념으로서 송장가격이다(Invoice Amount).

② 적하보험료

운송 도중 화물이 멸실되면 하주는 화물만 잃어버리는 것이 아니라 자기가 지급한 보험료까지 상실한 결과가 되기 때문에 보험료에 대해서도 피보험이익을 가질 수 있다.

③ 운임(Freight)

운임선불(Freight Prepaid)은 원칙적으로 화물의 송장가액에 포함되어 있기 때문에 화물의 보험과 별개로 부보할 필요가 없다. 그러나 운임선불인 경우에는 하주가 운임에 대하여 피보험이익을 가진다. 해상운송에서 선불된 운임은 화물이 목적지에 도착하든 그렇지 않든 반환되지 않는 것이 원칙이다. 따라서 운임이 선불되는데 화물의 전손이 발생하면 곧 운임을 상실한 결과이므로 하주는 자신이 선불한 운임에 대해 피보험이익을 가진다.

운임후불(Collect Freight)인 경우에는 일견 부보할 필요가 없을 것 같으나 운임후불에 관한 각국의 법률은 일정하지 않아, 운송 도중 화물이 멸실한 경우에 전혀 지불하지 않아도 되는 경우도 있지만 운송거래에 따라 운임을 지불해야만 하는 때가 있을 뿐만 아니라 화물이 손상을 입어 목적지에 도착하는 경우에는 가격이 감소했음에도 불구하고 운임을 전액 지불해야 하는 수도 있다. 이러한 손해에 대해서 적하보험과는 별도로 미필운임보험(Contingency Freight Insurance)을 부보한다.

④ 희망이익(Expected Profit)

하주는 자신의 화물이 목적지에 무사히 도착한 경우 이를 판매하여 얻을 수 있는 기대이익에 대해서도 피보험이익을 가질 수 있다. 기대이익은 실제로 화물이 목적지에 도착하여 판매되어야만 확정될 수 있는 이익이기 때문에 상거래에서는 화물가격의 약 10% 정도는 거의 확실하게 피보험이익으로 인정된다. 실무에서는 하주가 자신의 화물에 대해 적하보험계약을 체결할 때 화물의 순가액 · 보험료 · 운임 · 희망이익 등을 별도로 부보하지 않고 이 모두를 화물의 보험가액에 포함시켜 부보한다. MIA(제16조 3항)에서는 화물의 보험가액을 화물의 원가에 선적비용과 보험비용을 가산한 금액으로 보고 있다. 화물의 보험가액은 크게 원가(Cost), 보험료(Insurance Premium), 운임(Freight)으로 구성되어 있기 때문에 하주가 가지는 피보험이익의 가치는 곧 CIF금액이라 할 수 있다. CIF금액의 10%를 희망이익으로 인정하고 적하보험계약을 체결할 때는 통상 CIF금액의 110%를 보험금액으로 하고 있다.

⑤ 소멸가능이익과 불확정이익

해상보험에서 선박·적하 등에 대한 소유권이 누구에게 있는지는 대부분의 경우 분명하지만 한시적으로 소유권의 귀속이 확정되지 않은 경우가 있을 수 있다. 즉, 운송 중의 화물이 매도인의 소유에 속하는지 또는 매수인의 소유에 속하는지가 불분명한 순간이 있다.

소멸가능이익(Defeasible Interest)은 피보험자의 선택에 따라서 소멸될 수 있는 이익을 말한다. 무역거래에서 매도인은 물품에 대한 권리가 매수인에게 이전되기까지는 계약물품에 대한 피보험이익을 가진다. 조만간에 종결될 수 있는 피보험이익을 소멸가능이익이라 하며, 매도인은 소멸가능이익도 보험에 붙일 수 있다. 비록 자신의 이익이 아닌 것이 확실한데도 피보험이익을 가지고 있는 순간까지는 보험계약을 체결할 수 있도록 허용한다.

불확정이익 또는 미필이익(Contingent Interest)은 특정 조건의 성취에 달려 있는 이익을 말한다. 매매계약을 체결할 때 간혹 매수인은 인도지연이나 다른 이유로 물품의 인수를 거절할 수 있는 권한을 계약서에 삽입하는 경우가 있다.

계약물품에 대한 권리가 정상적으로 매수인에게 이전되면 피보험이익은 매수인에게 있고 매수인이 적하보험에 가입한다. 그런데 계약물품이 다소 지연되어 매수인이 이의 인수를 거절하게 되면 그동안 매수인이 가졌던 피보험이익은 종료되고 매도인에게 귀속된다. 이와 같이 항해 도중에 매수인의 화물인수거절이라는 우연성이 생기는 이익을 불확정이익이라 한다.

⑥ 계반비용(Forwarding Expenses)

운송인은 최종목적지까지 화물을 안전하게 운송한 책임이 있다. 그러나 여러 가지 사유로 화물을 최종목적지기지 운송할 수 없을 때는 운송인은 선하증권상의 운송약관에 따라서 도착항에 가기 전에 미리 하역하거나 또는 도착항을 지나서 다른 항구까지 화물을 운송할 수 있다. 이에 대해 운송인은 하등 책임을 지지 않고 하주가 이로 인한 모든 비용을 부담한다.

만약 화물이 중간항에 하역되면 이를 계속해서 목적항까지 운송하는 비용도 하주가 부담해야 하며 심지어 최종목적항을 지나서 초과운송(over carriage)되더라도 화물을 되돌리는 비용을 하주가 부담해야 한다.

(3) 용선자

① 일반용선

용선자(Charter)는 선주가 선박을 이용하려는 자에게 선박의 전부 또는 일부를 빌려주는 것을 말한다. 용선계약에서 용선자는 단순히 임대한 선박을 이용하여 화물을 운반할 수 있는 권리만 갖고 선박을 소유하거나 통제할 수 있는 권리는 없다. 따라서 용선자는 선박에 대한 소유이익의 당사자로서 인정되지 않기 때문에 선박에 대한 피보험이익을 갖고 있지 않다.

반면 선주는 선박을 타인에게 임대했다 하더라도 소유이익을 가지고 있기 때문에 선박에 대한 피보험이익을 가지며 선체보험에 가입할 수 있다.

② 나용선(Bareboat Charter)

용선계약 중에서 나용선일 경우에는 용선자도 선박에 대한 피보험이익을 가진다. 나용선계약은 용선자가 선박 자체만을 용선하고 자신이 승무원들을 고용하여 배치하며, 그리고 항해비용, 수리비용 등 운항에 관련되는 일체의 비용을 부담하는 용선이다. 나용선계약에서 용선자는 본선을 마치 자기가 소유하고 있는 것처럼 완전히 지배하여 운항할 권리를 가지며 자신이 운영하는 항로에 선박을 투입할 수 있다. 따라서 나용선계약에서는 용선자가 선박에 대한 피보험이익을 갖고서 선체보험계약을 체결할 수 있다. 그러나 용선자가 피보험이익을 가지고 보험계약을 체결하더라도 선주는 자신의 선박에 대하여 여전히 피보험이익을 가진다.

③ 용선료(Chartered Freight)

용선료는 용선자가 선주에게 지불하는 운임이다. 대개의 경우 선적지 또는 용선계약의 효력이 발생하는 시간과 장소에서 선불되며 반환되지 않는 것이 통상적이다. 따라서 용선자는 용선한 선박이 멸실되거나 운항할 수 없게 되면 선불한 용선료만큼의 손해를 보기 때문에 용선료에 대한 피보험이익을 갖고 운임보험에 들 수 있다. 그러나 선박이 운항할 수 없을 때는 특약에 의하여 선주가 선불용 선료를 반환하기도 하는데 이런 경우에는 선주가 피보험이익을 갖는다. 만약 용선료가 일부만 반환되면 반환되는 용선료에 대해서는 선주가 피보험이익을 갖고, 반환되지 않는 용선료에 대해서는 용선자가 피보험이익을 갖는다.

3. 피보험이익의 평가

(1) 보험가액

① 보험가액의 개념

보험가액(Insurable Value)은 보험계약이 체결될 수 있는 금액을 말하는데 이는 선박·적하 등 보험목적물의 실제가치로서 보험사고가 발생할 경우 피보험자가 입을 수 있는 최대한도의 손해액을 의미한다. 이 금액은 보험사고가 발생한 경우에 피보험자가 입은 손해의 한도액이 된다.

② 보험가액의 평가

보험목적물의 평가와 관련하여 보험가액은 보험목적물의 실제가치이기 때문에 시간과 장소에 따라 변동한다. 선박의 시가는 해운경기에 따라 크게 변동하며, 동일한 화물이라도 수출지와 수입지에서 가격차이가 난다. 이와 같이 보험가액은 일정한 것이 아니라 항상 변동하기 때문에 이를 정확하게 평가하기란 매우 어렵다. 따라서 보험계약을 체결할 당시 보험자와 보험계약자간에 보험가액을 협정하기도 한다.

아울러 보험가액은 물가의 변동, 시간의 경과, 공간의 이동 등에 의해 계속 변동된다. 즉, 위험의 개시시점의 가액과 사고발생시의 가액이 차이가 발생한다. 따라서 보험계약을 체결할 때 당사자가 일정금액으로 협정하고 이를 변하지 않는 것으로 하는데 이를 '보험가액 불변원칙'이라 한다.

(2) 협정보험가액

① 협정보험가액의 개념

보험가액의 평가는 매우 어려운 문제이고 당사자간에 분쟁이 일어날 수 있는 소지가 있기 때문에 분쟁을 사전에 방지하고 보험계약의 체결을 원활히 하기 위하여 보험자와 보험계약자간에 보험가액을 협정하는 경우가 있는데 이러한 가액을 협정보험가액이라 한다.

적하보험에서는 수출자가 작성한 상업송상의 금액이 협정보험가액의 기준이 된다. 선박보험에서는 선주가 선박에 관한 자세한 명세서와 신고가액을 제출하면, 보험자는 관련기관에서 제시한 선가결정기준과 비교하여 결정한다.

② 협정보험가액의 효력

협정보험가액은 당사자간의 분쟁을 방지하기 위하여 보험가액이 일정액으로 합의된 것이므로 보험증권상에 협정보험가액이 기재되면 구속력을 갖춘 것으로 확정적 효력을 가진다.

③ 보험가액불변원칙

당사자간에 합의된 협정보험가액은 보험기간 동안 변하지 않는 것을 원칙으로 하며 보험기간 내에 동일한 금액으로 효력을 가진다.

(3) 법정보험가액

① 의의

현실적으로 보험계약을 체결할 때 보험가액을 합의할 수 없는 경우가 있다. 만약 보험기간이 장기일 경우 보험계약을 체결할 때 협정하는 가액은 별 의미가 없다. 대체로 시간이 지날수록 가액은 어느 정도 변하는데, 이것을 장기간 고정시켜 둔다는 것은 불가능하며 물가의 변동이 아주 심한 경우에도 협정보험가액을 사용하는 것이 불가능하다. 또한 보험사고가 발생해야만 그 가액을 정확하게 알 수 있는 경우도 보험가액의 협정에 아무런 의미가 없다. 이와 같은 경우 당사자간에 보험가액을 협정하지 않고 계약을 체결하는데 이를 미평가보험계약이라 하며, 협정보험가액이 기재되지 않은 보험증권을 미평가보험증권이라 한다.

보험가액은 금전적 평가를 전제로 하기 때문에 당사자간에 협정되지 않을 경우에는 법에서 정한 방법에 의해 평가를 하는데 이렇게 평가되는 보험가액을 법정보험가액이라 한다.

② 선박의 법정보험가액

선박의 보험가액에 대하여 당사자간에 아무런 사전협의가 없었다면 법에서 정한 방식에 따라 그 가액을 산정한다. 선박의 법정보험가액을 산정할 때 기준으로 삼는 것은 보험자의 책임이 개시되는 시점이다.

③ 적하의 법정보험가액

화물의 원가는 일반적으로 화물의 선적장소와 시간에서의 가액으로 보기 때문에 법정보험가액의 선정기준은 선적지에서 선적시 가격으로 보면 된다. 선적비용 및 선적에 부수하는 비용은 화물의 운송에 소요되는 운임, 하역비, 부선사용료 등 일체의 비용을 말한다.

④ 운임의 법정보험가액

운임의 보험가액은 시간과 장소에 따라서 변동할 사항이 아니기 때문에 가액을 추정하는데 적용할 시간과 장소를 규정할 필요는 없으며, 피보험자가 취득할 수 있는 운임의 총액에 운임보험료를 가산한 금액을 운임의 법정보험가액으로 보고 있다(MIA 제16조 2항).

(4) 보험가액과 보험금액의 관계

① 보험금액(Insured Amount of Sum Insured)의 의의

보험금액은 전손이 빌생하였을 때 보험자가 피보험에게 지급하여야 할 금액의 최고한도로, 실제로 부보된 금액으로 보험증권에 나타난 금액을 말한다. 이를 '보험가입금액'이라고도 한다.

보험금액은 피보험자가 실제로 보험에 가입한 금액을 뜻하는데, 이것은 보험자가 보상해주는 최고의 보상액이 된다. 보험금액은 보험자가 보상해 주기로 약속한 최고의 금액이기 때문에 보험사고가 발생할 경우 보험자는 보험금액의 범위내에서 보상한다. 이와 같이 보험금액은 보험자의 보상액과 직결되기 때문에 보험료산정의 기준이 된다. 보험가액이 높게 책정되더라도 보험료의 부담을 피하기 위하여 보험금액을 낮게 산정하면 그만큼 보상액도 낮아진다.

② 전부보험(Full Insurance)

전부보험은 보험가액과 보험금액이 일치하는 경우, 당시지간에 보험가액이 협정되고 협정보험가액을 보험금액으로 하여 보험계약을 체결하면 전부보험이 된다. 전부보험에서는 보험자가 발생한 손해액을 보험가액의 범위내에서 전액 보상하기 때문에 손해보험에서는 이상적인 보험의 형태이다.

③ 일부보험(Under Insurance)

일부보험은 보험목적물의 가액 일부만을 보험에 붙인 경우로 보험가액이 보험금액보다 크다. 일부보험을 이용하는 이유는 보험료를 절감하여 비용지출을 줄이기 위해서이지만 완전한 보상이 안 되기 때문에 미보상 부분에 대해서는 피보험자가 책임을 져야 한다.

비례보상의 원칙(Principle of Average)

일부보험에서 보험사고가 발생하면 보험자는 보험가액에 대한 보험금액의 비율에 따라서 보상해 줄 책임이 있는데 이러한 보상원칙을 비례보상의 원칙이라 한다.

일차위험보험(First Loss Insurance)

일부보험에 가입하더라도 비례보상을 하지 않고 특약에 의하여 보험금액의 범위내에서 실손해액 전부를 보상하는 방식이다.

④ 초과보험

의의

초과보험은 보험금액이 보험가액을 초과하는 경우이므로 보험목적물의 실제가치 이상으로 보험계약을 체결하는 것이다. 보험사고가 발생하면 피보험자는 손해액 이상으로 보상을 받기 때문에 부당이득을 취득하게 된다. 따라서 초과보험에는 사고를 고의적으로 유발시키려는 도덕적 위태가 강하게 존재한다. 한편 초과보험에서 보험사고가 발생하지 않으면 보험자는 필요 이상의 보험료를 받는 결과가 된다. 따라서 모든 국가에서는 초과보험을 인정하지 않으며 선의의 경우를 제외하고는 무효로 간주한다.

선의의 초과보험

선의의 초과보험이 성립되면 피보험자는 보험금을 감액하여 청구하고 보험자는 초과보험 부분에 해당하는 보험료를 환불한다. 선의의 초과보험은 계약당시 보험목적물에 대한 가액을 높게 예상하고 그에 따라 보험금액을 산정했는데 실제로는 보험가액이 너무 낮은 경우 성립되며, 물가하락, 경기변동으로 보험가액이 떨어질 경우에도 초과보험이 성립된다.

사기에 의한 초과보험

보험계약자가 고의로 더 많은 보상을 받기 위하여 초과보험을 체결할 경우에는 초과 부분뿐만 아니라 전체의 보험계약을 무효로 간주한다. 따라서 보험기간 중에 사고가 발생하더라도 보험자는 보상할 책임이 없으며, 보험계약자는 보험자가 초과보험이 성립되었다는 사실을 안 날까지의 보험료를 납부해야 한다.

⑤ 중복보험(Double Insurance)

의의

중복보험은 동일한 보험목적물에 대해서 여러 보험자와 둘 이상의 보험계약을 체결하고 총

부보된 보험금액이 여러 개의 보험계약 중에서 가장 높게 평가된 보험가액을 초과한 경우, 일단 보험에 가입하여 각 보험자로부터 보상받는 금액의 합계가 보험목적물의 실제가치를 초과하므로 중복보험은 항상 초과보험의 형태를 띤다. 동일 보험목적물에 대해 여러 번 보험계약을 체결하면 보험료를 낭비하는 점이 있어 중복보험은 비경제적이다.

중복보험으로 계약을 체결하더라도 아무런 제재 없이 보상해 준다면 피보험자는 사기가 소유한 보험목적물의 실제가치 이상으로 보상받을 수 있어 부당이득을 취하려고 고의적으로 보험사고를 유발할 가능성이 높다. 중복보험에 대해서는 대부분 규제를 가하고 있는데 종래에는 중복보험을 금지하는 규정을 두기도 했고, 특히 화재보험의 경우에는 형벌에 처하는 경우도 있었다.

성립요건

중복보험이 성립되기 위해서는 피보험이익, 보험기간, 담보위험이 동일하고 여러 보험자와 둘 이상의 보험계약을 체결하고 이렇게 체결된 보험금액의 총액이 가장 높게 평가된 보험가액을 초과해야 한다.

- 피보험이익의 동일성
  동일한 목적물이라 하더라도 피보험이익이 다르면 중복보험이 성립되지 않는다. 즉, 화물에 대한 소유이익과 희망이익을 동일한 화물을 보험의 목적으로 하지만 피보험이익이 다르기 때문에 중복보험의 성립요건이 되지 않는다.
- 담보위험의 동일성
  중복보험이 성립되기 위해서는 복수의 보험계약에서 보험자가 담보하는 위험이 동일해야 한다. 보험종류가 다르더라도 담보위험이 동일하면 중복보험이 성립된다.
- 보험기간의 동일성
  중복보험이 성립되기 위해서는 담보위험과 마찬가지로 보험기간이 동일해야 한다.
- 초과보험 성립
  중복보험은 결과적으로 초과보험이 성립되어야 한다. 둘 이상의 보험계약이 중복적으로 체결되었다 하더라도 부보된 총금액이 가장 높게 평가된 보험가액을 초과해야 중복보험이 성립된다.

효과

사기로 중복보험이 체결되는 경우에는 이를 무효로 하는 동시에 보험자는 그 사실을 알게 된 시점까지의 보험료를 청구한다. 그러나 선의로 중복보험이 성립된 경우에는 각 보험계약의 효력을 인정하고 보상하지만 어떠한 경우에도 손해액 이상을 보상하지 않는다.

제6절
해상위험

1. 해상위험의 의의

(1) 해상위험의 개념

위험(perils and risks)이란 재해 또는 사고를 말한다. 우연적으로 발생하는 위험이 보험의 대상이며, 필연적으로 발생하는 위험은 보험의 대상이 아니다. 해상위험은 항해에 기인하고, 항해에 부수하여 발생하는 사고를 말한다. 해상위험에는 보험자가 담보할 수 있는 위험과 담보할 수 없는 위험이 있다.

해상보험은 해상사업(marine adventure)에 수반하여 발생하는 손실을 보험자가 보상해 주는 계약이며, 여기서 손실이란 선박, 화물 등과 같은 보험목적물이 해상위험에 직면함으로써 생기는 손실을 말한다.

영국해상보험법(MIA 제2조 제2항 c호)에서는 해상위험이란 항해에 기인 또는 부수하는 위험, 즉 해상고유의 위험, 화재, 전재위험, 해적, 표도, 강도, 포획, 나포, 왕후 및 국민의 억지 또는 억류, 투하, 선원의 악행과 그리고 상기의 여러 위험과 동조의 위험 또는 보험증권에 기재되어 있는 기타의 모든 위험을 말한다.

(2) 해상위험의 구분

① 항해에 기인하는 위험

항해에 기인하는 위험은 항해가 원인이 되어 우연히 발생하는 해상고유의 사고를 말한다. 폭풍우, 태풍 등으로 인하여 선박이 좌초, 침몰되거나 또는 화물이 파손되거나 유실되는 사고를 말한다.

대표적인 해상고유의 위험으로는 침몰(sinking), 좌초(stranding), 충돌(collision)이 있으며 이를 'SSC 위험'이라고 한다.

침몰

침몰은 선박이 부력을 상실하고 수중에 가라앉아 항해가 불가능한 상태를 말하는데, 이는 우연적으로 발생한 것이어야 하며, 초과적재나 선박의 불내항 등에 의한 침몰은 제외된다.

좌초

좌초는 선박이 암초나 그 밖의 견고한 물체에 얹혀 일정기간 진퇴가 불가능한 상태를 말한다.

충돌

협의의 충돌은 선박과 타 선박간의 충돌만을 의미하며, 광의의 충돌은 선박과 타 선박간의 충돌뿐만 아니라 난파물, 암벽 등의 일체의 다른 물체와 직접적으로 접촉하는 것을 말한다.

풍파의 이례적인 작용과 악천후(heavy weather)

해상고유의 위험에는 해상에서 발생하는 풍파의 이례적인 작용이 속하며, 황천인 악천후도 이에 속한다. 특히, 화물의 해수침손이나 갑판적 화물의 풍랑유실 및 악천후에 의한 곰팡이 손해 등이 여기에 속하며, ICC(A), ICC(B)는 보상되지만, ICC(C)조건은 담보되지 않는다.

② 항해에 부수하여 발생하는 위험

항해에 부수하여 발생하는 위험은 항해를 하지 않더라도 발생할 수 있는 화재, 선원의 악행, 전쟁 등의 위험을 말한다. 영국해상보험법에서 열거된 위험 중에서 항해에 기인하여 발생하는 해상고유의 위험을 제외하고는 모두 항해에 부수하여 발생하는 위험으로 볼 수 있다.

화재(fire)

화재위험은 보상되는 위험이다. 화재로 인한 소실, 화재에 의한 연기나 열에 의한 손해 및 화재에 의한 손해와 폭발과 낙뢰도 동종제한의 원칙에 따라 담보된다. 그러나 화재의 원인이 자연발화나 피보험목적물의 고유의 하자 또는 성질을 근인으로 하는 멸실 또는 손상의 경우에는 보상되지 않는다.

투하(jettisons)

투하는 선장이 다수의 이익을 위하여 현실적으로 공동의 중대한 위험에 직면하여 임의로 화물을 바다에 던지는 행위로 가장 전형적인 공동해손에 속한다. 그러나 투하라 하더라도 화물이 부패하거나 화물고유의 하자로 인한 투하는 보상되지 않는다.

선장 또는 선원의 악행(barratry of master or mariner)

선장 또는 선원이 의도적으로 선주 또는 용선자에게 행하는 모든 비행이 속한다. 예를 들어, 선박을 밀수목적으로 사용하거나 방화, 고의적인 좌초, 침몰, 천공, 이로, 선박을 가지고 도주하는 행위, 사기의 목적을 가지고 화물을 매각처분한 경우가 이에 해당한다.

해적행위(pirates)**나 표도**(rovers)

해적행위는 법률상 권한이 없이 자기이익을 위해 해상에서 타인의 선박을 탈취하는 것을 말하며, 표도는 약탈물을 구하려고 해상을 배회하는 자로 해적행위와 동일하다.

강도(thieves)

강도는 화물감독자가 습격을 받아 화물을 강탈당하는 것으로 폭력을 동반한 습격을 의미한다. 따라서 은밀한 절도나 승선자의 절도는 여기에 해당하지 않는다.

전쟁위험(war perils)

전쟁위험에는 군함(men-of war), 외적(enemies), 습격 및 해상탈취(surprisals and taking at sea), 군왕·군주에 의한 억지, 억류, 압류(arrest, restraints and detainment of king, princes and people) 등이 있다.

(3) 담보위험과 면책위험

① 담보위험(Perils Insured Against)

담보위험은 보험자가 보상해 주는 위험을 말한다. 해상보험계약은 구체적으로 담보위험을 대상으로 하며 그로 인하여 발생하는 손실만을 보상해 주는 계약이다. 담보위험의 범위는 보험조건에 따라 달라지며 그 범위가 넓을수록 보험자의 책임이 많아지기 때문에 보험요율은 증가한다.

보험증권에 담보하는 위험을 구체적으로 명시하고 그로 인한 손해만을 보험자가 보상하기로 약속하는 책임원칙을 열거책임주의 또는 한정책임주의라고 한다. 현행 적하보험에서 사용되고 있는 B약관(ICC, B Clause)과 C약관(ICC, C Clause)에서는 담보위험이 구체적으로 보험증권상에 열거되어 있는 열거책임주의 원칙을 택하고 있다.

② 면책위험(Excepted Perils)

면책위험은 손해가 발생하더라도 보험자가 책임지지 않는 위험을 말한다. 담보위험이 아닌 위험은 자동적으로 면책위험이 된다. 면책위험은 법에 의해 규정될 경우도 있고, 보험약관에 의해 정해질 경우도 있는데 법정면책위험은 대부분 보험약관에 수용된다.

열거책임주의하에서는 담보위험이 보험증권상에 명시되지만, 포괄책임주의하에서는 면책위험이 명시된다. 보험사고가 발생할 경우, 사고를 야기시킨 직접적인 원인이 면책위험에 속하지 않으면 모두 보상되지만 사고의 원인이 면책위험에 속한다는 사실을 보험자가 입증하면 보험자의 면책이 인정된다. 대체로 열거책임주의하에서는 입증책임이 피보험자에게 있지만, 포괄책임주의하에서는 보험자에게 있다

해상보험에서 포괄책임주의의 원칙이 적용되는 경우는 적하보험에서 사용되고 있는 A약관(ICC A Clause)뿐이고, A약관에서는 보험자의 일반면책, 선박의 불내항성 및 부적합성, 전쟁 및 동맹파업을 제외한 모든 위험을 보험자가 보상하도록 규정하고 있다. 따라서 A약관으로 적하보험계약을 체결하면 사고의 원인이 위의 네 가지 위험에 속하는 경우 외에는 모두 보상받을 수 있다.

(4) 근인주의

피보험자가 손해에 대해서 보험금을 받기 위해서는 그 손해와 담보위험 사이에 인과관계가 성립되어야 하며, 영국법상 근인주의(近因主義: The Doctrine of Proximate Cause: MIA 제55조 제1항)가 적용되는데 다음과 같이 규정하고 있다. "본 법의 제 규정에 저촉되지 않는 한 그리고 보험증권에 별도의 합의사항이 없는 한, 보험자는 피보험위험에 근인하여 일어나는 모든 손해에 대하여 보상책임을 진다. 그러나 상기의 조건에서 피보험위험에 근인하여 일어나지 않는 어떠한 손해에 대해서도 보상책임을 지지 않는다."

① 보험자의 보상원칙

보험자는 담보위험에 근인하여(Proximately) 발생하는 손해만 보상한다. 보험사고가 발생하면 먼저 사고를 야기시킨 근인을 찾아 그 근인이 담보위험에 속하는지 또는 면책위험에 속

하는지를 조사해야 한다. 근인이 담보위험에 속하면 보험자는 보상을 하고 만약 근인이 면책위험에 속하면 보상하지 않는다. 이러한 보상원칙을 근인주의라 한다.

② 근인(Proximate Cause)

해상보험은 담보위험에 근인하여 발생하는 손해만을 보상하기 때문에 손해의 발생과 위험의 인과관계에 있어서 근인주의의 입장을 취한다.

근인주의는 사고를 야기시킨 가장 지배적이고 효과적인 원인을 말한다. 여기서 말하는 근인은 사건발생과 시간적으로 가까운 원인이 아니며 지배력과 효과 면에서 비중이 가장 큰 원인을 뜻한다.

즉, 복수의 원인이 연쇄적으로 파급하여 손해를 발생시킨 경우는 손해에서 불가피한 인과관계를 소급하여 먼저 면책위험에 도달하면 거기에서 보험자의 면책은 확정된다. 역으로 먼저 담보위험에 도착한 경우에는 다시 불가피한 인과관계를 소급하여 면책위험에 도착하는가의 여부를 검토하고, 만약 면책위험에 도착하면 결국 보험자의 면책이 확정된다. 이와 같이 면책위험의 개입을 엄격하게 검토하는 것은 면책위험에 관한 규정이 원칙적으로 담보위험에 관한 규정보다 우선하기 때문이다. 왜냐하면 원래 담보하지 않는 손해에 대하여 면책을 규정할 필요가 없기 때문이다. 따라서 특정위험을 담보하는 목적으로 보험계약이 체결된 경우에는 그 위험이 입은 손해의 근인으로 발생하였을 때에만 보험금이 지급된다.

2. 해상위험의 변경

(1) 위험변경의 의의

보험계약을 체결하던 당시의 위험이 계약체결 후에 변동할 수 있는데, 이러한 경우를 위험의 변경(Change of Risk)라 한다. 위험이 변경되면 보험계약을 체결하던 당시보다 위험이 감소할 수도 있고 증가할 수도 있다. 위험이 감소되면 보험자의 입장에서는 바람직하지만 피보험자는 필요 이상의 보험료를 지불한 결과이므로 만약 위험이 현격하게 변동하면 피보험자는 이러한 사실을 보험자에게 고지하고 보험료의 감액을 청구할 수 있다.

위험의 변경은 피보험자의 행위에 의해서 발생할 수도 있고 불가항력에 의해 발생할 수도 있는데, 후자의 경우는 위험이 변경되더라도 일정한 조건하에 보험자가 계속 담보하도록 한다. 그러나 피보험자의 고의나 과실로 인하여 위험이 증가하면 보험자는 위험이 변경된 이후부터 면책되기도 하며 또는 보험계약 자체를 취소할 수도 있다.

영국해상보험법에서는 피보험자의 행위에 기인하든 기인하지 않든 위험이 변경되면 보험계약의 효력도 변경되는 것으로 규정하고 있지만 불가항력에 의하여 위험이 변경될 경우에는 계속 담보를 허용하여 선의의 피보험자를 보호하고 있다.

(2) 이로

① 이로의 정의

선박은 넓은 바다를 종횡무진으로 항해하는 것이 아니라 경험이나 관습에 의해서 확정된 항로를 따라 항해를 한다. 그런데 선박이 정당한 사유 없이 항로를 벗어나 항해하는 경우를 이로(Deviation)라 한다.[5)]

영국해상보험법(제46조 2항)에서는 항로가 보험증권상에 특별히 지정되어 있는 경우에는 그 항로를 이탈한 경우, 그리고 항로가 보험증권상에 특별히 지정되어 있지 않은 경우에는 통상적으로 관습적인 항로(Usual and Customary Course)를 벗어날 경우를 이로로 규정하고 있다. 만약 보험증권에 양하항이 여러 개 명시되어 있으면 선박은 그 전부 또는 일부에 항해할 수 있다. 그리고 특별한 상관습이나 충분한 이유가 없는 한 선박은 보험증권에 지정된 순서에 따라 그 전부 또는 일부에 항해해야 하는데 이 순서에 따르지 않을 경우에는 이로가 성립한다. 또한 보험증권에 항구명이 지정되어 있지 않고 일정지역 내의 "모든 양하항"까지로 되어 있을 경우에는 선박은 지리적 순서에 따라 그 전부 또는 일부에 항해해야 하며 이 순서에 따르지 않을 경우에도 이로로 본다(MIA 47조).

② 이로의 효과와 허용

선박이 항로를 벗어나 항해를 하면 보험계약을 체결할 당시에 예상하지 못했던 위험이 등장할 수 있기 때문에 보험자는 보상책임에서 해제된다. 즉, 선박이 적법(Lawful)한 사유 없이 보험증권에 정해진 항로에서 벗어날 경우 보험자는 이로시점부터 보상책임에서 해제된다. 선박이 이로하였다가 손해발생 전에 본래의 항로로 복귀했다 하더라고 보험자의 책임은 해제된다(MIA 제46조 1항). 정당한 사유가 있을 경우에는 이로가 허용(MIA 49조)된다.

---

5) Arnold et al., Arnold's Law of Marine Insurance and Average(16th, ed), London: Stevens & son, 1981, S. 464

이로가 허용되는 경우

- 보험증권상의 특약에 의하여 인정된 경우
- 선장 및 그의 고용주의 힘이 미치지 못하는 사정으로 인하여 일어나는 경우
- 명시 또는 묵시담보를 충족하기 위하여 합리적으로 필요한 경우
- 선박 또는 보험목적물의 안전을 위하여 합리적으로 필요한 경우
- 인명을 구조하기 위하여 또는 인명이 위험에 빠질 염려가 있는 조난선을 구조하기 위한 경우
- 선상에 있는 자에게 내과 또는 외과 치료를 하기 위하여 합리적으로 필요한 경우
- 선장 또는 선원의 악행이 담보위험의 하나일 때 이러한 악행에 의하여 일어나는 경우

그러나 이로를 허용하는 사유가 소멸되면 선박은 지체없이 본래의 항로로 복귀하여 항해를 수행해야 한다(MIA 제49조 2항). 일반적으로 이로는 하주와 상관없이 발생하기 때문에 선의의 피보험자(하주)를 보호하기 위하여 협회적하약관(ICC)의 제8조 운송약관에는 어떠한 이로가 발생하더라도 보험자의 책임은 계속된다고 규정하고 있다. 따라서 적하보험에서 이로는 보험계약의 효력에 전혀 영향을 미치지 않는다. 그리고 협회기간약관(ITC-Hulls)의 제3조 담보위반약관에서도 이로와 같은 위험변경을 보험조건 및 추가보험료에 대한 합의가 이루어지는 경우에 한해서 허용하고 있다.

(3) 항해의 지연

① 항해지연의 효과

선박의 기간보험에서는 보험자의 책임기간이 명시되어 있어 그 기간 동안에는 선박이 항해를 하든 정박을 하고 있든 상관없이 보험자의 담보책임이 계속된다. 그러나 항해보험에서는 선박이 곧 항해할 것을 예정으로 하고 일정항구에서 항구까지를 담보하기 때문에 항해보험이 체결되면 선박은 적당한 기간 내에 항해를 개시해야 한다. 그러나 항해보험에 가입한 선박이 적당한 기간 내에 항해를 개시하지 않으면 보험자는 계약을 취소할 수 있다.

② 항해지연의 허용

항해의 지연이 보험계약체결 전에 보험자가 알고 있던 사정으로 발생한 것을 피보험자가 증명하면 이러한 묵시조건은 무효가 된다. 또한 보험자가 묵시조건에 대한 권리를 포기한 것

을 피보험자가 증명할 수 있으면 위험개시에 관한 묵시조건은 무효가 될 수 있다(MIA 제42조 2항). 다음은 항해지연의 허용(MIA 제49조)되는 경우이다. 정당한 사유가 소멸되면 지체없이 항해를 속행해야 한다.

- 보험증권상의 특약에 의하여 인정되는 경우
- 선장 및 그의 고용주의 힘이 미치지 못하는 사정으로 인하여 일어나는 경우
- 명시 또는 묵시담보를 충족하기 위하여 합리적으로 필요한 경우
- 선박 또는 보험목적물의 안전을 위하여 합리적으로 필요한 경우
- 인명을 구조하기 위하여 또는 인명이 위험에 빠질 염려가 있는 조난선을 구조하기 위한 경우
- 선상에 있는 자에게 내과 또는 외과치료를 하기 위하여 합리적으로 필요한 경우
- 선장 또는 선원의 악행이 담보위험의 하나일 때 이러한 악행에 의하여 일어나는 경우

(4) 항해의 변경(Change of Voyage)

① 항해변경의 효과

항해의 변경은 보험증권상에 명시된 목적항이 변경되는 경우를 말한다. MIA 제45조 1항은 보험자의 책임이 개시된 후 선박의 목적항이 보험증권상에 정해져 있는 목적항이 아닌 다른 곳으로 임의변경되었을 경우를 항해의 변경으로 보고 있다.

항해가 변경되면 그 순간부터 보험자의 책임은 없어진다. 즉, 보험증권상에 별도의 합의가 없는 한 항해의 변경이 있을 경우에는 항해를 변경할 의도가 명백해졌을 때부터 보험자는 보상책임에서 해제된다. 그리고 손해발생시에 선박이 보험증권에 정해진 항로를 실제 떠난 일이 없었나 하더라도 보험자의 책임은 해제된다. 그리고 출발항의 변경(Alteration of Port of Departure)과 다른 목적항을 향한 항해(Sailing for Different Destination)하는 경우 보험증권상에 정해져 있는 출발항과 목적항에 대하여 항해하지 않을 때도 보험자의 책임은 개시되지 않는다(MIA 제44조).

② 항해변경의 허용

ICC의 제10조 항해변경약관에서는 보험이 개시된 후 목적지가 피보험자에 의하여 변경된 경우에는 보험자에게 지체없이 통지할 것을 조건으로 추후에 협정되는 보험료 및 보험조건에

의하여 담보가 계속될 수 있음을 규정하고 있다.

그러나 이 약관은 보험이 개시된 후 일어나는 항해의 변경에만 적용되고 출발항의 변경과 다른 목적항을 향한 항해에는 적용되지 않는다. 그리고 협회기간약관(ITC-Hulls)의 제3조 담보위반약관에서도 항해의 변경을 포함한 기타 담보를 위반한 경우에는 즉각적으로 보험자에게 통지하고 보험조건의 변경과 추가보험료에 대한 합의가 이루어지면 담보가 계속될 수 있음을 규정하고 있다.

(5) 선박의 변경

선박의 변경은 화물이 보험계약에서 약정된 선박에 적재되지 않고 다른 선박에 적재되는 경우를 뜻한다. 적하보험에서 운송선박은 보험료의 확정과 보험계약의 체결여부에 영향을 미치는 중요한 사항에 속하기 때문에 선박의 변경은 위험의 변경에 해당한다.

MIA에서는 선박의 변경에 관하여 보험증권에 지정된 선박은 위험개시 후 강제력이나 보험자의 동의 없이 변경되어서는 안 된다. 만약 보험자에게 고지한 선박과 실제로 항해한 선박이 다르면 부실고지에 해당되어 보험자는 보험계약을 취소할 수 있다.

ICC의 제8조 운송약관에서는 피보험자로서는 어쩔 수 없는 사정에 의하여 발생하는 강제양륙(Forced Discharge), 재선적 또는 환적(Reshipment or Transshipment) 등에 대해서 보험자의 위험부담이 계속됨을 규정하여 피보험자인 하주를 보호하고 있다.

또한 우리나라의 상법(제703조 1항)에서는 피보험자의 고의 또는 과실에 의하여 선박이 변경되면 보험자의 면책을 인정하지만 불가항력에 의해서 선박이 변경될 경우에는 보험자의 책임이 계속되는 것으로 규정하고 있다.

제7절
담보위험의 해설

담보위험이란 보험자가 위험에 의해서 발생한 손해를 보상할 것을 약속한 위험이다. 즉, 위험으로 인하여 생긴 손해를 보험자가 보상책임이 있는 위험을 피보험위험 또는 담보위험이라 한다.

담보위험은 위험의 원인 및 결과가 되는 위험을 면책하지 않는 한, 보험자가 그 위험으로 인하여 생길 손해를 보상한다. 담보위험에는 해당 보험에서 보통 약관으로 당연히 담보되는 위험도 있고, 또 보통 담보되지 않지만 특정계약에서 특약을 통해 특별약관으로 담보되는 위험도 있다. 그리고 약관에 명시되지 않아도 원래 담보되는 위험이지만 이를 명확히 하기 위하여 약관 등에 명시해 두는 경우도 있다.

담보위험은 위험으로 인하여 생긴 손해를 보험자가 보상할 책임이 있다고 하는 점에서 보험사고라고 한다. 보험자는 담보위험으로 인하여 생긴 손해를 보상하기 때문에, 특히 열거책임주의하에서는 담보위험 하나하나에 대한 의의를 명확히 이해해 둘 필요가 있다.

1. Lloyd's보험증권하의 담보위험

세계 최초의 해상보험증권은 1523년에 제정된 플로렌스(Florence) 시 조례부칙 보험증권이며, 이 증권양식은 1779년 로이즈보험증권(Lloyd's SG Policy)으로 채택되었다. 로이즈보험증권은 1779년 영국 로이즈 보험시장에서 공식적으로 채택되어 약 200년 이상 사용되어 오다가 1982년부터 신양식의 보험증권으로 대체되었다. 보험증권의 양식은 변경되었지만 해상보험의 주요 골격은 변함이 없다.

아울러 영국 최초의 보험증권은 1547년 Stnta maria Di Vinetia호 증권이고, 최초로 인쇄된 보험증권은 1680년의 Golden Fleece호 증권이었다. 그 이후인 1779년 1월 12일에 로이즈 보험업자 총회에서 과거 오랫동안 사용되고 있던 이들 증권양식을 로이즈의 정식 해상보험증권으로 채택하였다.

또한 로이즈보험증권상의 위험약관(peril clause)에는 14가지 담보위험이 명시되어 있는데 보험자는 열거된 위험만을 부담하고 기타 위험에 의해서 발생한 손해에 대해서는 열거책임주의를 채택하고 있다.

보험자는 열거된 위험의 대부분을 원칙적으로 담보하지만, 보험증권상의 이탤릭체약관과 구ICC 제12조의 F.C. & S. Clause와 제13조의 F.S.R. & C.C. Clause에 의해서 전쟁위험 및 동맹파업위험이 면책되고 있다.

이에 보험자의 담보위험은 해상고유의 위험, 화재, 강도, 투하, 선원의 악행 등의 위험과 동종의 위험 6가지 종류로 한정되어 있다. 이 중에서 주 담보위험은 해상고유의 위험이다. 해상고유의 위험은 해상의 우발적인 사고나 재해를 의미하며, 바람, 파도 등의 통상적인 작용은 포함하지 않는다. 즉, 바다의 작용을 원인으로 하는 우발적인 사고를 말하며, 구체적으로 침몰, 좌초, 충돌, 악천후 등의 위험을 들 수 있다.

14가지 담보위험의 변경사항

위험약관	변경사항
1. 해상고유의 위험	침몰・좌초 등 구체적으로 표현・담보위험
2. 군함	전쟁위험・전쟁특약에 의해 담보 가능
3. 화재	담보위험
4. 외적	전쟁・전쟁특약에 의해 담보 가능
5. 해적 담보위험	
6. 표적	담보위험
7. 강도	해적위험과 동일한 위험
8. 투하	담보위험
9. 포획면허장	담보위험
10. 습격	국제조약에 의해서 금지
11. 해상탈취	전쟁위험・전쟁특약에 의해 담보 가능(포획)
12. 강류・억지・억류	전쟁위험・전쟁특약에 의해 담보 가능(나포)
13. 선원의 악행	전쟁위험・전쟁특약에 의해 담보 가능(포획)
14. 기타 일체의 위험	삭제

자료: 구종순, 상게서, p.199

20세기 초부터 로이즈보험증권 본문약관만으로는 다양화된 적하보험의 인수조건으로 불충분하여, 1912년 8월 1일에 협회적하보험약관(분손부담보)(Institute Cargo Clauses(FPA)),

이어서 1921년 6월 7일에 협회적하약관[분손담보(ICC-WA)]이 각각 제정되었다. 그리고 제2차세계대전 이후 1951년 1월 1일에 협회적하약관[전위험담보(ICC-A/R)]이 제정되었다.

오랫동안 영국의 로이드 보험업자들은 로이즈증권보험양식(Lloyd's SG Policy Form)을 적하와 선박을 구분하여 사용하여 왔으며, 영국의 회사형태의 보험회사들은 런던보험업자협회(Institute of London Underwriters: ILU)가 제정한 ILU 회사통일보험증권(Companies Combined Policy)을 사용하여 왔다.

(1) 해상고유의 위험

해상고유의 위험(Perils of the seas)이란 바다의 우발적인 사고 또는 재난을 뜻한다. 이는 해난을 말하며 단순한 해상의 위험(Perils on the seas)과는 다른 개념이다. 해난은 바다라고 하는 자연적인 위험사정을 원인 또는 조건으로 하는 우발적인 사고를 말하는 것이다. 그것은 풍랑의 통상적인 작용을 포함하지 않으며 주로 침몰, 좌초, 충돌, 악천후 및 적하를 적재한 선박의 행방불명 등이 이에 해당된다.

① 침몰(Sinking)

선박이 부력 및 항해능력을 상실하고 선체의 대부분이 수면 이하에 잠기는 것을 말한다.

② 좌초(Stranding)

좌초라 함은 선박이 암초 또는 그 밖의 물체 위에 걸려서 용이하게 벗어나지 못함으로써 발생하는 사고를 말한다.

③ 충돌(Collision)

충돌이란 선박 상호간의 접촉을 말한다.

④ 악천후(Heavy Weather)

폭풍우 등의 이례적인 기상으로 선박이 이상 경사(List), 침수(Seawater damage), 갑판적 화물의 유실(Washing Overboard), 선창의 통풍차단으로 인한 한습손(Ship's Sweat) 등이 이에 해당된다.

⑤ 행방불명(Missing)

해상보험에서의 행방불명은 선박과 적하 등이 함께 원인 모르게 없어지는 것은 의미한다.

(2) 해상위험

해상위험(Perils on the sea)이란 항해에 부수되는 위험을 말한다.

① 화재(Fire/Burning)

화재는 해상고유의 위험은 아니지만 해상위험 중에 일반적인 위험의 하나로서 보험자가 부담하는 위험이다. 화재를 나타내는 말에는 'fire'와 'burnt'가 있는데, 후자는 대규모 화재 또는 그에 의한 소실을 뜻한다. 화재는 단지 연소나 소실만을 뜻하지 않고 'scorching, smoking, cracking'을 포함하며 소화작용으로 인한 파손, 주유 유손도 화재손해에 포함된다.

② 투하(Jettision)

투하라 함은 화물 또는 선박저장품, 의장품의 일부를 고의로 바다에 투기하는 것을 뜻한다. 선박이 악천후를 만나 침몰위기에 놓였다든가 좌초시 선박을 뜨게 할 목적 등으로 투하를 하게 된다. 투하는 흔히 공동해손행위로 취급되나 적하 자체만의 위험으로 행하여지는 수도 있으므로 공동해손의 경우만으로 한정되지 않는다.

③ 선장 및 선원의 악행(Barratry of master and mariners)

동기여하를 막론하고 선주에게 손해를 끼칠 고의적 범죄 또는 부정행위를 뜻한다. 선원의 악행의 예로 밀수를 목적으로 하는 선박의 사용, 선박의 유기, 방화, 고의에 의한 침몰 및 좌초 등이 있다. 또한 선박을 사기적으로 매각하거나 행방불명 등도 포함된다.

④ 강도(Thieves)

폭력 또는 위협으로 강탈함을 뜻하며, 단순한 도난(theft or pilferage)은 포함되지 않는다.

⑤ 해적(Pirates)

해상재산을 사리사욕을 위해서 무차별하게 습격, 약탈, 파괴, 방화하는 자를 해적이라고 하며, 해상으로부터의 습격인지, 승객의 행위인지 그 여부를 불문한다.

⑥ 표도(Rovers)

해적의 일종으로서 역사적으로는 무어인이나 아라비아인의 해적을 지칭한다.

(3) 전쟁위험(War risks)

담보위험약관에는 각종 전쟁위험이 열거되어 있으나 이것은 이탤릭체약관 및 협회화물약관의 F.C. & S. Clause에 의해서 보험자의 기본담보에서 제외되고 있다. 이에 해당되는 위험은 군함(Man-of-war), 외적(Enemies), 습격(Surprisals) 및 포획(Capture), 해상탈취 및 나포(Taking at sea & seizure), 군주의 억지(Restraints of princes), 포획면허장 및 보복포획면허장(Letters of mart and countermart) 등이 있다.

2. 구약관의 담보위험약관

(1) 구협회적하약관의 개요

런던보험업자협회(Institute of London Underwriter: ILU)가 제정한 약관을 협회적하약관(Institute Clauses)이라고 부른다. 이 협회는 1884년 6월 5일에 발족되었고 런던의 주요 해상보험회사에 의하여 조직된 단체이다.

구약관은 SG Policy와 ICC약관이 합쳐져서 하나의 보험증권을 구성한다. 따라서 구약관에서의 보험자 담보위험은 SG Policy상의 담보위험과 협회적하보험약관의 제5조인 담보위험약관에 따라 결정되며, 제5조의 약정사항에 따라 분손부담보약관, 분손담보약관, 전위험담보약관으로 분류된다.

런던보험업자협회의 기술 및 약관위원회에서는 표준약관의 제정 및 개정업무를 수행하고 있다. 이 위원회는 1925년에 설립되었으며, 로이즈보험회사를 대표하는 보험업자(underwriters) 및 손해사정인으로 구성되어 있다. 이 위원회는 보험약관을 제정하거나 개정하는데, 주요약관으로는 화물의 종류마다 특유한 약관이 있으나 다수의 화물에 공통되며, 정형적이고 기본적인 것으로는 Institute Cargo Clauses(WA), ICC(FPA) 및 ICC(A/R)가 있다.

ICC(FPA, WA, A/R)는 관계법률의 제정과 개정 또는 사건의 판례에 따라 그 일부가 개정되거나 새로운 약관들이 삽입되었다. 1946년 2월 11일 개정된 ICC(WA, FPA)의 이로약관이

1959년 3월 15일에 제정된 ICC(extended cover clause)의 제1조에 삽입되고, 그 이후 1958년에 ICC(FPA, WA, A/R)의 제1조 창고간약관(warehouse to warehouse clause)에 대한 해석에 있어서 런던 보험업계의 해석과 다른 판결이 내려짐으로써 창고간약관의 개정을 비롯하여 ICC(FPA, WA, A/R)가 대폭적으로 개정되어 1963년 1월 1일부터 시행되고 있다. 1963년 협회적하약관은 1982년 신협회적하약관과 함께 세계 각국에서 현재 사용되고 있다.

(2) 구협회적하약관의 담보위험

구ICC(1963)의 직접적인 토대를 이루고 있는 구영문적하보험증권의 본문약관의 담보위험 조항에서는 ❶ 해상고유의 위험(perils of the sea) ❷ 화재(fire) ❸ 강도(thieves) ❹ 투하(jettison) ❺ 선장 및 선원의 악행(barratry of the master and mariners) ❻ 해적(pirates) ❼ 전쟁위험 ❽ 전쟁과 관계가 없는 정부 또는 관헌의 강류, 억류 등 8개 종류의 위험을 열거·담보하고 있다. 동시에 담보위험 조항 말미의 동종제한의 규정에 의거하여 이들 8개 종류의 위험 및 동종류의 위험도 함께 담보하고 있다.

상기 8개 종류의 위험 중 ❻, ❼, ❽은 이탤릭체약관의 포획·나포부담보약관(F.C & S. Clause)에서 면책되어 있다. 또한 본문약관에 열거되어 있지 않은 동맹파업위험은 이탤릭체약관 중의 동맹파업·소요·폭동부담보약관(F.S.R. & C.C. Clause)에서 면책되어 있다.

① 분손부담보조건(FPA Clause)

단독해손부담보조건이므로 SG Policy상의 담보위험으로 야기된 손해 중 현실전손, 추정전손, 공동해손 및 비용손해를 보상하나 단독해손은 원칙적으로 보상하지 않는다. 그러나 본 약관에서 특별히 규정하고 있는 특정사고에 의하여 발생된 단독해손은 예외적으로 보상하는데 ❶ 침몰, 좌초, 대화재, 충돌(접촉) 및 폭발로 발생된 단독해손, ❷ 선적, 환적, 양하 중의 추락으로 인한 포장당 전손, ❸ 피난항에서 양하로 인한 단독해손 등이다.

그러나 선박이 항해 중 침몰, 좌초, 대화재를 당한 경우 당시 선적되어 있었던 화물에 분손담보조건(WA)에서만 보상되는 위험으로 단독해손이 발생된 경우라 하더라도 본 조건에서 보상하여 준다.

그러나 보험회사 사이의 경쟁 결과 보험자의 담보범위가 확대되어 ❶ 전손 ❷ 하역 또는 환적 작업 중에 발생한 적하품 한 개의 포장단위의 전손 ❸ 공동해손 ❹ 해난구조료 소송 및 손해방지비용 ❺ 본선 또는 부선의 침몰, 좌초, 모래접촉, 화재 또는 물 이외의 다른 물체(석유,

빙산, 향료 등)와의 접촉 및 충돌, 혼적 등으로 발생한 손해, 즉 유류와 혼적하였기 때문에 담배나 식품 등에 나쁜 냄새가 스며든 것 등의 손해는 보험자가 예외적으로 담보한다. 그러나 나쁜 기후로 파도에 의해서 발생한 해수손해 및 불가항력에 기인해서 발생한 분손은 보험자가 담보하지 않는다.

② 분손담보조건(WA Clause)

보험자가 보통의 항해에 있어서 입는 보통해상손해의 전부를 담보하는 보험조건이다. 이 조건으로 보험을 부보하면 그 부보화물에 관한 전손, 공동해손, 분손(단독해손)도 법률이나 보험약관에서 제외된 것 외에는 모두 보상받을 수 있다. WA약관의 모든 조항과 내용은 제5조만 제외하고는 분손담보약관(FPA)과 동일하다. WA약관의 제5조에서는 운송화물에 사전에 협정한 일정비율 이상의 분손이 발생한 경우, 보험자는 이것을 보상한다는 분손담보의무를 규정하고 있다. 또한 WA조건에서는 FPA조건에서 보험자가 담보하는 손해 외에도 악천후에 기인하여 발생한 분손(단독해손)도 추가해서 담보한다.

분손담보조건이므로 SG Policy상의 담보위험(4가지)으로 기인된 일체의 손해를 보상하여 준다. 즉, 단독해손부담보조건에서 보상하여 주는 손해를 보상하여 주며 이에 추가하여 단독해손부담보조건에서 보상하여 주지 않는 위험으로 야기된 단독해손까지 보상하여 주는 조건이다. 즉, 해상고유의 위험 중의 하나인 악천후로 야기된 단독해손 또 해상위험 중 투하나 강도로 인한 단독해손 등을 보상하여 주는 조건이다.

각서(Memorandum) 조항에 의거하여 일정비율 이하의 분손(단독해손)에 대해서는 보험자가 책임을 면책받고 있는데 이 면책액을 소손해면책(franchise)이라고 한다. 'WA 3%'라고 약관에 기재되어 있으면 보험액 3% 미만의 분속에 대해서는 보험자가 면책된다. 손해가 협약한 면책률을 초과하면 면책률을 공제하고 보상하는 것이 아니라 손해 전액을 보상한다. 다시 말해 'WA 3%'로 협약한 경우, 손해가 4% 발생하면 1%를 보상받는 게 아니라 4% 전부를 보상받는다. 그러나 WAIOP조건으로 협약하면 면책률은 없으며 아무리 적은 분손이라도 보험자가 보상한다.

실무적으로 WA 3%(With Average 3%)와 WAIOP(With Average Irrespective of Percentage)의 두 조건으로 보험을 인수하는데 WA 3%조건은 악천후 등으로 야기된 손해가 3% 이상이어야 전액 보상하여 주는 조건이고 WAIOP는 그러한 손해가 발생되었을 때 공제 없이 보상하여 주는 조건이다.

현재는 화물의 종류나 성질에 따라 극히 적은 경우에만 면책률을 적용하고 많은 경우에는 면책률이 없는 WAIOP의 조건으로 부보한다.

③ 전위험담보조건(A/R Clause)

A/R로 불리는 조건으로, 구협회적하약관(all risks)의 제5조 전위험담보약관에는 All risks를 담보하지만 All Loss 내지 Damage를 담보하는 것은 아니다. 즉, All Risks 담보조건이라도 "외부적 사고(external accident)" 및 "우발적 사고(fortuitous accident)"가 가져오는 위험에 의한 손해(화물의 멸실·손상 또는 비용)에 해당하지 않는 손해는 담보하지 않는다. 다시 말해 FPA, WA조건의 경우에도 마찬가지이지만 비록 All Risks 담보라도 다음의 손해는 보상하지 않는다.

- 화물고유의 결함, 성질에 기인하는 멸실 · 손상 또는 비용
- 자연의 소모
- 지연에 의한 손해

구협회적하약관(All Risks)은 정형적 특별약관으로서 두 가지의 의의를 갖는다. 첫째, FPA 및 WA Clause와 마찬가지로 손해보상의 범위에 관한 특약의 성질을 갖는다. 왜냐하면 FPA Clause에서는 원칙적으로 단독해손을 보상하지 않고 또한 WA Clause에서는 원칙적으로 단독해손을 보상하지만 소손해면책의 적용을 받는데 대해, All Risks Clause에서는 소손해면책 없이 단독해손이 보상되기 때문이다. 둘째, 보험자의 담보위험의 확장에 관한 특약의 성질을 갖는다.

본 약관 제12조에는 F.C. & S. Clauses(포획나포부담보약관)가 규정되어 있고, 제13조에는 F.S.R. & C.C. Clause(동맹파업·소요·폭동부담보약관)가 규정되어 있으므로 소위 전쟁위험, 동맹파업, 소요, 폭동의 위험은 여전히 면책되어 있다. 따라서 F.C. & S. Clause 및 F.S.R. & C.C. Clause 부가조건으로 기본적 보험요율을 산정하고 War Risks나 Strikes 등의 Risks는 그 위험률의 사정에 따라 매우 상이하므로, 또다시 별도의 특별약관과 사정에 따라 각기 상이한 할증보험료로서 보험자가 이것을 부담하기로 한 것이다.

전위험담보조건이므로 면책위험 및 보험요율서상에서 제외되는 위험 이외의 일체의 손해를 보상하여 주는 조건이며 면책위험은 다음과 같다.

- 피보험자의 고의 또는 악의적 비행
- 화물고유의 성질이나 하자로 기인된 손해(통상의 손해 또는 자연 소모 및 포장의 불완전에 기인된 손해)

• 항해의 지연에 근인한 손해 또는 비용
• 전쟁 및 동맹파업 폭동 소요 등의 위험으로 인한 손해

그리고 보험요율서상에는 개별화물의 성질에 따라 전위험담보조건이라 하더라도 특정의 위험을 제외하고 있다. 예컨대, 유리제품의 파손위험 등은 전위험담보조건이라 하더라도 별도로 부보해야 파손으로 인한 손해를 보상받을 수 있다. 따라서 보험가입시 보험요율서상의 당해 화물에 관한 규정을 사전에 검토할 필요가 있다.

1963년 ICC(FPA, WA, A/R)의 담보위험 및 면책사항

<table>
<tr><th></th><th></th><th></th><th>담보위험</th></tr>
<tr><td rowspan="9">A/R
조건</td><td rowspan="8">WA
조건</td><td rowspan="7">FPA
조건</td><td>1. 부보화물의 전손(현실전손 및 추정전손)</td></tr>
<tr><td>2. 본선 또는 부선의 좌초, 침몰, 대화재를 당했을 경우의 단독해손(인과관계 유무 불문)</td></tr>
<tr><td>3. 공동해손 희생손해 또는 비용손해</td></tr>
<tr><td>4. 적재, 환적, 하역작업 중의 매 포장단위당의 전손</td></tr>
<tr><td>5. 화재, 폭발, 충돌, 접촉</td></tr>
<tr><td>6. 조난항에서 양하작업에 기인된 손해</td></tr>
<tr><td>7. 중간의 기항항 또는 피난항에서의 양하, 입고 및 계반을 위한 특별비용(단, 그것은 WA조건하에서 보험자 부보책임인 경우에 한함)</td></tr>
<tr><td></td><td>8. 상기 손해 이외의 풍랑으로 인해 발생한 단독해손</td></tr>
<tr><td colspan="2"></td><td>9. 하기 면책사항 이외의 모든 외부의 우발원인에 의한 손해</td></tr>
<tr><td>면책
사항</td><td colspan="3">① 피보험자의 고의적인 불법행위로 인한 일체의 손해
② 부보화물의 고유의 결함, 성질, 지연으로 인한 손해
③ 위험의 요건을 구비치 않은 사유에 의한 손해, 즉 통상의 손해
④ 전쟁, 폭동, 파업 등에 기인한 손해</td></tr>
</table>

1963년 ICC(FPA, WA, A/R)의 보상범위

사고의 종류 \ 조건	A/R	WA	FPA
1. 화재, 폭발	○	○	○
2. 운송용구의 침몰	○	○	○
3. 운송용구의 좌초	○	○	○
4. 운송용구의 타물체와의 충돌	○	○	○
5. 운송용구의 탈선, 전복	○	○	○
6. 운송용구의 추락	○	○	○
7. 파손, 곡손, 요손	○	●	●
8. 누설, 증발, 혼합	○	●	●
9. 도난, 분실, 불착	○	●	●
10. 비, 눈, 한손	○	●	●
11. 벌레, 쥐로 인한 손해	○	●	●
12. 갈고리손, 또는 철손	○	●	●
13. 해수손, 오손(손해형태가 7~12 이외의 손해)	○	○	△
14. 전쟁, 촉뢰, 습격, 나포 등	●	●	●
15. 동맹파업, 폭동, 소요	●	●	●
16. 원자력	※	※	※
17. 육상에 있는 동안의 지진, 분화	●	●	●
18. 검역 또는 관청의 처분	※	※	※
19. 보험계약자, 피보험자 등의 고의, 중과실	×	×	×
20. 화물의 자연소모, 고유의 하자 또는 성질	×	×	×
21. 포장 불완전	×	×	×
22. 운송의 지연	×	×	×

(주) ○: 전손, 분손 공히 보상됨
※: 보통약관상은 담보가 가능하나 현재는 인수되지 아니함
△: 분손은 보상하지 않음
●: 특약이 있는 경우에는 담보가 가능
×: 어떠한 경우에도 면책

3. 신협회약관의 담보위험약관

(1) 신협회적하약관 개요

영국의 구협회적하약관(1963)이 이해하기 어렵고 중세영어로 작성되어 있어 보다 간결하고 쉬운 보험증권 및 협회적하약관을 작성해야 한다는 비판이 일어나자 런던보험업자협회(ILU) 및 로이즈보험업자협회(LUA)는 신협회적하약관(New Institute Cargo Clauses)인 ICC(A), (B),(C)를 1982년에 개정하였다.

신협회적하약관은 5개의 기본적인 협회적하약관 ICC(A), ICC(B), ICC(C), IWC(Institute War Clauses), ISC(Institute Strikes Clauses)과 1개의 특별약관(Malicious Damage Clause) 등으로 구성되어 있다.

구협회적하보험약관 전위험담보(ICC, WA)가 신ICC(A)로, 구적하보험약관 분손남보(Institute Cargo Clause, WA)가 신ICC(B)로, 구적하보험약관 분손부담보약관(Institute Cargo Clause, FPA)이 신ICC(C)로 각각 명칭이 변경·간소화되고, 내용도 획일성을 갖도록 정비되었다.

ICC(A), (B), (C)는 각각 19개 조항으로 구성되어 있다. 구적하보험약관이 14개 조항으로 구성되어 있는 데 비하여 5개의 조항이 더 신설된 셈이다. 구적하보험약관(ICC)에서 제5조(FPA, WA 및 A/R 담보약관)만 다르고 나머지 약관은 내용이 동일한 것과 마찬가지로, 신ICC에서도 제1조(Risks Clause)만 ICC(A), (B), (C)가 각각 다르고 제4조 일반면책약관만 제외하고 나머지 제2조부터 제19조까지 18개 조항이 모두 동일하다.

신약관은 구약관과 달리 손해의 형태에 따른 차별성은 없다. 즉, 증권상에 기재된 담보위험으로 손해가 발생하였을 경우에는 그것이 분손이든 전손이든 불문하고 보험자의 보상책임이 발생한다

현재 사용되고 있는 협회적하약관(Institute Cargo Clauses)은 담보위험의 내용에 따라서 A약관, B약관, C약관으로 구분되며 각 약관의 1조는 보험자가 담보하는 위험이 규정되어 있으며, 제4조는 면책사항이 규정되어 있다.

(2) 신협회적하약관 담보위험

① ICC(A)약관상의 담보위험

A약관은 과거의 전위험담보(All Risks)조건을 체계적으로 정리한 것이다. A약관은 보험자

의 포괄책임주의의 방식을 채택하고 있기 때문에 이 약관에서 보험자의 면책위험이 규정되어 있다. A약관에서는 보험자의 일반면책위험, 선박의 불내항 및 부적합 위험, 전쟁위험 및 동맹파업위험을 제외한 모든 위험을 담보한다.

1982년 ICC(A, B, C)의 담보위험(제1조) 및 면책사항(제4조)

<table>
<tr><td rowspan="12">ICC
(A)
조건</td><td rowspan="11">ICC
(B)
조건</td><td rowspan="7">ICC
(C)
조건</td><td>1. 화재, 폭발(fire or explosion)</td></tr>
<tr><td>2. 좌초, 교사, 침몰, 전복(vessel or craft being stranded, grounded, sunk or capsized)</td></tr>
<tr><td>3. 육상운송용구의 전복, 탈선(overturning or derailment of land conveyance)</td></tr>
<tr><td>4. 충돌, 접촉(collision or contract of vessel craft or conveyance with any external object other than water)</td></tr>
<tr><td>5. 조난항에서 양하작업에 기인한 손해(discharge of cargo at a port of distress)</td></tr>
<tr><td>6. 공동해손 희생손해(general average sacrifice)</td></tr>
<tr><td>7. 투하(jettison)</td></tr>
<tr><td rowspan="4"></td><td>8. 지진, 분화, 낙뢰(earthquake, volcanic eruption or lightning)</td></tr>
<tr><td>9. 갑판상 유실(washing overboard)</td></tr>
<tr><td>10. 선박, 부선, 선창, 운송용구 등에의 해수·호수·하천수의 유입(entry of sea, lake or river water into vessel, craft hold conveyance container liftvan or place of storage)</td></tr>
<tr><td>11. 선적, 하역작업 중에 해수면으로 낙하 또는 추락하여 발생한 포장단위당의 전손(total loss of any package lost overboard or dropped whilst loading on to, or unloading from, vessel or craft)</td></tr>
<tr><td colspan="2"></td><td>12. 하기 면책사항 이외의 모든 외부의 우발원인에 의한 손해</td></tr>
<tr><td>면책
사항</td><td colspan="3">① 피보험자의 고의적인 비행에 기인한 멸실·손상 또는 비용
② 보험목적의 통상의 누손, 중량 또는 용적상의 통상의 손실 및 통상의 자연소모
③ 보험목적의 포장 또는 준비의 불완전 또는 부적합으로 인하여 발생한 멸실·손상 또는 비용
④ 보험목적의 고유의 하자 또는 성질로 인하여 발생한 멸실·손상 또는 비용
⑤ 지연이 피보험이익으로 인하여 발생된 경우일지라도 지연을 근인으로 하여 발생한 멸실·손상 또는 비용
⑥ 본선의 소유자, 관리자, 용선자 또는 운항자의 지급불능 또는 재정상의 채무 불이행으로부터 생긴 멸실·손상 또는 비용
⑦ 원자력 또는 핵의 분열 및/또는 융합 또는 기타 이와 유사한 반응 또는 방사능이나 방사성 물질을 응용한 무기의 사용으로 인하여 발생한 멸실·손상 또는 비용</td></tr>
</table>

제1조 위험약관(Risks clause)
제2조 공동해손약관(General Average Cl.)
제3조 쌍방과실충돌약관(Both to Blame Collision Cl.)
제4조 일반면책약관(General Exclusion Cl.)
제5조 불내항 및 부적합 면책약관(Unseaworthiness and Unfitness Exclusion Cl.)
제6조 전쟁면책약관(War Exclusion Cl.)
제7조 동맹파업면책약관(Strikes Exclusion Cl.)
제8조 운송약관(Transit Cl.)
제9조 운송계약종료약관(Termination of Contract of Carriage Cl.)
제10조 항해변경약관(Change of Voyage)
제11조 피보험이익약관(Insurable Interest Cl.)
제12조 계반비용약관(Forwarding Charges Cl.)
제13조 추정전손약관(Constructive Total Loss Cl.)
제14조 증액약관(Increased Value Cl.)
제15조 보험이익불공여약관(Not to Inure Cl.)
제16조 피보험자의무약관(Duty of Assured Cl.)
제17조 포기약관(Waiver Cl.)
제18조 신속조치약관(Reasonable Despatch Cl.)
제19조 영국법률 및 관례약관(English Law and Practice Cl.)

② ICC(B)약관상의 담보위험

B약관은 과거의 분손담보(With Average)조건을 정리한 것이다. B약관은 보험자가 담보하고자 하는 위험이 약관상에 열거되어 있는 열거책임주의방식을 채택하고 있다.

화재 · 폭발

사회통념상으로 인정되는 화재 또는 폭발에 합리적으로 기인하는 손해는 그 원인여하를 불문하고 보험자가 보상한다. 보험자가 일반면책, 선박의 불내항성 및 부적합성, 전쟁 및 동맹파업으로 인하여 발생하는 화재 · 폭발손해는 담보되지 않는다. 화재 · 폭발손해는 화재에 의한 연기나 열에 의한 손해 및 소화작업시의 물에 의한 손해까지 포함한다.

협회적하약관 B약관상의 담보위험

1.1 화재 또는 폭발
1.2 선박 또는 부선의 좌초 · 교사 · 침몰 또는 전복
1.3 육상운송용구의 전복 또는 탈선
1.4 선박 · 부선 또는 운송용구와 물 이외의 타물체와 충돌 또는 접촉
1.5 피난항에서의 화물의 양화
1.6 지진 · 분화 또는 낙뢰
2.1 공동해손희생
2.2 투하 또는 파도에 의한 갑판상의 유실
2.3 선박 · 부선 · 선창 · 운송용구 · 컨테이너 · 리프트밴 또는 보관장소의 해수 · 호수 또는 하천수의 유입
3. 선박 또는 부선에 선적 또는 양하작업 중 해수면으로 낙하하여 멸실되거나 추락하여 발생된 포장단위당 전손

좌초 · 교사 · 침몰 · 전복

좌초(Stranding)는 선박이 바다의 밑바닥이나 암초와 같이 견고한 물체에 얹혀서 상당기간 자력으로 항해할 수 없는 상태를 말한다. 교사(grounding)는 모래나 진흙 등과 같이 바다 밑이 부드러운 물체에 얹히는 것이다.

촉초(Touch and Go)는 선박이 바다 밑의 물체에 얹혀 일시정지했다가 항진하는 여력에 의해 암초에서 떨어져 다시 항해하는 경우를 말한다. 촉초는 좌초의 범위에 포함되지 않고 충돌로 인정한다.

침몰(Sinking)은 선박이 바다 밑으로 가라앉는 것을 말하며, 깊은 바다에 선박이 가라앉아 인양이 불가능한 경우를 “foundering” 또는 “Sinking”이라 하고, 얕은 바다에 가라앉아 선박을 인양할 수 있을 때를 “Submersion”라 한다. 전복(Capsized)은 선박이 뒤집혀졌는데도 침몰하지 않은 경우를 말한다.

육상운송용구의 전복 · 접촉

해상보험의 영역이 점차 육상까지 연장됨에 따라서 해상운송에 부수하는 육상운송과정에서 운송용구가 전복(Overturning) 또는 탈선(Derailment)함으로써 발생하는 손해를 보상한다.

물 이외의 타물체와의 충돌 · 접촉

선박 · 부선 · 운송용구가 물 이외의 타물체와 충돌하거나 접촉함으로써 화물에 생기는 손해를 보상한다.

피난항에서의 화물의 양화

최종목적항까지의 화물을 계속 운송할 수 없는 경우에는 피난항에서 화물을 일단 양하하였다가 재선적 후 목적항까지 운송한다. 만약 화물의 손해가 목적항에 도착한 후 발견되면 그 손해가 피난항에서 양하하다가 생겼는지 또는 재선적하고 그 후에 생겼는지 파악하기가 곤란하다. 이때 화물손해가 피난항에서 하역하다가 생긴 것으로 증명하면 보험자가 보상한다.

지진 · 분화 · 낙뢰

지진과 분화는 육상에서 발생하는 위험이지만 해상보험의 담보범위를 확대하여 지진 · 분화에 합리적으로 기인하여 발생하는 손해를 보상하고 있다. 낙뢰에 의한 손해도 화재가 발생하든 안하든 상관하지 않고 보상한다.

공동해손희생(General Average Sacrifice)

공동의 안전을 위하여 희생된 손실에 대해서 보험자가 보상한다.

투하 · 갑판유실

투하는 비상사태시 선박을 가볍게 하거나 속도를 빨리 내기 위해서 적재된 화물을 바다에 버리는 것이다. 갑판유실(Washing Overboard)은 파도에 의해 갑판상에 적재된 화물이 씻겨 내려가는 것을 말한다.

해수 · 호수 · 하천수의 유입

선박 · 부선 · 선창 · 운송용구 · 컨테이너 · 리프트밴(Liftvan) 또는 보관장소에 해수, 호수 또는 하천수가 유입됨으로써 생기는 손해를 의미하는데, 빗물로 인한 손해는 제외된다.

추락손(Sling Loss)

선적이나 하역작업을 하던 중 해수면으로 떨어져 발생하는 화물의 포장단위당 전손(Total Loss of any package)을 말한다.

③ ICC(C)약권상의 담보위험

C약관은 과거의 분손부담보(Free from Particular Average)조건을 정비한 것이다. C약관도 B약관에서처럼 열거책임주의방식을 택하고 있기 때문에 보험자의 담보위험이 열거되어 있는데 B약관보다 담보위험의 수가 적다. B약관에 열거된 담보위험 중 ❶ 지진 · 분화 · 낙뢰 ❷ 갑판유실 ❸ 본선 · 부선 · 선창 · 운송용구 · 컨테이너 · 리프트밴 또는 보관장소에 해수, 호수 또는 하천수의 유입 ❹ 추락손은 C약관에서 제외된다.

협회적하약관 A, B, C 담보위험 및 면책사항 비교

담보위험	(A)	(B)	(C)
1. 화재, 폭발	○	○	○
2. 선박의 좌초, 교사, 침몰, 전복	○	○	○
3. 육상운송도구의 전복, 탈선	○	○	○
4. 선박의 물 이외 타물체와의 충돌, 접촉	○	○	○
5. 피난항에서 화물의 양하	○	○	○
6. 지진, 분화, 낙뢰	○	○	×
7. 공동해손 희생			
8. 투하	○	○	○
9. 갑판유실	○	○	×
10. 선박 및 보관장소에 해수, 하천수 침입	○	○	×
11. 선적, 하역작업 중 바다에 떨어지거나 갑판에 추락한 포장당 전손	○	○	×
12. 상기 이외의 보험목적에 멸실 또는 손상을 발생시키는 일체의 위험	○	×	×
13. 공동해손, 구조료(면책사항에 관련된 것은 제외)	○	○	○
14. 쌍방과실 충돌	○	○	○
면책사항			
1. 피보험자의 고의적인 위법행위	×	×	×
2. 통상의 누손, 중량, 용적의 통상의 감소, 자연소모	×	×	×
3. 포장, 준비의 불완전	×	×	×
4. 보험목적고유의 하자, 성질	×	×	×
5. 선박·부선의 불내항·선박·부선·운송용구·컨테이너·리프트밴의 부적합	×	×	×
6. 지연	×	×	×
7. 선주·관리자·용선자·운항자의 파산, 재정상의 채무불이행	×	×	×
8. 모든 또는 개개인의 악의가 있는 행위로 인하여 전체 또는 일부의 의도적인 손상, 파괴	○	×	×
9. 원자핵분열, 원자핵융합 및 동종의 반응, 방사능, 방사능물질을 이용한 병기의 사용에 의하여 발생한 멸실·손상 또는 비용	×	×	×

(3) 위험부담의 원칙

해상보험계약에서 보험자가 부담할 수 있거나 또는 통상 부담하는 위험은 다양하다. 해상보험에서 보험자가 위험을 부담하는 방식은 포괄책임주의와 열거책임주의 두 가지로 구분할 수 있다.

① 포괄책임주의

포괄책임주의는 해상보험계약에서 보험자가 부담하는 위험을 일체의 해상위험 또는 항해에 관한 일체의 사고로 하는 방식이며, 일반책임주의라고도 한다. 그러나 포괄책임주의라 하더라도 일정한 위험에 대해서는 면책약관에 의하여 보험자가 위험을 담보하지 않는 경우가 있으며, 구ICC(A/R) 및 신ICC(A)는 포괄책임주의를 채택하고 있다. 포괄책임주의하에서는 피보험자는 보험기간 중 손해를 입었다는 사실을 입증하면 그것으로 충분하다. 그 손해가 특정의 담보위험에 의해서 생긴 것까지 입증할 필요는 없다.

② 열거책임주의

해상보험계약에서 보험자가 부담하는 위험을 구체적으로 열거하고, 열거되지 않은 위험에 대해서는 보험자가 이를 부담하지 않는 방식을 열거책임주의라 하며, 제한책임주의 또는 개별책임주의라고도 한다. 다만, 이 경우에도 특별약관에 의하여 열거위험 이외의 위험도 담보할 수 있으며, 구ICC(FPA), 구ICC(WA)와 신ICC(B), 신ICC(C)는 열거책임주의를 채택하고 있다.

따라서 거증 혹은 입증책임자는 피보험자에게 있다. 따라서 피보험자는 보험목적물의 손상과 멸실이 열거되어 있는 위험 중의 하나에 의하여 야기되었다고 인과관계를 입증하여야 한다. 이 경우에도 특별약관에 의하여 열거위험 이외의 위험도 담보할 수 있다. 열거책임주의하에서는 보험증권상에 열거된 위험만 담보되고, 열거되지 않은 위험은 담보되지 않으므로, 열거되지 않은 위험에 대하여 보험의 보호를 받기 위해서는 특약이 필요하다. 즉, 열거책임주의하에서는 피보험자 측이 사전에 예상하지 못한 위험으로서 보험증권상에 열기되지 않은 위험이 발생하면 그 위험은 당연히 피보험자가 부담하게 된다.

(4) 신약관의 일반면책약관

면책위험은 손해가 발생하더라도 보험자가 책임지지 않는 위험을 말한다. 담보위험이 아닌 것은 자동적으로 면책위험이 된다.

(C)조건과 (B)조건에 적용되는 면책사항은 동일하고 (A)조건의 경우는 (C)조건과 (B)조건에서 보험자의 면책위험으로 약정하고 있는 여하한 자의 불법행위에 의한 고의적 손상 파괴를 면책위험으로 하고 있지 않다.

따라서 여하한 자의 불법행위로 인해 보험목적물이 손상되는 경우 그 화물이 (A)조건으로 부보되어 있다면 화주는 보험자로부터 그 손실을 보상받을 수 있다. 신약관에서 보험자의 면책위험으로 약정하고 있는 사항을 보면 다음과 같다.

① 영국해상보험법상(제55조 제2항)의 면책위험

- 피보험자의 고의적인 불법행위
- 항해의 지연으로 인한 손해
- 통상적인 자연소모
- 통상적인 누손 및 파손
- 보험목적물의 고유의 하자
- 쥐 혹은 벌레에 의한 손해
- 해상위험에 근인하지 않은 기관 손해

② 협회적하약관상의 면책위험

일반면책위험의 비교

면책사항	영국해상보험법 제55조 2항	협회적하보험약관 (A)(B)(C) 제4조
피보험자의 고의적인 불법행위	○	○
지연	○	○
자연소모	○	○
통상의 누손	○	○
통상의 파손	○	−
통상의 부족손	−	○
상품고유의 하자	○	○
쥐 혹은 벌레	○	−
기관손해	○	−
포장의 불완전	−	○
선주 등의 파산	−	○
원자핵무기	−	○

특별면책위험[ICC(A)(B)(C) 제6조 및 7조]은 전쟁, 동맹파업, 폭동, 소요 등에 기인한 위험에 대한 보험자의 면책을 의미한다. 하지만 이러한 면책위험들은 현재 특약에 의해서 담보가 가능하다. 일반면책위험의 주요 공통점은 필연성에 의해 발생된 손해와 피보험자의 고의적 행위이다. 결국 이는 해상담보위험의 기본요건인 우연성이 없는 손해라고 정의할 수 있다.

(5) 기타 부가 및 특별약관

적하보험에서 화물이 선박으로 운송되는 경우는 FPA, WAIOP, WA 3%, A/R, C, B 및 A 조건 중 하나를 그리고 항공기로 운송되는 경우는 A/R(Air)나 A(Air) 중 하나를 기본보험조건으로 반드시 선택하여 보험을 청약하여야 한다.

그런데 전위험담보조건(A/R)이나 (A)조건으로 부보하는 것이 바람직하지만 보험료가 상대적으로 비싸므로 화물의 종류, 포장방법, 운송방법 등을 고려하여 기본조건인 FPA, WA,나 ICC(B), ICC(C)에서 아래에 열서된 보험조건을 추가하여 부보함으로써 보나 서렴한 보험료로 필요한 보험보호를 받을 수 있다.

또 전위험담보조건(A/R)이나 (A)조건이라 하더라도 보험목적물의 특성에 따라서는 특정위험을 면책위험으로 정하고 있는 경우가 있으므로 면책된 위험을 추가할 것인지 여부를 결정하여 부보할 필요가 있는데 이를 위한 약관을 부가약관 또는 부가보험조건이라고 한다.

① 부가약관

도난발하불착위험(Theft, Pilferage & Non-Delivery: TPND)

Theft는 '도난'을, Pilferage는 '발하(좀도둑에 의한 손해)'를, Non-delivery는 '분실을 원인으로 한 포장 전체의 불착'을 의미한다. 이들 위험은 담보위험약관상의 thieves(강도)와는 다른 위험이다.

우남수손(Rain and/or Fresh Water Damage: RFWD)

빗물, 담수로 인한 손해(WA조건하에서 Sea Water Damage는 보상되나 Rain/Fresh Water Damage는 보상되지 않음)를 담보하는 조건

타화물과의 접촉위험(Contact with Oil and/or Other Cargo: COOC)

기름, 니토, 산 등의 주로 선내의 청소불충분으로 인한 오손 및 타 화물과의 접촉으로 인한 손해가 이 약관으로 담보된다. 타화물과의 접촉은 적부(stowage)불량 또는 선박의 심한 동요

로 인해 발생되는 경우가 있다.

파손(Breakage)

파손으로 발생한 손해를 담보하는 조건[FPA, WA, ICC(B), ICC(C)조건에서도 해상위험으로 인한 파손은 담보됨]인데, 전위험담보조건(A/R)이나 (A)조건이라 하더라고 적하보험요율서상 품목 216-③에 해당되는 산업용 전자전기제품군에는 파손위험이 제외되어 있으므로 본 위험을 담보받기 위해서는 추가로 부보하여야 한다. 그리고 파손의 경우 보험보상은 하되 일정비율 이상의 파손에 한하는 조건일 때는 그 비율에 해당하는 파손을 공제하고 보상하여 준다.

누손, 중량부족위험(Leakage and/or Shortage)

보험가입 화물의 누손, 화물의 수량, 중량 부족으로 인한 손해를 담보하는 조건으로 벌크화물에 주로 많이 발생한다.

한습손, 열손위험(Sweat &/or Heating)

선창, 컨테이너 내벽에 응결한 수분에 접촉함으로써 일어난 손해(Ship's sweat), 직접 화물의 표면에 응결한 수분에 의한 손해(Cargo sweat) 및 이상온도의 상승에 의하여 화물이 입은 손해(Heat Damage)를 담보하는 조건이다.

갈쿠리에 의한 손해(Hook & Hole: H/H)

하역작업 중 갈퀴에 의한 손해를 담보하는 조건으로 섬유품, 잡화 등에 추가로 담보된다.

곡손위험(Denting &/or Bending)

접촉이나 충격이 심해서 화물의 표면이나 내부가 구부러지는 손해를 말한다. 파손과 더불어 해상고유의 위험에 의해서 생길 수도 있으나 화물취급상의 부주의로 생기는 수도 많다. 전자의 경우는 담보위험약관에 의해서 담보되나 후자의 경우는 특약이 없으면 보상을 받지 못한다. 파손, 곡손은 누손(leakage)이나 중량부족(shortage)과 더불어 어떠한 수송과정에 있어서도 생기는 통상의 손해(ordinary loss, trade loss)를 포함하므로 일정비율을 항상 면책하는 "excess %"의 조건이 적용되기도 한다.

오염위험(Contamination)

타 화물 및 잡물과의 혼합이나 타 화물과의 접촉으로 발생하는 외견상의 더러움, 흠 및 악취의 흡착으로 인한 손해를 담보하는 조건이다.

서식, 충식위험(Rate &/or Vermin)

곡물, 소맥분, 죽제품 등의 화물이 운송 도중 쥐나 곤충에 의해서 해를 입는 경우가 있으며 이러한 손해를 담보하는 조건이다.

곰팡이손위험(Mildew and Mould)

습도의 증가로 곰팡이 및 기타 미생물에 의한 손해를 담보하는 조건이다.

녹손위험(Rust)

기계류, 철물 등의 화물이 습도의 증가로 녹이 스는 수도 있고 또 해수, 담수, 빗물 등으로 녹이 스는 수도 있는데 이러한 손해를 담보하는 조건이다. 담보위험약관에 의한 위험이 원인인 경우 및 특약위험에 의한 손해는 담보가 되지만 순전히 습기로 인한 것이면 이 특약이 없이는 담보되지 않는다. 또한 화물 자체의 포장상태가 녹에 대한 적합한 방지처리가 되어 있어야만 보험의 혜택을 받을 수 있다.

② 기타 특별약관

원산지손해약관(Country Damage Clause)

수입면화의 원산지손해(Country Damage)를 담보하는 약관이다. 다만 외항선에 적재 전의 홍수, 해일, 고조(influx of rising water)의 유입 또는 폭우에 의한 것 및 외항선에 적재될 때 명백한 손해는 보상되지 않는다.

기계류수선 특별약관(Special Replacement Clause)

기계를 보험의 목적으로 하는 모든 계약에 첨부되어 있는 약관이다. 기계류의 일부가 손상된 경우 그 부분의 재수선비용(수리비에 만일 운임 및 재조립비용을 요하면 이들 비용을 가산한 금액)을 한도로 보상한다. 손상 부분의 신규 구입을 위해 관세를 지급한 때는 화물이 관세금액이 보험가입금액에 포함되는 경우에 한해 보상한다.

냉동기관약관(Refrigerating Machinery Clause)

주로 육류 및 생선 등 냉장보관/운송이 필요한 화물에 첨부하는 약관으로 선박의 냉동실에 보관되어 운송되는 동안에 냉동기의 고장 및 파열에 연유해서 생기는 모든 멸실이나 손상을 담보한다. 이와 유사한 약관으로 24시간 이상의 냉동장치 고장을 원인으로 발생한 손상을 보상하는 Refrigerated Cargo Clause가 있다.

생동물약관(Livestock Clause)

생동물의 사망을 담보하는 약관으로, 검역소에서 30일 한도로 담보되며, 최종목적지의 수하주에게 인도될 때까지 그리고 도착 후 7일 동안에 발생된 사망위험까지 담보한다.

상표약관(Label Clause)

캔, 통조림, 병통조림, 술 등 라벨이 붙은 화물에는 원칙적으로 이 약관이 첨부된다. 화물에는 손상이 없고 다만 상표만 손상되었을 경우에는 원상회복에 필요한 비용과 신상표 및 상표재부착비용만을 보상한다.

갑판적약관(On Deck Clause)

WA나 B보다 담보범위가 넓은 조건으로 인수한 계약에 적용된다. 적하보험은 통상 화물이 운반선의 화물창 내에 적재되어 운송되는 것을 전제로 하기 때문에 운송계약에 기초하여 선주 혹은 용선자의 자유재량권 행사에 의한 것인가를 불문하고 화물이 갑판에 적재된 경우에는 이런 갑판적화물에 대한 조건은 이 약관에 의해 보험개시시점부터 FPA. 또는 C+JWOB(투하 및 갑판유실)조건으로 변경된다. 그러나 밀폐된 컨테이너에 운송되는 화물은 이 약관의 적용을 받지 않는다. 따라서 open top container, flat rock container 등은 밀폐형 컨테이너가 아니므로 이에 적재된 화물이 갑판적 되었을 경우에는 본 약관의 적용을 받게 되므로 주의해야 할 필요가 있다.

③ 확장담보조건

내륙운송 확장담보조건(Inland Transit Extension: ITE)

육상운송 중의 위험을 적하보험증권에서 추가로 담보하는 조건이다. 국내 적하보험요율은 해상운송의 경우는 항구간, 항공운송의 경우는 공항간 요율을 기본으로 산정되어 있다(동일 행정구역 내 창고를 포함하며, 동일 행정구역은 시·군 단위의 행정구역을 말한다). 따라서 본선/항공기로부터 하역 후 시나 군 단위의 행정구역을 벗어난 내륙운송을 실시해야 할 경우 내륙운송 확장담보조건을 추가로 하여 보험에 가입하지 않으면 내륙운송 중의 위험에 대해서는 보험보호를 받을 수 없다.

내륙보관 확장담보조건(Inland Storage Extension: ISE)

통상적인 운송과정에서 중간창고나 보세창고 보관 중의 위험을 적하보험증권에 명시된 기간(수출: 하역 후 60일, 수입: 하역 후 30일) 이상으로 연장할 경우 담보하는 조건이다.

(6) 신·구 협회적하약관 비교

구협회적하약관(ICC,1963)은 14개의 개별약관으로 구성되어 있으나, 신협회약관인 ICC(A), (B), (C)는 19개의 개별약관으로 구성되어 있으며, 각 약관마다 명칭이 부여되어 있고 이를 다시 8개의 그룹으로 묶어서 담보위험(risk covered)·면책위험(exclusion)·보험기간(duration) 등의 표제를 붙임으로써 새로운 체제를 갖추고 있다. 신·구 협회적하약관의 구성과 대비 및 약관의 명칭 등을 요약하면 다음과 같다.

신협회적하약관(ICC, 1982)의 특징을 요약하면 다음과 같다.

첫째, 신적하약관은 자기완결성(自己完結性)을 지니고 단순화되었다. 구약관인 ICC(A/R)·(WA)·(FPA)가 로이즈보험증권(Lloyd's SG Policy)의 표면문언(본문약관과 난외약관)과 MIA의 이중의 토대에 근거하고 있는 데 반해, 신약관인 ICC(A), (B), (C)는 MIA만을 토대로 하는 단순한 구성으로 되었다. 또한 MIA의 중요한 규정 및 SG Policy상의 중요한 약관, 특히 보험계약자에게 중요한 규정이 신적하약관에 흡수되거나 재록되었기 때문에 피보험자가 신적하약관을 이해하는 데 용이하다.

둘째, 신약관은 담보범위와 면책위험이 명확해졌다. 구협회약관은 A/R을 제외한 WA나 FPA는 손해의 형태에 따라 담보위험을 열거하고 있기 때문에 담보범위가 명료하지 않고 혼란을 야기시킬 수 있다. 그러나 신협회적하약관은 손해의 원인이 되는 담보위험만을 열거하고 있기 때문에 담보범위가 명료하고 평이하다. 신약관 ICC(B)와 (C)에서는 담보위험은 제1조에 열거하고 면책위험은 제4,5,6,7조에 열거하여 담보위험과 면책위험이 명확해졌다.

셋째, 신협회적하약관에서는 컨테이너조항, 선박회사 등의 신용위험과 면책조항, 육상운송 중의 위험 등을 담보하는 조항 등의 새로운 내용이 명시되어 있다. 컨테이너화(contrainerization)가 가져온 국제복합운송의 문제와 최근 세계의 해상보험자를 괴롭힌 선박회사 도산과 해상사기 사건 등에 대응하기 위해 새로운 규정이 명시되었다.

넷째로, 신협회전쟁약관(IWC, 1982) 및 신협회동맹파업약관(ISC,1982)에는 신협회적하약관에 공통하는 중요규정인 피보험이익약관, 피보험자의무역관, 포기약관 등이 규정되어 있다. 이것은 전쟁위험과 동맹파업위험을 각각 별개의 단독약관으로 보험에 가입할 수 있게 되었고, 구협회전쟁약관과 구협회동맹파업약관처럼 협회적하약관에 종속 내지 형식과는 상이하게 신 IWC와 ISC는 독립된 약관이다.6)

6) 김정수, 해상보험론, 박영사, 2004, pp.195-197

신 · 구 협회적하약관의 구성과 대비

신협회적하약관			구협회적하약관			
구분 (clause subject)	약관 번호	약관명	약관 번호	동일 표현	표현 변경	신설
담보위험 (risks covered)	1	위험약관(Risks Clause)	5		0	
	2	공동해손약관(General Average Clause)	7		0	
	3	쌍방과실충돌약관(Both to Blame Collision Clause)	11	0		
면책 (exclusions)	4	일반면책약관(General Exclusions Clause)	5	0		
	5	불내항·부적합면책약관(Unseaworthiness and Unfitness Exclusion Clause)	8	0		
	6	전쟁위험면책약관(Strikes Exclusion Clause)	12	0		
	7	동맹파업위험면책약관(Strikes Exclusion Clause)	13	0		
보험기간 (duration)	8	운송약관(Transit Clause)	0	0		
	9	운송계약종료약관(Termination of Contract of Carriage Clause)	2	0		
	10	항해변경약관(Change of Voyage Clause)	4		0	
보험금청구 (claims)	11	피보험이익약관(Insurable Interest Clause)				0
	12	계반비용약관(Forwarding Charges Clause)				0
	13	추정전손약관(Constructive Total Loss Clause)	6	0		
	14	증액약관(Increased Value Clause)				0
보험이익 (benefit of insurance)	15	보험이익불공여약관(Not to Inure Clause)	10	0		
손해의 경감 (minimizing losses)	16	피보험자의무약관(Duty of Assured Clause)	9		0	
	17	포기약관(Waiver Clause)				0
지연의 회피 (avoidance of delay)	18	신속조치약관(Reasonable Despatch Clause)	14	0		
법률과 관습 (law and practice)	19	영국의 법률과 관습약관(English Law and Practice Clause)			0	

신 · 구 협회적하약관의 비교

구약관	신약관
1. 운송약관(Transit Clause)	제8조 운송약관(Transit Clause)
2. 항해종료약관 (Termination of Adventure Clause)	제9조 운송계약종료약관(Termination of Contract of Carriage Clause)
3. 부선약관	삭제
4. 항해변경약관 (Change of Voyage Clause)	제10조 항해변경약관 (Change of Voyage Clause)
5. 분손부담보약관(FTA Clause)	(C) Clause 제1조
분손담보약관(WA Clause)	(B) Clause 제1조
전위험담보약관(A/R Clause)	(A) Clause 제1조
6. 추정전손약관 (Constructive Total Loss Clause)	제13조 추정전손약관
7. 공동해손약관(General Average Clause)	제2조 공동해손약관
8. 내항성담보약관 (Seaworthiness Admitted Clause)	제5조 불내항 · 부적합 면책약관 (Unseaworthiness and Unfitness Exclusion Clause)
9. 수탁자약관(Bailee Clause)	제16조 피보험자의무약관 (Duty of Assured Clause)
10. 보험이익불여공여약관 (Not to Inure Clause)	제15조 보험이익불공여약관 (Not to insure Clause)
11. 쌍방과실충돌약관 (Both to Blame Collision Clause)	제3조 쌍방과실충돌약관 (Both to Blame Collision Clause)
12. 포획 · 나포부담보약관(FC & S Clause)	제6조 전쟁위험면책약관 (War Exclusion Clause)
13. 동맹파업 · 소요 · 폭동무담보약관 (FSR & CC Clause)	제7조 동맹파업면책약관 (Strike Exclusion Clause)
14 신속조치약관 (Reasonable Despatch Clause)	제18조 신속조치약관 (Reasonable Despatch Clause)
15. 주의사항	주의사항
신설약관 제4조 일반면책약관(General Exclusion Clause) 제12조 계반비용약관(Forwarding Charge Clause) 제14조 증액약관(Increased Value Clause)	

4. 협회기간약관(선박)상의 담보위험

(1) 담보위험

선박보험에서 가장 많이 이용되고 있는 협회기간약관(ITC-Hulls)은 보험자의 열거책임주의 방식을 택한다.

협회기간약관상의 담보위험

1.1 해상 · 강 · 호수 또는 기타 항해가능한 수면에서의 고유위험
1.2 화재 · 폭발
1.3 선박 외부로부터 침입한 자에 의한 폭력을 수반한 도난
1.4 투하
1.5 해적행위
1.6 핵장치나 원자로의 고장 또는 사고
1.7 항공기 등과의 접촉
1.8 지진 · 화산의 분화 또는 낙뢰
2.1 적하 또는 연료의 선적 · 양하 또는 이동 중의 사고
2.2 기관의 파열, 차축의 파손 또는 기관이나 선체의 잠재하자
2.3 선창 · 고급선원 · 보통선원 또는 도선자의 과실
2.4 수리자 또는 용선자의 과실
2.5 선장 · 고급선원 · 보통선원의 악행

① 해상고유의 위험(Perils of the Sea)

해상에서 우연히 발생하는 사고나 재해를 의미하며 바람 · 파도 등의 통상적인 작용은 포함되지 않는다. 선박이 부식하는 것처럼 바람 · 파도 등에 의한 자연적 소모나 마모는 해상고유의 위험으로 간주되지 않는다.

② 화재 · 폭발

자연발화를 제외한 화재는 보험자가 담보하고, 선박 내외에서 발생하는 폭발위험도 담보한다.

③ 강도(선박 외부로부터 침입한 자에 의한 폭력을 수반한 도난)

선박 외부로부터 침입한 자가 폭력을 행사하면서 선박의 용품이나 화물을 훔쳐가는 손해를

보험자는 보상한다.

④ 투하

대부분의 투하는 공동해손으로 인정되지만 공동해손이 성립되지 않은 투하로 인한 손해도 보상한다. 왜냐하면 투하는 대부분 비상상태를 모면하기 위하여 화물이나 선박의 용품을 바다에 버리기 때문이다.

⑤ 해적행위

해적은 폭동을 일으키는 여객 또는 해변 쪽에서 선박을 공격하는 폭도 등을 포함한다.

⑥ 핵장치나 원자로의 고장 또는 사고

선내에서는 원자력선 또는 화물의 핵장치 · 원자로인 경우를 말하며, 선외에서는 육상이나 다른 선박에 장치되거나 적재된 경우이다.

⑦ 항공기 등과의 접촉

항공기 혹은 이와 유사한 물체 또는 그로부터 추락하는 물체, 육상운송용구, 도크 또는 항만시설이나 장비와 접촉함으로써 입는 선박의 손실을 보험자는 보상한다.

⑧ 지진·화산의 분화 또는 낙뢰

화산분화로 정박 중인 선박이 손상을 입는 경우나 낙뢰로 손상을 입는 경우에도 보상한다.

⑨ 적하 또는 연료의 선적·양하 또는 이동 중의 사고

⑩ 기관의 피열, 차축의 파손 또는 기관이나 선체의 잠재하자

기관이나 선체의 잠재적 하자로 인한 손해도 보험자가 보상한다. 잠재적 하자는 선박의 건조시나 수선시부터 존재하는 하자를 의미이다.

⑪ 선창·고급선원·보통선원 또는 도선자의 과실

선장 · 고급선원 또는 도선사는 부보선박에 지분이 있어도 선주로 간주하지 않는다.

⑫ 수리자 또는 용선자의 과실

부보선박이 수선된 경우 수선자의 과실에 의해서 발생한 선박의 멸실 또는 손상을 보험자는 보상한다. 피보험자가 보험자의 승낙을 얻어 선박을 용선시킨 경우 용선자의 과실에 의하여 발생한 손상도 보상한다.

⑬ 선장·고급선원·보통선원의 악행

(2) 협회기간약관상의 면책위험

선박보험에서 많이 이용되고 있는 협회기간약관(ITC-Hulls)은 보험자의 담보위험이 열거되어 있는 열거책임주의의 방식을 채택하고 있기 때문에 담보위험을 제외한 모든 위험이 면책위험이다.

① 전쟁면책(War Exclusion)

보험자는 다음의 위험에 기인한 멸실·손상·배상책임 또는 비용을 담보하지 않는다.

- 전쟁·내란·혁명·모반·반란 또는 이로 인하여 발생하는 국내 투쟁 또는 교전국에 의한 혹은 교전국에 대한 적대행위
- 포획·나포·강류·억지 또는 억류 및 이러한 행위의 결과 또는 이러한 행위를 하고자 기도한 결과
- 유기된 기뢰·어뢰·폭탄 또는 기타 유기된 전쟁무기

협회기간약관에서는 선원의 악행을 담보위험으로 규정하고 있기 때문에 과거에 선장·선원 등의 악행으로 인한 선박의 강류·억지·억류 등은 전쟁위험에서 제외되었다. 선박보험에서도 전쟁위험은 특약에 의해서 담보될 수 있다.

(2) 동맹파업면책(Strikes Exclusion)

보험자는 다음에 기인한 멸실·손상·배상책임 또는 비용에 대해서 책임을 지지 않는다.

- 동맹파업자, 직장폐쇄노동자 또는 노동쟁의·폭동 또는 소요에 가담한 자
- 테러리스트 또는 정치적 동기를 가지고 행동하는 자

③ 악의행위면책(Malicious Acts Exclusion)

악의적으로 행동하는 자에 의하여 발생된 손해나 정치적 동기로 인하여 생기는 손해에 대해서 보험자의 면책을 규정한 사항이다. 보험자는 첫째로 폭발물의 폭발, 둘째로 어떠한 전쟁무기 그리고 악의적으로 행동하는 자에 의하거나 혹은 정치적 동기로부터 발생된 것으로 인한 멸실·손상·배상책임 또는 비용을 어떠한 경우에도 담보하지 않는다.

④ 원자핵면책(Nuclear Exclusion)

보험자는 원자 또는 핵의 분열과 결합 혹은 이와 유사한 반응 또는 방사성의 힘 또는 물질을 사용하는 어떠한 전쟁무기로 인하여 발생되는 멸실·손상·배상책임 및 비용에 대해서 일체 보상하지 않는다.

제8절

해상보험상의 손해

1. 해상손해의 개관 및 구분

(1) 해상손해의 개관

해상보험에 있어 손해(Loss)라 함은 피보험자가 해상위험으로 말미암아 보험의 목적인 선박, 적하 또는 운임에 입는 재산상의 불이익을 의미하며 그 손해의 유형을 일반적으로 물적손해, 비용손해 및 책임손해로 분류한다.

(2) 해상손해의 구분

① 물적손해

해상손해를 구분할 때 보험목적물 자체의 손해를 물적손해 또는 직접손해라 한다. 물적손해는 전손과 분손으로 나눌 수 있다. 그리고 전손은 현실전손과 추정전손으로, 분손은 단독해손과 공동해손으로 나뉜다.

② 비용손해

보험목적물과 관련하여 직접적으로 비용이 발생하는 손해를 비용손해 또는 간접손해라 한다. 비용손해는 손해방지비용, 구조비, 특별비용으로 나뉜다.

③ 손해배상책임

손해배상책임은 피보험자의 과오·책임 등으로 인하여 제3자가 입는 손실을 말한다.

해상손해의 종류

2. 전손

보험목적물이 멸실한 경우 즉 피보험이익이 전부 멸실된 경우를 전손(Total Loss)이라고 한다. 전손은 현실전손(Actual Total Loss)과 추정전손(Constructive Total Loss)으로 구분된다. 보험의 목적이 담보위험에 의해 전손된 경우 초과보험(CIF가액보다 더 많은 금액을 기초로 하여 보험에 가입한 경우)이 아닌 한 보험금액을 보험금으로 보상받는다.

(1) 현실전손의 의의

현실전손(Actual Total Loss)이란 담보위험으로 인하여 보험목적물이 완전히 파손되거나 원래의 성질을 갖지 못할 정도로 심하게 손상되거나 또는(시멘트가 바닷물에 의해 응고) 박탈당하여 피보험자가 다시 찾을 가능성이 없을 경우에 성립한다(금괴가 심해에 빠질 경우 피보험자는 보험목적물을 실제로 찾을 수 없기 때문에 현실전손).

현실전손의 예로는 보험목적물이 실체적으로 멸실되었거나 본래의 성질이 상실되었을 경우(잔존가치가 있어도 상관없음), 포획의 경우와 같이 보험의 목적에는 하등의 물적손해가 발생하지 않았으나 그에 대한 피보험자의 지배력이 상실되었을 경우, 그리고 화물을 적재한 선박의 행방이 상당기간 동안 불명인 경우 등이 있다.

① 화물의 현실전손

선박의 현실전손으로 인한 화물의 전손

침몰・좌초・화재・행방불명 등으로 선박이 현실전손이 발생하면 그 선박에 적재되어 있는 화물도 현실전손이 성립된다. 선박의 구조는 불가능하더라도 화물을 인양할 수 있으면 화물의 전손은 성립되지 않는다.

화물의 투하(Jettison)

화물이 투하되어 구조될 가능성이 없는 경우에 현실전손으로 처리한다.

화물의 매각

화물이 제3자에게 매각될 때에도 전손이 성립된다. 항해 도중 담보위험으로 인하여 화물이 손상을 입었을 경우 목적지까지 운송하는 것보다 중간항에서 매각하는 것이 오히려 합리적일 수도 있다. 이런 경우 화물은 현실전손이 성립되고, 보험자는 전손보험금을 피보험자에게 지급한다.

화물인도의 과실

화물이 원래의 수하인에게 인도되지 않고 제3자에게 인도되어 다시 찾을 가능성이 없을 때는 화물의 현실전손이 성립된다. 화물이 목적항에 도착하면 선장 또는 선원은 화물인도지시서(Delivery Order: D/O)를 소지한 자에게 화물을 인도한다. 그러나 선장 또는 선원이 의도적으로 화물을 제3자에게 인도하거나 과실로 잘못 인도하여 분실되면 화물의 현실전손이 인정된다.

② 선박의 현실전손

선박의 침몰(Sinking)

선박이 침몰하여 구조의 가능성이 없는 경우에 한해서 현실전손으로 인정한다. 선박이 침몰하더라도 인양이 가능한 경우는 분손으로 처리한다. 침몰된 선박의 인양이 기술적으로 불가능하거나 또는 인양비용이 선박의 가액을 초과하는 경우에 한하여 현실전손이 성립된다.

선박의 좌초(Stranding)

좌초는 선박이 바다 밑에 있는 암초에 얹혀서 자력으로 움직일 수 없는 상태를 말하며, 선박이 좌초하여 구조의 가능성이 없는 경우는 현실전손이 성립된다. 좌초된 장소가 인양이 불가능한 지역이거나, 좌초된 선박의 인양이 기술적으로 불가능하거나, 인양비용이 선박의 가액을 초과하는 경우는 현실전손이다.

선박의 화재

화재로 인하여 전소되거나 또는 잔해만 남아서 선박으로서의 기능을 완전히 상실한 경우를 말한다.

선박의 행방불명

선박이 출항한 후 상당한 기간이 경과했는데도 그 소식을 들을 수 없을 경우에는 선박의 행방불명으로 간주하고 현실전손으로 인정(MIA 제58조)한다. 그러나 행방불명의 기간이 문제가 된다. 영국해상보험법은 행방불명기간을 상당한 기간(Reasonable time)으로만 명시하고 있기 때문이다. 통상적으로 선박의 출항일로부터 1년으로 보고 있으며, 우리나라 상법(제711조)에서는 선박이 출항 후 2개월이 경과되면 행방불명으로 보고 있다. 일반적으로 평화시에는 선박의 행방불명을 야기한 직접적인 원인을 해상고유의 위험으로 보고 보험자가 보상한다. 그러나 전시에는 전쟁을 근인으로 보고 전쟁을 담보위험으로 한 보험계약에서만 보상이 가능하다.

③ 운임의 현실전손

화물의 전손

운임은 출발지에서 먼저 지급되기도 하고 목적지에서 화물이 도착하면 지급되기도 한다. 운임이 선불된 경우에 만약 화물의 전손이 발생하면 하주는 화물만 잃어버리는 것이 아니라 이미 지급한 운임까지도 상실한다. 운임도착지의 경우 선주가 화물을 수하인이나 대리인에게 인도해야만 운임을 징수할 수 있는데 화물의 전손으로 인도해 줄 화물이 없거나 심하게 손상되어 판매가 불가능할 정도라면 운임을 받을 수 없게 된다. 이와 같이 화물의 전손이 발생하면 곧 운임의 전손이 초래된다.

선박의 전손 및 항해불능

선박의 전손은 화물의 전손을 동반하고 이것은 다시 운임의 전손을 초래한다. 그러나 화물은 훼손된 것이 아닌데 사고로 인하여 선박이 도저히 항해를 감당할 수 없을 경우에도 운임의 전손이 성립될 수 있다.

(2) 추정전손의 의의

추정전손(Constructive Total Loss)은 현실전손이 불가피하거나 수리비용이 회복 후 가액을 초과하는 경우에 성립되는 손해를 말하며, 실제 전손으로 확인된 것은 아니지만 여러 가지 정황을 미루어 보아 전손으로 처리하는 것이 유리하다고 판단되는 손해를 말한다.

추정전손의 예로는 보험의 목적에 대한 피보험자의 지배력이 상실되어 회복하는 데 상당한 기간이 필요하거나 회복비용이 회복되었을 때의 화물의 가액을 초과할 것으로 예상될 때 및 화물이 훼손되어 그 수리비(목적지까지 수송함에 소요될 비용이 있는 경우 이를 포함)가 도착 후의 화물가액을 초과하게 될 경우 등이 있다. 추정전손은 보험목적물을 보험자에게 정당하게 위부(subrogation)함으로써 성립되며, 만약 위부를 하지 않을 경우에는 분손으로 처리될 수 있을 뿐이다.

다음은 해상보험에서 추정전손이 성립될 수 있는 경우이다.

첫째, 피보험자가 담보위험으로 인하여 선박 또는 화물의 점유를 상실하여 이를 회복할 가능성이 없거나 혹은 회복하기 위한 비용이 회복하였을 때의 가액을 초과하리라고 예상될 경우이다.

둘째, 담보위험으로 선박이 심하게 손상되어 수리비용이 수리완료 후의 선박가액을 초과할 것으로 판단되는 경우이다.

셋째, 담보위험으로 화물이 심하게 훼손되어 수선비용과 목적지까지 계속 운반하는 데 소요되는 비용이 도착시의 화물가액을 초과할 것으로 판단되는 경우이다.

① 화물의 추정전손

화물의 소유권 박탈

피보험자가 화물에 대한 소유권을 박탈당하고 이를 회복할 수 없거나, 회복하는 데 소요되는 비용이 화물가액을 초과하면 화물의 추정전손이 발생한다. 선박의 추정전손이 발생하면 대체로 화물에 대한 추정전손이 성립된다.

화물의 손상

담보위험으로 화물이 손상을 입는 경우 그 손상을 수리하고 목적지까지 계속 운반하는 데 소요되는 비용이 도착시의 화물가액을 초과할 경우에는 추정전손이 성립된다. 선박의 경우와 마찬가지로 화물로서 더 이상 경제적 가치가 없다고 판단되면 전손으로 처리하는 것이 바람직하다. 여기서 추정전손의 여부를 결정하는 화물손상의 회복비용은 구체적으로 손상된 화물을 수리하는 데 소요되는 총비용과 수리 후 이것을 최종목적지가지 운반하는 데 소요되는 비용의 합을 말한다.

② 선박의 추정전손

선박의 소유권 박탈

담보위험이 발생하여 피보험자가 선박에 대한 자신의 소유권을 박탈당하고 현실적으로 이를 회복할 가능성이 전혀 없는 경우, 소유권을 박탈당한 후 이를 회복하는 데 소요되는 비용이 선박가액을 초과할 때, 즉 선박을 다시 찾을 수는 있지만 그 비용이 너무 많이 들어서 포기하는 것이 경제적으로 유리한 경우, 선박이 적에게 포획되는 경우 등이다.

선박의 손상

선박이 담보위험으로 심하게 훼손되어 이를 수리하는 비용이 수리했을 때의 선박가액을 초과하리라고 예상되는 경우에도 추정전손이 성립된다.

선박의 손상으로 추정전손이 성립될 수 있느냐의 여부는 수리비와 수선 후 선박가액과의 비교에 달려 있다. 일반적으로 수리비는 선박의 수선견적액을 말하고, 수선 후의 선박가액은 보험가액을 말한다.

3. 위부와 대위

(1) 위부의 의의

① 위부의 개념

위부(Abandonment)란 추정전손의 사유로 전손에 대한 보험금을 청구하기 위하여 피보험자가 보험목적물에 대해 갖는 일체의 권리를 보험자에게 이전하고 보험금의 전액을 청구하는 제도이다.

추정전손이 발생했다고 하여 자동적으로 추정전손이 성립되는 것은 아니며 위부행위가 따라야 성립한다. 위부는 추정전손의 사유가 발생하여 피보험자가 보험목적물에 대한 일체의 권리를 보험자에게 이전하고, 그 대신 전손에 해당하는 보험금을 청구하는 행위를 말한다. 위부가 성립되려면 피보험자가 먼저 위부를 하겠다는 의사표시를 하고 보험자가 이를 수락해야 한다.

② 위부의 사유

보험사고로 인하여 보험목적물에 대한 소유권이 박탈당하고 이를 회복할 가능성이 없거나 회복하는 데 소요되는 비용이 보험가액을 초과할 때, 또는 보험목적물이 심하게 손상되어 수리비용이 수리완료 후의 가액을 초과할 때 피보험자는 위부행위를 할 수 있다. 상법(제710조)에 의하면 다음의 경우 피보험자는 보험목적물을 보험자에게 위부하고 보험금액의 전부를 청구할 수 있다.

- 선박이 침몰된 때
- 선박의 행방이 불명한 때
- 선박이 수선할 수 없게 된 때
- 선박 또는 적하가 포획된 때
- 선박, 적하가 관공서에 압류되어 6개월 이상 환부되지 아니한 때

③ 위부의 통지(Notice of Abandonment)

위부통지의 목적

위부는 피보험자가 잔존물에 대한 모든 권리를 보험자에게 이전하고 대신 전손보험금을 청구하는 행위이며, 이러한 피보험자의 위부의 의사표시를 위부의 통지라고 한다. 위부의 통지는 피보험자가 자신의 재산을 포기하고 그 재산을 보험자가 처분하는 대로 맡기겠다는 의사표시이다. 피보험자가 담보위험으로 인한 손해를 추정전손으로 처리하기 위해서는 그러한 의사표시인 위부통지를 보험자에게 해야 한다.

위부통지시기

우리나라 상법(제713조)에 위부의 통지시기를 다음의 경우로 한다.

- 선박이 침몰된 때
- 선박이 수선할 수 없게 된 때

- 선박 또는 적하가 포획된 때
- 선박이 수선할 수 없게 된 때 및 선박 또는 적하가 포획된 때에는 그 사유를 안 날부터 2개월 이내에 보험자에게 위부통지를 발송
- 선박의 행방이 2개월간 불분명한 때 그리고 선박 또는 적하가 관공서에 압류되어 6개월 이상 환부되지 아니한 때에는 그 기간에 경과한 날로부터 2개월 이내에 위부통지가 있어야 함

(2) 대위

① 대위의 원칙

손해보험에서는 보험자가 전손보험금을 지급하면 보험목적물에 관련되는 일체의 권리를 피보험자로부터 승계받게 되는데 이를 대위(Subrogation)의 원칙이라 한다. 보험자가 취득하는 권리는 보험목적물에 대한 소유권과 제3자에 대한 손해배상청구권으로 나뉜다.

보험목적물에 대한 대위는 보험사고의 결과 잔존물이 있는 경우 그 잔존물을 취득할 수 있는 권한을 말한다. 이 권한은 전손보험금을 지급한 경우에 한다면, 분손보험금을 지급했다면 잔존물에 대한 소유권을 취득할 수 없다. 보험자에게 이전되는 권리의 범위는 피보험이익에 관하여 피보험자가 가지는 모든 권리를 의미하며, 권리의 이전시기는 보험사고가 발생한 시점이 아니고 보험금을 지급한 시점이다.

제3자에 대한 대위는 피보험자가 제3자의 과실에 의해 손실을 입은 경우 보험금을 지급한 보험자는 보험금의 한도 내에서 제3자에 대한 피보험자의 권리를 취득하는데, 이를 제3자에 대한 대위라 한다. 제3자의 대위는 주로 가해자에 대해서 손해배상을 청구할 수 있는 권한을 말한다.

② 대위의 근거

피보험자가 동일한 손해에 대해서 보험자와 가해자로부터 이중으로 보상받는 것을 방지하고 보험사고를 유발하거나 도박보험 등의 방법으로 보험제도를 남용하려는 소지를 방지하기 위해서이다. 손실을 초래한 가해자가 궁극적으로 모든 책임을 져야 하는 것은 사회의 원칙이기 때문이다. 대위의 원칙에 따라서 보험자는 자신이 보상한 금액을 제3자로부터 회수할 수 있기 때문에 보험료의 인하효과를 기대할 수 있다.

③ 대위와 위부의 관계

대위는 보험자가 보험금을 지급함으로써 보험목적물에 관련되는 일체의 권리를 피보험자로부터 승계하는 것이다. 위부는 피보험자가 전손보험금을 청구하기 위하여 잔존물에 대한 권리를 보험자에게 포기하는 것을 말한다. 대위와 위부는 원인과 결과의 관계로 볼 수 있다.

4. 분손

(1) 분손의 개념

보험목적물의 일부가 멸실이나 손상된 경우를 분손(Average/Partial Loss)이라고 하며, 분손은 단독해손과 공동해손으로 구분된다. 분손에 대해 피보험자가 단독으로 책임지는 것을 단독해손(particular average), 공동의 안전을 위하여 희생된 손실이나 비용을 공동으로 분담하는 것을 공동해손(general average)이라 한다.

(2) 분손의 종류

① 단독해손(Particular Average)

피보험이익의 일부가 멸실되거나 훼손되어 발생된 손해로, 손해를 입은 자가 단독으로 부담하는 손해, 즉 동일 운반선의 다른 화주와 선주 등에게 그 손해의 분담을 청구할 수 없는 손해를 말한다.

적하품 단독해손

적하의 경우 단독해손으로 인정될 수 있는 손해는 ㉠ 악천후에 의한 선박에 해수의 유입 ㉡ 선박의 장애물과 접촉 ㉢ 화재에 의한 화물의 분손 ㉣ 악천후에 의한 화물의 파손, 누손에 의한 손해 등이다.

선박의 단독해손

선박의 경우 단독해손으로 인정될 수 있는 손해는 ㉠ 악천후에 의해 해수가 유입되어 갑판이 유실되어 선체에 입힌 손해 ㉡ 선내 화재로 선박장비의 멸실, 손체에 미친 손해 등이다.

따라서 피보험자가 단독해손에 의해 보상받기 위해서는 손해가 담보위험에 의해 우연적으로 발생하여야 하며, 인위적·능동적인 손해여야 한다.

② 공동해손(G/A)

본선이 폭풍우로 좌초되어 침몰위기에 있을 때 공동의 위험을 회피할 목적으로 선장이 고의로 적하의 일부를 투하시킴으로써 배를 가볍게 하거나 다른 위험탈출조치를 강구하는 데 소요되는 비용을 지불함으로써 위험을 모면한 경우 그들이 받은 혜택의 정도에 따라 부담하는 희생적 공동손해와 위험탈출조치에 소요된 공동해손 비용을 '공동해손'이라 한다.

공동해손행위의 성립 요건

- 위험의 공동성
- 처분의 자발성 혹은 임의성
- 처뷴의 합리성
- 이례적인 희생이나 비용

(3) 선박의 분손

① 수리비의 보상

선박이 분손을 입은 후 수리가 되면 피보험자는 합리적인 수리비(Reasonable cost of repairs)에서 관습상의 공제를 한 잔액을 1회 보험금액의 범위내에서 보상받을 권리가 있다(MIA 제69조 1항). 합리적인 수리비에 포함된 항목은 다음과 같다.

임시수리비(cost of temporary repair)
현재 정박 중인 항구에서 완전한 수리가 불가능하여 수리가능 항구까지 항해하기 위해서 임시로 수리힐 경우의 수리비

회항비(removal expense)
수리를 목적으로 다른 항구로 회항할 경우 발생하는 비용

연료 및 저장품(fuel and stores)
선박이 수리되고 있는 동안 수리작업을 돕기 위해 소비된 연료 및 기관실의 저장품은 수리비의 일부로 보상

선거비용(dry dock expense)

선박을 수리하기 위해서 선거(dry dock)를 이용할 경우 여기에 소요되는 비용도 합리적인 수리비에 포함

시간외작업(overtime)

시간외작업으로 다른 비용이 절약되면 절감된 비용의 한도까지 시간외작업비용을 합리적인 수리비의 일부로 간주

② 미수리손상(unrepaired damage)

선박이 분손을 입었거나 수선되지 않고 또한 보험기간 중에 손상상태로 매각되지 않았을 경우에는 피보험자는 미수선을 손상으로부터 생기는 합리적인 감가액을 보상받을 수 있다(MIA 제69조 3항).

합리적인 감가액은 선박의 정상가액에서 손상가액을 차감한 잔액을 말한다. 선박의 손상이 일부분만 수선되었을 경우 피보험자는 그 수선 부분에 대해서 합리적인 수선비를 회수할 권리가 있다. 미수선의 손상으로부터 발생하는 감가가 있으면 합리적인 감가액을 보상받을 수 있다.

(4) 화물의 분손

해상위험으로 인하여 화물의 일부가 멸실되거나 손상될 경우 화물의 분손이 성립된다.

(1) 일부멸실(Total Loss of Part)

화물의 일부가 멸실된 것은 화물의 일부가 전손을 입은 경우와 마찬가지이다. 이 경우 손해보상의 한도액은 멸실된 부분과 전체 수량의 비율을 보험금액에 곱한 금액이다.

분손보상액=보험금액×전체의 수량/멸실된 수량
분손보상액=보험금액×36×100(전체의 수량)/82(멸실된 수량)

② 일부손상

화물의 일부가 손상된 상태로 도착할 경우에는 감가율(depreciation)을 정하여 이 감가율을 보험금액에 곱하여 분손보상액을 결정한다. 감가율은 손상화물을 매각처분할 경우 얻을 수 있는 매득금(damaged market value: 손상품의 시가)과 화물이 안전하게 도착했을 경우 당연히 얻을 수 있는 시장가격(sound market value: 정상품 시가)의 차액인 손해액에 정상품

시가에 대한 비율을 곱하여 얻는다.

감가율=정상품 시가/손해액(정상품 시가−손상품 시가)

③ 화물의 매각

화물의 일부가 최종목적지에 도착하기 전에 항해 도중의 보험사고로 인하여 중간항에서 양륙될 경우 간혹 중간의 양륙항에서 검정인(surveyor)이 손상된 화물을 매각처분하도록 권고하는 일이 있다.

중간항에서 손상품을 매각처분할 경우에는 보험금액에서 매각금(net proceeds)을 차감하여 보험금을 지불하는데, 이러한 지불방식을 구조물차감보상(salvage loss settlement)방식이라 한다. 피보험자는 이 방식으로 보상받더라도 매각금을 취득하기 때문에 결과적으로 보험금액의 전액을 보상받는 것이 된다.

5. 비용손해

(1) 손해방지비용

① 손해방지비용의 개념

피보험자나 그의 대리인이 손해방지 및 경감의무를 수행하기 위해서 지출한 비용을 손해방지비용(Sue and Labour Charge)이라 한다. 이 비용은 보험자가 별도로 보상한다. 왜냐하면 피보험자의 손해방지의무는 자신을 위한 것이 아니라 궁극적으로 보험자를 위한 의무이기 때문에 피보험자가 의무를 수행하는 과정에서 발생하는 비용은 당연히 보험자가 보상해야 한다. 손해방지비용을 보상해 줌으로써 피보험자들로 하여금 스스로 손해방지를 위해 노력하도록 유도할 수 있다. 손해방지행위를 시도하다 실패한 경우에도 보상하는 이유는 피보험자로 하여금 적극적으로 손해방지행위를 유도하기 위해서이다.

② 손해방지의무의 개념

손해보험에서는 피보험자들로 하여금 보험목적물의 손해방지를 위하여 최선의 노력을 기울이도록 의무화하고 있는데, 이를 피보험자의 손해방지 및 경감의무(the duty to sue and labour)라 한다. MIA(제78조 4항)에서는 “손해를 방지하거나 또는 경감하기 위하여 합리적인 조치를 강구하는 것은 모든 경우에 있어서 피보험자 또는 그 대리인의 의무이다"라고 규정하고 있다.

③ 손해방지의무의 위반

피보험자는 보험목적물의 손해를 방지하거나 경감시키도록 모든 합리적인 조치를 강구해야 할 의무가 있는데도 불구하고 피보험자가 자신의 의무를 소홀히 할 경우에는 보험금 지급이 거절될 수 있다. 오히려 보험자는 피보험자가 자신의 의무를 소홀히 함으로써 생긴 손해에 대해서 배상을 청구할 수 있으며, 또한 손해방지행위를 했더라면 경감할 수 있었던 손해액을 보험금액에서 공제하여 지급할 수도 있다.

④ 손해방지약관(Sue and Labour Clause)

보험증권에는 피보험자의 손해방지의무를 규정하고 있는 손해방지약관이 대부분 포함된다. 따라서 피보험자나 그의 대리인이 취해야 할 손해방지의무는 해상보험법상의 의무일 뿐만 아니라 보험약관상의 의무가 된다.

적하보험의 손해방지약관

ICC의 제16조 피보험자의 의무약관(Duty of Assured Clause)에는 피보험자, 그 사용인(Servants) 및 대리인은 손해를 방지하거나 혹은 경감하도록 모든 합리적인 조치를 취해야 하며, 아울러 이런 의무를 수행함에 있어 적절하고 합리적으로 발생한 각종 비용은 보험자가 보상한다고 규정되어 있다.

선박보험의 손해방지약관

협회기간약관(ITC-Hulls)의 제13조 피보험자 의무약관에도 손해방지의무가 규정되어 있다. 적하보험의 내용과 유사하지만, 손해방지비용의 보상금액을 한정하고 있는 점이 다르다. 선박보험에서도 손해방지비용은 추가로 보상되지만 그 한도액은 보험금액으로 한다. 보험금액 이상의 비용을 투입하면서까지 손해방지행위를 한다는 것은 합리적이지 못하기 때문이다.

⑤ 손해방지비용의 성립요건

피보험자의 손해방지행위

피보험자가 지출한 비용을 손해방지비용으로 보상받으려면 먼저 손해방지행위의 주체자가 반드시 피보험자 자신이나 그의 대리인이어야 한다.

합리적인 비용

손해방지약관은 보험계약을 보충하는 것이기 때문에 적절하고 합리적으로 발생한 것이라면 한도액에 상관없이 보상된다. 적절하고 합리적인 손해방지비용은 사실문제로서 사건에 따라서 적절성과 합리성의 기준이 달라질 수 있다.

위험의 실제

손해방지비용으로 인정되기 위해서는 위험이 실제로 발생해야 한다. 보험목적물이 실질적으로 위험에 처해 있을 때 임박한 손실을 방지하기 위하여 피보험자가 지출한 비용은 손해방지비용으로 보상된다.

담보위험의 발생

보험자는 근인주의에 입각하여 반드시 담보위험에 근인하여 발생하는 손해만 보상한다. 따라서 담보위험으로 인하여 발생하는 손해를 방지하기 위하여 지출된 비용만 손해방지비용으로 인정한다.

(2) 구조비

① 구조비의 개념

구조비의 정의

MIA(제65조)에서 보험증권에 명시규정이 있는 경우를 제외하고 담보위험으로 인하여 발생하는 손해를 방지하기 위해 지출한 구조비는 담보위험에 의한 손해로서 보상받을 수 있다. 구조비(Salvage, Salvage Awards, Salvage Remuneration)라 함은 구조자가 구조계약과는 상관없이 해상법상으로 회수할 수 있는 비용을 말한다. 구조비는 해난에 직면한 선박이나 제3자(보험목적물의 소유자, 대리인, 사용인, 양수인을 제외한 자)가 구조계약을 체결하지 않고 구조했을 경우 해상법상으로 제3자에게 지불해야 할 보상금을 말한다.

구조비가 성립되기 위해서는 구조행위가 반드시 순수구조여야 한다. 순수구조는 구조계약을 체결하지 않고 구조자가 자발적으로 구조하고 그 결과가 성공할 경우 해상법상으로 구조료를 청구하는 행위이다. 선주와 구조자간에 구조계약을 체결하고 구조활동을 할 경우 소요되는 비용은 구조행위의 성격에 따라서 특별비용 또는 공동해손손해로 보상된다.

구조비의 성립요건

구조비가 성립될 수 있는 조건은 보험목적물이 위험한 상태에 있어야 하고, 구조자는 임의적으로 구조행위에 임해야 하며 그리고 구조물의 전부 또는 일부를 취득해야 한다.

② 구조행위의 대상

구조자는 선박, 의장용구, 화물, 난파물, 운임 등을 구조한 경우 구조비를 청구할 수 있다. 화물에는 표류화물(flotsam), 투하화물(jetsam), 부표를 달아 투하한 화물(lagan) 등이 포함된다.

③ 구조비의 보상

구조비의 청구

순수구조인 경우 구조자는 해상법상 구조비를 청구할 수 있다. 해상운송 도중 발생한 구조행위에 대해서는 즉각 구조비가 지급될 수 없기 때문에 구조자는 구조한 재산에 대해 유치권을 가진다. 그리고 동일 선주에 속하는 자매선(Sistership)을 구조했을 경우에도 구조비 청구가 가능하다.

구조비의 산정

구조비는 구조행위에 따른 여러 가지 요인을 고려하여 결정한다. 실무에서 구조비를 산정할 때 고려하는 요소로는 다음 사항이 있다.

- 구조된 재산에 관한 요소
  - ㉠ 난파선에 승선한 인명이 처한 위험의 정도
  - ㉡ 구조된 재산이 처한 위험의 정도
  - ㉢ 구조된 재산의 가액
- 구조자에 관한 요소
  - ㉠ 구조자 측의 인명이 처한 위험의 정도
  - ㉡ 구조자의 등급, 기술, 지휘
  - ㉢ 구조작업에 사용된 구조자의 재산이 처한 위험의 정도
  - ㉣ 구조작업에 사용된 구조자 재산의 가액
  - ㉤ 구조작업에 소요된 시간
  - ㉥ 구조작업에 따른 손실과 비용지출의 정도

구조비의 보상요건과 한도

구조자가 구조한 재산에 대하여 선주나 하주에게 구조비를 청구할 경우 선박보험자나 적하

보험자가 이를 지급한다. 구조비가 발생할 경우 무조건 보험자가 대신 지급해 주는 것이 아니라 담보위험으로 인한 손해를 방지하기 위하여 발생된 구조비만 보험자가 보상해 준다.

담보위험으로 발생한 구조비는 보험자가 보상하지만 그 한도액은 보험금액을 초과할 수 없다. 보험금액은 보험자의 최고 보상액인데, 만약 보험목적물이 구조되지 않더라도 보험자는 보험금액까지만 보상하기 때문이다.

④ 인명의 구조

선박이나 선원은 해상에서 위험에 처한 사람을 발견했을 때는 비록 전쟁 중에 있는 적국의 사람이라 할지라도 구조해 주어야 하며, 그렇지 않을 경우에는 경범죄(misdemeanour)의 처벌을 받게 된다.

인명을 구조하는 것은 일종의 봉사활동이기 때문에 인명을 구조한 자는 원칙적으로 구조비를 청구할 수 없다. 그러나 인명구조자에 대해서는 응분의 대가를 하는 것이 바람직하기 때문에 이를 간접적으로 보상하고 있다.

⑤ 구조비와 손해방지비용의 비교

구조비와 손해방지비용은 모두 비용손해이지만 행위의 주체와 결과로서 서로 구분된다. 구조비는 행위의 주체자가 반드시 피보험자, 대리인 등을 제외한 제3자이어야 한다. 손해방지행위의 주체자는 피보험자 또는 그의 대리인이어야 한다. 구조비가 성립되기 위해서는 구조행위가 성공해야 하며 구조자는 구조물의 일부 또는 전부를 취득해야만 해상법상으로 구조비를 청구할 권한이 있다. 구조물이 전혀 있을 수 없는 전손이 발생한 경우에는 구조비가 성립되지 않는다. 손해방지비용은 피보험자의 손해방지행위가 실패하더라도 보상될 수 있다. 손해방지행위가 시도되었는데, 전손이 발생한 경우에는 보험자는 전손보험금과 손해방지비용을 모두 지불해야 한다.

6. 특별비용

(1) 특별비용

보험목적물의 안전 또는 보존을 위하여 피보험자에 의하여 또는 피보험자를 위하여 지출된 비용을 특별비용(Particular Charge)이라 하며, 공동해손비용 및 구조료 이외의 비용을 말한다. 이는 손해방지비용과 거의 비슷한 성격을 띠는데 굳이 손해방지비용과 구분하는 것은 특별비용 중에는 양륙항에서 손해를 사정하기 위해 발생하는 검사비용(Survey Fee)이나 화물판매비용 등과 같이 손해방지비용에 포함될 수 없는 순수한 특별비용도 포함하고 있기 때문이다. MIA(제64조 2항)에서 특별비용은 일반적으로 손해방지약관에 의해서 보험자로부터 보상된다.

(2) 특별비용의 종류

① 구조료(Salvage Charge)

해난에 놓인 재산에 발생할 가능성 있는 손해를 방지하기 위하여 계약에 의하지 아니하고 구조한 자에게 해상법에 의하여 지불하는 보수를 구조료라고 한다. 구조료는 지출된 사정에 따라 구조료 또는 공동해손비용이라는 항목으로 보험보상을 받는다.

② 손해조사비용(Survey Fee)

손해가 발생하였을 경우 손해액사정인(Surveyor)에 의해서 손해의 원인 및 정도를 조사하는 데 소요되는 비용을 손해조사비용이라고 한다. 손해조사비용은 해당 손해가 보험자에 의해 부담될 성질의 손해인 경우에 한하여 보험자가 보상한다.

③ 책임손해

항해단체의 공동위험을 면하기 위하여 다른 하주의 화물이나 선체 및 선용품을 희생케하거나 비용을 지출함으로써 피보험자의 화물이 안전하게 목적지에 도달할 수 있었던 경우 그 공동해손희생이나 비용손해에 대한 분담책임을 피보험자가 지는데 이러한 책임손해를 공동해손분담금이라 한다. 이 분담금은 적하보험자가 보상하는 책임손해이다.

(3) 보험자의 담보손해

적하보험자는 물적손해를 보상할 책임이 있고, 비용손해에 대해서는 구조료, 특별비용, 손해방지비용, 손해조사비용 및 공동해손비용에 대해서만 그리고 책임손해 중 공동해손분담금만 보상책임을 진다.

또 보험자의 보상책임은 보험금액 한도로 제한되기 때문에 물적손해와 비용손해 및 책임손해의 합계액은 보험금액을 초과할 수 없다. 따라서 구조료나 공동해손비용이 발생된 후 화물이 전손되면 그 비용은 피보험자가 부담하여야 한다. 그러나 손해방지비용이 발생된 경우는 보험금액을 초과하여 예외적으로 지급한다.

7. 공동해손

(1) 공동해손의 개념

공동해손(General Average)이란 항해단체(선박, 화물 및 운임 중 둘 이상)가 공동위험을 면하기 위해 행한 처분으로 발생한 손해와 비용을 말한다. 즉 공동위험을 피하거나 경감하기 위하여 선체나 장비 및 화물의 일부를 희생(General average sacrifice: 공동해손희생손해)시키거나 혹은 필요한 경비(General average expenditure: 공동해손비용손해)를 지출하였을 때 이러한 손해와 경비를 항해단체를 구성하는 이해관계자들이 공동으로 분담(공동해손분담금)하여야 하는데, 이와 같은 손해를 공동해손이라고 한다.

(2) 공동해손의 성립요건

① 공동해손의 이례성

공동해손행위로 발생하는 선체, 장비, 화물 등의 희생손실이나 비용손실은 이례적이어야 한다.

② 공동해손행위의 임의성

공동해손행위는 어떠한 목적을 가지고 자발적으로 이루어져야 하며, 특정한 결과를 예상하고 고의적으로 취한 행동은 공동해손행위로 인정된다. 우연히 일어나는 행위는 공동해손행위로 인정하지 않는다.

③ 합리성

공동해손행위와 그에 따라 발생하는 손해와 비용은 모두 합리적이어야 한다.

④ 위험의 현실성

앞으로 위험이 발생할 것이라는 막연한 우려가 아니라 현재 절박하게 닥친 위험이나 이미 발생한 위험이 있어야 한다.

⑤ 위험의 공동성

현실적인 위험은 해상사업에 관련되는 모든 단체에 위협적이어야 한다. 선박과 화물 중에서 어느 한 당사자에게 발생한 위험은 공동해손으로 인정되지 않고 단독해손으로 처리된다. 따라서 선박이 화물을 적재하지 않고 항해하는 경우에는 항해단체가 구성되지 않기 때문에 여기서 발생하는 손해는 공동해손으로 인정하지 않는다.

(3) 공동해손의 적격범위

① 공동해손희생손해

공동해손희생손해(general average sacrifice)는 선체, 장비, 화물 등의 전부 또는 일부를 희생시킴으로써 발생한 손실을 뜻한다. 공동의 안전을 위하여 희생된 보험목적물 자체의 손실을 공동해손희생손해라 한다.

적하의 투하(Jettison of Cargo)

투하는 선박을 가볍게 하기 위하여 선박의 부속물, 화물 등을 바다에 버리는 것으로 대표적인 공동해손행위에 속한다. 공동해손으로 인정되기 위해서는 투하된 화물은 반드시 상관습에 따라서 운송 중이어야 한다.

투하로 인한 손상(Damage by jettison and sacrifice for the common safety)

공동의 안전을 위해 희생된 선박, 화물 등의 손상과 투하하기 위해서 잠시 열었던 해치(hatch)나 기타의 열린 문으로 들어온 바닷물에 의해 선박, 화물 등이 입는 손해도 공동해손으로 인정된다.

선박의 소화작업(Extinguishing fire on shipboard)

선박의 화재를 진압하기 위해서 사용한 물 또는 다른 것에 의하여 선박, 화물이 입은 손해, 불타는 선박을 해안에 끌어올리거나 이에 구멍을 뚫음으로써 생기는 손해 등은 공동해손으로 보상된다.

기계 및 기관손해(Damage to machinery and boilers)

공동의 안전을 위하여 억지로 선박을 더 높이 끌어 올리다가 돛에 입히는 손해와 해안에 얹혀 위험한 상태에 있는 선박을 다시 뜨게 하려는 과정에서 선박의 기계 및 기관에 입히는 손해는 공동해손으로 인정한다.

임의 좌초(Voluntary stranding)

선박의 화재를 진압하기 위해서 선박이 고의로 얕은 해안에 올라앉게 된 경우 또는 선박이 그 당시 사정으로 불가피하게 해안이나 암초에 얹히게 된 경우처럼 고의적인 좌초에 의해서 선박, 화물, 운임 등이 입은 손해는 공동해손으로 인정한다.

하역작업 중 발생하는 손해(Damage to cargo in discharging)

피난항에서 화물, 연료, 저장품 등을 하역, 저장 또는 재선적하는 과정에서 생기는 손해는 이들 행위에 대한 비용이 공동해손비용손해로 인정되는 경우에 한하여 공동해손으로 인정한다.

운임의 희생손해(Loss of freight)

공동해손행위로 인하여 운임이 상실되는 경우에는 운임의 희생손해가 성립된다.

② 공동해손비용손해

구조비(Salvage remuneration)

선박, 화물 등에 대한 공동의 위험으로부터 이들을 구조하기 위해 지출한 비용은 공동해손으로 인정한다.

피난항 비용(Expenses at port of refuge, etc)

공동의 안전을 위하여 불가피하게 피난항에 입항하거나 또는 피난항에서 수리할 수 없어 다른 장소로 이동하는 데 따른 제반비용도 공동해손으로 인정된다. 실무적으로 피난항에서 소요되는 비용은 피난항까지의 운항비용, 피난항 입항비용, 화물양하비용 또는 선박수리비용, 화물보관비용, 화물재선적비용, 원항로로 복귀하는 비용 등이다

임시수리비(Temporary repairs)

공동의 안전을 위하여 희생된 선박의 손상 부분을 선적항, 기항지 또는 피난항 등에서 수리할 경우 소요되는 임시수리비도 공동해손으로 인정된다.

자금조달비용

공동해손행위에 따라 발생하는 비용에 대해서는 일정한 수수료, 이자 등이 인정된다. 또한 공동해손비용에 대해서는 2%의 수수료가 별도로 공동해손으로 인정된다. 그러나 선원의 급료 및 부양비 그리고 항해 도중에 보급한 것이 아닌 연료, 저장품 등에 대해서는 수수료가 인정되지 않는다. 공동해손행위로 인하여 발생한 공동해손희생 및 공동해손비용에 대해서는 공동해손정산서의 작성일까지 연 7%의 이자가 공동해손비용으로 인정된다.

8. 충돌손해배상책임

(1) 충돌손해배상책임의 개념

① 손해배상책임

손해배상책임(liability loss)은 자신의 과실, 과오, 부주의 등으로 인하여 제3자가 입은 손해에 대해서 법적으로 배상해 줄 책임을 말한다. 해상보험에는 선박의 충돌에 따른 배상책임과 공동해손이 발생할 경우 각 당사자들이 분담하는 배상책임이 있다.

해상보험에서도 선박의 충돌로 인한 손해배상책임을 담보하고 있다. MIA(제3조 2항)은 선박, 화물 등을 소유함으로써 이의 소유자가 제3자에 대해서 배상책임을 부담하게 될 경우에 대비한 해상보험계약이 체결될 수 있음을 규정하고 있다. 충돌손해배상책임은 선박보험에서 추가로 보상하기 때문에 선주가 선박의 충돌손해배상책임을 담보하기 위하여 별도의 책임보험계약을 체결하지 않는다.

② 선박충돌의 유형

무과실충돌(Neither to blame collision)

무과실충돌은 선박의 충돌이 불가항력으로 발생하거나 충돌의 원인이 명백하지 않는 경우를 말한다. 무과실충돌의 경우에는 어느 누구의 과실이 없기 때문에 피해 선주는 충돌로 인한 손해배상을 청구하지 못한다.

일방과실충돌(One to blame collision)

어느 일방의 과실로 인하여 충돌이 일어날 경우를 일방과실충돌이라 한다. 대체로 정박 중인 선박과 충돌하면 일방과실이 성립하고 가해 선주는 피해 선주에 대해서 손해배상책임을 져야 한다. 그러나 피해 선주는 충돌이 일방적인 과실이라는 점과 충돌과 손해 사이에 상당한 인과관계가 있다는 점을 입증할 책임이 있다.

쌍방과실충돌(Both to blame collision)

쌍방의 과실로 선박이 충돌하는 경우를 말한다. 손해를 동률로 부담하는 동률과실과, 과실 비율이 상이할 때 해당 비율만큼 책임지는 차등과실이 있다.

(2) 충돌손해배상에 대한 책임제한

선주는 자신의 채무에 대하여 무한책임을 부담해야 하므로 선박의 충돌사고로 인한 법적 배상책임도 원칙적으로 무한책임이다. 국제무역거래에서 공공의 운송인으로서 그 역할이 크기 때문에 선주의 고의적인 과실이 없는 한 선주의 책임을 법적으로 제한하고 있다.

1957년 성립된 '항해선박소유자의 책임제한에 관한 조약'(International convention relating to th limitation of the liability of owners of seagoing ships)에 따라서 선주의 배상책임을 일정한도로 제한하고 있다.

(3) 충돌손해배상책임약관

현재 선박보험에서는 충돌손해배상책임약관에 근거하여 부보선박이 선원의 과실이나 부주의로 인하여 다른 선박과 충돌함으로써 상대방 선주에게 입힌 선박·화물·운임 등의 손실을 피보험자(선주)를 대신하여 보험자가 보상하고 있다.

① 보험자의 보상한도액

ITC-Hulls(제8조) 충돌손해배상책임약관에서는 부보된 선박이 다른 선박과 충돌하여 그 결과 피보험자가 법적으로 배상책임을 지고 손해배상금조로 피해 선주에게 지급한 금액 중 3/4을 보험자가 피보험자에게 보상해 줄 것을 규정하고 있다. 그러나 보험자의 총배상책임은 어떠한 경우에도 매 충돌사고당 부보된 선박의 보험금액 3/4을 초과하지 못한다.

충돌손해배상책임액을 보험자가 전액 보상하지 않고 3/4만 부담하는 이유는 선박의 충돌이 주로 선원의 과실로 많이 발생하기 때문에 그 일부에 대한 책임을 선주에게 부담시킴으로써 충돌을 다소나마 예방하기 위해서이다.

부보된 선박이 충돌하여 침몰하면 선박보험자는 선박의 침몰에 따른 전손보험금을 지급할 뿐만 아니라 충돌하면서 다른 선박에 입힌 손해배상액까지 추가로 보상해야 한다.

② 충돌선박의 범위

항행성(navigability)과 운송용(use)의 두 가지 요건만 갖추면 이 관점에서 의미하는 충돌선박의 범주에 포함된다. 그러나 비행정(flying boat), 어망, 난파선 등은 충돌약관에서 의미하는 다른 선박의 범위에 포함되지 않는다.

(3) 충돌약관의 보상범위

• 보상의 범위

㉠ 상대방 선박 또는 상대방 선박에 적재된 재산의 손실

㉡ 상대방 선박의 수리비

㉢ 상대방 선박 또는 상대방 선박에 적재된 재산의 지연 또는 불가동에서 발생한 재정적인 손해

㉣ 상대방 선박에 적재된 재산에 대한 손해의 보상비용

㉤ 상대방 선박 또는 상대방 선박에 적재된 재산이 입은 공동해손, 임의구조 또는 계약구조

㉥ 보험자로부터 사전에 서면상의 동의를 얻고 상대방 선박 또는 상대방 선박 내의 재산과 이해관계가 있는 당사자가 제기한 클레임을 방어하는 데 지출된 소송비용

• 면책손해의 범위

㉠ 장애물, 난파선, 화물 또는 그 밖의 물건을 제거, 처분할 경우

㉡ 상대방 선박 또는 상대방 선박에 적재되어 있는 재물 이외의 부동산, 동산 또는 그 밖의 일체의 물체와 관련되는 경우

㉢ 부보된 선박에 적재된 화물 또는 그 밖의 재물 및 부보 선박의 계약상의 채무

㉣ 사망, 신체상해 또는 질병

㉤ 부동산, 동산 또는 그 밖의 일체의 물체에 대한 오염 또는 오탁

(4) 충돌손해배상금의 산정

① 단일책임주의(single liability)

선박의 충돌로 양쪽이 모두 손해를 입었을 경우 손해를 덜 입은 선주가 상대방 선주에게 단

독으로 손해를 배상하는 방식을 말한다. 따라서 각 선주는 자신들의 책임액이 결정되면 서로 지급할 금액을 공제하고 남은 차액만 지급한다.

② 교차책임주의(cross liability)

상호 손실률만큼 상대방 선주에게 각각 배상하는 방식이다.

제9절

해상적하보험실무

1. 해상적하보험체결 개관

(1) 적하보험계약의 체결

보험계약을 체결하기 위해서는 보험계약자가 청약을 하고 보험자가 이를 승낙하여야 한다. 보험계약자는 소정의 청약서에 필요한 사항을 기입한 후 날인하여 보험자에게 제출한다.

수입화물을 부보할 경우에는 수출업자로부터 선적완료통지를 받은 후에야 모든 사항이 확정되므로 신용장을 근거로 하여 수량, 금액은 정할 수 있으나 선박명은 미상인 채로 우선 개별예정보험계약을 체결한다. 이는 개개의 선적마다 체결되는 보험계약인데 계약체결 이후라도 미상인 사항이 확정되면 반드시 확정통지를 하여 보험자의 배서를 받아야 한다.

장기간에 걸쳐 수출입을 하는 종합상사는 예정보험을 청약해야 하는 사정이 계속해서 생기므로 매 건마다 개별적으로 보험계약을 체결하지 않고 미리 이들 모두를 포함하는 포괄예정보험계약을 체결할 수 있다. 이때 발행되는 보험증권을 포괄보험증권(open cover)이라 하며, 이 보험증권의 원본에 의해서 개별화물이 부보되었음을 증명하는 약식 보험서류를 보험증명서(insurance certificate)라 한다.

(2) 보험청약서 기입방법

① Assured(피보험자)

증권의 명의인(피보험자)의 정식 영문명을 기입하며 증권의 명의인이 보험계약자와 다를 경우에는 하기 'Applicant'란에 계약자명을 기입한다. 또한 CIF수출계약의 경우에는 L/C 등으

Insurance Policy

Policy No. 96HG22035	Assured(s), etc. THE DAE HAN TRADING CO., LTD.
Claims, if any, payable at : THE SHINSONG FIRE & INSURANCE CO., LTD. LOS ANGELES BRANCH 527 EAST 3RD ST. L.A. CA. 90023 U.S.A. IN U.S. DOLLAR	Ref. No. L/C NO. 99/80000 INV. NO. KH-96-015
Survey should be approved by : THE SHINSONG FIRE & INSURANCE CO., LTD. LOS ANGELES BRANCH 527 EAST 3RD ST. L.A. CA. 90023 U.S.A.	Amount insured US$1,045,000.00 (US$950,000.00 x 110%)
Local Vessel or Conveyance / From(interior port or place of loading) Ship or Vessel called the ARIRANG V. 961 / Sailing on or about JULY 25, 1996 at and from PUSAN, KOREA / transhipped at arrived at LOS ANGELES, U.S.A.	Conditions Subject to the following Clauses as per back here of Institute Cargo Clauses (ICC [A]) Special Replacement Clauses (applying to machinery) On-Deck Clause.
Subject-matter insured 1,000 SETS OF COLOR TELEVISIONS DCT-1526 500SETS OF REFRIGERATORS DRF-F600 Marks and Numbers as per Invoice No. specified above.	
Place and Date signed in. SEOUL, KOREA JULY 23, 1996	No. of Policies issued. DUPLICATE For SHINSONG & INSURANCE CO.,LTD. Hak Chin-su AUTHORIZED SIGNATORY

ORIGINAL
DUPLICATE UNPAID

로 증권의 명의인을 특별히 지정해 오는 경우가 아닌 한 수출업자(보험계약자)를 피보험자로 하여 증권을 발행한 후 은행에 Nego할 때 배서로써 매수인 또는 이해당사자에게 양도하게 된다.

② Applicant(보험계약자)

③ Claims, if any, payable at(보험금지급지)

보험금의 지불을 희망하는 장소(통상은 도착지)를 기입하며 일반적으로 보험자가 지정한다.

④ From(interior port or place of loading)(내륙출발지)

내륙지에서부터 부보할 경우에는 내륙의 출발지를 기입한다.

⑤ At and from(출발항)

화물적재 외항선의 선적항을 기입하며, 항공기 또는 우편으로 수송할 경우에는 항공기의 선적지 또는 우편발송지를 기입한다.

⑥ Transhipped at(환적항)

운송중 환적이 있을 경우에는 환적항(지)을 기입한다.

⑦ Arrived at(도착항)

⑧ Thence to(최종도착지)

양하항 도착 후 다시 내륙지까지 수송할 경우의 최종도착지를 기입한다.

⑨ Amount Insured(보험금액)

화물의 보험금액은 상업송장가액(CIF가액)에 희망이익을 가산한 금액이지만, L/C 등에 특별한 지정이 없으면 가액의 110%로 하는 것이 관행이다. 수입세를 부보하는 경우에는 그 세율을 Duty란에 기입한다.

⑩ Reference No.(참고번호)

수출인 경우에는 L/C No, Invoice No를, 수입인 경우에는 I/L No 등을 기입한다.

⑪ Endorsement Bank(질권은행)

질권은행이 있는 경우 기입한다.

⑫ Vessel/Aircraft(선박/항공기명)

화물적재 본선명을 기입한다. 항공기의 경우는 “Aircraft”, 우편으로 수송할 경우에는 “Sea Parcel Post”, “Air Parcel Post” 등으로 기입한다.

⑬ Sailing on or about(출항일)

화물적재선의 출항월일을 기입하며, 항공기 또는 우편에 의한 수송의 경우에는 항공기의 출발일 또는 우편발송일을 기입한다.

⑭ Conditions(보험조건)

희망하는 기본조건란에 표시한다. 또한 T.P.N.D, Shortage 등의 부가조건(Additional Conditions)을 부보할 필요가 있을 때에는 해당란에 추가 기입한다.

⑮ Subject-matter insured(보험목적물)

부보대상 화물의 품명, 수량, 화물상태 등을 기입하며 포장화물은 외장포장의 개수만이 아니라 내용상품의 개수도 병기한다. 해상보험은 화물이 운반선의 화물창에 적재되어 운송되는 것을 전제로 인수하기 때문에 만일 갑판적이 되는 경우에는 반드시 "on deck"을 표시한다. 또 컨테이너 적재의 경우에는 "in containers"로 표시한다.

⑯ Documents required(보험증권의 필요매수)

필요매수를 L/C 등에서 특별히 지정하고 있는 경우에는 그 매수를 기입한다.

⑰ Under Date(증권발행일)

증권의 발행일을 특히 지정할 필요가 있는 경우만 그 날짜를 기입한다.

⑱ Signed Date(청약일)

청약일의 연월일을 기입한다.

⑲ Signature of Applicant(청약자의 서명)

청약책임자가 서명 또는 날인한다.

(3) 보험요율

① 표시방법

보험금액에 대하여 백분율(%)로 표시한다.

② 요율의 결정요인

기본보험요율은 보험요율서에 의하여 화물의 종류, 운송구간 및 보험조건에 따라 산출된다.

화물의 종류는 섬유류와 수모, 모피와 피혁류, 곡물류와 사료 및 유채류, 임농산물, 펄프와 지류, 비료, 유류, 유지류, 화공품 및 의약품, 식료품 및 기호품, 어획물, 생물, 광산물, 석탄류, 금속류, 기계 및 기기류, 유리 및 요업제품, 화폐와 귀금속 및 보석류, 잡화 등으로 대분류를 하고 있고 또 그 대분류에서 다시 중분류 및 소분류로 나누어져 있다.

운송구간은 외항보세, 국내연안, 일본, 중국지역, 동남아, 중동아, 호주지역, 구라파, 북미(동), 북미(서), 남미(동) 및 남미(서)로 분류하고 있는데 이 분류는 기본적으로 항구에서 항구까지의 요율이므로 내륙의 출발지에서 내륙의 목적지까지 화물에 발생하는 위험을 보험보상하고자 한다면 우리나라의 경우는 보험조건에 따른 내륙운송위험연장(ITE)담보보험료를 납부하여야 한다.

상기 기본보험요율 이외에 부가위험에 대한 부가위험요율, 기본요율에서는 항구에서 항구까지의 요율이므로 내륙운송의 위험(ITE)을 보상받고자 한다든지 또는 하역 후 수출의 경우는 60일 이상, 수입의 경우는 30일 이상이 경과 후에도 보험보상을 받고자 하는 경우(ISE)를 위한 확장담보조건요율, 그리고 선박의 상태(선형, 선령, 톤수, 국적)에 따른 할증요율, 보험금액을 CIF가액의 130% 이상으로 하는 경우 보험가입금액 할증요율 그리고 환적위험에 대한 할증요율 등이 있다.

③ 보험료의 산출

해상적하보험의 보험료는 보험금액에 보험요율(Premium Rate)을 곱해서 산출한다.

(4) 보험금 청구

피보험화물이 보험사고로 인하여 손해를 입었을 경우에는 보험증권에 계약된 내용대로 보험자에게 보험금을 청구한다. 보험금 청구자는 항상 보험증권의 정당한 소지자가 되며, 대개 매수인 즉 수입업자가 된다.

보험증권의 정당한 소지인으로서 담보화물에 손해가 발생하였다는 사실을 알게 되면 서면 또는 구두로 보험회사나 그의 대리점에 통지하며 보험자가 지정하는 손해액사정인(surveyor)으로 하여금 손해조사를 하도록 하고 추후에 손해에 따라 서류를 구비하여 정식의 보험금 청구절차를 밟아야 한다. 이때 이들 서류는 수입일 경우에는 본사 또는 지점에, 수출일 경우에는 증권상에 명시되어 있는 해외대리점(Settling Agent)에 제출하도록 되어 있다. 통지해야 할 주요내용을 요약하면 다음과 같다.

- 보험조건의 내용(증권번호, 화물의 명세, 선명, 보험가입금액, 보험조건 등)
- 손상화물의 상태(수량 및 외관에서 본 손상 상태)
- 화물의 보관장소 및 그 후의 예정(보험회사는 이 통지에 의해 어느 시점에서 입회조사를 실시할 것인지 또 전문사정기관의 입회조사가 필요한지 아닌지 등을 결정한다)

(5) 보험금 청구서류

① 공동해손의 경우

하주가 자기화물이 공동해손에 관련되었음을 알게 되는 것은 운송인(선박회사 또는 그 대리점)이 공고한 공동해손선언(Declaration of GA) 또는 하주 앞으로 개별송달되는 공동해손통지서(Notice of GA)에 의해서이다. 하주는 위의 통지를 받은 즉시 보험회사에 그 사실을 통지하고 아래의 서류를 구비하여 보험회사에 제출하고 보험회사에서 발급하는 보증서(Guarantee)를 받아 운송인이나 공동해손 사정인에게 제출한다.

- 공동해손구상장(Claim Letter on GA)
- 보험증권(Insurance Policy) 원본 또는 부본(Duplicate)
- 선하증권 사본
- 상업송장 사본
- 공동해손통지서(Notice of General Average) 사본
- 공동해손보증장(General Average Guarantee)
- 기타 서류: 공동해손맹약서(General Average Bond), 화물가액신고서(Valuation Form), 해손보증장(General Average Guarantee) 또는 공동해손공탁금(General Average Deposit)

② 전손 및 단독해손의 경우

화물에 발생한 손해의 형태가 전손이거나 단독해손인 경우에는 다음과 같은 구성서류를 구비하여야 한다.

- 보험금 청구서(Claim Letter)
- 보험증권의 원본(전손시) 또는 사본
- 상업송장
- 선하증권: 사본, 단 전손인 경우는 원본 Full set

- 검정보고서(Survey Report) 및 기타 사고입증서류(Cargo Boat Note, Tally Sheet, Warehouse convention 등)
- 선박회사에 대한 Claim청구서 및 이에 대한 회신
- 제비용을 증명하는 서류
- 해난보고서(Marine Protest)
- 화물매각계산서(Account Sales)
- 위부서(Letter of Abandonment)
- 대위권양도서(Receipt and Letter of Subrogation)

상기 서류 중 보험금 청구서, 상업송장 및 선하증권은 반드시 제출할 서류이고, 기타 서류는 해당되는 경우에 제출하면 된다. 또 보험증권을 분실한 경우에는 각서로 대신할 수 있다. 대체로 화물의 전손은 선박의 화재, 침몰, 좌초 등 대사고에 기인하거나 또는 화물의 행방불명, 불착 또는 하역작업 중의 전량 추락으로 인하여 발생한다. 화물전손이 명백하면 검정보고서는 필요치 않으며 이에 대하여 사실을 증명하는 서류만 구비하면 된다. 추정전손인 경우에는 위부통지서를 보험회사에 제출하여야 한다.

(6) 적하보험의 클레임

부보화물에 손해가 발생하면 피보험자는 이러한 사실을 아는 즉시 보험자에게 통지할 의무가 있다. 손해통지방법으로는 구두 혹은 서면 어느 것이라도 무방하나 통지사항을 정확히 통지하여야 한다. 손해가 경미하고 보편적인 경우이면 보험자가 직접 손해를 사정하지만 손해액이 크거나 사건이 복잡한 경우엔 공평한 제3의 전문검정기관에 입회조사를 의뢰하여 사정한다.

보험금 청구시 피보험자는 통상의 서류를 구비하여 제출하여야 하며 보험자는 구비서류를 받아 보험금 청구가 타당하다고 인정되면 보험금 영수증과 대위권 양도서를 교환하여 보험금을 지불한다. 통지해야 할 내용은 대략 다음과 같다.

① 보험계약내용

보험증권번호, 화물의 명세, 선박명, 보험금액, 보험조건 등

② 화물의 손상상태

예를 들어 "전부 열 상자 중 세 상자가 해수손해를 입고 그중 두 상자는 특히 상태가 심하

다” 등으로 기재한다.

③ 화물의 보관장소 및 그 후의 예정

예를 들어 “현재 부산항에 있으나 즉시 양하하여 ××창고에 반입하고 손해 정도에 따라 상중하로 분류할 예정임”으로 기재한다.

중요약관에 따르면 보험금을 청구할 때 피보험자가 통상 구비하여야 할 서류는 보험증권의 원본이나 부본, 선하증권, 상업송장, 포장명세서, 검정보고서 등이다. 그러나 보험사고의 유형에 따라 이들 서류 외에 다른 서류가 필요하다.

대위권양도서(Letter of subrogation)란 피보험자가 선박회사 등 제3자에 대한 자신의 손해배상청구권이나 기타 이것에 관한 일체의 권리를 보험자에게 양도한다는 취지와 보험자가 대위권을 행사하는 데 모든 협조를 제공한다는 취지의 서류이다.

제10절
무역보험제도

1. 수출보험제도

(1) 성격

수출보험제도란 수출거래에 수반되는 여러 가지 위험 가운데에서 해상보험과 같은 통상의 보험으로는 구제하기 곤란한 위험, 즉 수입자의 계약파기, 파산, 대금지급지연 또는 거절 등의 신용위험(Dommerdial Risk)과 수입국에서의 전쟁, 내란 또는 환거래 제한 등의 비상위험(Political Risk)으로 인하여 수출자, 생산자 또는 수출자금을 대출해 준 금융기관이 입게 되는 불의의 손실을 보상함으로써 궁극적으로 수출진행을 도모하기 귀한 비영리 정책보험이다.

세계적으로 OECD 가입국 및 주요 개도국 대부분의 국가에서 수출보험제도 운영하고 있으며, 현재 총 64개국 77개 기관이 존재하고 있다. 수출보험제도는 자국 수출기업의 대외거래 위험 회피수단의 제공을 통한 수출촉진, 고용창출 등 국민경제발전에의 기여를 목적으로 하며, 다음과 같은 세 가지 성격을 가지고 있다.

① 상품 성격상 민간제공 곤란

수입국의 외환위기, 전쟁 등 담보에 따른 수출보험상품의 위험성격상 민간에서 취급이 곤란하므로 유럽 등 국가도 OECD 국가에 대한 수출거래에 한하여 민간에서 취급하고 있다.

② WTO 체제에서 유일하게 인정되는 수출지원수단

미래 국가경쟁력을 좌우할 수 있는 성장동력의 글로벌 마켓 개척을 전략적으로 지원할 수 있다.

③ 사업의 수지 Cycle이 초창기로서 재정으로 운영 불가피

연도별 수지보다는 장기적 수지 관점에서 사업을 운영함에 따라, 지속적인 사업운영을 위해서는 매년 적정수준의 이윤창출이 요구되는 민간기업은 운영이 곤란하다.

(2) 기능

① 안전한 수출환경 조성

수출보험은 수출거래에 따른 수출자의 위험부담을 해소하여 준다는 측면에서 수출거래의 환경 및 조건을 국내상거래의 경우와 동일한 정도로 유리하게 조성하는 데 1차적인 기능을 가지고 있다. 즉 수입국에서 발생하는 비상위험 또는 신용위험 등으로 인하여 수출불능이 되거나 수출상품의 대금회수가 어렵게 되어 수출자나 생산자 등이 입게 되는 손실을 보상함으로써 안심하고 수출활동을 할 수 있노톡 하는 기능을 갖는다.

② 신용공여기능

수출보험은 수출대금 미회수위험을 담보하므로 금융기관으로 하여금 수출금융을 공여하게 하는 금융보완적 기능을 가진다. 즉 수출금융에서는 수출대금의 회수가능성 여부가 대출심사의 중요한 기준이 되는바, 수출보험에 의하여 이를 해결할 수 있으므로 금융기관은 수출자에게 담보요건 등에서 보다 유리한 조건으로 과감하게 수출자금을 공급할 수 있다. 또한 수출계약상대방의 대금지급지체 등과 같은 보험사고가 발생하여 수출대금의 회수 전망이 불투명하거나 회수에 장기간이 소요되는 경우에도 수출자가 입는 손실을 보상함으로써 기업자금의 유동성을 제고시켜 줄 수 있는 신용공여기능도 수행한다.

③ 수출진흥정책수단으로서의 기능

수출보험은 수출무역, 기타대외거래의 촉진 및 진흥을 위하여 정부의 지원하에 운영됨에 따라 보험요율 등을 정함에 있어 장기적 차원에서의 수지균형을 목표로 하여 가능한 한 저율로 책정하는 한편 보상비율 등에서는 최대한 수출자에게 유리한 형태의 보상제도를 채택하는 등 수출경쟁력을 강화시키고, 결과적으로 수출을 촉진시키는 역할을 하는 수출진흥정책수단으로서의 기능을 갖는다. 수출보험의 이러한 기능은, 각국간 수출지원 경쟁이 심화되고 있는 가운데 수출금융 및 세제상의 우대조치 등의 직접 수출지원수단에 대한 국제적 규제가 강화되고 있어 국제적으로 용인되고 있는 간접지원수단인 수출보험의 역할이 더욱 중요해지고 있다. 또한, 수출보험은 보험인수조건, 즉 담보하는 위험의 범위, 담보율, 보험요율 등을 수출여건에 따라 적절히 조정함으로써 수출자의 활동을 촉진시키거나 제한할 수도 있으므로, 수출무역 및 대외거래에 대한 인허가 등의 직접적 통제방식을 간접적 통제방식으로 전환시키는 기능도 갖게 된다.

(3) 수출보험의 생성과 변화

1962년 시작된 제1차 경제개발5개년계획에서 수출증대를 경제정책의 최우선 목표로 설정한 이래 정부는 각종 수출진흥정책을 추진하여 놀라운 경제성장과 함께 수출규모의 증대와 또한 수출시장의 다변화를 이룰 수 있었으나, 이에 수반하여 수출대금의 미회수 위험증가라는 문제에 직면하게 되었다.

무역보험법 및 한국무역보험공사 연혁

'68. 12. 31	• 수출보험법 제정 및 공포
'69 ~ '76	• 대한재보험공사에서 수출보험 업무대행
'77 ~ '92	• 한국수출입은행에서 수출보험 업무대행
'92. 7. 7	• 수출보험전담기관 「한국수출보험공사」 설립
'94. 8. 3	• 단기수출보험, 수출신용보증 도입
'95. 12. 31	• 수출보험지원실적 10조원 돌파
'99. 12. 31	• IMF 위기극복 총력지원 – 지원실적 28조원
'06. 6. 22	• Trade Finance誌 선정 Best Asian ECA 수상
'08. 12. 22	• 경제위기 극복을 위한 비상경영계획 수립
'08. 12. 31	• 수출보험 지원실적 130조원 달성(100조원 돌파)
'09. 6월	• 수출보험법 17차 개정안 마련 및 추진
'09. 11. 10	• 수출보험법 17차 개정안 국무회의 의결
'09. 12. 31	• 수출보험 지원실적 165조원 달성
'10. 3. 18	• 무역보험법 국회 본회의 의결
'10. 4. 5	• 무역보험법 공포
'10. 7. 6	• 무역보험법 시행
'10. 7. 7	• 「한국무역보험공사」 출범

특히 수출구조가 소액의 경공업 중심에서 거액이고 또한 대금회수에 장기간이 소요되는 중화학공업 중심으로 변화되면서 이러한 양상은 더욱 두드러졌다. 이처럼 수출거래 및 기타 대외거래에서 필연적으로 수반되는 제 위험 중 해상보험 및 기타 통상의 보험으로는 구제하기 곤란한 수출불능, 수출대금회수불능 등의 위험으로부터 수출자를 보호하고, 이들 수출자에게 수출금융을 지원한 금융기관이 입는 손실을 보상하기 위한 제도적 장치가 필요하게 되었다.

이에 따라 1969년 2월 18일 수출보험의 운영주체는 정부이면서 운영업무만 대한재보험공사가 대행하는 체제로 수출보험업무가 개시되었다. 19680년 12월 31일 수출보험법이 제정, 공포된 후 25년 이상이 흐른 현재까지 총 8차례의 법개정을 겪었고 또한 대한재보험공사와 한국수출입은행의 정부 대행체제를 거쳐 1992년 7월 7일 K-sure가 설립되어 무역보험사업의 독립전담기관 체제가 확립되어 오늘에 이르고 있다.

(4) 수출보험종목

구분		내용
단기성 보험	단기수출보험	수출대금의 결제기간이 2년 이내인 수출계약을 체결한 후 수출이 불가능하게 되거나 수출대금을 받을 수 없는 경우의 손실을 보상
	농수산물수출 보험	농수산물수출계약 후 수출이 불가능하게 되거나, 수출대금을 받지 못할 경우 또는 국내가격 변동으로 수출이행시 입게 되는 손실을 보상
	문화수출보험	수출이 계획된 문화상품(영화, 드라마, 게임, 공연 등)의 제작과 관련한 투자 또는 융자에 대한 손실이나 수출(또는 매출)실적 부진에 따른 손실 보상
	해외마케팅보험	기업이 해외시장 개척 활동을 위하여 필요한 비용을 지출하였으나 이에 상응하는 수출증가 등의 효과를 얻지 못함으로써 입게 되는 손실을 보상
	부품·소재 신뢰성보험	국산 부품·소재를 사용하는 기업에게 제품의 신뢰성과 관련된 재산적 피해를 담보
중장기성 보험	중장기수출보험	결제기간이 2년을 초과하는 수출계약을 체결한 후 수출이 불가능하게 되거나 수출대금을 받을 수 없는 경우에 입게 되는 손실을 보상
	수출보증보험	금융기관이 해외공사계약 또는 수출계약과 관련하여 수입자에게 보증서(Bond)를 발급 후, 보증채무를 이행시에 발생하는 손실을 보상
	해외공사보험	해외건설공사 등의 기성고방식 또는 연불수출방식 수출에서 수출대금의 미회수 또는 투입장비의 권리상실 등으로 입게 되는 손실을 보상
	해외투자보험	주식취득 등 해외투자 후 원리금, 배당금 등을 회수할 수 없게 될 경우 이를 보상
	해외사업금융 보험	국내외 금융기관이 수출증진, 외화획득 효과가 있을 것으로 예상되는 해외사업에 자금을 대출하고 회수하지 못하는 경우의 손실을 보상
	서비스 종합보험	국내 서비스사업자가 서비스를 의뢰한 해외수입자에게 서비스를 제공하고 수입국 또는 수입자 책임으로 서비스대금을 받지 못하는 경우의 손실을 보상
	이자율변동보험	금융기관의 조달금리(변동금리)와 수출자금 제공금리(고정금리)간 차이로 인해 발생하는 손실을 보상 (이익은 환수)

구분		내용
환변동 보험등	환변동보험	수출업체에 일정환율을 보장해 준 후 수출대금 입금 또는 결제시점 환율과 비교하여 환차손 발생시 보상하고 환차익 발생시 환수
	원자재가격 변동보험	수출기업이 원자재가격변동위험으로 입게 되는 손실을 보상하고 이익을 환수
기타 보험	탄소종합보험	교토의정서에서 정하고 있는 탄소배출권 획득사업을 위한 투자, 금융, 보증 과정에서 발생할 수 있는 손실을 종합적으로 담보하는 보험
	녹색산업 종합보험	지원가능한 특약항목을 '녹색산업종합보험' 형태로 제정하고, 녹색산업에 해당되는 경우 기존이용 보험약관에 수출기업이 선택한 특약을 추가하여 우대하는 제도
	해외자원개발 펀드보험	해외자원개발사업에 투자하여 발생할 수 있는 손실을 보상하는 보험(수출보험기금과 별도로 투자위험보증계정 운영)
수출신용 보증	선적전보증 선적후보증	수출입자가 수출입계약과 관련하여 금융기관 등으로부터 대출을 받거나 환어음 매각에 따른 금융기관 앞 수출금융채무를 공사가 연대보증

2. 수입보험

국내수입기업이 선급금 지급조건 수입거래에서 비상위험 또는 신용위험으로 인해 선급금을 회수할 수 없게 된 경우에 발생하는 손실을 보상하는 제도이다.

(1) 기본거래구조

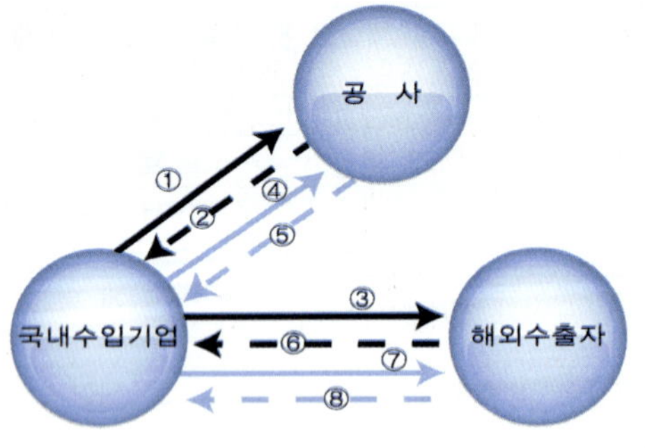

① 해외수출자 신용조사 및 보험청약
② 보험증권 발급
③ 선급금 지급
④ 지급통지 및 보험료 납부
⑤ 보험관계 성립 통지
⑥ 수출미이행
⑦ 선급금 환급요청
⑧ 선급금 지급(미지급시 보험금 지급)

(2) 대상거래

아래 물품을 선급금지급 후 2년 이내에 선적하여야 하는 수입거래를 대상거래로 하고 있다.

주요자원	철, 동, 아연, 석탄, 원유 등
시설재	• 관세법 제95조 제1항 제1호의 오염물질 배출방지·처리 물품 및 제2호 폐기물 처리 물품 • 관세법 제95조 제1항 제4호의 공장자동화 물품 • 관세법 제90조 제1항 제5호의 산업기술연구·개발용 물품
첨단제품	산업발전법 제5조의 "첨단제품"(기술은 제외)
외화획득용원료	대외무역관리규정의 "외화획득용 원료"

(3) 운영형태

① 한도책정방식

수입기업이 거래하고자 하는 수입계약상대방별로 보상한도(보험사고 발생시 공사가 지급하는 보험금액의 최대누적액)가 기재된 보험증권을 발급받는 방식(선급금 지급시 지급내역을 공사에 통지함으로써 보험관계 성립)이다. 이 방식의 이용절차는 다음과 같다.

㉠ 국내수입자/수입계약상대방 신용조사 의뢰(국내수입기업 → 공사)

국내수입기업은 수입보험(수입자용)에 가입하기 위하여 먼저 자사와 수입계약상대방에 대한 신용조사를 의뢰하여야 하며 이때 국내수입자 신용조사 의뢰시 제출서류로는 최근 3년간 재무제표, 사업자등록증 사본을 제출하여야 한다.

㉡ 보상한도 신청(국내수입기업 → 공사)

국내수입기업은 수입계약상대방에 대한 신용조사가 완료되고, 보험가입이 가능한 경우 보험청약(보상한도)을 한다.

㉢ 보상한도 책정 및 보험증권 발급(공사 → 국내수입기업)

공사는 수입보험청약서 및 신용조사 결과 등을 종합적으로 심사하여 보상한도를 책정하여 보험계약자에게 보험증권을 발급하여 준다.

㉣ 선급금 지급내역 통지(국내수입기업 → 공사)

국내수입기업은 선급금을 지급하고 선급금지급일부터 10영업일 이내에 공사가 정한 양식에 따라 선급금 지급내역을 공사로 통지하여야 한다.

㉤ 보험료 납부 및 보험관계 성립(국내수입기업 → 공사)

국내수입기업은 해당 보험료를 다음달 25일까지 공사로 납부하면 보험관계가 성립된다.

② Pooling방식

수입기업이 선택하는 책임금액(U$20만부터 U$5만단위로 U$50만까지 선택시 공사가 지급하는 보험금액)범위내에서 수개의 수입계약상대방에 대하여 하나의 보험증권을 발급받는 방식을 의미한다. 아울러 그 이용절차는 다음과 같다.

㉠ 국내수입자 신용조사 의뢰(국내수입기업→공사)

국내수입기업은 수입보험(수입자용)에 가입하기 위하여 먼저 자사에 대한신용조사를 의뢰하여야 한다. 이때 국내수입자 신용조사 의뢰시 최근 3년간 재무제표, 사업자등록증 사본을 제출하여야 한다.

㉡ 청약서 및 수입계약상대방 리스트 제출(국내수입기업→공사)

국내수입기업이 보험이용가능업체(공사신용등급 F급 이상)인 경우 책임금액(사고발생시 공사가 보험금을 지급하는 최대한도)을 선택(U$20만~U$50만 범위내에서 U$5만단위로 선택)하여 작성한 보험청약서와 거래하고자 하는 수입계약 상대방 리스트를 공사에 제출하여야 한다.

㉢ 보험료 납부 및 보험증권 발급(공사→국내수입기업)

공사는 청약서를 심사한 후 국내수입기업으로부터 보험료를 납부받고 보험증권을 발급하여준다.

주요계약사항

보험계약자	공사신용등급이 F급 이상인 국내기업
수입계약상대방	공사신용등급이 E급 이상인 외국기업
보험가액	선급금 지급액
부보율	중소기업 100%, 대기업 95%
선급금비율	수입계약 금액의 30% 이내로 제한 (30%를 초과하는 경우에는 선급금비율 범위내에서 보상)
보험지급금액	(손실액-면책대상 손실)×95/100(다만, 중소기업은 100%)-다른 보험계약 등에서 지급받았거나 지급받게 될 것이 확실한 금액
보험증권유효기간	1년에 1회 이상 이용시 기간 자동 연장

제9장 운송 및 물품선적

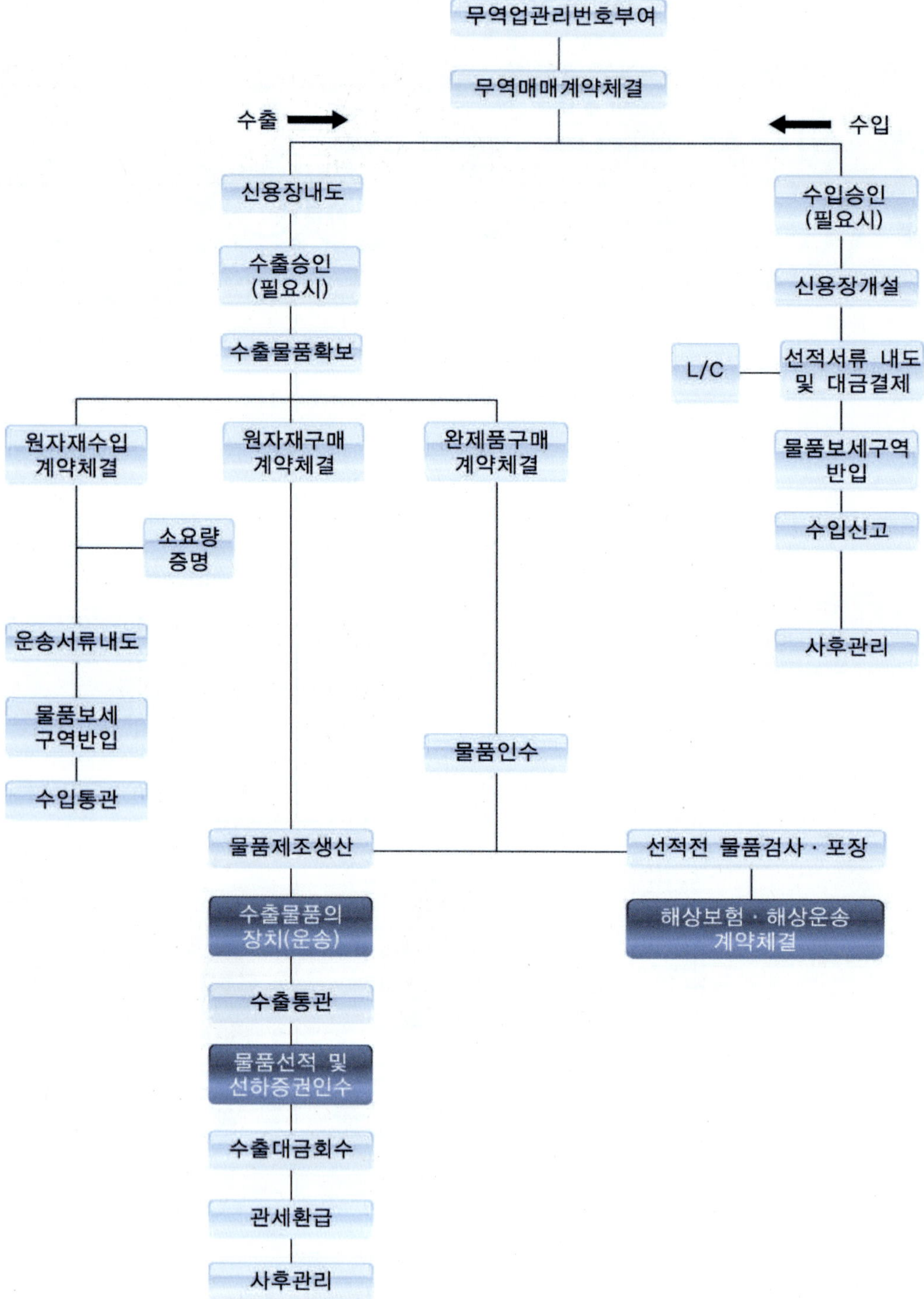
무역업관리번호부여
무역매매계약체결
수출
수입
신용장내도
수출승인 (필요시)
수출물품확보
원자재수입 계약체결
원자재구매 계약체결
완제품구매 계약체결
소요량 증명
운송서류내도
물품보세 구역반입
수입통관
물품인수
물품제조생산
선적전 물품검사 · 포장
수출물품의 장치(운송)
해상보험 · 해상운송 계약체결
수출통관
물품선적 및 선하증권인수
수출대금회수
관세환급
사후관리
수입승인 (필요시)
신용장개설
L/C
선적서류 내도 및 대금결제
물품보세구역 반입
수입신고
사후관리

제1절
운송의 개요

1. 해상운송의 개요

(1) 해상운송의 의의

해상운송(shipping by sea, ocean transportation)이란 선박을 운송수단으로 하여 해상에서 이루어지는 운송을 뜻한다. 무역운송으로서 해상화물운송은 그중에서 상선에 의하여 이루어지는 국제간의 물건의 운송을 뜻한다. 통상 화물을 운송할 선박을 수배하는 자는 해당 선박회사에 운임을 지급하는 하주가 된다.

(2) 해상운송에 관한 사전지식

① 매매조건과 선적의무

통상 화물을 운송할 선박을 수배하는 자는 해당 선박회사에 운임을 지급하는 화주이다. 상품의 매매조건이 수출업자(seller) 입장에서 CIF(또는 CFR)조건일 때는 수출업자가, 수입업자(buyer)의 입장에서 FOB조건일 때는 수입업자가 운송선박을 수배하여야 한다. 물론 수출업자와 수입업자의 거래관계, 상황에 따라 상대의 요청에 의해 선박수배를 주선해 주는 경우도 있다.

② 선적선박

상품의 수량・종류에 따라 운송선박이 다르다. 즉 일반완제품, 기계류 등과 같이 포장된 개품(個品)은 일반잡화선(general cargo carrier) 또는 컨테이너 전용선(full container ship)

에 선적하며, 쌀, 옥수수, 밀 등의 곡물이나 광석, 석탄 등의 이른바 살화물(撒貨物, bulk cargo)은 곡물·광석류 운반 전용선에 선적한다.

③ 서비스 항로

우리나라를 중심으로 현재 형성되어 있는 항로(또는 노선)는 한·일항로, 동남아항로, 북미항로, 호주항로, 중동항로, 구주항로 등이 있으며, 이들 항로를 운항하는 선박에는 일정한 주기를 유지하며 계속적으로 취항하는 정기선(liner)과 화물에 따라 그때그때 원하는 곳까지 화물을 운송하는 부정기선(tramper)이 있다.

④ 운임부과기준

운임은 통상 해당물의 중량과 용적을 비교하여 많이 산출되는 양의 톤을 운임의 기준으로 삼는다(이를 revenue ton이라고 함). 주요 정기항로에 취항하고 있는 선박회사, 특히 운임동맹에 가맹한 선사들은 운임율(tariff)이 있어서, 운임의 적용기준과 화물별 운임율은 관련 선박회사에 문의하면 정확히 알 수 있다. 운임은 통상 기본요금과 제할증료 및 취급수수료(THC), 제공과금으로 구성되므로 하주가 지불하는 총운임은 제부과요금을 합산하여 산출해야 한다.

⑤ 선박회사와의 접촉

정기선이 취항하지 않는 지역으로 화물을 보내고자 할 때에는 일반잡화의 경우보다 충분한 사전기간을 두고 선박회사와 접촉을 시작해야 한다. 정기선의 경우는 지역에 따라 다르나 선적일자(L/C상의 shipment date) 기준 약 2주 전에만 접촉하여도 무방하지만, 부정기선으로 선적운송해야 할 경우는 가급적 1~2개월 전부터 선박을 물색하기 시작하여야 한다. 물론 어느 경우나 하주 입장에서는 충분한 시간을 갖고 임하면 그만큼 유리하게 선박을 물색할 수 있으므로, 상황이 허락하는 한 선박회사의 접촉은 조기에 시작하여야 한다.

⑥ 운송계약의 형태

일반잡화를 운송하는 정기선의 경우는 별도로 운송계약서를 작성하지 않고 선박회사에서 정형화된 양식인 선하증권(Bill of Lading: B/L)을 발급함으로써 운송계약에 갈음하고 있다.

부정기선 화물, 즉 곡물·광석·석탄 등을 운송할 때에는 용선계약서(charter party) 가 작성되며, 이에 의거 선하증권이 별도로 발급된다. 용선계약서는 정기선의 경우와 달리 일방적으로 인쇄된 양식을 사용하는 것이 아니고 당사자간에 충분한 합의를 거쳐 작성된다. 특히 유의할 것은 화물수량의 표시, 선적일시, 하역일시, 체선관계 등 상당히 전문적인 지식이나 경험을 필요로 하는데, 초심자는 직접 계약에 임하는 것이 바람직하지 못하므로 관련 해운회사의 조언을 받거나 용선중개인(chartering broker) 또는 변호사의 협조를 받는 것이 좋다.

2. 운송형태의 기초

(1) 무역화물의 운송형태

국제간 거래에 있어서 무역화물운송은 일반적으로 항공기나 선박을 주로 이용한 해상운송과 항공운송으로 이루어지지만, 최근에는 복합운송방식으로 활발히 옮겨가고 있다.

① 해상화물운송

해상운송은 화물운송선에 의하여 바다를 통하여 화물을 운송하는 방식으로, 주로 대량화물이나 운송이 급박하지 않은 화물 또는 저렴한 운임으로 운송하고자 하는 경우에 주로 이용된다. 한편 해상화물운송선은 여러 가지의 선형이 있으나, 전자제품이나 공장기계 등과 같은 일반화물(general cargo)을 운송하는 화물선 및 자동차나 원유 등을 운송하는 전용선 그리고 기타의 특수화물을 운송하는 특수선박으로 나뉜다.

일반화물의 대부분은 컨테이너화(containerization)되어 컨테이너로 운송되며, 운송경로와 운임이 미리 정해져 있는 정기선(liner)과 운송수요에 따라 운행되는 부정기선(tramper)이 있다.

② 항공화물운송

항공운송은 항공기에 의하여 공로를 통하여 화물을 운송하는 방식으로, 주로 긴급물품이나 소량화물, 고부가가치제품인 전자제품, 신선도를 유지할 필요가 있는 활어, 어패류, 꽃 등의 운송에 이용된다. 항공운송에도 해상화물운송처럼 정기항공화물운송 및 부정기항공화물운송의 방식이 있는데 통상 정기항공운송이 이용되고 있다. 정기항공운송은 운송경로(route)가 미리 정해져 있어 이용하기 쉽다.

항공기에 의한 화물운송의 가장 큰 장점은 운송시간 단축이며, 그 밖에도 해상운송이나 육상운송에 비하여 진동이 적어 포장을 간단하게 할 수 있어 포장비용이 싸다는 장점이 있다. 한편, 항공화물의 인수는 항공화물운송대리점(cargo agent), 혼재업자(항공운송주선업: consolidator)가 주로 하며, 항공화물운송대리점은 항공회사의 운임율과 운송약관을 사용하며, 혼재업자는 자체의 운임률과 운송약관을 사용한다.

③ 복합운송

복합운송은 독립된 복합운송인이 단일의 운송계약에 복합운송서류를 발행해서 운송의 전과정과 하주에 대하여 책임을 지고, 동시에 각 운송구간에 대해 하청운송인 내지 실제운송인에게 각각의 운송수단에 의한 운송의 수행을 위탁하여 이루어지는 운송방식이다.

따라서 유효한 복합운송이 되려면 ❶ 복합운송계약, 국제간의 운송 및 운송수단의 이종·복수, ❷ 복합운송인에 의한 전운송구간 일관책임(single liability)의 인수, ❸ 일관운임(single-factor rates on through routes)의 제시, ❹ 복합운송서류의 발행이라는 기본요건을 포함하여야 한다. 따라서 한 가지 운송수단에 의한 운송계약의 이행이나 복수의 운송수단, 일관운송책임이 결여된 운송은 복합운송이 될 수 없는 것이 당연하다. 복합운송은 규격화된 컨테이너를 사용함으로써 해상운송에 있어서 문전에서 문전(door to door)까지의 운송을 가능하게 하는 컨테이너운송의 등장으로 급속하게 발전하고 있는 새로운 형태의 운송방식이다.

(2) 무역화물의 운송인

운송인은 무역상품의 국제간 이동을 책임지는 자로, 운송수단에 따라 해상운송의 경우는 해상운송인(ocean carrier), 항공운송의 경우는 항공운송인(air carrier), 육상운송의 경우는 육상운송인(overland carrier), 복합운송의 경우는 복합운송인(multimodal transport operator) 등으로 분류될 수 있다.

제2절

해상운송계약의 형태

1. 해상화물운송의 의의

해상운송(shipping, carriage by sea, ocean transportation)은 해양을 통로로 하고 선박을 수단으로 하여 사람 및 물건을 운송하는 것을 말한다. 해상운송은 항공운송·육상운송과 비교하여 신속성, 편리성, 안전성, 정확성 등의 측면에서는 뒤떨어지지만 대량, 장거리, 저렴성의 장점을 가지고 있다. 따라서 삼면이 바다이고 자원을 해외에 의존하고 있는 우리나라의 경우에는 화물운송의 대부분이 해상운송을 이용하고 있다.

2. 해상운송의 형태

해상운송은 선박의 운항형태에 따라 정기선박운송과 부정기선박운송으로 대별된다.

(1) 정기선박운송

선박회사가 동일항로에 정기선(liner), 즉 정기적으로 선박을 운항할 경우를 정기선박운송이라 한다. 특징은 ❶ 사전에 작성·공표된 운항일정(sailing schedule)에 의해서 특정한 항로만을 왕복운항하며, ❷ 불특정다수 하주의 소량화물, 여객, 우편물 등의 수송을 주요 대상으로 하고, ❸ 고정항로(route), 운임(tariff) 등에 의하여 평등한 서비스를 제공하는 것이다.

(2) 부정기선박운송

정기선의 경우 화물이 선박을 찾아오는 데 반해서, 부정기선(tramper)의 경우 선박이 화물을 찾아간다고 할 수 있다. 특징은 ❶ 고정된 운항일정과 항로가 없으므로 항로의 자유선택이 가능하며, ❷ 대량의 화물(bulk cargo) 등의 수송을 주요 대상으로 하고, ❸ 그 당시의 수요와 공급에 의한 안전경쟁으로 운임을 결정한다는 것이다.

정기선과 부정기선의 운송 비교

구분	정기선 운송	부정기선 운송
선박	정기선(주로 컨테이너선) 고가, 구조 복잡	부정기선(주로 전용선, 겸용선), 저가, 구조 단순
조직	대형 조직	소형 조직
운항형태	규칙성, 반복성 (고정된 항로, 정해진 운항일정에 따라 반복적·규칙적 운항)	불규칙성 (지역별·시기별 불규칙적 운항, 항로 및 운항일정이 정해져 있지 않음)
운임	공정 또는 표정운임 (Tariff: 사전에 작성·공표된 운임)	변동운임(수요와 공급에 의한 완전경쟁으로 운임을 결정)
화물	불특정 다수화주의 소량화물, 공산품 등의 일반화물, 포장화물, 컨테이너화물 등	단일화주의 대량의 산화물(원유, 석탄, 광석, 곡물, 비료, 시멘트, 원목, 철강 등)
화물가치	고가	저가
운송계약	개품운송계약(선하증권)	용선운송계약(용선계약서)
여객취급	제한적으로 취급(Car-Ferry)	전혀 취급하지 않음

3. 해상화물의 운송계약

(1) 개품운송계약

일반적으로 정기선로에 취항하는 정기선(liner)에 의한 운송의 대부분은 개개의 화물을 운송하는 계약하에 여러 하주로부터 화물을 모아 혼합적재하여 운송하는 방식을 취하고 있다. 이것이 개품운송계약(contract of affreightment in a general ship)이다. 개품운송계약에서 운송계약은 불요식계약이므로 별도의 계약서 작성은 필요 없다. 따라서 개품운송계약은 송화인(shipper) 또는 그 대리인이 운송인인 선박회사 또는 대리점 등에 운송을 신청(shipping request)하여 운송인이 이를 승낙(booking)함으로써 운송계약이 체결된다.

운송계약은 무역계약상의 가격조건에 따라 선복(ship's space)을 확보하여야 할 책임이 수출상에 있는지 또는 수입상에 있는지가 결정된다. 가령 FAS 또는 FOB의 경우에는 원칙적으로 수입업자가 선복을 확보할 책임이 있으며, 반면에 CFR이나 CIF에 의한 경우에는 원칙적으로 수출업자가 선복을 확보할 책임이 있다.

(2) 용선운송계약

용선운송계약(contract of sea carriage by charter party)이란 타인소유의 선박에 대하여 일정한 조건을 정하여 차용할 때의 계약을 말한다. 다시 말하면 선주가 제공한 선박의 전부 또는 일부의 선복에 의하여 화물을 운송할 것을 약정하고, 이에 대하여 보수를 지급할 것을 약속하는 해상운송방법을 말한다.

용선계약에 이용되는 화물은 주로 특수한 화물로, 곡물, 석탄, 원목, 광석 등 1회의 적하가 대량일 때 부정기선을 사용하는 것이 일반적이다.

용선운송계약은 일부용선계약과 전부용선계약으로 구별되고, 전부용선계약은 다시 항해용선계약과 기간용선계약으로 구분되며, 특수한 형태의 나용선이 있다.

① 일부용선계약(partial charter)

일부용선계약이란 용선운송계약시 선복의 전부를 빌리는 것이 아니고 일부만 차용하는 경우 체결되는 계약을 말한다.

② 전부용선계약(whole charter)

전부용선계약이란 용선계약시 선복의 전부를 빌리는 경우에 체결되는 계약을 말한다.

항해용선계약(voyage charter, trip charter)

항해용선계약이란 일정한 항구에서 항구까지 화물의 운송을 의뢰하는 하주(용선주)와 선박회사간의 용선계약을 말하는데, '항로용선계약'이라고도 한다. 이를 항해용선계약의 경우 적화의 수량에 따라 운임을 계산하는 방식을 운임용선계약이라고 하며, 적량과는 관계없이 본선의 선복을 대상으로 하여 1회 항해에 대한 운임을 포괄적으로 약정하는 선복운임(Lump Sum Freight)에 의한 방식을 선복용선계약(Lump Sum Charter)이라고 한다.

기간용선계약(voyage charter, trip charter)

기간(혹은 정기)용선계약(time charter)이란 선박을 일정한 기간을 정하여 용선하는 계약으로, 이 경우 선주는 일체의 선박부속용구를 갖추고 선원을 승선시키는 등 선박의 운항상태를 갖추어 선박을 소정의 항구에서 용선자에게 인도하여야 하므로 전부용선이 된다.

나용선계약(bareboat charter)

일반적으로 용선계약을 체결하면 선주가 선박과 함께 선원도 제공하도록 되어 있으며, 항해용선계약인 경우에는 선주가 수선비 및 보험료 등도 부담하도록 되어 있으나, 용선주가 일종의 대차방식에 의하여 선원의 수배는 물론 운행에 관한 일체의 모든 감독 및 관리권한까지 행사하도록 하는 것이 나용선계약이다.

개품운송계약과 용선운송계약의 비교

구분	개품운송계약	용선운송계약
운송형태	불특정다수의 하주로부터 개별적으로 운송요청을 받은 개별화물 형태로 운송함	특정의 단일하주의 특정 화물을 선적하기 위해 선박의 선복을 빌려주는 형태로 운송함
선박	정기선(liner)	부정기선(tramper)
화물	주로 컨테이너화물 및 유니트화물	원유, 철광석, 석탄, 곡물 등 대량 살화물(bulk cargo)
계약서	선하증권(B/L)이 발급됨으로써 최종적으로 확실한 계약서 역할	하주가 직접 여러 가지 조건을 운송인과 협의하여 용선계약서(C/P)를 교환
운임	Tariff Rate(공표된 운임)	Open Rage(수급관계에 따라 변동)
운임조건 (선내 하역비)	Berth Term = Liner Term	FIO, FI, FO

제3절

정기선운송과 부정기선운송

1. 정기선운송

(1) 정기선운송의 의의

정기선(liner, liner boat, regular liner)은 정기항로로 취항하고 있는 선박을 말하며, 정해진 기항항(寄港港) 사이를 정해진 운항일정(schedule)에 따라 항해한다. 정기선은 컨테이너 화물 전용의 컨테이너선과 그렇지 않은 재래선으로 구분되는데, 오늘날 주요한 정기항로에는 컨테이너선이 투입되며, 정기선을 운항하는 해운업자를 정기선해운업자(liner company)라 한다.

정기선운송(liner shipping)은 무역화물을 운송할 때 정기선을 이용하는 것으로, 주로 완제품이나 반제품 등의 일반포장화물(general cargo)을 운송한다.

(2) 정기선운송의 특징

정기선운송은 항해일정을 공시하여 일반화물의 운송을 인수하기 때문에 부정기선운송과 다른 다음과 같은 특징을 가지고 있다.

첫째, 특정의 항로(구간)가 정해져서 정기적으로 발착(發着)하고 일정한 동형선(同型船)이 배선되므로, 화물이 많든 적든 적하품이 있든 없든 반드시 취항한다.

둘째, 운송화물의 대상은 주로 소량의 일반화물이므로 1척 단위가 아니다.

셋째, 정기선의 운임은 미리 운임표(tariff)에 의하여 공시된다.

(3) 정기선화물의 대상

정기선은 운항이 정기적이기 때문에 운송되는 화물은 부정기선의 화물(주로 원료 등)과 달리 제품화된 화물이 주를 이루나, 특수한 화물도 운송의 대상이 된다.

① 일반화물(General Cargo: G/C)

특별한 하역취급이나 적부(積付)를 필요로 하지 않는 화물이다. 일반적으로 정기선운송에 적합하고 적량(適量)으로 포장되어 하역작업이 비교적 쉽고 다른 화물과 함께 적재할 수 있는 화물이 일반화물에 포함된다.

일반화물은 일반적으로 정량화물(fine or clean cargo) 및 조잡화물(rough cargo)로 나뉜다. 전자는 포장이 잘되고 그 내용물도 청결・건조한 것으로서 다른 화물과 혼재 또는 접촉하여도 다른 화물을 손상시킬 우려가 없는 화물을 말하며, 후자는 오염・융해・악취를 발산하여 다른 화물도 오염시킬 우려가 있는 화물로서 더러운 화물(dirty cargo), 먼지 나는 화물(dusty cargo), 냄새 나는 화물(smelled cargo) 등이 이에 속한다.

② 특수화물(Special Cargo)

화물의 성질, 중량, 가격이 이상하고 특수한 화물로서 당연히 그 적부(積付)에도 특수한 조치를 필요로 하는 화물이다. 여기에는 위험화물(dangerous cargo), 부패성 화물(perishable cargo), 냉장, 냉동화물(refrigerating or chilled cargo), 고가화물(valuable cargo), 동물(live stock, plant), 중량화물,(heavy cargo or heavy lift), 살화물(bulk cargo) 및 장착화물 등이 있다.

(4) 정기선항로의 취항선박

① 재래화물선(conventional ship)

컨테이너선과 대비되는 일반화물선(general cargo ship), 즉 컨테이너를 운송할 수 있는 구조를 갖고 있지 않는 선박으로, 주로 일반잡화를 대상으로 설계한 선박이다.

② 컨테이너선(container ship)

컨테이너화물의 운송에 적합하도록 설계된 구조를 갖춘 대형의 고속화물선을 말하며, 현재 세계 주요 정기항로에는 거의 컨테이너선에 의한 수송서비스가 제공되고 있다. 컨테이너선에는 선박 전체가 컨테이너의 적부에 적합한 구조를 갖고 있는 컨테이너전용선(full container ship)과 선박의 일부만이 그러한 구조로 되어 있는 세미컨테이너선(semi-container ship)이 있다.

③ 세미컨테이너선(semi-container ship)

일반화물과 컨테이너를 동시에 실을 수 있는 선박을 말한다. 정기항로에 세미컨테이너선이 취항하고 있는 것은 정기항로의 모든 기항지에 컨테이너선을 위한 하역시설, 컨테이너 터미널 등 육상시설이 완비되어 있지 않기 때문이다.

④ 다목적선(multi-purpose ship)

잡화나 철물화물 등 여러 종류의 화물을 적재할 수 있도록 설계된 선박을 말하는데, 일반화물선(general cargo ship)과 벌크선(bulk carrier)의 기능을 함께 구비한 선형(船型)이다. 다목적선은 정기선뿐만 아니라 부정기선으로도 사용하도록 설계되어 있다.

⑤ RO/RO선(Roll on/Roll on off Vessel: RORO Vessel)

하역방식에 의한 컨테이너선 종류의 하나로, 본선의 선미나 수미를 통하여 트랙터나 포크리프트(forklift) 등에 의해 컨테이너의 적하 및 양하가 이루어지도록 건조된 선박이다. RO/RO선은 육상이나 본선상에 하역설비가 없어도 트레일러(trailer), 포크리프트(forklift) 등을 사용하여 하역이 가능하다.

⑥ LO/LO선(Lift on/Lift off Vessel: LO/LO Vessel)

하역방식에 의한 컨테이너선 종류 중의 하나로, 컨테이너를 크레인 등을 사용하여 하역하고 화물창구를 통하여 상하로 올리고 내리게 하는 방식의 선박이다.

(5) 정기선의 운임

① 정기선운임의 구성

정기선운임은 기본적으로 기본운임(basic rate)과 화물의 형상, 항만사정, 화물의 특수성, 항해여건상의 사유 등에 따라 부과되는 할증료(surcharge) 및 기타 추가요금(additional charge) 등으로 구성되는 것이 보통이다. 그러나 모든 정기선의 운임이 기본운임과 할증료로만 구성되는 것이 아니라 경우에 따라서는 정해진 기본운임 대신 여러 가지 형태의 특별운임을 적용한다.

할증료는 항로별로 기본운임의 몇 %로 정하거나 컨테이너당 또는 톤당 일정액을 정하여 공시하는 형식을 취하고 있으며, 화물의 기본운임은 원래 화물 나름의 특성, 운송코스트, 운임부담력, 화물의 종류, 재질 등에 따라 품목별로 차등 부과된다.

할증료로는 일반화물보다 무거울 때 부과하는 중량할증운임(heavy life surcharge), 부피가 크거나 길이가 길 때는 용적 및 장척할증료(bulky/lengthy surcharge), 도착항의 항만사정이 선박으로 혼잡할 때는 체선할증료(congestion surcharge), 선적시 목적항을 2개로 정했다가 본선 출항 후 1개항을 도착항으로 선택할 때의 양륙항선택료(Optional Charge) 등이 있다. 또한 통화의 환율변동에 따른 환차손을 하주에게 부담시키는 통화할증료(CAF), 유류가격의 인상으로 발생하는 손실을 보전하기 위한 유류할증료(BAF) 등이 있다.

최근에는 요율체계의 단순화 추세가 가속화되어 화물의 품목에 관계없이 '1컨테이너당 얼마'라는 식으로 책정되는 품목별 무차별운임(freight all kinds)이 보편화되고 있다.

② 정기선운임의 계산방법

운임은 화물의 모양, 성질 등에 따라 산정되며, 그 기준은 일단 운송인에게 유리한 쪽으로 적용된다는 점이 가장 큰 특징이다. 예를 들어 부정기선운임은 중량을 기준으로 하는 것이 운송인에게 유리하기 때문에 대부분 중량기준이 적용되고, 정기선운임은 운송인에게 중량기준이 유리하면 중량을 적용하고 부피(용적)가 유리하면 용적을 적용한다.

화물의 중량기준

용적(부피)은 작지만 중량이 큰 화물, 예컨대 철강제품이나 화학제품 등은 중량을 기준으로 하여 운임이 책정된다. 중량기준 화물이라도 1 Long Ton = 2,240lbs(1,016kg), 1 Short Ton = 2,000lbs(907kg), Metric Ton = 2,204lbs(1,000kg) 등 세 가지 기준 중에서 어느 것을 적용하느냐는 선적지역이나 화물종류에 따라 다르지만 실무상 메트릭톤(Metric Ton)이 보편화되어 있다.

화물의 부피기준(measurement basis)

부피(용적)가 큰 화물은 당연히 부피가 운임산정의 기준이 된다. 부피의 단위로는 피트[Feet(cft)]가 있는데 큐빅미터[Cubic Meter(CBM)]가 보편화되어 있다. CBM은 컨테이너화물운송업무에서 기초가 되는 단위이므로 그 개념을 정확히 이해해 둘 필요가 있다.

화물의 포장명세서(Packing List: P/L), 선적요청서(Shipping Request: S/R) 등에 W/M 이라고 표기되어 있는 것을 보게 되는데, 이것은 'Weight/Measurement'를 뜻하며, 중량과 용적의 두 가지 중 어느 쪽이든 높은(큰) 쪽이 운임산정의 기준이 된다. 이때 운임산정의 기준이 된 톤을 운임톤(Freight Ton or Revenue Ton: R/T)이라고 한다.

종가단위(ad valorem)

종가란 '가격에 따른다(according to the price)'는 뜻이다. 보석이나 예술품, 희귀품 등에 대해서는 보통 상품가격의 2~5%의 일정비율을 할증 · 추가하여 운임으로 결정하는 경우가 있는데 이를 종가운임이라고 하며, 정기선운임에서만 통용되는 계산기준이다. 종가단위가 적용되는 종가화물은 운송에 특별한 주의를 기울여야 하며, 운송사고가 발생하였을 때 운송의 배상책임도 일반화물에 비해 훨씬 무겁다.

박스 레이트(box rate)

산업의 발달로 화물의 종류가 다양해져서 운송은 화물의 종류에 따라 각각의 운임을 설정한다는 게 불가능해졌다. 특히, 컨테이너운송의 발전으로 운임체계를 단순화하는 것은 필연적인 과제가 되었다. 그 결과 컨테이너 내부에 넣는 화물의 양(부피)에 상관없이 무조건 컨테이너 하나당 얼마라고 하는 식의 운임을 책정하여 실무에서 사용하고 있다.

BOX Rate에는 상품의 종류에 상관없이 적용하는 품목별 무차별운임, 상품을 크게 몇 가지의 등급으로 분류하여 적용하는 Class별 Box Rate, 상품을 몇 가지 품목으로 분류하여 적용하는 품목별 박스 레이트(Commodity Box Rate) 등이 있다.

(6) 해상운임의 종류

① 지급시기에 따른 분류

선불운임(freight prepaid)

CIF 또는 CFR(C&F)조건에 의한 수출의 경우 수출업자가 선적지에서 운임을 지불하는 것을 말한다.

후불운임(freight to collect)

FOB조건의 경우 수입업자가 화물의 도착지에서 운임을 지불하는 것을 말한다.

② 부과방법에 따른 분류

종가운임(ad valorem freight)

귀금속 등 고가품운송에 있어 화물의 가격을 기초로 하여 일정률을 운임으로 징수하는 경우의 운임이다.

최저운임(minimum all kinds rate)

운임은 일정단위(CBM 또는 Ton)를 기초로 부과되는데 화물의 용적과 중량이 일정기준 이하(예, 1CBM)일 경우의 운임을 말한다.

무차별운임(freight all kinds rate)

품목여하를 가리지 않고 일률적으로 부과하는 운임으로 'FAK Rate'라고 한다.

③ 운송완성도에 의한 분류

여기에는 운송의 완성여부에 불구하고 전액을 지급하는 전액운임, 완성도에 따라 지급되는 비교운임, 하주가 계약한 수량보다 실제로는 적게 적재한 양, 즉 선적부족분에 대해서도 지급되는 부적(不適)운임(dead freight) 등이 있다.

선내하역비 부담조건

조건	적재(In)	운임	양륙(Out)	적부	정리	비고
Berth terms(Liner terms) 정기선조건	선주부담	운임	선주부담			(적재 및 양륙비용이 운임에 포함되어 있음)
FO(Free Out) 양륙 선주무책	선주부담	운임	용선자부담			(적재비용이 운임에 포함되어 있음)
FI(Free In) 적재 선주무책	용선자부담	운임	선주부담			(양륙비용이 운임에 포함되어 있음)
FIO(Free In & Out) 적재양륙 선주무책	용선자부담	운임	용선자부담			(적재 및 양륙비용이 운임에 포함되지 않음)
FIOS(Free In, Out & Stowage) 적재양륙적부 선주무책	용선자부담	운임	용선자부담	용선자부담		(적재, 양륙 및 적부비용이 운임에 포함되지 않음)
FIOST(Free In, Out, Stowage & Trimming) 적재양륙적부정리 선주무책	용선자부담	운임	용선자부담	용선자부담	용선자부담	(적재, 양륙, 적부 및 정리비용이 운임에 포함되지 않음)

출처: 전순환, 무역실무(2판), 한올출판사, 2012

하역비부담에 의한 분류

화물의 적양(積揚)하역 비용을 누가 부담하느냐에 따라 ❶ Berth Terms(B/T), ❷ Free In and Out(FIO), ❸ Free In(FI), ❹ Free Out(FO), ❺ FIOS(Free In, Out & Stowage), ❻ FIOST(Free In, Out, Stowage & Trimming) 등이 있다.

Berth Terms(B/T)

하주가 화물을 선측까지 운송하여 선주에게 인도하면, 선주가 화물을 태클(tackle)에 걸어서 선적하면서부터 하역비와 화물손상비를 부담한다. 이 조건은 하주의 하역비부담이 적다. 통상 정기선은 Berth Terms조건으로 운임이 책정되므로 'Liner Terms'라고도 한다.

Free In(FI)

본선 내로의 적재하역비와 그 사이의 손해비용은 선주가 부담하지 않는다.

Free Out(FO)

본선에서 화물을 양하할 때 하역비와 그 사이의 화물손상비용은 선주가 부담하지 않는다.

Free In & Free Out(FIO)

적양하역비(積揚荷役費)는 모두 선주가 부담하지 않는다.

⑤ 특수운임

특별운임(special rate)

해운동맹이 비동맹과 화물유치경쟁을 할 때 일정한 화물에 대해 일정조건을 갖춘 경우 정상요율을 인하하여 특별요율로 화물을 인수하는 수단으로 사용되는 운임이다.

경쟁운임(open rate)

정기선요율에 있어서 자동차, 시멘트, 비료, 광산물과 같은 선적단위가 큰 대량화물에 있어서는 해운동맹이 비동맹보다 경쟁력이 약하다. 이러한 경우 해운동맹은 대량화물에 대해서는 요율을 별도로 정하지 않고 동맹가입선사(member)가 임의로 적용하여 경쟁력을 높이고 있는데, 이들 품목을 'open rate cargo'라고 하며, 이때 적용되는 운임을 경쟁운임이라 한다.

접속운임(OCP Rate)

북미 내륙의 육상운송의 종착역에 해당하는 OCP지역으로 운송하는 경우 해상운송업자가 육상・항공운송까지 하주를 대신하여 계약을 체결하는 경우에 하주가 지급하게 되는 총괄운임을 말한다.

최저운임(minimum rate)

최저운임은 용적 또는 중량이 운임산출 톤에 미달되는 화물에 대한 B/L이 발행되는 경우에, 화물의 종류에 관계없이 B/L 한 건을 단위로 하여 특정하게 운임을 설정하는 방법이다.

지역운임(local freight)

태평양운임동맹(TPFC)의 요율에는 태평양 연안 여러 항구까지의 양륙화물에 대한 운임과, 북미 내륙지역을 도착지로 하는 화물에 대해 적용하는 미내륙항접속운임률의 두 가지가 있다. 미국 로키산맥의 동부지역은 'local area'라고 부르며 메인포트(main port)에서 내륙지역까지의 운송료를 'port local freight'라고 한다.

⑥ 미국 신해운법상의 운임

독자운임결정권(Independent Action: I/A)

미국항로에 취항하는 선사들에게 관세(Tariff)에 신고된 운임률이나 기타 조건에 관계없이 독자적인 운임률을 설정할 수 있도록 허용한 것으로, 선사는 효력발생 10일 전까지만 FMC(미연방해사위원회)에 신고하면 IA를 행사할 수 있다.

우대운송계약(Service Contract: S/C)

하주 또는 하주단체가 일정기간에 대하여 일정량의 화물선적을 보증하고 이에 대해 선박회사 또는 해운동맹이 일정한 운임 및 선복 등을 보증하는 제도이다.

기간별 · 물량별운임(Time Volume Rate: TVR)

선박회사 또는 해운동맹이 일정기간 동안 일정하게 정해진 품목을 선적한다는 조건부로 하주에게 할인혜택을 주는 운임을 말한다.

⑦ 할증운임

특정한 항로구간에 있어서 각 취항선이 정기적으로 반복운항하는 항구에는 해운동맹운임표가 작성되어 이것이 통상 기본운임(base rate)의 역할을 하고 있다. 그러나 경우에 따라서는 다음과 같이 기본운임 외에 일종의 할증운임(additional rate)을 설정하는 경우도 있다.

중량할증운임(heavy lift surcharge)

단위당 화물이 3톤 또는 4톤을 초과할 경우의 할증운임과 컨테이너의 중량이 일정 중량을 초과할 경우의 할증운임이다.

용적 및 장척할증료(bulky/lengthy surcharge)

화물의 부피가 너무 크거나 길이가 너무 긴 화물에 대해 부과되는 할증료를 말한다.

체선할증료(port congestion surcharge)

도착항의 항만이 혼잡할 때 받는 할증료이다.

통화할증료(Currency Adjustment Factor: CAF)

통화의 변동에 따른 환차손해를 하주에게 부담시키는 할증료이다.

유류할증료(Bunker Adjustment Factor: BAF)

유류가격의 인상으로 발생하는 손실을 보전하기 위한 할증료이다.

⑧ 부대비용의 종류

Wharfage

부두사용료를 말하며, "무역항의 항만시설 사용 및 사용료에 관한 규정" 국토해양부고시 제2010-1022에 의거 2011년 1월 1일부터 부산항에서는 수입의 경우 4200원/20ft, 8400원/40ft 그리고 수출의 경우 할인율이 적용되어 3360원/20ft, 6720원/ft를 적용하고 있다. 수출장려로 인해 수출화물에는 할인율이 적용되고 있다.

터미널화물처리비(Terminal Handling Charge: THC)

화물이 컨테이너 터미널에 입고된 순간부터 본선의 선측까지, 반대로 본선 선측에서 CY의 게이트를 통과하기까지 화물의 이동에 따르는 비용을 말한다. 종전에는 선사가 해상운임에 포함하여 부과하였으나 1990년에 구주운임동맹(FEFC)이 분리하여 징수하면서 다른 항로에 확산되었다.

CFS charge

컨테이너 하나의 분량이 되지 않는 소량화물(Less than Container Load: LCL)을 운송하는 경우, 선적지 및 도착지의 CFS(Container Freight Station)에서 화물의 혼재(직입) 또는 분류작업을 하게 되는데 이때 발생하는 비용을 말한다.

컨테이너세(container tax)

1992년부터 항만 배후도로를 이용하는 컨테이너차량에 대해 부산시가 20푸터(TEU) 컨테이너당 2만원씩 징수하는 지방세로 일종의 교통유발금이라 할 수 있다.

서류발급비(documentation fee)

선사가 선하증권(B/L)과 화물인도지시서(D/O) 발급시 소요되는 비용을 보전하기 위한 비용을 말한다.

도착화물인도비용(Destination Delivery Charge: DDC)

북미수출의 경우 도착항에서의 하역 및 터미널 작업비용을 해상운임과는 별도로 징수하는 것을 말한다.

Demmurage(체선료)

적하(loading) 또는 양하(discharging)일수가 약정된 정박기간(laydays)을 초과하는 경우 초과일수에 대하여 용선자가 선주에게 지불하는 것으로, 하루(1일) 또는 중량 1톤당 얼마를 지불한다. 즉, 하주가 허용된 시간(free time)을 초과하여 컨테이너를 CY에서 반출해 가지 않을 경우 선박회사에 지불해야 하는 비용이다.

Detention(지체료)

하주가 허용된 시간(free time) 이내에 반출해 간 컨테이너를 지정된 선사의 CY로 반환하지 않을 경우 지불하는 비용을 말한다.

(7) 정기선을 이용한 재래식화물의 수출실무

① 개품운송계약의 신청과 성립

개품운송계약은 선박회사가 여러 화주로부터 화물의 운송을 개별적으로 약정하는 것을 말하며, 많은 화물을 여러 하주로부터 받아 함께 선적하므로 정기선(liner)에 의하는 경우가 많다. 해상운송의 개품운송계약은 해운업을 경영하는 선박회사와 화물의 운송을 의뢰하는 송하인 사이에 맺어지는 것으로서 일정한 형식을 필요로 하지 않는 불요식계약이므로, 구두만으로 계약이 성립되며 계약서는 필요가 없다. 실무적으로는 송하인(shipper) 또는 그 대리인이 선박회사 또는 대리점에 선복신청서(shipping request)를 제출하고 운송인인 선박회사가 이것을 승낙 또는 인수하면 송하인에게 운송계약예약서(freight booking note)를 교부한다.

② 재래선에 의한 수출화물의 선적

선박회사의 화물인수

재래선에 의한 화물의 선적에는 본선까지 화물을 반입하여 직접 적재하는 경우와 선박회사

(선적대리점)의 지정 수하장소에서 화물을 인도하는 경우가 있다. 전자는 본선이 부두에 계류(繫留)되어 직접 본선에 선적할 수 있는 경우와, 본선이 항내에 정박하고 있으므로 일단 부선에 적재한 다음 본선에 적재하는 경우가 있다. 후자는 본선에 적재하기 위하여 인수화물을 정리할 필요상 부두창고에 인도하는 경우와, 본선이 입항할 때까지 대기할 필요상 선박회사 또는 화물취급업자의 창고에 가치(假置)하기 위하여 지정창고에 인도하는 경우가 있다. 해운실무상으로는 어느 경우에도 화물의 본선적부(本船積付: stowing)가 가장 중시되어야 하지만, 화물을 선주에 인도하는 것은 물품점유를 운송인에게 이전하는 것이므로 더 중요한 관심사가 된다.

수출화물의 검량

화물은 현 소재장소에서 출하되어 보세지역의 부두 장치장에 반입된다. 여기에서 검척인(檢尺人: measurer), 검량인(weighter)의 검척・검량을 받는다. 또한 개개의 화물을 용적 및 중량을 계량(計量)하여 용적중량표(measurement & weight list)를 작성한다. 그러나 선적 전의 조치상 우리나라에서는 본선상 또는 선측에서 행한다. 이것은 운임산정의 필요 때문에 선박회사가 가장 중요시하고 검량기관에의 의뢰는 선박회사가 이것을 담당한다.

수출화물의 검수

수출화물을 선적할 때에는 선박회사의 지정장소에서, 화물 개수의 확인 및 개별 화물의 손상유무에 대해 점검한다. 이것을 검수라고 한다. 통관사 또는 운송업자는 수출업자를 대리하고, 한편으로는 공인검량인이 화물의 검척검량을 하는 데 입회한다. 그 후 그 리스트(List)를 교부받고, 선적기간 내에 선박회사의 서명을 받는다.

다른 한편으로는 세관에서 수출면장을 교부받은 다음 다시 화물의 검수에 입회한다. 검수는 먼저 검수인(tally-men)에 의해서 연안에서 부적(艀積)할 때 행하여진다. 그다음 그 검수인과 함께 입회하여 다시 화물의 개수를 검수하고 본선에 인도한다. 이에 대한 본선의 수취증이 본선수취증(Mate's Receipt: M/R)이다.

선적사고 및 사고대비

검수에서 본선의 화물인도 담당자는 선적지지서와 대조하면서 개개의 현물이 외관상 양호한 상태(apparent good order and condition)에 있는가의 여부를 소사한다. 이 검사에서 어떤 고장을 발견하였을 때에는 선박회사는 반드시 사선에 본선수취증의 비고란(remarks)에 사고문언을 기입하여 그 책임을 분명히 해 놓아야 한다. 이 고장 비고를 리마크(remarks)라고 부르는데, 리마크에 의하여 본선은 고장부 본선수취증(foul or dirty mate's receipt)을 발급한다.

본선에의 직적(直積)절차

비교적 대량의 화물을 선적하는 경우에는 송하인 자신이 직접 본선에 반입하여 선적하는 경우도 있다. 이것을 직적(直積) 또는 자가적(自家積)이라고 한다.

현재는 해상화물운송주선업자(freight forwarder)가 본선적재를 대행하는데, 이때 그 화물과 함께 본선에 교부해야 할 서류는 선박회사에서 선장 앞으로 보내는 선적지시서, 선박회사의 화물인수목록(booking note), 선적의 경우의 부송장(艀送狀: boat note) 등이며, 본선 승선 세관원에게 수출면장을 제시한다. 화물은 본선 선측에 매달려 있는 부선(艀船)에서 본선양하기로 본선에 적재되는데 이때 전술한 바와 같은 화물검수(tally)가 행하여진다. 이 검수는 관계서류와 현품을 대조하면서 행하여지며, 정확성을 기하기 위하여 선박회사 측과 하주 측 쌍방의 검수인이 입회한다. 그 결과 인수 측과 인도 측 사이에 수량의 차이가 있을 때에는 본선수취증의 비고란(remarks)에 기재하여 이 사실을 양륙지선박회사에 통지하여야 한다. 이와 같이 화물을 전부 본선에 인도하면 이에 대해 본선은 본선수취증을 교부한다.

본선수취증(mate's receipt)의 입수

화물이 본선에 반입되면 선박운항책임자인 일등항해사(chief mate)가 선장을 대리하여 선박회사에서 발급한 선적지시서와 대조하면서 화물을 수취한 다음 선창 내에 적부시킨다. 이때에 화물을 수취한 증거로서 본선이 발행하는 수취증을 본선수취증(mate's receipt: M/R)이라고 한다.

③ 선하증권(bill of lading)의 작성 및 입수

수출업자는 본선 또는 선박회사 측에 화물을 인도하여 수취증을 입수하고 특정운임을 지급한 후, 선박회사에 선하증권의 발급을 요청하고 이것을 화물인도나 대금결제에 사용한다.

(8) 재래식 화물의 수입실무

① 수입화물의 하수준비

수입화물의 도착

해외수출업자가 계약품을 선적하면 즉시 전신으로 그 사실을 수입자에게 통지하고 동시에 선적통지서(shipping advice)를 우송하여 준다. 이 통지서를 받으면 수입자는 수입화물의 품종, 품목, 수량, 적재선명, 적출일 등을 정확히 알 수 있고, 그 선박 소속의 선박회사나 대리점에 조회하여 본선의 입항일을 확인하여야 한다.

본선이 수입지에 입항하였을 때에는 그 본선이 소속된 선박회사는 수하인 수입상에게 본선 도착의 사실을 통고하고 화물인수를 요청한다. 이것은 선하증권에 화물도착통지처(notify party)가 기재되어 있는 경우에 한하므로 이 통지의 유무를 막론하고 수입상이 자진해서 문의할 필요가 있다. 왜냐하면 선하증권은 대개 지시식으로 발행되어 당연히 수하인명이 기재되어 있지 않기 때문이다.

선하증권의 처리

무역상의 선적화물에는 예외 없이 선하증권이 발행된다. 그러므로 본선으로부터 화물의 인도를 받을 때에는 운송서류와 상환하지 않으면 안 되는데, 대개의 경우 선하증권은 화환어음

CARGO DELIVERY ORDER(D/O)

EASTEN SHIPPING COMPANY, LTD. AGENTS

CARGO DELIVERY ORDER

(COPY) D/O NO. 90/238

To: DOO SUNG CO. LTD PORT OF PUSAN, KOREA DATE: NOV. 22. 1990
AUTHORITY IS HEREBY GRANTED TO RELEASE BELOW-LISTED SHIPMENTS TO CONSIGNEE AND OR HIS DULY AUTHORIZED AGENTS.

S.S "NEDLLOYD COLOMBO" VOY. V-5033 FROM DURBAN, SOUTH AFRICA
(TRANSHIPMENT CARGO: 1ST CARRIER VOY. FORM)

B/L NO.	MARK	NO.PKGS	DESCRIPTION OF CARGO	WEIGHT(#)	CUBIC(FT)
DB 7	MSC C/O, ON ORS.261 C/NO:1-120	120CTNS	120 CTNS OF ASBESTOS	16.41KGS	21,024CBM

SHIPPER: AROMA JUNE ASBESTOS S.(PTY) LTD.
NOTIFY PARTY: KANGNAM TRADING CO., LTD. RECEIVED ABOVE CARGO
BY
DOO SUNG CO.,LTD. SEOUL, KOREA Consignee or duly authorized agents

Note : All charges beyond end of ship's tackle INCLUDING STORAGE for account of cargo. Vessel or Agents assume no responsibility for cecurity, delivery of damage to cargo after delivery to receiving agent

EASTERN	SHIPPING	CO., LTD	AGENTS
SEOUL	PUSAN	INCHEON	YOSU
777-7911	44-0045-8	72-0218	2-4108
777-8681	44-2877	72-0220	
22-233	22-9374		
23-9375			

의 담보로서 수출지 은행에서 수입지 은행으로 송부되므로, 수입상은 이것을 은행에서 수취한 후, 절차를 취하여야 한다.

화물인도지시서의 입수

수하인은 배서필의 선하증권을 선박회사에서 제출하고, 이에 대한 화물인도지시서를 발급받아 이 지시서와 상환으로 화물을 인수한다.

화물인도지지서 발행의 청구를 받은 선박회사는 선하증권을 받은 다음 사전에 본선의 선장으로부터 제출된 적하목록(manifest, cargo manifest)과 화물의 품명, 개수, 중량, 하인(荷印) 및 화물번호 등을 조회하고, 운임의 완납을 확인한 다음 증권과 상환으로 화물인도지시서(delivery order: D/O)를 교부한다. 화물인도지시서란 일반적으로 D/O라 불리며, 선주 또는 이를 대리하는 책임자가 본선 선장 또는 화물 소재지의 현장책임자 앞으로 이 서류에 기재된 화물을 이 서류 지참자에게 인도하는 문서이며, 수하인이 제출한 선하증권과 선장이 제출한 적하목록 및 선하증권의 선장보관용(captain's copy)을 참조하여 작성·발행된다.

② 수입화물의 양륙

우리나라에서는 수입항에 입항한 본선은 부두에 계선(繫船)되거나 혹은 지정의 부표(浮漂)에 계류된 후 늦어도 24시간 내에 그 항구의 항만청에 적하목록이나 기타의 필요서류를 첨부한 입항계(ship entry)를 제출하여, 선적화물의 양륙하역에 착수한다.

2. 부정기선운송

(1) 부정기선(tramper)의 의의

정해진 항로를 정기적(규칙적)으로 운항하는 정기선과는 달리, 부정기선은 일정한 항로나 하주를 한정하지 않고 화물이 있을 때마다 또는 선복의 수요가 있을 때마다 또는 하주가 요구하는 시기와 항로에 따라 화물을 운송하는 것을 말하며, 이러한 방식으로 선박을 운항하는 해운업자를 '부정기선업자'라 한다.

을 변동시키는 경우에는 비교적 단기간에 평준화되는데 세계적인 경우에는 변동이 격심하고 장기간 계속되는 경향이 있다.

운임은 통상 적하량을 기준으로 톤당 얼마로 표시한다. 운임계산의 기초가 되는 것은 톤 이외에도 종류가 많고, 각국의 관습에 따라 독특한 단위를 사용하고 있다.

① 선복운임(lump sum freight)

운송계약에 있어서 운임은 운송품의 개수(個數), 중량 또는 용적을 기준으로 계산되는 경우와, 선복(ship's space) 또는 항해를 단위로 하여 포괄적으로 지급되는 경우가 있다. 후자의 계약은 선복계약이라 하고 이 경우에 지급되는 운임을 선복운임(lump sum freight)이라 한다.

② 비례운임(pro rate freight)

비례운임은 선박이 항해 중 불가항력, 기타 원인이 의하여 항해의 계속이 불가능하게 되어 운송계약의 일부만을 이행하고 화물을 인도한 경우에 특히 그때까지 행한 운송의 비율에 따라 선주가 취득하는 운임으로, 항로상당운임(distance freight)이라고도 부른다.

③ 부적운임(dead freight)

부적운임 또는 공적운임(空寂運賃)은 용선할 때 일정량의 운송화물을 계약하였는데 하주가 그 계약수량을 선적하지 못하였을 때 선적하지 않은 화물량에 대해 지급하는 운임으로 일종의 위약배상금이다.

④ 연속항해운임(consecutive voyage freight)

어느 특정항로를 반복항해하는 경우에 약정한 연속항해의 전부에 대하여 적용하는 운임이다.

제4절

선하증권

1. 선하증권의 개요

(1) 선하증권의 의의

선하증권(Bill of Lading: B/L)은 선주가 선박에 하주로부터 의뢰받은 운송화물을 적재하고 또는 선적을 위하여 그 화물을 수취한 것을 증명하고, 이것을 도착항에서 일정조건하에 수하인이나 그 지시인에게 인도할 것을 약정한 유가증권이다.

B/L은 B/L상에 기재된 화물의 권리를 화체(化體)한 것으로서 선하증권의 이전은 바로 화물에 대한 권리의 이전을 의미하므로, 화물을 처분할 때는 반드시 관련 B/L을 갖고 있어야 한다. 오늘날 국제무역에 있어서 대차결제수단의 국제적 관례는 통상 화환어음(documentary bill)이며, B/L은 동 환어음을 취결하는 데 상업송장 및 해상보험증과 함께 기본이 되는 서류이다.

(2) 선하증권의 기능과 역할

첫째, 선하증권은 선장 또는 선주의 대리인으로서 정당한 권한을 부여받은 자가 서명한 화물수취증(receipt of goods)이다.

둘째, 송하인과 운송인(선주) 사이에서 협정된 운송계약을 나타내는 증거서류이다.

셋째, 선하증권에 기재된 물건을 화체하는 권리증권(document of title)이다. 권리증권의 소지인은 증권에 기재된 물건을 임의로 처분할 수 있다.

(3) 선하증권의 법적 성질

선하증권은 법률상 채권증권, 요식증권, 문언증권, 요인증권, 인도증권, 제시증권, 수려증권, 처분증권, 지시증권 등의 성질을 가지고 있다.

첫째, 채권증권으로 선하증권의 소지인은 선하증권과 상환으로 물건의 인도를 청구할 수 있다.

둘째, 선하증권은 요식증권으로 기재사항이 법으로 정해진 유가증권이다.

셋째, 선하증권은 문언증권으로, 운송인은 선하증권의 선의의 소지인에 대하여 증권의 기재문언에 관하여 책임을 진다.

넷째, 선하증권은 요인증권으로, 운송인 또는 그 대리인이 물건을 선적 또는 선적을 위하여 수취하였다는 요인이 있어야 비로소 발행된다.

다섯째, 선하증권은 인도증권으로, 증권의 정당한 소지인에게 물건을 인도하며 그 인도는 증권기재의 물건 자체를 인도한 것과 동일한 효력을 갖게 한다.

여섯째, 선하증권은 제시증권으로, 수하인은 어떤 다른 방법으로 자기가 운송품의 정당한 인취권자라는 것을 증명하여도 선하증권을 제시하지 않으면 화물을 수취할 수가 없다.

일곱째, 선하증권은 수려증권으로, 증권과 바꾸지 않으면 채무자가 증권상의 채무를 갚지 않아도 되는 유가증권이다.

여덟째, 선하증권은 처분증권으로, 증권에 표시된 물건에 관한 처분(양도 등)을 할 때는 그 증권으로 해야 한다.

아홉째, 선하증권은 지시증권으로, 증권에 지정된 자 또는 지정된 자가 다시 증권에 지정하는 자를 증권이 나타내는 권리의 정당한 행사 주체로 하는 유가증권이다.

(4) 선하증권의 종류

① 선적선하증권과 수취선하증권(shipped or on board B/L vs received for B/L)

선하증권은 원래 본선에 화물이 선적된 후에 발행되는데, 증권면에 "Shipped" 혹은 "Shipped on Board"와 같이 실질적으로 화물의 선적완료를 표시한 것이 선적선하증권이며, 지정선박이 아직 부두에 정박하지 않았거나 입항조차 하지 않았을 경우에는 우선 화물은 선박회사의 부두창고에 입고되어 "Received for shipment" 형식으로 발행되는 것이 수취선하증권이다.

② 무사고선하증권과 사고부선하증권(clean B/L vs foul or dirty B/L)

본선에 계약화물을 선적할 때 화물의 상태가 양호하고 수량이 맞아 비고(remarks)란에 아무것도 기재되지 않고, 증권면에 "shipped on board in apparent good order and condition"이라고 표시된 선하증권을 무사고 또는 완전선적증권이라고 한다.

한편 선박회사가 인수할 당시 포장상태가 불완전하거나 수량이 부족하면 이 사실을 증권의 비고란에 "5 bags torn" 등과 같이 기재하며, 이렇게 기재된 선하증권을 사고부선하증권이라 한다.

③ 기명식 선하증권과 지시식 선하증권(straight B/L vs order B/L)

기명식 선하증권은 화물의 수취인으로서 수입자명이 기재된 선하증권으로, 무역화물에는 거의 이용되지 않고 이삿짐 또는 개인물품의 발송에 많이 이용되며, 유통이 되지 않으므로 하송인의 배서는 필요 없다.

지시식 선하증권은 하수인명이 기재되지 않고 단순히 "Order", "Order of A", "Order of bank"라고 되어 있어, 수출업자가 지시식 선하증권 이면에 백지배서만 하면 이 증권의 소지자가 그 화물에 대한 소유권을 갖게 된다.

④ 해양선하증권과 내국선하증권(ocean B/L vs local B/L)

해양선하증권은 부산-뉴욕과 같이 국외해상운송의 경우에 발행되는 선하증권이며, 내국선하증권은 부산-인천과 같이 국내해상운송에서 발행되는 선하증권이다.

⑤ 유통선하증권과 유통불능선하증권(negotiable B/L vs non-negotiable B/L)

선박회사는 선하증권을 발급할 때 주로 3부가 한 세트가 되는 선하증권 원본을 발행하는데, 이들 원본이라야 선하증권이 대표하는 화물과 상환이 되며, 또 은행에서는 신용장에서 요구하는 정당한 선하증권으로 인정하여 대금결제가 이루어진다.

한편, 선박회사가 발급하는 원본 이외의 모든 선하증권에는 발급될 때 이미 "Non-Negotiable"이라는 도장이 찍히기 때문에 이들 사본으로는 은행에서 Nego가 되지 않는다.

⑥ Port B/L과 Custody B/L

Port B/L은 선적될 화물이 부두의 운송인의 보관하에 있으며 지정된 선박이 입항은 되어 있으나, 다만 화물이 본선에 적재되지 않은 경우 발행되는 수취선하증권의 일종이다. 한편,

Port B/L과 같이 화물이 운송인에게 인도는 되었으나 지정된 선박이 아직 지정항구, 즉 화물이 준비되어 있는 항구에 도착되지 않았을 때 발행되는 수취선하증권의 일종이 Custody B/L이다.

⑦ 복합운송선하증권(Combined Transport B/L)

복합운송선하증권이란 수출국의 화물인수장소로부터 수입국의 인도장소까지 해상·육상·항공 중 적어도 두 가지 이상의 운송기관을 이용하여 운송되는 경우에 발행하는 운송증권으로서 복합운송인(Combined Transport Operator)이 발행한다.

⑧ 제3자 명의 선하증권(Third Party B/L)

B/L상에 표시되는 선적인(shipper)은 일반적으로 신용장의 수익자가 되는 것이 보통이나 수출입거래의 매매당사자가 아닌 제3자(Third party)가 선적인(shipper)이 되는 경우가 있는데 이를 제3자 선하증권이라 한다. 주로 중계부 은행은 이 서류를 수리하도록 정하고 있다.

⑨ FIATA B/L

국제운송주선인연맹(International Federation of Forwarding Agent's Association: FIATA)은 운송주선인들의 이익을 옹호할 목적으로 1926년 설립된 기관이다. 이 기관에 가입된 회원들은 FIATA에서 제정하고 ICC에서 승인한 FIATTA B/L(FBL)을 발행할 수 있으며 이것은 주로 복합운송에 이용된다.

⑩ 통과선하증권(Through B/L)

운송화물을 목적지까지 운송하는 데 선주가 다른 선박회사의 선박을 이용하거나 해운과 육상운송을 교대로 이용하는 경우 최초운송업자가 전 구간의 운송에 대하여 발행하여 모든 책임을 지는 운송증권을 통과선하증권이라고 한다. 미국에서는 육상과 해상운송을 겸한 선하증권을 Overland B/L이라고 하여 많이 이용되고 있다

⑪ 환적선하증권(Transhipment B/L)

통과선하증권에서는 최초의 운송인만이 서명하여 그가 수하인 또는 동 증권소지자에 대하여 운송상의 모든 책임을 지나, 환적선하증권은 화물을 목적지까지 운송 도중 중도항에서 다른 선박에 환적하여 최종목적지까지 운송할 때 발행되는 선하증권이며, 각 구간의 운송인이

연서하고 수하인 및 선하증권소지자에 대하여 공동책임을 진다. 즉, 환적할 때마다 각 선박회사가 최초의 선하증권에 연대서명을 하여 공동책임을 진다.

⑫ 적색선하증권(Red B/L)

적색선하증권은 보통 선하증권과 보험증권을 결합시킨 것으로, 이 증권에 기재된 화물이 항해 중에 사고가 발생하면 이 사고에 대해서 선박회사가 보상해 주는 선하증권이다. 선박회사는 또 보험회사와 모든 Red B/L 발행분에 대해서 일괄하여 부보하므로 손해부담은 보험회사가 지며, 보험료만큼 선박회사는 운임에 추가시키므로 결국 보험료도 송하인이 부담하는 셈이 된다.

⑬ 용선계약선하증권(Charter Party B/L)

하주가 대량화물을 수송하기 위하여 일정항해 또는 일정기간 동안 부정기선을 사용하는 경우에 하주와 선박회사 사이에 체결된 용선계약에 의하여 발행되는 선하증권을 말한다. 신용장통일규칙 제26조에 이런 선하증권은 별도의 명시가 없는 한 은행은 수리를 거절할 수 있도록 규정하고 있다.

⑭ 부서부선하증권(Counter-Sign B/L)

해운화물이 도착시 지불운임이나 그 외 다른 채무가 부수되어 있는 경우 물품을 인수하는 자는 채무에 대한 대금을 선박회사에 지불하고 화물을 수취하게 되는데, 이때 선박회사는 결제를 끝낸 것을 증명하기 위하여 선하증권에 이서한다. 이러한 부서가 되어 있는 선하증권을 말한다.

⑮ 집단선하증권(Groupage B/L)

운송해 보낼 화물이 한 컨테이너 분량이 안 되거나(Less than Container Load Cargo) 한 Lot가 안 될 정도로 적은 분량이면 화물운송회사가 같은 목적지로 가는 화물을 모아서 하나의 그룹으로 선적해 보낼 때 선박회사가 발급하는 선하증권을 집단선하증권이라 한다.

⑯ 약식선하증권(Short Form B/L)

절차의 간소화를 위해서 선하증권면에 기재된 장문의 약관을 생략한 것을 약식선하증권이라 한다. Short Form B/L에는 분쟁이 발생하면 원래의 선하증권, 즉 Long Form B/L의 약관에 따른다는 문언이 기재되어 있다.

⑰ 기한경과선하증권(Stale B/L)

선하증권의 어떤 형태가 아니라 선하증권의 제시시기가 필요 이상으로 지연되었을 때의 선하증권을 말한다. 신용장통일규칙 제47조에 모든 선적서류는 발행 후 신용장에서 명시한 기간 내에 제시하면 은행은 특별히 신용장에 "Stale B/L Acceptable"이란 조항이 없이는 수리를 거절하게 된다.

⑱ 컨테이너선하증권(Container B/L)

컨테이너 적재설비를 갖추고 있는 선박에 선적한 경우에 발행되는 선하증권을 말한다. 컨테이너에 의한 운송의 경우 하주는 생산공장 또는 창고에서 컨테이너 야드(Container Yard)까지 자기 책임으로 운송하여 선박회사에 인도한다. 따라서 선박회사는 인수받은 화물이 하주가 포장하고 봉인한 것이기 때문에 그 내용을 알 수 없다는 뜻으로 "shipper's load and count" 또는 "said by shipper to contain"이라는 문언을 Container B/L상에 기재하고 있다.

⑲ 전자식 선하증권(Electronic Bill of Lading)

전자식 선하증권의 사용배경

전자식 선하증권은 기존 종이 선하증권의 문제점과 이를 보완하기 위해 유럽 일부지역에서 사용되는 비유통성 해상운송장의 한계를 극복하고자 이용되기 시작했다.

즉, 기존의 선하증권은 상환증권이므로, 이 서류를 소지하지 않고서는 선박회사에 화물을 청구할 수 없으므로 L/G라는 편법을 낳았고, 비유통성 해상운송장은 매우 제한적인 거래에서만 사용될 뿐 아니라 선하증권과 비교하여 수하인의 지위가 불확실하고 운송 중의 물품전매가 이루어지는 거래에 있어서는 사용될 수 없었다.

따라서 해상운송장이 사용될 수 없는 경우에 권리증권으로서 기능을 하면서 서류를 신속하게 수하인에게 인도될 수 있도록 하기 위해서 최근에 개발된 것이 전자식 선하증권이다.

전자식 선하증권의 의의

전자식 선하증권은 기존의 종이 선하증권을 발행하지 않고, 선하증권의 내용을 구성하는 정보를 전자적 방법에 의해 운송인의 컴퓨터에 보관하고, 운송인이 부여한 '개인 키(private key: 비밀번호)'를 사용함으로써 물품에 대한 지배권 및 처분권의 권리를 그 권리자의 지시에 따라 하수인에게 전송하는 형식의 선하증권을 말한다.

전자식 선하증권도 선적 혹은 수취식 선하증권으로 발행될 수 있을 뿐만 아니라 지시식·기명식으로도 발행될 수 있지만, 기존의 방식과는 아주 상이한 방법으로 사용되고 있기 때문에 하나의 새로운 선하증권으로 보는 것이 바람직하다.

전자식 선하증권의 법적 성질

기존의 선하증권과 마찬가지로 전자식 선하증권은 물품의 수취증, 운송계약의 추정적 증거, 권리증권으로서의 기능을 수행하지만 가장 큰 차이점은 권리증권으로서의 기능상 유통방법에 있다.

2. 선하증권의 기재사항

(1) 법정 기재사항

우리나라 상법 제814조에는 다음의 사항들을 기재하도록 규정하고 있다.

① 운송품의 명세(Description of Commodity)

송하인이 물품의 종류, 중량, 용적 및 수량을 서면으로 선박회사에 통지하기 때문에 선박회사는 이것을 반드시 선하증권에 기재하여 발급한다. 중량단위로 표시할 때는 톤의 종류를, 포장단위로 표시할 때는 포장의 형태(Case, Bale, Carton)를 사용한다.

② 화물의 기호(Marks and Number)

개품운송의 경우 한 선박에 여러 하주의 화물을 함께 적재하여 수송하기 때문에 이들 화물을 구별하기 위해서 각 하주의 화물에 기호와 번호를 붙여야 하고 이러한 표시가 B/L에 기재되어야 한다.

③ 선박명, 국적 및 톤수(Name of the Ship, Nationality and Tonnage)

선적이 완료된 후 발행되는 선적선하증권(on board B/L)에는 반드시 선박명, 국적 및 톤수가 기재되어야 한다.

④ 선장명(Named of the Master of Vessel)

선하증권의 발행인이 직접 선장이 되어 B/L을 발행하는 경우에는 B/L면에 선장명을 기재할 필요가 없지만, 선박의 1등항해사가 발급한 본선수취증(mate's receipt: M/R)에 의해 선박회사 대리점에서 발행하는 경우에는 B/L면에 선장명을 기재한다.

⑤ 송하인명(Named of the Shipper)

송하인은 운송품의 제조업자, 운송대리업자, 수출자 중 어느 한 사람이 되는데, B/L면에는 반드시 송하인명을 기재해야 한다.

⑥ 수하인명(Name of Consignee)

목적항에 도착한 운송화물에 대해서 선박회사 측에 요구할 수 있는 채권자는 B/L면에 기재된 수하인이다. Straight B/L의 경우에는 수하인란에 기재된 수하인이 청구할 수 있다.

⑦ 선적항(Port of Shipment)

선적항의 기재는 운송품의 도착기일을 예정하는 기초가 되고 혹은 약정된 선적항, 선적기일을 입증하는 방법으로서 거래당사자에게 편의를 제공한다.

⑧ 양륙항(Port of Discharge)

양륙항의 B/L면의 기재는 해상운송계약의 필수조건이다. 통용화물(through cargo)에는 접속항명을, 양륙항 선택화물(optional cargo)의 경우에는 두 개 이상의 항구명을 기재한다.

⑨ 운송비(Freight)

운임을 기재할 때는 운임률(freight rate)과 운임액(freight amount)을 병기하는데, 선박회사가 운임을 공표하는 것을 기피하기 때문에 운임란에 단순히 운임선불(freight prepaid) 또는 운임후불(freight collect)만을 기재하는 것이 통례이다.

⑩ 작성지 및 작성 연월일(Place and Date of B/L Issue)

B/L의 작성지는 B/L에 서명한 장소이며, 반드시 선적항과는 일치하지 않는다. 그러나 B/L의 작성지는 대부분 선적지가 되므로 선적지가 선하증권에 기재되면 작성지의 기재가 없어도

법적 효력에 영향을 주지 않는다. 발행일자가 기재되어 있지 않은 B/L은 은행에서 수리하지 않는다.

⑪ B/L의 발행부수

B/L은 실제로 도난, 연착 또는 분실 등에 대비하기 위하여 동시에 2부 이상을 한 조(one set)로 하여 발행한다. 상법 제817조에는 이 중 1부의 소지자가 양륙항에서 화물인도를 요구하여도 선장은 이를 거부하지 못한다고 규정되어 있다. 그러나 B/L에는 이 중 1부와 상환하여 화물이 인도되면, 나머지 B/L은 무효가 된다는 문언이 기재되어 있다.

(2) 임의 기재사항

선박회사와 하송인 사이에 특약을 하면 임의의 기재사항을 기록할 수 있다.

① 본선항해번호(Voyage No: Voy. No.)

예컨대 "동항(東抗) 제4차(4-E)", "서항(西抗) 제5차(5-W)" 등이 기재된다.

② 착하통지처(Notify Party)

Straight B/L의 경우에는 별문제가 없으나, 보통 B/L은 대부분이 Order B/L이므로 하수인명이 B/L명에 기재되지 않아 도착지에 있는 선박회사 대리점은 하수인에게 화물도착을 통지하는 데 불편이 있다. 이 불편을 덜기 위해 Order B/L에는 일반적으로 통지처(Notify Party)가 부기된다. 그러나 선박회사는 하수인에게 착하통지를 해 줄 의무는 없으며, 정기선에 의한 개품운송의 경우에는 하수인 스스로 본선 도착일자를 알 수 있도록 노력해야 한다.

③ 운임지급지 및 환율

운임선불, 후불과 함께 필요한 경우 지급지를 기입한다. 운임지급에 있어서 외화일 때에는, 운임선불(freight prepaid)에 있어서는 B/L 작성일, 운임후불(freight collect)에 있어서는 본선 입항일의 환율에 따른다.

④ 선하증권번호(B/L Number)

선적화물 및 서류의 취급상 B/L번호를 해당란에 기재한다.

선하증권의 기재사항

법정기재사항	임의기재사항
1) 선박: 선박, 국적, 톤수 실제로는 Vessel란에 서명과 임의 기재사항인 항해번호만 적는다. 2) 선장의 이름: 통상 기입 안함 3) 운송품의 종류·중량·용적·포장의 기호 및 개수: 도착지 통관에 중요한 내용으로 B/L내용과 화물의 내용이 사실과 다름으로써 발생하는 일체의 책임은 송하인이 지고 운임도 2배로 과징 4) 송하인 성명/상호: 화물 발송자 5) 선적항 6) 양하항: 양하항이 기재되어 있지 않은 것은 무효 7) 운임: 선불이면 "Freight Prepaid"라고 기입, 후불이면 그 액수 또는 "Freight Collect As Arranged"라 기입 8) 작성지와 작성일자: 작성지는 B/L을 서명, 발행한 장소, 발행일자는 본선 출항일자로 통일 9) 선하증권의 발행 부수: 1부로 족하지만 정본 3부를 1Set로 발행, 정본 3부는 각기 동등한 효력을 가지며 그중 1부로 화물을 인도하면 나머지는 자동무효	1) 본선항해번호 선사가 자체 업무편의상 참조용으로 붙이는 일련번호 2) 통지처: 수하인이 기입되지 않는 지시식 B/L에는 반드시 통지처를 기입 3) 운임지불지 및 환율: 필요한 경우 지불처 기입, 환율은 본선입항일의 환율에 따르는 것이 통례 4) B/L NO.: 취급상 업무편의를 위해 발행인이 임의로 정함 5) 면책조항: B/L의 표면 또는 이면에 기입되어 있음. 선사마다 B/L의 면책조항의 종류가 다양. 주로 헤이그 룰과 헤이그-비스비 룰이 주류를 이룸

⑤ 보통약관(General Clauses)과 면책조항(Exception)

화물의 선적에서 양륙지의 화물인도까지의 선박회사의 권리·의무 등에 관한 여러 조항이 B/L의 표면 및 이면에 열거적으로 인쇄되어 있다. 임의로 기재되는 보통약관은 대부분의 운송인의 책임을 경감·면제하는 면책약관이고, 특별약관(special clauses)은 전부가 면책약관이다.

⑥ 스탬프약관(Stamp Clause)

⑤항의 면책약관을 강조하기 위하여(예컨대 청과물에 대해서 "N/R for decay(부패관계없음)" 혹은 이손품에 대해서 "N/R for breakage(파손관계 없음)" 등 특수화물에서 일어나기 쉬운 손해에 대한 면책조항을 B/L 표면에 고무인으로 날인하는 경우가 있다.

면책조항 중의 준거법에 관한 조항을 정정하여 목적지의 법률을 적용받을 필요가 있는 경우, 그 취지를 스탬프약관(Stamp Clause)으로 보충할 수 있다. 스탬프약관(Stamp Clause)

은 인쇄된 조항보다 우선하여 적용된다.

⑦ 비고란(Remarks)

선적할 때 화물이 부족하거나 손상된 것이 있으면 본선수취증(M/R)의 비고란에 이러한 고장사실이 기재되며 이것을 고장본선수취증(foul M/R)이라 한다.

3. 선하증권의 유통방식

선하증권은 다음과 같은 방식으로 유통되고 있다.

(1) 선하증권이 인도에 의하여 유통되는 경우

선하증권은 지참인식으로 발행되거나 또는 특정인의 지시식으로 발행되어도 그 자가 백지배서 또는 지참인식의 배서를 한 경우에는 인도만으로 유통된다. 선하증권은 지참인식이 발행되지 않으므로 실제로 지참인식으로 발행된 경우는 거의 없다. 분실할 경우 위험하기 때문이다.

(2) 선하증권이 배서에 의하여 유통되는 경우

선하증권은 특정인의 지시식으로 발행되는 경우, 그 자의 배서에 의하며 유통될 수 있다. 배서에는 ❶ 백지배서 ❷ 지참인에의 배서 ❸ 특정인에의 배서의 세 가지 종류가 있다. ❶ 및 ❷의 경우에는 증권의 인도만으로 유통되지만, ❸의 경우에는 배서를 받은 특정인이 다시 배서함으로써 유통된다.

유통불능선하증권은 증권에서 언급하고 있는 물건의 인도를 받아야 하는 자가 증권의 배서 또는 인도를 하여도 유통시킬 수 없다. 다만 우리나라 상법에서는 기명식 선하증권도 배서양도를 금지하고 있지 않는 한 배서에 의하여 양도될 수 있다.

4. 선하증권의 배서형식

선하증권을 타인에게 양도하기 위하여 배서하는 형식에는 기명식, 지시식, 백지식(무기명식), 선택 무기명식(기명 지참인식)의 4종이 있는데 보통 3종이 많이 이용되고 있다.

(1) 기명식 배서(Full Endorsement: Special Endorsement)

이 방식은 다음 예와 같이 피배서인(endorsee)의 성명을 명기하고 배서인(endorser)이 서명하는 방식이나.

deliver to XX & Co., Korea Trading Co., (signed) Manager

(2) 지시식 배서

이 방식은 피배서인으로서 "order of XX"라고 기재하고 배서인이 서명하는 방식이다.

deliver to the order of XX Co., Korea Trading Co., (signed) Manager

(3) 백지식(무기명식) 배서(blank endorsement)

이 방식은 피배서인에 대하여서는 누구라고 기재하지 않고 배서인이 서명만 하는 방식이다.

Korea Trading Co., (signed) Manager

(4) 선택 무기명식 배서

이 방식은 특정의 "피배서인 또는 본권 지참인(... or bearer)"이라고 기입하고 배서인이 서명하는 형식이다.

5. 선하증권에 관한 통일조약

해상운송의 중심지인 영국에서는 17세기경부터 선하증권에 면책조항을 삽입하는 관습이 있었다. 면책약관이 점차 늘어나고 난잡해짐에 따라 1880년경에는 하주, 은행 및 보험회사 측에서 다같이 면책약관의 제한운동이 일어나게 되었다.

이에 미국에서는 1893년 2월 13일 하터법(Harter Act)을 제정하여 선박의 내항성 등에 대하여 '상당한 주의'를 게을리하지 않으면 선원의 항해과실에 대해서는 면책되지만 상업상의 과실에 대해서는 면책되지 않게 하였다. 이 원칙은 나중에 헤이그규칙(Hague Rules)이 도입됨으로써 세계적인 해상물품운송법의 기본이 되었다.

헤이그규칙(Hague Rules)은 1924년 성립되어 1931년부터 발효한 이래 개품운송계약을 규율하는 유일한 국제조약으로서 널리 각국에서 수용되었고 그 기능들을 발휘하여 왔지만 수십년을 경과하면서 무역 및 해운의 실정에 맞지 않는 부분이 뚜렷하게 발생하였다.

이에 1963년 만국해법회에 의하여 헤이그규칙의 개정안이 작성되어 1968년에 브뤼셀에서 개최된 해사법외교회의에서 개정의정서로서 채택되어 1977년 6월에 발효되었다. 정식명칭은 '1924년 선하증권 통일조약을 개정하기 위한 의정서'이고, 약칭은 헤이그비스비규칙(Hague-Visby Rules) 또는 비스비규칙(Visby Protocol)이다. 1990년 12월 31일 현재 Hague-Visby Rules의 체약국은 벨기에, 영국, 스웨덴, 프랑스 등 22개국이다.

또한 거의 같은 시기에 국제연합무역개발회의(UNCTAD)에서는 해상물건운송조약의 새로운 입법이 시도되고 국제연합상거래위원회(United Nations commission on International Trade Law: UNCITRAL)의 협력을 얻어 작성된 조약안은 1978년 3월에 함부르크에서 개최된 국제연합 주최의 전권대표회의(외교회의)에서 개발도상국의 주도하에 채택되었다. 정식명칭을 '국제연합해상물건운송조약(united nations convention on carriage of goods by sea, 1978)'이라 하고, 약칭은 Hamburg Rules이라 한다.

헤이그비스비규칙(Hague-Visby Rules)은 헤이그규칙(Hague Rules)의 결함을 보완하고 시대에 적합하도록 개정한 개정판(改訂版)이지만 함부르크규칙(Hamburg Rules)은 헤이그규칙(Hague Rules)을 근본적으로 바꾸고 새로운 질서를 수립하기 위한 조약이라 할 수 있다.

6. 선하증권의 면책사항

선박이 화물을 수송하는 동안 선박회사의 권리와 의무에 관한 여러 조항이 선하증권의 표면과 이면에 열거되어 있으나, 선박회사의 책임은 선하증권의 면책조항(Exception of B/L)에 의해서 대부분 면제 또는 제한되어 있어 선박회사의 책임범위는 극히 좁다.

(1) 위험의 제외에 관한 주요조항

① 천재 및 해난의 제외

선박회사 및 그 사용인이 보통 예견 또는 방지할 수 없는 해난(perils of the sea), 예컨대, 폭풍, 좌초, 유빙 등에 기인한 손해 및 순수한 자연력에 의한 천재(Act of God), 예컨대 결빙, 낙뢰 등에 기인한 손해에 대해서는 선박회사는 무과실을 입증하지 않고 면책된다.

② 전쟁위험의 제외

전쟁행위, 예컨대 어뢰, 폭탄 등의 폭발, 나포, 봉쇄 등에 기인하는 손해는 선박회사가 책임을 지지 않는다.

③ 제3자의 행위에 기인하는 위험의 제외

검역, 억류 등의 법규에 기인하는 손해 또는 파업, 폭동, 절도 등에 기인하는 손해는 선박회사가 책임을 지지 않는다.

(2) 책임의 제외에 관한 여러 조항

① 과실조항(Negligence Clause)

대부분 B/L에는 "항해 또는 선박의 관리에 있어서 수로 안내인(도선사), 선장, 항해사, 선원, 하역노동자(stevedore) 기타 선박 또는 그 선박회사의 사용인의 태만 또는 과실에 기인한 손해는 선박회사가 책임을 지지 않는다"는 취지의 조항이 기재되어 있다.

② 잠재하자조항

각국의 법규는 예외 없이 선박의 내항능력(seaworthiness)담보의 의무를 운송인에게 부과하고 있다. 통일조약도 출항시의 내항능력확보에 관해 운송인에게 상당한 주의를 요구하고 있다.

③ 이로조항(Deviation Clause)

이로 및 재산 혹은 선박구조, 피난, 연료, 식량 등 필수물자의 적재를 위해서 항로 바깥을 항해하거나 예정항이 아닌 다른 항에 기항할 수 있다는 취지를 특약한다.

④ 부지조항(不知條項; Unknow Clause)

선적할 때 포장수 및 개수 등 화물현상을 엄격하게 선적지시서(S/O)와 대조하지만, 화물이 상자 속 또는 포대 속에 들어 있는 경우에는 하역실무상 S/O와 화물의 대조는 불가능하다.

따라서 B/L면에는 "화물의 외관상 양호한 상태"로 선적하고, "외관상 이것과 유사한 상태"로 화물을 인도한다고 기재하고 선적화물의 내용, 중량, 용적, 내용물의 수량, 품질, 종류 및 가격에 대해서는 선박회사는 책임을 지지 않는다는 취지를 특약한다.

⑤ 파손·누손조항

변질하기 쉬운 물품, 혹은 파손·누손하기 쉬운 물품 등을 운송하는 경우에 그것을 불가항력(force majeure) 또는 화물고유의 성질 혹은 하자에 의해서 발행하였는지를 입증하기가 대단히 어렵기 때문에 이 입증책임을 면제받기 위해서 통상 갑판적화물, 어패류, 동물, 육류, 과실류, 부패하기 쉬운 모든 물품, 유리, 도자기 또는 주물, 이손품 또는 나화물(裸貨物)의 파손, 누손, 습윤, 부패, 사망 등에 관하여 선박회사는 면책된다는 취지의 조항을 둔다.

⑥ 고가품에 관한 조항

고가품은 보관 및 취급에 특별한 조치가 필요하므로 고가품을 선적할 때 송하인이 그 화물의 종류, 품질 및 가격을 명시하지 아니할 때에는 어떠한 사고에 의해서 발생한 손해라도 일정한 금액 이상으로 선박회사는 배상할 책임이 없다는 취지를 약정한다.

⑦ 손해배상에 관한 조항

화물의 멸실, 손상 등의 이유에 의한 클레임 통지의 시기 및 방법에 대해서 표준 B/L은 본선에서 양륙 후 3일 이내, 또는 양하장소에서 이동하기 전에 서면으로 하도지(荷渡地)의 선박회사 측에 통고할 것을 요구하고 있고, 만약 이 절차를 게을리하였을 때에는 선박회사는 배상청구에 응하지 않는 것으로 되어 있다. 그러나 통일조약은 클레임 제기의 시기를 화물을 인도할 때, 또는 인도 전을 원칙으로 하고, 만약 멸실, 파손을 외견상 알 수 없는 경우에는 화물의 인도 후 3일 이내로 규정하고 있다.

손해배상의 시효에 대해서 표준 B/L은 클레임의 서면통지시기부터, 통일조약은 하도일로부터 다같이 1년 이내에 선박회사의 책임이 끝난다는 취지의 단기시효를 규정하고 있다.

배상금액의 산정은 보통 CIF Invoice 가격을 기준으로 하는데, 표준 B/L에는 선적지의 가격 및 실제로 지급된 여러 비용의 합계액을 배상금액의 산정기준으로 한다는 취지가 규정되어 있다. 그러나 이 조항은 손해배상 책임제한에 관한 조항에 있어서의 한도 내에서 적용되므로 실제의 변상금액은 전기금액과 배상책임 한도액 중 적은 것으로 지급한다.

선하증권의 기재요령은 다음과 같다.

❶ Shipper

송하인의 성명 또는 상호를 기재하며, 혼동이 예상될 때는 주소를 명기하여 명확히 하는 것이 좋다.

❷ Consignee

신용장에 명기된 문구를 기재한다.

❸ Notify Party

대개 신용장에 "Notify Accountee"라 기재되며, 신용장 개설의뢰인 즉 수입업자 또는 수입업자가 지정하는 대리인이 통지선(화물도착시 연락처)으로 기재된다.

❹ Ocean Vessel

화물을 수송하는 해상운송 선박명이 기재된다.

❺ Port of Loading

화물을 선적하는 항구명 및 국명이 표시된다(예: "Busan, Korea").

❻ Place of Receipt

송하인으로부터 운송인이 화물을 수취하는 장소로 "Busan CY", "Busan CFS" 등으로 표시한다.

❼ Voyage No.

운송선박이 운송회사나 선박회사가 임의로 정한 일련번호가 기재되는데 1항차는 출발항에서 목적항을 거쳐 출발항에 회항하는 것으로 한다. 수출·수입을 구별하기 위하여 "East, West, South, North" 등을 표기한다.

선하증권(BILL OF LADING)

<table>
<tr><td colspan="2">❶ Shippper/Exporter
EUN SUNG CORPORATION
1410-3, SHINRIM-DONG
KWANAK-KU, SEOUL, KOREA</td><td colspan="3" rowspan="4">⓫ B/L No.
PCSLBOL103960122
PEGASUS CONTAINER SERVICE
DAE WOO SHIPPING CO., LTD
Received by the Carier from the Shipper in apparent good order and condition unless otherwise indicated herein the Goods, or the container(s) or package(s) said to contain the cargo herein mentioned, to be carried sunject to all terms and conditions provided for on the face and back of this Bill of Lading by the vessel named herein or any substitute at the Carrier's option and/or other means of transport. from the place of receipt or the port of loading to the port of discharge or the place of delivery shown herein and there to ne delivered unto order of assigns. If required by the Carrier, this Bill of Lading duly endorsed must be surrendered in exchange for the Goods or delivery order.
In accepting this Bill of Lading the Merchant (as defined by Article 1 on the back hereof) agrees to be bound by all the stipulations, exceptions, terms and conditions on the face and back hereof, whether written, typed, stamped or printed, as fully as if signed by the Merchant, any local custom or privilege to the contrary notwithstanding, and agrees that all agreements or freight engagements for and in connection with the carriage of the Goods are superseded by this Bill fo Lading.</td></tr>
<tr><td colspan="2">❷ Consignee
TO ORDER OF ABC BANK</td></tr>
<tr><td colspan="2">❸ Notify Party
SHIGEMATSU CO., LTD
P.O. BOX 213, OSAKA, JAPAN</td></tr>
<tr><td>Pre-carriage by</td><td>❻ Place of Receipt
BUSAN CFS</td></tr>
<tr><td>❹ Ocean Vessel
MINT QUICK</td><td>❼ Voyage No
602E</td><td>⓬ Flag
KOREA</td><td colspan="2">❾ Place of Delivery
OSAKA CFS</td></tr>
<tr><td>❺ Port of Lading
BUSAN, KOREA</td><td>❽ Port of Discharge
OSAKA JAPAN</td><td colspan="3">❿ Final Destination</td></tr>
</table>

⓭ Container No.	⓮ Seal No. Marks & Nos.	⓯ No.&Kinds of Containers or Pkgs	⓰ Description of Goods	⓱ Gross Weight	Measurement
FRONT & BACK S.T (IN DIA) OSAKA ITEM NO : Q'TY: 12 IN BOX C/T NO: 107-146 MAKE IN KOREA BOTH SIDE USE NO HOOKS SIDE UP HANDLE WITH CARE DO NOT STEP ON		40 CTNS	SAID TO CONTAIN ; 5,760 PCS (480DOZ) OF HAT L/C NO.: 03-21-02690 FREIGHT COLLECT SAY ; FORTY (40) CARTONS ONLY.	788.00 KGS	14.085CBM

Total Number of containers or packages (in words)

⓲ Freight & Charge	⓳ Revenue Tons		⓴ Rate	㉑ Per	㉒ Prepaid	Collect
O/FREIGHT	14.085	CBM	24.75			USD 348.60
C. A. F.	29.60	(%)	348.60			USD 103.18
C. F. S.	14.085	CBM	4,500		WON 63,382	
C. F. S.	14.085	CBM	3,800.00			JYE 53,523.00
C. H. C.	14.085	CBM	3,500		WON 49,297	
C. H. C.	14.085	CBM	600.00			JYE 8,451.00
					USD TOTAL:	451.78

<table>
<tr><td>㉓ Freight Prepaid at</td><td>㉔ Freight Payable at
DESTINATION</td><td>㉖ Place of Issue
SEOUL, KOREA</td></tr>
<tr><td>Total prepaid</td><td>㉕ No. of Original B/L
THREE (3)</td><td>Date of Issue
JAN. 22, 2005</td></tr>
<tr><td>㉗ Laden on Board the Vessel
Date JAN. 22, 2005
By</td><td colspan="2">㉘ DAE WOO SHIPPING CO., LTD.
as agent for a carrier, zzz Liner Ltd.,</td></tr>
</table>

❽ Port of Discharge

화물의 양륙항 및 국명이 기재된다.

❾ Port of Delivery

운송인이 책임지고 운송하여 수하인에게 인도하여 주는 장소를 명기한다.

❿ Final Destination

화물의 최종목적지를 표시하나 선하증권에 운임이 계상되어 있지 않는 경우는 단지 참조사항에 불과하다. 그리고 복합운송이 아닌 경우에는 기재하지 않는 경우가 많다.

⓫ B/L No.

선사가 임의로 규정한 표시번호를 기재한다. 통상 선적항과 양륙항이 알파벳 두문자를 이용하여 일련번호를 붙인다. 예를 들어, "BO-5001": Busan-Osaka, "HMBU-9001": Bamburg-Busan 등으로 표시된다.

⓬ Flag

선박의 등록국적을 나타낸다. 해상사고시는 국제적인 관례인 기국주의에 의한다.

⓭ Container No.

화물이 적재되는 컨테이너(Container) 번호를 표기한다.

⓮ Seal No.

컨테이너에 적재된 화물에 봉인을 한 씰(Seal) 번호를 표기한다.

⓯ No of CONT or other PKGS

컨테이너 숫자나 기타 포장개수를 기재한다.

⓰ Description of Packages and Goods

포장명세시(Packing List) 및 송장(Invoice)에 기재된 상품의 내용을 열기 기재하며 통상 B/L No.도 표시된다.

⓱ Gross Weight, Measurement

등록검량회사에서 검측된 중량 및 용적이 명기된다. 포장명세서(Packing List), 송장(Invoice)과 일치하지 않는 경우 주석(Remark)을 부기하여야 한다. 화물에 이상이 있으면 송하인에게 파손화물보상장(letter of indemnity; L/I)을 요구하여 첨부한다. 수출입의 경우 포장명세서(Packing List)와 B/L이 상이한 경우 통관이 불가하므로 세심하게 작성하여야 한다.

⓲ Freight and Charges

상품의 운송에 따른 제반비용의 명세로 통상 "Freight, CAF, BAF, CFS Charge,

Wharfage" 등이 표시되며, Through B/L인 경우는 "Inland Charge"가 표시된다.

⑲ Revenue Tons

중량과 용적 중에서 운임이 높게 계산되는 편을 택하여 표시한다. 즉, 총중량과 총용적에 각각의 운임단가를 곱하여 총중량의 운임이 총용적보다 클 경우는 "K/T"를, 총용적이 클 경우는 "CBM"을 표시한다.

⑳ Rate

운임톤(Revenue ton)당의 운임단가 및 CFS Charge, Wharfage, BAF, CAF의 백분율 등이 표시된다. Wharfage의 경우 국내에서는 1톤 이하는 무조건 올림으로 산정하고 있어, 만일 7.001CBM이라면, 8CBM으로 계산된다.

㉑ Per

용적단위 또는 중량단위로 표시하고, 컨테이너전용선(Full Container Ship)의 경우는 Van 단위로 표시한다.

㉒ Prepaid Collect

CIF조건의 수출일 경우는 Prepaid란에 운임을 계산하고 표시한다. FOB조건의 수출일 경우는 Collect란에 계산·표시한다. 또한 운임의 지불조건은 Description of Goods란에 통상 "Freight Prepaid", "Freight Collect"라고 표시되므로 혼동은 되지 않으나 간혹 기재되지 않는 경우도 있으므로 구별하여 각각의 란에 기재하는 것이 좋다. 또한 복합운송의 경우는 각 구간마다의 운임을 표시하여 계산하는 것이 복합운송을 명백히 표시하는 방법이다. 그러므로 구간표시를 하고 구간운임의 계산을 나타내는 것이 좋다.

㉓ Freight Prepaid At

CIF조건인 경우 운임이 지불되는 장소를 나타낸다. 즉, 화물이 부산에서 선적·운송되고, 서울에서 운임이 지불되는 경우는 "Seoul, Korea"라고 기재한다. 선불운임(Freight Prepaid)의 경우 운임이 지불되지 않으면 B/L 발행자는 특별한 상거래가 없는 한 B/L을 발행교부하지 않는다.

㉔ Freight Payable At

FOB조건으로 운임이 수하인 부담인 경우에 수하인의 운임지불장소가 기재된다. 운임이 지불되지 않으면 운송인 또는 대리점은 화물인도지시서(Delivery Order: D/O)를 발행·교부하지 않는다.

㉕ No. of Original B/L

Original B/L의 발행부수를 기재한다. Original B/L은 통상 3부를 한 세트로 발행하는

데 그 수에는 제한이 없다. Original B/L에는 “Original”, “Duplicate”, “Triplicate” 등의 문구가 있고 은행과의 거래를 위하여 “Negotiable”이라는 문구도 표시된다. Original B/L의 경우에는 발행부수에 관계없이 1부라도 회수되면 나머지는 유가증권으로서의 효력을 상실한다. B/L Copy의 경우는 “Copy Non-Negotiable”이라 기재되며, B/L Copy는 유가증권으로서의 효력이 없고 단지 참조적인 서류에 불과하다.

㉖ Place of Issue

B/L의 발행장소가 기재된다.

㉗ On Board Date and Issue

B/L의 본선적재일(On Board Date)이 기재되며 선적일과 발행일자는 보통 일치된다. 발행일(Date of Issue)이 On Board Date보다 늦을 수는 있으나 빠른 경우는 B/L의 선발행이 되므로 은행에서 매입을 거절당할 수 있다. On Board의 하단에는 B/L 발행자의 서명(Signature)이 표시된다.

㉘ Carrier Name

B/L 발행권자는 은행에 서명(Signature)을 등록하고 있으며, 일단 발행권자가 서명한 후 B/L을 수정할 경우에는 재발급을 받든가 또는 “Correction” 도장을 날인한 후 서명해야 한다. 그러나 중량 및 용적 등 상품의 가격에 영향을 미치지 않는 부분에는 정정(Correction)도장만 날인해도 유효하다.

제5절
해운동맹

1. 해운동맹의 개요

해운동맹(shipping conference)은 특정정기항로에 배선을 하고 있는 선박회사들이 상호간의 과당경쟁을 방지할 목적으로 국제카르텔(cartel)을 형성하여 운송에 관한 여러 가지 협정, 즉 운임 및 영업조건(기항지, 취항항로, 적하량 등)을 맺고 있는 것을 말한다. 이것을 운임동맹(freight conference) · 항로동맹(navigation conference)이라고 부른다.

한편, 해운동맹에 가입한 선박이나 선주를 동맹선(member liner 또는 conference member liner)이라고 부르며, 동맹에 가입하지 않는 선박은 비동맹선(주)(outsider 또는 non-conference liner)이라고 부른다.

2. 해운동맹의 종류

해운동맹의 종류에는 신규가입을 극단으로 제한하는 폐쇄식 동맹(closed conference)과, 그 항로에 배선하는 의지 및 능력이 있는 선주면 언제라도 자유로이 가입시키는 개방식 동맹(open conference)이 있다. 폐쇄식 동맹은 구주항로나 호주항로 등에 결성되어 있으며 영국식 동맹이라고도 부르고, 개방식 동맹은 북미항로에서 주로 운영되고 있다고 하여 미국식 해운동맹이라고 한다.

3. 해운동맹의 역사와 주요항로

해운동맹 가운데 역사가 가장 오래된 것은 1675년의 영국/인도항로 CALCUTTA해운동맹이고, 그 후 19세기 말까지 주로 영국을 중심으로 한 주요 항로들이 형성되었다.

오늘날의 대표적인 주요 동맹항로는 ① 구주/극동항로 ② 구주/호주항로 ③ 구주/미대서양 및 Gulf항로 ④ 극동/미태평양항로 ⑤ 극동/미대서양 및 Gulf항로 ⑥ 극동/태국항로 ⑦ 극동/호주항로 ⑧ 극동/중남미항로 등이 있다.

4. 해운동맹의 구속수단

(1) 동맹내부규제

① 운임협정(rate agreement)

해운업에 있어서의 경쟁은 결국 운임에 관한 경쟁이므로 이것을 규제하는 운임협정은 모든 해운동맹에 공통되는 기본적인 협정이다. 동행회원은 운임표에 정해진 품목별 운임률을 충실하게 준수하는 의무를 지고 있고 이것을 변경하는 경우는 다른 회원의 동의가 필요하다.

② 배선협정(sailing agreement)

배선협정은 특정의 항로에 있어서 배선선복량을 조설제한하고 선복과잉에 의한 과당경쟁을 방지하려는 것으로, 생산업자간의 수량 카르텔에 해당된다.

③ 공동계산협정(pooling agreement)

공동계산협정은 각 동맹선사들이 일정기간 벌어들인 운임을 사전에 정한 배분율에 따라 배분하는 방법으로, 보통 일정기간 내에 얻은 운임수입에서 소정의 비용을 공제한 금액의 전부 또는 일부를 계산한 후 이것을 각 동맹선사의 경력, 실적 등에 근거하여 일정한 비율(pooling point)에 의해 각 회사에 나누는 형식이다.

(2) 동맹대외수단(하주구속수단, 맹외선)

① 계약운임제(contract rate system)

계약운임제는 2중운임제(dual rate system)라고도 부르며, 동맹의 운임률에 계약운임률(contract rate)과 비계약운임률(non-contract rate)을 설정하여 하주가 동맹선에만 선적할 것을 계약하면 운임률을 낮게 적용하고 그렇지 않으면 고율의 운임을 적용하는 방식이다. 비동맹화물(non-conference cargo, exception cargo) 또는 cargo open이라고도 한다.

② 운임연환불제(deferred rebate system)

일정기간(통상 6개월) 동안 동맹선에만 선적한 하주에 대해 지급한 운임의 일부를 환불하는데, 환불함에 있어 그 기간에 이어 계속해서 일정기간 동맹선에만 선적할 것을 조건으로 하여 그 계속되는 일정기간이 경과된 후 환불되는 제도이다. 선적화물에 대한 환불금의 전액을 받기 위해서는 영구히 동맹선에만 선적해야 되므로 하주 구속방법으로는 가장 교묘하고도 가혹한 방식이다.

③ 운임할려제(fidelity rebate system)

일정기간 동안 자기 화물을 모두 동맹선에만 선적한 하주에 대해 운임이 선불이든 후불이든 관계없이 그 기간 내에 선박회사가 받은 운임의 일정비율을 기간경과 후에 환불하는 제도이다. 이 방식은 운임연할려제와는 달리 유보기간은 없이 일정기간 경과 후에 그 환불금을 한번에 전액 지급한다.

④ 경쟁억압선(fighting ship)

특정의 선박을 맹외선의 운항일정(schedule)에 맞춰 배선하고 맹외선의 운임보다도 훨씬 싼 운임으로 수송함으로써 적극적으로 그 집하를 방해하는 방법이다. 이것에 의하여 발생하는 손해는 동맹회원이 공동으로 부담하나, 맹외자를 압박하는 힘이 너무나 강하기 때문에 각국 해상운송법에서는 금지하고 있다.

5. 화물운송의 국적선이용제도

(1) 국적선이용제도의 의의

우리나라의 해운업을 육성하고 외화를 절약하기 위하여 우리나라의 수출입화물은 원칙적으로 우리나라의 선박 즉 국적선으로 운송해야 한다. 그러나 우리나라의 선박이 취항하지 않거나 선박이 부족할 때 또는 선적기간이 맞지 않는 등의 부득이한 경우에는 외국선박의 이용도 가능하다. 이 경우에는 한국선수협회로부터 웨이버(waiver) 즉 국적선박불취항을 발급받아야 한다.

(2) 국적선운송의 지정화물

해운상업육성법 제61조에 의해 국적선을 이용해야 할 주요 정책화물 관련 해운산업육성법 시행령에서 수입화물 9개, 수출화물 2개 등 모두 11개 지정화물의 종류를 정하고 있다. 따라서 다음의 수출입화물은 국적선으로 운송해야 한다. 먼저, 수입화물의 경우는 ❶ 원유 ❷ 제철원료 ❸ 비료원료 ❹ 양곡 ❺ 정부구매물자 ❻ 석탄류 ❼ 석유화학제품 ❽ 농·수협에서 수입하는 냉동 및 냉장화물 ❾ 액화가스류 등이다. 수출화물의 경우는 ❶ 양회 ❷ 철강제품 등이다.

(3) 국적선 정기항로지

우리나라의 정기선이 취항하고 있는 지역으로의 화물의 수출입은 국적선을 이용해야 하며 그 지역은 다음과 같다. ❶ 일본지역 ❷ 북미항로 ❸ 중미항로 ❹ 동남아항로 ❺ 중동항로 ❻ 구주항로 ❼ 아프리카항로 ❽ 호주항로 ❾ 지중해항로.

(4) 국적선 취항증명서의 발급

국적정기선 취항지역화물이 화물의 성질로 보아 국적선을 이용할 수 없는 화물이거나 기타 불가피한 사유로 인해 국적선에 의한 수송이 곤란한 경우, 선박예정 5일 이내에 화물을 적재할 국적선이 없는 경우, 구주항로의 비동맹선 및 TRS화물 등에 해당되어 외국선박을 이용하고자 하는 경우에는 한국선주협회 회장으로부터 국적선불취항증명서(waiver)를 발급받아야 한다.

신청인은 선적예정 5일 이내에 신용장 사본 또는 수출입허가(승인)서 사본 등을 첨부하여 한국선주협회 웨이버 취급사무소에 신청서를 제출하여야 하며 부득이한 경우를 제외하고는 24시간 이내에 웨이버가 발급되고 있다.

(5) 국적선운송 면제확인서 발급

국적정기선 취항지역화물이 국적선불취항증명서를 발급받아 외국선을 이용하는 경우와 같이 지정화물을 외국선박으로 수송하고자 할 때는 국적선 운송 면제확인을 받아야 한다. 절차는 먼저 신청인이 한국선주협회에 국적선운송면제확인서를 제출하면 한국선주협회는 국적선 운송이 불가능하다고 판단될 경우 운송기간이나 화물량 등을 명시하여 신청인에게 교부한다.

제6절
컨테이너화물운송

1. 컨테이너의 정의와 분류

컨테이너(container)는 반복적으로 사용이 가능하도록 규격화된 수송도구이며 화물의 단위운송(unit load)을 실현시켜 주는 혁신적인 수송용구이다.

컨테이너에는 여러 가지 종류의 컨테이너가 있는데 크기, 구조, 사용목적, 재질 등에 따라 이를 분류하면 다음과 같다.

(1) 크기에 의한 분류

현재 우리나라에서 국제수송용으로 사용되고 있는 컨테이너에는 크기에 따라 ISO(International Standardization Organization) 20 feet, 40 feet 등의 종류가 있다.

(2) 구조 및 사용목적에 의한 분류

① 드라이 컨테이너(Dry Container)

온도조절이 필요 없는 일반잡화수송에 많이 이용되는 대표적인 컨테이너이다.

② 냉동 컨테이너(Reefer Container)

과일, 야채, 육류 등과 같이 보냉 및 보열이 필요한 화물을 수송하기 위한 컨테이너이다. 온도는 +26℃에서 -28℃까지 유지된다.

컨테이너의 종류

드라이 컨테이너

냉동 컨테이너

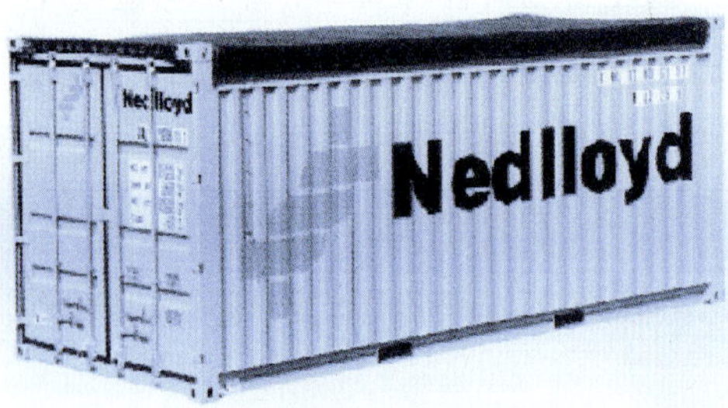

오픈 탑 컨테이너

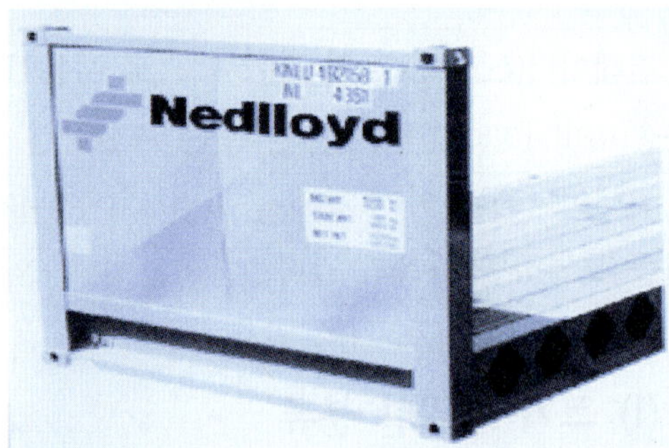

플랫 랙 컨테이너

탱크 컨테이너

③ 오픈 탑 컨테이너(Open Top Container)

드라이 컨테이너(dry container)의 지붕과 옆면의 윗부분이 열려 있어 윗부분에서의 하역이 가능하다. 주로 중량물이나 장척물(長尺物)을 적입한다.

④ 플랫 랙 컨테이너(Flat Rack Container)

드라이 컨테이너(dry container)의 지붕 및 벽을 제거한 네 개의 기둥만으로 유지하고 있다. 기계류, 목재 등의 중량화물을 적입한다.

⑤ 탱크 컨테이너(Tank Container)

액체상의 화물, 즉 유류, 주류 등을 수송하기 위한 컨테이너이다.

(3) 재질에 의한 분류

컨테이너에 사용되는 재질은 주로 다음의 세 가지의 종류가 있으며, 한 가지 재질로 제작된 것은 거의 없고 대부분 몇 개의 재질로 제작된다.

① 알루미늄 경합금 컨테이너

가볍고 외관이 아름답고 유연성이 있고 내구성이 있으나 제조원가가 비싼 것이 단점이다.

② 강철재 컨테이너

제조원가가 싼 것이 장점이고, 녹이 슬고 무거운 것이 단점이다.

③ FRP(Fiber Glass Reinforced Plastic) 컨테이너

FRP를 합판의 표면에 접착제로 붙인 컨테이너이다.

2. 컨테이너운송의 경제성

물석유동과정에서 수송의 3대 원칙인 ❶ 경제성, ❷ 신속성, ❸ 안전성을 최대한으로 충족시킴으로써 하주, 선박운송업자, 도로운송업자, 철도운송업자, 항공운송업자 등 여러 부문의 이용자에게 상당한 이점을 제공하고 있으며, 다음은 주로 하주의 입장에서 본 이점이다.

첫째, 컨테이너는 그 자체가 상품의 외포장의 역할을 하므로 포장비가 절감된다.

둘째, 컨테이너에 의한 화물운송은 운송인들에게 화물취급 편리, 신속한 운송 등 여러 가지

이득을 주므로 하주들은 할인된 운임을 적용받을 수 있다.

셋째, 컨테이너의 최대 이점의 하나는 하역단계의 간소화에 따른 노동력의 절약과 화물의 기계적 처리로 인한 하역비의 대폭적인 절감이다.

넷째, CY 및 CFS 자체가 통관화물에 대한 보세창고의 역할을 하므로, 화물의 통관을 위한 별도의 보세창고료가 면제된다. 실제로 CY나 CFS는 화물의 보세창고 기능을 갖고 있는 만큼 창고료가 절감된다.

다섯째, 컨테이너의 통관화물은 생산공장 또는 송하인의 창고에서 컨테이너에 적입, 봉인되는 즉시 신용장조건에 따른 B/L이 발급되어 곧 Nego할 수 있으므로 자본의 원활한 회전을 기할 수 있다.

여섯째, 컨테이너화물은 해상운송과 부대 육상운송의 연결이 원만하고 환적할 때의 지연시간 없이 해륙일관수송이 가능하므로, 화물의 생산지로부터 소비까지의 수송기간을 단축시킬 수 있으며 하역시간도 단축시킬 수 있다.

일곱째, 컨테이너는 용기 자체가 견고하고 밀폐되어 있어 하역작업상의 안전은 물론 화물운송 중의 풍랑·풍우나 온도·습도 등 기후상의 변동에 대하여 안전을 기할 수 있다.

한편 컨테이너 운송은 다음과 같은 단점도 있다. ❶ 컨테이너 수송기구가 비싸고, ❷ 컨테이너로 운송할 수 없는 화물이 있고, ❸ 컨테이너선은 주로 갑판적재를 하는데 갑판적재화물은 비싼 보험료를 내야 한다는 것 등이다.

3. 컨테이너화물의 종류

컨테이너운송이 아무리 신속성, 안전성 및 경제성이 있다 하더라도 모든 화물을 전부 컨테이너화할 수 있는 것은 아니다. 컨테이너로 가장 효율적으로 운송할 수 있는 상품(prime or suitable containerizable cargoes)은 값이 비싸고 해상운임도 비싼 공산품으로 전자제품, 피복류, 시계, 의약품 등이다. 화물의 크기가 컨테이너 내부의 용적이나 문의 치수보다 크거나 또는 중량이 컨테이너의 단위면적당 한계중량을 초과하는 화물은 컨테이너에 적입할 수 없는 부적합화물(unsuitable containerizable cargoes)이다.

4. 컨테이너선의 분류

컨테이너선은 선형과 하역방식에 따라 다음과 같이 분류된다.

(1) 선형에 의한 분류

① 혼재형(conventional ship)

재래선에 일반잡화와 함께 혼재하는 선박으로 컨테이너전용선은 아니다.

② 분재형(semi-container ship)

재래선 선창(船艙)의 중앙 또는 갑판에 컨테이너전용장치를 설치한 선박이다.

③ 전용형(full-container ship)

갑판 및 선창이 컨테이너만을 적재하도록 설계된 선박이다.

(2) 하역방식에 의한 분류

① Lift on/Lift off(Ro/Ro)

선미 및 현측에 램프(ramp)가 설치되어 있어, 컨테이너는 이 램프를 통해서 트랙터나 포크리프트(forklift) 등에 의해서 하역된다.

② Float on/Float off(LASH)

부선(barge)에 컨테이너 또는 일반화물을 적재하고 비지선(barge)에 설치되어 있는 크레인(crane) 또는 엘리베이터(elevator)에 의해서 하역된다. 대표적인 예가 LASH이다.

5. 컨테이너화물의 운송형태

(1) CY/CY(FCL/FCL)

컨테이너의 장점을 최대한 이용한 운송방법으로 수출업자의 공장 또는 창고에서부터 수입업자의 창고까지 컨테이너에 의한 일관수송형태로 수송되는 방법이며, 운송 도중 컨테이너의 개폐 없이 수송된다. FCL(Full container Load)이란 하나의 컨테이너(20', 40') 용기에 채우기 충분한 양의 화물을 말하며, 흔히 CY Cargo라고도 부른다.

CY/CY

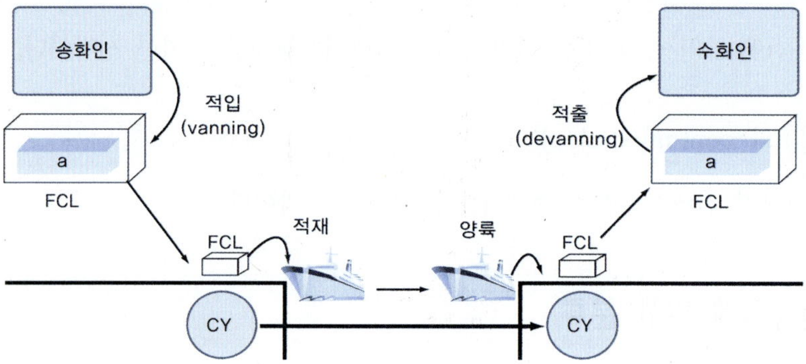

출처: 전순환, 무역실무 2판, 한올출판사, 2012

(2) CFS/CFS(LCL/LCL)

선적항의 CFS에서 목적항의 CFS까지 컨테이너에 의해서 운송되는 방법으로, 여러 하주의 소량 컨테이너화물(LCL)을 CFS에서 혼재(consolidation)하여 선적하고 목적지의 CFS에서 컨테이너를 개봉하여 화물을 분류하여 여러 수입업자에게 인도한다.

LCL(Less than Container Load)이란 컨테이너 하나를 채우기에 부족한 소량화물을 말하며, FCL에 대비되어 쓰인다. CFS 또는 ICD(Inland Contatiner/Clearance Depot)에서 적출(devanning)되어 수입업자에게 분배된다.

이러한 혼재업무는 주로 프레이트 포워더들이 행하기 때문에 이를 Forwarder's Consolidation이라 한다.

CFS/CFS

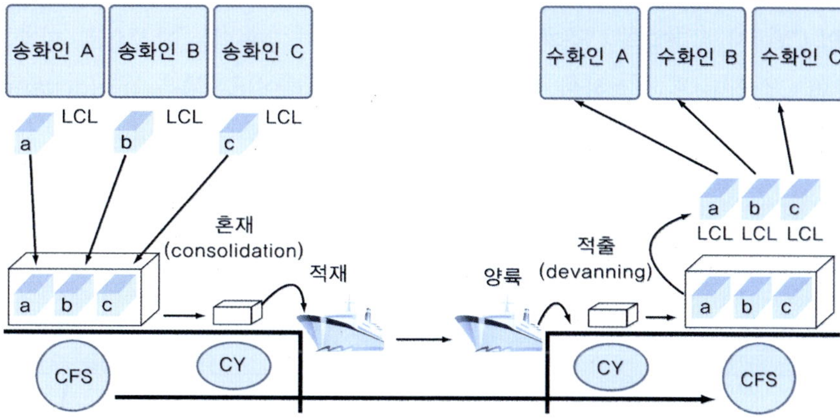

출처: 전순환, 무역실무(2판), 한올출판사, 2012

(3) CFS/CY(LCL/FCL)

운송인이 지정한 선적항의 CFS로부터 목적지의 CY까지 컨테이너에 의해 운송되는 방법으로, 운송인이 여러 송하인(수출업자)들로부터 화물을 CFS에서 집하하여 목적지의 수입업자 창고 또는 공장까지 운송하는 것을 말한다. 즉, 한 사람의 포워더가 수입업자(buyer)로부터 위탁을 받아 다수의 수출업자로부터 화물을 집하하여 컨테이너에 혼재한 후 이를 그 수입업자에게 운송하는 형태로, 이를 Buyer's Consolidation이라 한다.

CFS/CY

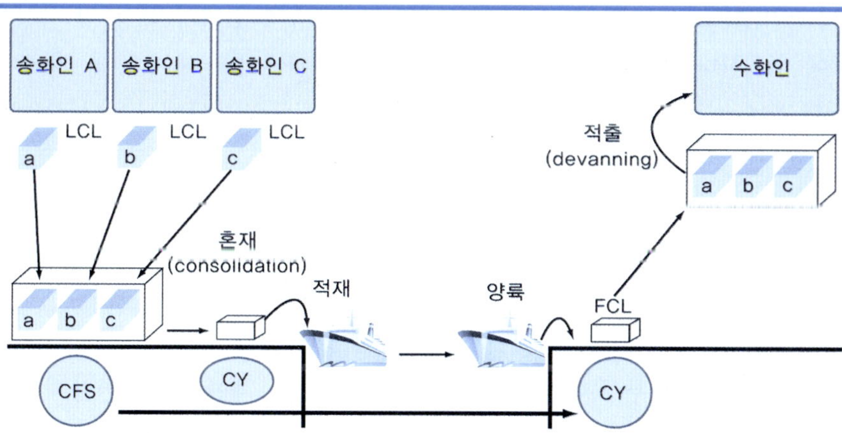

출처: 전순환, 무역실무(2판), 한올출판사, 2012

(4) CY/CFS(FCL/LCL)

선적항의 CY에서 목적항의 CFS까지 컨테이너에 의해서 운송되는 방식으로, 만재화물(FCL)을 선적항의 CY 입고 후 선적하여 목적항의 CFS에서 컨테이너화물을 적출(devanning)하여 분류 후 여러 수입업자에게 분배, 인도되는 형태의 컨테이너운송을 의미한다.

CY/CFS

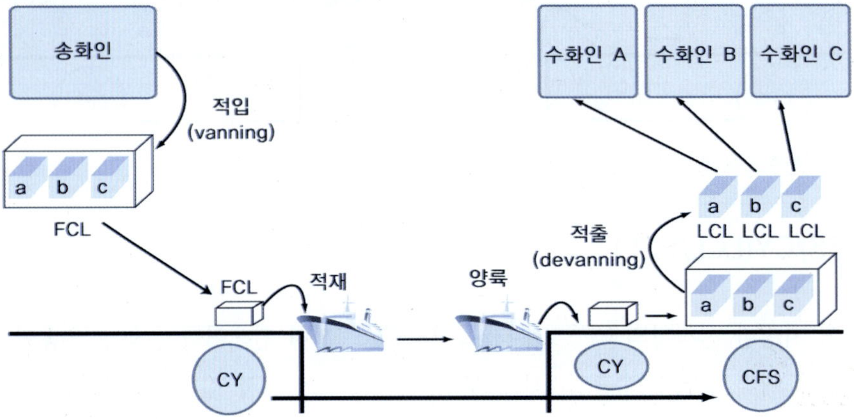

출처: 전순환, 무역실무 2판, 한올출판사, 2012

6. 컨테이너 터미널

컨테이너 터미널(Container Terminal)은 컨테이너운송에 있어서 해상 및 육상운송의 접점인 부두에 위치한다. 본선하역, 화물보관, 육상운송기관에의 컨테이너 및 컨테이너화물의 인수, 인도를 행하는 장소를 말하며, CY 및 CFS가 컨테이너 터미널에 속한다. 컨테이너 터미널에는 다음과 같은 시설이 구비되어 있어야 한다.

(1) 컨테이너 터미널의 구조

① Berth

컨테이너선이 안전하게 부상(浮上)하고 와서 닿을 수 있는 계안선을 말한다.

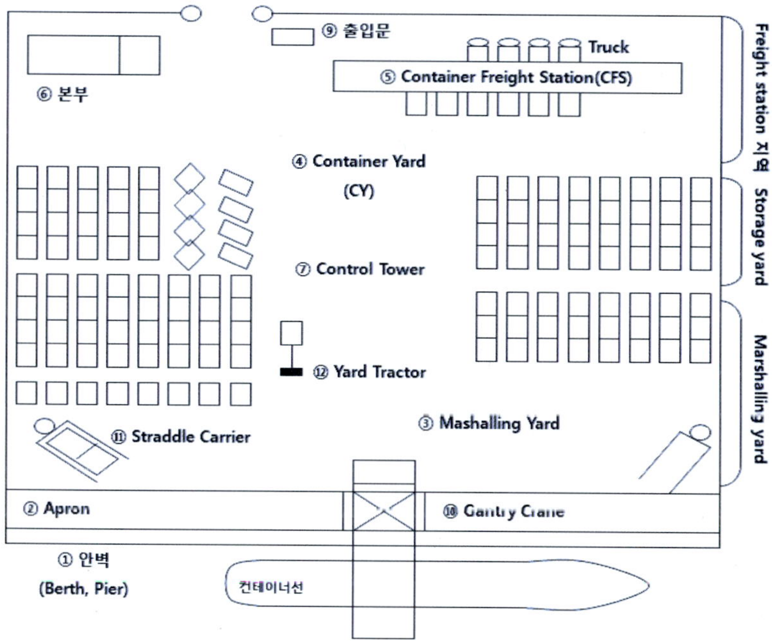

② Apron(Whart Surface, Quay Syrface)

부두 여러 부분 중에서 선박, 즉 바다와 가장 가까이 접해 있고 암벽(quay line)에 따라 포장된 부분이다. 이 에이프런(apron)에는 컨테이너전용 갠트리 크레인(gantry crane)이 선창(quay line) 전체에 걸쳐서 활용할 수 있도록 컨테이너용 레일(rail)이 설치되는 경우가 많다.

③ Marshaling Yard

컨테이너선에 직접 적양(積楊)하는 컨테이너를 정렬해 두는 넓은 장소로 조화장(操貨場)이라 하며, 에이프런(apron)과 인접하여 배치되어 있다. 또한 마샬링 야드(marshing yard)는 컨테이너의 크기에 알맞게 미리 구획선이 그어져 있는데 이를 슬롯(slot)이라 한다.

④ CY(Container Yard)

컨테이너의 인수나 인도 및 보관을 하는 야적장으로, 컨테이너 한 개에 만재되는 만재화물(FCL: Full Container Load)의 인도와 인수는 이곳에서 이루어지고 해상운송인으로서의 책임은 여기에서 시종(始終)된다. 컨테이너 터미널을 CY라고 부르는 경우가 많으나 CY는 그 일부이다.

⑤ CFS(Container Freight Station)

컨테이너 1개를 채울 수 없는 소량화물의 인수, 인도, 보관, 또는 LCL화물을 컨테이너 안에 적입(stuffing, vanning)하거나, 끄집어내는(unstuffing, devanning) 장치작업을 하는 장소를 말한다. 모든 LCL화물은 CFS를 거치지 않고는 컨테이너선에 선적될 수 없다.

⑥ Control Tower

control center라고도 부른다. 컨테이너 야적장(container yard) 전체를 내려다볼 수 있는 위치에 설치되어 CY 전체의 작업을 총괄하는 지령실(指令室)로서 본선하역작업은 물론 CY 내의 작업계획, 컨테이너 배치계획 등을 지시·감독을 하는 곳이다.

⑦ Maintenance Shop

CY에 있는 여러 종류의 하역기기나 운송 관련 기기의 점검, 수리, 정비하는 곳이다.

⑧ CY Gate

컨테이너 및 컨테이너화물의 인수, 인도를 하는 장소이다. CY gate 통과시 컨테이너 이상(異常)의 유무 등의 현상확인, 통관봉인(seal)의 유무, 컨테이너 중량의 측정, 컨테이너화물의 인수에 필요한 서류의 확인 등이 이루어지고 해·육일관운송책임체계의 접점(接點)으로서 가장 중요한 기능을 가지고 있다.

⑨ Administration Office

container yard 운영요원이 yard 운영을 위한 행정사무를 수행하는 곳이다.

(2) 컨테이너 터미널 기기

① Gantry Crane(wharf crane)

컨테이너 터미널에서 컨테이너선에 컨테이너를 선적하거나 양륙하기 위한 전용크레인으로 에이프런에 부설된 레일 위를 이동하여 컨테이너를 선적 및 양하하는 데 사용하는 대형 기중기이다.

② Straddle Carrier

컨테이너 야적장에서 컨테이너를 양각(兩脚) 사이에 끼우고 운반하는 차량으로 기동성이 좋은 대형 하역기계이다.

③ Chassis

'컨테이너 샷시'라고도 부른다. 컨테이너를 탑재하는 차대(車坮)를 말하고 트랙터에 연결되어 이동한다. chassis를 끄는 트럭을 트랙터라 한다.

④ Winch Crane

컨테이너 터미널에서 컨테이너화물을 트럭에 적재하거나 또는 트럭에서 양하할 때 사용하는 기중기로 대형과 소형 두 가지가 있다.

7. 컨테이너화물의 수출운송절차

(1) FCL운송

수출업자가 수출품을 생산한 후 선적을 위해서는 부산항까지 국내운송절차를 거치는데. 이에 대한 경로는 공로(육상), 철도, 연안운송(인천항→부산항) 등에 의한다.

보통 FCL(full container load)은 화주의 공장에서 수출통관 후 보세운송되고, 트랙터에 끌려서 고속도로 또는 국도를 이용하여 공로(육상)운송되는 경우가 대부분이며, 때로는 의왕 ICD를 통한 철도운송 또는 인천→부산항의 연안해송도 이용된다.

① 선적의뢰시 선적요청서(Shipping Request: S/R)를 비롯한 포장명세서(P/L), 상업송장(C/I)등의 서류를 제출한다. 특히 빈 컨테이너(empty container)의 투입요청시 시간, 장소 등에 관해 정확히 알려주어야 한다.

② 통관(수출신고)은 원칙적으로 장치장소에 장치한 후에 진행되지만 상품제조 전에 수출신고를 하고자 할 경우 제조·가공완료예정일 기준으로 수출신고가 가능하다.

③ 빈(empty) 컨테이너 투입장소(공장)가 보통 대전 이북지역인 경우 의왕 ICD, 대전 이남지역인 경우 부산 ODCY에 장치되어 있는 컨테이너를 이용한다. CY Operator가 빈 컨

테이너를 하주에게 임대할 경우, 기기수도증(Equipment Interchange Receipt: EIR) 5부를 작성하여 이 중 1부를 하주에게 전달한다.

④ 수출통관이 완료된 후 수출면장(E/P)이 발급된 경우 하주는 컨테이너에 화물을 적입하고, 빈 컨테이너 투입시 함께 전달된 선사봉인(carrier's seal)을 직접 컨테이너에 장착한다.

⑤ 보세운송은 외국으로 반출될 물품을 보세상태(통관된 상태)로 개항, 보세구역, 타소장치 허가장소간에 한하여 국내운송이 허용되는 것으로, 수출의 경우 보세운송 허용기간은 30일 이내이며, 보세운송신고시 구비서류는 수출신고서이다.

⑥ 부산지역으로 운송된 컨테이너는 일단 부산지역 Off-Dock CY에 반입된다. 컨테이너를 곧바로 BOTOC나 PECT에 반입하지 않는 것은 컨테이너 터미널(컨테이너 전용부두)의 과부족으로 인해 모든 컨테이너를 마샬링 야드(Marshalling Yard)에 장치할 수 없기 때문이다.

⑦ ODCY에 반입한 후 CY Clerk로부터 수출신고서(보세운송도착보고용)에 장치확인을 받아 관할세관에 보세화물 도착보고를 한다.

⑧ ODCY에 반입된 화물은 BCTOC(PECT) 반입이 결정되면 ODCY에 있는 각 선사의 업무담당자(Link Clerk)는 컨테이너와 함께 접수된 수출면장을 확인한 후 BCTOC (PECT) Gate에 제출한 반입계(gate-in slip)를 작성하여 해당 트럭기사 편으로 전달한다. 이때 ODCY에서 BCTOC Marshalling Yard까지의 단거리운송을 'Shuttle Drayage'라 하

FCL 화물의 이동

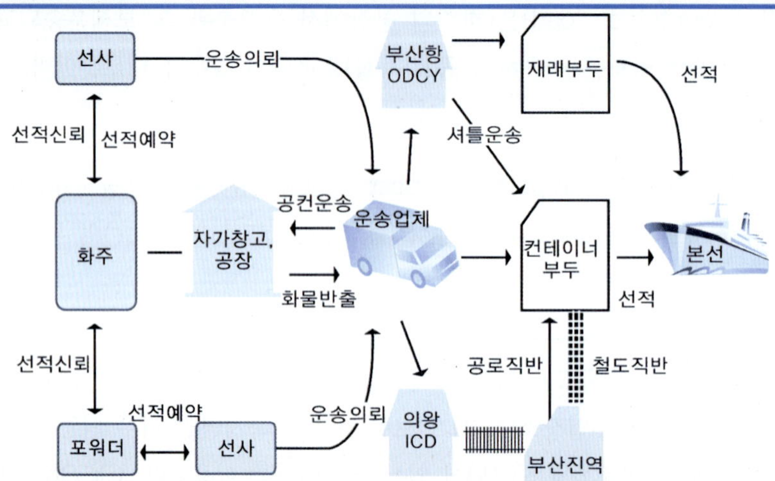

며, 보통 본선입항 3일 전(원칙은 5일 전)부터 출항 12시간 전까지만 반입이 가능하다.

⑨ BOTOC(PECT)에 반입된 컨테이너는 작업절차를 거쳐서 해당 선박에 선적된다.

(2) LCL(Less than Container Load)운송

LCL은 20' 또는 40'컨테이너 1대에 채울 만한 물량이 되지 못하기 때문에 FCL과 같이 컨테이너 Door운송(빈 컨테이너의 하주공장 투입)과정이 필요 없이 일반화물(Loose Cargo) 상태로 트럭에 실려 운송인(대부분 운송주선인)이 지정한 부산지역의 CFS로 운송된다.

하주의 수출화물이 LCL인 경우 일반적으로 하주가 직접 일반차량(트럭)을 수배하여 주선인이 지정한 CY/CFS까지 운송하나 운임상의 혜택과 동일지역행 화물의 혼재를 용이하게 하기 위해 차량수배도 주선인을 이용하는 것이 유리하다.

① 선적의뢰시 선적요청서(S/R)를 비롯한 포장명세서, 상업송장 등의 서류를 제출한다.

② 하주가 직접 공로운송에 이용될 차량을 수배할 경우 주선인으로부터 CY(엄밀히 CFS) 및 관할세관을 통보받고, 사전에 트럭기사에게 화물의 입고지와 담당자를 자세히 알려준다.

③ 여러 하주의 소량화물을 실은 트럭은 고속도로 또는 국도를 이용하여 부산지역에 도착

LCL화물의 이동

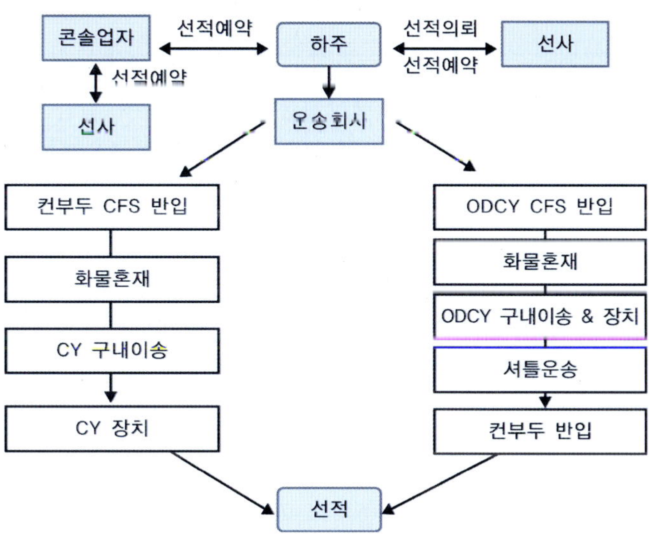

하여 각 화물들의 최종목적지에 따라 여러 CFS(하주가 선적의뢰한 포워더의 사용 CFS)를 돌게 된다. 이때 하주는 반드시 포장명세서를 트럭기사 편으로 CY(CFS) 담당자에게 전달해야 한다.

④ 부산지역 CY(CFS)에 도착(장치)한 다음 CY Clerk로부터 보세구역 장치확인을 받은 후 관세사 사무소를 통해(경우에 따라서는 통관업무를 대행해 주는 포워더를 이용) 관할세관에 수출신고를 한다.

⑤ 주선인은 사전에 선박회사에 빈 컨테이너 투입을 요청하고 입고된 화물에 대하여 Tally, Measuring, Weighing 등 제반준비를 끝내고 수출면장이 발급되면 CLP(Container Load Plan: 컨테이너 내부 적부도)에 따라 컨테이너에 화물을 적입한다.

⑥ 혼재된 컨테이너는 FCL과 마찬가지로 일시장착된 후 셔틀운송으로 마샬링 야드에서 선적을 기다리게 된다.

⑦ BCTOC에 반입된 컨테이너는 작업절차를 거쳐서 해당 선박에 선적된다.

8. 컨테이너화물의 수입운송절차

수입화물이 부산항에 도착하면 운송인(선사 또는 주선인의 대리점)은 수입하주에게 화물도착통지(Arrival Notice)를 하며, 하주는 은행에 수입대금을 지불하고 선적서류를 인수받아 수입통관절차를 밟는다.

FCL은 부두에서 양하되어 수입업자의 문전(창고 또는 공장)까지 도착되는 과정은 보세운송을 통한 도착지 통관인 경우와 부두의 보세장치장에서 통관하여 일반운송되는 양하지 통관 등 두 가지로 나뉜다. LCL은 반드시 양하지 통관을 거쳐 일반화물상태로 하주의 문전에 도달하게 된다.

① 수출지에 있는 운송인은 목적지에 있는 운송인(선박회사 지점, 대리점 또는 주선인의 파트너)에게 선적서류를 발송한다.

② 수입하주(수하주)의 신속한 화물인수 준비를 위해 해당 선박 도착 전에 도착통지(Arrival Notice)를 한다.

③ 도착지 운송인으로부터 화물의 도착통지를 받은 하주는 L/C 발행은행에 수입대금을 지불하고 수출지 운송인이 발행하여 수출지의 매입은행을 통해 제시된 Original B/L을 받

는다.

④ Original B/L을 회수한 하주는 운송인에게 운임(운임후불의 경우) 및 부대비용을 지불하고 선하증권과의 상환으로 화물인도지시서를 받는다.

⑤ 화물도착통지를 받은 하주는 화물이 어느 창고에 입고될지를 지정하며, 선사는 적하목록에 배정처를 기록하여 배정적하목록을 작성하고 세관에 입항신고를 한다.

⑥ 세관으로부터 양륙허가 및 배정적하목록의 확인이 끝나면 선사는 하역회사, 운송회사와 함께 해당 배정처의 화물을 이송한다.

⑦ 수입신고(통관)는 하주, 관세사, 통관접인, 관세사법인의 명의로 하여야 하며 법에 의하여 등록된 관세사를 채용하여 관세사 명의로 수입신고를 할 수 있다.

⑧ FCL화물을 도착지(하주 문전)에서 통관하고자 할 경우 보세운송을 통하여 이루어지는데, 수입화물의 보세운송신고시 구비서류는 보세운송신고서 및 선하증권 사본이며, 보세운송기간은 운송품의 중량, 기타 운송과정 등을 감안하여 세관장이 정한다.

⑨~⑩ 수입면허를 받은 후 하주는 CY(CFS)에 D/O를 제시하고 CY(CFS)에서는 D/O Holder(수입업자)에게 화물을 인도한다.

9. 컨테이너화물운송과 국제협약

(1) CCC협약

CCC협약(Customs convention Container)은 1956년 유럽경제위원회에서 채택되었으며, 컨테이너 자체가 관세선 즉 국경을 통과할 때 관세 및 통관방법 등을 협약해야 할 필요성 때문에 생겨난 것이다. 주요 내용은 ❶ 일시적으로 수입된 컨테이너를 적재수출조건으로 면세하고 ❷ 국제보세운송에 있어서 체약국 정부의 세관인 봉인을 존중하는 것 등을 규정하고 있다. 우리니라는 1973년에 조건부서명을 한 후 1981년 10월 정식으로 가입하였다.

(2) TIR협약

CCC협약이 컨테이너 자체의 수출입에 관한 관세법상의 특례를 설정한 협약인 데 반하여, TIR통관협약(Customs convention on the International Transport of Goods under cover to TIR Camets)은 컨테이너 속에 내장된 화물이 특정국가를 통하여 도로운송차량으로 목적지까지 수송함에 따른 관세법상의 특례를 규정하고 있다. 이 협약도 유럽경제위원회에 의하여 1995년에 채택되어 1981년에 국제적으로 발효되었으며, 우리나라도 1981년 10월에 정식 가입하였다.

(3) 신CCC협약과 신TIR협약

CCC협약과 TIR협약은 1950년대에 만들어진 협약으로, 1960년대 후반부터 국제운송이 비약적으로 발전하여 개정이 불가피하였다. 따라서 기존의 양 협약과 함께 유럽경제위원회가 새롭게 결의한 내용을 포함하여 각각 1975년과 1978년에 발효되었다.

(4) ITI협약

관세협력위원회가 1971년 육·해·공을 포함하는 국제운송에 관련된 통관조약인 'Customs convention on the International Transit of Goods'를 채택하였다. TIR협약이 컨테이너 도로운송에만 적용되는 데 비하여 이 협약은 육·해·공의 모든 수송수단을 포함한다.

(5) 컨테이너안전협약(CSC)

UN이 OMCO(정부간 해사협의기구)와 협동으로 1972년에 채택한 '안전한 컨테이너를 위한 국제협약(international convention for safe containers)'이다. 이 협약은 컨테이너의 취급 및 수송에 있어서 컨테이너의 구조상의 안전요건을 국제적으로 통일화함을 목적으로 하고 있다.

제7절
국제항공운송과 육상운송

1. 항공화물운송

(1) 항공화물운송 개요

① 항공화물운송의 의의

항공운송(air transportation)이란 항공기의 항복에 여객과 화물을 탑재하고 국내외의 공항(air port)에서 공로로 다른 공항까지 운항하는 최신식 운송시스템을 의미하며, 항공화물(air cargo)이라 함은 항공기에 의해 수송되는 승객의 수화물(passenger's baggages)과 우편물(mail)을 제외한 항공화물운송장(air waybill)에 의해 수송되는 모든 물품을 가리킨다.

② 항공화물운송의 특성

긴급 또는 특별한 경우에만 이용하는 운송수단으로 간주되어 왔던 항공화물운송이 오늘날 상업적으로 그 이용률이 크게 높아지고 있으며, 각 분야의 화물들이 항공운송을 이용하기에 이르렀다. 항공화물운송은 대형 화물전용기의 출현으로 수송력의 증대, 단위당 운항원가의 절감 및 운임의 저렴화가 실현되었고, 또한 종합물류원가개념(total physical distribution cost concept)으로 기업의 물류관리 중요성이 크게 부각되면서 항공화물의 이용범위도 크게 확대되었다.

단순히 운임만을 비교하면 항공운송이 해상운송보다 훨씬 높지만 총원가 면에서 보면 항공운송이 해상운송보다 더 저렴할 수도 있기 때문에 항공운송을 이용하는 수요가 점차 증가하고 있는 것이다. 항공화물운송은 신속성 · 안전성 · 확실성 이외에도 항공운송의 이용으로 얻을 수 있는 경제적인 이점은 매우 많다.

운송수단별 장단점 비교

구분	항공운송	해상운송	육상운송	
운송수단	항공기	선박	철도	도로
수송량	중·소량, 고부가가치 화물의 장거리수송에 적합함	대량, 중량화물의 장거리수송에 적합함	대량·중량화물의 장거리수송에 적합함	대량·중량화물의 장거리수송에 적합함
운임	운임은 해상운임의 20배이며 비탄력적임	장거리수송 중에는 가장 저렴하며, 운임은 비교적 탄력적임	중거리수송일 때는 적합하나 운임은 비탄력적임	단거리수송에 적합하며 운임은 가장 탄력적임
안전성	안전도가 비교적 높음	안전도가 비교적 높지 않음	사고에 대한 안전도가 비교적 높음	사고에 대한 안전도가 가장 낮음
기후	기후가 나쁠 때는 거의 운항 중지	기후의 영향을 많이 받음	전천후 수송수단	기후의 영향을 조금 받음
복합일관 수송	복합일관수송을 위해서는 해·육운송과의 연계필요	육상수송의 연계로 복합일관수송의 중심운송수단임	일관수송체제는 트럭의 연계 없이는 불가	복합일관 수송을 위해서는 해·공운송과의 연계 필요
중량	중량제한을 완전히 받음	중량제한이 완전하지 않음	중량제한을 거의 받지 않음	중량제한을 받음
신속성	수송시간이 가장 짧음	수송시간이 가장 김	수송시간이 다소 김	수송시간이 보통임
화물유통 관리비	포장비는 싸며 하역비는 비교적 비싼 편임	하역·포장·보관비가 가장 비쌈	하역·포장·보관비가 비교적 저렴함	포장·보관비가 비교적 싸며 하역비는 거의 없음
배차 및 배선	적기에 항공 편이 마련되어 있지 않을 때가 있음	적기의 배선이 그렇게 용이하지는 않음	적기에 배차 다소 불편	적기에 배차가 아주 편리함
화물의 수취	대단히 불편	대단히 불편	철도역에서의 화물수취가 불편	화물수취가 편리

③ 항공화물운송의 대상품목

현재 항공화물로 운송되고 있는 품목은 일반적으로 다음과 같이 분류할 수 있다.

첫째는 급송을 요하는 품목이다. 둘째는 중량에 비해 고액이고 중요한 품목으로서 운임부담이 있는 것이다. 셋째는 항공운송수단이 다른 운송수단보다 싸거나 동일한 정도인 품목이다.

④ 항공화물운송의 예약, 접수 및 취급절차

항공화물의 예약

항공화물은 신속을 요하는 화물인 만큼 예약(booking)을 확실히 해야 하는데, 예약은 보통

항공화물대리점이 하주를 대신하여 항공화물의 내역을 항공회사에 통보하며, 이때 항공운송장(Air Waybill) 번호, 화물의 포장개수, 중량, 용적, 출발지, 목적지, 예약, 항공편, 출발일자, 하주명, 대리점 등을 통보한다. 항공회사의 예약 담당자는 신청을 받는 즉시 해당 편의 탑재여부를 통보하며, 예약가능여부는 컴퓨터에 의해 자동적으로 판단된다.

항공화물의 Pick-Up

항공화물운송은 해당 화물을 각종 서류와 함께 지정된 장소에서 신속하게 픽업하는 것에서부터 시작된다. 대리점 또는 혼재업체가 하주의 공장, 창고 또는 사무실에서 화물을 픽업할 경우 대부분의 화물은 유환화물로서 상품가치에 대한 보상을 받고 판매하는 물품 등이며, 때로는 무환화물로 분류되는 것도 있는데 통상 샘플(sample)로 통칭되며, 특송입세에 주로 의뢰하는 상업서류도 있다.

항공화물의 접수

항공회사는 항공운송을 위한 포장, 시내(내륙)운송, 서류준비 등의 절차가 대리점(혼재업자)을 통하여 이루어지기 때문에 접수 또한 대리점을 통한다.

항공수출입화물의 취급절차

수출항공화물의 흐름

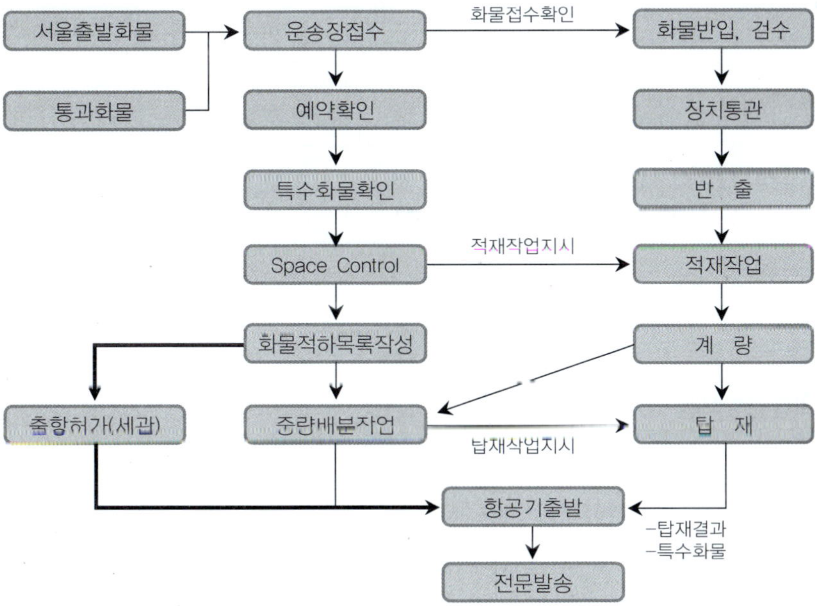

⑤ 항공운송주선업(Air Freight Forwarder, Consolidator)

항공기를 스스로 운항하지는 않지만 개개의 송하인과 운송계약을 체결하고 운송책임을 부담하며, 수탁(집하)한 화물을 하나의 화물(One Lot)로 모아서 스스로 송하인이 되어 항공회사에 운송을 위탁하는 것이다. Air Freight Forwarder는 Ocean Freight Forwarder와 마찬가지로 운송수단을 갖고 있지는 않지만 자체적으로 설정한 요율 및 운송약관을 적용하고 House Air Waybill을 발행한다. 이러한 포워더들이 행하는 혼재운송 부분을 강조하여 혼재업자(consolidator)라고 부르기도 한다.

혼재업자(consolidator, forwarder)의 주요 기능(역할)은 전술한 항공화물대리점의 역할은 물론 수출항공화물의 출발, 환적, 도착 등 일련의 화물이동을 Following-up한다. 수입항공화물취급의 경우 수입통관 및 Door to Door Delivery를 위한 조치를 취하며, 수하인(수입업자)을 위한 수입관세 지급도 주선한다.

대리점 및 혼재업자의 업무대조표

내용	Agent(대리점)	Consolidator(혼재업자)
자체 Tariff	무 항공사 Tariff 사용	유 자체 Tariff 사용
운송약관	항공사 약관에 준함	자체 약관에 준함
수하인	매 건당 Consignee가 됨 (Master AWB)	Break Bulk Agent가 Consignee가 됨 (Break Bulk Reforwarding)
이익	IATA 5% 커미션이나 기타 수수료를 받음	항공운임 중량절감에 의한 하주 수령금과 항공지불운임과의 차액을 이익으로 하거나 IATA 5%를 받음
항공사와의 관계	항공사 Master AWB 사용	자체 House AWB 사용

⑥ 항공화물운송서류

항공운송장의 의의

항공운송장(Air Waybill: AWB)은 항공화물운송을 위한 가장 기본적인 서류이다. 이것은 마치 해상운송에 있어서의 선하증권, 항공여객운송에 있어서의 항공권과 같은 기본적인 증권이다. 항공운송장은 일반적으로 'Air Waybill'이라고 부르지만, 유럽이나 미국에서는 'Consignment

Note'라고도 부르며, 이것들은 같은 증권에 속한다. Air Waybill과 유사한 것으로 Air bill이 있는데, 이것은 미국의 국내선 항공회사가 발행하는 것과 혼재업자가 발행하는 것이 있다.

항공회사가 발행하는 Air Waybill과 혼재업자가 발행하는 Air Waybill을 구분하기 위하여 항공회사가 혼재화물을 커버하기 위해 발행하는 운송장을 Master Air Waybill이라고 부르며, 혼재업자가 혼재화물을 구성하는 개별송하인의 화물에 대해서 발행하는 Air bill은 House Air Waybill 또는 House Air Waybill이라고 부른다.

항공운송장의 성격

항공운송장은 해상운송에 있어서 선하증권(B/L)과 같은 기능을 하고 있지만 그 법률적 성격에 있어서는 상당한 차이가 있다. Air Waybill은 B/L과 달리 단순한 화물운송장이지 유가증권은 아니다. 또한 수취식이고 원칙적으로 기명식이며 비유통성(비양도성)이다.

이에 반해 선하증권은 운송품의 수취 또는 선적을 확인하고 양하지(도착지)에서 그것(B/L)과 상환으로 운송품을 인도하는 것을 약속한 수취증이며, 또한 선하증권의 뒷면에 배서하여 양도함으로써 운송품의 소유권을 이전시킬 수 있는 유가증권 즉 권리증권(Documented Title)이다. 선하증권은 법률적 성질은 물권적 유가증권이고, 채권적 유가증권이며, 처분증권이다. 또한 요인증권이며, 지시증권이고 문언증권이다.

항공운송장의 구성

항공운송장은 원본 3장과 부본 6장으로 발행하는 것을 원칙으로 하나, 항공사에 따라서 부본을 5장까지 추가할 수도 있다. 대한항공의 항공운송장은 원본 3장 부본 9장, 합계 12장으로 구성되어 있다. 따라서 화물운송장의 매수는 항공사의 필요에 따라 정해진다.

원본과 사본은 사용목적이 명시되어 있으며, 사용목적에 따라 해당되는 원본이나 부본을 뜯어 사용할 수 있도록 만들어져 있다. 또한 항공운송장의 부본은 여러 가지 목적에 따라 별도의 항공운송장 부본을 복사하여 사용할 수 있도록 하고 있다.

⑦ 항공화물운송과 국제조약

국제항공관계를 규정한 조약으로 바르샤바조약(Warsaw Convention)이 있다. 이 조약은 국제간의 여객, 수하물 및 화물의 운송에 있어서 사법관계를 규정한 것이다.

Air Waybill과 Bill of Lading의 차이

항공운송장(Air Waybill)	선하증권(Bill of Lading)
유가증권이 아닌 단순한 화물수취증	유가증권
비유통성(Non-Negotiable)	유통성(Negotiable)
기명식	지시식(무기명식)
수취식(창고에서 수취하고 AWB 발행)	선적식(본선선적 후 B/L 발행)
수령증권이 아님	수령증권
송하인이 작성	운송인이 작성

항공화물 혼재업자 업무절차

혼재업자

- 항공기 없는 항공사
- 자체 설정 화물요율 적용
- 자체 운송약관 적용
- 자체 운송장(House Air Waybill) 발행

혼재업자의 계약 대리점

↓

항공사의 운송수단을 이용하여 항공사와 같은 입장으로 송하인에 판매교섭
(대리점으로서 송하인을 위한 화물을 Pick-up, 트럭의 운송, 포장, 통관서류 작성)

↓

송하인과 혼재업자간의 운송계약을 체결하기 위해 혼재업자용 운송장(H/AWN) 발행

↓

통관수속주선 — 통관업자

↓

여러 개의 화물을 목적지별로 하나의 화물로 혼재

↓

혼재업자를 송하인으로 한 항공운송장(M/Air Waybill)을 발행하고 혼재화물을 공항의 항공사에 인도

↓

각 목적지에 있는 혼재업자를 수하인으로 한 화물발송

↓

목적지의 Break Bulk Agent에서 실수하인 단위로 혼재화물의 분류작업 및 인도

2. 육상운송

(1) 육상운송의 의의와 특성

육상운송은 철도나 자동차에 의한 육로운송을 말한다. 철도운송은 한 번에 대량화물의 수송이 가능하며, 대량화물의 원거리운송운임이 경제적일 뿐 아니라 안전하지만, 고정비가 많이 들고 철도시설의 완비가 되어 있어야만 하는 단점이 있다.

한편, 자동차운송은 운송의 시작과 도착을 마감하는 중요한 운송수단으로, 철도운송의 보조수단으로 출발하여 LCL화물의 수송에 이용되고 있다. 또 자동차운송은 철도보다 신속하고 운임이 저렴하여 해상운송과의 연계에서 많이 사용되고 있다.

(2) 육상운송서류

육상운송서류에는 화물수탁증(consignment note)과 철도화물수탁증(railway consignment note)이 있다. 이 서류들은 육상운송에 사용되는 국제적으로 인정된 운송증권으로, 통상 3부 작성하여 송하인과 수하인이 각각 1부씩 보관하고 나머지는 화물과 함께 수하인에게 송부한다. 이 서류는 운송계약체결과 화물수령의 추정적 증거가 되며, 비유통증권으로 권리증권이 아니다. 그렇기 때문에 발급되지 않았거나 분실된 경우라도 운송계약의 효력에 영향을 미치지 않는다.

(3) 육상운송에 관한 국제규칙

철도에 관한 국제규칙은 CIM조약[international convention concerning the carriage of goods by rail: CIM(1970)]이 있으며, 자동차화물운송에 적용되는 조약에는 CMR조약(convention relative au contract de transport international de merchandise par route)이 있다. 운송인의 책임에 있어서 CMR조약과 CIM조약(1970)은 엄격책임주의(strict liability)를 채택하고 있다.

3. 국제복합운송

(1) 국제복합운송의 의의

국제복합운송은 국제간의 물품운송을 복수의 수송수단에 의해 문전에서 문전까지의 일관수송을 지향하는 수송방식이다. 이를 세분하면 복합운송은 국제간에 이루어지는 화물운송이며, 다른 두 가지 이상의 운송수단을 조직적이고 유기적으로 결합해 모든 운송구간에 걸쳐 운송서비스를 제공할 뿐 아니라, 단일의 운송계약에 의해 복합운송인이 일관해서 운송책임을 지는 형태의 운송이다.

(2) 국제복합운송의 기본요건

국제복합일관운송이 되기 위해서는 ❶ Through Rate ❷ Through(or multimodal transport) B/L ❸ Single Carrier's Liability라는 세 가지 요건이 충족되어야 한다. 이 가운데 문제가 되는 것은 세 번째의 단일운송인책임제도(Single Carrier's Liability system)로 Network Liability system과 Uniform Liability system 사이에는 아직까지 문제해결이 완결되지 못하여 마찰이 계속되고 있는 실정이다.

(3) 국제복합운송인의 유형

실제의 복합운송에서는 스스로 운송수단을 소유하여 구간운송을 주도하는 실제운송인(육상운송인과 해상운송인 또는 항공운송인)이 다른 운송수단을 소유한 구간운송인이나 운송의 실행에 관여하는 다른 운송인 등 기타의 자를 하청운송인(sub-carrier) 또는 운송의 이행보조자로 이용하여 복합운송업무를 수행하거나, 또는 다른 운송인과 공동으로 혹은 다른 운송인이 당초 하주와의 통운송계약관계에 가입하는 형태로 복합운송을 실행하는 경우가 있다.

또한, 복합운송인에는 NVOCC(non-vessel operating carrier)와 같이 스스로 운송수단을 소유하고 있지 않거나 직접 선박을 운항하지 않는 운송주선인이 복합운송인이 되어 여러 실제운송인을 하청운송인으로서 이용하는 경우도 있다.

(4) 국제복합운송의 주요 경로

① 해·육복합운송

American Land Bridge(ALB)

극동의 주요 항구로부터 북미 서안의 주요 항구까지 해상으로 운송하여 내륙운송(육상운송)을 철도에 연결, 북미 동남부항에서 다시 해상운송으로 유럽지역 항구 또는 유럽 내륙까지 일관수송을 말한다.

Canadian Land Bridge(CLB)

ALB와 같은 형태로 밴쿠버 또는 시애틀까지 해상으로 운송하고 그곳에서 캐나다의 철도를 이용, 몬트리올에서 대서양의 해상운송에 접속하여 유럽 각 항구로 수송하는 복합운송경로를 CLB라고 한다.

Mini Land Bridge(MLB)

MLB는 미국 서안에서 철도 등의 내륙운송을 거쳐 미국 동안(대서양 안) 또는 걸프지역 항만까지 수송하는 해륙복합운송이다. 즉, 극동－미 서해안항까지 해상운송을 한 다음 그곳에서 철도 또는 철도－도로운송으로 미국의 동해안, 걸프지역까지 내륙운송함으로써 파나마운하를 경유하는 해상운송보다 수송시간을 단축할 수 있다.

Interior Point Intermodal(IPI)

로키산맥 동부의 내륙기점가지 수송하는 것으로 시카고 또는 주요 수송거점까지 철도운송하고 하주 문전까지 도로로 운송하는 복합운송시스템이다. 선사의 책임으로 통운임과 통선하증권(Through B/L)을 발행하여 주요 수송거점으로부터 2~3일 내에 문전 수송서비스가 이루어진다. Micro Land Bridge(MLB)이라고도 한다.

SLB 운송시스템

극동지역에서 유럽과 중동행의 화물을 러시아의 극동항구인 보스토치니 항으로 수송한 다음 시베리아의 서부 국경에서 유럽지역으로 또는 그 반대 루트로 운송하는 시스템이다. 시베리아철도를 이용한다고 하여 TSR이라고도 한다.

Trans China Railway(TCR)

중국 연운항에서 시작하여 러시아 접경지역인 아라산쿠 경유 러시아를 통과하여 로테르담까지 연결되는 철도로서 CLB(China Land Bridge)이라고도 한다.

② 해·공복합운송

해 · 공(Sea & Air)복합운송은 해상운송이 가지는 저렴함과 항공운송이 갖는 신속성이라는 양자의 최대 장점을 효과적으로 결합한 운송방식이다. 항공운송보다는 싸게, 해상운송보다는 빠르게 운송되는 복합운송방식이라는 관점에서 경제적인 운송방식이라 할 수 있다.

구주항 복합운송경로

복합수송루트	창설연도 및 창설자
Siberian Landbridge: SLB	1967년 MAT Transport, 1971년 Juro
American Landbridge: ALB	1972년 Seatrain
Canadian Landbridge: CLB	1979년 일본의 미쯔비시 창고사와 캐나다철도(CPR) 공동개발
북미서안 경유 Sea / Air	1964년 Air canada
러시아 경유 Sea / Air	1964년, 1968년 Aeroflot
동남아시아 경유 Sea / Air	1982년 포워더
구주항로 경유 일관수송(All Water)	1971년 구주운임동맹

가장 일반적으로 행해지고 있는 해 · 공복합운송방식으로는 일본, 한국을 비롯한 극동-북미 서안의 태평양항로에서는 해상운송을 이용하고, 미국 내 및 대서양에서는 항공운송을 이용하여 미국 중 · 동부 및 유럽 각지로 수송하는 방식이다.

(5) 복합운송증권

① 복합운송증권의 의의

복합운송증권(multimodal transport document: MTD)이란 선박 · 철도 · 항공기 · 자동차에 의한 운송방식 중 적어도 두 가지 이상의 다른 운송방식에 의하여 운송물품의 수탁자와 인도자가 상이한 국가의 영역간에 이루어지는 복합운송계약을 증명하기 위해서 복합운송인이 발행한 증권을 말한다.

② 복합운송증권의 발행형식과 유통성

복합운송서류의 발행형식에는 발행인과 명칭에 따라 여러 종류가 있으나, 무역금융 및 화환취 결과 관련하여 가장 중요한 것은 유통성의 여부에 의한 발행형식이라 할 수 있다. 복합운송서류는 유통성여부에 따라 유통성(negotiable)과 비유통성(non-negotiable)으로 구분되고, 유통성서류는 작성방법에 따라 지시식(to order)과 소지인식(to bearer)으로 구분할 수 있다.

통상적으로 유통성 복합운송서류는 선하증권과 같은 법적 기능을 구비하여 화환담보로서의 기능과 편익을 제공하는 유가증권이기 때문에, 대부분 지시식으로 발행되어 배서에 의해 또는 백지배서(endorsement in blank)인 경우에는 단순한 교부에 의하여 양수인에게 양도될 수 있으나, 수하인을 지정하지 않고 단순히 수하인란에 "on order"로 표시된 무기명식 증권은 배서 없이도 타인에게 양도할 수 있다. 한편 복합운송서류가 비유통성의 형대로 발행된 경우에는 지정된 수하인을 서류에 명시하도록 하고 있다.

UN, ICC 및 UNCTAD 복합운송증권규칙 비교

Rules / 항목	UN 국제복합운송조약 (1980)	UNCTAD/ICC 복합운송 증권규칙(1992)
적용범위	복합운송인이 화물을 수취하는 지점 및 화물을 인도하는 지역 또는 "or"에 의해 연결되어 있는 경우 자국이 이 조약의 체결국이 아니더라도 상대국이 체약국이면 (반대의 경우도 포함)이 조약이 적용됨	이 규칙을 복합운송계약에 삽입시키는 경우 이 규칙이 적용되며, 이 경우 단일 운송 계약 또는 복합 운송 계약이냐에 관계없이 적용됨
책임체계	Uniform System	Modified Uniform 체계
책임원칙	과실책임원칙(다만, 운송인의 기증책임 있음)	상동
배상금액 및 책임한도	1 package 또는 1 unit당 920 SDR 또는 1kg 당 2.75 SDR 중 높은 금액 컨테이너, pallet으로 운송되는 경우의 포장수 등을 세는 방법은 Hague－Visby Rules와 Ham－burg Rules와 동일함	복합운송인이 물품을 인수하기 전에 송하인이 물품의 종류와 가액을 통보하고 또한 이를 복합운송증권에 기재한 경우를 제외하고 매 포장당 또는 매단위당 666.67SDR, 멸실 또는 손상 물품의 총중량에 대한 매 kg당 2SDR 중에서 높은 쪽의 금액을 초과하지 않는 범위내에서만 책임을 짐

(6) 복합운송에 관한 국제조약 및 규칙

국제복합운송을 직접 규율하는 국제적인 법규는 다양하게 제정되어 있으며, 구체적으로 복합운송관련법규의 제정과정상 법전의 역할을 하는 TCM조약안과 1973년 제정된 ICC복합운송서류 통일규칙, 공법의 차원에서 향후 발효가 기대되는 UN복합운송조약 및 1992년에 발효된 UNCTAD/ICC 복합운송서류에 관한 통일규칙 등이 있다.

제10장 수출대금회수 및 화환어음취결과 결제

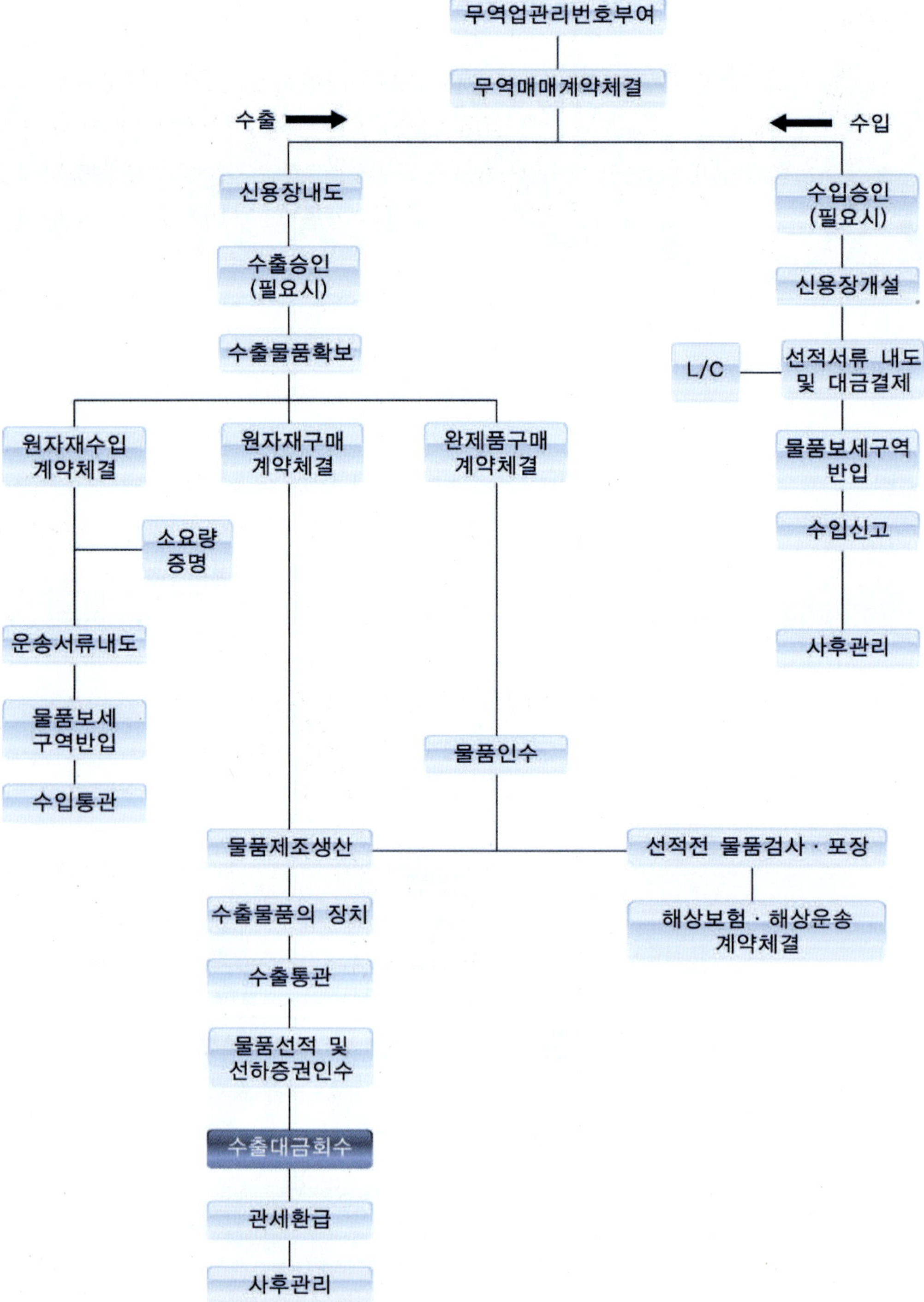
무역업관리번호부여
무역매매계약체결
수출
수입
신용장내도
수출승인 (필요시)
수출물품확보
원자재수입 계약체결
원자재구매 계약체결
완제품구매 계약체결
소요량 증명
운송서류내도
물품보세 구역반입
수입통관
물품인수
물품제조생산
선적전 물품검사 · 포장
해상보험 · 해상운송 계약체결
수출물품의 장치
수출통관
물품선적 및 선하증권인수
수출대금회수
관세환급
사후관리
수입승인 (필요시)
신용장개설
L/C
선적서류 내도 및 대금결제
물품보세구역 반입
수입신고
사후관리

제1절
외환결제의 기초

1. 외국환의 의의

환(exchange)이란 격지자간에 있어서의 대차결제를 현금을 직접 수송하지 않고 은행의 중개에 의해 어음이나 수표 등의 신용수단으로 결제하는 방법을 말한다.

외국환의 본래의 목적은 현금의 수송에 의하지 않고 안전하고 저렴하게 또한 간단하고 신속하게 외국과의 대차(貸借)를 결제하고 조정하는 데 있다. 채권자나 채무자의 한쪽이 외국에 있는 경우의 환을 외국환이라 하고, 동일 국가 내에 있는 경우를 내국환이라 한다.

2. 외국환의 특징

환의 원리는 내국환과 외국환이 모두 격지자간의 대차결제방법이며, 은행이 중개하고 어음이나 수표 등의 신용수단을 이용한다는 점에서 같다. 그러나 외국환은 내국환과 다른 몇 가지 특징이 있다.

첫째, 환거래당사자의 소재지이다.

둘째, 환결제의 형태이다.

셋째, 환율문제이다.

넷째, 선물환제도의 이용이다.

다섯째, 결제를 위하여 이용되는 신용수단의 문제이다.

여섯째, 국제수지와의 관련이다.

3. 외국환의 형태

(1) 송금환과 추심환

외국환은 대외지급수단이며 국가간 대체결제수단이기 때문에 자금의 수수가 필수적인데, 이때 자금을 보내는 방법을 송금환이라 하고 자금을 청구하는 방법을 추심환이라 하며, 전자를 순환(順換), 후자를 역환(逆換)이라고도 한다.

(2) 당발환과 타발환

외국으로 자금을 송금하기 위해서는 해당 국가의 은행을 각각 경유하여야 하는데 환거래의 시발점이 되는 은행을 당발은행이라 하고 당발은행에서 취급하는 외국환을 당발환이라 한다. 그러나 같은 거래가 종결되는 은행 측에서 보면 송금환은행은 타발은행이 되고, 상대 측 송금은행이 취급한 외국환은 타발환이 된다.

(3) 매도환과 매입환

외국환은행의 업무는 외국환과 원화의 교환 즉 외환매매의 형태로 수행된다. 이때 외국환은행이 원화의 수납의 대가로 외국환을 매각하는 경우 이것을 매도환이라 하며 수입어음결제가 대표적인 예이다. 반대로 원화의 지급을 대가로 외국환을 받아들이는 것을 매입환이라 하며 수출환어음 매입(negotiation)이 그 예이다.

(4) 보통환과 전신환

외국환의 결제는 예치환거래은행이 자행예금계좌에서 차기(debit)함으로써 종결되는데, 이 과정에서 예치환거래은행에게 자행예금을 인출(debit)하도록 지시하는 방법이 우편으로 전달되면 이는 보통환으로서 환어음과 송금수표가 이용수단이며, 자금이 신속히 전달되어야 하는 경우에는 전신으로 결제를 지시하는 전신환의 방법이 이용된다.

4. 외국환의 자금결제방식

(1) 송금환

송금환(remittance)은 당발송금환과 타발송금환으로 분류한다. 당발송금환(outward remittance)이란 국내의 송금인 또는 채무자가 외국의 수취인이나 채권자에게 자금을 송금할 목적으로 외국환은행에 송금대전을 원화 또는 외화로 지급하고 외국에 있는 수취인이나 채권자에게 송금하여 줄 것을 청구함으로써 성립된다.

타발송금환(inward remittance)이란 외국의 송금인 또는 채무자로부터 국내의 수취인이나 채권자에게 자금이 송금되어 온 경우에 외국환은행이 송금되어 온 외화를 매입하고 수취인이나 채권자에게 그 대전을 원화로 지급함으로써 성립된다.

당발송금환은 주로 해외지사 등의 유지활동비 송금, 해외유학생의 학비 송금, 도서구입비, 보험료, 통신료, 해외시험응시료 등 무역외지급거래의 지급수단으로 많이 활용되고, 타발송금환은 주로 해외교포의 대(對)본국송금, 해외취업자의 대본국송금, 종교단체의 기부금송금 등에 이용된다.

① 송금환의 종류

송금환의 종류에는 송금수표(D/D), 우편송금환(M/T)및 전신송금환(T/T)의 세 가지가 있다.

송금수표(Demand Draft: D/D)

송금인이 발행은행으로부터 교부받은 송금수표를 직접 수취인에게 송부하고, 이를 받은 수취인은 송금수표에 기재되어 있는 지급은행에 지급제시하여 그 송금대전을 찾는 방법이다.

우편송금환(Mail Transfer: M/T)

송금은행이 지급은행 앞으로 수취인에게 일정금액을 지급하여 줄 것을 위임하는 지급지시서(payment order)를 발행하여 지급은행에 직접 우편으로 송부하여 주는 방법이며, 주로 시급을 요하지 않는 송금, 소액송금 등에 많이 이용된다.

전신송금환(Telegraphic Transfer: T/T)

우편송금환과 같은 지급지시방법에 의하여 송금하나, 지급지시를 전신으로 하는 점이 다르다. 전신송금환은 거액송금, 시급을 요하는 송금 등에 많이 이용되며, 신속하고 편리하나 전신료가 우편료보다 비싸므로 그만큼 비용부담이 크다.

② 송금환의 흐름

송금수표의 흐름

㉠ 송금인은 자기의 거래외국환은행(송금은행)에 송금대전을 입금시키고 송금수표의 발급을 의뢰한다.

㉡ 송금은행은 수취인의 거주지역이나 인근에 소재하는 자행의 환거래은행을 지급은행으로 하는 송금수표를 발행하여 이를 송금인에게 교부한다.

㉢ 송금은행은 지급은행 앞으로 송금수표의 발행을 통지함과 동시에 결제은행에게 송금대전을 자행계좌에서 차기하여 지급은행계좌에 대기할 것을 지시한다.

㉣ 한편 송금인은 교부받은 송금수표를 수취인 앞으로 송부한다.

㉤ 수취인은 그 송금수표를 지급은행에 제시한다.

㉥ 지급은행은 제시된 송금수표와 송금수표발행통지서를 대조한 후 송금대전을 수취인에게 지급한다.

㉦ 결제은행은 송금은행의 차기지시서(debit authorization)에 의하여 동행의 당좌예치계정을 차기하여 지급은행의 계정에 대기한 후, 송금은행에게는 차기통지서(debit advice)를, 지급은행 앞으로는 대기통지서(credit advice)를 각각 송부한다. 그러나 지급은행이 송금은행의 예치환거래은행(depositary correspondent bank)일 경우에는 결제은행(reimbursing bank)을 별도로 선정할 필요가 없다. 따라서 이 경우에는 자금을 결제하기 위하여 송금수표발행통지서를 차기지시에 갈음할 수 있다.

우편 및 전신송금환의 흐름

㉠ 송금인은 자기의 거래외국환은행에 송금대전을 입금시키고 송금의뢰를 한다.

㉡ 송금의뢰를 받은 송금은행은 수취인의 거주지 또는 인근에 소재한 자행의 환거래은행 중에서 지급은행을 선정하여 전신 또는 우편으로 지급지시를 한다. 이와 동시에 결제은행 앞으로 우편 또는 전신으로 차기지시를 한다.

㉢ 지급은행은 수취인에게 송금도착을 통지한다.

㉣ 송금도착통지를 받은 수취인은 지급은행 앞으로 지급청구를 하여 송금대전을 지급받는다.

㉤ 결제은행은 송금은행의 차기지시에 의하여 동행의 당좌예치계정을 차기하여 지급은행의

계정에 대기시킨 후, 송금은행 및 지급은행 앞으로 즉각 차기통지서 및 대기통지서를 송부한다. 여기서도 송금수표의 경우와 마찬가지로 지급은행이 송금은행의 예치환거래은행인 경우에는 별도의 결제은행을 선정하지 않고 지급은행에게 송금은행의 계정에서 직접 차기하여 지급할 것을 지시한다.

(2) 추심환

추심환(collection)이란 송금환과는 반대로 채권자가 자금을 청구하는 역환이다. 즉 고객으로부터 지급지가 외국으로 되어 있는 외화수표 또는 어음 등의 현금화를 요청받아(은행이 외국환을 매입하거나, 매입을 의뢰받은 형태로 나타남) 직접 지급은행에 대하여 또는 환거래은행을 통하여 대금을 청구·지급받는 과정을 말한다.

① 추심환의 종류

추심은 추심의 방향에 따라 당발추심(outward collection)과 타발추심(inward collection)으로 구분할 수 있다. 전자는 국내은행이 지급지가 외국인 외화수표나 어음을 매입하거나 매입의뢰를 받아 지급은행에 직접 또는 환거래은행을 통하여 대금을 청구하는 것이다. 후자는 이와 반대로 해외은행으로부터 외국환이 우송되어 와 해당외국환의 채무자 즉 지급인에게 추심대금을 결제하도록 연락하여 동 대전을 지급받아 해외은행 앞으로 송금해 주는 것이다.

또한 추심은 추심전매입(bill purchased: B/P)과 추심후지급(bill colleced: B/C)으로 구분할 수 있다. 전자는 수표 등의 대금을 먼저 고객에게 지급하고 사후에 추심을 하는 것이고, 후자는 추심에 의해 대금이 해외거래은행의 계좌에 입금되었다는 통지를 받고 추심의뢰인에게 대금을 지급하는 것이다.

② 추심전매입환의 흐름

㉠ 어음(수표)의 소지인인 추심의뢰인은 자기의 거래외환국은행(추심의뢰은행)에 추심을 의뢰한다.

㉡ 추심의뢰은행(매입은행)은 외화수표나 어음 등을 추심 전에 먼저 매입하고 대전을 추심의뢰인에게 지급한다.

㉢ 추심의뢰은행은 매입한 외화수표나 어음 등을 지급인에게 지급·제시한다.

㉣ 환거래은행(추심은행)은 송부되어 온 외화수표나 어음 등을 지급인에게 지급·제시한다.

㉤ 추심은행은 지급인으로부터 추심대전을 수납한다.

㉥ 추심은행은 추심의뢰은행 앞으로 추심을 위탁한 수표나 어음 등이 결제되었음을 통보함과 동시에 결제은행 앞으로 추심은행계정에서 동 대전을 차기하여 추심의뢰계정에 대기시킬 것을 지시한다.

㉦ 결제은행은 추심의뢰은행에게 추심대전이 동행의 계정에 대기되었음을 통지한다. 이 경우에도 추심은행이 추심의뢰은행이 예치환거래은행일 때에는 별도의 결제은행이 불필요하므로 직접 추심은행이 동행이 보유하고 있는 추심의뢰은행계정에 입금시킨다.

③ 추심후지급환의 흐름

추심의뢰인으로부터 외화수표나 어음 등을 직접 매입하지 않고 추심만을 위임받아 행하는 것이 다른 뿐 그 밖의 흐름에 있어서는 추심전매입환의 흐름과 차이가 없다.

5. 환어음제도에 의한 무역결제

수출상사가 외국환으로 무역대차를 결제하는 방법은 수출업자가 발행하는 화환어음을 많이 이용하고 있다. 수출화환어음은 수출상이 외국의 거래처에게 계약물품을 수출하였을 때, 그 수출품을 증권화하여 일조(One set: 一組)의 운송서류를 정비하고 이것을 담보로 수입상 앞으로 환어음을 발행하여 이 어음을 매매의 형식으로 외국환은행에 양도하고 그 대금을 수취하는 방법이다.

6. 환어음의 종류

수출입대금의 결제에 사용되는 유가증권으로는 환어음(bill of exchange), 전신환(telegraphic transfer), 우편환(mail transfer) 및 수표(cheque) 등이 있지만 일반적으로 환어음을 발행하여 화환어음을 취결함으로써 대금을 회수하며, 이때 환어음은 신용장에 의하여 지급을 확약받는다.

(1) 일람출급어음과 기한부어음

일람출급어음(sight bill)은 제시되는 즉시 지급되어야 하는 어음이며, 기한부어음(usance bill)은 발행 또는 제시 후 일정시간이 지나서 지급되는 어음이다.

(2) 은행어음 · 은행인수어음 · 개인어음

은행어음(bank bill)은 은행이 지급하는 어음으로 가장 신용도가 높은 어음이다. 은행인수어음(bank acceptance bill) 은 수출상이 발행하고 외국환은행이 지급하는 어음으로 은행어음과 마찬가지로 신용도가 높다. 한편, 개인어음(private bill)은 수출상이 발행하고 수입상이 지급하는 어음으로 은행어음과 마찬가지로 신용도가 높다. 이때 수출상과 수입상이 본점과 지점간인 경우가 많으며 이를 house bill이라고 한다.

(3) 화환어음과 무담보어음

화환어음(documentary bill)은 어음에 운송서류가 첨부된 것이고, 무담보어음(clean bill)은 운송서류가 첨부되지 않은 어음이다.

(4) 내국환어음과 외국환어음

내국환어음(inland bill)은 어음의 당사자가 동일국가 내에 있는 경우이고, 외국환어음(foreign bill)은 어음의 당사자가 2개국 이상에 걸쳐 있는 경우 무역결제에 사용되는 환어음이다.

(5) 인수인도어음과 지급인도어음

인수인도어음(documentary acceptance bill)은 수입지의 은행으로부터 어음이 제시되었을 때 수하인이 어음의 대금을 지급하지 않고 다만 어음을 인수함으로써 운송서류를 수령할 수 있는 어음이며, 지급인도어음(documentary payment bill)은 수하인이 어음대금을 지급하지 않으면 운송서류를 거래은행으로부터 수령할 수 없는 어음이다.

7. 환어음의 준거법

환어음 가운데 외국환어음은 당사자가 2개국 이상에 걸쳐 있기 때문에 준거법이 문제가 되지만, 법규상 어음행위는 행위지의 어음법에 의하도록 되어 있다. 따라서 우리나라 수출상의 환어음은 우리나라의 어음법의 적용을 받지만 그 어음이 미국에서 발행되었다면 지급에 관하여는 미국의 어음법이 적용된다.

또한 외국환의 추심에 관하여는 각국의 법률이나 관습이 다르므로 국가간의 환어음거래는 1882년 영국에서 개정된 환어음법(bill of exchange Act 1882)과 국제상업회의소(ICC)에 의해 제정된 추심통일규칙(Uniform Rules for Collection 1995)에 의해 처리되고 있다.

제2절
환어음의 발행

1. 환어음의 의의

'환어음(bill of exchange or draft)'이란 국제거래에서 채권자가 채무자에게 채권 전액을 지시인 또는 소지인에게 일람출급 또는 기한부로 지급할 것을 무조건 지시하는 요식의 유가증권이다. 환어음에 운송서류가 첨부되면 '화환어음(documentary bill of exchange)'이라고 하고, 운송서류가 첨부되지 않으면 '무담보 환어음(clean bill)'이라고 한다. 그리고 환어음의 지급인이 일람하는 즉시 지급하도록 되어 있으면 '일람출급 환어음(sight bill or demand bill)'이라고 하고, 일람하여 일정기간이 경과한 후에 지급하도록 되어 있으면 '기한부 환어음(usance bill, time bill or term bill)'이라고 한다. 또한 환어음의 지급인이 은행으로 되어 있으면 '은행환어음(bank bill)'이라 하고, 그 지급인이 수입상과 같은 개인으로 되어 있으면 '개인환어음(private bill)'이라고 한다.

통상 무역거래에 사용되는 환어음의 발행인은 수출상, 지급인은 수입상 그리고 수취인은 매입은행이 된다. 그리고 환어음은 최초로 발행되어 매입과 인수와 지급이 이루어지는 동안에 여러 나라를 거치더라도 각각 행위지법의 적용을 받는다. 예를 들어 우리나라에서 발행된 환어음은 발행행위에 관련해서는 우리나라 어음법의 적용을 받는다.

2. 환어음의 당사자

환어음의 당사자는 ❶ 환어음을 발행하고 서명하는 '발행인(drawer)', ❷ 금전상의 일정금액을 지급하도록 지시된 '지급인(drawee)', ❸ 이 금액을 지급받도록 발행인에 의하여 지시된

'수취인(payee)' 그리고 ❹ 환어음을 점유하고 있는 '소지인(holder)' 등이 있다. 특히, 환어음의 발행인과 수취인은 같을 수도 있고 다를 수도 있으며, 환어음의 소지인이 문면상 완전하고 정규의 환어음을 소지하면 이를 '선의의 소지인(bona fide holder)'이라고 한다.

3. 환어음의 발행통수

국내에서 어음결제는 1부만을 발행하는 단독어음 또는 단일어음(sole bill: sola bill)으로 이루어지지만, 무역결제에서 사용되는 환어음은 우송 중의 분실 또는 연착에 의한 어음유통상의 장애를 방지하기 위하여 항상 같은 내용의 것을 2부 작성한다. 즉, 제1권(first of exchange)과 제2권(second of exchange)의 조어음(set bill, a set of bills)으로 발행한다. 제1권에는 운송서류의 원본(original)을 첨부하고 제2권에는 운송서류의 부본(duplicate)을 첨부하여 수출지의 은행에서 수입지의 은행까지 각각 다른 항공편으로 우송한다.

이와 같은 조어음의 경우 이중으로 지급되는 것을 방지하기 위하여 제1권의 어음 본문에는 "second of the same tenor and date being unpaid" 제2권에는 "first of the same tenor and date being unpaid"라고 인쇄되어 있다.

4. 환어음의 요건

환어음은 무조건의 지급지시이며 법정의 형식을 필요로 하는 요식증권이므로 어음의 효력 발생을 위해서는 반드시 일정사항이 기재되지 않으면 안 된다. 어음의 기재사항에는 어음이 성립하는 데 반드시 기재되어야 할 사항 즉 필수기재사항과, 기재하지 않아도 어음의 효력에 아무런 영향이 없는 사항 즉 임의기재사항이 있다. 우리나라 어음법 제1조에 규정되어 있는 필수기재사항은 다음과 같다.

(1) 필수기재사항

① 환어음의 문구

어음문구란 증권의 본문 중에 그 증권의 작성에 사용되는 국어로 환어음임을 표시하는 글의 구절이다. 예를 들어 영문에 의한 어음에는 "Bill of exchange", 프랑스어의 어음은 "ettre de change"이라는 문구를 기재하여야 한다. 한편, 환어음이 2부 이상 발행될 경우에는 각각 "FIRST BILL OF EXCHANGE" "SECOND BILL OF EXCHANGE" 등으로 표시하여 정본과 부본임을 구별한다.

② 일정금액의 무조건 지급위탁문언

환어음은 지급위탁증권이다. 따라서 지급의 위탁문구는 환어음의 징표이고 그 법률관계의 중핵이다. 그러므로 법도 "일정한 금액을 지급할 뜻의 무조건(unconditional)의 위탁" 문구를 기재할 것을 요구하고 있다. 일정금액을 지급한다는 뜻의 "Pay to ~the sum of~"가 이에 해당하며, 일정금액이란 US$100,000과 같이 단일화폐로 명기하는 것을 말한다. 따라서 "미화 만달러 또는 십만달러"라고 하는 선택적 기재 또는 "미화 만달러 이상 혹은 이하"라고 하는 최저액 또는 최고액의 기재만을 하는 것은 불법이다.

여기서 "PAY TO..." 다음에는 수취인을, "THE SUM OF..." 다음에는 지급통화와 금액을 문자나 숫자로 기재한다. 이 금액을 지급함에 있어 어떠한 조건을 붙이거나 지급방법이 한정되어 있으면 무조건의 지급지시가 될 수 없다.

무조건 위탁이란 지급에 조건이 없다는 뜻으로 "Pay to~"가 그것이다. 그러므로 예를 들어 "상품이 도착한 때에" 혹은 "귀하가 보관하고 있는 A회사의 예금 중에서" 또는 "만원짜리 지폐로써"라고 하는 것과 같이 지급에 조건을 붙이거나, 지급자금을 한정하거나, 혹은 지급방법을 한정한 때에는 어음은 무효이다.

③ 지급인의 명칭

환어음은 지급위탁증권이므로 발행인 이외에 지급인(drawee)이 있어야 한다. 어음법도 지급인의 기재를 어음요건으로 하고 있다. 이는 환어음 하단 좌측에 "TO..." 다음에 기재되는 자로서 환어음의 지급인을 의미한다. 일반적으로 지급인은 신용장상의 "drawn on..." 다음에 적힌 당사자를 기재한다. 신용장부 환어음의 경우, 지급인은 발행은행이나 발행의뢰인 앞으로 환어음을 발행하는 행위를 규제하고 있으므로 이에 유의하여야 한다. 그 밖에 환어음이 지급인은 개인이나 법인이 될 수도 있으며, 법인인 경우에는 상호만을 기재하는 것으로 족하다.

④ 만기(지급일)의 표시

만기(maturity)란 어음금액이 지급될 날로 어음상의 기재는 일자이다. 만기일(date of

maturity, due date)라고도 하며, 실무에서는 지급기일(date of payment)이라고도 한다. '만기'는 '지급을 할 날' 또는 '지급의 날'과는 다른 개념이다. 만기와 '지급을 할 날'과는 보통은 일치하지만, 만기가 법정휴일일 때에는 다음 최초영업일인 제1의 거래일이 지급을 할 날이 되므로 이 경우에는 양자가 구별된다. 또 지급일은 현실적으로 지급이 이루어진 날이다. 어음의 'at~'가 만기를 표시하는 문구이며, 만기의 종류는 다음과 같다.

일람출금 환어음(at sight)

지급인에게 제시되는 즉시 지급이라는 것으로 환어음에 "AT ××× SIGHT"라고 표시한다. 그리고 환어음에 일람출급 또는 기한부의 표시가 없는 경우에도 일람출금 환어음으로 본다.

일람 후 정기출급(At ~days after sight)

환어음이 지급인에게 제시된 후 일정기간이 경과하면 지급하라는 것으로 기한부 환어음의 일종이다. 환어음에는 "AT...DAYS OR MONTHS AFTER SIGHT"라고 날짜를 표시한다. 통상 일자는 지급인(인수인)이 인수의 의사를 표시한 날로부터 30, 60, 90일을 만기로 한다.

일부 후 정기출급(At~days after date)

환어음이나 선하증권의 발행일자로부터 일정기간이 경과하면 지급하라는 것으로 역시 기한부 환어음의 일종이다. 환어음에는 "at..days after the date of..."라고 만기일과 기준일을 표시한다. 예를 들어, 발행일로부터 3개월이라고 하는 것과 같은 만기가 그것이다.

확정일부출급(at~days after B/L date)

선하증권 발급일로부터 만기일을 정한다. 만기는 필수기재사항이므로 그 기재가 없는 때에는 어음은 원칙상 무효이다. 그러나 어음법은 단순히 만기의 기재가 없는 경우에 관하여 특히 구제규정을 두어서 "만기의 기재가 없는 때에는 일람출급의 환어음으로 본다"라고 하고 있다.

⑤ 지급지

환어음에는 지급일과 아울러 지급지를 명기하여야 한다. 지급지(place of payment)란 어음금액이 지급될 일정지역을 말한다. 지급지는 지급장소와 구별하여야 한다. 지급장소는 지급지 내에 있어서 지급이 행하여질 장소(지점)이다. 지급지는 실제로 존재하는 곳이어야 하며, 다만 지급지의 기재가 없는 때에는 지급인의 명칭에 부기한 곳에서 발행한 것으로 본다. 이는 환어음의 지급인이 표기된 "to..." 다음에 기재하는 지급인의 주소로 대신한다.

⑥ 수취인의 명칭

수취인(payee)이란 어음에 지급을 받을 사람으로 기재되어 있는 자를 말한다. 환어음에 수취인을 표시하는 데는 다음 세 가지 방법이 있다.

첫째, 기명식 환이음인 경우는 "pay to...bank, ltd"와 같이 환어음금액을 수취할 특정의 은행명을 명기하여야 한다.

둘째, 지시식 환어음인 경우는 확정된 장래의 특정 일자에 지급하라는 것으로 "pay to... bank. ltd or order" 또는 "pay to the order of..........bank, ltd"와 같이 기재한다. 신용장에서 요구되는 대부분의 환어음은 지시식으로 양도가능한 유통성을 지니고 있다. 지시식 환어음은 환어음상의 배서와 인도에 의하여 양도된다.

셋째, 지참인식 환어음인 경우는 "pay to bearer"와 같이 표시되고 환어음의 지참인이 지급청구권을 갖는다. 즉, 지참인식 또는 백지식 배서가 있는 환어유을 점유하고 있는 이른바 지참인(bearer)은 환어음의 단순한 인도에 의하여 이를 양도할 수 있다.

⑦ 발행일과 발행지의 표시

발행일이란 어음이 발행된 날로 어음에 기재된 일자를 말한다. 반드시 어음이 발행된 일자임을 필요로 하지 않고 발행한 일자보다 후의 일자를 기재할 수도 있고(선일자 어음), 혹은 이전의 일자를 발행일로 기재할 수도 있다(후일자 어음). 발행일을 필수기재사항으로 하는 것은 일람후정기출급어음의 만기일을 정하기 위하여, 또 일람출급어음과 일람후정기출급어음의 제시기간을 정하기 위하여 필요하기 때문이다.

발행지란 어음이 발행된 장소로 어음에 기재된 곳을 말하는 것이지, 실제로 발행된 곳과 일치할 필요는 없다. 발행지의 표시는 어음법상 필수기재사항이므로 그 기재가 없는 때에는 원칙적으로 어음은 무효이지만 구제규정을 두고 있다. 즉, 발행지의 기재가 없는 환어음은 발행인의 명칭에 부기한 곳을 발행지로 본다.

⑧ 발행인의 기명날인

환이음의 우측 하단에 발행인이 서명 또는 기명날인을 한다. 특히, 외국환어음인 경우에는 기명날인 대신에 영문으로 서명을 한다. 이는 환어음의 발행인이며 신용장의 수익자임을 의미한다.

(2) 임의기재사항

① 복본번호에 관한 문언

환어음은 일반적으로 2부를 한 조로 해서 발행되기 때문에 2부를 합하여 'set bill'이라고 한다. 이러한 번호가 없으면 복본으로 발행되어 2부가 각각 독립적으로 유통될 수도 있다. 이를 방지하기 위하여 환어음에 "this first bill of exchange(second of the tenor and date being unpaid)"로 기재된다.

복본으로 발행된 환어음은 각각이 법률적으로 동등한 효력을 갖기 때문에, 어느 1부에 의하여 지급이 완료되면 나머지 본은 자동적으로 효력이 소멸한다. 그리고 각각의 환어음은 발행자가 임의로 부여한 고유번호를 표기할 수 있다. 이는 별다른 의미를 지닌 것은 아니고 단지 참조용에 불과하다.

② 신용장번호, 발행은행 및 일자

신용장에 의하여 발행된 환어음인 경우에는 "drawn under...L/C no date..."로 기재되면, 이 란에는 관련 신용장의 종류, 번호, 발행일자 및 발행은행을 기재함으로써 당해 환어음이 특정신용장에 의하여 발행되었다는 것을 나타내게 된다.

③ 대가수령문언

환어음에 "value received and charge the same to account to..."라고 적혀 있다. 이 문언은 "value received..."와 "charge the same to account of..."로 구분해 볼 수 있는데, 전자는 환어음의 발행인이 대금을 수령하였음을 나타내는 문언으로 환어음이 수령증의 관습적인 기능을 나타내는 것이다. 후자는 환어음의 발행인이 지급인에 대하여 자신이 수령한 환어음의 대금을 "account of..." 다음에 기재한 발행의뢰인에게 징수하라는 명령이다.

5. 환어음 작성시 유의점

한어음의 발행인은 이를 작성할 때 다음과 같은 사항에 유의하여야 한다.

첫째, 어음금액은 반드시 문자와 숫자로 병기하며, 이들이 서로 일치하는지를 꼭 확인하여야 한다. 둘째, 어음금액은 이미 매입을 의뢰한 선대금액을 포함하여 신용장의 금액을 초과하지 않도록 하여야 한다. 셋째, 환어음은 한 번 기재한 후 이를 정정하지 않아야 한다. 넷째, 환어음을 복본으로 발행할 때에는 "First Bill of Exchange"와 "Second Bill of Exchange"의 표시를 확인하여야 한다. 이러한 표시가 없으면 각각의 환어음은 독립된 것으로 본다. 다섯째, 발행인의 서명은 은행에 제출된 서명감(署名鑑)과 일치하여야 한다.

환어음의 기재요령은 다음과 같다.

환어음의 예

BILL OF EXCHANGE

①NO. 123456　　BILL OF EXCHANGE, ②Seoul, ③May 2005
④FOR US$53,200.
⑤AT xxx SIGHT OF THIS FIRST BILL OF EXCHANGE(SECOND OF THE SAME TENOR AND DATE BEING UNPAID) PAY TO ⑥The Woori Bank of Korea, Ltd., OR ORDER THE SUM OF
⑦SAY US DOLLARS FIFTY THREE THOUSAND TWO HUNDRED ONLY;
VALUE RECEIVED AND CHARGE THE SAME TO ACCOUNT OF ⑧ Tokyo supply Ltd
⑨DRAWN UNDER The Miisubishi Bank, Ltd., Headoffice Tokyo, Japan
⑩L/C NO. U-1041509　　⑪DATE APRIL 17, 2005
⑫TO THE MIISUBISHI BANK, LTD.
HEADOFFICE, TOKYO

⑬K. K. TRADING CO.

780603-626 13(X)B-16B

① 어음번호

특별한 의미는 없고 다만 후일 잠조할 경우가 생길 때 편리하게 하기 위해서 기재한다.

② 발행지

환어음의 효력은 행위지 법률에 의해서 처리되므로 발행지를 꼭 표기하여야 한다. 발행지는 도시명까지만 표기해도 되므로 "Seoul, Korea"라고 기재하면 된다.

③ 발행일

어음의 발행인은 외국환은행이 어음과 함께 제시된 선적서류를 매입한 날짜이며, 이는 신용장 유효기일 이내여야 한다.

④ 금액

환어음의 금액은 상업송장금액과 일치해야 한다. 그러나 상업송장금액의 100% 이하로 어음을 발생하도록 신용장에 요구하는 경우에는 그 조건을 충족시켜야 하며, 신용장 문구는 다음과 같다. "available by your draft at sight on us for ~% invoice value"에서 ~%란에 98% 등과 같이 발행할 수 있는 어음금액을 표시해 주고 있다. 송장금액 전액에 대해 어음을 발행할 경우에는 "100% of invoice value" 또는 "full invoice value" 등과 같이 나타낸다.

⑤ 지급만기일 표시(결제조건)

어음상의 문언 중 at~sight of의 at~ 다음에 기재되는 것이 만기일(tenor)의 표시가 된다. 신용장의 조건에 따라 차이가 있지만 크게 일람출급과 기한부출급 두 가지로 구분된다. 일람출급일 경우 "at ××sight of"로 표시되며, 기한부일 경우 "at ××days after sight" 또는 "at ×× days after B/L date"로 기재한다. 또한 ×월 ×일에 지급하겠다는 확정일 출급일 경우에는 동란에 지급일자를 적는다.

⑥ 수취인

환어음의 지급을 받는 자로서 발행인이 될 수도 있고, 발행인이 지정하는 제3자가 될 수도 있다. 어음상의 문언 중 pay to~ 다음에 기재되는 것으로 통상 신용장거래시는 매입은행이 기재된다.

⑦ 문자금액

어음금액을 아라비아숫자가 아닌 문자로 표시하는 곳으로, 예를 들어 미화 11,040불일 경우 "US Dollars eleven thousand forty"라고 기재한다. 이것은 ④번 항의 금액과 같게 병기하는데, 이 경우 양자간에 차이가 나면 문자로 표시된 금액을 어음금액으로 간주하게 된다.

⑧ Charge the same to account of

은행이 수출대금 지급인에게 지시하는 내용으로 해당 환어음이 수출대금 지급인에 의하여 결제될 때 그 자금은 Account of~ 이하에 기재되는 자로부터 회수하라는 의미이다. 따라서 Account of~ 이하는 신용장상의 계정거래인(Accountee)이 기재된다. 이 문구는 법적인 필수문구는 아니고 오랜 관습상 계속 사용되고 있다.

⑨ 신용장 개설은행

Drawn Under~ 이하에는 신용장 개설은행을 기재하며, D/P, D/A 등 무신용장방식의 경우에는 공란 또는 계약서상 지정은행을 기재한다.

⑩ 신용장번호

이란은 신용장번호를 기재하는 곳으로 L/C상에 요구가 있으면 T/S 번호도 같이 기재하며, 또한 D/A, D/P인 경우에는 계약서 번호를 기재한다. 두 개의 신용장을 근거로 하나의 환어음을 발행해도 좋다는 문구(combined shipment with other credits are acceptance)가 있을 경우에는 다음과 같이 표기한다. "Drawn Under L/C No~ for US$~ and Drawn Under L/C No~for US$~"

⑪ 신용장 발행일자

신용장 발행일자를 기재한다.

⑫ 지급인(drawee)과 지급지

지급인과 지급지를 기재하는 란으로 지급지는 신용장에 별도의 명시가 없는 한 도시명의 표시만으로 충분하다. 만약 지급지 기재가 없으면 지급인의 표시지로 보충하여 어음효력을 구제할 수 있다. 지급인은 신용장의 개설은행이나 개설의뢰인 즉 수입업자가 될 수도 있고, 또 다른 제3의 은행이 될 수도 있다.

통상적으로 신용장이 지급인을 지시하는 문구는 "Documentary credit which is available by negotiation of your draft at sight drawn on~"이며, 이 문구 중에서 on~ 이하에 나타나는 것이 바로 지급인이 된다. "~on us"라고 되어 있으면 신용장 개설은행, "on buyer" 또는 "~on accountee"라고 되어 있으면 신용장 개설의뢰인이 지급인이 되며, "on~" 이하가 개설은행이 아닌 다른 은행일 경우에는 그곳이 바로 지급은행(drawee bank)이 된다.

⑬ 발행인의 기명날인

환어음을 발행하는 자는 신용장상의 수익자 또는 양도받는 경우에는 양수인이 되며 반드시 기명날인까지 해야 된다. 사용되는 발행인의 서명날인은 화환어음 약정시 은행에 제출된 서명감과 일치하여야 한다.

> 어음상의 D/A, D/P 표시는 자체의 효력에는 하등의 영향이 없으나 이를 기재함으로써 부속 화물의 인도조건이 달라지므로 거래당사자에게는 매우 중요한 사항이다. 만약 D/A, D/P가 구분이 안 되어 있으면 D/P로 간주되며, D/A의 경우 기한부어음과 같이 어음상에 기재하고, D/P인 경우 어음상에 D/P라는 문구를 기재하는데 통상 지급만기일을 표시하는 란에 D/P라고 기재한다.

6. 수출환어음 매입

(1) 개요

신용장상의 수익자인 수출업체가 신용장에 의해 요구되는 계약상품의 선적을 완료하고, 신용장의 제 조건에 일치하는 환어음 및 선적서류를 작성하여 외국환은행에 제시한다. 외국환은행은 이를 심사한 후 매입하는데, 이때 환어음 및 선적서류를 외국환은행과 기 약정한 바에 의해 매입해 줄 것을 수익자 즉 수출업체가 외국환은행에 의뢰하는 신청서이다.

수출환어음 매입신청서의 제출은 반드시 외국환은행과의 수출화환어음 약정이 선행되어야 하며, 이 약정에 의하여 외국환은행은 동 신청서를 접수하고 선적서류를 매입한다.

(2) 수출환어음 매입신청서 기재요령

① 매입번호

이 란은 수익자가 기재하는 것이 아니고 외국환은행(Nego Bank)이 기재한다. 외국환은행이 매입의뢰를 받은 선적서류를 매입할 경우 동 선적서류에 대해 고유의 매입번호를 부여하여 관리하는 데 사용한다.

② Beneficiary

수익자명을 기재하는 란으로 통상 신용장상의 수익자가 매입을 의뢰하므로 L/C상의 Beneficiary가 기재되어야 하는 것이 원칙이다. 그러나 양도가능(Transferable) 신용장일 경우 신용장이 양도되어 원 수익자가 신용장을 타인에게 양도한 경우 양도받은 자가 외국환은행에 매입 의뢰할 것이므로 신용장의 수익자와는 달리 양도받은 자를 기재한다.

③ Commodity

수출되는 상품명을 기재하는 란으로 물품송장상의 품명과 동일하여야 한다.

④ Advice No.

신용장이 통지은행을 통해 통지될 경우 통지은행의 통지번호가 신용장 표면에 부여되는데, 이 번호를 기재한다.

⑤ Export Licence No.

수출승인 대상품의 경우 수출승인번호가 기재되는 란이다.

⑥ Issuing Bank

신용장 개설은행명이 기재되는 란이다. 신용장이 제3국에서 양도되어 온 경우에 양도한 은행(T/S Bank)으로 서류가 발송되고 매입대전이 결제될 경우 동 은행명을 같이 기재한다.

⑦ Accountee

신용장상의 개설의뢰인(Applicant)을 기재한다.

⑧ Invoice Value

송장상의 금액을 기재한다.

⑨ Shipping Expiry

신용장상의 선적기일을 기재하는데, 이 란에 기재되는 일자 이전에 모두 선적이 이루어져야 한다는 것을 의미한다.

⑩ Credit Expiry

신용장의 유효기일을 기재하는 란으로 동 유효기일 이내에 선적서류의 매입의뢰를 외국환은행에 해야 한다. 단, Re-nego일 경우에는 Re-nego은행에 서류가 도착하는 시점이 동 유효기일 이내여야 한다.

매 입 신 청 서

①매입번호	
CMF번호	

계		대리		차장		차장		부점장	

(1) L/C 및 운송서류내용 (DESCRIPTION)　　(2) 매입대금처리내역

(1) L/C 및 운송서류내용		(2) 매입대금처리내역			확인인 계	확인인 대리
② BENEFICIARY		⑫ 처 리 내 역				
ASSIGNED FROM		⑬ NEGO AMOUNT				
L/C NO.		외화계정대체				
③ COMMODITY		⑭ 무역어음 대 출	A			
④ ADVICE NO.			B			
⑤ EXPORT LICENCE NO.			C			
⑥ ISSUING BANK			D			
⑦ ACCOUNTEE		수 입 보 증 금				
⑧ INVOICE VALUE		우 편 료				
⑨ SHIPING EXPIRY		환 가 료				
⑩ CREDIT EXPIRY		대 체 료				
⑪ B/L DATE		대체지정계좌입금				

위 내용의 수출하부환어음(또는 운송서류)을 기 약정한 바에 의하여 매입하여 주시고 동 수출어음 대금을 위와 같이 처리하여 주시기 바랍니다.

⑮ 2012년 8월 24일

⑯ 상 호 ㊞

인감대조

⑰	At Sight
⑱	@
⑲	PAID 년 월 일

⑳ 확 인 서

수입인지

______________앞　　2012년 8월 24일

위 신용장(계약서)에 의한 수출환어음 또는 선적서류 매입과 관련하여 본인은 귀행에 아래와 같은 신용장(계약서) 조건과의 불일치 또는 기타 사유로 인한 하자사항을 확인하며 이로 말미암은 비용 및 손해는 수출거래약정서에 따라 부담하겠습니다.
(운송서류 매입일부터 Nego대금이 귀행 내규 소정일수를 경과하여 입금되는 경우에는 그 초과일수에 대한 소정이자를 지급하겠습니다.)

※ DISCREPANCIES

1)______________

2)______________

3)______________

4)______________

상 호: ㊞

인감대조

※ 은행사용란

No.	항목			No.	항목			No.	항목			No.	항목		
1	CMF No.			9	우편요금	※		16	자사실적	※		23	기산기준일		
2	재매입여부	※		10	기타공제			17	타사실적	※		24	확정일코드		
3	매입통화	※		11	가격조건	※		18	선물환율			25	할인구분		
4	매입금액	※		12	우대요율			19	선물환금액			26	COMM.율		
5	하자여부	※		13	수출상대국	※		20	기산일	※		27	COMMISSION		
6	외화대체			14	수출형태	※		21	추심수수료	※		28	INTEREST율		
7	TENOR	※		15	CCCN No.	※		22	USANCE기간	※		29	INTEREST		
8	본지사구분														

⊙ 추심시에는 ※표 항목만 사용

⑪ 처리내역

이 란은 매입의뢰한 서류를 실제 외국환은행이 매입할 경우 동 매입대전의 처리방법을 표시하는 곳이다. 매입의뢰인의 필요에 따라 외화당좌예금 또는 외화정기예금 등의 외화로 대체할 수도 있고, 매입의뢰금액의 일부 또는 전부를 원화로 지급할 수도 있다.

⑫ Nego Amount

매입요청금액(환어음금액)을 기재한다.

⑬ 무역어음 대출

신용장을 근거로 무역금융을 수혜받았을 경우에는 무역금융규정에 의해 수혜받은 신용장 본 건에 대해 수출을 이행할 때 수혜받은 무역금융을 상환해야 한다. 이 난에는 이와 같이 매입의뢰한 신용장에 의거 금융수혜를 받았을 경우 등 금융을 취급한 금융계에 이 신청서를 회부한다. 그리고 금융계에서 상환금액을 산출기입토록 하고 확인을 받음으로써 매입대전에서 이를 차감하고 의뢰인에게 지급하게 된다.

⑭ 매입의뢰일

매입의뢰인이 외국환은행에 선적서류 매입을 의뢰하는 날짜를 표기한다.

⑮ 매입의뢰인의 명판 및 인감

매입을 의뢰하는 자의 명판과 인감을 기명날인하는 란으로 ②항에 기술한 Beneficiary와 동일인이어야 한다.

⑯ 결제조건

매입의뢰하는 선적서류의 결제조건을 기재하는 란이다. 신용장에 나타난 결제조건을 근거로 일람출급일 경우 "at sight", 기타 기한부일 경우 "×× days after sight" 또는 "×× days after B/L date" 등으로 표시된다.

⑰ 환율

수익자가 외국환은행에 매입의뢰하는 외화금액을 원화로 환산하는 환율을 표시하는 란이다. 매입을 실행하는 당일 매입하는 외국환은행을 통해 고시되는 환율이 적용된다. 각 외국환은행에 따라 표시방법의 차이는 없으나 수출환어음 매입시 적용되는 환율은 전신환 매입율(T/T buying rate)에서 일정한 기간의(at sight: 10일, Renego 시: 12일) 환가료를 차감한 일람출급 환어음매입률이 된다.

⑱ 매입실행일자

수익자의 의뢰에 의해 외국환은행이 선적서류의 매입을 실행·기표하는 날짜이다.

⑲ 각서

매입의뢰하는 선적서류가 신용장조건과 일치하여 외국환은행에 제시되어야 한다. 그러나 부득이한 경우 제출되는 선적서류가 신용장조건을 충족시키지 못할 때 이용된다. 이런 경우 수익자는 동 하자(descrepancy)로 인하여 발생되는 은행의 모든 불이익에 대하여 보상하겠다는 내용의 각서에 기명날인하고 외국환은행에 매입의뢰하면 외국환은행은 이를 심사 후 중대한 하자사항이 있는 경우를 제외하고는 동 각서를 취득한 후 제시된 서류를 매입할 수 있다.

제3절
수출대금의 회수

1. 수출대금회수의 의의

수출대금의 회수는 수출상이 환어음을 작성하고 여기에 운송서류를 점부하여 외국환은행에서 매입함으로써 이루어진다. 수출상이 외국환은행에 환어음 매입을 신청할 때는 은행소정양식의 매입신청서, 환어음, 운송서류, 신용장원본 등의 서류를 구비해야 하고, 환어음에 첨부되는 운송서류는 신용장의 조건과 일치해야 한다.

2. 수출대금회수의 절차

수출통관과정을 거쳐 약정품의 선적이 완료되면 수출업자는 제반 운송서류를 갖추어 수출대금의 회수단계에 이르게 된다.

수출대금을 회수하기 위해서는 먼저 거래외국환은행과 하환어음거래약정을 체결(최고거래시)하고 선적을 이행한 후 수출신용장 또는 계약서의 조건에 따라 환어음과 운송서류를 작성하여 거래외국환은행에 환어음의 매입 또는 추심을 의뢰한다. 외국환은행은 환어음을 지급인(주로 신용장발행은행 또는 수입업자) 앞으로 송부함으로써 수출대금의 회수가 이루어진다.

3. 수출대금회수의 방법

(1) 화환어음에 의한 결제방법

수출상품의 대금을 회수하기 위한 결제방법은 수출환어음(export bill)을 발행하고 거기에 선적상품을 담보로 하는 운송서류를 첨부한 화환어음(documentary bill)을 외국환은행에 매도함으로써 그 대금을 지급받는 방법이 가장 많이 이용되고 있다.

이 방법은 매도인이 운영자금을 손쉽게 마련할 수 있다는 점에서 매도인에게 유리할 뿐만 아니라, 수출환어음 매입은행 측에서도 선적상품을 어음의 담보로 하는 까닭에 융자에 따르는 위험을 방지할 수 있다는 점에서 안심하고 매입에 응할 수 있다.

이와 같은 화환어음에 의한 수출상품의 대금회수방법에는 신용장이 있는 화환어음(documentary bill of exchange with L/C)에 의한 방법과 신용장이 없는 화환어음(documentary bill of exchange without L/C)에 의한 방법이 있다.

① 신용장이 있는 경우

매도인이 약정품을 선적한 다음, 수출환어음을 발행하고 거기에 운송서류와 매수인 측에서 보내 온 신용장을 첨부하여 수출지의 거래은행이나 신용장에 지정된 외국환은행에 매입을 의뢰하는 방법이다. 매도인이 신용장과 운송서류를 첨부한 수출환어음을 제시하면 매입은행은 그것과 상환으로 수출환어음의 금액을 전액지급하고, 매도인은 선적상품의 대금을 회수하게 된다.

② 신용장이 없는 경우

오늘날에는 신용장이 없는 화환어음에 의하여 대금을 회수하는 방법이 많이 활용되고 있다. 그러나 매도인이 약정품을 선적하고 선박회사로부터 선하증권을 교부받은 다음 운송서류를 구비하여 화환어음의 매입을 외국환은행에 의뢰하더라도 외국환은행은 수출어음보험(export bill insurance)에 들지 않는 이상 신용장이 없으므로 만약의 경우를 대비하여 선적상품금액의 70~80%만을 지급한다. 그리고 잔액 20~30%는 일반적으로 외국환은행 측이 매수인으로부터 선적상품대금을 전액 받았을 때 지급한다.

한편 수출지의 외국환은행은 매도인으로부터 매입한 수출환어음과 운송서류를 수입지에 있는 지점이나 거래은행(corres bank) 앞으로 발송한다. 운송서류를 접수한 지점이나 거래은행은 그 서류를 매수인에게 전하고 매입금액을 지급받는다. 이때 매도인이 발행한 수출환어음에 지급인도라고 명시된 지급인도어음(D/P Bill)일 경우에는 매수인이 어음금액을 언제까지 지급하겠다고 하는 책임을 인수하면 매입은행의 지점이나 거래은행은 운송서류를 매수인에게 인도한다. 따라서 운송서류를 인수한 매수인은 수입지의 선박회사에 그것을 제시하고 약정품을 인수하게 되는 것이다.

(2) 추심환어음에 의한 결제방법

매수인의 신용상태가 불량하거나 수입국의 금융사정이 좋지 않을 경우에는 수출상품의 대금회수를 위하여 매도인은 화환어음을 이용하지 않고 추심환어음(Collection Bill)을 발행한다. 이때에도 추심환어음을 운송서류와 함께 외국환은행에 매입을 의뢰하여 수출상품의 대금을 회수하게 된다. 그러나 추심환어음에 의할 경우에는 외국환은행 측에 추심에 따르는 수수료와 그 밖에 필요한 비용을 지급하지 않으면 안 된다. 물론 매도인이 어음의 추심을 의뢰할 때 거기에 따르는 비용과 수수료를 사전에 지급하지 않고 사후에 수출상품의 대금을 매도인에게 지급할 때 이들을 공제할 수도 있다.

따라서 추심환어음에 의하여 수출상품의 대금을 회수하는 방법은 추심환어음 금액을 수출지의 외국환은행이 매도인에게 미리 융자하여 주는 형식과는 달리 매수인이 그 추심환어음을 결제하고, 그 지급통지가 수출지의 추심은행(Collecting Bank)에 전달될 때에 비로소 매도인에게 지급되는 것이다. 다시 말하면 수출대금의 추심을 의뢰하기 위하여 매도인은 매수인을 지급인으로, 수입지의 매수인의 거래은행을 수취인으로 하여 추심환어음을 발행하고, 여기에 운송서류를 첨부하여 추심의뢰서와 함께 자기 거래은행에 제출하고, 그 거래은행은 운송서류를 수입지의 은행에 보내고, 그 은행으로 하여금 운송서류와 상환으로 선적상품의 대금을 회수하는 방법이다.

4. 수출대금회수의 절차

(1) 화환어음거래약정의 체결

외국환은행은 화환어음을 수출상으로부터 매입하기 전에 매입의뢰자(수출업자)와 화환어음거래약정을 체결하는데, 이는 매입행위가 일종의 여신행위이므로 환어음의 매입에 관해 담보・책임 등의 한계를 명확히 하기 위해서이다.

이러한 약정체결은 최초거래시에 이루어지며 화환어음거래약정의 체결방법은 외국환은행이 작성한 일정한 서식(약정서)에 수출업자가 서명・날인함으로써 성립한다.

(2) 환어음의 발행

수출상이 환어음을 발행할 때 우송 중의 분실 또는 연착에 대비하여 제1권(first bill of exchange)과 제2권(second bill exchange)의 2부를 한 조로 발행한다. 제1권에는 우송서류 원본(original)을 각 1부씩 첨부하고 제2권에는 부본(duplicate)을 첨부하여 각각 다른 항공편으로 수입지의 지급은행 앞으로 송부한다.

(3) 환어음 매입신청서의 작성

신용장상의 수익자인 수출업체가 신용장에 의해 요구되는 계약상품의 선적을 완료하고 신용장의 제 조건에 일치하는 환어음 및 운송서류를 작성하여 외국환은행에 제시할 경우에 외국환은행은 이를 심사한 후 매입을 하는데, 이때 환어음 및 운송서류를 외국환은행과 기 약정한 바에 의해 매입해 줄 것을 수익자 즉 수출업체가 의뢰하는 신청서이다.

수출환어음 매입신청서의 제출은 반드시 외국환은행장과의 수출화환어음약정이 선행되어야 하며, 이 약정에 의하여 외국환은행은 동 신청서를 접수하여 운송서류를 매입한다. 수출환어음 매입신청서를 외국환은행에 제출할 때에는 신용장 원본과 신용장이 요구하는 제반 운송서류를 함께 첨부하여야 한다. 수출환어음 매입신청서의 구성은 크게 신용장 및 운송서류의 내용과 동 매입대전의 처리내역 그리고 보증서 세 가지로 구분되어 있다.

(4) 환어음의 매입의뢰

신용장의 수익자는 앞에서와 같이 환어음과 운송서류를 작성・검토한 후 외국환은행에 이를 매입의뢰하여야 한다. 외국환은행은 제출된 운송서류가 신용장조건에 일치하는지의 여부를 심사하고 또 수출물품이 세관에 수출신고된 것인지의 여부를 확인하기 위하여 수출면장을 징수한 후 신용장의 뒷면에 매입일자, 금액 및 매입은행명을 기재하고 매입의뢰인인 수출상에게 대금을 지급하다. 이때 매입수수료, 수출금융비용 등을 공제하고 지급한다. 매입은행은 신용장 발행은행에 운송서류를 송부하고 수출대금을 보상청구한다.

환어음의 매입(negotiation)은 원칙적으로 외국환은행에게 하여야 하지만, 다른 합의가 있으면 수출상의 편의에 따라 다른 외국환은행에게 할 수도 있다. 그리고 수출환어음 매입시 환율(exchange rate)은 일람출급환어음인 경우는 'At Sight L/C' 또는 'D/P'방식의 수출환어음에 적용되는 환율을 적용하여 산정하고, 기한부환어음인 경우는 일람후정기출급 또는 특정일후정기출급의 여부에 따라 각각 산정방법이 다르며, 예컨대 다음과 같다.

- 일람출급환어음 매입률=전신환 매입률-12/360×연환가요율×장부가격
- '90 days after sight' 환어음 매입율=일람출급환어음 매입률-90/360×연환가요율×장부가격
- '90 days after B/L date' 환어음 매입율=전산환 매입율-90/360×연환가요율×장부가격

① D/P, D/P어음의 매입

신용장이 없는 D/A 또는 D/P계약서베이스에 의하여 발생되는 D/A 또는 D/P라고 표시하고 여기에 운송서류를 첨부하여 은행에 제출한다.

D/A 또는 D/P어음의 경우는 신용장베이스의 경우와는 달리 외국환은행의 환어음의 매입에 대한 확약이 없으므로, 외국환은행은 환어음을 매입하는 대신 이를 추심하게 된다. 즉, 환어음의 지급인으로부터 대금이 회수될 때까지 환어음의 대금을 지급하지 않거나 또는 지급인의 지급통지가 있을 때까지 어음금액의 일부를 마진머니(margin money)로서 유보한다. 그러나 환어음의 발행인의 신용이 확실하다고 판단되거나, 충분한 담보를 제공하거나, 수출어음보험에 부보된 경우에는 수취 전 매입할 수 있다.

② 환어음의 매입수수료

환가료(periodic interest)

매입은행이 화환어음을 매입하는 경우에 환율은 표준 추심일수인 9~20일의 이자를 차감한 일람출급환어음 매입률을 적용한다. 이때 표준 추심일의 이자를 '환가료'라 한다. 즉, 환가료는 매입은행이 수출상에게 매입대금을 지급한 후 발행은행으로부터 이를 보상받는 데 10일이 걸리든 20일이 걸리든 평균적으로 9~12일이 걸린다고 보고 산정하는 것이다.

우리나라의 경우 환가요율은 각 외국환은행장이 자금조달의 편의 또는 국제금리 등을 감안하여 자율적으로 결정하고 있다. 다만, 서류상의 하자가 있는 경우에는 기본 환가요율에 1.5%를 가산한 요율을 적용하여 환가료를 징수한다.

대체료(in lien of exchange commission)

환가료는 결제에 따른 이자에 해당하는 수수료인 데 반하여 대체료는 은행이 봉사하는 수고에 대한 수수료이다. 대체료는 매입대금을 원화로 지급하는 경우에는 징수하지 아니하고, 매입대금을 외화로 지급하는 경우에만 징수한다. 매입대금을 외화로 지급하게 되면, 매입은행은 전표를 작성하는 등 여러 가지 수고를 하게 되므로 그 대가를 받게 되는데 이때의 수수료율은 대금총액의 0.1%이다.

지연이자(delay charge)

지연이자는 외국의 발행은행으로부터 매입대금이 12일 이내에 입금되지 않고 지연될 경우에 매입은행이 징수하는 이자이다. 지연이자는 서류에 하자가 없는 매입(clean nego)의 경우에는 징수하지 아니하고, 서류의 하자로 인한 보상장(Letter of Indemnity)을 받고 매입(L/I Nego)하는 경우에만 징수한다. 이때의 지연이자율은 환가료를 징수하는 당일의 요율에 장부가격을 곱하여 원화로 산출한다.

(5) 환어음과 운송서류의 은행심사

수익자가 신용장에 의해 요구되는 계약물품의 선적을 완료하고 신용장조건과 일치하는 환어음 및 운송서류를 작성하여 매입은행에 제시할 때, 매입은행은 상당한 주의를 기울여 모든 서류를 심사하고 그것이 신용장조건과 문면상 일치하는가를 확인하며, 신용장과 운송서류를 대조하여 불일치가 없으면 매입한다.

① 신용장내용의 확인

매입은행은 먼저 신용장내용을 확인하고 신용장조건과 제시된 서류가 일치하는지를 심사하여야 한다. 매입은행이 신용장의 내용을 확인함에 있어서 반드시 검토해야 할 중요한 사항들은 다음과 같다.

- 신용장 발행은행의 신용상태와 신용장이 취소불능인지 취소가능인지, 즉 "IRREVOCABLE"이라는 표시가 있는지, 양도가능신용장인 경우 "TRANSFERABLE"이라는 표시가 있는지를 확인한다.
- 신용장의 유효기일 및 장소(expiry date and place)를 확인한다. 신용장의 유효일자 다음에 장소에 관한 언급이 없으면 서류는 해당 일자까지 매입은행에 제시하면 되지만, 여

기에 “June 20, 19XX at the Counters of advising bank” 또는 “June 30, 19XX at counters of issuing bank” 등으로 기재되어 있으면 서류는 신용장의 유효기일 내에 정해진 은행의 지점에 제시하여야 한다.

- 신용장에 신용장금액(amount)의 문자와 숫자가 상호 일치하게 기재되어 있는지를 확인하여야 한다.
- 분할선적(partial shipment) 및 환적(transshipment)이 금지되어 있는지를 확인하여야 한다. 신용장에서 분할선적이나 환적을 명시적으로 금지하고 있지 않는 한, 이는 허용된다. 그리고 동일선박에 의한 동일항해는 비록 선적항과 선적일자가 달라도 이를 분할선적으로 보지 않으며, 또 복합운송의 경우에는 신용장에 환적금지의 표시가 있어도 환적은 사연히 가능하다.
- 신용장에서 최종선적일을 표시하는데 “shipment”란 문언이 있는 경우에 이는 본선적재(loading on board), 발송(dispatch) 및 수탁(taking in charge) 등을 포함하는 것으로 해석한다.
- 신용장의 “Credit available with....”의 다음에 “any bank”라고 기재되어 있으면 어떠한 은행에서도 매입이 가능하지만, “advising bank” 또는 “issuing bank” 등으로 기재되어 있으면 이에 해당되는 은행에서만 지급, 인수 또는 매입이 가능하다.
- 신용장이 일람출급(sight payment), 연지급(deferred payment), 인수(acceptance) 또는 매입(negotiation) 중에 어느 방법으로 사용이 가능한지를 확인하여야 한다.
- 신용장에 환어음의 지급인, 환어음의 만기일(tenor) 및 환어음의 발행금액을 어떻게 기재하고 있는지를 확인한다.
- 신용장에 기재된 상품명, 규격, 수량 및 단가의 확인, 그리고 신용장금액, 수량 및 단가의 앞에 “about”, “circa” 등의 표시가 있는지 또는 물품이 포장되지 않는 채로 선적하는 산화물(bulk cargo)인지를 확인한다.
- 신용장에 가격조건(price terms)이 FOB 또는 CIF조건인지, 아니면 다른 가격조건으로 산출되어 있는지를 확인한다.
- 신용장에 매입은행에 대한 특별지시(special instruction)의 문언이 있는지를 확인하여야 한다. 일반적으로 신용장에는 매입대금의 보상방법과 서류의 발송지시 등에 관한 특별지시의 문언이 있다.
- 모든 신용장은 유효기일 이내에 선적일로부터 운송서류를 제시하여야 하는 제시기한을 명시하게 되어 있는데, 우선 이러한 명시가 있는지를 확인하고 만약 제시기한이 없으면

운송서류를 선적일로부터 21일 이내에 매입은행에 제시하여야 한다.

- 대부분의 신용장은 신용장통일규칙에 관한 준거문언과 발행은행의 지급확약문언이 명시되어 있는데, 그렇더라도 이에 관한 문언이 있는지를 재확인하는 것이 안전하다.

② 운송서류의 심사

매입은행은 신용장의 내용을 확인한 후 수익자가 제시한 운송서류와 환어음이 신용장조건과 일치하는지를 면밀히 심사하여야 한다.

③ 환어음의 심사

매입은행은 수익자가 발행한 환어음이 신용장조건과 일치하는지를 심사한 후에 이것의 매입을 결정한다. 신용장에는 환어음의 발행요건에 관한 지시가 있으므로, 이에 따라 발행된 환어음은 신용장의 유효기일과 서류 제시기한 내에 매입은행에 제시되어야 한다. 신용장에서 환어음의 발행에 관한 문언은 대체로 "By your drafts drawn at sight for full invoice value on ××× bank"와 같이 기재된다.

따라서 매입은행은 환어음을 매입할 때 특히 다음과 같은 사항들을 주의 깊게 확인하여야 한다.

- 환어음의 발행인과 제시일은 신용장 유효일자를 지나지 않아야 한다.
- 환어음의 발행금액은 신용장금액을 초과하지 아니하고 송장금액과 일치하여야 한다. 만약 화물이 분할선적된 경우에는, 각 선적분에 대하여 매번 발행되는 환어음과 송장의 금액은 상호 일치하여야 하며, 또 이들 금액을 모두 합하면 신용장금액과 같아야 한다. 위의 "full invoice value" 문언이 바로 환어음금액이 송장금액 전액과 같아야 함을 나타내고 있다. 다만, 분할선적을 금지하지 않는 한 신용장통일규칙 제39조 c항에 의거하여 신용장금액보다 5% 이내의 부족한 금액범위에서 환어음을 발행할 수 있다.
- 환어음의 지급인이 신용장상의 "drawn on...." 다음에 명기된 "××× Bank"인지를 확인하여야 하고, 이 은행은 환어음의 "To..." 다음에 명기되어 있어야 한다.
- 환어음 발행인의 서명 또는 기명날인이 화환어음거래약정서의 서명감과 일치하는지를 확인해야 한다.
- 환어음의 지급만기의 표시가 신용장상의 지급만기와 일치하는지를 확인하여야 한다. 즉, 환어음에는 "at 90 days after sight" 또는 "at 90 days B/L date" 등으로 지급만기가 명확하게 기재되어 있어야 한다.

- 환어음상의 통화표시가 상업송장의 통화와 일치하는지, 비록 달러(dollar)라고 하더라도 해당 국가의 표시와 함께, 예컨대 US$, HK$ 등으로 표시되어 있는지를 확인하여야 한다.
- 환어음이 운송서류와 함께 신용장의 서류 제시기한 내에 제시되었는지 확인하여야 한다.
- 환어음이 복본으로 발행되었는지를 확인하여야 한다. 예컨대 2부로 발행된 경우에는 각 환어음에 "The First Bill of Exchange"와 "The Second Bill of Exchange"라고 표시되어 있는지를 확인하여야 한다.
- 환어음 발행자의 서명 또는 기명날인 없이 기재내용이 정정된 곳이 있는지를 검토한다.

(6) Covering Letter

① Covering Letter의 작성

수출국의 매입은행은 수익자가 제시한 제반 서류가 신용장조건과 일치하여 운송서류와 환어음의 매입을 끝냈다면, 신용장의 이면에 매입일자와 금액을 기입한 후 매입한 환어음의 이면에 "pay to order of ××× Bank"라고 배서 및 서명한 후 발송통지서(Covering Letter)를 작성하고 여기에 운송서류와 환어음을 첨부하여 발행은행에 송부한다.

'Covering Letter'는 운송서류에 첨부된다는 뜻으로 붙여진 제목이며, 여기에는 ❶ 매입은행이 신용장조건에 일치하게 매입하였다는 사실 ❷ 첨부된 운송서류의 종류 ❸ 신용장조건대로 보상은행에 대금의 보상청구를 하였다는 사실 ❹ 기타 발행은행에 대한 지시사항 등이 기재된다.

② Covering Letter의 내용

보상지시(reimbursement instruction)

매입은행이 신용장 발행은행으로부터 매입대금을 보상받는 방법은 단순신용장과 보상신용장으로 나누어 생각할 수 있다.

첫째, 단순신용장(simple credit)은 매입은행과 발행은행이 직접 예치환거래계약(depositary correspond arrangement)을 맺는 경우로, 매입은행이 발행은행에 당좌계정을 가지고 있으므로 매입은행은 발행은행 앞으로 직접 대금지급을 청구하고 발행은행은 대금을 매입은행의 계정에 입금한다.

둘째, 보상신용장(reimbursement credit)은 매입은행과 발행은행이 직접적인 예치환거래계약을 맺고 있지 않아 제3의 환거래은행을 대금의 보상은행으로 지정해 두고 이 보상은행으로 하여금 매입은행(청구은행)에게 보상해 주도록 한 경우이다. 따라서 발행은행 앞으로 발송하는 운송서류의 Covering Letter에는 매입한 운송서류가 신용장조건과 일치하게 발행은행 앞으로 직송하였다는 문언을 기재한다.

특기사항

- 거절사항의 표시-운송서류에 하자가 있을 때
  Covering Letter의 "special notation"란에 예를 들어, "Stale B/L" 또는 "late shipment" 등으로 그 하자사항을 표시하여야 한다.
- Banker's Usance 어음의 일람출급매입
  Banker's Usance 어음의 경우, Covering Letter에는 "We have negotiated the drafts on a sight base in accordance with the terms of credit"라고 수익자의 환어음을 일람출급하였음을 기재하여야 한다.
- 은행휴업일로 인한 연장된 매입
  신용장 유효기일과 서류의 제시기한이 매입은행의 휴업일에 도래하여 그다음 최초영업개시일에 이를 매입하였을 경우, Covering Letter에는 반드시 "Presented within the time limitation extended in accordance with Article 44(a) of the Uniform Customs and Practice for Documentary Credits, 1993 revision, ICC Publication No. 500"라는 문언을 추가하여야 한다.
- 선적서류 1조 지정인에게 별송된 사실
  신용장에서 운송서류의 사본 1조를 수하인에게 직송하도록 명시된 경우, covering letter를 작성할 때 이에 관하여 "We have forwarded 1 set of shipping document to ... in accordance with the credit term"라는 문언을 기재한다.

(7) 운송서류와 환어음의 발송

① 발송서류와 발송회수

신용장에서 서류발송에 관하여 매입은행에 지시하는 문언은 대체로 "The negotiating bank must airmail the drafts and all documents to us in two consecutive lots" 또는 "Documents must be forwarded to us in one cover" 등으로 기재한다. 전자의 경우는 환어음과 모든 서류를 1st mail과 2nd mail을 2회로 나누어 발송하여야 하지만, 후자의 경우는 모든 서류를 한꺼번에 동봉하여 발송하여야 한다. 그리고 발송서류의 부수는 이것이 발행은행 또는 보상은행 중 누구 앞으로 발송되는지에 따라 다를 수 있다. 즉, covering letter의 "Yourselves(발행은행)"란과 "Drawee Bank(지급은행)"란에 발송서류의 종류별로 그 부수를 각각 기재한다.

② 선적서류와 환어음의 발송

매입은행은 위와 같이 covering letter의 작성이 완료되면 여기에 배서한 운송서류와 환어음을 첨부하여 발행은행 앞으로 우송한다. 신용장에 별도의 지시가 없더라도 매입은행은 대체로 서류의 우송 중에 발생하는 분실이나 훼손에 대비하여 운송서류와 환어음을 정·부본의 2조로 나누어 정본서류는 등기항공편으로 즉시 발송하고, 부본서류는 최소한 1일의 간격을 두고 각각 발생한다. 발송할 때는 서류상의 주소와 봉투상의 주소가 일치하는지를 확인하여야 한다.

제4절

운송서류에 관한 사항

1. 무역거래와 운송서류

(1) 운송서류의 의의

운송서류(transport documents)는 수출화물의 선적 및 선적과 관련된 여러 가지 사실을 증명하는 선하증권 등 수출업자가 수입업자에게 제공하는 제 서류를 말하며, 신용장거래의 경우에는 신용장에서 요구하는 서류들을 총칭하는 용어이다. 따라서 운송서류는 환어음 매입시 담보물인 선하증권을 비롯한 제반 서류이다.

(2) 운송서류의 중요성

무역거래에서는 매도인이 계약화물을 선적한 후 매수인 앞으로 환어음을 발행하고 여기에 환어음의 담보가 되는 서류를 첨부하여 외국환은행을 통하여 대금을 회수하게 된다. 따라서 수출업자는 계약상의 당연한 의무로서 계약물품의 인도를 입증한 서류와 기타 서류들을 준비하고 구비하여야 한다.

무역거래에서 대금결제와 관련된 가장 중요한 사항 중의 하나가 바로 적격하고 요건을 갖춘 제반 운송서류의 구비와 제시 그리고 은행의 심사라 할 수 있다.

(3) 운송서류의 구분

① 기본서류와 기타 서류

운송서류는 어느 거래의 경우에나 꼭 필요한 기본서류와 필요한 경우에만 요구되는 기타 서류로 구분되며, 기본서류는 상업송장(commercial invoice), 선하증권(bill of lading), 보험증권(insurance policy) 등을 말한다.

그런데 대금결제시 환어음에 첨부되는 서류는 통상적으로 계약조건이 FOB인가 혹은 CIF인가에 따라 달라지는데, CIF조건에서는 기본서류로 선하증권을 포함한 운송서류와 보험서류, 상업송장으로 구성되며, FOB조건에서는 매수인이 보험에 부보해야 하기 때문에 선하증권을 포함한 운송서류와 상업송장만으로 충분하다.

한편, 기타 서류는 포장명세서(packing list), 영사송장(consular invoice), 세관송장(customs invoice), 검사증명서(certificate of inspection), 중량증명서(certificate of weight), 품질증명서(certificate of quality) 등을 말한다. 기타 서류는 모든 거래에 반드시 필요한 서류가 아니기 때문에 매수인이 계약서 또는 신용장상에 요구하고 있는 경우에만 준비한다.

② 운송서류의 작성자에 따른 구분

계약서나 신용장에서 요구하는 서류들은 작성자를 기준으로 수출상 자신이 직접 작성해야 하는 것과 관련기관(선박회사, 보험회사, 기타 관련기관 등)에서 작성하는 것으로 구분할 수 있다. 전자에 해당하는 것은 상업송장, 환어음, 포장명세서 등이며, 후자에 해당하는 것은 선하증권, 보험증권, 원산지증명서, 세관송장, 영사송장, 검사증명서, 용적증명서 등이다.

2. 운송서류수리의 기본요건

(1) 운송서류의 정규성

계약서나 신용장에 따라 세시되는 모든 종류의 서류는 일정한 조건이 반드시 충족되어야 한다. 왜냐하면 신용장에 의한 대금지급여부를 심사하는 은행들은 오로지 수익자가 제시한 운송서류와 환어음이 신용장조건을 충족하는지를 심사하기 때문이다. 그러나 모든 서류가 신용장조건을 충족하는 것과는 별도로 수출업자가 세시하는 운송서류는 서류 자체의 정규성을 갖추어야 한다. 서류의 정규성은 다음의 측면을 말한다.

첫째, 제시되는 운송서류는 유효하고 합법적이어야 한다.

둘째, 서류는 현재의 관습에서 사용 중인 형태이어야 한다.

셋째, 운송서류는 제시기한이 경과된 것이 아니어야 한다.

(2) 운송서류 수리의 전제조건

① 서류간 일치성이 있을 것

서류의 일치성이란 수출상이 제시하는 각각의 서류가 신용장에서 요구하는 서류의 명칭, 제출부수, 조건과 합치하는가의 여부를 말한다. 따라서 은행으로서는 '원칙적으로 일치성에 위배되는 서류(discrepant documents)'는 수리를 거절한다. 그런데 일치성이 요구되는 정도는 서류의 작성자가 누구냐에 따라 달라진다. 즉, 환어음이나 상업송장 등 서류의 작성자가 수출업자 자신인 경우에는 '엄밀일치(strict compliance)의 원칙'이 적용된다. 따라서 신용장의 표기사항과 제시된 서류의 표기사항의 일치정도를 아주 엄격하게 해석하여 철자 하나, 점 한 개까지라도 완전히 일치되지 않으면 수리를 거절당한다.

그러나 제3자가 작성하는 서류인 운송서류나 보험서류, 원산지증명서 등은 '실질일치(substantial compliance)의 원칙' 혹은 '상당일치의 원칙'이 적용된다. 이는 제시된 서류의 표기와 신용장의 표기가 서로 모순되는 내용이 아닌 한 어느 정도까지의 불일치는 허용되는 것으로 해석하는 것이다. 따라서 신용장조건에 명백히 어긋나지만 않으면 비록 동일하지 않더라도 수리가 가능하다.

② 서류상호간의 모순성이 없을 것

제출되는 여러 종류의 서류는 신용장조건과 일치해야 하지만, 서류 상호간에는 동일한 사항을 서로 다르게 표현하는 등의 모순성만 없으면 수리하게 된다. 이런 모순성의 문제는 주로 제출되는 서류에 신용장조건을 요구하지 않는 사항이 각 서류의 인쇄된 양식으로 나와 있을 때 이것을 기재하는 도중 작성자의 실수로 서로 상충되는 내용을 적어 넣어서 발생하는 사례가 많다. 예를 들어 포장명세서, 선하증권, 상업송장에 공통적으로 화인을 기재하는 란을 두고 있는데 이 표시가 서로 상이한 경우 규격표시가 kg, ton, lbs 등 서류마다 서로 다를 수 있다. 따라서 서류작성자는 필수불가결한 사항이 아닌 한 이렇게 기재하지 않는 것이 현명하며, 일단 기재한 사항은 다른 서류의 동일항목과 중복되는지의 여부를 검토하여 내용이 상호 일치되도록 하여야 한다.

(3) 명시되지 않은 운송서류의 제시

신용장에 명시되지 않은 서류는 다음과 같은 두 가지 측면에서 살펴볼 수 있다.

첫째, 수출상이 신용장에서 요구하지 않은 서류를 마음대로 추가서류로 은행에 제출하는 경우인데, 이때 은행은 그 서류를 검토하지 않고 수출상에게 되돌려주어야 한다.

둘째, 신용장에 서류의 명칭을 명시하지 않은 채 구비해야 할 조건만 나열하고 있는 경우에 어떻게 처리할 것인가의 문제이다. 이와 같은 경우 은행은 신용장에 그러한 조건이 기재되지 않은 것으로 간주하여 조건 자체를 무시해야 한다. 조건만 있고 명칭이 없는 서류는 신용장의 특성인 추상성에 위배될 뿐만 아니라 은행의 관행을 불건전하게 만들 우려가 있기 때문이다.

(4) 수리거절되지 않은 운송서류

직접 운송을 수행하는 자 또는 그의 대리인이 정당하게 발행하였거나, 물품이 본선에 적재되었음을 증명하는 문언이 나타나 있거나, 발행된 원본의 full set가 제시되었거나, 신용장에서 요구하는 조건을 충족하고 있는 등이 요건 중 일부를 갖추고 있으면 은행은 다음 운송서류를 수리한다.

- 복합운송선하증권(Multimodal transport B/L)
- 약식선하증권(Short form B/L)
- 선적항과 다른 수탁지, 양륙항과 다른 최종목적지를 표시하고 있는 선하증권
- 컨테이너와 같은 기구에 적재된 화물을 대상으로 발급된 선하증권
- 본선적재표시를 추가한 예정표시 선하증권

이상의 운송서류는 운송의 성질상 수리의 일반원칙을 엄격하게 지키기 어려운 관행이 확보된 운송서류에 대하여 일정범위내에서 예외를 인정해 주고 있다. 즉, 복합운송, 항공운송, 컨테이너운송 등은 운송의 성질상 운송기구를 소유하고 있는 선박회사 등에서 직접 취급하기 어려운 사안들이므로 대부분 운송에 관한 전문주선인인 Forwarder 또는 Consolidator들이 이를 취급하고 있다.

Forwarder 및 Consolidator는 전 세계 주요 항구나 공항에 사무실을 운영하는 등 운송조직망을 구축하고 있을 뿐 실제 운송수단(선박, 비행기, 철도 등)을 소유하고 있는 것이 아니며, 고객으로부터 화물운송을 수탁받는 시점에서 운송서류를 발급해 주므로 이들 명의로 발급한 운송서류는 대부분 본선적재일시를 확인하기 어려운 것들이다. 따라서 Forwarder 또는 Consolidator가 발급한 서류라 할지라도 이들이 운송인으로 행동하고 있으며, 본선적재필부기(no board notation)를 운송서류에 추가기재하는 등 추후에 보완조치를 취하면 모두 유효

한 서류로 인정해 주겠다는 취지인 것이다.

(5) 은행에서 수리되는 특수선하증권

- 통과선하증권(Through B/L)
- 제2자 명의 선하증권(Third party B/L)
- 보험증권겸용 선하증권(Red B/L)
- 약식선하증권(Short form B/L)

(6) 원칙적으로 수리거절되는 운송서류

- 용선계약부 선하증권(Charter party B/L)
- 범선적재표시 선하증권(Carrying vessel propelled by sail B/L)
- 시간경과선하증권(Stale B/L)
- 고장부 선하증권(Foul of dirty B/L)
- 예정표시 선하증권(Intended clause B/L)
- 수취선하증권(Received B/L)
- 운송주선인발급 선하증권(Forwarder's B/L)

(7) 신용장에서 요구하는 선하증권

- 전통제시 선하증권(Full Set B/L)
- 무고장 선하증권(Clean B/L)
- 본선적재 선하증권(On board B/L)
- 해양선하증권(Ocean B/L)
- 지시식 선하증권(Order B/L)
- 백지배서 선하증권(Blank endorsed B/L)
- 운임선지급/후지급 선하증권(Freight prepaid/collect B/L)

3. 운송형태별 운송서류의 수리요건

(1) 해상선하증권의 수리요건

선하증권에 관하여 통상적인 신용장조건에는 "Full set of clean on board ocean bill of lading made out to the order of shipper and endorsed in blank marked "Freight Prepaid(or Collect)" and notify (buyer ; accountee)"로 표시되어 있는데 이에 대해 설명하면 다음과 같다.

① Full set

발행된 B/L의 전통(full set)을 의미한다. 일반적으로 3부를 1조로 발행되며 이 중 어느 1부만 있어도 선박회사는 화물을 인도하므로 은행으로서는 full set를 대개 요구하고 있으며 취급은행이 original(원본) 1부에 배서, 수화인에게 인도하면 나머지는 무효가 된다.

② clean on board ocean B/L

- 화물이 외관상 완전한 형태로 적재되었음을 나타내는 것으로 화물이나 포장이 결함이 없는 상태의 clean B/L
- shipped B/L 또는 on board notation(선적표시)이 있는 on board B/L
- 해상운송에서 발행되는 선하증권으로서 범선에 의한 국내항구간 또는 내륙운송시에 발행되는 B/L이 아닌 대양을 항해하는 선박이 발행하는 ocean B/L

③ "made out to the order of"

수화인(consignee)란에 "To the Order of"로 작성된 Order B/L을 요구하는 문언이다. 수화인의 표시방법에는 기명식(Straight B/L)과 지시식(Order B/L)이 있음은 앞에서 설명한 바와 같다.

④ "endorsed in blank"

백지배서를 요구하는 문언이다

⑤ "marked Freight Prepaid(or Collect)"

"Freight Prepaid"는 운임을 지급하였다는 뜻이며 "Freight Collect"는 운임미지급으로 본다. CIF, CFR의 경우 Freight Prepaid, FOB의 경우 Freight Collect로 B/L의 운임란에 표시된다.

⑥ notify(buyer): notify accountee

화물이 목적지에 도착하면 선박회사가 화물도착통지(Arrival Notice)를 보낼 상대방을 착화통지서(Notify Party)라고 하는데 수입업자(대금지급인)를 표시하며 order B/L의 경우 Notify Party가 화물의 수화인(consignee)과 일치하지 않는다.

선하증권은 무역거래에서 기타의 어느 운송서류보다 중요한 서류이다. 따라서 신용장통일규칙에서도 신용장이 해상/해양선하증권(marine/ocean bill of lading)을 요구한 경우 은행은 그 명칭에 관계 없이 다음과 같이 서류를 수리하도록 하고 있다.

첫째, 운송인의 명의와 운송인, 선장 그 대리인이 서명하거나 기타의 방법으로 인증한 운송서류

둘째, 물품이 본선적재 또는 선적되었음을 명시한 운송서류

셋째, 선적항과 수탁지 또는 양륙항과 최종목적지가 다르거나 또는 지정된 선적항과 양륙항을 명시하면서 예정된(intended) 선적항이나 양륙항을 명시한 경우에도 신용장에 지정된 선적항과 양륙항을 명시한 운송서류

넷째, 단일의 원본이나 여러 부수의 원본으로 발행된 full set으로 구성된 운송서류

다섯째, 운송에 관한 배면약관이 있거나 또는 그 약관이 없는 약식의 운송서류

여섯째, 용선계약 또는 범선만에 의한 운송이라는 어떠한 명시도 없는 운송서류

일곱째, 기타 신용장에 있는 규정을 충족한 운송서류

(2) 비유통성 해상화물운송장

최근에는 컨테이너수송과 선박의 고급화로 운송기간이 단축됨에 따라 선하증권의 도착 전에 화물이 먼저 도착하는 경우가 많으므로 선하증권의 도착시까지 기다리는 데 따르는 시간과 비용의 낭비가 늘고 있다. 따라서 화물선취보증장(L/G)의 제도가 이용되고 있으나 이로 인한 문제점이 발생함에 따라 해상선하증권 대신에 해상화물운송장의 이용이 급증하고 있다.

이 서류는 양도성을 인정하지 않고 발급 당시부터 수하인(consignee)의 이름을 B/L상에

명기한 해상운송서류(straight B/L)이기 때문에 서류의 용도는 화물탁송 증거로서의 역할만 한다. 따라서 신용장통일규칙 제24조에서는 신용장이 비유통성 해상화물운송장을 요구한 경우, 은행은 그 명칭에 관계없이 다음과 같은 서류를 수리하도록 하고 있으나, 그 수리조건은 전술한 해상선하증권에 관한 수리조건과 대동소이하다.

첫째는 서류발급자의 명의로 이 운송서류는 운송인의 명의와 함께 운송인, 선장 또는 그 대리인이 서명하거나 기타의 방법으로 인증한 서류이면 수리한다.

둘째는 상품의 선적여부로 운송증권에 상품이 아닌 발송(dispatch), 인수(taking in charge), 본선적재(loading on board)되었음을 나타내는 표시가 있는 운송서류는 수리한다. 단, Intended 표시가 있는 경우에는 반드시 "on board notation"이 추가되어야 한다.

셋째는 제시되는 서류의 부수로 단일의 원본서류나 여러 부의 원본으로 발행된 full set으로 구성된 운송서류는 수리한다.

넷째는 환적에 관한 사항으로 신용상에 환적금지표시가 있더라도 단일증권으로 전 항로를 커버하는 한 운송증권에 표시가 있어도 은행은 이를 수리한다.

다섯째는 운송에 관한 배면약관이 있거나 또는 그 약관이 없는 약식의 운송서류는 수리한다.

여섯째는 용선계약 또는 범선만에 의한 운송의 어떠한 명시도 없는 운송서류는 수리한다.

일곱째는 기타 신용장에 있는 모든 규정을 충족한 운송서류는 수리한다.

(3) 복합운송서류의 수리요건

복합운송의 경우에 발행되는 복합운송서류는 운송화물의 수취로부터 인도시까지 적어도 두 가지 이상의 서로 다른 운송방식이 이용되고 최초의 운송인이 전 구간의 운송에 대하여 단일 책임을 지고 발행하는 운송증권을 말한다. 신용장통일규칙 제26조에서도 해상운송과는 별도로 신용상이 복합운송서류를 요구한 경우, 은행은 그 명칭에 관계없이 다음과 같은 서류를 수리하도록 하고 있다.

첫째, 운송인이나 복합운송인의 명의와 함께 운송인이나 복합운송인, 선장 또는 그 대리인이 서명하거나 기타의 방법으로 인증한 운송서류

둘째, 물품이 발송, 수탁, 또는 본선적재되었음을 명시하고 있는 운송서류

셋째, 선적항과 수탁지 또는 양륙항과 최종목적지가 다른 서류 또는 예정된 선박, 선적항 또는 양륙항만을 명시한 운송서류

넷째, 단일의 원본서류나 여러 부의 원본으로 발행된 full set로 구성된 운송서류

다섯째, 운송에 관한 배면약관이 있거나 또는 그 약관이 없는 약식의 운송서류
여섯째, 용선계약 또는 범선만에 의한 운송의 어떠한 명시도 없는 운송서류
일곱째, 기타 신용장에 있는 모든 규정을 충족한 운송서류

(4) 항공화물운송장의 수리

① 항공화물운송장의 수리요건

무역화물을 항공으로 운송하고자 하는 경우에 발급되는 운송서류가 바로 항공화물운송장이다. 항공운송장은 화물을 비행기로 운송할 때 항공회사에서 화물을 인수하는 시점에서 발급하는 운송서류이다. 단순한 탁송증거로서의 역할만 할 뿐 선하증권과는 달리 유가증권으로서의 성질을 가지지 못하기 때문에 기명식, 수취인식으로만 발행된다.

최근에는 무역상품이 고급화되고 항공기가 대형화됨에 따라 항공화물이 증가하는 추세에 있다. 따라서 신용장통일규칙 제27조에는 신용장이 항공운송서류(Air Transport Document)를 요구한 경우 은행은 그 명칭에 관계없이 다음과 같은 서류를 수리하도록 별도의 규정을 두고 있다.

첫째, 운송인의 명의와 함께 운송인이나 그 대리인이 서명하거나 기타 방법으로 인증한 운송서류
둘째, 물품이 운송을 위하여 인수되었음을 명시한 운송서류
셋째, 실제의 발송일이 요구된 경우에는 그 발행일을 별도로 명시한 운송서류
넷째, 지정된 출발공항과 목적공항을 명시한 운송서류
다섯째, 탁송인/송하인 앞으로 발행된 원본으로 구성된 운송서류
여섯째, 운송에 관한 배면약관이 있거나 또는 그 약관이 없는 약식의 운송서류
일곱째, 기타 신용장에 있는 모든 규정을 충족한 운송서류

② 항공화물운송장과 해상선하증권의 비교

항공화물운송장과 해상선하증권은 다음과 같은 차이점이 있다.

첫째, 항공화물운송장은 양도성이 인정되지 않으며 단순한 화물의 탁송증거서류로서의 역할만 담당한다. 따라서 수하인이 화물을 찾을 때 운송장을 제시하지 않고 자신의 신분만 증명하더라도 항공회사는 화물을 인도한다. 그러나 선하증권은 유통성 선하증권이며, 상환증권이기 때문에 정당한 소지인이 원본을 제시하여야만 화물을 인도한다.

둘째, 항공화물운송장은 항공회사 또는 혼재업자(consolidator)가 화물을 수령하는 시점에서 발급되는 수취식 서류(received bill)이지만, 선하증권은 특별한 약정이 없는 한 본선적재시 발행되는 선적식(on board)이다. 따라서 운송장 발급일이 선적일자로 간주되기 때문에 별도의 on board 날짜를 추가로 표기(notation)할 필요가 없다.

셋째, L/C에 표시된 출발공항과 도착공항이 운송장에 기재되는 것으로 족하며, 출발항과 다른 화물의 수탁지, 도착항과 다른 최종목적지가 기재되어도 상관없다.

넷째, L/C에서 원본 전통(full set)의 제시를 요구했더라도 송하인용 항공화물운송장(shipper 용) 1부만 제시할 수 있다. 이것은 항공화물운송장의 경우 운송장의 원본은 3부이나 각 원본마다 용도표시가 되어 있으며(운송인용, 수하인용, 송하인용 각 1부) 색깔도 각각 다르며, 수출상에게는 송하인용 원본 1부만 교부됨으로써 원본 전부가 물리적으로 제시가 불가능하기 때문이다. 그러나 선하증권의 경우에는 원본 full set의 제시가 있으면 이 조건이 반드시 충족되어야 한다.

다섯째, L/C에서 환적금지를 요구하고 있는 경우 운송장에 환적예정표시가 있더라도 단일 운송장으로 전 항로를 커버하고 있는 한 수리가 가능하다. 왜냐하면 항공운송에는 직항선이 많지 않아 환적이 불가피한 경우가 대부분이기 때문이다. 그러나 선하증권의 경우는 특별한 약정이 없는 한 환적금지의 문언이 신용장에 기재되어 있으면 이 요건은 반드시 충족되어야 한다.

여섯째, 선하증권의 경우에는 Consignee란에 "to order of ×××Bank" 혹은 "to order"로 기재되는 지시식이 일반적이지만, 항공화물운송장의 경우에는 "consigned to the ××× bank" 또는 "Clean Air Waybill consigned to ×××Bank, marked "Freight collect" and "notify accountee" 등으로 기재되는 기명식이 일반적이다. 이것은 항공화물운송장이 유통성은 인정되지 않는 난순박송증거서류이기 때문이다.

(5) 도로, 철도, 내수로 운송서류의 수리요건

이것은 수출품을 육상이나 하천을 이용한 배로 수송하는 경우, 운송서류가 갖추어야 할 제반 조건을 말하는데, UCP 400에 없던 것을 UCP 500에서 신설한 것이다. 이와 같은 운송방법은 항구가 없는 내륙국가와 교역할 때 주로 이용되고 있다.

신용장에서 도로/철도/내수로 운송서류를 요구한 경우, 신용장통일규칙 제28조에 따르면 은행은 각각 그 명칭에 관계없이 다음의 요건을 갖춘 운송서류는 수리한다.

첫째, 증명서에 운송인, 운송인의 대리인 자격을 표방한 Agent의 성명 및 서명이 있는 운송서류

둘째, 운송일시 및 운송구간(출발지, 도착지)이 스탬프 등으로 명확히 표시되어 있는 운송서류

셋째, 선적 또는 적재를 위하여 화물이 수취되었다는 표시가 있는 운송서류, 단 On board 확인이 없어도 된다.

넷째, 발급된 운송서류는 원본 full set가 제시된 운송서류, 단 신용장에 운송서류의 발행부수에 관한 언급이 없는 경우 은행은 수출상이 제시하는 대로 서류를 수령하여, 운송서류에 원본표시가 없더라도 이 서류를 원본으로 인정하여 수리한다.

다섯째, 신용장이 도로, 철도 또는 내수로 운송서류를 요구한 경우, 비록 환적이 금지되어 있더라도 전 운송이 동일한 운송방식으로 이루어지고 또 하나의 동일한 운송서류로 커버되는 운송서류

(6) 특사배달 및 우편수취증의 수리요건

특사 및 우편수취증은 견본 등 소액의 물품에 대하여 신용장을 발행했을 경우 또는 신용장 관련 서류를 매입은행에서 발행으로 송부할 경우, 수출상이 이것을 수입상에게 소포로 부치고 배달기관으로부터 운송증명으로 받은 영수증을 말한다.

신용장이 우편수령증이나 우송증명서를 요구한 경우 신용장통일규칙 제29조 a항에 따르면 은행은 ❶ 스탬프 등으로 접수일자나 장소를 명확하게 표시하고 있는 서류, ❷ 선적을 위하여 화물이 수취되었다는 사실을 문자로 표시하고 있는 서류, ❸ 기타 신용장이 요구하고 있는 사항을 충족하고 있는 서류를 수리한다.

그리고 제29조 b항에 따르면 신용장 특사나 속달업자가 발행한 물품의 수령증을 요구한 경우, 은행은 그 명칭에 관계없이 다음과 같은 서류를 수리하여야 한다.

첫째, 지정된 특사 또는 속달업자가 타인, 서명 또는 기타의 방법으로 인증한 운송서류

둘째, 접수일이나 수령일을 명시한 운송서류

셋째, 기타 신용장에 있는 모든 규정을 충족한 운송서류 등.

단, 만약 특사나 속달업자가 지정되지 아니한 때에는 은행은 어떤 특사가 발행한 서류도 제시된 대로 이를 수리하여야 한다.

4. 제시해야 할 서류

(1) 상업송장

① 상업송장의 의의

상업송장(Commercial Invoice)이란 환어음과 마찬가지로 수출업자가 직접 작성하는 서류로, 선하증권이나 보험증권과 같이 구체적인 권리를 나타내는 것은 아니지만 상품의 출하안내서 및 가격계산서의 역할을 담당하므로 신용장거래에서는 필수구비서류로 취급된다. 또한 국제무역의 경우에 적요서나 안내장의 역할뿐만 아니라 매매당사자의 이름과 주소, 발행일자, 주문번호, 계약상품이 규격 및 개수, 포장상내 및 화인 등이 표시된 구체적인 매매계산서인 동시에 대금청구서이기도 하다.

상업송장은 무역 관련 서류 중에서 대금결제를 위한 필수적인 서류이기도 하지만, 수출통관 및 수입통관에서도 필수적으로 요구되고 있다. 뿐만 아니라 물품이 멸실 또는 손상되었을 경우에 어떠한 물품이 운송되고 있었는지를 확인하기 위해서도 필요하기 때문에 나중에 보험금을 청구할 때에도 대단히 중요한 서류이다.

수출입계약조건을 이행하였다는 것을 수출자가 수입자에게 증명하는 서류로서 어음, 선하증권, 보험증권과는 달리 그 자체가 청구권을 표시하는 것이 아니나, 계약상의 유용성에 비추어 기본서류로 취급되고 있다.

② 상업송장의 기능

- 국내상거래에서 사용되는 송장과 달리 국제무역에서 상업송장은 구매시 역할을 한다. 따라서 거래물품의 주요 사항인 계약상품의 정확한 규격 및 개수, 포장상태 및 화인 등이 상세하게 표시되어야 한다.
- 상업송장은 CIF나 CFR계약의 경우 선하증권이나 보험증권이 계약과 일치되었음을 증명하는 등 특정거래계약의 존재 및 이행의 사실을 입증하는 유력한 증거자료가 된다.
- 상업송장은 계약상품의 순단가, 부대비용, 할인료, 지불방식, 지불시기 등을 명기한 매매계산서 및 대금청구서로서의 역할을 한다. 따라서 상업송장상의 발행금액은 환어음의 발행금액과 일치하여야 한다.

- 상업송장은 모든 무역거래의 필수서류이다. 무역결제는 대부분 환어음으로 이루어지며 수출지 은행에서 환어음을 매입할 때나 수입지 은행에서 대도(T/R)로 수입물품을 수입업자에게 인도할 때 화환어음의 담보물권이 되는 서류에는 이들 담보물의 명세서나 계산서의 역할을 하는 상업송장이 포함되어야 한다.
- 상업송장은 수입지에서 화물수취안내서와 수입물품의 진실성 및 정확성을 입증하기 위한 세관신고의 증명자료가 된다. 따라서 모든 상업송장은 과세표준 산정에 가장 중요한 자료가 되므로 수입통관시 수입업자에게 불이익이 없도록 정확하게 작성되어야 한다.

③ 상업송장의 종류

선적송장(shipping invoice)

실제 선적된 화물의 내용과 가격을 명시한 서류로 다음과 같이 구분된다.

- 수출송장(export invoice)
  수출상이 자기의 위험과 비용으로 해외의 수입상에게 상품을 송부하여 판매하는 경우 사용되는 송장이다. 무역거래조건에 따라 FOB Invoice, CIF Invoice라고 한다.
- 위탁판매송장(consignment invoice)
  수탁자인 수출업자가 해외의 수입업자에게 위탁판매할 경우에 수입업자 앞으로 작성되며, 자기의 위험과 책임 및 비용으로 송부함은 물론 판매수수료도 지급해야 하는 서류이다.
- 위탁매입송장(indent invoice)
  수입업자가 수출업자에게 상품매매를 위탁하는 경우에 수출업자가 수입업자의 매입대리인으로서 선적시 작성하는 서류이다.

견적송장

견적송장은 수출상이 거래를 유발하기 위한 수단으로 또는 수입허가나 외환배정 등을 받기 위한 수입상의 요청에 의해 수입상에게 장차 그가 매입할 물품에 대해서 시산적으로 작성하여 발송하는 송장이다.

견적송장은 외환사정이 좋지 않은 국가에서 주로 사용하고 있는데, 수입상은 견적송장을 근거로 정부에서 외환배정을 받아 그 범위내에서 수입이 가능하다. 이는 일종의 free offer로 송장에 표시된 물품가격 등에 대해 법적 구속력이 없으며, 단지 수입업자의 신용장 발행을 위해 편의상 형식을 갖추는 것에 불과하다. 또한 이 송장은 선적물품에 대한 증거가 될 수 없고 다만 사전 정보제공이나 선적물품에 대한 자료가 된다. 따라서 계약체결 후 실제 매매되는 상품에 대해 발행하는 Shipping Invoice의 가격과는 차이가 날 수 있다.

공용송장(official invoice)

공용송장은 상업송장에 대응하는 개념으로 영사송장이나 세관송장 등과 같이 상업송장상의 진실성을 증명할 수 있도록 그 내용에 대해 관계관청의 증명을 받도록 한 송장이다.

- 관세송장(customs invoice)

  관세송장이란 수입지 세관이 수입화물에 대한 ❶ 관세가격의 기준을 결정할 목적 ❷ 덤핑유무를 확인하기 위한 목적 ❸ 쿼터품목의 통상기준량의 계산목적 ❹ 수입통계의 목적 등으로 사용되는 송장으로, 국가마다 세관에서 요구하는 양식이 상이하므로 소정의 양식에 따라 작성하여야 한다.

- 영사송장(consular invoice)

  영사송장은 수입상품가격을 높게 책정함에 따른 외화도피나 낮게 책정함에 따른 관세포탈을 규제하기 위하여 수출국에 주재하고 있는 수입국 영사의 확인을 받아야 하는 송장이다. 즉, 매매가격보다 높게 송장에 기재하여 차액을 외국에 남겨 놓아 외화를 도피하는 경우는 통상 "Over-Invoicing"이고, 실제 계약금보다 낮게 기재하는 "Under-Invoicing"는 수입업자가 관세포탈을 하는 경우이다.

④ 상업송장의 작성방법

❶ Seller

매수인에게 상품을 판매하는 개인 또는 법인의 이름과 주소를 기재하며, 대미 상업송장에는 우측 상단에 Manufacturer's I.D. Code를 기재하여야 한다.

❷ Consignee

수출물품을 인도받을 개인 또는 법인의 이름과 주소를 기재하며, 선하증권에 기재될 매수인과 동일해야 한다. 즉, 신용장에 기명식이 아닌 지시식 선하증권을 요구하는 "to the order of ××Bank" 등으로 표시된 때에는 상업송장에도 동일하게 "to the order ××Bank" 등으로 기재하여야 한다.

❸ Departure date

화물을 적재한 선박이나 비행기가 출발하는 연월일을 기재하며 통상 B/L이나 Air Waybill상의 선적일자와 일치시켜야 한다. 그러나 송장 작성시점에서는 선적일자를 정확히 알 수 없으므로 예상되는 선적일자의 7일 전후로 기재한다.

Commercial Invoice 예

<table>
<tr><td colspan="6">Commercial Invoice</td></tr>
<tr><td colspan="3" rowspan="2">❷Seller
GILDING TRADING Co., LTD.
159, SAMSUNG-DONG, KANGNAM-GU
SEOUL, KOREA</td><td colspan="3">❼Invoice NO. and date
8905 BK 1007 May. 20. 2005</td></tr>
<tr><td colspan="3">❽L/C NO. and Date
55352 APR. 25. 2005</td></tr>
<tr><td colspan="3">❷Consignee
MONARCH PRODUCTS CO., LTD.
5200 ANTHONY WAVUE DR.
DETROIT, MICHIGAN 48203
U.S.A</td><td colspan="3">❾BUYER(if other than consignee)
MONARCH PRODUCTS CO., LTD
5200 ANTHONY WAVUE DR.
DETROIT, MICHIGAN 48203
U.S.A</td></tr>
<tr><td colspan="3">❸Departure date
May. 20, 2005</td><td colspan="3">❿Other reference
COUNTRY OF ORIGIN :
REPUBLIC OF KOREA</td></tr>
<tr><td colspan="2">❹Vessel/flight
PHEONIC</td><td>❺From
BUSAN, KOREA</td><td colspan="3">⓫Terms of delivery and payment
FOB BUSAN
L/C AT SIGHT</td></tr>
<tr><td colspan="3">❻To
DETROIT, U.S.A.</td><td colspan="3"></td></tr>
<tr><td>⓬
Shipping Marks</td><td>⓭No.&Kind of packages</td><td>⓮Goods description</td><td>⓯
Quantity</td><td>⓰
Unit Price</td><td>⓱
Amount</td></tr>
<tr><td>MON/T
DETROIT
LOT NO
C/NO.1-53
Made in Korea</td><td>420 DP×420D
MATERIAL.
AS PER
MONARCH
PRODUCTS
INDENT NO. T. 858</td><td>NYLON
OXFORE</td><td>60,000M
1208.06KGS.</td><td>US$1.00/M</td><td>US$60,000</td></tr>
<tr><td colspan="4"></td><td colspan="2">⓲Signed by <u>leejehong</u>
Lee, Je-Hong
General Manager

GILDING TRADING Co., LTD.</td></tr>
</table>

❹ Vessel/Flight

운송에 사용되는 선박/비행기 명칭을 기재하며, 여러 가지 운송수단을 사용하는 경우에는 주된 운송수단을 기재한다.

❺ From

운송수단이 출발하기로 예정된 항구, 공항 등의 명칭을 기재하며, 이는 신용장에 또는 계약서상의 적재지(Place of loading)와 일치해야 한다.

❻ To

운송수단의 최종목적지인 항구, 공항 등의 명칭을 기재하며, 신용장 또는 계약서상의 도착지와 일치하여야 한다.

❼ Invoice No. and date

매도인(seller)이 상업송장에 부여한 참조번호 및 송장 발행일을 기재한다.

❽ L/C No. and date

신용장번호 및 발행일을 기재한다.

❾ Buyer(if other than consignee)

상품을 구매한 개인 또는 법인의 이름과 주소를 기재한다. 신용장거래방식의 경우 신용장 개설의뢰인이 Buyer가 되며, Buyer와 Consignee가 같은 경우에도 Buyer의 이름과 주소를 다시 기재한다. 한편 매수인(Buyer)과 수하인(Consignee)이 다른 경우, 신용장 개설의뢰인이 은행융자로 신용장을 개설하여 은행이 Consignee가 되는 경우 또는 매수인이 물품과 송장을 각각 다른 주소로 보내도록 요구하여 consignee란에 창고 등의 물품수령인의 주소를 기재하는 경우에도 Buyer란에는 실제 물품대금 지급의무가 있는 Buyer의 이름, 주소를 기재하여야 한다.

❿ Other references

기타 참조사항 기재란으로 거래상대방이 신용장이나 계약서에 별도로 요구한 사항을 기재한다. 매도인이 매수인에게 상품을 인도하는 데 있어서 양자가 합의한 대미 송장작성 시에는 Country of Origin을 명기한 다음 Korea를 표기한다.

⓫ Terms of delivery and payment

인도조건과 지불조건을 기재하여야 하며, 지불조건은 Incoterms와 같은 정형화된 조건을 사용하여, 정확하게 기술하고, 사용통화도 US$ 등으로 명확히 표기하다(예: FOB Busan, at sight L/C in US$~).

⓬ Shipping marks

화인은 관련서류와 포장상품의 대조·점검을 용이하게 하고 화물을 도착지까지 신속하고, 안전하게 운송할 수 있도록 간단하게 표시하여야 한다.

⓭ No. & Kinds of Pkgs

포장종류당 포장화물의 개수와 각 물품의 포장형태를 drum, bale, box, case, bundle 등으로 기재한다.

⓮ Goods description

물품명세서란에는 규격(specification), 품질(quality), 등급(grade) 등 해당 물품에 대한 정확한 명세를 기재하여, 다른 어떤 물품과도 명확히 구별할 수 있어야 한다. 그리고 동 물품명세서는 신용장상의 표현과 완전히 일치하여야 한다.

⓯ Quantity

송장금액 계산의 기초가 되는 최소단위당 수량을 기재하며, 수량의 계산단위는 일반적으로 개수 혹은 도량형에 의하여 계산된다.

⓰ Unit Price

단위수량당 가격을 기재한다(예: US$ 3.50/kg).

⓱ Amount

단위당 단가에 수량을 곱하여 총금액을 계산한다. 그러나 제반 비용을 첨가하여야 한다. 대량구입에 따르는 할인이 있으면 차감하여 송장상의 금액은 수입업자가 꼭 부담하여야 할 실채무액이 표시되어야 한다. 그리고 L/C상의 금액은 상업송장에 기재될 수 있는 최고금액을 의미한다. 그러므로 신용장상에 별도의 명시가 없는 한 은행은 신용장이 허용하는 금액을 초과한 금액으로 발행된 상업송장의 수리를 거절할 수 있다.

⓲ Signed by

송장작성자가 서명란에 서명한다.

(2) 선하증권

선하증권(Bill of Lading)에 대하여는 건전한 수입거래를 위하여 그리고 신용장통일규칙에 따라 특별한 경우를 제외하고 일반적으로 아래와 같은 문언을 사용하고 있다.

> "Full set of clean on board bill(s) of lading, made out to the order of…marked freight… and notify accountee."

- 발행되는 B/L이 full set일 것
- clean B/L일 것
- on board B/L일 것
- to the order of…는 선적서류상의 화주를 나타내는 것으로 통상 개설은행을 화주로 하여 개설은행명을 기재한다.
- freight에는 CFR, CIF일 때는 "prepaid", FOB일 경우에는 "collect"로 표시하여야 한다.
- notify party는 화물이 목적항에 도착했을 때 선박회사로부터 화물도착통지서(arrival notice)를 받아 조속히 필요한 화물인수절차를 이행할 사람으로 신용장 개설의뢰인 자신

또는 그가 지정하는 자를 기입한다.

(3) 보험증권

보험증권(Insurance Policy)에 대하여는 수입가격이 CIP, CIF조건인 경우 부보금액과 부보조건(With Average, Total Loss Only, All Risk 등)을 분명히 해야 한다. FOB조건일 경우에는 “buyer insurance” 또는 “insurance to be covered by buyer”라고 기재한다.

(4) 포장명세서

① 포장명세서의 의의

포장명세서(Packing List)는 화물의 포장단위별로 작성되는 것으로 각 단위별 화인, 품목, 중량 등이 상세히 기재되어 있다. 상업송장과 비교하여 볼 때, 외형상으로 상당히 비슷하며, 특히 상단 부분은 거의 같아 구분이 안 될 정도이다. 그러나 중간 부분의 물품명세를 기재하는 란을 살펴보면 두 서류의 차이를 알 수 있다. 상업송장에는 ‘화인과 화번, 물품명세, 수량/단위, 단가, 금액’을 기재하게 되어 있으며, 포장명세서에는 ‘단가와 금액’은 생략된 반면 ‘순중량, 총중량, 용적’을 기재하게 되어 있다. 실질적으로는 계약물품 전체에 대하여 상업송장은 한 장으로 작성되는 반면, 포장명세서는 포장단위별로 작성된다. 한 가지 물품을 여러 포장용기로 나누어 포장한 경우에는 포장명세서의 중요성이 상대적으로 적지만, 여러 가지 물품들이 여러 포장용기로 나뉘어 포장된 경우에는 포장명세서가 대단히 중요해진다. 예를 들면, 운송중에 포장된 물품 중의 일부가 파손된 경우에 상업송장만으로는 어떠한 물품이 파손되었는지를 파악하기가 어렵지만 포장명세서를 이용하면 상세한 파손내역을 파악하기가 용이하다.

② 포장명세서의 기능과 용도

계약체결에 따른 선적화물의 포장 및 명세(품목명, 수량, 총중량, 용적, 하인, 포장번호 등)를 기재하는 포장명세서는 내금 관련 사항을 병기하지 않고, 각 규격별, 단위별로 일목요연하게 기재한다는 점을 제외하고는 송장과 별다른 차이가 없다. 포장명세서는 주로 다음과 같은 용도로 활용된다.

- 수출입통관절차에서의 심사자료로서 활용되고 양륙지에서 화물의 처리단계에서 이용된다.
- 검수 또는 검량업자가 실제화물과 대조시 참조자료로 이용된다.

• 개별화물의 사고발생분에 대한 확인자료로서 사용할 수 있다.
• 각각의 용량이 표시되어 있으므로 선박회사가 운송계약을 체결할 때 일차적인 기준자료로 사용될 수 있다.

③ 포장명세서의 작성

❶ Seller

매수인에게 상품을 판매하는 개인 또는 법인의 이름과 주소를 기재한다.

❷ Consignee

수출물품을 인도받을 개인 또는 법인의 이름과 주소를 기재하며, 선하증권에 기재될 매수인과 동일해야 한다. 즉, 신용장에 기명식이 아닌 지시식 선하증권을 요구하는 "to the order of ××Bank" 등으로 표시된 때에는 상업송장에도 동일하게 "to the order ××Bank" 등으로 기재하여야 한다.

❸ Departure date

화물을 적재한 선박이나 비행기가 출발하는 연월일을 기재하며 통상 B/L이나 Air Waybill상의 선적일자와 일치시켜야 한다. 그러나 송장 작성시점에서는 선적일자를 정확히 알 수 없으므로 예상되는 선적일자의 7일 전후로 기재한다.

❹ Vessel/Flight

운송에 사용되는 선박/비행기 명칭을 기재하며, 여러 가지 운송수단을 사용하는 경우에는 주된 운송수단을 기재한다.

❺ From

운송수단이 출발하기로 예정된 항구, 공항 등의 명칭을 기재하며, 이는 신용장에 또는 계약서상의 적재지(Place of loading)와 일치해야 한다.

❻ To

운송수단의 최종목적지인 항구, 공항 등의 명칭을 기재하며, 신용장 또는 계약서상의 도착지와 일치하여야 한다.

❼ Invoice No. and date

매도인(seller)이 상업송장에 부여한 참조번호 및 송장 발행일을 기재한다.

❽ Buyer(if other than consignee)

상품을 구매한 개인 또는 법인의 이름과 주소를 기재한다. 신용장거래방식의 경우 신용장 개설의뢰인이 Buyer가 되며, Buyer와 Consignee가 같은 경우에도 Buyer의 이름

Packing List 예

<table>
<tr><td colspan="6">PACKING LIST</td></tr>
<tr><td colspan="3">❶Seller
GILDING TRADING Co., LTD.
159, SAMSUNG-DONG, KANGNAM-GU
SEOUL, KOREA</td><td colspan="3">❼Invoice No. and date
8905 HK 3108 Aug. 15. 2005</td></tr>
<tr><td colspan="3">❷Consignee
MONARCH PRODUCTS CO., LTD.
P.O.BOX 208
Bulawayo, Zimbabwe</td><td colspan="3">❽BUYER(if other than consignee)
MONARCH PRODUCTS CO., LTD
P.O.BOX 208
Bulawayo, Zimbabwe</td></tr>
<tr><td colspan="3">❸Departure date
Aug. 20. 2005</td><td colspan="3" rowspan="3">❾Other reference
COUNTRY OF ORIGIN :
REPUBLIC OF KOREA</td></tr>
<tr><td colspan="2">❹Vessel/flight
PHOENIX</td><td>❺From
PUSAN, KOREA</td></tr>
<tr><td colspan="3">❻To
Bulawayo, Zimbabwe</td></tr>
<tr><td>❿Shipping Marks</td><td>⓫No.&Kind of packages</td><td>⓬Goods description</td><td>⓭Quantity of net weight</td><td>⓮Gross Weight</td><td>⓯Measurement</td></tr>
<tr><td>MON/T
DETROIT
LOT NO
C/NO.1-53
Made in Korea</td><td>420 DP×420D
MATERIAL,
AS PER MONARCH
PRODUCTS
INDENT NO. T.
858</td><td>NYLON
OXFORE</td><td>60,000M
1208.06KGS
.</td><td>1,317kgs</td><td>24.5CBM</td></tr>
<tr><td colspan="4"></td><td colspan="2">⓰Signed by leejehong
Lee, Je-Hong
General Manager
GILDING TRADING Co., LTD.</td></tr>
</table>

과 주소를 다시 기재한다. 한편 매수인(Buyer)과 수하인(Consignee)이 다른 경우, 신용장 개설의뢰인이 은행융자로 신용장을 개설하여 은행이 Consignee가 되는 경우 또는 매수인이 물품과 송장을 각각 다른 주소로 보내도록 요구하여 consignee란에 창고 등의 물품수령인의 주소를 기재하는 경우에도 Buyer란에는 실제 물품대금 지급의무가 있는 Buyer의 이름, 주소를 기재하여야 한다.

❾ Other references

기타 참조사항 기재란으로 거래상대방이 신용장이나 계약서에 별도로 요구한 사항을 기재한다(예: 원산지 및 계약서 번호 등).

❿ Shipping marks

화인은 관련서류와 포장상품의 대조·점검을 용이하게 하고, 화물을 도착지까지 신속하고 안전하게 운송할 수 있도록 간단하게 표시하여야 한다. 기본화인(main marks)은 수입업자의 머리글자, 대조번호, 목적지, 포장번호, 총중량 등이고, 정보화인(information marks)은 원산지, 신용장번호, 수입허가 번호 등이며, 화물취급표시(cargo handing marks)는 화물의 취급, 운송, 적재의 요령을 나타내는 일종의 주의표시(cautionary symbol) 등이다.

⓫ No. & Kinds of Pkgs

포장종류당 포장화물의 개수와 각 물품의 포장형태를 drum, bale, box, case, bundle 등으로 기재한다.

⓬ Goods description

물품명세서란에는 규격(specification), 품질(quality), 등급(grade) 등 해당 물품에 대한 정확한 명세를 기재하여, 다른 어떤 물품과도 명확히 구별할 수 있어야 한다. 그리고 동 물품명세서는 신용장상의 표현과 완전히 일치하여야 한다. 특히 신용장이나 계약서상에 "Full details packing list"나 "Size & Color assortment"를 요구하는 경우, Size나 Color를 별도로 정확히 분류하여 작성하여야 한다. 또한 L/C상에 포장방법을 요구했을 경우는 특별한 규정이 없더라도 그 내용을 반드시 Packing List상에 명기해야 한다.

⓭ Quantity or net weight(수량 또는 순중량)

물품의 수량을 각 포장 case마다 구분하여 기재해야 하며, 송장금액 계산의 기초가 되는 최소단위당 수량을 기재하며, 수량의 계산단위는 일반적으로 개수 혹은 도량형에 의한다.

⓮ Gross Weight

순중량에 외부포장재료(또는 포장용기)의 중량을 포함한 총중량으로 B/L상의 중량과 일치해야 한다. 무게를 표시하는 단위인 Ton도 양적으로 상이한 Gross Weight와 Net Weight를 구분해서 명시하지 않으면 안 된다.

⓯ Measurement(용적)

선적물품의 부피를 나타내는데, 이는 B/L상의 필수기재사항인 Measurement와 일치해야 한다. 통상 용적의 계산단위는 CBM(Cubic Meter)을 사용하며 1M/T(Measurement Ton) = 40 cubic feet이다.

⓰ Signed by

송장작성자가 서명란에 서명한다.

(5) 원산지증명서

① 원산지증명서의 의의

원산지증명서(Certificate of Origin)는 수출상품의 원산지국가를 증명하는 성격을 가진 서류로서 화환어음의 부대서류이다. 이 서류는 생산국 등을 판별하고자 하는 목적이나 외환관리 및 덤핑방지 등 수입정책상의 목적으로 이용된다. 따라서 수입통관시 원산지증명을 요구할 경우, 해당상품의 생산지 또는 국가를 증명하는 이 서류를 구비하여야 한다. 이 서류는 수출국에 주재하는 수입국의 영사 또는 상공회의소에서 발급한다.

또한 원산지증명서란 거래되는 물품의 국적에 대한 증명서로서 거래대상국의 판별이나 양허관세율의 적용 등을 위하여 사용되고 있다. 일반특혜관세 즉 GSP(Generalized System of Preference) 용도로 사용될 때에는 GSP 원산지증명서를 이용하여야 하며, 개도국간특혜무역제도(Global System of Trade Preferences among developing countries: GSTP)에 의해 관세양허를 받기 위해서는 GSTP 원산지증명서를 이용하여야 한다.

② 원산지증명서의 종류

일반용 원산지증명서

상공회의소가 발급하는 원산지증명서 Form No. KCCI-1형식으로, 일반적으로 원산지증명서라 하면 이 증명서를 의미한다.

일반특혜관세 원산지증명서(GSP C/O Form A)

GATT 규정에 따라 선진국이 저개발국의 물품을 수입할 때 관세감면의 혜택을 주고 있는데 이 제도를 일반특혜관세제도(Generalized System of Preference)라 한다. GSP 혜택을 받고자 하면 수입통관시 그 물품이 GSP 대상국가에서 생산된 것임을 증명해야 하며, 그 방법은 GSP용 원산지증명서를 제출하는 것이다. 따라서 이 서류는 1968년 UNCTAD 총회의 결과에 따라 개도국이나 후진국의 수출촉진 및 남북문제의 해결을 위해 도입된 것이다.

우리나라는 경제력향상을 이유로 많은 국가에서 GSP 수혜대상에서 제외되고 있는 추세이나 일본 등에서는 이 혜택을 주고 있으므로 이 지역으로 수출하는 상사는 반드시 GSP용 원산지증명서를 제출해야 한다. 이 서류는 지정서식(form A) 및 기준별 사실신고를 작성하여 창원이나 익산의 수출자유지역 관리사무소와 각 시도지사가 발급한다. 원산지증명서의 발급일은 선하증권상의 선적일 이전이거나 아니면 선적일과 같아야 한다.

③ 원산지증명서의 작성

❶ Seller

수출자를 기재한다. 즉, 수출자 이외의 상호는 사용할 수 없다. 다만 신청인이 아닌 경우는 원칙적으로 발급이 안 되지만 신청자가 대리인의 자격을 가지고 있는 경우에는 “on behalf of” 또는 “instead of”를 사용한다.

Certificate of Origin의 예

<table>
<tr><td>❶Seller
THE DAE HAN TRADING CO., LTD.
SEOUL, KOREA</td><td colspan="2" rowspan="2">ORIGIN
CERTIFICATE OF ORIGIN
issued by
THE KOREA CHAMBER OF COMMERCE & INDUSTRY
Seoul, Repubile of Korea
원 산 지 증 명 서
대한상공회의소</td></tr>
<tr><td rowspan="2">❷Consignee
TO THE ORDER OF
THE BANK OF CALIFORNIA
1749 NORTHSERRANO AVE. LOS ANGELS
CA. 90027, U.S.A.</td></tr>
<tr><td colspan="2">❹Buyer
THE ABGEKES UNOIRTUBG CO., INC.
3710 WEST 9 THST. LOS ANGELES
CA. 90019 U.S.A.</td></tr>
<tr><td rowspan="2">❸Particulars of Tarnsport(where required)
FORM : PUSAN, KOREA
TO : LOS ANGELES, U.S.A.
CARRIER: ARIRANG V.961
SAILING ON OR ABOUT: JULY 25, 1996</td><td colspan="2">❺Country of origin
REPUBLIC OF KOREA</td></tr>
<tr><td colspan="2">❻Invoice Number and Date
DH-96-015 JULY 22, 1996</td></tr>
<tr><td>❼Shipping Marks

AI
LOS ANGELES
C/NO 1001-2000
MADE IN KOREA
AI
LOS ANGELES
C/NO 2001-2500
MADE IN KOREA</td><td>❽Number and Kind of Packages: Kescription of Goods

COLOR TELEVISION SETS & REFRIGER TORS
CONTRCT NOTE NO.: CT 96-315
1,000 SETS OF COLOR T.V., MODEL DCT-1526

500 SETS OF REFRIGER ATOR, MODELL KRF-F600</td><td>❾Gross Weight or Other Quantity

40,000KG
(240CBM)

65,000KG
(570CBM)</td></tr>
<tr><td>❿Other Information</td><td colspan="2">The Korea Chamber of Commerce & Industry here by certifies, on the basis of relevant invoice and other documents, that the above mentioned goods originate in the country shouwn in column 5.

JULY 22, 1996
Lee Chang-ho

Lee Chang-ho
Managing Director
THE KOREA CHAMBER OF COMMERCE & INDUSTRY</td></tr>
</table>

❷ Consignee

수하인명을 기입하며, 신용장거래의 경우 일반적으로 수하인은 신용장 개설은행이지만 때로는 수입자가 되기도 한다. L/C상에 "To our order"라고 지시된 경우는 our는 L/C 개설은행을 지칭하는 것이므로 반드시 L/C 개설은행을 기재해야 한다.

❸ Particulars of Transport

선명(또는 기명), 선적항, 도착항 및 선적일자를 기재한다.

❹ Buyer

매수인(Buyer)과 수하인(consignee)이 다른 경우에는 매수인을 별도로 기재하며, 같은 경우에는 "Same as the Consignee"로 표기한다.

❺ Country of Origin

원산지가 한국인 경우 "Republic of Korea"라고 기재하며, 외국상품에 대한 원산지증명 발급신청시는 동란에 실세 원산지의 국명을 표기하고, 관련 증빙서류를 제출해야 한다.

❻ Invoice Number and Date

수출자가 임의로 작성한 상업송장 번호 및 일자를 기재한다.

❼ Shipping Marks

수입자가 L/C나 계약서, Telex 등에 의해 지정한 마크를 표기해야 한다.

❽ Number and Kind of Packages: Description of Goods

수출상품의 포장개수 및 포장종류를 기재한다. Description of Goods란에는 상품의 규격, 품질, 등급 등 해당 물품에 관한 명세를 명확히 기재하여야 한다.

❾ Gross Weight or Other Quantity

총중량 또는 기타 수량을 기재한다.

❿ Other Information

재발급, 소급발급 등 증명 발급기관에서 필요한 경우 사용하는 란이며, 증명발급시 공인 날인과 번호를 부여하며, 그 외 어떠한 사유로도 본 란을 사용해서는 안 된다.

(6) 검사증명서

수입업자가 확실한 품질의 상품을 수입하고자 할 때 요구하는 서류이며, 검사의 공정성을 확립하기 위하여 수입업자가 지정한 수출검사인이나 전문검사기관의 검사증을 첨부하도록 한다. 이 서류의 발행은 곧 수출품의 품질조건상에 하자가 없음을 증명하는 것이기 때문에 특히 신용장에 이를 요구하고 있는 경우에는 위와 같은 자에 의한 수출품의 검사증명서(Inspection Certificate)의 첨부 없이 수출이 불가능하다. 한편, 신용장에서 검사증명서를 요구하면서도 사전에 특정검사기관이 합의되지 않았다면 수입상의 대리인이 발행한 합격증이 있어야 은행이 수리한다.

이러한 증명서의 종류로는 농산물이나 수산물의 경우에 필요로 하는 농산물검사소의 검사증명서나 수산물검사소의 검사증명서와 내용증명서(certificate of measurement), 수량증명서(certificate of quantity) 등이 있다.

(7) 중량 및 용적증명서

중량 및 용적증명서(Certificate of weight/measurement)란 상업송장상의 기재내용을 확인할 목적으로 요구하는 보충서류이다. 따라서 이 서류는 수출화물이 선적업자의 집하장소에서 세관보세구역에 반입되면 등록검량업자에 의하여 화물의 용적과 중량에 대한 검사를 받아 발급하는 증명서로서 선적지시서, 선하증권 등에 그 수량이 기재되어 운임과 기타 제 비용의 산출근거가 된다. 중량증명의 경우, 신용장에서 검사기관을 별도로 정하지 않고 단순히 중량증명만을 요구하는 때에는 운송인에 의한 서류상의 중량표시 스탬프 또는 문자표기를 그 증명으로 갈음할 수 있다.

(8) 위생증명서와 검역증

미국에서는 식료품, 약품류, 육류 등 동물의 부산물에는 무해함을 입증하는 위생증명서(Certificate of Health)를 세관송장에 첨부할 것을 요구하고 있다. 즉, 위생증명서는 식료품, 약품류, 육류, 화장품 등을 미국 등에 수출할 경우 FDA(Food and Drug Administration)가 정한 기준에 합치된다는 증명서이며, 육류의 수출에는 도살 당시 균이 없었다는 증명서인 이 위생증명서가 있어야 수출이 가능하다.

특히 브라질이나 미국, 파나마 등으로 동식물을 수출하는 경우에는 위생증명서의 일종인 검역증(Certificate of Quarantine)을 필요로 한다. 이 서류는 동식물의 수출에 혹시 전염성 균이 묻어 들어가는 것을 예방하기 위하여 물품을 고립된 일정 장소에 일정기간 동안 장치하여 두어 검역을 한 후 발급해 주는 서류이다.

제11장 관세환급제도

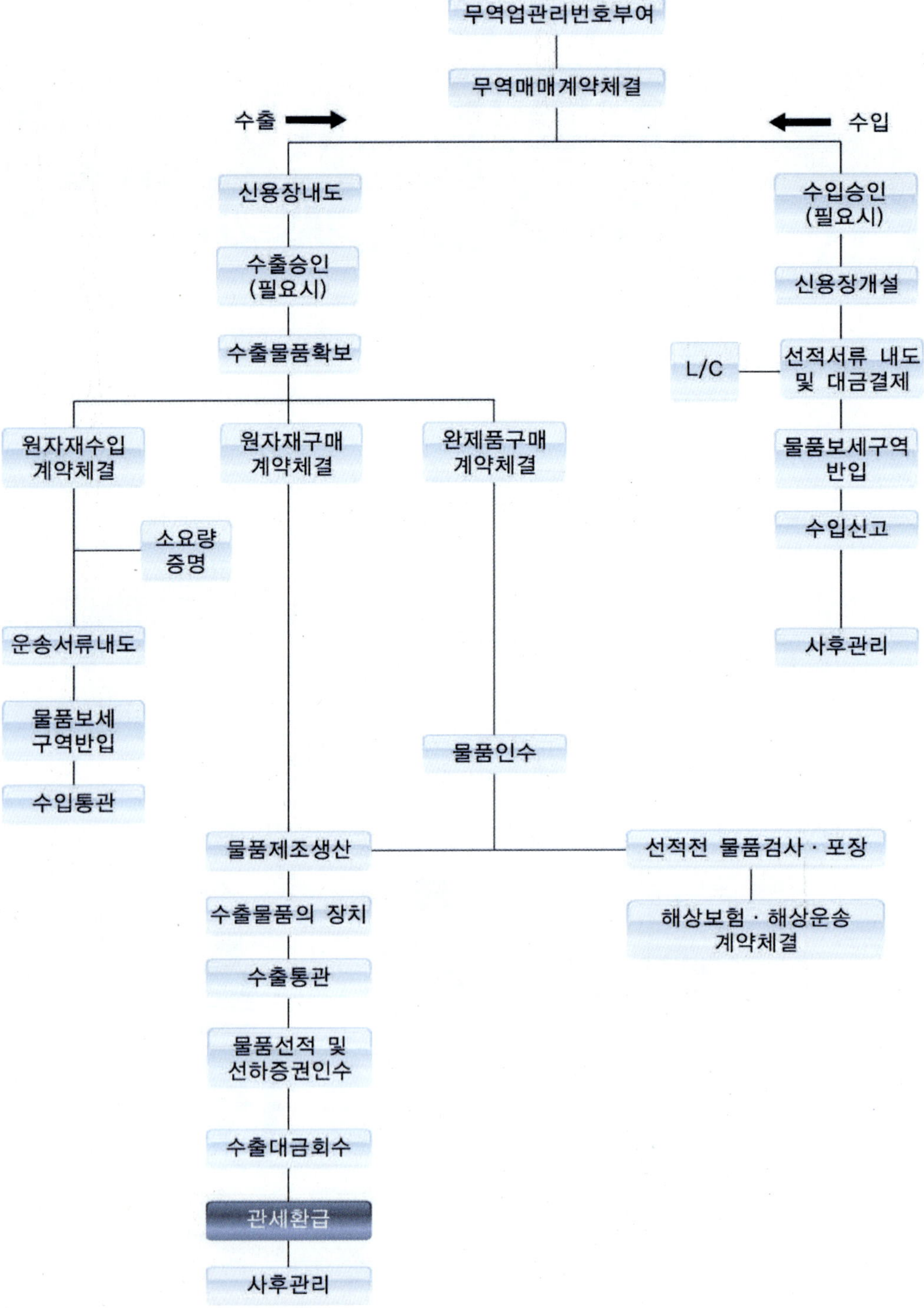
무역업관리번호부여
무역매매계약체결
수출
수입
신용장내도
수출승인
(필요시)
수출물품확보
원자재수입
계약체결
원자재구매
계약체결
완제품구매
계약체결
소요량
증명
운송서류내도
물품보세
구역반입
수입통관
물품인수
물품제조생산
수출물품의 장치
수출통관
물품선적 및
선하증권인수
수출대금회수
관세환급
사후관리
선적전 물품검사 · 포장
해상보험 · 해상운송
계약체결
수입승인
(필요시)
신용장개설
L/C
선적서류 내도
및 대금결제
물품보세구역
반입
수입신고
사후관리

제1절

관세환급제도

1. 관세환급제도란

관세환급이란 세관에서 일단 징수한 관세 등을 특정한 요건에 해당하는 경우에 그 전부 또는 일부를 되돌려 주는 것을 말한다.

현행 관세법상에는 납세의무의 형평과 징수행정의 공정을 기하기 위해 관세, 가산금 또는 체납처분비의 과·오납금을 납세의무자에게 환급하는 제도(과·오납환급: 관세법 제24조)와 위약물품을 재수출한 경우 수입시 납부한 관세를 환급하는 제도(위약물품의 관세환급: 관세법 제35조)가 있으며, 수출용 원자재에 대한 관세등 환급에 관한 특례법(환급특례법)에 의거 원재료를 수입할 때 일단 관세 등을 납부하였거나 징수유예 받은 물품 또는 이를 원료로 하여 제조·가공한 물품을 수출의 용도에 공한 때 이미 납부한 관세를 환급해 주는 제도가 있다. 일반적으로 관세환급이라 하면 환급특례법상의 환급을 말한다.

2. 관세환급요건과 방법

(1) 관세 환급 요건 및 방법

① 관세환급요건

- 관세 등을 납부하고 수입한 원재료가 수출용 원재료에 해당되고(법 제3조)
- 수출이행기간(2년) 이내에(법 제9조)

- 환급대상수출(법 제4조)에 제공하여야 하며
- 수출신고 수리일로부터 2년 이내에 환급신청해야 환급 가능

② 관세환급방법

환급금의 산출방법에는 개별환급제도와 간이정액환급제도가 있다.

개별환급제도는 수출물품 제조에 소요된 원재료의 품명 · 규격 · 수량과 동원재료의 수입시 납부세액을 원재료별로 개별적으로 확인하여 환급금을 산출한다.

간이정액환급제도는 환급신청 연도가 속하는 해의 직전 2년간 매년 환급액이 6억원 이하인 중소기업에서 제조한 수출물품에 대한 환급액 산출시(내국신용장등에 의한 국내거래물품에 대한 기초원재료 납세증명서 발급시 포함)에 정부가 정하는 일정금액(간이정액환급율표상의

관세환급절차

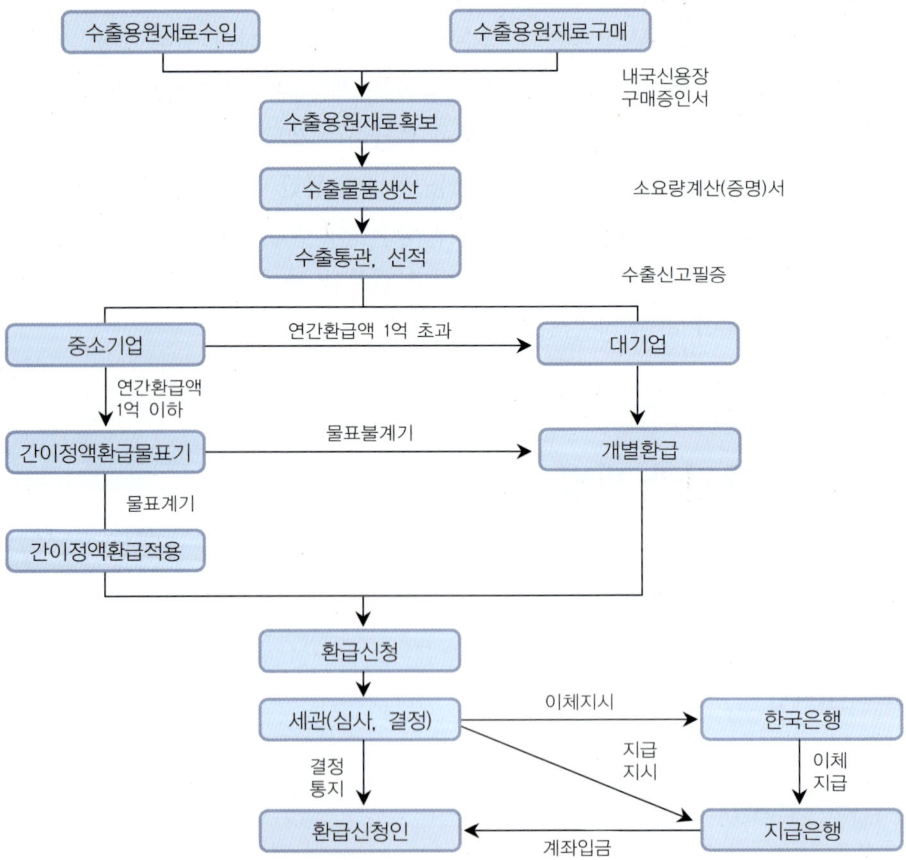

금액)을 수출물품 제조에 소요된 원재료의 수입시 납부세액으로 보고 환급액등을 산출토록 한다. 이 제도는 개별환급을 받을 능력이 없는 중소기업의 수출을 지원하고 환급절차를 간소화하기 위하여 도입되었다.

관세환급 신청기간

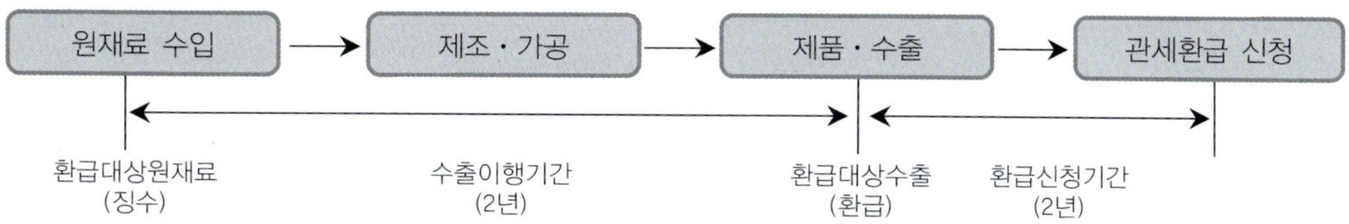

출처: 관세청 홈페이지

(2) 납부세액증명방법

① 기초원재료 납세증명제도

외국으로부터 수입한 원재료를 제조・가공한 후 이를 수출물품 제조업체에 수출용원재료로 공급하는 때(중간원재료를 제조・가공하여 공급하는 경우 포함)에 국내거래공급자의 신청에 의거 동 공급물품에 포함되어 있는 기초원재료의 수입시 납부세액과 동 물품의 공급사실을 증명하는 제도이다. 납세증명은 양수자가 개별환급방법에 의하여 관세환급 또는 기초원재료 납세증명서를 발급신청시 납부세액증빙서류로 사용하는 서류이다.

② 분할증명제도

수입신고필증분할증명서

외국으로부터 수입한 원재료를 제조·가공하지 않고 수입한 원래의 상태로 수출용 원재료로 국내공급하는 경우에 공급자의 신청에 의거 세관장이 증명하는 제도이다. 원상태 국내거래는 수출물품의 외화가득률 제고에 전혀 도움이 되지 않으므로 수출이행기간의 연장 등 각종 지원조치의 대상이 되지 아니함이 원칙이다.

기초원재료납세증명분할증명서

내국신용장등으로 구매하여 기납증이 발급된 물품을 제조, 가공하지 않고 매입한 상태로 수출용 원재료로 공급하는 경우에 공급자의 신청에 의거, 세관장이 증명하는 서류이다.

③ 평균세액증명제도

평균세액증명제도는 기초원재료납세증명서나 분할증명서와 같이 국내 거래된 수출용원자재에 대한 관세 등의 납세를 증명하는 서류가 아니라, 당해 수출업체에서 그 달에 외국으로부터 수입하거나 국내에서 매입한 수출용 원재료를 HS10단위별로 통합함으로써 규격확인을 생략하고, 전체 물량의 단위당 평균세액을 산출하여 환급함으로써 개별환급절차를 간소화하는 제도이다. 이 제도는 개별환급방법에 의한 환급액산출에 있어서 규격확인 때문에 구비서류와 환급절차가 복잡해질 것을 개선하기 위하여 마련되었다.

(3) 소요량 관리

소요량이란 수출물품을 생산하는 데 소요되는 원재료의 종류별 양을 말한다. 특히 기업이 제품의 원가계산 및 생산계획을 수립하기 위한 소요원재료별 양과 같으며, 수출물품 생산에 소요되는 원재료의 수입시 납부한 관세 등을 수출자(또는 생산자)에게 되돌려주는 관세환급금을 산출하는 데 있어 가장 기본적인 요소이다.

현재 환급에 사용되는 소요량은 관세청장이 정한 소요량의 산정 및 관리에 대한 기준과 절차에 따라 환급신청자(수출자 또는 생산자)가 수출물품 생산에 소요되는 원재료의 소요량을 생산현장에서 실제 사용되는 양을 기준으로 스스로 산정하는 자율소요량이다. 자율소요량이란 환급액 산정의 기준이 되는 것으로, 수출물품의 생산에 소요되는 원재료의 종류별 양은 기업이 현실적으로 쉽고 정확하게 산정할 수 있을 것이므로 이를 관세청에서도 수용하였으며, 과다환급 방지를 위한 최소한의 산정 및 관리에 대한 기준과 절차만을 정하고 있다(손모량의 인정범위, 산정방법 신고 등). 아울러 자율소요량 제도의 원활한 이해를 위하여 관세청에서는 수출물품을 생산하는 데 소요되는 원재료의 양(소요량)을 산정하는 데 어려움을 겪고 있는 중소기업을 위해서 '소요량사전확인제도'를 도입하여 2004년 4월 1일부터 시행하고 있다. 소요량사전확인제도는 업체가 관세환급을 신청하기 전에 세관에서 수출용원재료에 대한 소요량 산정의 정확여부를 확인받는 제도로, 적용대상업체는 연간 환급금액이 1천만원 미만인 영세중소기업으로서 현재 간이정액환급을 받고 있으나 개별환급방법으로 환급을 받고자 하는 업체가 해당된다.

3. 관세환급절차

(1) 환급신청 준비단계

환급을 신청하려면 환급신청 전에 환급기관(환급업무를 관할할 세관)을 결정하여야 한다. 환급신청은 환급신청인의 제조장 또는 본사(법령에 의하여 사업장으로 등록된 사무소 포함)를 관할하는 세관장에게 신청하여야 한다. 다만, 세관의 성격상 김해세관, 김포세관, 서울국제우편세관, 부산국제우편세관, 고성세관에서는 환급신청을 할 수 없다. 동일업체의 본사 또는 제소상간 관할지세관을 변경하여 환급 등의 신청을 하고자 할 경우에는 환급기관변경신청서를 변경 전의 관할지세관장에게 제출하여 승인을 받아야 한다.

환급신청인은 환급신청 전에 관할세관에 전용계좌번호를 서류로 통보하여야 하며, 이미 개설된 환급금 전용계좌를 변경하고자 하는 경우 세관장에게 계좌변경통보를 하여 관세청 전산시스템에 계좌번호가 등록되어야 환급금의 지급이 가능하다.

(2) 환급의 신청

① 신청서 작성

환급업체(관세사)는 환급대상 수출신고필증 중 동일한 HS품목으로 같은 달에 수출된 수출건을 취합하여 신청서를 작성해야 하며, 간이정액환급은 간이정액율표고시단위(매년단위로 고시함)별로 수출월 구분 없이 동일한 HS품목이면 동시에 환급신청이 가능하다. 해당 수출건에 사용된 수입(매입)물품의 소요량을 계산근거로 하여 환급신청서 및 제증명서를 환급처리용 S/W에 입력하며, S/W가 준비되지 않은 중소업체의 경우 관세사에 환급내행을 의뢰하거나 전국 주요 세관 및 상공회의소의 입력시설을 이용하여 입력할 수 있다.

② 전사문서 전송/수신

입력이 완료되면 EDI 전자문서로 변환 후 KTNET을 거쳐 관세청에 전송하게 되며 업체의 문서작성·전송은 24시간 중 어느 때라도 가능하다.

- 신청서 오류검증: 환급시스템은 수신된 전자문서의 내용이 전자문서 작성규칙에 맞게 작

성되었는지의 여부와 각 신청서의 기본적인 입력사항(통관고유번호, 환급구분, 계좌번호, 수출 · 입 사실 등)을 검증한다.

③ 접수번호 부여 및 전산심사

환급시스템은 수신문서의 기본사항을 검증한 후 이상이 없으면 접수번호를 부여하고 세관심사자 배부기준에 의거 자동으로 심사담당자를 지정한다. 접수된 신청건은 관세청 환급시스템에 의해 자동으로 전산심사가 수행되며 전산심사는 (갑), (을), (병), (정) 등 신청서 내역별 논리적 연관관계 및 각 신청서의 세부사항에 대한 심사를 수행한다.

④ 접수통보 또는 전산심사오류 통보

전산심사 결과 오류가 없는 건은 접수번호 및 담당자를 해당 업체에 통보(접수통보)하며 오류가 발생되면 오류항목 및 오류위치 그리고 접수번호, 담당자 등의 내용을 해당 업체에 통보(오류통보)한다.

⑤ 접수통보 후 3일 이내 서류제출

환급신청건 중 서류제출대상의 경우, 접수통보를 받은 환급업체(관세사)는 접수번호 및 접수일자가 기재된 신청서를 출력하여 접수통보일로부터 3일 이내에 관할지세관장에게 제출하여야 한다.

⑥ 제출서류에 의한 전산자료 확인

세관담당자는 제출된 서류와 기 접수된 업무처리화면의 신청내용을 대조하고 확인건에 대한 사항을 제출된 서류로 확인한 후 결재처리한다.

⑦ 환급결정 및 지급결제

담당 또는 주무 결재 후 세관 관리자(과장)에 의해 지급 결재되어 환급결정 절차가 완료된다.

⑧ 환급금지급 결정통지 또는 완료통보

관리자 결재 후, 해당 업체에는 환급금지급 결정통지가 전송되고 사후 일괄납부업체인 경우 환급금은 지급보류(지급보류액 만큼 담보잔액에 가산됨)되며 환급금 지급보류 내용이 통지된다.

⑨ 환급금 이체의뢰/환급금 지급의뢰

관리자가 결재를 하면 한국은행에 해당 세관장의 세입금계정에서 환급금을 이체하여 환급신청인의 계좌로 즉시 입금시킬 것을 전자문서로 요구한다.

⑩ 환급금 이체 및 지급

한국은행은 세관장이 이체 및 지급 요구한 바에 따라 해당세관장의 세입금계정에서 환급금을 이체하여 환급신청인의 계좌로 입금시킨 후 입금결과를 세관장에게 전자문서로 통지한다.

제12장 운송서류수취와 대금결제

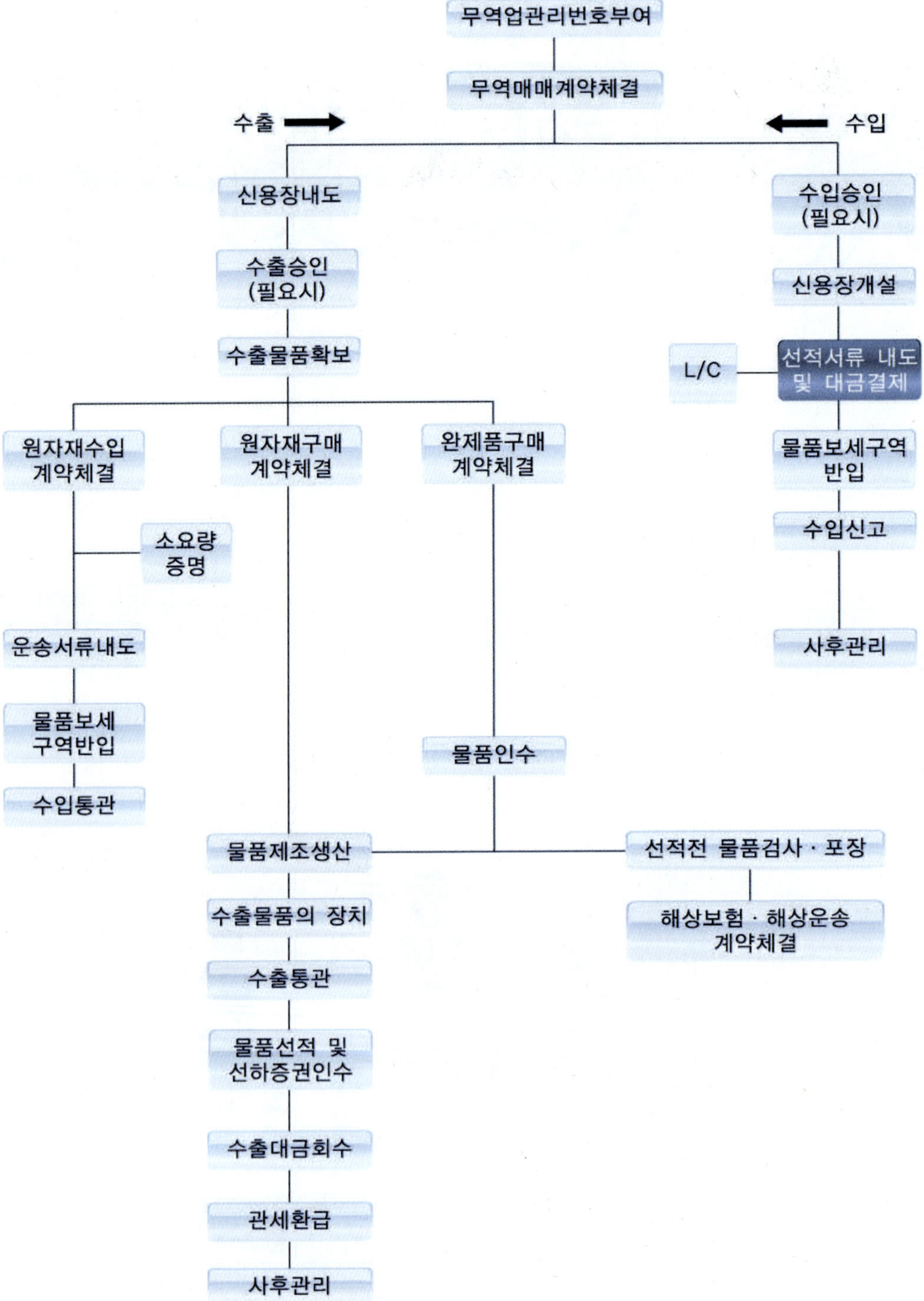
무역업관리번호부여
무역매매계약체결
수출
수입
신용장내도
수출승인 (필요시)
수출물품확보
원자재수입 계약체결
원자재구매 계약체결
완제품구매 계약체결
소요량 증명
운송서류내도
물품보세 구역반입
수입통관
물품인수
물품제조생산
수출물품의 장치
수출통관
물품선적 및 선하증권인수
수출대금회수
관세환급
사후관리
선적전 물품검사 · 포장
해상보험 · 해상운송 계약체결
수입승인 (필요시)
신용장개설
L/C
선적서류 내도 및 대금결제
물품보세구역 반입
수입신고
사후관리

제1절
수입대금의 결제와 운송서류의 인도

외국의 물품공급업자가 상품을 선적한 후 신용장에서 요구하고 있는 운송서류와 함께 환어음을 발행하여 매입은행에 매각하여 수출대전을 회수하면, 매입은행은 매입한 환어음 및 운송서류를 개설은행 앞으로 송달(추심)하게 된다. 매입은행으로부터 운송서류를 접수한 개설은행은 자기가 개설한 신용장조건대로 운송서류가 내도되었는지를 심사하여 수입대금 결제여부를 확인한 후 개설의뢰인에게 운송서류를 인도하고 수입대금을 결제받는다.

1. 발행은행의 서류심사

(1) 발행은행 서류심사의 의의

수출지에 있는 매입은행이 Nego절차를 마친 후, 신용장대금 수취를 위하여 발행은행으로 관련 서류를 우송하면 이때부터 발행은행은 서류를 심사하게 된다. 이때 발행은행은 도착한 운송서류를 "상당한 주의(resonable care)"를 기울여 심사하여야 할 의무를 부담하나, 상당한 주의의 구체적인 범위는 정해진 바가 없으므로 심사 당시의 정황에 따라 개별적으로 판단하거나 국제표준은행업무관행에 따라야 한다.

따라서 신용장의 발행은행은 상당한 주의를 기울여 서류를 검토하여야 하며, 그 문면의 내용이 신용장조건과 일치한다면 이를 수리하고 지급, 인수 또는 매입은행에세 대금을 보상하여야 한나. 즉 신용장통일규칙에 따르면, 발행은행이 타 은행에게 지급, 인수 또는 매입하도록 수권한 경우, 발행은행과 확인은행(확인신용장의 경우)은 모두 이러한 지급, 인수 또는 매입은행에게 대금을 보상하고 서류를 수리하여야 할 의무를 진다. 발행은행이 서류를 심사하는 방법은 매입은행이 수익자의 서류를 매입할 때 심사하는 방법과 동일하다.

(2) 서류심사의 절차

신용장의 발행은행은 매입은행으로부터 운송서류의 Original Document와 Duplicate Document 중에서 먼저 도착한 것으로 내용을 심사하여야 한다. 즉, 발행은행은 매입은행이 발송한 covering letter 또는 collection letter상에 기입된 서류종류와 실제로 도착한 서류가 일치하는지를 확인한 다음 신용장발행 File을 찾아 해당된 신용장의 조건과 도착된 서류가 기재문언이 일치하는지를 확인한다. 다음은 이 절차를 구체적으로 설명한 것이다.

첫째, 신용장철을 꺼내 내도된 서류와 대조 확인한다.

둘째, 수입업자에게 운송서류의 도착통지를 발송한다.

셋째, 상당한 주의를 기울여 서류를 심사한다.

넷째, 서류심사의 결과 이상이 없으면 B/L 원본에 배서하여 수입업자에게 인도할 준비를 한다.

다섯째, 수입업자에게 신용장대금을 징수하고 운송서류를 넘긴다.

여섯째, 신용장에 정해진 방법에 따라 매입은행의 계좌에 입금이 되도록 조치를 취하면 당해 신용장과 관련된 제반 절차가 모든 종결된다.

2. 발행은행의 대금결제

발행은행의 매입은행에 대한 대금지급은 결제방식이 송금이냐, 상환이냐, 차기냐에 따라 다음과 같이 달라진다.

(1) Remittance Base인 경우

신용장상의 결제 관련문언이 "We shall make payment as per your instruction to be received"와 같이 기재되어 있으면, 발행은행은 매입은행에게 서류심사결과 통보→매입은행은 발행은행에게 상환은행 지정통보→발행은행은 지정된 상환은행으로 송금조치의 순서로 업무를 처리한다.

송금조치는 차기지시서(debit authorization)를 보내거나 지정된 은행(발행은행 또는 매입은행의 계좌를 보유하고 있는 일류은행)이 발행한 당좌수표를 보내거나, 발행은행이 마음대로 선택하여 한 가지만 보낸다.

(2) Reimbursement Base인 경우

신용장에 상환은행명이 명시되어 있는 경우에는 발행은행이 매입은행에 서류심사결과를 통보할 필요 없이 곧바로 지정된 상환은행에 Reimbursement Authorization을 보낸다.

(3) Debit Base인 경우

신용장이 straight L/C이고 수출지에 지정은행이 있으면 발행은행은 지정은행에 서류심사결과를 통보하기만 하면 된다. 이 경우는 내입은행과 지급은행이 동일은행의 본·지점간인 경우가 대부분이기 때문에, 발행은행이 서류를 접수하기 전에 매입은행이 이미 자행에 예치된 발행은행의 계좌에서 해당 금액을 자동인출해 버린다.

3. 운송서류의 인도

(1) 서류인도의 의의

신용장 발행은행은 매입은행으로부터 도착한 운송서류를 발행의뢰인에게 넘겨주어야 하는데, 이를 운송서류의 인도라고 한다. 신용장의 발행의뢰인은 운송서류가 있어야 운송인으로부터 운송화물을 청구할 수 있다. 따라서 화물을 대표하는 권리를 상징하는 운송서류를 수령하려면, 이와 상환으로 대금을 지급하여야 한다.

발행은행은 운송서류를 발행의뢰인에게 인도하기 전에 이것이 신용장의 제 조건과 일치하는지를 심사하여야 한다. 그리고 운송서류를 인도할 때에는 발행은행은 이미 매입은행에 매입대금을 보상하여야 하기 때문에 다음 세 가지 방법으로 운송서류를 인도할 수 있다.

첫째, 운송서류의 원본이 정시에 도착하여 발행은행이 담보권의 행사 없이 서류를 발행의뢰인에게 인도하는 경우이다.

둘째, 운송서류의 원본이 아직 도착하지 않았을 경우에는 수입상의 요청에 따라 수입화물선취보증장(Letter of guarantee: L/G)을 활용하여 수입화물을 먼저 인수토록 하고 서류원본은 나중에 인도하는 방법이다.

셋째, 신용장의 발행의뢰인이 수입대금의 일시지급이 어려울 경우에는 발행은행이 수입화물에 대하여 담보권을 확보하고 운송서류를 미리 인도해 주어 물품을 인수할 수 있도록 하는 수입화물대도(Trust Receipt: T/R)에 의한 방법이다.

(2) 환어음의 결제와 운송서류의 인도

개설은행은 매입은행에서 송달된 환어음 및 운송서류의 점검 후 신용장조건과의 일치가 확인되면 개설의뢰인에게 운송서류의 내도를 통지한다. 개설은행은 개설의뢰인에게 운송서류를 인도하기 위하여 환어음의 제시 및 지급인수의 청구를 하며, 개설의뢰인은 이에 따라 수입대금을 결제하여야 한다.

- 신용장조건에 따라 환어음의 지급인이 개설의뢰인 앞으로 되어 있는 경우는 개설의뢰인에게 운송서류의 내도통지와 함께, 일람출급어음인 경우는 어음의 지급을 청구하고 기한부어음인 경우는 어음의 인수를 청구한다.
- 신용장조건에 따라 환어음이 개설은행 앞으로 발행되어 왔을 때에는 개설은행은 일람출급어음의 경우라면 당행이 지급하고 나서 개설의뢰인에게 대금지급을 청구한다. 또한 일람출급지급신용장의 조건에 따라 개설은행의 환거래은행이 지급인으로 되어 있어 환어음이 송부되어 오지 않고 개설은행명의 예치금계정의 차기통지서(debit advice)만 송부되어 오는 경우에도 개설의뢰인에게 환어음을 제시하지 않고 운송서류의 내도통지만으로 수입대금의 결제를 청구한다. 한편 개설은행 앞 기한부어음인 경우라면 개설은행은 이 어음을 인수하고 개설의뢰인에 대해 자행발행의 환어음을 인수토록 하든지, 개설의뢰인으로 하여금 약속어음을 발행토록 한다.
- 개설은행으로부터 환어음의 지급을 청구받은 개설의뢰인은 수입대금을 자기자금이나 무역금융으로 신용장 개설 외국환은행(영업점 기준)의 선적서류 인수일로부터 7일 이내에 결제하여야 하며, 동 기일 내에 결제하지 못하면 8일째에 외국환은행이 대지급 처리를 한다. 이 경우 수입대금의 결제를 위하여 이미 적립한 수입보증금을 처분하게 되고, 환율은 수입어음결제율(전신환매도율+10/360×연환가요율)을 적용한다.

한편 선적서류 도착일로부터 7일 이내에 수입대금을 결제하면 되나, 외국환은행은 자금부담의 보전을 위해 결제지연 이자를 다음과 같이 징수하고 있다. 또한 수입신용장 대금결제액

산정은 다음과 같다.

- 도착일로부터 3일 이내에 결제하는 경우: (전신환매도율+환가료)×수입금액
- 도착일로부터 3일 이후에 결제하는 경우 이자계산: 전신환매도율×수입금액×지역일수/360×연환가요율
- usance일 경우의 결제
  - 물품대금: 수입금액×usance 상환일 기준 전신환매도율
  - usance 이자: 수입금액×usance 이자율×usance 기간/360×수입어음결제율

4. 수입업자의 수입대금결제

발행은행으로부터 운송서류 도착통지를 받으면 수입업자는 수입서류 도착일로부터 7일 이내에 신용장대금을 결제하고 해당 운송서류를 인도받아야 한다. 만일 수입업자가 이 기간 이내에 대금결제를 하지 못하면 지연이자도 함께 물어야 한다.

한편, 발행은행은 발행의뢰인이 운송서류를 수령하지 않으면 3~7일까지의 환가료를 납부하여야 한다. 수출용 원자재의 수입시는 7일 이내에 서류를 수령하면 된다. 만약 7일을 초과하여 이를 수령해 가지 않으면 연체료를 납부하여야 한다.

5. 수입화물선취보증서

(1) 수입화물선취보증서의 의의

본선이 입항하고 화물이 양륙됨에도 불구하고 환어음 및 운송서류가 아직 수입지의 은행에 도착되지 않는 경우가 있다. 이러한 경우에 선하증권의 상환이 이루어지지 않아 화물인수가 불가능하다면 수입상은 입하를 목전에 두고 화물을 인수하지 못하여 판매기회를 놓칠 우려가 있다. 그러므로 화환화물의 보증인도란 편법이 국제관습으로서 인정되고 있다. 즉, 화환관계은행을 보증인으로 하고 선하증권은 도착 즉시로 선박회사에 인도하겠다는 것과, 이 보증인도에 의해서 발생한 모든 사고는 보증은행 및 수하인이 단독 또는 연대로 책임을 부담하겠다고

서약한 수입화물선취보증서(L/G)를 선박회사에 제출하고 물품의 인도를 받는다.

L/G에 의하여 선적화물을 인수하는 때에는 수입상은 먼저 은행의 보증을 받을 필요가 있는데, 이때 그 보증은행은 원칙적으로 그 화물의 화환어음매입(추심)은행이다. 이 보증은 은행에 있어서 변칙적인 우송서류의 전대인도이므로, 은행은 의뢰자(수입상)로 하여금 L/G의 의뢰서를 제출케 하고, 의뢰자의 신용여하에 따라서는 상당한 담보를 제출케 한다.

수입상이 이 의뢰서를 은행에 제출하여 보증의 승낙을 받으면 선박회사 또는 은행 소정의 화물선취용 서식에 의해 보증장을 작성하고, 여기에 은행의 보증을 얻은 다음 선박회사에 제출한다. 여기에 보증은행이 "상기 계약의 이행을 보증하고 이것에 관한 모든 책임을 인수한다"라는 보증문언을 기재하고 여기에 직접적으로 수하인과 보증은행이 연서한다. 이것은 선하증권의 제출에 앞서 화물을 인수하기 위한 차입증으로, 보통 화물선취보증장이라고 부른다.

이 보증장의 차입에 의해 언제라도 화물을 인수할 수 있지만 화물인수 후 은행에 화환서류가 도착하면 통상의 은행절차를 밟아 운송서류를 수취한 다음 선하증권에 배서하여 선박회사에 인도하고, 전에 차입한 L/G를 반환받아 이를 은행에 제시하고 담보를 해지한다.

(2) 수입화물선취보증서의 발급이유와 기능

수입화물선취보증서를 발급받기 위해서는 수입화물선취보증신청서, 선박회사의 화물도착통지서(arrival notice), 선하증권 사본, 상업송장 사본, 기타 발행은행이 필요하다고 인정하는 서류 등을 발행은행에 제출해야 한다.

수입화물선취보증서를 발급하는 것은 수입화물은 도착하였으나 운송서류가 도착하지 않아 화물의 인도청구를 할 수 없는 데에서 오는 수입업자의 손실을 방지하기 위해서인데, 선박회사의 입장에서는 은행의 보증서(L/G)를 받고 인도하는 것이므로 사고발생시 이를 커버할 수 있으며 은행의 입장에서도 수입담보화물의 조기인도에 따른 자금회수가 적기에 이루어지는 장점이 있다. 만일, 운송수단이 선박에 의하지 않고 항공기에 의하였다면 수입화물선취보증서 대신에 항공화물운송장에 의한 수입화물인도승낙서를 발행은행으로부터 발급 받아 항공회사로부터 화물을 선취한다.

(3) 수입화물선취보증서의 내용

수입화물선취보증장은 ❶ 선하증권이 도착하면 이를 지체 없이 선박회사에 제출할 것을 명시하고 ❷ 선취보증장에 의하여 인도된 화물에 대하여 발생되는 모든 손해는 하주 및 보증은행이 책임을 지고 ❸ 양륙지에서 지급되는 추가운임 및 기타 비용과 선적지에 있어서의 미납 선임 및 비용 일체를 부담할 것 등을 신용장 발행은행이 보증하는 내용으로 구성되어 있다.

따라서 신용장거래의 경우 발행은행은 선취보증장(L/G)의 발급에 따라 화물에 대한 책임문제가 발생하기 때문에 수입상에게는 대금결제 및 담보제공을 추가로 요구할 수 있다. 왜냐하면 발행은행이 발행의뢰인에게 수입화물 선취보증장을 발급하더라도, 이 보증장은 신용장과 독립된 별개의 것이기 때문이다.

(4) 수입화물선취보증서의 발급신청

수입상은 수입화물이 국내항구에 도착하였으나 운송서류의 도착지연으로 물품인도가 불가능한 경우에 발행은행으로부터 L/G를 발급받아 선박회사에 제시하면, 선박회사는 이와 교환으로 화물인도지시서(Delivery Order: D/O)를 하주인 수입상에게 교부한다. 이에 의거하여 수입상은 본선 또는 창고의 관리책임자로부터 화물을 인수한다. 수입화물선취보증장의 발급신청은 대금결제방식에 따라 각각 생각해 볼 수 있다.

☞ L/G절차

<table>
<tr><th>참고사항</th><th>절차</th><th>구비서류</th></tr>
<tr><td>수입화물선취보증서 발급신청서는 은행에서 보관하고, 수입화물선취보증서(L/G)는 선박회사에 제출</td><td>발급신청</td><td rowspan="4">① 선취보증서 및 보증서 발급신청서
② 선하증권 사본
③ 상업송장 사본
④ 화물도착통지서(A/H, Arrival Notice)
⑤ 각서</td></tr>
<tr><td>☞ 수입보증금 예치비율
수입보증금 예치비율은 각 은행이 자율적으로 책정함. 통상 L/G금액의 103%를 현금으로 예치토록 하나, 신용이 확실하고 담보가 충분한 경우 수입보증금의 예치를 면제할 수 있음</td><td>수입보증금 예치</td></tr>
<tr><td>☞ L/G발급시 유의사항
① L/G에 의하여 인도된 화물에 발생되는 모든 손해는 화주 및 보증은행이 책임짐
② 수입자는 양육지에서의 지급운임 및 기타비용과 선적지에서의 미납 선임 및 비용 등 일체를 지급하여야 함</td><td>수입화물선취보증서 발급</td></tr>
<tr><td>☞ L/G사후관리
① L/G발행 후 운송서류가 내도하면 개설은행이 배서한 선하증권 원본을 선박회사에 송달하고 L/G 회수
② Reasonable Time이 지나도 운송서류 원본이 도착하지 않을 때는 수입업자에게 운송서류 원본내도 촉구</td><td>사후관리</td></tr>
</table>

첫째, 인수도조건(Documents against Acceptance: D/A)의 추심방식인 경우에는, 화물 선취보증서(L/G)의 발급은 원칙적으로 수출국의 추심의뢰은행으로부터 운송서류를 송달했다거나 송달하겠다는 확약을 추심은행이 확인한 경우에 한하여 발급된다. D/A조건의 환어음에 있어서 만기일의 산정은 발행일자 후 정기출급 환어음의 경우에는(××× days after sight), 선취보증서(L/G)는 주로 수입화물을 여러 하주가 분할인도 받을 수 있도록 하기 위하여 발급 신청한다. 이 경우 L/G를 발급받으려면 정식의 운송서류의 수령시와 동일하게 지급도(D/P) 수입대금을 납부하여야 한다. 선취보증서를 발급받아 수입화물을 인도받으면, 그 후 정식의 운송서류를 수령하는 것은 다만 형식적인 절차에 불과하다.

둘째, 화환신용장방식(Documentary Credit Basis)에서는 신용장 발행의뢰인인 수입상이 이미 충분한 발행담보를 설정하고 발행은행과 거래를 하고 있다는 것을 전제로 할 때, 수입상은 발행은행의 양식에 다음과 같은 서류를 구비하여 L/G의 발급신청을 하면 쉽게 발급받을 수 있다.

- 수입화물 선취보증서(L/G) 발급신청서
- 선박회사의 화물도착통지서(Arrival Notice)
- 수입상의 각서
- 운송서류의 사본 등

(5) 수입화물선취보증서의 효과

수입화물선취보증서는 신용장거래와 별개의 독립된 수입편의를 위한 제도에 불과하지만 신용장 발행은행이 이를 발급하면 다음과 같은 효과가 발생한다.

첫째, 이 보증서가 발급되면 차후에 도착한 운송서류에 하자가 있더라도 신용장 발행은행은 이를 이유로 지급 또는 인수를 거절할 수 없다.

둘째, 일람후정기출급환어음인 경우에는 선취보증서의 발급일로부터 환어음의 만기일이 확정된다. 수입화물선취보증서는 원칙적으로 선하증권의 건수만큼 발급되지만, 필요한 경우에는 단일선하증권하에도 분할발급이 가능하다. 선취보증서를 발급한 후 운송서류의 원본이 도착하면 선하증권의 이면에 "For Cancellation of L/G Only Authorized Signature(of bank)"와 같이 배서하여 선박회사에 송부하고 선취보증서를 회수한다.

계	대리

수입화물선취보증신청서
(Application For Letter of Guarantee)

<table>
<tr><td colspan="2" rowspan="2">①선박회사명(Shipping Co)</td><td>⑥신용장(계약서)번호
(Number of Credit)</td><td>⑦L/G번호
(L/G Number)</td></tr>
<tr><td>⑧선하증권번호
(Number of B/L)</td><td></td></tr>
<tr><td colspan="2" rowspan="3">②송화인(Shipper)</td><td>⑨선박명
(Vessel Name)</td><td></td></tr>
<tr><td>⑩도착(예정)일
(Arrival Date)</td><td></td></tr>
<tr><td>⑪항해번호
(Voyage No.)</td><td></td></tr>
<tr><td colspan="2" rowspan="2">③상업송상금액(Invoice Value)</td><td>⑫선적항
(Port of Loading)</td><td></td></tr>
<tr><td>⑬도착항
(Port of Discharge)</td><td></td></tr>
<tr><td>④화물표시 및 번호
(Nos. & Marks)</td><td>⑤포장수(Packages)</td><td colspan="2">⑭상품명세(Description of Goods)</td></tr>
<tr><td></td><td></td><td colspan="2"></td></tr>
</table>

본인은 위 신용장 등에 의한 관계 선적서류가 귀행에 도착하기 전에 수입화물을 인도받기 위해 수입화물선취보증을 신청하며 본인이 따로 제출한 수입화물선취보증서(LETTER OF GUARANTEE)에 귀행이 서명함에 있어 다음 사항에 따를 것을 확약합니다.

1. 귀행이 수입화물선취보증서에 서명함으로써 발생하는 위험과 책임 및 비용은 모두 본인이 부담하겠습니다.
2. 본인은 귀행의 요청이 있으면 언제든지 위 수입화물을 귀행에 인도하겠습니다.
3. 본인은 위 수입화물에 관한 관계 선적서류를 제3자에게 담보로 제공하지 않았음을 확인하며, 또한 귀행의 서면동의 없이 이를 담보로 제공하지 않겠습니다.
4. 본인은 위 수입화물에 관한 관계 선적서류가 도착할 때에는 신용장조건과의 불일치 등 어떠한 흠에도 불구하고 이들 서류를 반드시 인수하겠습니다.

년 월 일

신청인 ㊞

주 소

TEL.

인감대조

앞

870912136-5513(1)B-6 (210×297)

(6) 항공화물의 수입화물선취보증서

항공화물의 경우에는 수하인이 통상 발행은행명으로 기재되기 때문에 위와 같은 선취보증서(L/G)를 발급하지 않고 항공화물운송장(Air Waybill: AWB)상의 배서만으로 화물을 수취하며 외국에서는 이때 인도지시서(D/O)가 이용되기도 한다.

(7) 수입화물선취보증서의 분할발급과 회수

L/G는 선하증권단위별로 발행하는 것이 원칙이나 상품이 원맥이나 원면인 경우(협회 등에서 일괄수입한 때)에는 회원별 통관의 편의를 위하여 분할하여 발행하는 예도 있다. 그리고 L/G 발급 후 B/L 원본이 도착하면 발행은행은 이 서류를 선박회사에 제출하는데 이때 이미 발급했던 L/G를 반드시 회수하여야 한다.

6. 수입화물대도(T/R)에 의한 서류인도

(1) 수입화물대도의 의의

수입업자는 화환어음대금을 지급하지 않으면 어음의 담보로 되어 있는 운송서류를 입수할 수 없어서 수입통관에 지장을 받고 운송인으로부터 화물을 인수할 수 없다. 따라서 수입업자는 운송서류의 소유권은 담보물로서 그것을 보유하고 있는 은행에 있다는 것을 인정하고 그 운송서류를 차수하기 위하여 은행소정의 수입화물대도신청서에 필요사항을 기재하고 은행에 제출한다. 이것을 수입화물대도(T/R)라고 한다.

수입화물의 대도란 신용장 발행은행이 소위 자동결제기능에 따라 수입화물을 담보로 취급하게 되는바, 은행은 소유권만 보유하고 수입업자가 본래의 목적을 달성할 수 있도록 수입물품을 통관하여 제조, 가공, 판매할 수 있도록 하고 동 물품의 판매대금으로는 우선적으로 수입대금을 결제하도록 하는 대출행위이다.

수입화물대도(T/R)신청서

계	대 리	차 장	부점장

주식
회사 앞

본인은 아래 신용장 등에 의하여 도착된 수입화물을 대도 신청함에 있어서 은행 여신거래 기본약관, 따로 제출한 수입거래약정서 및 양도담보계약서의 모든 조항에 따를 것을 확약합니다.

선하증권 기 타	번 호: 발행인:	발행일:
대 도 (T/R) 금액	금 액:	(원 화: ₩) 이 율: 소정이율
신용장등	번 호: 금 액:	발행일 :
물 품 명 세	물품명 : 수 량 : 단 가 : 금 액 :	화물표시 및 번호 :
	선적항 : 도착항 : 도착(예정일) :	선 명 :

선적서류	선하증권	항공화물운송장등	상업송장	보험서류	포장명세서	원산지증명서	중량용적증명서	검사증명서	기 타
통 수	/		/		/				

2012년 8월 24일

인감대조

신청인: ㊞
주 소:

(2) 수입화물대도의 효과

수입화물대도는 수입업자가 환어음대금을 결제하기 전에 화물을 처분할 수 있도록 하는 동시에 한편으로는 발행은행이 그 담보권을 상실하지 않도록 하는 제도이다. 그러므로 수입화물대도는 화물의 소유자가 어디까지나 은행이며 수입업자는 이를 빌려가는 형식을 취하므로 신탁양도방식으로 대도하게 된다.

따라서 일람출급신용장하에서의 T/R은 기한부신용장의 경우와 같이 수입편의를 발행의뢰인에게 부여한다는 데 그 의의가 있다. 우리나라에서는 수출용 원자재의 수입시 대도제도를 이용하면, 수입대금은 완제품의 수출신용장에 따른 수출완료시 결제할 수 있다. 반면에 은행의 입장에서는 수입상이 자금부족으로 은행서류를 수령해 가지 못할 때 화물을 대도하지 않고 창고에 보관하게 되면 창고료, 보험료 등의 비용만 누적되기 때문에, 은행 자신은 물품의 소유권만을 갖고 수입상으로 하여금 이를 통관・판매토록 하는 T/R을 활용하는 것이 보다 현실적인 채권확보의 방안이 될 수 있다.

(3) 수입화물대도의 신청서류와 발급

수입상이 수입업자금의 부족으로 은행에 수입화물대도(T/R)를 신청할 때에는 다음과 같은 서류를 구비하여야 한다. ❶ 수입화물대도신청서 ❷ 수입담보화물보관 및 처분약정서 ❸ 선하증권, 상업송장 및 포장명세서의 사본 ❹ 수입신용장 및 수입승인신청서 등이다.

(4) 수입화물대도신청시 유의사항

대도제도는 부동산 담보와는 달리, 수탁자인 수입상의 선의에 따라 대도은행이 동산 담보를 취하면서 수입상에게 수입물품의 제조, 가공, 판매 등에 관한 처분권을 위탁하는 것이므로, 수입상과 대도은행은 각각 다음과 같은 점에 유의하여야 한다.

첫째, 대도은행은 수탁자의 신용을 잘 점검하여야 한다.

둘째, 수입상은 위탁자의 담보물을 다른 대출의 담보로 사용하지 말아야 한다.

셋째, 수탁자인 수입상은 담보물의 판매대금을 대금지급에만 충당하여야 한다.

결국 대도제도는 수탁자의 신용에 의존하는 것이므로, 수탁자가 신용이 확실하고 선의에 따라 행동할 경우에만 그 본래의 목적을 달성할 수 있다.

제2절

하자서류의 처리와 매입거절

1. 하자서류의 처리

발행은행의 서류심사 결과 하자가 발견되면 은행은 그 내용을 수입업자에게 서면으로 통보하고 처리방법을 문의한 후 회신대로 처리하여야 한다.

2. 하자서류의 처리방법

신용장거래는 서류거래를 본질로 하기 때문에 신용장의 제 조건과 운송서류의 내용이 불일치하면, 이는 대금지급 거절의 원인이 된다. 신용장의 발행은행은 운송서류가 신용장조건을 충족하는바, 비록 이것이 매매계약의 내용이나 실제의 선적품과 다를지라도 확약한 대로 수익자에게 대금을 지급하여야 한다. 반대로 운송서류가 신용장조건과 일치하지 않으면 대금을 지급하여야 할 의무가 없다

첫째, 하자 있는 서류는 매입을 하지 않고 환어음을 추심한 다음 입금된 것을 확인한 후 지급하는 이른바 '추심방식(collection basis)'에 의한 방법이 있다. 이것은 주로 신용장 발행은행과 수익자의 신용도가 불확실하거나 부도가능성이 높은 경우에 취하는 방법이다.

둘째, 신용장 발행은행 앞으로 서류의 하자내용을 통고하여 매입의 허용여부를 전신으로 조회한 후 승낙을 받고 이를 매입하는 이른바 '전신조회매입(cable negotiation)'의 방법이 있다. 전신료는 수익자가 부담하여야 하지만 가장 확실한 방법이다.

그리고 발행은행은 하자서류를 수령한 후 7은행영업일 내에 독자적으로 발행의뢰인에게 이에 대한 권리포기의 여부를 교섭할 수 있다. 즉, 발행은행은 서류의 하자여부의 결정에 발행

의뢰인과 협의할 의무는 없으나, 발행의뢰인의 권리포기만 있으면 수익자와 협의 없이 이를 수리할 수 있다. 그러나 발행은행이 하자서류에 대한 발행의뢰인의 권리포기를 원치 않을 때에는 이를 수리거절하고 송부한 당사자의 처분권한을 유보할 수 있다.

셋째, 신용장을 하자 있는 운송서류에 맞도록 조건변경(amendment)을 요청하여 이를 매입하는 방법이다. 이것도 안전한 방법이지만 시간이 많이 걸리고 잘못하면 유효기일이 경과할 가능성이 있다. 한편 발행은행은 하자 있는 서류에 대하여 수익자와 교섭하여 이를 수령한 후 7은행영업일 내에 하자의 보완을 요구할 수 있다.

넷째, 발행은행의 대금지급거절시 환불하겠다는 수익자의 보상장(letter of indemnity)이나 유보조건부(under reserve)로 운송서류를 매입하는 방법이다. 이것은 수익자로부터 담보물을 확보한 후 부도시 수익자에게 상환청구권을 행사한다는 조건을 전제로 매입하는 방법으로 실무에서 가장 보편화되어 있다. 여기서 '유보조건부의 지급(payment under reserve)'이란 발행은행이 자신의 판단 또는 매수인의 지시에 따라 서류를 거절하면 수익자는 요구가 있는 대로 대금을 상환하여야 하는 조건부의 지급을 한다는 의미이다. 이것은 매입은행이 보기에 수익자의 신용상태가 양호하고 문제가 생기면 매입대금을 반환받을 수 있다고 믿을 때, 또는 불일치내용이 사소하여 이를 이유로 발행은행이나 매수인이 서류를 거절할 것으로 생각되지 않을 때 주로 사용하는 방법이다.

3. 거절통보의 절차

발행은행, 확인은행 또는 지급·인수·매입은행은 서류의 수령일 이후 7은행영업일 내의 상당한 기간(reasonable) 동안 이를 심사하여 거절하기로 결정한 경우에는 반드시 서류의 수령일 이후 7은행영업일 내에 전신 또는 기타 신속한 방법으로 송부은행이나 수익자에게 거절을 통고하여야 한다.

여기서 상당한 기간의 시간적 한계는 모든 서류의 심사에 있어서 당연히 7일을 전부 소모하거나 6일까지 기다렸다가 서류심사를 시작할 수도 있다는 의미가 아니다. 이것은 각각의 상황에 따라 7일 이내에서도 다르게 정해져야 한다. 즉, 서류의 복잡성, 사용된 언어, 물품의 도착시간 등의 긴급성이나 매도인의 사기로 인한 매수인의 지급거절가능성 등을 고려하여야 한다. 그리고 서류의 거절통지서에는 모든 거절사항을 명기하여야 하며, 또 서류를 보유하고 있는지 반송하였는지의 여부를 명기하여야 한다.

제13장 물품보세구역 반입 및 수입통관, 신고

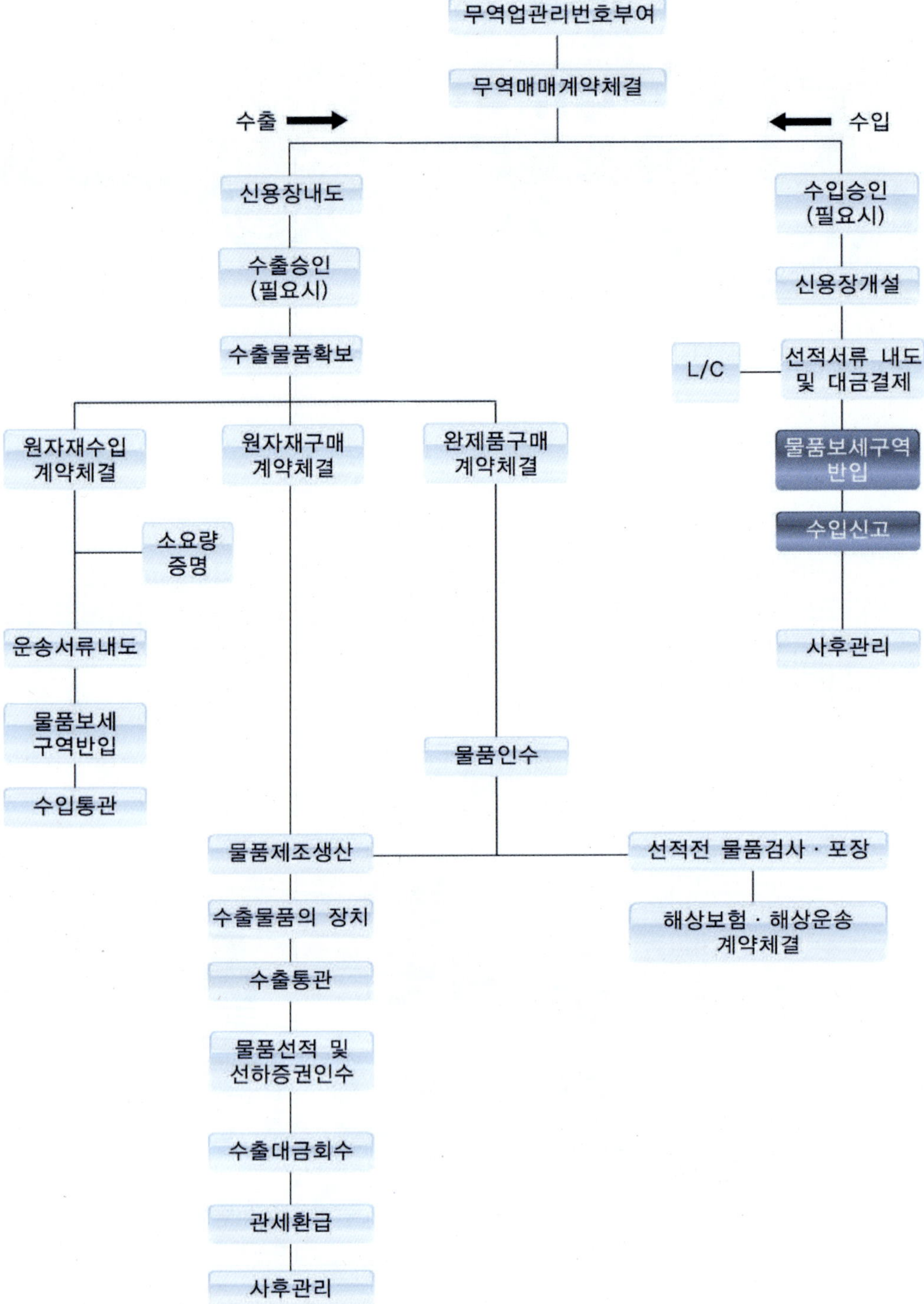
무역업관리번호부여
무역매매계약체결
수출
수입
신용장내도
수출승인 (필요시)
수출물품확보
원자재수입 계약체결
원자재구매 계약체결
완제품구매 계약체결
소요량 증명
운송서류내도
물품보세 구역반입
수입통관
물품인수
물품제조생산
선적전 물품검사 · 포장
해상보험 · 해상운송 계약체결
수출물품의 장치
수출통관
물품선적 및 선하증권인수
수출대금회수
관세환급
사후관리
수입승인 (필요시)
신용장개설
L/C
선적서류 내도 및 대금결제
물품보세구역 반입
수입신고
사후관리

제1절

수입통관

1. 수입통관절차

(1) 의의

수입통관이란 수입신고를 받은 세관장이 신고사항을 확인하여 일정한 요건을 갖추었을 때 신고인에게 수입을 허용하는 것으로 사항과 현품이 부합한지의 여부와 수입과 관련하여 제반 법규정을 충족하였는지의 여부를 확인한 후 외국물품을 내국물품화하는 행정행위이다.

수입면허제를 수입신고제로 전환하여 수입통관절차를 대폭 간소화하고, 수입신고 수리 후 관세납부제를 도입하여 통관절차와 과세절차를 분리한다.

(2) 수입절차내용

① 출항

선박 또는 항공기가 출항하기 전에 출항지에 있는 선박회사 또는 항공사(대리점 포함)는 출항지 세관장에게 적하목록을 제출하고 입항지에 있는 선박회사 또는 항공사(대리점 포함)에 적하목록을 송부한다.

② 입항(적하목록제출)

- 운항선사는 선박입항 24시간 전에 용선선사와 포워더로부터 적하목록과 혼재화물적하목록을 취합하여 세관에 제출한다. → House B/L단위 적하목록 입수지연을 방지하기 위하여 적하목록 제공 주체별로 분류한다.
- 세관은 적하목록을 활용하여 화물의 재고를 추적관리한다.

수입화물 흐름도

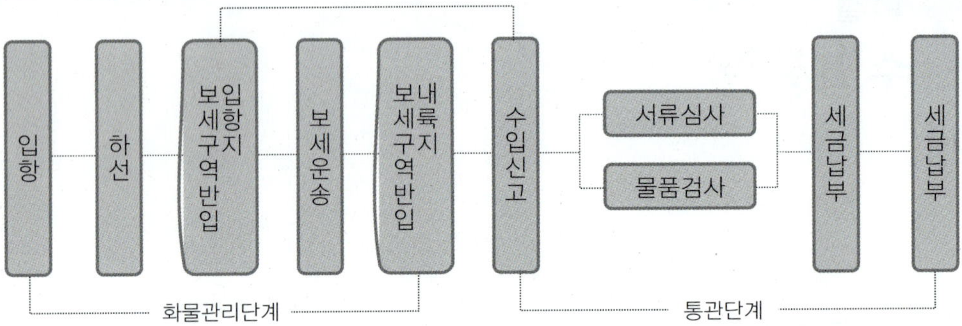

③ 하선(하선신고 및 하선작업)

- 운항선사는 하선 전에 Master B/L단위의 적하목록을 기준으로 하선장소를 기재한 하선 신고서를 세관에 제출한다.
- 하선할 수 있는 장소는 부두 내 CY(CFS)는 물론 부두 밖 보세장치장(ODCY)까지 가능하다.
  → 부두에서 ODCY까지의 화물이동은 하선신고로 갈음한다.
- 종래의 하선작업완료보고를 폐지하고 본선 하역 후 선사 또는 검수회사가 제출하는 하선 결과 이상보고로 대체한다.
- 입항 전에 수입신고가 수리된 물품은 하역 즉시 부두에서 반출한다.

④ 타소장치

타소장치 대상물품

- 거대중량 기타 사유로 인하여 보세구역에 장치하기 곤란한 물품
- 검역물품
- 압수물품
- 우편물품

타소장치 신청시 구비서류

- 타소장치허가신청서
- 수입승인서 사본
- 약도

수입통관절차

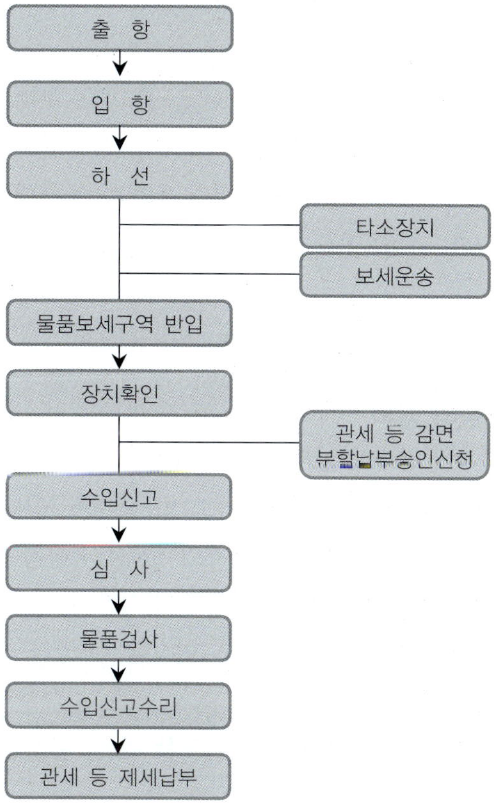

⑤ 보세운송

보세운송

- 종전 보세운송면허제를 신고제로 전환하면서 신고방법을 보세운송신고와 보세운송승인신청으로 이원화한다.
- 하선(기) 전 보세운송을 전면적으로 허용한다.

물품의 장치

- 보세구역
  ㉠ 지정보세구역: 지정장치장, 세관검사장, 부두, CY
  ㉡ 특허보세구역: 보세장치장, 보세창고, 보세공장, 보세전시장, 보세건설장, 보세판매장
- 장치기간

㉠ 보세장치장: 3개월

㉡ 보세창고: 2년

㉢ 유치 및 처분

화주, 반입자 또는 위임받은 자에게 통고하고, 통고일로부터 1개월 이내에 수출, 수입 또는 반송해야 한다. 장치기간이 경과한 물품(체화물품)을 매각하는 방법으로 시간의 경과에 따라 '경쟁입찰(3회) 또는 위탁판매(예외적)→경매 또는 수의계약→위탁판매'를 채택하고 있다. 특히, 매각 초기단계에 위탁판매를 허용하여 체화물품의 신속한 처리를 도모한다.

→수입신고 전보세구역 장치원칙 폐지하고 있다(1996.7.1).

컨테이너 내장 수입물품의 장치

- 컨테이너 수입물품이 하선장소에 반입된 경우 내장된 상태로 10일이 경과되면 수입물품을 컨테이너로부터 적출하여 수출입화물집화소 또는 다른 보세구역에 반입하여야 한다.
- 그러나 고지, 고철, 원피, 원면, 산물 등 컨테이너에서 적출하여 수출입화물집화소나 다른 보세구역에 반입하기 곤란한 물품, 검역 등에 장시간이 소요되는 물품, 기타 부득이한 사유가 있는 경우는 20일 범위내에서 기간을 연장할 수 있다. 기간연장 신청자 및 반입 의무 이행자는 선박회사이다.
- 수입물품을 컨테이너에 내장한 상태로 수입신고할 수 있는 물품은 FCL화물에 한한다.

⑥ 관세 등 감면 분할납부승인

관세감면 신청시 구비서류

- 관세감면신청서
- 관할지세관장 설치장소확인서(해당 물품의 경우)
- 주무부처장관 확인(추천)서(해당 물품의 경우)
- 원자재 소요량증명서(해당 물품의 경우)
- 지정공장신청서(해당 물품의 경우)
- 기증사실증명서(해당 물품의 경우)
- 당해수혜기관확인서(정부용품등의 경우)

관세분할납부 신청시 구비서류

- 분할납부승인 신청서

- 중소제조업체 확인서(해당 물품의 경우)
- 국산대체불가 확인서(해당 물품의 경우)

⑦ 수입신고

수입신고의 의의

- 적용법령의 확정(예: 원산지)
- 신고납부제도
- 소급과세금지원칙
- 과세물건 및 납세의무자의 확정

수입신고의 시기

- 수입신고는 원칙적으로 선박 또는 비행기가 입항한 후부터 가능하나 예외적으로 입항 전에도 수입신고 및 수입신고수리가 가능하다.
- 수입신고시기는 출항 전 신고, 입항 전 신고, 보세구역 도착 전 신고, 보세구역 장치 후 신고 등 4가지 유형이 있다. 수입하고자 하는 자는 필요에 따라 신고방법(시기)을 선택하여 수입신고할 수 있다.
  - ㉠ 출항 전 신고는 항공기로 수입되는 물품 또는 일본, 중국, 대만, 홍콩으로부터 선박으로 수입하는 물품을 선(기)적한 선박 또는 항공기가 출항하기 전에 수입신고하는 것을 말한다.
  - ㉡ 입항 전 신고는 수입물품을 선(기)적한 선박 등이 출항한 후 하선신고 시점을 기준으로 한 입항전에 수입신고하는 것을 말한다.
  - ㉢ 보세구역 도착 전 신고는 수입물품을 선(기)적한 선박 등이 입항하여 부두 밖 컨테이너 보세장치장이나 컨테이너 내륙통관기지를 포함한 보세구역에 도착하기 전에 수입신고 하는 것을 말한다.
- 수입신고의 효력발생시점은 전송된 신고자료가 통관시스템에 접수되어 그 결과를 신고인에게 통보한 시점이다.

출항 전 · 입항 전 신고의 요건

- FCL화물이라야 한다.
- 담보면제 및 포괄담보운영에 관한 고시에 의거 담보면제한도액 또는 담보사용한도액이 있거나, 신고수리 전에 담보를 제공하거나, 관세를 미리 납부하여야 한다.

수입신고의 요건

- 신고인

관세사, 관세사법인, 통관취급법인, 수입화주

- 신고세관

㉠ 출항 전 신고 또는 입항 전 신고는 수입물품을 적재한 선박 등의 입항예정지를 관할하는 세관장(부산의 경우 부산세관장)

㉡ 보세구역 도착 전 신고는 수입물품이 도착할 보세구역을 관할하는 세관장

㉢ 보세구역 장치 후 신고는 수입물품이 장치된 보세구역을 관할하는 세관장

- 신고자료의 전송 및 결과통보

㉠ 수입신고를 하고자 하는 자는 신고자료를 통관시스템에 인정된 관세청사서함으로 전송한 후 아래의 구비서류를 제출하여야 한다.

㉡ 세관장은 이상 없이 전송된 신고자료에 대하여는 신고일에 신고인에게 접수여부, 통관시스템에 의한 검사대상여부(C/S 결과), 신고납부대상물품인 경우 납부여부, 자동배부의 경우 신고서처리 담당직원의 부호를 통보한다.

구비서류

다음의 구비서류는 수입화주가 원본대조필한 사본(Fax, Copy)을 제출할 수 있으며(Fas로 송부된 서류는 재복사하여 제출), 구비서류 중 수입신고수리 전까지 제출할 수 없는 부득이한 사유가 있는 경우 기한을 정하여 신고수리 후에 제출할 수 있다.

- 수입신고서
- 수입승인서(수입승인물품에 한함)
- 송품장
- 가격신고서
- 선화증권(B/L) 부본 또는 항공화물운송장(AWB) 부본
- 포장명세서
- 원산지증명서(해당 물품에 한함)
- 법 제145조(허가 · 승인 등의 증명 및 확인) 규정에 의한 세관장 확인물품 및 확인방법 지정고시 중 신고수리 전 구비서류
- 보세운송신고(승인)서 사본(이고된 물품에 한함)

B/L분할신고 · 통합신고

- 원칙적으로 B/L 1건에 대하여 수입신고 1건으로 하나, 현품확인 및 과세가격산출에 어려움이 없는 경우는 세관장의 승인을 받아 B/L을 분할하여 수입신고할 수 있다.
- 보세창고에 입고된 물품으로서 세관장이 화물관리방법을 따로 정한 경우에는 여러 건의 B/L에 관련되는 물품을 1건으로 수입신고할 수 있다.

⑧ 심사

신고서 처리방법 결정

- 신고서를 배부받은 통관시스템에 조회하여 C/S결과, 통관심사 및 검사시 주의사항이 있는지의 여부를 확인한 후 즉시수리, 심사대상, 물품검사 중 하나로 신고시 처리방법을 결정한다.
- 즉시수리는 수입신고내용 중 세번, 세율, 과세가격, 원산지표시, 지적재산권 침해 등과 관련하여 수입신고수리 후 위법 또는 부당한 사실이 발견되는 경우 수입자가 처벌 · 추징 또는 보세구역 재반입 등의 조치를 부담한다는 전제하에 신고인의 신고내용대로 수입신고를 수리하는 것을 말한다.
- 심사는 신고된 세번, 세율과 과세가격의 적정여부, 수입승인사항과 수입신고사항의 일치여부, 법령에 의한 수요요건 충족여부 등을 검토하기 위하여 관련 서류와 필요한 경우 현품을 확인하는 것을 말한다.
- 물품검사는 수입신고한 물품 이외에 은닉된 물품이 있는지를 정밀조사하는 것을 말한다.

즉시수리

- 심사 또는 검사대상으로 지정되지 않은 물품은 즉시수리물품으로 처리
- 즉시수리물품은 수입신고시 및 제출서류에 대한 형식적 요건만을 확인함

심사대상

- 세관장 확인물품 및 확인방법 지정고시 중 수입신고수리 전에 요건을 구비했는지 여부에 대하여 증명이 필요한 물품
- 신고수리 전 세액심사(사전세액심사)대상물품
- 통관시스템에 조회한 결과 심사유의사항이 있는 물품
- 통관 후 관세채권의 확보, 원상회복, 위법한 사실에 관한 증거확보가 곤란할 우려가 있어 심사대상으로 선별한 물품

심사사항

심사대상물품은 다음 사항을 중점심사하며, 심사에 필요한 경우 현품확인을 할 수 있다.

- 수입신고시 제출서류가 구비되었는지 여부
- 세번의 정확여부
- 분석의뢰 필요성 유무
- 사전세액심사대상물품은 세율, 과세가격, 세액, 감면·분납의 정확여부
- 수입승인사항과 수입신고사항의 일치여부
- 수입통관여부를 결정하기 위하여 필요한 사항

현품확인

- 현품확인은 수입신고수리 후에 하는 것을 원칙으로 하나 다음 중 하나에 해당하는 경우에는 신고수리 전에 확인한다.
  ㉠ 관세채권 확보가 곤란할 것으로 예상되는 경우
  ㉡ 물품의 특성상 수입제한품목일 가능성이 있는 경우
  ㉢ 통관 후 단시일 내에 판매 또는 사용되어 보세구역반입명령에 따라 재반입이 곤란할 것으로 예상되는 경우
- 현품확인은 견품확인을 원칙으로 하나, 물품의 부피, 중량으로 인하여 견품채취가 곤란한 경우에는 파출검사를 한다.

통관보류

심사결과 수입물품이 다음 중 하나에 해당하는 경우 통관을 보류할 수 있다.

- 신고서 기재사항 또는 신고시 제출서류상 중요한 사항이 미비되어 보완이 필요한 경우
- 법규정을 위반하여 의무사항을 위반하거나 국민보건 등을 해할 우려가 있는 경우
- 관세범칙혐의로 조사의뢰한 경우
- 기타 통관심사결과 신고수리요건을 구비하는 데 장기간이 소요되는 경우

사전세액심사의 대상

- 법률 또는 조약에 의하여 관세 및 내국세의 감면을 받고자 하는 물품
- 관세분할납부승인 신청물품
- 관세체납 중에 있는 자의 신고물품
- 수입승인이 면제된 물품 중 무상으로 반입되는 탁송품

⑨ 물품검사

검사대상

- 검사대상 선별은 관세청장이 우범성 등을 기준으로 별도로 정하는 바에 따른다.
- 검사대상으로 선별된 물품 중 우범화물검사를 실시한 물품에 대하여는 검사를 하지 않는다.

우범화물 선별기준

- 특정감시대상국가로부터 선(기)적된 물품으로서 소량화물
- 적하목록상 수화인 또는 통지처가 미정이거나 불명확한 물품(주소가 사서함으로 기재되거나 주소가 불분명한 물품 포함)
- 적하목록상 품명, 포장종류, 포장개수, 양륙항 등이 불분명한 물품
- Master AWB번호 11자릿수 중 Serial Number의 자릿수가 8자리 이하이거나 끝자리수가 7, 8, 9로 기재된 물품
- B/L번호체계가 16자리를 초과하거나 번호부여체계가 틀린 물품
- 이사화물과 개인탁송품
- 원산지표시필수확인대상품목으로 세관장이 지정한 물품
- 당해 물품을 통상적으로 제조·수출하지 않은 지역에서 수출한 물품
- 당해 세관에 수입된 실적이 거의 없는 물품
- 포장특성상 내부에 밀수품 등을 은닉할 가능성이 있는 물품
- 수하인 또는 통지처의 상호만으로는 사업장 및 사업내용이 확실하지 않은 경우
- 저작권, 상표권 등의 침해우려가 있는 물품으로 세관장이 지정한 물품
- 최근 2년간 관세법위반사실이 있는 업체 또는 물품이거나 이와 유사한 업체 또는 물품
- 수화인, 통지처와 송화인 등의 관계가 의심스러운 경우
- 검측이 필요한 영화용 필름 등 종량제부과대상물품
- 기타 정보가 있거나 세관장이 불시점검할 필요가 있다고 인정되는 물품

검사장소

- 출항 전 신고 또는 입항 전 신고물품은 입항지 세관장이 지정한 보세구역
- 보세구역 도착 전 신고물품은 당해 물품이 도착할 보세구역
- 보세구역 장치 후 신고물품은 장치된 보세구역
- 출항 전 신고, 입항 전 신고 및 입항지 세관에 보세구역 도착 전 신고를 한 물품으로서 정부에서 직접 수입한 군수품 및 물자수급계획상 긴급도입물품과 선상에서 검사가 가능

한 물품은 선상에 적재된 상태로 검사할 수 있다.

검사방법

- 수입과장은 검사대상물품에 대한 검사 담당자로 2인 이상을 지정하고, 구체적인 검사방법을 기재한 검사지시서를 발부한다.
- 신고인의 입회가 필요한 경우나 수입자가 요청한 경우 검사하는 데 입회한다.

⑩ 수입신고수리

신고수리

- 즉시수리물품은 형식요건 확인 후 즉시수리하고, 심사대상물품은 심사 후 수리하며, 검사대상물품은 검사 후 수리한다.
- 어느 경우나 신고수리는 적하목록이 제출된 이후라야 한다.
- 관세사도 신고수리여부를 전산조회한 후 수입신고필증을 발급할 수 있다. 이 경우 관세사는 1개월 범위내에서 정하는 기간(예: 매일, 매주) 내에 신고시 제출서류를 통관지 세관장에게 제출하여야 한다.

의무이행의 요구

- 의의

  수입면허 후 특정한 용도(예: 곡물을 사료용으로만 사용하는 조건으로 수입하는 경우)에만 사용하여야 하는 물품 등에 대해서는 수입신고수리시 의무이행을 요구한다.
- 대상물품

  ㉠ 신고한 용도로 사용하지 않고 타 용도에 공할 우려가 있는 물품

  ㉡ 원산지표시대상물품으로 수입면허 후 분할 재포장시 원산지표시의무를 행하도록 되어 있는 물품

  ㉢ 기타 수입 관련 타 법령의 규정에 의하여 수입면허 후 특정의무를 이행하도록 되어있는 물품

통관된 컨테이너 내장물품 등의 반출

- 컨테이너 보세장치장에서 컨테이너에 내장된 상태로 수입신고가 수리된 컨테이너수입물품은 신고수리일로부터 10일 이내에 컨테이너 보세장치장에서 반출하여야 한다.
- 컨테이너에 내장된 상태로 수입신고가 수리된 컨테이너수입물품을 컨테이너에서 적출하고자 하는 경우에는 컨테이너화물조작장(CFS)에서 하여야 한다.

가격신고

- 수입신고시 제출하는 가격신고서는 '거래관계사실신고서'와 '세무조정계산서'로 한다.
- 동일인으로부터 동일한 물품을 반복적으로 수입하는 경우 거래관계사실신고서의 제출을 생략한다.
- 과세가격(거래가격)을 산정함에 있어서 운임, 보험료 이외에 가산요소가 없는 경우 세무조정계산서 제출을 생략한다.
- 수입신고생략물품, B/L에 의한 수입신고물품, 간이신고대상물품, 간이신고특송물품은 가격신고서 제출을 생략한다.
- 위의 물품 이외의 수입승인면제물품은 수입승인면제사유 및 가격신고서의 제출을 가격신고로 갈음한다.

신고납부

- 징수결정
  통관시스템에 신고수리를 등록한 때 징수결정된 것으로 본다.
- 납세의무자
  수입신고한 물품의 수입화주
- 납부시기와 방법
  수입신고와 동시에 납세신고를 한 자는 수입신고가 수리된 날로부터 15일 이내에 국고수납은행 또는 우체국에 납부
- 징수형태
  수입신고시 신고인은 신고납부(담보면제), 신고납부(개별담보), 부과고지(담보면제), 부과고지(개별담보), 과세보류 중 하나의 징수형태를 선택하여 수립・신고하여야 한다.

통관시스템에 신고자료가 접수된 이후에는 신고납부, 부과고지, 과세보류 상호간 징수형태를 변경할 수 있다. 부득이 징수형태를 변경하고자 할 경우에는 신고취하 후 다시 신고하여야 한다.

수정신고, 경정, 세액 보정

- 수정신고
  ㉠ 납세의무자가 신고납부한 세액이 부족한 것을 알았을 경우
  ㉡ 수정신고를 한 날에 추가납부할 세액(5% 가산세 포함)을 납부
- 경정

㉠ 세관장이 신고납부한 세액이 과다하거나 부족함을 알았을 경우

㉡ 수입신고서 세관기재란에 경정일자와 경정요지를 기재날인하고, 납부세액이 과다한 경우는 납세의무자에게 세액경정통지서를, 부족한 경우에는 세액경정통지서와 증액된 세액(10%의 가산세 포함)에 대한 납부고지서 교부

• 세액 보정

㉠ 납세의무자가 세액을 납부하기 전에 납세신고한 세액에 과부족이 있는 것을 안 경우

㉡ 세관장은 보정할 부분을 삭제하고 실제사항을 기재하며, 별도의 가산세는 부과되지 않음

부과고지

원칙적으로 신고납부제이나 다음의 경우에 한하여 예외적으로 부과고지한다.

• 관세법 제17조의 2의 규정에서 정한 물품

• 우리나라의 거주자에게 기증되는 탁송품으로서 수증자가 사용할 물품

• 경정하고자 하는 물품

• 분할납부고지대상물품

※ 납부고지서를 교부받은 날로부터 15일 이내에 납부하여야 함

잠정가격 신고제도

• 납세의무자의 책임이 아닌 사유로 수입신고일에 가격이 미정인 경우에는 잠정가격으로 가격신고를 할 수 있게 한다.

• 잠정가격 신고대상

㉠ 생산지원, 로열티 등 가산비용이 수입신고일 이후 일정기간 경과 후에 확정될 수 있는 경우

㉡ 수입물품의 가격이 수출국의 환율과 연동되어 수입 후에 확정되는 경우

㉢ 비철금속과 같이 선적 후 국제시세 등에 따라서 가격이 결정되어 수입신고시점에는 가격을 확정할 수 없는 경우

㉣ 기타 수입신고시 가격이 확정되지 않은 물품

• 세관장이 지정하는 기간 내에 확정가격을 신고하되, 지정기간 내에 가격이 확정되지 않는 경우에는 최초의 잠정가격신고일부터 확정가격신고일까지 2년을 초과하지 않는 범위 내에서 기간을 연장할 수 있다. 확정가격 신고기간을 연장하고자 하는 자는 확정가격신고기간 종료 3일 전까지 확정가격 신고기간 연장신청서 2부를 세관장에게 제출하고 승인

을 받아야 한다.

- 잠정가격과 확정가격간의 차액에 대하여는 징수 또는 환급하되, 그에 따른 가산세 또는 환급가산금은 면제한다.

수입제세 산출방법

- 관세: 감정가격×관세율

감정가격 = 실제거래가격(구매자가 실제로 지급하였거나 지급해야 할 가격+가산요소금액 −공제요소금액)×과세환율

- 내국세
  - ㉠ 특별소비세: (감정가격+관세)×특별소비세율
  - ㉡ 주세: (감정가격+관세)×주세율

※ 주정은 종량세: 수량(KL)×(57,000원+가산금액) 가산금액: 알콜도수 95도 초과시 1도마다 600원 가산

  - ㉢ 부가가치세: (감정가격+관세+주세+특별소비세+교육세+농특세+교통세)×10%
  - ㉣ 교육세: (특별소비세액 또는 주세액)×30%

※ 주세율 80% 미만의 주류의 교육세율은 10%

보세구역 반입명령(Recall)제도

- 의의

  수입물품의 통관절차가 간소화됨에 따라 불가피하게 발생할 수 있는 불법물품의 반입가능성을 억제하기 위한 제도로, 수입신고수리를 받은 물품이라 하더라도 국내반입 후에 불법 수입물품으로 파악된 경우에는 당해 물품을 보세구역에 반입시켜 위법사실을 치유한 후 반출허가하거나 통관이 허용될 수 없는 경우에는 반송 또는 폐기하도록 한다.

- 반입명령대상
  - ㉠ 원산지표시를 위반한 물품(예: 벌크상태로 수입되는 농산물을 통관한 후 소포장판매시 표시를 하지 않은 경우)
  - ㉡ 수입면허 당시 세관이 부여한 조건을 위반한 물품(예: 사료용으로 수입된 곡물이 통관 후 식용으로 사용되는 경우)
  - ㉢ 지적재산권을 침해한 물품 등

- 반입기간

  반입대상물품의 성질, 수량 및 물품소재지와 반입보세구역간의 거리 등을 감안하여 7일

이내로 지정→연장사유가 타당한 경우 연장신청을 받아 5일 이내에 기한연장 가능

2. 간이통관절차

(1) 의의

간이통관절차는 면세대상물품, 우편물 중 수입승인 면제물품 및 특송물품(특송업체에 의해 항공으로 수입되는 물품)을 수입통관함에 있어 간이한 관세감면신청 및 간이한 통관절차를 통해 통관의 신속을 기하고자 함에 그 목적이 있다. 간이통관방법으로는 수입신고를 생략하거나, B/L로써 수입신고에 갈음하는 경우 또는 수입신고서에 의한 간이신고의 방법이 있다.

(2) 수입신고의 생략 및 간이신고

① 수입신고의 생략

다음 물품은 수입신고를 생략한다.

- 외교행낭으로 반입되는 면세대상물품(법 제27조)
- 우리나라에 내방하는 외국의 원수와 그의 가족 및 수행원에 속하는 면세대상물품
- 유해 및 유골
- B/L통관 특송물품 및 60달러 미만인 면세대상 또는 상용견본물품
- 우편물 중 수입승인면제물품

다음의 물품은 B/L 2부를 제출하여 수입신고에 갈음한다.

- 신문
- 뉴스를 취재한 필름, 녹음테이프로서 문화체육관광부에 등록된 언론기관의 보도용품
- 재외공관 등에서 외교통상부로 발송되는 자료
- 카탈로그, 광고용품, 기록문서와 서류
- 외국환관리법의 규정에 의하여 금융기관이 외환업무를 영위하기 위하여 긴급을 요하는

지불수단(수표, 현금외화)

• 기타 세관장이 통관절차의 신속을 기하기 위하여 지정하는 물품

② 신고서에 의한 간이신고

다음 물품은 첨부서류 없이 신고서에 기재하여 신고한다.

• 당해 물품의 총과세가격이 10만원 이하의 소액면세대상물품
• 당해 물품의 총과세가격이 10만원 이하의 면세되는 상용견품
• 설계도 중 수입승인이 면제되는 것
• 외국환관리법의 규정에 의하여 금융기관이 외환업무를 영위하기 위하여 수입하는 지불수단

품명과 규격이 각기 다른 소액물품으로서 물품의 관세 등이 면제되거나 합의세율을 적용하는 경우에는 주요 물품명 ○○ 등이라고 표기할 수 있다.

(3) 면세신청서 제출 생략

다음의 경우는 면세신청서를 제출하지 않아도 신고서와 물품의 확인 등으로 면세대상물품이 확인되면 관세를 감면할 수 있다.

• 외교관 면세대상물품(법 제27조)
• 예배 · 식전용품(법 제28조의6 제1항 제1호)
• 자선 · 구호용품(법 제28조의6 제1항 제2호)
• 국제평화봉사활동 등 용품(법 제28조의6 제1항 제3호)
• 신체장애자용품(법 제28조의6 제1항 제5호)
• 국제경기용품(법 제28조의5 제1항 제8호)
• 재수출조건 면세대상물품(법 제29조)
• 정부용품 등 면세대상물품(법 제30조)
• 재수입 면세대상물품(법 제34조)

상기의 경우 세관장은 면세해당사실 확인을 위하여 필요한 경우에는 관계증빙서류의 제출을 요구할 수 있다.

(3) 특급탁송물품(특송물품)

① 특송물품의 통관

특송물품은 다음과 같이 구분된다.

- B/L통관 특송물품
- 목록통관 특송물품(면세대상 또는 상용견품 물품으로서 총과세가격이 10만원 이하물품)
- 간이신고 특송물품(600달러 이하 수입제한되는 것을 제외한 물품)
- 일반신고 특송물품(600달러 초과 물품과 수입이 제한되는 물품)

특송물품운송업체(특송업체라 함)가 특송물품 통관절차에 따라 통관하고자 할 때는 세관에 등록하여야 하고 세관장은 특송업체별로 통관장을 지정하며 특송업체는 통관장 내에서 물품을 상기와 같이 구분·장치하여야 한다.

② 통관시 제출서류

- B/L통관 특송물품은 특송업체가 제출하는 Master B/L(2부)에 의한다.
- 목록통관특송물품의 수입통관은 특송업체가 제출하는 통관목록(2부)에 의한다.
- 간이신고특송물품을 신고하고자 하는 자는 수입신고사항을 기재한 신고서를 세관장에게 제출하여야 한다.
- 일반신고특송물품을 신고하고자 하는 자는 신고서에 일반통관시 필요한 서류를 전부 첨부한 서류를 세관장에게 제출하여야 한다.

③ 검사대상

- B/L통관 및 목록통관특송물품은 무작위선별방식에 의하여 선별된 물품이다. 다만 특송업체가 X-RAY투시기 등 검사시설과 인원을 갖추고 자체적으로 X-RAY검사를 실시하여 이상이 없다고 보고한 물품은 세관검사를 생략한다.
- 간이신고 및 일반신고특송물품은 관세청장이 정하는 방법에 의하여 검사대상으로 선별된 물품이다. 특송업체는 수입하고자 하는 특송물품에 대한 검사대상여부를 자체적으로 선별하여 수입신고시 통관지 세관장에게 검사를 요청하여야 한다. 다음에 해당하는 물품에 대하여는 반드시 검사를 요청하여야 한다.

  ㉠ 수하인의 주소가 불분명한 경우(예: P.0 BOX로 기재)

㉡ 동일 수하인이 수회에 걸쳐 물품을 분할하여 송부받는 경우
㉢ 동일 송하인이 물품을 분할하여 여러 수하인에게 송부하는 경우

(4) 우편물

① 우편물 수입통관

우편물 중 수입승인면제물품의 수입통관은 우체국장이 제출하는 국제우편물통관목록 및 수령통지서(이하 '우편물목록'이라 한다)에 의한다(우편물목록에는 품명, 규격, 수량, 가격, 관세 등 최소한의 필요한 항목만을 기재).

품명과 규격이 다른 소액물품으로서 합의세율을 신청하는 경우에는 신고서에 의한 간이신고 방법에 의한다. 과세물품의 경우 세관공무원이 물품보관 관리자의 입회하에 수취인이 수령할 수 있도록 해당 세액을 기재하여 우편엽서로 통지할 수 있다.

② 우편물 감면물품의 처리

관세감면물품은 현품과 대조하여 이상여부를 확인한 후 우편물목록 적요란에 소정의 감면세인을 날인하거나 또는 적색글씨로 '감면세'라고 표기한다.

우편물에 대한 검사 및 심사를 완료하였을 때는 우편물목록 3부에 품명, 규격, 수량, 과세가격, 세번, 세율, 제세액 등 필요한 사항을 기입하고, 면세품 또는 금지품에는 적용조항 또는 근거를 기입하여 우체국 입회직원과 함께 우편물목록에 날인한 후 동 목록 2부는 우체국에 송부하며, 다른 1부는 수입과장의 결재를 받은 후 세관에 보관한다.

③ 우편물 압수처뷴 등의 처리방법

우편물이 압수 · 소유권포기물의 취득 기타 필요한 처분을 하였을 때에는 동 요지를 우체국장에게 통보하는 등 필요한 조치를 취한다. 그리고 우체국장으로 하여금 수취인에게 그 요지를 통보하게 한다.

④ 수입승인대상 우편물

우편물 중 수입승인을 요하는 물품에 대하여는 일반통관절차의 규정을 적용한다.

제2절

수입과세 결정

1. 과세가격 결정방법

(1) 의의

수입품에 대한 관세의 과세표준은 수입물품의 가격(종가세) 또는 수입수량(종량세)으로 하는데, 과세가격이란 종가세대상물품에 대한 관세액을 산출하기 위한 과세표준, 즉 수입물품의 가격을 말하며 이러한 과세가격을 결정하는 것을 평가라 한다.

과세액을 결정함에 있어서 과세가격은 세율 못지않게 중요한 요소인데 이는 원칙적으로 실제적인 가격(Positive Concept)인 '거래가격'으로 한다[종전에는 과세표준이 관념적인 가격(Normative Concept)인 '정상가격'이었음].

(2) 과세가격 결정방법

수입물품의 과세가격은 원칙적으로 '거래가격'(제1방법)을 기초로 한다.

> 거래가격 = 구매자가 실제로 지급하였거나 지급하여야 할 가격 + 가산요소금액
> − 공제요소금액

① 구매자가 실제로 지급하였거나 지급하여야 할 가격

수입물품의 대가로 구매자가 판매자에게 또는 판매자를 위하여 직간접으로 지급할 총액으로 다음에 제기된 금액이 포함된다.

- 구매자가 판매자에게 신용장 등의 방법에 의거 지불하는 금액

- 구매자가 당해 수입물품의 대가와 판매자의 채무를 상계하는 금액
- 구매자가 판매자의 제3자에 대한 채무를 변제하는 금액
- 구매자가 판매자의 요청에 의하여 수입물품의 대금 일부를 제3자에게 지불하는 경우, 그 금액 또는 그 금액에 상응하는 물품대금이나 용역대금
- 기타 별도로 지불되는 금액으로서 수입물품의 가격의 일부에 해당하는 금액

② 가산요소금액

- 수수료 및 중개료
  구매자가 부담하는 금액
- 생산지원비용
  수입물품의 생산 및 수출거래를 위하여 구매자가 판매자에게 제공하는 무료 또는 인하된 가격의 물품과 용역
  → 인하된 가격으로 제공할 경우 차액 및 무상으로 공급하는 해외위탁가공용 원료의 가액 등
- 특허권 등 권리의 대가(로얄티)
  수입물품과 관련되고 수입물품의 거래조건으로 지급하는 로열티의 금액으로서 구매자가 수입물품에 대한 구매선택권이 없는 경우
- 사후귀속 이익금액
  수입물품의 판매, 처분, 사용에 따른 이익의 일부가 직접 또는 간접으로 판매자에게 귀속되는 금액
- 운임·보험료 및 운송 관련비용
  수입물품이 수입항에 도착할 때(수입항에 도착하여 본선하역준비가 완료될 때)까지 실제 소요되는 운임·보험료 및 기타 운송 관련비용

보험료는 수입물품에 대하여 실제로 보험에 부보된 경우에만 과세가격에 포함

③ 공제요소금액

- 수입항 도착 이후 발생한 운송비용
  당해 수입물품의 운임에 포함되고 있고 그 금액이 명백하게 구분표시되어 있는 경우
- 공제받은 선적항 조출료
  수입통관시에 그 금액을 확인할 수 있는 경우

- 실제 지급금액에 다음에 해당하는 금액이 포함되어 있고 이를 명백히 구분할 수 있는 경우
  ㉠ 수입항 도착 후에 당해 수입물품의 건설·설치·조립·유지보수에 필요한 비용
  ㉡ 수입항 도착 후에 당해 수입물품의 운송에 필요한 운임, 보험료 및 기타 운송 관련 비용
  ㉢ 연불수입조건의 경우 당해 수입물품에 대한 연불이자

(3) 거래가격을 과세가격의 기초로 사용할 수 없는 경우의 과세가격 결정방법

거래가격을 과세가격의 기초로 사용할 수 없는 다음과 같은 경우에는 과세가격의 결정시 제2방법부터 제6방법을 순차적으로 검토하여 과세가격을 결정한다.

- 판매가 아닌 경우
  무상수입물품, 임차수입물품 등
- 당해 수입물품의 처분상 어떠한 제한이 있는 경우
  수입 후 전시용, 광고용 물품으로만 사용하도록 제한된 경우 등
- 수입물품에 대한 거래의 성립 또는 가격의 결정이 다른 조건이나 사정에 의하여 영향을 받는 경우
  끼워팔기 등
- 금액으로 환산할 수 없는 사후 귀속이익이 있는 경우
- 판매자와 구매자가 특수관계인 경우

동종·동질물품의 거래가격을 기초로 과세가격 결정	제2방법
유사물품의 거래가격을 기초로 과세가격 결정	제3방법
국내판매가격을 기초로 한 과세가격 결정	제4방법
산정가격을 기초로 한 과세가격 결정	제5방법
합리적 기준에 따라 세관장이 과세가격 결정	제6방법

※ 단, 수입자가 원하는 경우에는 제4방법과 제5방법의 순위를 변경하여 적용받을 수 있음.

(4) 무환수입물품의 과세가격 결정방법

여행자 휴대품, 우편물품, 탁송품, 이사물품 등의 무환수입물품은 다음 가격을 기초로 세관장이 결정한다.

- 관세청장이 정한 가격
- 신고인이 제시하는 가격(단, 세관장이 타당하다고 인정하는 경우에 한함)
- 외국에서 통상적으로 거래되는 가격으로서 객관적으로 조사된 가격
- 당해 물품과 동종·동질물품 또는 유사물품의 국내도매가격에 역산율을 적용하여 과세가격으로 환산한 가격
- 국내공인감정기관의 감정가격

(5) 임차수입물품의 과세가격 결정방법

임차사용 후 반환하는 경우에 있어서도 수입물품의 과세가격은 당해 수입물품 전체가치가 과세대상이 되며 임차료나 사용료가 과세대상이 되는 것은 아니다. 제6방법을 적용하는 과세가격 결정방법의 경우에는 다음 각 호의 가격을 순차적으로 적용하여 과세가격을 결정한다.

- 임차료 산출기초가 되는 당해 임차수입물품의 가격
- 당해 임차수입물품, 동종 · 동질 또는 유사물품을 우리나라에 수출할 때 적용되는 유효한 카탈로그에 기재된 가격
- 당해 임차수입물품의 경제적 내구연한 동안 지불된 총예상임차료를 기초로 계산한 가격

(6) 중고물품의 과세가격 결정방법

제6방법을 적용하는 경우에는 다음 각 호의 가격을 순차적으로 적용하여 과세가격을 결정한다.

- 국내공인감정기관의 감정가격을 기초로 하여 산출한 가격
- 국내도매가격에 시기역산율을 적용하여 산출한 가격
- 사용으로 인한 가치감소의 산정기준에 의하여 산출한 과세가격

(7) 수리 또는 가공한 후 재수입하는 물품의 과세가격

수리가공하기 위하여 수출된 물품의 가격에 다음의 비용을 포함하여 결정한다.

- 수리 또는 가공하는 국가까지의 당해 물품의 운임 및 보험료
- 수리 또는 가공하는 국가에서의 양하비와 수리업자 또는 가공업자에게 인도되는 데 소요된 기타의 제 비용
- 수리 또는 가공에 소요된 비용
- 수리 또는 가공 후의 수리국 내에서의 운송비, 선적비 등 수리 또는 가공 후 선적시까지 소요된 제 비용
- 수리 또는 가공한 국가의 수출항으로부터 최초수입항까지의 당해 물품의 운임, 보험료 및 기타의 비용

(8) 4대 과세요건

① 과세물건(과세객체): 수입물품

② 납세의무자: 수입신고된 경우 수입한 화주

- 수입대행시: I/L상 수입위탁자
- 수입신고수리된 양도시: 양수인
- 기타의 경우: 상업송장(Commercial Invoice)상의 수하인(consignee)

③ 세율

협정관세율은 국정관세율보다 우선하고, 잠정관세율은 기본관세율보다 우선한다. 다만, 국정관세율(기본관세율)이 협정관세율보다 낮을 때에는 기본관세율(실행관세율)을 적용한다.

④ 과세표준(과세가격)

원칙적으로 거래가격을 기초로 하고 거래가격을 기초로 할 수 없을 때 제2방법 내지 제6방법을 순차적으로 적용하여 결정한다.

2. 수입제세 산출방법

(1) 수입제세의 종류

물품의 수입시 부과되는 제세에는 관세, 임시수입부가세, 특별소비세, 주세, 농어촌특별세, 교통세 및 부가가치세가 있으며, 임시수입부가세는 현재까지 발동되어 과세된 사례가 없다.

(2) 관세

① 관세율의 종류

- 관세
  - 국정관세
    - 기본관세율(관세법 제7조)
    - 잠정관세율(관세법 제7조)
    - 탄력관세율
      - 덤핑방지관세(관세법 제10조)
      - 보복관세(관세법 제11조)
      - 긴급관세(관세법 제12조)
      - 조정관세(관세법 제12조의 2)
      - 상계관세(관세법 제3조)
      - 편익관세(관세법 제14조)
      - 물가평형관세(관세법 제15조)
      - 계절관세(관세법 제15조의2)
      - 할당관세(관세법 제16조)
  - 협정관세
    - WTO 협정세율
    - WTO 개도국간의 협정세율
    - ESCAP 개도국간의 협정세율

② 관세율의 적용순서

덤핑방지관세·보복관세·긴급관세·상계관세→협정관세·편익관세(다음의 세율보다 낮을 경우에 적용→조정관세·물가평형관세·계절관세·할당관세→잠정관세→기본세율

③ 관세산출방식

• 종가세적용물품

실제거래가격(CIF가격)X과세환율=감정가격(AV) 감정가격(AV)X관세율=관세액(CD)

• 종량세적용물품(예, 영화필름 등)

수입물품의 수량X관세율표상의 일정량=관세액(CD)

과세환율은 수입신고의 날이 속하는 주의 전주의 외국환 매도율을 평균하여 관세청장이 정함(주요 외국환은행이 전주 월요일부터 토요일까지 적용한 대고객전신환매도율을 평균하여 결정).

(3) 내국세

① 특별소비세

적용물품

보석, 고급모피, 투전기, 골프용품, 고급가구, 특수화장품, 공기조절기, 냉장고, 전기세탁기, 칼라TV, 자동차 등

특별소비세 산출방식

감정가격(AV)+관세액(CD)×특별소비세율=특별세액(DI)

② 주세

적용물품

주정 및 위스키, 맥주 등 주류

주세 산출방식

• 주정 : KL당×5만7천원+주세액(D2)
  다만, 알콜농도 95도를 초과하는 경우, 초과 1도 마다 600원 가산
• 주류 : 감정가격(AV)+관세액(CD)×주세율=주세액(D2)

③ 교육세

적용물품

특별소비세 및 주세가 부과되는 물품

교육세 산출방식

특별소비세액(DI) 또는 주세액 (D2)×세율(30%)=교육세 (ED)

단, 주세율이 80% 미만인 경우에는 주세액(D2)×10%=교육세(ED)

④ 농어촌특별세

적용물품

특별소비세 과세품목 중 일부품목(농어촌특별세법 제5조 제1항 제4호), 관세법 및 조세감면규제법에 의하여 감면되는 세액

농어촌특별세 산출방식

- 특별소비세액×농특세율=농특세
- 감면세액×20%=농특세

⑤ 교통세

적용물품

휘발유와 이와 유사한 대체유류, 경유

교통세

감정가격(AV)+관세(CD)×교통세율=교통세 산출방식

(4) 부가가치세

감정가격(AV)+관세액(CD)+특소세액(D1) 또는 주세액(D2)+교통세액+교육세액+농특세액 ×세율(10%)=부가가치세(VAT)

(5) 간이 세율

관세 및 내국세 등의 세율산출이 복잡함에 따라 이를 종합적으로 고려, 단일화하여 적용하

는 세율

- 간이세율=관세율＋임시수입부가세율＋내국소비세율

(6) 수입제세 산출 실무사례

- 수입물품: 위스키 5,000병
- 수입가격: US$ 45,000(CIF기준)
- 과세환율: 810원
- 관세율: 30%
- 주세율: 100분의 100

❶ 관세
감정가격=US$ 45,000×810원=36,450,000원
관세액=36,450,000원×30%=10,935,000원
❷ 주세
주세액=(36,450,000+10,935,000)×100%=47,385,000원
❸ 교육세
교육세액=47,385,000×30%=14,215,500원
❹ 부가가치세
부가가치세액=(36,450,000+10,935,000+47,385,000+14,215,000)×10%=10,898,550
※ 세율총계: CIF의 229%
수입제세 합계액+①+②+③+④=83,434,050원
세후단가: 23,977원/병

제14장 클레임과 중재

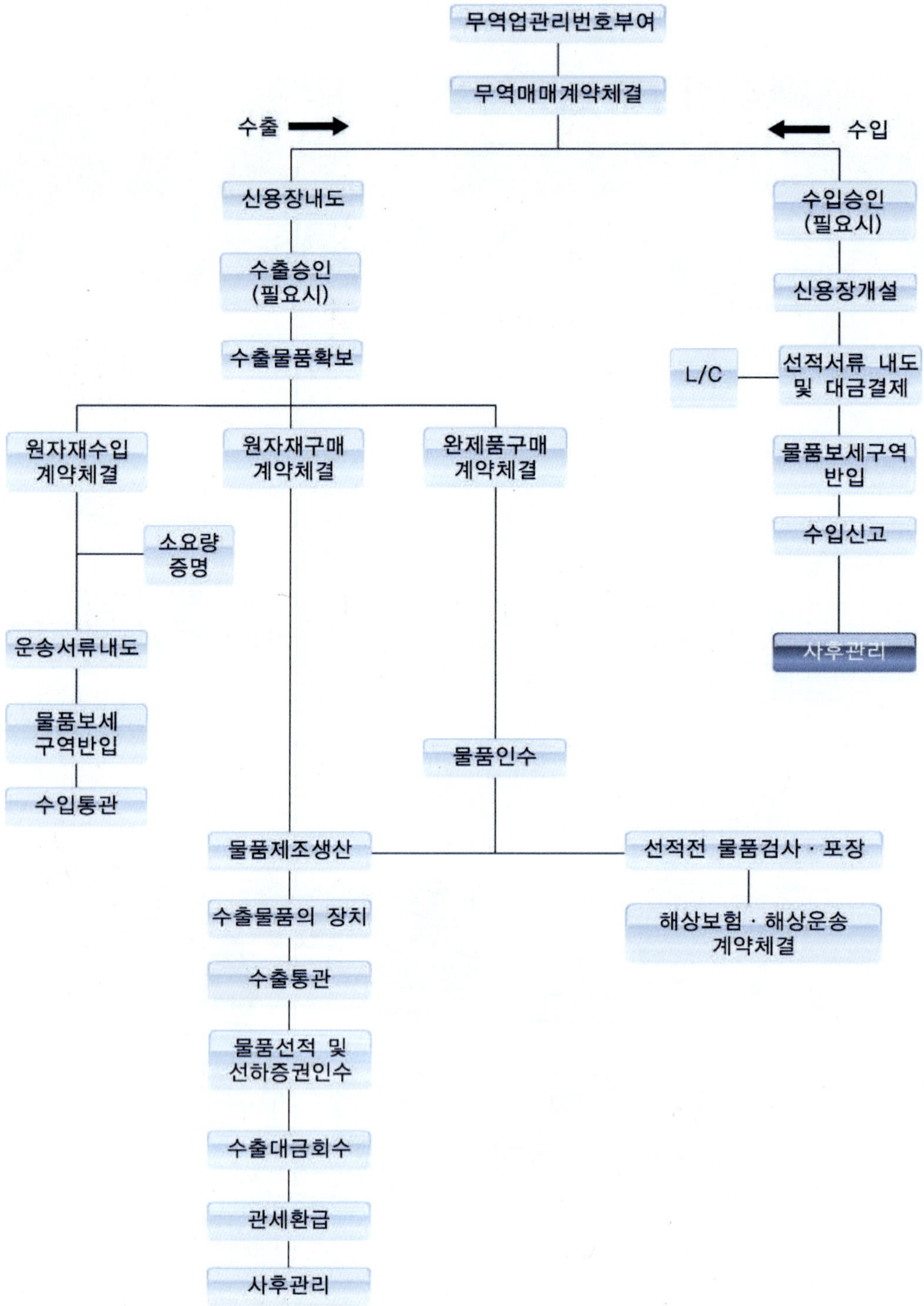
무역업관리번호부여
무역매매계약체결
수출
수입
신용장내도
수출승인 (필요시)
수출물품확보
원자재수입 계약체결
원자재구매 계약체결
완제품구매 계약체결
소요량 증명
운송서류내도
물품보세 구역반입
수입통관
물품인수
물품제조생산
선적전 물품검사 · 포장
해상보험 · 해상운송 계약체결
수출물품의 장치
수출통관
물품선적 및 선하증권인수
수출대금회수
관세환급
사후관리
수입승인 (필요시)
신용장개설
L/C
선적서류 내도 및 대금결제
물품보세구역 반입
수입신고
사후관리

제1절

클레임의 발생과 제기

1. 무역클레임이란

무역거래를 하다보면 예기치 못한 클레임이 발생하는 경우가 있다. 클레임이란 당사자간의 거래계약에 따라 이행하면서 그 계약의 일부 또는 전부의 불이행으로 말미암아 발생되는 손해를 상대방에게 청구할 수 있는 권리를 말한다.

2. 무역클레임의 원인

(1) 간접적 원인

무역통신의 특유한 용어들은 오랜 실무상의 경험과 숙달이 필요하므로 당사자간에 의견의 차이가 발생할 수 있으며, 계약당사자가 각기 사용하는 언어의 상이, 각국의 법과 상관습의 상이, 신용조사의 불비, 운송 중의 위험, 가격덤핑, 나라마다 서로 다르게 사용되고 있는 도량형, 상대국의 식품위생법이나 독과점법, 공업소유권 등 많은 요인들이 무역클레임의 간접적 요인으로 작용하고 있다.

(2) 직접적 원인

무역계약의 체결과정에서 과실, 오해, 착오, 부주의 등에 의하여 무역클레임이 발생할 수 있으므로 계약체결시는 전문가(변호사 등)의 자문을 얻어서 체결함이 분쟁을 예방하는 데 좋다. 특히 계약은 거래당사자를 직접 구속하므로 반드시 계약서에는 당사자명과 품명, 품목, 품종, 규격, 수량, 단가, 금액, 포장조건, 선적시기, 결제조건, 신용장조건(개설일자) 등, 보험조건, 면책조항, 클레임 통지기한 등을 명확히 약정하여야 하며, 장래에 발생될지 모르는 분쟁의 해결을 위하여 중재조항 등을 삽입하고, 당사자가 기명날인하여 거래를 하여야 한다. 그러나 그 이행과정에서 품질불량, 수량의 부족, 고장불량, 선적불이행, 불완전 보험계약체결, 대금의 지불지연이나 지불거절, 신용장의 불개설 혹은 지연, 거래알선에 따른 수수료 미지급 등 많은 요인이 클레임의 직접적 요인으로 작용하고 있다.

3. 무역클레임의 내용

(1) 금전의 청구를 내용으로 하는 클레임

① 손해배상청구

저질품 인도시, 선적불이행시, 부당한 계약해제시, 신용장개설 지연이나 불개설시, 선박지정지연 또는 지정치 않을시, 선B/L 발급시, 대금결제지연, 화물의 부당한 인수거절, 계약물품의 상이 등과 같은 사유로 발생한 손해를 금전으로 계산하여 청구하는 것을 손해배상 청구라 한다.

② 대금지급거절

D/A거래 등에서 추심기간이 긴 경우 물품이 서류보다 먼저 도착하므로 도착물품이 계약물품과 상이할 때, 혹은 신용장조건과 서류가 불일치할 때 대금지급을 거절할 수 있다.

③ 대금감액요청

도착된 물품의 품질이나 포장불량, 화인이나 상표불량 등 계약내용과 일치되지 않는 상품이 도착했을 때, 상품가액을 감액하여 인수코자 할 때, 대금감액 요청을 할 수 있다.

(2) 금전 이외의 청구를 내용으로 하는 무역클레임

① 화물의 인수거절

화물이 도착한 후 매수인이 그 상품의 품질상의 흠, 손상 등을 발견하였을 때 그 화물의 일부 또는 전부를 인수거절할 수 있다. 이 경우 매매계약에 인수거절에 대한 특별약정이 있는 경우와 없는 경우로 나눌 수 있다. 전자의 경우 그 약정에 위배될 때에는 매수인은 물품인수를 거절할 수 있다. 그러나 후자의 경우에는 계약을 현저하게 위반한 때, 예를 들면 1등급이라 약정하고 2등급을 공급할 때, 면책비율 이상의 잡물이 혼합된 때, 치수나 상표가 상이할 때, 포장상태가 상이할 때, 상품이 많이 파손된 때, 매수인은 물건의 인수를 거절할 수 있다.

② 계약이행청구

매도인이 매수인에게 하는 계약이행청구는 신용장 개설요청, 매매약정 물량의 이행요청 등이 있고 매수인이 매도인에게는 화물의 선적이행 등을 요청하나 만약 상호간에 원만히 해결되지 않으면 계약의 불이행에 따라 손해배상을 청구할 수밖에 없다.

③ 잔여계약분의 해제요청

1차 도착한 상품의 품질이 불량하다든가 규격이 상위하여 판매가 곤란할 때 나머지 계약분의 계약을 해제 요청하는 클레임 등이다.

4. 무역클레임의 제기

(1) 물품의 검사와 통지의무

수입물품을 인도받은 매수인은 이를 수령함에 있어 최우선적으로 물품이 계약목적에 합치되는지를 외견상으로 검사하여 만약 하자를 발견하거나 수량이 부족하면 지체없이 매도인에게 통지하여야 한다.

이러한 검사와 통지는 매수인의 필수적인 권리이며 의무이다. 이를 해태하면 법률적 청구권을 상실한다.

(2) 물품검사통지의무에 관한 각국의 입법 예

① 한국 상법 제69조

매수인이 목적물을 수령한 때에는 지체없이 이를 검사하여야 하며, 하자 또는 수량부족을 발견한 경우에 즉시 매도인에게 그 통지를 발송하지 않으면 이로 인한 계약해제, 대금감액 또는 손해배상을 청구하지 못한다. 다만, 매매의 목적물에 즉시 발견할 수 없는 하자가 있는 경우에 매수인이 6월 이내에 이를 발견한 때도 같다.

② 일본 상법 제526조

즉시 검사 곧 통지

③ 영국 물품매매법 제34조, 제35조

합리적 검사기회와 합리적 기간의 경과 이전에 검사할 권리와 통지할 의무규정

④ 미국 통일상법전 제2606조, 제2513조

합리적 기간 내 검사 및 통지의무

⑤ 국제물품매매통일법 제38조, 제39조, 제49조

즉시 검사, 하자발견시 즉시 통지

(3) 무역클레임의 제기기간

클레임의 제기기간에 관한 약정은 클레임의 포기조항을 수반하고 있으므로 일종의 면책조항이라고 할 수 있다. 클레임 제기기간의 설정은 물품의 성질상 합리적으로 요구되는 하자발견 및 통지기간보다 너무 짧게 규정되어 있으면 효력을 부인당하는 경우도 있으므로 기간을 설정하는 데도 주의하여야 한다. 따라서 클레임 제기기간은 다음과 같다.

① 당사자간 제기기간에 대하여 약정이 있으면 그 기간 내에 제기

② 약정이 없는 경우는 나라마다 그 기간을 달리 보고 있음

- 한국: 즉시 통지, 즉시 발견할 수 없는 하자에 대해서는 6개월의 기간 인정

- 일본: 즉시 검사하고 곧 통지
- 미국: Within Reasonable Time
- Warsaw Oxford Rules for CIF Contract(1932): 합리적인 검사, 검사완료 후 3일 이내에 통보
- 국제물품계약에 관한 UN 협약: 단기간 내 검사, 합리적인 기간 내 통지, 어떠한 경우도 제척(除斥) 기간은 2년

(4) 클레임의 제기

무역클레임을 제기하고자 하는 자는 반드시 나음의 구비서류를 작성하여 상대방에게 제출하여야 한다.

① 클레임 사실진술서

법적 문서로서 간단하고 명료하게 구체적으로 기술하여야 하며 '언제, 어디서, 누가, 무엇을, 왜, 어떻게'의 6하원칙으로 기재한다.

② 청구액에 대한 손해명세서

손해액과 제 비용(운송료, 관세, 창고료, 은행이자, 검사료 등)

③ 검사보고서(Survey Report)

품질불량, 색상상이, 성능미달, 수량부족 등일 때 반드시 국제공인검정기관의 보고서를 첨부하여야 한다.

④ 기타

거래사실을 입증할 수 있는 계약서, B/L, L/C 등

(5) 무역클레임을 받은 경우 유의사항

- 계약조건의 미비에 의한 것이 아닌가
- 납품후 합리적 기간내 청구된 것인가

- 하자를 입증하는 증빙서류가 있는가
- 물품검사는 공인검사기관에서 합리적인 기간 내에 되었는가
- 하자의 정도가 계약상, 거래관례상 허용비율을 초과하였는가
- 손해청구액은 합리적 산출에 의해 타당성이 있는가
- 당해 계약에서의 특성이 충분히 감안되었는가

(6) 무역클레임을 제기받을 경우의 대응

- 클레임 제기내용을 검토한 후 클레임 해결에 관한 입장과 해결방안에 대하여 신속하고 설득력 있는 답변을 전달한다.
- 클레임 처리시 특히 첫 응답이 클레임 해결에 매우 중요하다.
- 상대방의 의도가 불분명하거나 Market Claim, 기타 부당한 클레임이 아닌가 하는 의문을 가질 때에는 클레임 내용의 정당성 여부 및 증거서류를 면밀히 검토한다.

(7) 클레임 조항 예

Any claim or complaint by Buyer of whatever arising under this contract, shall be made in cable within one week after arrival of cargo in destination port. Full particulars of such claim shall be made in writing and forward by airmail to seller within 15 days after cabling. Buyer must submit with such particulars as (Sworn Public Surveyor's) Report, when the quality and/or quantity of merchandise is in dispute.

제2절
클레임의 해결과 중재제도

1. 무역클레임의 해결방법

무역클레임 해결방법으로는 당사자간의 해결방법과 제3자가 개입하여 해결하는 방법이 있다.

(1) 당사자간의 해결

당사자간에 직접 교섭하여 우의적으로 해결하는 방법을 말한다. 무역클레임은 당사자간에 해결함이 가장 바람직스럽다. 왜냐하면 무역클레임 내용을 잘 알고 발생원인과 상황을 누구보다 잘 알며 또한 당사자간의 해결에 있어서는 상대방과의 장래의 거래관계를 충분히 고려하기 때문에 비록 양 당사자가 각각 자기의 입장에서 충분한 이유가 있다고 생각하더라도 서로 타협하거나 또한 장래 거래를 위하여 양보로써 해결할 수 있다.

당사자간의 해결방법으로는 다음의 두 가지가 있다.

① 청구권의 포기(Waiver of Claim)

피해사가 상대방에게 청구권을 행사하지 않는 경우로, 이는 대체적으로 상대방이 사전 또는 즉각적으로 손해배상 제의를 통해 해결될 경우에 이루어진다. 청구권의 포기는 분쟁해결을 위한 가장 바람직한 방법으로 향후 양 당사자간에 지속적이고 안정적인 거래를 보장받을 수 있다.

② 화해(amicable settlement)

당사자간의 자주적인 교섭과 양보로 분쟁을 해결하는 방법으로, 당사자가 직접적인 협의를 통하여 상호평등의 원칙하에 납득할 수 있는 타협점을 찾는 것이다. 이 경우 대체적으로 화해계약을 체결한다.

화해는 ❶ 당사자가 서로 양보할 것, ❷ 분쟁을 종결할 것, ❸ 그 뜻을 약정할 것 등 3가지 요건을 필요로 한다(민법 제731조).

(2) 제3자의 개입에 의한 해결

당사자간에 원만하게 해결할 수 없을 때, 즉 쌍방의 주장이 대립될 때, 쌍방 혹은 일방의 감정이 악화되어 제3자의 냉정한 판단이 필요할 때, 상대방의 무성의로 타협이나 양보가 힘들 때, 학식이나 경험이 많은 제3자를 개입하여 분쟁을 해결하는 방법인데 이러한 방법의 해결로서는 알선, 조정, 중재, 소송 등이 있다.

① 알선(intercession, recommendation)

알선이란 공정한 제3자(예: 대한상사중재원)가 당사자의 일방 또는 쌍방의 요청에 의하여 사건에 개입, 원만한 타협이 이루어지도록 협조하는 방법으로, 당사자간에 비밀이 보장되고 거래관계가 지속될 수 있는 장점이 있다.

알선은 쌍방의 협력이 없으면 실패로 돌아가고, 강제력은 없으나, 알선수임기관의 역량에 따라 그 실효성이 나타난다. 대한상사중재원에 의뢰된 건 중 90% 이상이 알선단계에서 처리되고 있다.

② 조정(conciliation, mediation)

조정은 양 당사자가 공정한 제3자를 조정인으로 선임하고 조정인이 제시하는 해결안(조정안)에 합의함으로써 분쟁을 해결하는 방법이다.

조정은 우리나라 중재규칙상 중재신청 후 당사자 쌍방의 요청이 있을 때 중재원 사무국이 조정인을 선정, 조정을 시도할 수 있고, 조정이 성립되면 화해에 의한 판정방식으로 처리, 중재판정과 동일한 효력이 있으나, 이에 실패하면 30일 내에 조정절차는 폐기되며 중재규칙에 의한 중재인을 선정, 중재절차가 진행된다. 여기서 30일의 기간은 당사자의 약정에 의하여 연장될 수 있다(상사중재규칙 제18조 1항~4항).

③ 중재(arbitration)

중재란 당사자간의 합의(중재합의)로 사법상의 법률관계를 법원의 소송절차에 의하지 아니하고 제3자인 중재인(arbitrator)을 선임하여 분쟁을 맡겨 중재인의 판단에 양 당사자가 절대 복종함으로써 최종적으로 해결하는 방법이다(중재법 제1조, 제2조).

조정은 당사자 일방의 요청이 있을 때에도 가능한 데 반하여, 중재는 당사자간 중재합의가 있어야 한다. 조정은 양 당사자의 자유의사에 따른 해결이나, 중재는 중재인의 판정에 절대복종하여야 하며 그 결과는 강제성을 가질 뿐만 아니라 효력도 당사자간에는 법원의 확정판결과 동일하다(중재법 제12조). 또한 중재에 관한 뉴욕협약에 가입한 외국에서도 집행을 보장 및 승인해 주므로 소송보다도 더 큰 효력이 있다.

④ 소송(litigation)

소송은 국가공권력(사법재판)에 의한 분쟁해결 방법이며, 외국과의 사법협정이 체결되어 있지 않기 때문에 판결은 외국에서 승인 및 집행이 보장되지 않는다. 따라서 소송에 의하여 클레임을 해결하려는 경우에는 피제기자가 거주하는 국가에서 현지변호사를 법정대리인으로 선임하여 소송절차를 진행하여야 한다.

2. 무역클레임액의 대외송금

무역클레임이 제기되어 해결결과 위약금, 손해배상금, 보상금, 해약금 및 대리점 수수료, 대행지급금, 기타 중개수수료 등을 거래신에 지급하고자 할 경우에는 외국환관리법령에 따라 외국환은행장에게 신고 또는 한국은행 총재의 허가를 받아야 한다.

(1) 위약금, 손해배상금, 보상금, 해약금 지급(외국환은행장 신고)

위약금, 보상금, 해약금지급에 관한 구비서류는 다음과 같다.

- 거래경위서 또는 거래합의서
- 클레임사실입증서류(공인기관의 검사보고서 등)
- 신용장 또는 계약서

(2) 물품의 수출·수입에 직접 수반하는 중개 또는 대리수수료 등을 지급(외국환 은행장 신고)

중개 또는 대리수수료 등을 지급할 때 필요한 구비서류는 다음과 같다.

- 대리점계약서 또는 중개료 계약서 등
- 신용장 또는 계약서

(3) 물품의 수출·수입과 직접적으로 관계되지 않는 중개·대리수수료 등의 지급

- 대상거래 금액의 100분의 10 또는 미화 5만달러 이하(외국환은행장 신고)
- 대상거래 금액의 100분의 10 또는 미화 5만달러 초과(한국은행 총재 허가)

이에 해당하는 중개·대리수수료 등의 지급시 필요한 구비서류는 다음과 같다.

- 대리점 계약서 또는 중개료 계약서 등
- 신용장 또는 계약서

3. 중재제도

(1) 중재제도란

중재란 계약당사자간에 자발적 중재합의에 의하여 현존하는 분쟁 또는 장차 발생가능한 분쟁을 법원의 소송절차에 의하지 않고 민간인인 제3자를 중재인으로 하여 분쟁의 공정한 해결을 부탁하기로 하는 합의가 있는 경우에만 중재인에게 제한적인 관할권을 줌으로써 그 위임된 분쟁에 한하여 중재인은 당사자들의 주장과 증거에 입각하여 최종적인 결정을 내리면서 당사자는 이에 구속을 받는 자주적 분쟁 해결방안이다.

중재합의(중재계약)의 형식은 사전에 계약서에 중재조항(Arbitration Clause)을 삽입하는 방식과 실제로 분쟁이 발생한 후에 당사자간에 분쟁의 해결을 중재에 부탁한다고 합의하여 부탁계약(Submission to Arbitration)을 체결하는 방식이 있다. 대부분의 경우 분쟁이 발생된 후에는 불리하다고 판단하는 쪽에서 중재부탁계약의 체결에 동의하지 않거나, 동의하는 데 장기간을 지체하는 것이 보통이므로 당초의 계약체결시 중재조항에 의하여 합의하여 두는 게 좋다.

중재합의는 특정 분쟁에 대한 법원의 재판관할권을 배제하고 중재인에게 제한적인 관할권을 줌으로써 중재인이 당사자들의 주장과 증거에 입각하여 최종적인 결정을 내리는 자주적 분쟁 해결방식인바, 중재합의가 있는 경우에는 일반적으로 그 분쟁에 대하여는 법원에의 직소가 금지된다.

당사자간의 계약서상에 아래와 같은 중재조항을 삽입하면 사후 분쟁예방과 해결에 신속을 기할 수 있다.

> [표준중재조항](국문 예)
> 「이 계약으로부터 또는 이 계약과 관련하여 또는 이 계약의 불이행으로 말미암아 당사자간에 발생하는 모든 분쟁, 논쟁 또는 의견차이는 대한민국 서울특별시에서 대한상사중재원의 상사중재규칙 및 대한민국법에 따라 중재인에 의하여 최종적으로 해결한다. 중재인(들)에 의하여 내려지는 판정은 최종적인 것으로 당사자 쌍방에 대하여 구속력을 가진다.」
>
> [Standard Arbitration Clause](영문 예)
> "All disputes, controversies, or differences which may arise between the parties, out of or in relation to or in connection with this contract, or for the breach thereof, shall be finally settled by arbitration in Seoul, Korea in accordance with the Commercial Arbitration Rules of the Korean Commercial Arbitration Board and under the Laws of Korea. The award rendered by the arbitrator(s) shall be final and binding upon both parties concerned."

(2) 소송과 중재의 비교

소송은 당사사간에 합의가 없더라도 당사자가 능력만 있으면 절차의 진행이 가능하나 중재는 반드시 성문화된 합의(계약)가 있는 경우에만 설자가 유효하게 법적 보호를 받을 수 있다. 따라서 기본적인 분쟁의 해결방식은 소송이며, 중재는 이를 대체한 새로운 해결수단이라 할 수 있다. 중재는 소송에 비하여 다음과 같은 유리한 상점을 지니고 있다.

① 분쟁의 신속해결

소송은 인간의 모든 사항에 대한 분쟁을 결정하므로 때로는 신체의 생사여부에 관한 형사적 문제도 심리·판단하게 된다. 때문에 소송에 매우 신중한 절차를 요하게 되어 3심제를 운영하고 있다. 그러나 중재는 몇몇 국가의 예외를 제외하고는 단심제로 운영되고 있어서 법원에 비하여 매우 짧은 단계를 거쳐 최종판정에 도달하게 된다.

우리나라의 중재는 단심제이다. 당사자들은 그들 자신의 합의로써 판정기간을 정할 수 있기 때문에 당사자들의 긴급성에 따라서 기간을 명시하여 단축시킬 수 있다. 우리나라의 경우 이러한 기간은 당사자들이 정하기 않은 때에는 중재가 개시된 날로부터 3개월 이내에 중재판정을 하도록 되어 있다(중재법 제11조 5항). 이 법의 취지를 받들어 대한상사중재원 상사중재 규칙은 당사자간의 중재시 고의로 지연작전을 쓰지 못하게 하는 예방조치로서 여러 가지 규정을 두고 있다.

② 비용의 경감

신속한 분쟁의 해결은 그만큼 비용을 절감할 수 있다. 법원의 소송에 의할 경우 변호사의 보수를 비롯하여 매 심급마다 인지대가 배가되기 때문에 중재보다 비용이 많이 든다. 또한 상사에 관한 전문적인 지식과 경험을 지닌 중재인에 의한 심문은 새로운 설명이나 지식의 보완이 필요치 않음으로써 분쟁해결을 위한 증인들의 진술서 작성 등 시간이나 경비가 저렴하다.

③ 적합한 중재인의 선정

국제무역에서 발생하는 분쟁의 경우에는 매매조건, 상품의 시장성, 가격의 변동, 무역관습 등 거래상의 전문화, 기술화, 분업화, 세분화, 산업화 등에 대한 전문지식을 요하기 때문에 그 분야에 맞는 중재인을 선정하여야 한다. 이러한 목적을 위하여 대한상사중재원은 중재인단 명부를 매년 1회 정비・유지하고 있는데, 이는 법조계・실업계・각종 업종별 단체의 대표자, 학계・공공단체・조사기관 대표, 개업 중인 공인회계사, 변리사, 주한외국인 등을 엄선하여 구성하고 있다.

④ 절차의 비공개

법원의 소송절차는 공개주의에 입각하여 진행되므로 자체회사의 조업방식, 운영비용, 손익에 관한 것 등 거래비밀이 자연스럽게 대외적으로 알려지기 마련이며, 이러한 것들이 대외적으로 알려질 경우에는 회사의 신용하락은 물론 국제경쟁력이 약화되어 예측할 수 없는 손실이 발생하게 된다. 특히 거래과정에서 클레임이 발생된 사실 자체가 알려지면 회사의 위상에 악영향을 끼칠 우려가 크기 때문에 더욱 비밀을 요하는 사항이 아닐 수 없다. 중재는 바로 이러한 점을 감안하여 절차를 공개하지 않기 때문에 모든 사업상의 비밀이나 회사의 명성을 그

대로 유지할 수 있게 한다. 우리나라의 경우에도 상사중재규칙 제35조에 절차의 비공개주의를 택하고 있다.

⑤ 판정의 효력

재판권은 국가주권의 일부이며 국가가 행한 재판은 다른 국가에 효력이 미치지 않는다. 그러나 중재는 당사자간의 합의에 의한 것이므로 사법상의 유효한 계약으로 보기 때문에 외국에서도 그 이행에 주권침해와 같은 문제가 발생치 않는다. 중재판정의 국내적 효력은 당사자간에는 법원 확정판결의 효력과 동일하며(중재법 제12조), 국제적 측면에서는 뉴욕에서 채택된 외국중재판정의 승인 및 집행에 관한 국제연합협약에 우리나라가 1973년에 가입함으로써 외국에서도 그 집행을 보장받을 수 있어 소송보다도 더 큰 효력이 있다.

중재계약

당사자간 중재를 합의한다.

중재신청

중재계약에서 정하는 중재기관(예: 대한상사중재원)에 중재신청을 한다.

접수통지

사무국(대한상사중재원)은 중재의 신청을 접수하면 신청이 적합한지 여부를 확인하고 적합한 경우에는 쌍방 당사자에게 이를 수리하였음을 통지한다.

조정

양 당사자가 합의할 경우 중재절차 개시 이전에 조정을 시도하며, 조정에 실패하면 30일 이내에 자동적으로 중재절차를 진행한다.

중재인 선정

사무국은 접수, 수리통지와 함께 중재인단명부에서 중재인 후보자 10명을 선정하여 양 당사자에게 보내면, 양 당사자는 의장 중재인과 기타 중재인에 대하여 선호순위를 표시하여, 송부일로부터 국내중재의 경우 15일, 국제 중재의 경우 30일 이내에 사무국에 제출(피신청인에게 중재신청서 등 송부)한다.

답변서 제출 및 반대신청

사무국은 양 당사자로부터 중재인 후보자 선정명단과 피신고인으로부터 답변서를 접수(신고인에게 답변서 송부)한다.

심문

사무국은 양 당사자의 희망순위에 따라 선정된 중재인에게 수락서를 받아 '중재판정부'를 구성하고, 제1차 심문기일을 결정한다.

- 사무국은 양 당사자에게 중재인선정 통지 및 제1차 심문기일 통지
- 심문 개시 및 진행
- 중재판정부는 사건내용에 따라 당사자가 주장 및 입증을 다하였다고 인정할 때까지 수차에 걸쳐 심문을 진행한 후에 심문종결 선언

중재판정

중재재판부는 심문 종결일로부터 30일 이내에 중재판정사무국이 중재요금 및 비용예납에 대해 판정부담비율에 따라 작성된 중재판정문 정본을 양 당사자에게 발송함으로써 중재절차가 종료된다.

제15장 전자무역의 이해

제1절

전자무역의 개관

1. 전자무역의 개념

전자무역(Electronic Trade)이란 가상공간인 인터넷을 통해 국제간에 상품이나 서비스를 사고파는 것으로 컴퓨터 통신망이 구성하는 가상공간 자체가 시장이고 인터넷 접속 이용자가 고객이 된다. 이러한 거래는 물리적 공간이 가상의 시장(cyber market)으로서 역할을 하며, 이는 전통적인 상거래와는 차이가 있다.

특히 전자무역거래에서는 수출업자가 자기 회사의 상품을 웹사이트를 통해 인터넷 시장에 내놓거나 반대로 수입업자가 웹사이트에 구매 오퍼를 제시할 경우 수출입업자 상호간에 전자메일을 통해 가격상담과 계약체결이 이루어지게 된다.

2. 전자무역의 특징

(1) 거대한 단일시장 형성

전 세계의 무역업자가 지리적·시간적 장벽을 넘어선 가상시장에서 만남으로써 기업들의 세계화전략이 손쉽게 이루어질 수 있으며, 정보의 공유를 통해서 지역간에 격리된 시장이 통합된 하나의 단일시장으로 형성되고 있다. 이러한 통합된 시장은 가격의 단일화와 가격하락을 유도하여 완전경쟁에 가까운 형태의 시장구조를 형성함으로써 그야말로 이상에 가까운 형태로 시장 메커니즘을 변화시킬 것으로 예상된다.

(2) 가격의 단일화 및 하락

거대한 가상시장은 유통비용의 하락으로 전반적인 제품이나 서비스 가격의 하락을 유도할 것이다. 지금까지 수입상들은 해외의 유명 브랜드를 낮은 가격에 구입하여 높은 가격으로 국내에서 판매해 왔지만, 인터넷의 등장은 많은 사람들이 전자무역을 자유롭게 할 수 있게 함으로써 보다 활발한 경쟁체제가 도입되어 자연스럽게 가격이 하락하고 있다.

(3) 글로벌 마케팅 활동

인터넷이라는 새로운 매체의 등장으로 인해 문자와 그림은 물론, 음성과 동화상 등 보다 다양하고 효과적인 방법으로 회사나 제품을 소개할 수 있게 되었다. 따라서 이제는 제품이나 서비스의 개발 단계에서부터 전 세계를 대상으로 한 광고 및 마케팅을 염두에 두어야 하며, 인터넷 상거래에 적합한 신제품의 개발과 함께 효과적인 주문처리, 고객관리 및 대금회수 등을 위한 내부 정보처리구조를 변화시켜야 한다.

(4) 거래처 발굴 및 거래 정보의 획득

인터넷에서는 각국의 정부와 무역유관기관, 무역거래알선 사이트 그리고 개별 기업들이 올려놓은 무역에 관련된 수많은 정보들을 정보검색 엔진을 이용하여 손쉽게 찾아볼 수 있다.

(5) 거래비용의 절감

판매자와 구매자간의 상담이나 상품에 대한 정보의 취득, 거래 성사를 위한 각종 서류의 교환 형태도 지금까지의 아날로그 신호를 이용한 통신 수단에서 디지털 신호에 의한 컴퓨터 통신, 특히 인터넷으로 통합되어 가고 있다. 형태가 일정하지 않은 비정형화된 정보나 의사표시는 전자메일에 의해, 포맷화된 정형 정보나 서류는 전자문서교환(EDI)에 의해 인터넷과 같은 컴퓨터 통신망으로 통합·유통되어 가고 있다. 이러한 인터넷 부가서비스는 국제통신비용을 획기적으로 절감할 수 있다는 것이 가장 큰 장점이다.

(6) 중소기업의 성장 가능성

인터넷의 등장으로 중소기업들도 문자 · 그림 · 음성 · 동화상 등 각종 다양한 광고기법을 이용하여 자사의 제품을 소개할 수 있을 뿐만 아니라, 시간적 · 공간적 제약이 없이 자사제품에 대한 다양한 정보를 고객에게 제공할 수가 있게 되었다.

따라서 인터넷상에서 중소기업이 세계적인 대기업들과 경쟁할 수 있으며, 진취적이고 독창적인 사업구상을 통해 대기업과 동등한 위치에서 경쟁할 수 있는 가능성도 존재하고 있다.

(7) 새로운 국제물류시스템의 도입

팩스와 인터넷과 같은 컴퓨터 통신망의 등장으로 기존 국제특송시장에서 큰 비중을 차지해 왔던 서류 송달물량이 줄어들면서 국제특송시장이 위축될 것이라고 예상되었지만, 인터넷을 통한 소액물품 거래의 활성화에 따른 상품 배송의 확대로 인하여 오히려 국제특송시장은 상대적으로 부상하고 있다. 특히 인터넷상에서의 생산자와 소비자간의 직접 거래가 증가하면서 탁송부문과 창고부문의 결합이 가속화되고 있다.

3. 기존 무역과 전자무역 비교

전자무역을 무역계약 체결 이전까지의 과정에 주로 관심을 두고 있다고 본다면 이는 전통적인 무역계약 체결과정과 많은 차이점을 보이고 있다. 이를 설명하기로 한다.

- 무역을 행하기 위한 아이템의 선정과정에서 종전에는 문서 형식의 각종 통계자료나 정보지를 이용하여 국내의 공급업체를 확보하였으나, 전자무역에서는 관세청의 통관정보시스템, 무역협회, 각종 언론사이트로부터 정보를 취득할 수 있다.
- 해외시장조사를 시행함에 있어서도 전통적으로는 직접 현장방문 또는 각종 2차 통계자료를 이용하였으나, 전자무역에서는 국가별로 제공되는 통계사이트, 무역유관기관 또는 전문 시장조사기관의 사이트를 통해 정확한 정보를 취득할 수 있다.
- 해외홍보 및 마케팅홍보를 함에 있어서도 전통적인 방법에 의할 경우, 각종 브로셔의 제작 및 전시회나 무역박람회 등에 참가함으로써 많은 경비와 시간을 소모하였으나 전자무

역에서는 홈페이지를 통해 비용을 절감할 수 있고 각종 거래알선 사이트나 무역박람회의 홈페이지에 광고를 함으로써 자사를 널리 홍보할 수 있게 되었다.

- 거래선을 발굴하는 데는 전통적으로 무역유관기관이나 해외방문을 행하던 것을 거래알선 사이트, 유즈넷, 각종 전자우편을 통해 이를 해결함으로써 비용과 시간을 절감할 수 있다.
- 잠재적인 거래상대방에 대한 신용조사는 종래에 한국수출보험공사 등을 통하여 상당한 기일이 소요되었으나, 현지의 전문 신용조사기관이나 기업/신용전문 D/B를 이용함으로써 보다 정확하고 빠른 조사결과를 기대할 수 있다. 거래조건의 협상이나 수출계약의 체결과정에서도 전자우편이나 인터넷 폰, 인터넷 팩스, 인터넷 화상회의를 이용함으로써 신속하게 업무를 처리할 수 있는 등 여러 가지 장점을 지니고 있다.

무역계약 체결과정의 비교

기존무역거래	전자무역거래
거래알선기관 직접방문 등	국내외 무역사이트 등을 통한 정보검색
카탈로그, 매체광고, 전시회 등	홈페이지 유즈넷, 메일링 리스트 등
전화, 팩스, 우편출장 등	e-mail, 인터넷폰/팩스, EDI활용 등
L/C, D/A, D/P 등을 이용	무역카드, 전자화폐, 전자자금이체 등
포워더, 해운항공운송 등	온라인 전송, 특급운송 등

4. 인터넷을 이용한 무역거래수단

(1) 월드와이드웹

전자무역에서의 웹(world wide web: www)은 기업이 경쟁력 우위 확보를 위해 신경써야 할 부분 중 하나이다. 기업에선 주로 상품 카탈로그나 기업정보 등을 수록하여 인터넷상에서 자사의 소개와 제품홍보 등에 활용하고 있다. 이렇게 인터넷에 올린 홈페이지는 24시간 열린 회사의 홍보매체이므로 특성에 맞게 제작하여 적절한 프로모션(Promotion)을 한다면 기업이나 상품의 광고효과를 저렴한 비용으로 극대화할 수 있다.

전자무역의 흐름도

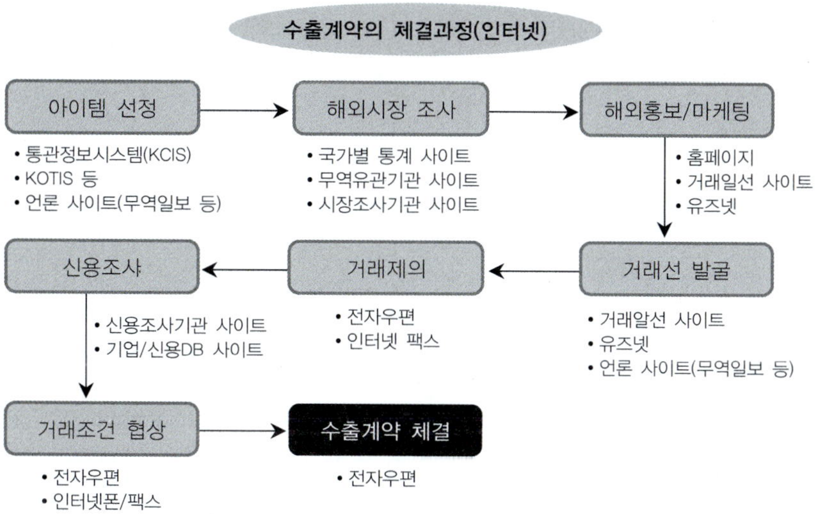

(2) 홈페이지 이용

인터넷에 자사 홈페이지를 만들어 올리는 것은 매우 중요하다. 이 홈페이지를 통하여 자사 홍보와 자사 제품 소개를 할 수 있다.

인터넷에 있는 여러 무역망 사이트에서 자사 제품을 소개하는 소위 '판매오퍼(Selling Offer)'에 등록(Posting)할 수 있는데, 이러한 등록은 자사 또는 자사 제품을 상세히 소개할 수가 없다. 특히 상품 이미지를 등록할 수 없는 무역망 사이트가 대부분이다. 따라서 판매오퍼 등록 시 자사 제품에 대한 간략한 소개와 함께 자사 인터넷 홈페이지 주소를 게재하여 관심 있는 거래선으로 하여금 자사 홈페이지에 접속하게끔 하여야 한다.

(3) 웹 프로모션

인터넷에 자사(자신)의 홈페이지를 만든 다음 첫 번째 중요한 일은 자사 홈페이지 소개를 통해 자사 제품과 회사를 전 세계로 알리는 작업이다. 이러한 작업을 웹 프로모션(Web Promotion)이라고 한다. 사실 홈페이지를 만들었으나 해외 바이어가 없을 때는 그 홈페이지가 존재할 의미도 없게 되고 만다. 그래서 해외 바이어가 자사의 홈페이지를 방문할 수 있도록 웹 프로모션을 해야 한다.

(4) 전자 카탈로그 이용

자사를 소개하는 카탈로그의 제작, 국내외 바이어 및 협회, 기관 등에 배포하거나 업체의 카탈로그를 바이어의 요청에 따라 또는 능동적으로 바이어에게 전달하여 각 제품 및 자사를 소개한다.

(5) 무역거래알선 사이트에 Posting

전자무역에 있어서 가장 활발한 움직임을 보이고 있는 것은 전자무역거래 알선 사이트를 통한 거래알선 부분이다. 이것은 인터넷을 통하여 거래상대방을 찾아내는 것이 전자무역에서 가장 중요하기 때문이다. 무역거래알선 사이트는 대부분 게시판 형태로 제공되고 있으므로 구매 및 수입(Offer to Buy), 수출(Offer to Sell)에 대한 실시간 갱신되는 정보를 열람할 수 있다. 또한 자신의 제품이나 거래정보를 스스로 등록할 수 있다.

해외시장조사 및 거래선알선 사이트

알선업체	전자주소
• 코트라	• www.kotra.or.kr/KOBO
• KOTRA 해외시장조사대행	• www.kotranet.com
• 산업자원부 국가정보조회	• www.mocie.go.kr
• 한국무역협회	• www.kotra.or.kr
• 무역협회	• www.ec21.net
• KTNET	• www.eckorea.net
• 무역일보	• www.tradenew2.net
• 전세계 거래알선사이트 모음	• www.ecplaza.co.kr

(6) 뉴스그룹

뉴스그룹(News Group)은 인터넷상에서 공통의 관심을 가진 사람들이 원하는 내용을 게시하고 토론하는 일종의 게시판이다. 뉴스그룹에는 관심의 대상에 따라 취미, 정치, 과학, 비즈니스 등 수만 개의 세분화된 주제를 가진 그룹이 있다. 비즈니스 관점에서 보면 뉴스그룹은

표적시장에 접근할 수 있는 쉽고도 저렴한 광고매체이며 소비자의 반응을 즉각 확인해 볼 수 있는 곳이기도 하다.

(7) 전자메일

전자무역에서 전자메일(E-mail)은 종전 무역업체들이 외국의 무역 관련 기관이나 거래기업과 FAX 또는 우편으로 해 오던 거래업무를 대체하는 통신수단이다. 인터넷을 이용한 무역에서 성공할 수 있는 길은 전자메일을 얼마나 잘 사용하느냐에 따라 좌우된다고 할 수 있을 정도로 그 비중이 커지고 있다.

제2절

전자무역 매매계약의 체결과정

1. 해외시장조사

(1) 해외시장조사 의의

외국과 무역거래를 함에 있어 비용과 위험을 최소화하고 극대화하기 위해서는 사전에 신속 정확한 해외시장조사가 필수적인 전제조건이다. 그 방법에 있어 우선 대상시장의 전반적 개황(정치, 경제, 사회, 풍토, 기후, 언어 등)을 조사한 다음 취급상품에 대한 세부적인 내용(무역관리제도, 시장 특성, 수요와 공급, 유통구조, 경쟁상대, 거래처 등)을 조사하는 일련의 단계를 거치게 된다.

(2) 시장조사의 방법

- 국별자료 이용: UN 무역통계연보(Yearbook of Intenational Statistics) IMF 발간연보(International Financial Statistics) 등의 국별 수출입통계자료
- 국내외 경제단체 및 유관기관 이용: KOTRA나 한국무역협회 등
- 주한 외국공관의 이용
- 국내외 광고회사의 이용
- 자체시장조사 방법: 현지를 직접 방문하여 조사
- 전자무역 거래알선 사이트
- 뉴스 그룹 활용
- Yellow Page 이용

2. 거래처의 발굴

사전 시장조사에 의하여 자사상품의 시장성이 있는 대상시장을 선정한 후 잠재력 있는 유능한 거래처를 발굴하는데, 거래처 발굴에는 보다 신중하고 효과적인 방법이 동원되어야 한다.

(1) 자체 홍보물의 이용

① 거래처 발굴을 위한 홍보물 제작

해외 배포용 카탈로그 등은 세심하게 계획하여 제작하되 전문가에게 의뢰하여 제작하는 것이 바람직하며, 홍보물의 내용은 상품의 설명에 주안점을 둔다.

② 홍보물의 배포

홍보물을 배포할 적절한 매수인의 명단은 KOTRA, 한국무역협회, 상공회의소 등 경제단체 및 유관기관이나 이들이 발간하는 잡지, 주한 외국 대사관 상무관실 등을 통해서 입수할 수 있다. 또한 인터넷을 통하여 디렉토리를 제공하거나 무역거래를 알선하는 사이트에서도 입수할 수 있다. 그 밖에 국내외에서 개최되는 전시회나 박람회 참가 시 배포하는 것도 효과적이다.

(2) 해외광고의 이용

① 국내 발간 해외배포용 매체광고

국내에서 발간되는 해외배포용 매체로는 Korea Export, Korea Trading Post, Korea Trade, Buyers Guide 등이 있는데, 매체의 성격, 배포 부수, 배포 지역, 구독층 등을 신중히 분석하여 적절한 매체를 선정하는 것이 효과적이다.

② 해외발간 매체광고

해외시장에서 발행되는 신문, 전문잡지, 업계지, <Newsweeks>와 같은 세계적인 잡지에 광고를 내는 방법이다. 현지에서 광고를 효과적으로 하기 위해서는 광고대리점을 이용하는 것이 효과적이다.

(3) 해외 공공기관의 이용

각국의 상공회의소 또는 WTC(World Trade Center), WTCA(World Trade Centers Association) 등 무역 관련 기관에 거래의 알선이나 관련업자의 소개를 의뢰한다.

(4) 각종 사절단 및 전시회 참가

무역 관련 기관에서 구성, 파견하는 각종 투자 및 무역사절단, 박람회, 전시회에 참가한다.

(5) 직접 방문을 통한 발굴

거래처를 발굴하는 여러 방법 중 경비 면에서 문제가 되지만 직접 해당국을 직접 방문하는 것이 가장 좋은 방법이다.

(6) 거래처 선정 방법

인터넷을 이용하여 거래처를 선정하는 것은 소극적인 방법과 적극적인 방법으로 구분할 수 있다.

소극적인 방법은 거래알선 사이트에 자사의 제품이나 자사를 홍보하는 것과 관련 유즈넷에 자사의 제품을 선전하는 방법 등이 있으며, 적극적인 방법에는 자사의 제품을 원하는 사람들을 사이트 검색을 통하여 찾아보는 방법과 유명 사이트에 배너 광고를 통해서 자사를 선전하는 방법 그리고 웹사이트상의 박람회 등에 스폰서로 적극 참여하는 방법 등이 있다.

3. 온라인 신용조사

(1) 신용조사 내용

무역거래에 있어서 거래대상업체에 대한 신용 상태를 확인하는 것은 향후 거래 가능성을 진단하고 위험요소를 사전에 예방한다는 면에서 그 중요성이 특별히 강조되고 있다.

신용조사에 있어서 필수적으로 조사 내용에 포함해야 하는 것은 보통 당해 업체의 성격(character), 자본(capital), 능력(capacity) 등 3가지를 들 수 있는데, 이를 일컬어 신뢰도 측정 요소(reliability or credit factors)로서의 'Three C's'라 한다.

(2) 신용조사기관

신용조회는 현지업자를 통한 '동업자조회(trade reference)'에 의뢰할 수도 있고, 국제적인 금융기관을 통한 '은행조회(bank reference)'에 의할 수도 있으며, 미국의 'Dun & Bradstreet, Inc.'나 영국의 'Bradstreet British, Ltd.' 독일의 'Auskunft W. Schimmelofung', 일본의 'Tokyo Mercantile Agency'와 같은 상업흥신소(mercantile or credit agencies ; credit bureaux) 등 전문적인 신용조사기관을 통해서 할 수도 있다. 한국에서는 보통 대한무역투자진흥공사, 한국수출보험공사, 신용보증기금 등을 많이 이용하고 있다.

4. 구매 권유를 위한 권유장

전자무역의 경우 권유장 발송은 전자메일이나 인터넷 팩스 등을 이용하여 발송하게 된다. 선진국 시장을 목표로 권유장을 보내는 경우 대부분의 선진국 기업들이 전자메일 주소를 가지고 있으므로 매우 편리하고, 권유장에 대한 답장 또한 매우 빨리 받을 수 있다는 장점이 있다.

5. 조회

문의를 받게 되는 경우를 대비하여 권유장을 보낼 때 자사의 웹 주소와 전자메일 주소를 기재하는 것은 필수적인 사항이다. 전자메일 주소를 가지지 못한 경우라면 무료로 제공하는 메일 주소를 가지는 것이 좋으나, 되도록 자사명이 있는 메일 주소를 가지는 것이 바람직하다.

무역지원기관 사이트

구분	사이트	서비스 내용
무역 지원 기관	www.kita.net	• 한국무역협회에서 운영하는 종합무역정보 서비스 사이트 • 무역에 관한 정보나 중소기업의 수출품에 대한 웹 호스팅, 홈페이지 제작 등과 같은 인터넷 서비스도 제공받을 수 있음 • 무역업창업과 관련한 절차, 신고요령, 수출입절차, 통관, 관세환급, 운송, 보험, 신용장, 무역금융 등 서비스 제공
	www.kotra.or.kr	• 대한무역투자진흥공사(KOTRA)에서 운영하는 사이트 • 수출거래알선과 해외시장정보수집, 해외시장 개척을 위한 전시회 사업 등의 일을 하고 있음 • 해외바이어의 거래희망정보를 국내 수출업자에게 제공하고 해외바이어와 국내업체의 상담을 주선
	www.kcab.or.kr	• 국내외 상거래에서 발생되는 분쟁의 사전예방과 신속한 해결 및 건전한 상거래 질서를 확립하기 위해 설립된 대한상사중재원에서 운영하는 사이트
	www.korcham.net	• 전세계 상공회의소와 긴밀한 협조체제를 갖추고 있는 대한상공회의소에서 운영하는 사이트 • 국제협력분야의 해외시장개척하기 위한 중소기업을 위하여 수출입거래 알선 및 각국의 통상사절단과의 거래 상담회 개최
	www.smba.go.kr	• 중소기업청에서 운영하는 사이트 • 중소기업의 수출지원을 위한 정보제공
	www.kreaexim.go.kr	• 기업의 자본재 수출과 해외투자, 해외자원개발, 중요 물자 및 주요 자원의 수입 등에 필요한 중장기 금융을 지원하기 위해 설립된 한국수출입은행 사이트
국내 거래 알선 사이트	www.ec21.net	• 국내의 대표적인 무역거래 알선사이트 중의 하나로 무역협회에서 운영 • 중소기업이나 소규모의 무역업체가 바이어를 찾는 데 많은 도움을 줌
	www.ecplaza.net	• 한국무역정보통신(KTNET)에서 운영하는 무료무역거래알선사이트 • 홈페이지를 작성하여 등록할 수 있고, 거래를 원하는 내용을 등록하여 해외거래선을 찾을 수 있는 아주 유용한 사이트
	www.smdb.smipc.or.kr	• 중소기업 관련 기관, 단체가 보유하고 있는 데이터 베이스를 연계하여 공유하고, 체계적으로 중소기업들이 이용할 수 있도록 데이터를 중소기업정보은행에서 제공하는 사이트
	http://www.kati.net	• 농수산물유통공사에서 운영하는 사이트로 농수산물의 무역정보를 제공
	www.buykorea.or.kr	• 해외시장을 직접 개척할 수 없는 중소기업체에게 전세계 기업을 대상으로 제품을 홍보할 수 있도록 대한무역투자진흥공사에서 운영하는 사이트

6. 청약과 승낙

인터넷을 통한 신용조회를 마친 경우 조회에 대한 청약(Offer)을 전자메일로 하게 된다. 청약에 대하여 상대편에서 전자메일로 승낙(Acceptance)이 이루어지면 매매계약이 성립하게 된다. 여기까지의 과정 중에서 문제의 소지는 전자메일에 의한 거래청약과 승낙의 법적 효력이다.

제3절
무역자동화

1. 무역자동화 개관

(1) 전자문서교환 개요

EDI(Electronic Data Interchange)는 전자문서교환 또는 전자자료교환으로 해석되며, 서로 다른 기업 또는 조직간에 상업송장, 수출입승인서 등과 같은 표준화된 상거래서식 또는 공공서식을 서로 합의한 표준화된 양식에 맞추어 컴퓨터간에 교환하여 재입력 과정 없이 직접 업무에 활용할 수 있도록 하는 새로운 정보전달 방식을 말한다.

다시 말해 EDI는 구조화된 형태의 데이터(Structured format data) 즉 표준전자문서를 통신망을 통해 컴퓨터간에 교환하는 정보전달 방식이다.[1)]

EDI는 무역부문을 중심으로 제조, 유통, 운송, 금융 등에서 매우 폭넓게 활용되고 있으며, 향후에는 EDI 방식을 이용하지 않고서는 무역업무 처리가 불가능해질 정도로 국제무역환경은 급격하게 변화하고 있다.

(2) EDI 구성요소와 접속방법

표준화된 전자문서의 형태로 주고받는 EDI는 일반적으로 EDI표준(Standard), 사용자시스템(User System), 부가통신사업자(VAN) 및 거래약정(Interchange Agreement)으로 구성된다.

① EDI 표준

EDI표준이란 EDI 사용자간에 교환되는 전자문서의 내용과 구조, 통신방법 등에 관한 일련

1) EDI에 관한 자료는 한국무역정보통신의 홈페이지(www.ktnet.co.kr)에서 인용하였다.

의 규칙 및 지침으로 상이한 언어, 업무처리방식, 컴퓨터시스템을 보유한 거래당사자간에 전자문서의 자유로운 교환을 보장하는 공통언어라고 정의할 수 있다. 따라서 EDI표준은 서로 다른 거래당사자들간 또는 이들의 내부업무시스템간에 전자문서교환이 이루어지게 하는 가장 핵심적인 역할을 수행한다.

② 사용자시스템

사용자시스템은 거래당사자간에 데이터통신망을 통해 전자문서를 주고받기 위해 사용자가 갖추어야 할 컴퓨터 하드웨어(PC 등), 소프트웨어(변환 S/W 등) 및 통신장비(모뎀 등)을 말하며, 이러한 사용자시스템 구축방식에 따라 EDI 접속방법도 달라진다. 하드웨어 시스템 구축은 사용자 HOST 기종에서 모든 EDI 변환처리를 수행하는 HOST 방식, HOST와 W/S이 연

무역자동화 구성도

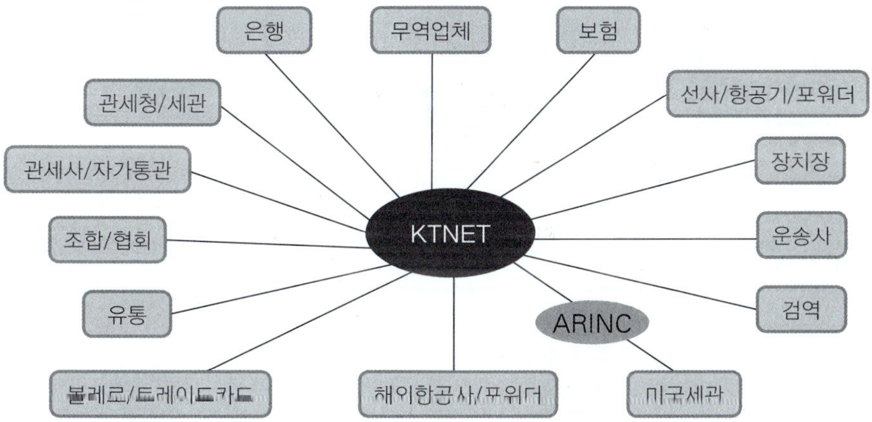

무역업무 처리방식의 변화

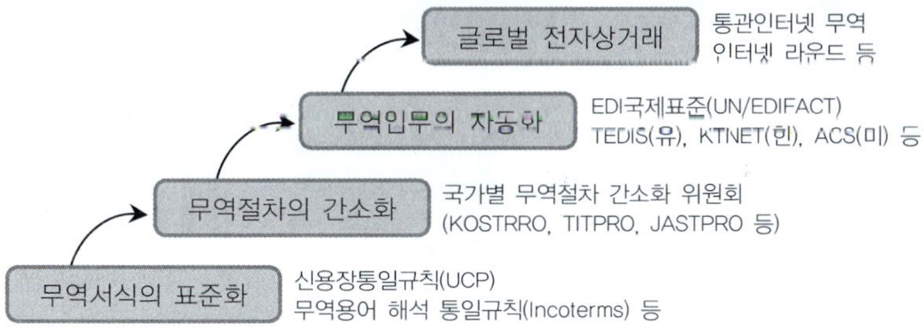

결되어 변환처리에 필요한 자료를 Down-Load 또는 Up-Load하는 FEP 방식, 사용자 W/S 에서 모든 EDI 변환처리를 수행하는 Stand-alone 방식, PC-LAN 방식, VAN to VAN 방식, 해외 VAN 방식 및 최근에 XML을 이용한 Internet 방식 등으로 구분된다.

③ VAN 사업자

부가통신사업자는 각 당사자들이 전자문서를 주고받는 통신방법, 통신시간, 통신속도 등이 상이하므로 이를 통합 관리하여 중간에서 중계전송해 주고 분쟁이 발생할 경우 이를 해결할 EDI 서비스 제공업자, 즉 Third Party를 의미한다.

EDI 서비스 구성요소

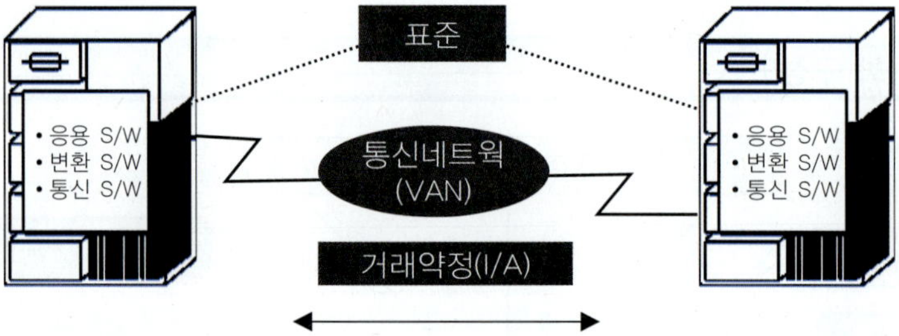

EDI 서비스 통신망 접속형태

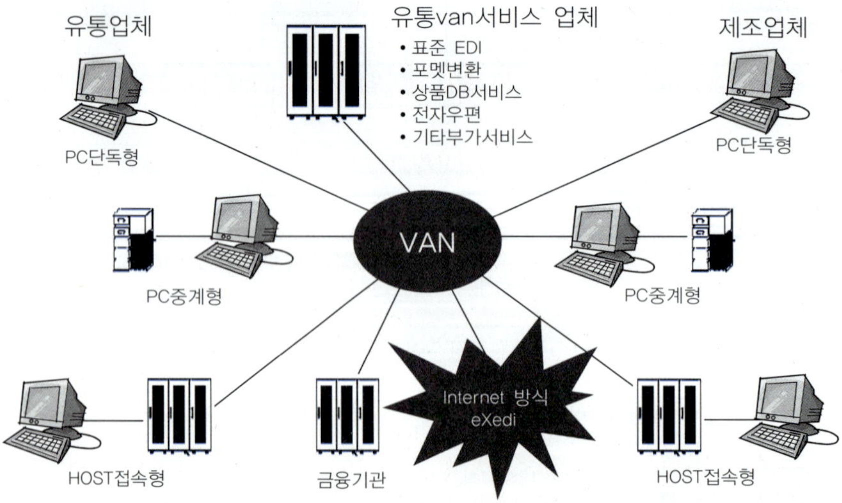

④ 거래약정

거래약정(I/A)은 EDI가 법적인 책임이 따르는 거래당사자의 비즈니스를 위한 정보전달 수단이기 때문에 요구된다. 다시 말해 EDI는 단순한 기업 내부의 업무처리의 전산화 내지는 자동화가 아니라 전혀 다른 업무처리시스템을 가진 거래상대방과의 데이터통신이다. 따라서 EDI가 본래의 기능을 다하기 위해서는 EDI로 처리할 전자문서와 적용표준, 시스템 운영 방법, 오류 또는 분쟁발생 시 해결절차, 비용부담 등을 규정한 거래당사자간의 약정이 반드시 필요하다.

2. 무역자동화 주요업무절차

(1) 수출업무

① 수출승인서

대외무역법에서 수출입승인을 받도록 규정한 제한품목은 수출입승인기관에서, 즉 해당 물품의 협의나 조합 등에서 승인을 받아야 한다. 미국, 캐나다, 유럽 등의 국가들은 섬유류 품목에 대하여 쿼터를 적용하여 수입을 제한하고 있으며, 해당국 세관에서는 이들 품목의 수입 시

수출승인서 업무 흐름도

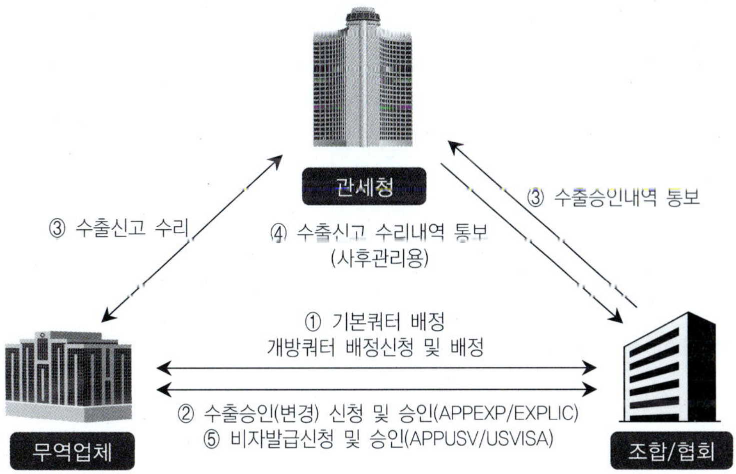

수출국이 발행한 VISA를 징구한다. 그리고 VISA 발급은 산업자원부가 해당 수출조합에 권한을 위임하고 있다.

② 신용장통지

수입업자 측의 개설은행에 의해 개설되어 수출업자에게 통지된 수출신용장은 일반적으로 우편, 텔렉스, SWIFT의 3가지 방식에 의하여 통지되고 있으며, 현재 국제은행간 통신망인 SWIFT를 통해 수출신용장 통지가 가장 많이 이루어지고 있다. KTNET은 SWIFT(Society For World-wide Interbank Financial Telecom munication)에 의한 신용장 통지 업무를 EDI방식으로 서비스하고 있으며 수출자는 수신한 수출신용장을 출력하여 사용한다.

신용장 통지 업무 흐름도

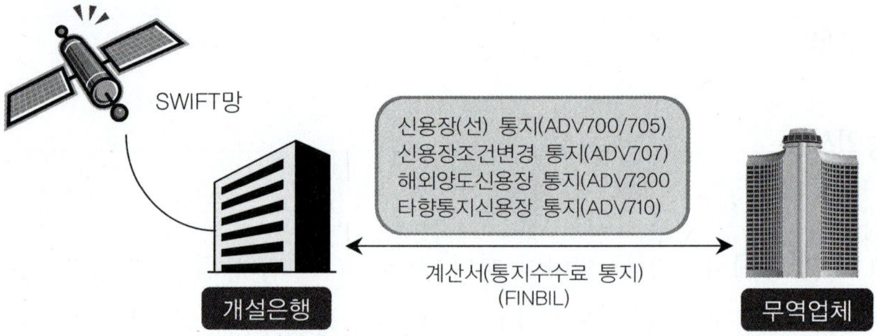

③ 내국신용장

수출업자가 수출물품을 확보하기 위하여 원신용장을 견질로 하고 국내물품 구매자를 수익자로 하여 내국신용장을 발행한다. 내국신용장(LOCAL L/C) 업무는 수출자가 수출용 원자재 또는 완제품을 구매하기 위하여 은행에 지급보증을 의뢰 및 결제를 하는 일로, 여기에 수반되는 내국신용장, 오퍼, 세금계산서, 인수증, 로컬어음도착통지 및 매입 등의 업무를 제도개선하여 EDI 방식으로 서비스를 하고 있다.

④ 선적요청서

수출업자가 화물의 선적을 선사 및 포워더에게 의뢰하고, 선적에 대한 결과를 통지받는 업무로서 EDI로 서비스를 하고 있다.

내국신용장 업무 흐름도

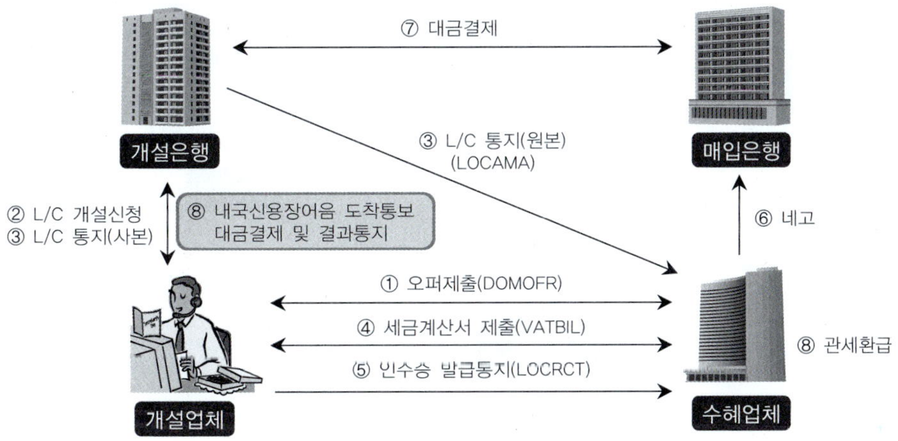

선적요청서 업무 흐름도

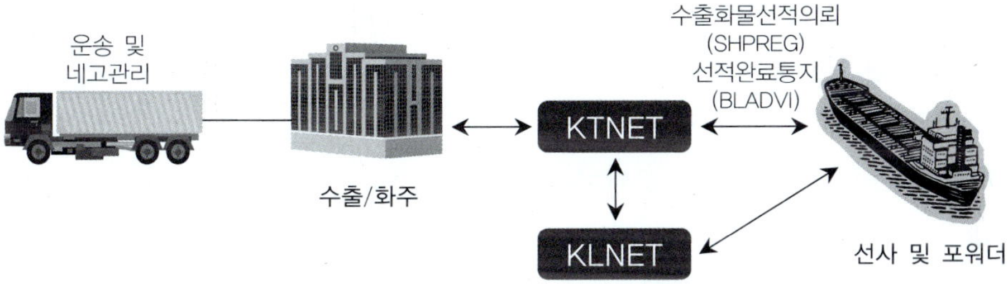

⑤ 원산지증명서

WTO 규칙에는 원산지 표기에 대해 엄격히 준수할 것을 규정하고 있다. 무역업체의 원산지 증명 업무 및 상업송장의 사실확인 업무를 서비스하는 업무로서 KTNET 통신망을 통해 상공회의소에 전송하고 상공회의소에서 발급심사 한 후 C/O(원산지증명서, Certificate of Origin) 및 C/I(상업송장, Commercial Invoice)의 발급내역을 무역업체에 전송한다.

⑥ 수출환어음매입

수출대금이 수입자에 의하여 정상적으로 결제되어 해외은행으로부터 국내 수출환어음매입(추심)은행에 입금되면 국내 수출환어음매입(추심)은행은 수출대금의 입금사실을 무역업체에 통지하여 주는 업무이다.

원산지증명 업무 흐름도

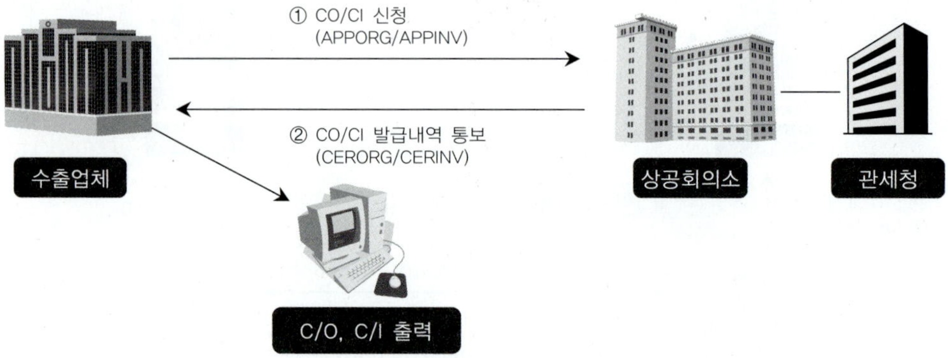

⑦ 수출신고

수출통관은 무역업체가 내국물품을 외국으로 반출할 때 거쳐야 하는 일련의 세관절차로, 관세법에 의한 제반 통관서류를 처리하는 업무를 말한다. 수출하고자 하는 물품이 대외무역법 및 관계법령 등에 의하여 수출이 가능한 물품인지를 확인하고, 대금영수 방법에 대하여도 외국환거래법 관계법규에 의거 제약이 없는지를 사전 확인하는 등, 수출하고자 하는 모든 물품은 세관의 수출통관절차를 밟아야 한다. 관세청은 EDI(Electronic Data Interchange)방식의 수출통관절차를 도입하여 시행함으로써 수출물품을 간단하고 신속하게 통관하고 있다.

수출환어음매입 업무 흐름도

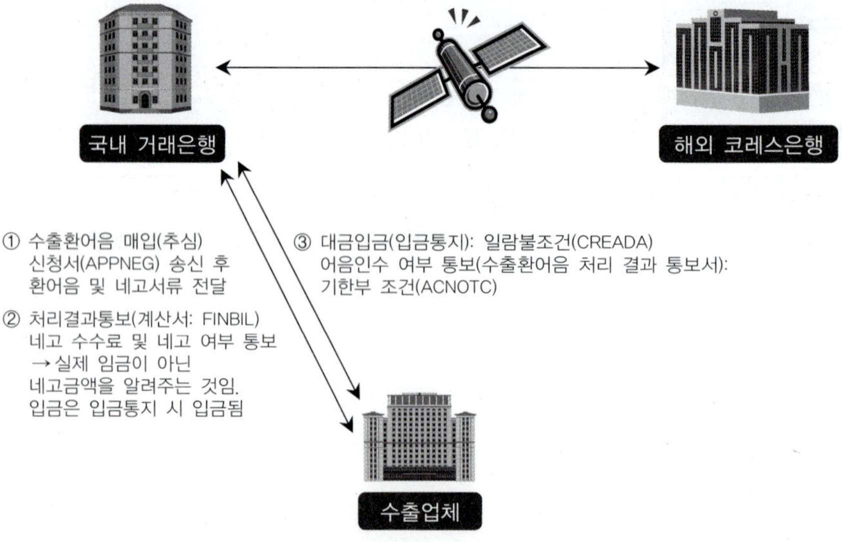

수출신고 업무 흐름도

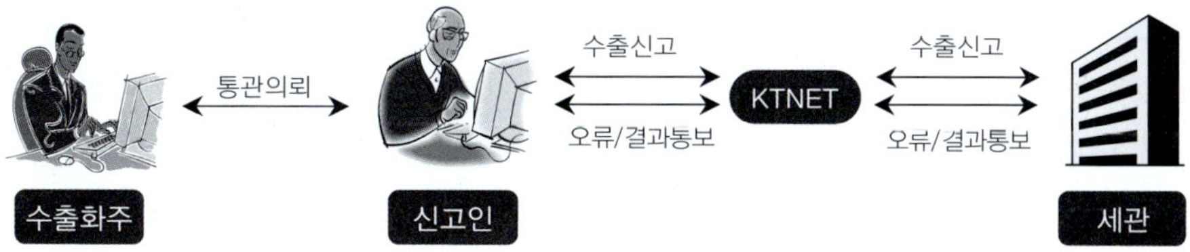

⑧ 관세환급

관세환급은 수출 진흥 및 장려를 목적으로 실시되고 있다. 외국에서 원재료를 수입할 때 내수용 및 수출용을 불문하고 일단 관세 등을 징수하고 수입한 원재료로 생산한 제품을 수출한 경우, 그 원재료를 수입할 때 납부한 관세 등을 되돌려 주는 제도이다.

관세환급 흐름도

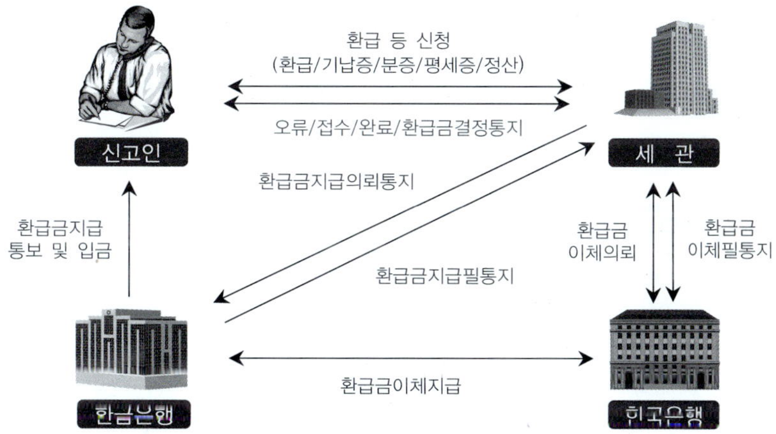

(2) 수입서비스

① 신용장개설

수입신용장의 개설은 개설의뢰인 즉 수입자의 요청과 지시에 따라서 개설은행이 신용장을 개설하는 것으로 지급보증 행위의 일종이므로 개설은행은 개설의뢰인의 신용 상태 및 담보능력을 고려하여 개설한다. 따라서 KTNET은 수입신용장 개설 업무를 EDI 방식으로 서비스를 하고 있다.

② 수입승인서

수입승인을 대외무역법에서 규정하고 있다. 수입금지품목에 대해 일정한 요건을 충족해야만 수입을 허가하는 제도로 관련 품목의 협회나 조합 등에서 승인해 준다. 이러한 EDI에 의한 수입승인서 업무는 수입요건 확인기관을 대상으로 수입요건 확인신청, 요건확인업무, 통관예정보고업무를 조합, 협회 및 세관이 유기적으로 연결되어 EDI 방식으로 서비스를 하고 있다. PAPERLESS 수입통관제도의 시행에 따라 관세청과 유관기관이 전산망으로 연계되어 수입요건확인 등의 자료가 세관에 제공된다.

신용장 개설 업무 흐름도

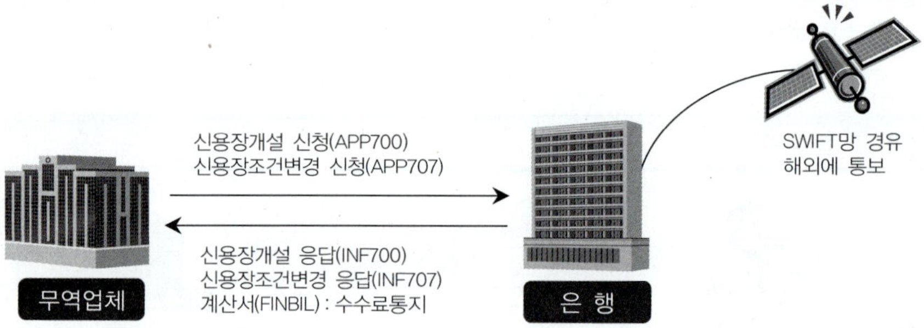

수입승인서 업무 흐름도

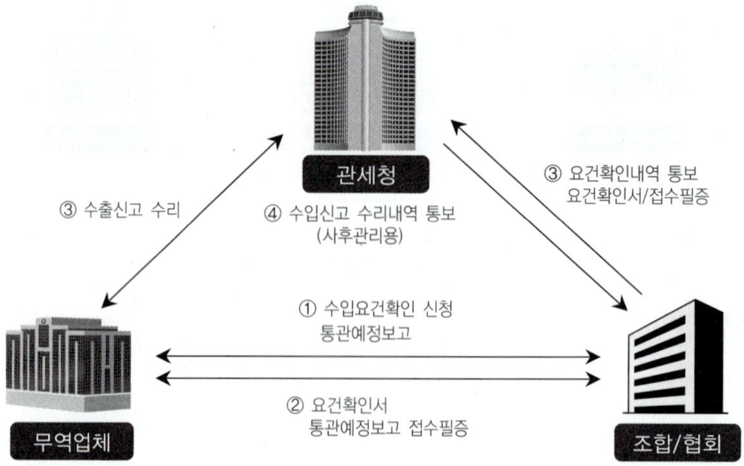

③ 수입화물선취보증(L/G, D/O)

운송수단의 발전으로 인하여 수입물품이 목적지에 도달하는 시간이 빨라진다. 즉, 수입화물이 수입지에 도착하였으나 선적서류 원본이 도착되지 않아 수입업자의 수입화물인수가 불가능할 경우 수입업체는 수입화물선취보증신청서를 은행에 신청하고, 은행이 보증한 수입화물선취보증서를 운송인 앞으로 제출하여 수입서류 결제 전에 수입화물이 수입업자에게 인도되도록 하는 업무이다.

수입화물선취보증(L/G, D/O) 업무 흐름도

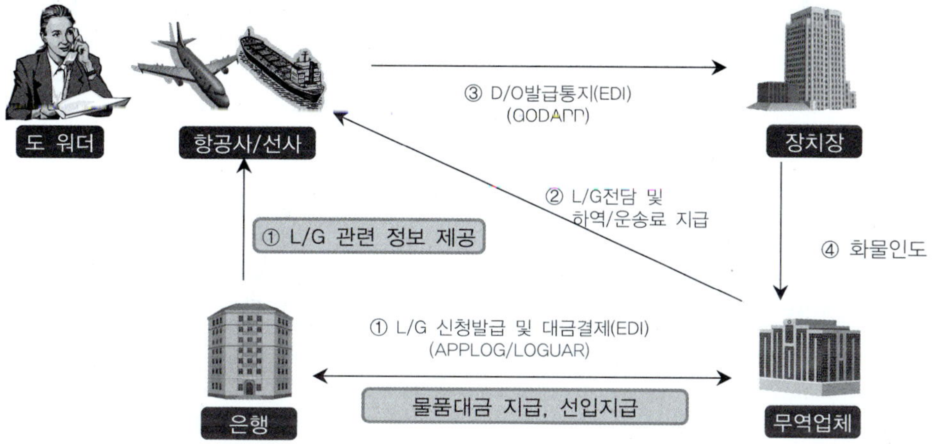

④ 수입대금결제 업무

해외은행으로부터 선적서류를 입수한 신용장 개설은행은 신용장 조건과 일치하는 선적서류인가를 검토한 후, 수입자에게 선적서류의 도착사실을 통보하고 결제를 요청한다.

⑤ 송금방식 지급확인

송금방식 수입업체는 수입대금에 대한 송금신청 이전에 지급(변경)확인을 받아야 한다. KTNET은 송금방식(T/T)에 의한 수입 시 송금 이전에 수행하는 지급(변경)확인업무와 은행 수수료 관련 전표처리 업무를 서비스한다.

수입대금결제 흐름도

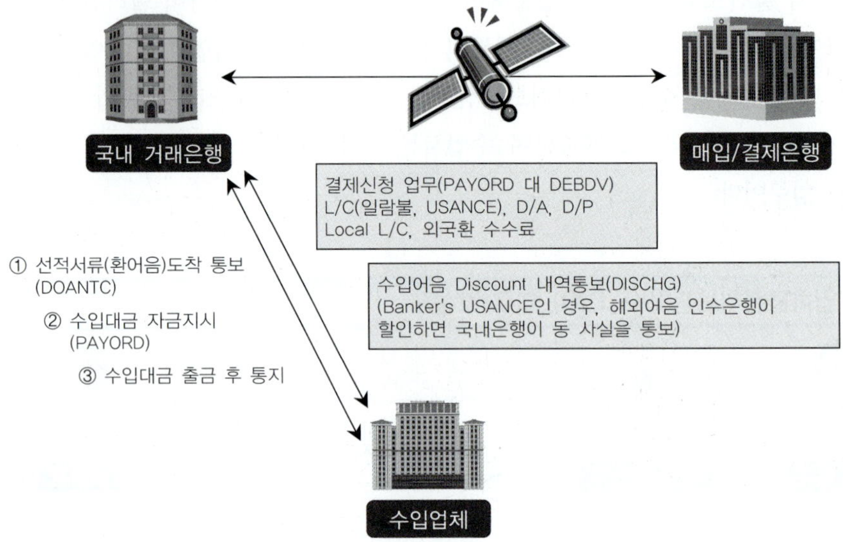

송금방식지급 확인 업무

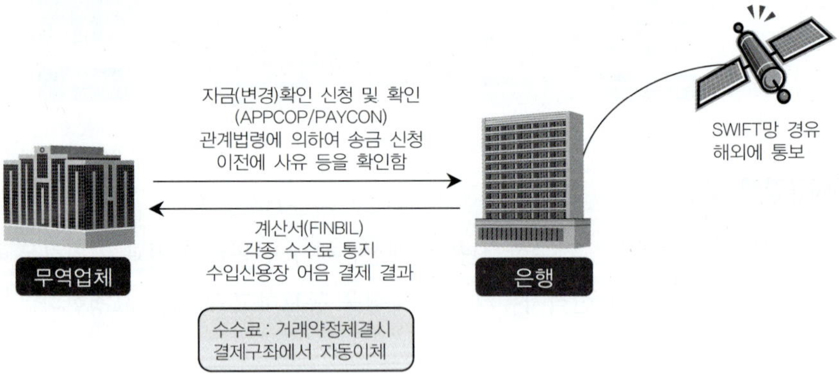

⑥ 수입신고

수입통관 업무는 첫째, 대외무역법 · 약사법 · 가축전염병예방법등 각종 수입 관련 법령상의 수입요건 이행 여부를 확인하고, 둘째, 할당 · 양허세율 적용을 위한 수입물량 추천여부를 확인하고, 셋째, 관세, 부가가치세 등 각종 세법에서 정한 세금의 납부를 확인하여 외국물품이 국내로 반입되는 것을 허용하는 업무이다.

수입신고 업무 흐름도

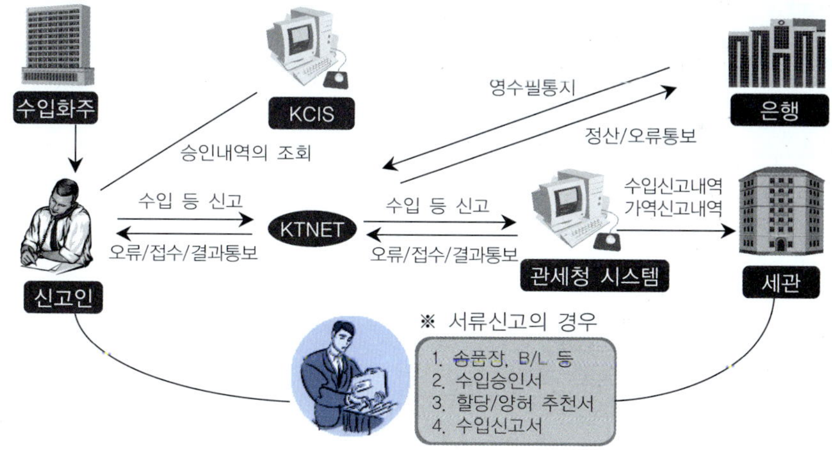
수입화주
KCIS
은행
영수필통지
정산/오류통보
승인내역의 조회
수입 등 신고
오류/접수/결과통보
KTNET
수입 등 신고
오류/접수/결과통보
수입신고내역
가역신고내역
관세청 시스템
세관
신고인
※ 서류신고의 경우
1. 송품장, B/L 등
2. 수입승인서
3. 할당/양허 추천서
4. 수입신고서

제4절
신전자무역시스템

1. 인터넷 EDI

(1) eXedi 서비스 개념

eXedi는 XML(eXtensible Markup Language) EDI의 약자이며, eXedi 서비스는 XML/EDI 방식의 B2B를 실현하는 서비스로 인터넷 EDI라고 한다. 한국무역정보통신(KTNET)에서는 변화하는 e-Biz 환경에 발맞추면서 기존의 제한적인 무역 EDI 시스템의 한계를 극복하고자 차세대 웹 구현 언어인 XML(eXtensible Markup Language)을 이용하여 획기적인 인터넷 EDI 시스템을 구축하였다. 이 서비스는 1차적으로 내국신용장 업무에 적용되었으며, 이후 외환은행, 조흥은행 등 국내 메이저 은행들과 공동으로 외환부문 무역자동화 저변 확대를 꾀할 목적으로 수출입신용장 업무를 실현하고 있다.

(2) 서비스 특징

XML을 이용한 인터넷서비스는 그 확장성과 호환성이 뛰어남으로 인해 국제적으로 급속히 개발·사용되고 있는 최신의 인터넷 기법이다. 따라서 고객은 별도의 EDI S/W를 설치할 필요 없이 웹브라우저(Explorer5.0 이상)만을 이용하여 사무실에서 무역업무를 쉽고 빠르게 처리할 수 있다.

eXEDI 서비스는 EDI를 통한 무역자동화서비스를 중·소형업체에서도 쉽게 이용할 수 있을 뿐만 아니라 특히 기존의 인터넷통신을 이용하므로 수도권 업체뿐 아니라 지방 소재 업체도 간단하게 이용할 수 있는 서비스이다. 이러한 인터넷을 통한 무역자동화서비스는 회원 가입 시 발급받은 전용 ID만 있으면 어느 PC에서나 이용 가능하다.

(3) 현재 서비스 중인 업무

내국신용장업무, 구매승인서업무, 수출신용장통지업무, 수입신용장개설업무, 수출입대금결제처리, 선적서류통보, L/G 및 어음매입, 적하보험업무 등의 업무를 처리하고 있다.

2. 볼레로 프로젝트

(1) 볼레로 프로젝트 개관

볼레로(BOLERO) 프로젝트(Bill of Lading Electronic Registry Organization)는 1994년 홍콩, 네덜란드, 스웨덴, 영국, 미국의 해상운송회사, 은행, 통신회사 등이 참여하여 컨소시엄 형태로 시작되었다. 그리고 무역거래에 필요한 종이서류를 전자메시지로 전환하여 안전하게 교환할 수 있는 기반을 제공한다.

따라서 볼레로 프로젝트에서는 선하증권을 포함하여 무역서류 전반에 걸친 전자화를 추구하며, 이는 SWIFT와 TT Club[2)]이 주도하고 있다.

이들이 합작으로 설립한 Bolero Operation Ltd는 사용자 그룹인 Bolero협회와 함께 범세계적으로 무역서류의 전자화를 통한 상업적 서비스를 제공한다. 1999년 전 세계 18개 국가에 대한 법률분석을 완료하고 시범서비스 기간을 거쳐 현재 상용서비스를 추진하고 있다.

(2) 볼레로의 특징

① 범 세계적인 효용성

기존 EDI의 제한요소를 극복, 대금결제(Nego) 기능을 포함하는 등 국제무역 업무에 적합하도록 개발 단계부터 범 산업적이고 중립적인 서비스를 제공하는 데 초점을 맞추고 있다.

2) Through Transport Club: 해상운송 부문의 상호부보조직(P&I Club)으로 80여 개국의 운송업자, 운송주선인, 항만 당국 등이 회원으로 참여하고 있으며, 컨테이너 산단 2/3, 1,725개 항만시설, 5,890개사의 운송업무에 대한 보험을 담당하고 있다.

② 보장된 법제적 기반

국제무역과 관련이 되는 18개 법률 분야를 대상으로 전자상거래 연구결과를 통해 개발된 Bolero Rulebook을 통해 어떤 분쟁도 해결이 가능한 분쟁해결 체계를 갖추었고, 각국의 다양한 관련 법률의 조정/개선 없이, 당사자간 계약에 의하여 무역거래에 대한 법적 효력을 부여하였다. 또, EDI 서비스 거래 약정(I/A)이 거래 당사자간에 일일이 체결하여야 하는 불편함이 있는 것에 반해, Rulebook에 한 번 서명하는 것으로 모든 볼레로 가입자와 자동적으로 다자간 거래약정을 체결하는 효과가 있다.

③ 종이문서와 동일한 효력 확보

볼레로 서비스는 교환되는 전자문서와 함께 전자문서의 처리결과(소유권의 변경 등) 항목을 전송하거나, 선하증권(Bill of Lading, B/L)의 경우처럼 데이터베이스에 최초 소유권자를 표시하여 1회 생성한 후, 필요시 소유권자가 데이터베이스의 해당 B/L에 접근하여 소유권을 변경함으로써, 기존의 종이 B/L을 배서하여 소유권을 이전하는 것과 같은 동일한 효과를 구현한다.

④ 국제적 표준

국제적으로 수용할 수 있는 표준을 만들기 위해 설계 단계부터 세계 주요 교역국의 무역 관련 절차, 법률의 분석 및 범 국가적인 의견 수렴을 거쳐 개발에 착수하였으며, 현재 구주 선진국 중심의 16개국 120개 주요 회사들이 참여하여 테스트를 진행하고 있다.

⑤ 포괄적인 정보의 보안

무역서류의 특성을 고려하여, 최신 암호화 기술(인증, 암호화, 전자서명)을 통한 전자무역서류의 안전한 송수신 체계 확보 및 선하증권 등 중요한 서류의 위조·복제가 불가능토록 포괄적인 보안 체계를 구축하였다.

(3) 기대효과

볼레로 시스템의 기대효과는 bolero.net 서비스를 통해 무역 서류가 전자화되면, 기존에 전 세계 기업들이 문서를 통한 거래에서 낭비하는 연간 4,200억달러(WTO 산정)의 비용절감이 가능하다. 또, 은행업계의 신용장 처리업무, 해운업계의 선하증권 처리업무의 간소화를 통한 업무효율이 향상된다.

일본 三井物産에서는 bolero.net 서비스에 의한 운송, 우편, 통신, 문서 저장 및 관리비용의 초기 절감액이 수백만 달러에 이른다고 보고하였고, 세계 최대의 우편주문 회사 Otto Versand에서는 문서처리에 소요되는 시간이 1/6로 줄어, 전자상거래의 효율성을 높일 수 있다고 평가하였다.

3. 트레이드 카드

(1) 트레이드 카드의 개념

트레이드 카드(Trade Card) 시스템은 세계무역센터협회(WTCA)가 발의하는 트레이드 카드사가 추진하며, 수출입 서류의 전송과 대금결제 방법을 전자화하여 무역업무에 활용하고 있는 사업이다.

트레이드 카드 시스템은 전용 통신망을 통해 선적 관련 서류의 전자전송은 물론 무역금융 및 보험, 대금결제, 물류 등 수출입 전 과정을 자동화한 것이다. 즉 무역거래 때 수출입 서류 송부에서부터 대금결제에 이르는 제반과정을 전자통신 시스템으로 교환하는 방식을 말한다.

또한, 기업신용도 측정을 위해 선진국 은행의 신용보증 기능을 활용, 거래과정을 전산망으로 일괄 처리된다. 따라서 은행의 신용보증 기능을 활용하면서도 전 거래과정이 보험으로 처리돼 수출입대금 결제에 신뢰가 확보된다.

거래 방법도 현재 방식이 수출입 오퍼 등을 웹상에서 교환하고 나머지 과정은 기존 무역방식을 사용하는 데 반해 신용장을 개설 등의 과정을 없앴다. 수입업체는 수입신용장을 개설하지 않고 거래은행으로부터 신용한도만 받으면 된다. 그 다음 물품구매서를 트레이드 카드 운용회사로 보내면 운용회사는 은행으로부터 신용을 확인한 다음 수출업체에 전달한다. 수출업체의 경우 은행을 거치지 않고 트레이드 카드 운용회사로 관련 서류를 전송하면 운용회사는 전송된 서류를 심사, 수입업체 거래은행에 대금지급을 요청하면 결제가 이뤄진다.

(2) 트레이드 카드 절차

트레이드 카드를 통한 무역거래가 기존의 무역거래와 가장 다른 점은 은행의 역할이다. 즉,

기존의 무역 관습에서는 신용장 방식이든 추심 방식이든 은행이 자금결제과정의 처음에서 끝까지 개입되어 있는 데 반해 트레이드 카드의 경우에는 그러한 역할의 상당 부분을 트레이드 카드가 수행한다. 트레이드 카드를 통한 무역거래의 흐름을 도시하면 다음과 같으며 이를 구체적으로 살펴보면 아래와 같다.

트레이드 카드의 무역거래 처리절차

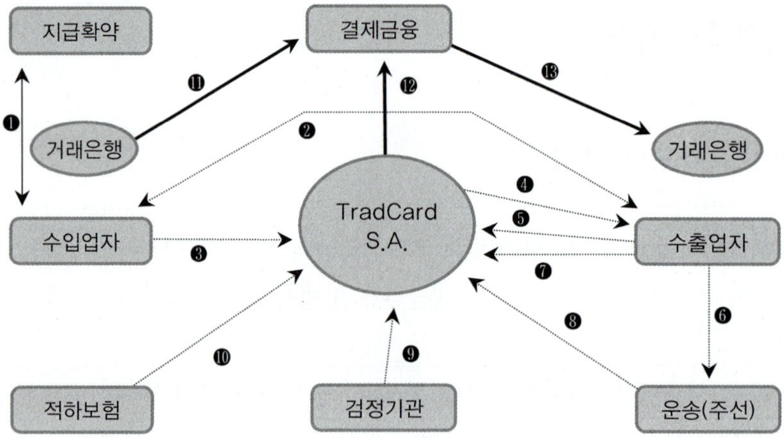

❶ 수입업자는 지급확약기관에 신용평가를 신청하고, 신용한도를 배정받는다.

❷ 수입업자와 수출업자는 무역거래 조건을 협상 및 합의한다.

❸ 수입업자는 구매주문서(Purchase Order)를 작성해서 디지털 서명을 첨부하여 트레이드 카드의 중앙처리장치(System Administrator: SA)로 전송한다.

❹ 트레이드 카드 SA는 P/O의 기재 내용과 수입업자의 신용한도를 검토한 후 이를 수출업자에게 전송한다.

❺ 수출업자는 이를 확인하여 전자서명 후 트레이드 카드 SA로 전송함으로써 무역계약을 체결시킨다.

❻ 수출업자는 운송(주선)인에게 화물을 인도하고 선적 지시를 한다(필요시 검정회사, 보험회사 등에 검사, 보험부보 등의 지시를 한다).

❼ 수출업자는 상업송장 및 포장명세서 등의 서류를 트레이드 카드로 전송한다.

❽ 운송(주선)인은 화물을 선적한 후 선적 관련 정보를 트레이드 카드 SA에 전송한다.

❾ 검정회사는 화물을 검정한 내용을 트레이드 카드 SA에 전송한다.

⑩ 보험회사는 적하보험 부보 내용을 트레이드 카드 SA에 전송한다.

⑪ 트레이드 카드 SA는 운송서류를 비롯한 다른 전자식 서류들과 전자계약서를 대조 점검한다. 이 점검은 트레이드 카드 SA가 개발한 자동화 방법에 의한다.

⑫ 트레이드 카드 SA는 서류가 일치하는 경우, 결제금융기관에게 대금지급을 할 것을 수권한다. 만일 기한부지급인 경우에는 해당 기간 동안 지급지시를 보류한다.

⑬ 결제금융기관은 수입업자의 거래은행에서 수입업자가 사전에 입금한 자금을 차기(Debit)하여 수출업자의 거래은행에 대기(Credit)한다.

이후 수출업자는 자신의 거래은행으로부터 대금을 지급받으며, 수입업자는 운송(주선)인으로부터 물품을 인도받는다. 만일 수입상이 거래은행에 자금이 입금되지 않는 경우 지급보증기관은 수입업자를 대신하여 대금을 입금한다.

이상과 같은 업무처리과정에서 은행은 신용장 방식인 경우 수행하고 있는 신용장 조건과의 일치 여부 판단 기능을 수행하지 않으며, 단지 트레이드 카드의 수권을 받아 대금을 지급하고 이를 수입업자에게 회수하기까지의 이자수입만을 기대하게 될 수밖에 없다. 이는 결국 신용장 방식에서의 신용공여 기능과 대금지급 기능 중 전자를 전면 배제하는 것이며 무역결제 관습상 가장 일반적인 방법으로 평가받아 오던 신용장을 대체하게 된다는 결과를 유도하게 되는 것이다.

(3) 트레이드 카드의 특징

트레이드 카드 시스템의 가장 큰 특징으로서 화환신용장을 배제한다. 이 방식이 본격적으로 실용화되는 경우 은행은 단지 신용공여자로서의 역할만을 수행하게 되므로 이제까지 신용장을 통하여 향유하던 무역매매에서의 중심적 지위는 당연히 위축되리라는 예측이 가능하다.

신용장 개설은행의 서류점검에 해당하는 기능을 트레이드 카드 시스템이 수행하며 은행은 단지 자금의 공여만을 담당하는 역할에 국한된다는 것이다. 현실적으로 신용도가 높고 본지사간 거래 등이 활발한 대기업들이 신용장 방식의 결제를 회피하는 반면에 신용도가 낮아 신용장 방식의 결제에 의존하는 중소 규모 수출업체의 애로사항을 감안한다면 상당한 호응을 예상할 수도 있다.

트레이드 카드 시스템에서는 당사자의 계약을 중심으로 하며 이러한 계약은 전자적 방식으로서 POPFI3)라고 불리는 정형화된 형식으로 작성되어 관련 서류의 전자화 및 일치성 점검의 자동화를 가능케 한다.

(4) 상업성 확보 문제

① 수출업자의 입장

수출업자가 트레이드 카드를 통해 얻을 수 있는 이점은 시간의 절감과 고객(수입상)의 요구에 대한 신속한 대응을 들 수 있으며, 비록 신용장 방식에 비해서는 미흡하겠지만 대금지급에 대한 어느 정도의 확약을 얻을 수 있다는 점을 들 수 있다. 또 신용장 방식과 같이 대금을 사전에 지급받을 수도 있을 것으로 보인다. 즉, 수출상의 거래은행이 트레이드 카드의 제휴사인 COFACE(프랑스 신용보증보험회사)의 지급확약을 신뢰하고 수출상에게 이자를 공제한 대금을 선지급할 수 있다는 것이다.

그러나 수출업자의 거래은행이 대금을 선지급하지 않는다고 하더라도 트레이드 카드의 수권을 받아 대금을 지급받기까지의 시차가 신용장의 경우보다 작기 때문에 선지급에 버금가는 효과를 거둘 수도 있을 것이다. 따라서 자금사정이 나쁘지 않은 수출업자의 경우에는 추심을 하는 것보다 트레이드 카드를 활용하는 것이 신용장과 유사한 지급확약을 받으면서 추심 전 매입 관련 비용도 부담하지 않고 결제를 받을 수 있는 방법이 될 수 있을 것이다.

② 수입업자의 입장

트레이드 카드를 이용함으로써 수입업자가 기대할 수 있는 가장 큰 이점은 신용장 거래와 비교하여 비용이 적게 든다는 점이다. 또 운송화물의 인도가 신속히 이루어질 수 있다는 점도 들 수 있다. 그런데 트레이드 카드에서는 운송서류로 양도 가능한 유통선화증권을 전제하고 있지 않기 때문에 비록 트레이드 카드를 이용하지 않는다고 하더라도 인도의 속도에 있어서는 별다른 차이가 없을 것이라고 생각된다.

따라서 항공운송이나 해상화물운송장이 활용되는 경우 인도의 속도에 있어서는 별다른 이점이 없으며 기존에 선화증권을 활용하던 경우에 한하여 이점으로 작용할 수 있다는 한계가 있다. 물론 이 경우에도 꼭 트레이드 카드를 이용하지 않더라도 동일한 목적을 달성할 수 있기 때문에 이 요인 하나만으로는 수입상에게 소구할 수 없다는 점을 지적할 수 있다.

③ 운송인의 입장

운송인은 트레이드 카드의 회원으로 거래에 참가함에 따라 운송서류의 발급을 전자화로 발급받을 수 있다. 또한 수입화물선취보증장(L/G)에 의한 운송물품 인도에 따른 사기의 위험에서도 자유로워진다. 그 밖에도 선박에 실린 화물에 대한 정보가 전자적으로 관리됨에 따라 정확하고 효율적인 업무처리가 이루어질 수 있으며, 선박의 회항이 빨라짐에 의해 추가적인 운임수입 기회가 생겨난다.

그러나 운송인은 과거에는 발생치 않았던 트레이드 카드의 연회비 등 추가의 비용을 부담하게 되며, 이를 운임에 포함시켜 수출입업자에게 전가시킬 우려도 있다. 또 전자식 운송서류를 선호하지 않는 화주를 위해서는 기존과 동일하게 종이 운송서류를 발급해 주고 이를 관리해야 하는 불편함을 벗어날 수 없다.

④ 은행의 입장

은행이 트레이드 카드에 참가하는 방법은 두 가지이다. 첫째, 자금공여기관으로서 참가하는 것이다. 이 경우 은행은 별다른 수수료 없이 순수한 자금부담에 따른 이자만을 획득할 수밖에 없어 특별한 참가의욕이 생기지 않을 것으로 보인다.

둘째, 참가방법은 트레이드 카드를 통하여 이루어지는 대금결제에서 송금기관 등으로 참가하는 것이다. 이 경우에도 이미 'Thomas Cook'이 독점적 계약을 통해 기득권을 확보한 상태이므로 다른 은행들은 'Thomas Cook'과의 제휴를 통하지 않고서는 참가 자체가 막혀 있는 형편이다. 따라서 은행이 기존의 신용장방식이나 추심방식 등에서 누려오던 독점적이고 우월한 입장을 포기하면서 트레이드 카드에 적극적으로 참가하리라는 기대는 무리이다.

다만, 향후의 무역거래 추세가 전자메시지에 의한 자동화 방식에 의하리라는 뚜렷한 확신이 있는 경우에는 이러한 추세에 대응하기 위해서 어쩔 수 없이 참가할 것이라는 추측은 가능하다. 이처럼 다양한 거래당사자의 입장에서 볼 때, 트레이드 카드는 무엇보다도 조기에 다양한 다수의 사용자(회원)를 확보하는 것이 가장 중요한 과제로 생각된다. 일단 거래가 가능하고 그에 따른 혜택이 있다면 굳이 전통적 방법만을 고수하려는 거래당사자는 없을 것이기 때문이다.

참고문헌

강원진, 무역결제론, 박영사, 2004.
강원진, 신용장론, 박영사, 2004.
고우복, 관세이론과 통관실무, 두남, 1998.
구종순, 해상보험(제2개정판), 박영사, 2004.
김동구 · 이병진 · 엄광열, 국제부역보험론, 두남, 2003.
김성희 · 장기진, e-비즈니스 원론, 무역경영사, 2001, p.75.
김석태 · 이제홍, 무역학개론, 헤르메스북, 2004.
김용원, 무역영어 검정시험, 고시학회21, 2004.
김천식, 해상법, 시보사, 2001.
남풍우, 무역결제론, 두남, 2003.
남풍우, 무역상무론, 두남, 1998.
박대위, 무역실무(제7전정판), 법문사, 1998.
박대위, 신용장, 법문사, 1995.
박도준, 국제통상입문, 비앤엠북스, 2011.
방희석, 국제운송론, 박영사, 2003.
방희석, 무역실무, 박영사, 2004.
심재두, 해상보험법, 길안사, 1995.
심재두, 해상운송법, 길안사, 1995.
양영환 · 오원석, 무역상무론, 법문사, 1997.
오원석, 국제운송론, 박영사, 2004.
옥선종, 국제운송론, 법문사, 1989.
이기태, 해상보험, 법문사, 1992.
이순우, 상사중재론, 법경사, 1998.
이제홍 · 박종돈 · 박노경, 전자상거래입문, 헤르메스북, 2003.
전순환, 무역실무, 한올출판사, 2012.
전창원, 온 · 오프라인 무역실무, 무역연구원, 2003.
전창원, 표준무역보험실무, 무역연구원, 1996.
전창원, 표준운송실무, 무역연구원, 1997.

추장엽, 무역실무, 형설출판사, 1998.
한국무역협회, 무역실무메뉴얼, 2011.
한주섭, 국제물품운송론, 동성사, 1987.
황남일 · 이홍무, 무역보험의 이론과 실제, 무역경영사, 1997.
황중서, 인터넷과 무역자동화, 형설출판사, 2000.
한국무역정보통신(ktnet.co.kr) 홈페이지.
한국무역협회(http://www.kita.net/trade_guide/system3.html) 홈페이지
A.T.Kearney, Inc., Improving Quality and Productivity in the Logistics Process, Council of Logistics Management, 1991.
Aceituno M., Armando, Business English and Conversation, Lightning Source Inc., 2000.
Alexandrdes, C., Export Marketing Management, New York: Praeger, 1997.
Andon, Nick et al., Teach Yourself English for International Business, McGraw-Hill, 2004.
Bickelhaupt, David L., General Insurance, 11th ed., Homewood, Illinois: Richard D, Irwin, 1990.
Bowman, Joel P & Branchaw, Bernadine P., Effective Business Correspondence, 1979.
Branch, Alan E., The Elements of Export Practice, 1980.
Brown, Robert H., Marine Insurance Vol.1 Principles & Basic Practice, 6th ed., London: Witherby & Co. Ltd., 1998.
Cavinato, Joseph, L. Transportation-Logistics Dictionary, 3rd ed., Washington, D.C.: International Thomson Transport Press. 1989.
Chilver, Joseph, English for Business, Thomson Learning, 2003.
Clark, Business English and Communication, 8/E, McGraw-Hill, 2001.
De Jaas, J. A., The Practice of Foreign Trade, 1981.
Dorfman, Mark S., Introduction to Risk Management & Insurance, 5th ed, New Jersey: Prentice-Hall, 1995.
Drewry Shipping Consultants, Shipping Statistics and Economic, Jan. 1997.
Edmund J. Gubbins, Managing Transport Operations, Kogan Page, 1996.
Ernst G. Frankel, Port Planning and Development, John Wiley & Son., 1987.
Flesch, Ph. D., Rudolf & Lass, A. H., A New Guide to Better Writing, Popular Library, 1981.
Frailey, L. E., Handbook of Business Letter, 1982.
Geffner, Andrea B., Business English, Barrons Educational Series Inc., 2004
Hoekman, Bernard M., Mattoo, Aaditya, Development, Trade, and the WTO, World Bank, 2002.
Jaderstrom, Susan/ Miller, Joanne, Business English at Work, McGraw-Hill College, 1998.
John J. Coyle, Edward J. Bardi, and Robert A. Novack., Transportation, West Publishing Company, 1994.

MacKenzie, Ian., English for Business Studies, Cambridge Univ Pr, 2002.

Needles, Mark, Business English and Business Documents, Kendall Hunt Pub Co., 2000.

Rose, F. D., General Average: Low and Practice, London: Lloyd's of London Press Ltd., 1997.

Sarna, Lazer, Letters of Credit-the Law and Current Practice, 3rd ed., Toronto: Thompson Canada, Ltd., 1992.

Tuck, A., Oxford Dictionary of Business English, Oxford, 1993.

Tuck, Allene(Edt), Oxford Dictionary of Business English for Learners of English, Oxford Univ Pr, 1993.

Tymon, Frank, Internet English, World Wide Web, E-commerce, and International Trade, Iuniverse.Com, 2000.

Whalen, Doris H., Handbook of Business English, Harcourt Brace Jovanovich, 1979.

Wiener, Solomon, Mastering Business Letter Writing, Monarch Press, 1980.

York, H. Kenneth and Whelan, John W., Insurance Law, St. Paul, Minnesota: West Publishing Co., 1982.

Zagorskaia, A. P., Petrochenko, Nina, Zagorskaya, The Russian-English, English-Russian Business Dictionary, John Wiley & Sons Inc., 1996.

찾아보기

ㄱ

ㄴ

ㄷ

ㅅ

ㅇ

ㅊ

ㅋ

ㅌ

ㅍ

ㅎ

A

B

C

E

F

G

M

N

Q

R

T

U

V

W

X

Y

저자 약력

이태열

- 서울대학교 정치학과 졸업
- 행정고시 17회 합격
- 미국 펜실베니아주립대【경제학박사】
- 상명대학교 국제통상학과 교수
- 한국무역학회 이사역임
- 감사원 감사연구원 초대 연구부장 역임
- 현 상명대학교 경영대학장 겸 경영대학원장

이제홍

- 조선대학교 경상대학 무역학과 졸업
- 동국대학교 대학원 무역학과【경영학박사】
- 한국무역학회 부회장 겸 편집위원
- 한국통상정보학회 부회장 겸 편집위원장
- 국제e-비즈니스학회 부회장 겸 편집위원
- 동국대, 인천대, 동덕여대, 단국대, 경기대, 대진대 등 강의 역임
- 행정안전부 공무원시험 출제위원 및 선정위원(관세직)
- 조선대학교 경상대학 무역학과 교수
- 현 조선대학교 경상대학 무역학과장

박도준

- 동국대학교 무역학과 졸업【경영학박사】
- 대외경제정책연구원 FTA 지원센터
- 경기벤처협회 벤처고용지원센터 자문교수
- 시립인천전문대 겸임교수
- 중소기업인새개발원 부원장
- 한국생산성학회 상임이사
- 국제통상정보학회, 관세학회, 국제상학회 이사
- 국제 e-비즈니스학회 상임이사 겸 편집위원
- 경희대, 고려대, 단국대, 동국대, 상명대, 한국외대 등 강의
- 현 국제지식컨설팅연구원 연구위원
- 현 EconEdu 대표

저자와의
협의하에
인지생략

무역실무

2012년 8월 20일 초판 1쇄 인쇄
2012년 8월 26일 초판 1쇄 발행

저 자: 이태열 · 이제홍 · 박도준

발 행 인: 정 광 식
발 행 처: **비앤엠북스**
서울시 금천구 가산동 319번지 호서대벤처타워 B1-103
등 록: 2004.12.29. / 제313-2004-00298호
전 화: 2627-5710~12, 팩스 2627-5720
홈페이지: www.대학교재.kr
이 메 일: bnmbook@daum.net

정가 35,000원 ISBN 978-89-91879-08-9